자유토지와 자유화폐로 만드는

자연스러운
경제질서

자유토지와 자유화폐로 만드는
자연스러운 경제질서

1판1쇄 펴냄 2021년 10월 11일

지은이 질비오 게젤
옮긴이 질비오게젤연구모임
펴낸이 김경태 | **편집** 홍경화 성준근 남슬기 한홍비
디자인 박정영 김재현 | **마케팅** 전민영 서승아 | **경영관리** 곽근호

펴낸곳 (주)출판사 클
출판등록 2012년 1월 5일 제311-2012-02호
주소 03385 서울시 은평구 연서로26길 25-6
전화 070-4176-4680 | 팩스 02-354-4680 | 이메일 bookkl@bookkl.com

이 제작물은 말싸미의 815 글꼴을 사용하여 디자인되었습니다.

자유토지와 자유화폐로 만드는

자연스러운 경제질서

질비오 게젤Silvio Gesell 지음
질비오게젤연구모임 옮김

목차

제1부 분배

제2부 자유토지

제3부 현재 화폐의 실제

제4부 자유화폐 — 미래 화폐의 모습

제5부 자유화폐 이자이론

역자 서문

이 책은 요한 질비오 게젤Johann Silvio Gesell의 『자유토지와 자유화폐에 의한 자연스러운 경제질서Die natürliche Wirtschaftsordnung durch Freiland und Freigeld』(이하 『자연스러운 경제질서』)의 영어판을 번역한 것이다. 질비오 게젤은 탁월한 통찰력과 치밀한 사고를 가진 독일 출신의 성공한 사업가이자 경제이론가였다. 1900년대 초 자신이 기업을 경영하며 겪은 경제문제와 사회문제를 고민하면서 경제위기와 실업, 빈부격차와 같은 문제의 근본해결을 위해서는 토지개혁과 동시에 화폐개혁이 필요함을 깨닫게 된다. 그는 독학으로 애덤 스미스나 마르크스, 푸르동, 헨리 조지 등 당시 중요한 경제학 연구결과물을 비판적으로 섭렵한 뒤 자신만의 해결책을 발견해내고, 그 성과를 1906년 『화폐개혁과 토지개혁을 통한 노동대가 전체에 대한 권리의 실현Die Verwirklichung des Rechts auf den vollen Arbeitsertrag durch die Geld- und Bodenreform』으로, 1911년 『화폐와 이자의 신新이론Die neue Lehre von Geld und Zins』으로 발간했다. 그리고 마침내 1916년 이 두 권의 책을 통합한 『자연스러운 경제질서』 초판을 발간하는데, 이 책은 수많은 독자들의 호응을 얻었고 여러 나라에 번역 소개되어 후대의 경제학자들에게도 적지 않은 영향을 주었다.

그의 생애를 간략히 살펴보면, 그는 1862년에 독일에서 태어나 유럽에서 형과 함께 사업을 하다가 1886년에는 아르헨티나의 부에노스 아이레스로 이주하여 거기서 사업가로서 성공을 거두었다. 그런데 당시 아르헨티나는 정부의 통화정책 실패로 물가 급등락이 발생하고, 수많은 기업이 도산하여 심각한 사회문제가 발생했다. 이를 직접 목격하면서, 그는 사업을 가족에게 맡기고 유럽으로 돌아와 통화제도에 관한 연구에 집중했는데, 그 결실이 바로 이 책이다.

한편 게젤은 1919년 4월에 뮌헨에서 수립된 바이에른 소비에트 공화국의 금융장관으로 취임하기도 했으나 불과 수일 만에 정권이 와해되어 그 뜻을 세상에 펼치지는 못했다. 그 후 베를린 교외에 거주하며 저술활동을 하다가 1930년에 폐렴으로 사망했다.

게젤의 경제이론은 현대경제학에도 상당한 영향을 미쳤는데, 현대 거시경제학의 창시자 중 한 명인 존 메이너드 케인스는 그의 대표작인 『고용, 이자 및 화폐에 관한 일반이론』에서 게젤에 대해 "미래의 사람들은 마르크스보다도 게젤의 정신으로부터 더 많은 것을 배우게 될 것이다"라고 할 정도였다.

이 책의 개요

게젤은 이 책『자연스러운 경제질서』에서 자본주의 경제문제에 대한 폭넓고 깊이 있는 분석을 바탕으로 기존 경제이론가들의 이론을 비판적으로 검토하고 자신만의 근본적이고도 현실적인 해결방안을 제시하고 있다. 그러다보니 책의 분량이 매우 방대하다. 호기심 많은 독자들을 위해 미리 저자 서문부터 제5부에 이르기까지 방대한 내용을 간략히 정리해본다. 물론 게젤의 방대한 저작에 직접 도전할 독자들은 바로 본문으로 건너뛰어도 좋다.

저자 서문에서 게젤은 자신의 인간관과 이 책의 전체적인 윤곽을 제시한다. 그는 우리가 도달할 목표를 '자연스러운 경제질서'라 부르고 '자연스러운 경제질서'란 인간의 본성에 적합한 경제질서라고 말한다. 인간의 본성에 적합한지 여부는 그 경제질서가 인간을 번영시키는가에 달려 있다. 그리고 그 번영 여부는 자연법칙에 따른 선택을 할 수 있을 때 가능하고, 이는 경쟁을 통해서 이뤄진다. 그런데 어떤 경제질서에서 자연선택이 일어나려면 "자연이 실제로 부과한 조건", 즉 "모든 특권을 배제한 후 자연이 제공하는" "선천적 특성"에 의해서만 결정되어야 한다. 다시 말해 부모의 돈이나 토지문서 같은 특권이 아니라 선천적인 재능이나 신체, 사랑, 지혜에 기반해 경쟁해야 한다는 것이다.

하지만 현재의 자본주의 경제는 기술발전에도 불구하고 경기침체가 반복되고, 빈부격차와 실업이 만연하고 있는데, 이는 자연선택을 막고 경쟁의 결과를 탈취해가는 두 가지 특권 때문이다. 하나는 임대료의 원천인 토지의 사적소유에서 비롯된 특권이고, 또 하나는 이자의 원천인 화폐의 가치 축장에서 나오는 특권이다. 지금까지 자유주의 경제학자나 사회주의 경제학자는 바로 이 두 가지 특권의 존재를 보지 못하거나 무시함으로써 자본주의 경제문제 해결에 실패했고, 국가개입에 의한 공산주의 또한 실패로 귀결되었다. 따라서 모든 사람들이 자신의 노동대가를 빼앗기지 않고, 그 전체를 향유하기 위해서는 두 특권을 없애는 자유토지와 자유화폐라는 두 가지 개혁이 필요하다.

제1부 「분배」에서 게젤은 마르크스의 잉여가치론을 비판한다. 토지와 자본에 귀속되는 잉여가치(임대료와 이자 또는 이윤)의 원천은 노동

력이나 재화의 산물이 아니라 시장조건(토지, 자본, 노동의 공급과 수요)의 산물이다. 즉, 현재의 조건을 그대로 둔 채 생산수단을 사회화한다고 문제가 해결되지는 않으며, 국가의 개입(자연선택과 인간본성 발현의 방해)이라는 또 다른 문제를 야기한다. 따라서 시장조건 자체의 변화, 즉 자유토지와 자유화폐라는 개혁을 통해 잉여가치를 없애야만 사람들이 노동대가 전체에 대한 권리를 확보할 수 있다. 노동대가에서 임대료와 자본이자를 뺀 나머지가 임금기금이 되고, 넓은 의미의 노동자들(상인, 전문직, 예술가, 경영자도 포함)에게 노동대가로 분배되므로, 일하는 사람들(노동자들)에게는 자신의 노동대가에서 임대료와 이자를 빼내가지 못하도록 하는 자유토지와 자유화폐 개혁이 필요하다는 것이다.

제2부 「자유토지」에서 게젤은 2대 핵심 사상 중 하나인 자유토지개혁을 설명한다. 자유토지란 국유화된 토지로서 정부가 모든 토지를 공정가격으로 매입하는 과정에서 시작된다. 정부는 앞으로 수취할 토지임대료를 자본이자율로 환산하여 토지의 현재가치를 계산하고, 그만큼 토지국유화 채권을 발행해서 모든 사유지를 매입한다. 그리고 이 국유화된 토지를 경작자 등 실제 이용자에게 임대하여 임대료를 받는다. 기존 토지 소유자들은 토지 양도 이후에도 기존 임대료와 같은 금액을 채권이자로 받게 되므로 손해가 없고, 정부도 임대료를 받아서 채권이자를 지급하므로 추가적인 부담은 없다. 그렇다면 채권원금 상환은 어떻게 가능할까? 게젤은 토지개혁과 함께 화폐개혁이 반드시 이루어져야 한다고 주장한다. 화폐개혁을 통해 채권이자는 점진적으로 하락하는 반면 임대료는 유지되거나 이자만큼 하락하지 않아 이 차이 금액으로 원금상환이 가능하다고 본다. 또한 토지가 국유화되면 임차농들이 토

지를 황폐화시킬 것이란 우려에 대해서도 역사적 사례를 분석하여 토지 황폐화의 원인이 토지의 사적소유에 있음을 밝히고 이를 방지할 방법을 제시한다. 또 오늘날의 정치는 본질적으로 토지의 사적소유를 온존시키기 위한 것일 뿐이므로 토지국유화 이후 정치는 정쟁이 아니라 응용과학으로 발전하여 각 분야의 전문가들에 의해 실질적 제도개선을 논의하는 정치로 바뀔 것이라고 기대한다. 토지국유화 후 토지 임대차계약의 방식, 부동산 담보대출이나 사유지의 울타리와 그를 둘러싼 분쟁의 소멸로 이동과 거주의 완전한 자유가 실현되고, 인류의 건강, 인격, 종교, 교양, 행복, 기쁨 등 유익한 결과가 나타난다. 농지뿐 아니라 광업용지의 국유화 방식, 도시의 건축부지 국유화 방식 등 복잡한 문제에 대해서도 게젤은 풍부한 상상력과 냉철한 분석으로 매우 현실적인 해법을 제시하고 있어 독자들은 읽는 것만으로도 행복한 상상에 빠질 수 있다.

제3부 「현재 화폐의 실제」에서 게젤은 기존 화폐제도의 본질적인 한계와 이로 인한 문제점을 다룬다. 애초에 화폐는 분업의 결과 나타난 상품교환의 필요성을 충족하기 위해 만든 사회제도이다. 그런데 가치론의 함정에 빠져 있던 당시 경제학자들은 교환기능을 위해 화폐 자체가 가치를 가져야 한다고 생각했고, 그래서 화폐의 재료를 중시했다. 또한 상품과 달리 썩지 않는 화폐의 특성으로 인해 화폐사용이 자의적으로 이뤄짐에 따라 화폐가 교환수단으로서의 기능보다 저축수단으로서의 기능이 압도적으로 강화되었다. 이 때문에 경제활동에 필요한 화폐 공급에 장애가 발생하고 주기적인 경제위기가 초래된다. 따라서 화폐로 인한 경제문제 해결을 위해서는 화폐의 가치를 시간의 흐름에 따라 감소시키는 자유화폐를 도입하여 화폐의 저축기능을 제거하고, 상

품의 수요와 공급에 따라 화폐 공급을 조절하는 정부의 역할이 불가피하다. 이 개혁이 바로 자유화폐개혁이며, 이를 통해 화폐 소유자의 특권과 이자는 소멸되고 자연스러운 경제질서로 나아갈 수 있다.

제4부 「자유화폐」에서 게젤은 바람직한 화폐란 어떠해야 하는가에 대해서 이야기한다. 좋은 화폐란 상품거래를 안전하고 신속하고 저렴하게 할 수 있도록 해야 하는데, 그런 의미에서 현재의 화폐는 가치가 영원히 유지되는 속성 때문에 아주 나쁜 화폐로 전락했다. 게젤은 종래 화폐 대신 일정한 금액의 스탬프를 붙여야 액면이 유지되고 1년에 약 5퍼센트가량 가치가 감소하는 화폐, 즉 자유화폐를 제시한다. 이 때문에 자유화폐는 금고 속에 축장할 수가 없으며 늘 유통의 압력을 받게 된다.

또 자유화폐가 모든 경제 주체들과 이론가들에게 어떠한 변화를 가져오는지를 각각의 입장에서 생생하게 묘사하고 있다. '국가'는 발행한 자유화폐가 모두 시장에서 유통되어 실수요로 전환되므로 재화 공급에 맞추어 화폐량만 조절하면 물가안정을 이룰 수 있다. '소매업자'는 자유화폐가 도입되면 업무가 극적으로 단순해진다. 소비자가 돈을 축적할 수 없으니 상품을 대량으로 선불로 과감하게 구매하기 때문이다. '은행원'은 자유화폐로 인해 그간 해온 업무의 대부분을 잃는다. 돈이 은행에 모이기보다 현 유통량의 3분의 1만으로도 3배의 유통속도를 내며 시장에서 순환하기 때문이다. '수출업자'는 자유화폐로 각국이 쉽게 물가와 환율을 안정시킬 수 있어 무역하기가 훨씬 수월해진다. '제조업자'는 자유화폐로 제일 큰 혜택을 보는데 이전처럼 물건을 만들어도 화폐가 돌지 않아서 못 파는 일은 없다. 따라서 이제는 제조업(공급)자가 판매예측을 할 필요가 없고 소비자가 스스로 수요를 예측하여 매출을 확정 짓는다. 대신 '고리대금업자와 투기자'는 자유화폐가 넘쳐 물건만큼이나

흔하니 아무도 돈을 빌리러 오지 않으며, '한 방'을 기다리며 모아둔 돈
도 가치가 줄어드니 투기도 힘들다. 하지만 저축은 오히려 더 늘어난
다. 물론 이자는 없다. 자유토지와 자유화폐로 임대료와 이자가 사라지
니 임금은 배 이상으로 늘어나고 저축이 크게 증가한다. 무이자 저축이
지만 노후자금은 훨씬 풍족해진다. '협동조합'은 자유화폐로 상업비용
절감이라는 스스로의 목표를 달성하면서 사라질 것이다. '채권자와 채
무자'는 자유화폐로 물가안정이라는 큰 혜택을 입어 원금의 가치를 보
장받는다. '노동자들'의 일자리는 자유화폐로 완전히 보장된다. 자유화
폐는 구현된 수요이고 수요는 매출이며 매출은 곧 일자리를 의미하기
때문이다. 자유화폐로 '기존의 이자이론과 공황이론'은 모두 폐기될 위
기에 처한다. 이자 자체가 사라지고, 이자가 없으면 시장에서 빠져나와
공황을 일으키는 돈도 사라지기 때문이다.

　　제5부 「자유화폐 이자이론」은 앞서의 다른 부와 비교적 독립적인
데, 특히 게젤의 이자이론이 정리된다. 첫머리는 '로빈슨 크루소 이야
기'로 시작한다. 로빈슨 크루소가 항해에 나섰다가 파도에 휩쓸려 혼자
무인도에 조난하고 있을 때, 이 무인도에 또 다른 조난자가 찾아와 로빈
슨 크루소와 만나는 가상의 장면을 묘사하고 있다. 이 우화를 통해 게
젤은 모든 재화가 시간과 함께 자연의 파괴적 작용을 받아 가치가 감소
하지만 화폐만은 예외적으로 썩지 않는다는 사실에 주의를 환기시킨
다. 이런 화폐의 특성에서 이자가 발생하게 되는데, 게젤은 이자의 종
류(기초이자, 실물자본이자, 대출이자)와 그 성격을 명료하게 정리한
다. 기초이자는 대출이자와는 다른 개념이다. 화폐는 분업을 기반으로
한 시장경제에서 필수적인 존재로 등장했지만, 상품과 달리 유통비용
이 없어 거래관계로부터 언제라도 철수하여 시장을 방해할 수 있다. 화

폐는 상품보다 우위에 있는 자신의 특성을 이용하여 상품 소유자로부터 조공을 받는데, 이게 바로 '기초이자'이다. 기초이자는 상품의 교환 과정에서 생산자(노동자)나 소비자로부터 잉여를 탈취해가는 '자본' 역할을 한다. 자본가는 자본을 투여해서 실물자본을 건설하고 실물자본 이자인 임대료를 수취하는데, 실물자본이자는 실물자본의 수요와 공급에 따라 기초이자를 중심으로 오르락내리락한다. 대출이자는 대출 수요와 공급에 따라 대출시점과 변제시점의 시간 간격에 의해 발생한다고 본다. 어느 경우든 화폐의 불공정한 특권에서 기인하는 불로소득이라는 점에서는 차이가 없다.

자유화폐개혁을 단행하면 상품과 화폐의 지위가 같아져 기초이자가 사라지고, 화폐가 가진 본연의 목적, 즉 교환을 확실하고 저렴하고 신속하게 해주는 기능에 충실하게 된다. 지금까지의 이자이론은 화폐의 특권에 의한 기초이자를 다루지 않음으로써 불충분하거나 잘못된 논의에 그치고 말았는데, 과거 역사상 실증자료를 통해 기초이자의 수준이 4퍼센트 전후라는 사실을 검증하고 있다. 총 이자를 구성하는 요소에는 기초이자 이외에도 위험프리미엄, 인플레프리미엄이 있는데, 실제 우리가 현실에서 관찰하는 이자에는 이 프리미엄이 포함되어 있기 때문에 그 등락이 격심하게 나타나지만, 전쟁, 정변, 광산 개발, 경기 변동 등 여러 요인에 의한 이자율 등락을 제외하고 나면, 기초이자는 지난 2천 년 동안 3~5퍼센트 수준을 거의 벗어난 적이 없다고 실증한다. 이 기초이자가 무한정 올라가지 않고 이 선에 머무는 것은 그 이상으로 올라가면 원시생산(자급자족), 물물교환, 환어음거래 등 화폐를 대신하는 경쟁자들이 나타나기 때문이다.

토지나 화폐와 같은 공공재를 누군가가 독점하고 축장의 수단으로 삼거나 타인의 몫을 부당하게 착취하는 도구로 사용하는 데서 자본주의의 많은 문제가 생겨난다. 게젤은 토지 문제(임대료)와 화폐 문제(기초이자)가 인류를 괴로움에 빠지게 하는 원천이며, 국가 간 전쟁의 근본적인 원인은 국내 계급갈등이고, 국내 계급갈등의 근본원인은 불로소득(임대료와 이자)에서 온다고 했다. 책을 마무리하면서 게젤은 독자들에게 묻는다. 불로소득과 함께하는 전쟁을 선택할 것인지, 정당한 노동소득과 함께하는 평화를 선택할 것인지!

오늘날 우리는 게젤로부터 무엇을 배울 수 있을까

게젤은 무려 100년 전에 토지공유제 개혁과 이를 통한 자녀양육보조금 지급, 가치가 감소하는 화폐(감가화폐) 도입을 주장했다. 마치 오늘 우리의 현실을 내다본 것 같다. 불평등과 양극화의 주범이자 불공정의 원천은 누가 뭐래도 불로소득이다. 스스로 땀 흘리는 노동 없이 소득이 생기는 불로소득의 대표주자는 토지임대료와 이자소득이라 할 수 있다. 토지를 단순히 보유하는 것만으로 막대한 임대료 수입과 큰 차익을 얻는 것, 돈을 투자하거나 빌려주는 것만으로 이윤과 이자를 취하는 것, 이 자체를 문제 삼지 않으면서 자본주의 미래를 논하거나 사회정의를 이야기하는 것은 어불성설이다. 그의 주장에 그 누구보다도 앞장서 귀기울여야 할 나라는 어쩌면 대한민국일지 모른다. 4차산업혁명의 시대에 경제성장의 둔화와 양극화 문제, 주기적으로 반복되는 경제위기와 그에 따른 실업과 고용불안, 부동산투기 광풍, 세계 최저 출생률, 불공정 논란 등 우리가 맞닥뜨린 문제들에 대한 구조적인 문제해결 없이 우리 사회가 과연 존속할 수 있을까?

이 책을 공역한 역자들은 이런 문제의식을 공유하고 지난 2년여 동안 매달 한 차례 이상 모임을 갖고 질비오 게젤이 제시하는 '인간의 본성에 부합하는 자연스러운 경제질서'에 대해 학습과 토론을 계속해왔다. 우리는 질비오 게젤의 이 책이 시공의 간극을 넘어 우리 사회와 시대에 던지는 메시지가 충분히 널리 공유되어야 한다는 데 뜻을 모으고, 『자연스러운 경제질서』를 번역 소개하기로 했다. 게젤의 대안을 우리에게 적용하려면 당연히 현실적 제약과 여러 가지 반론, 기득권자의 반발도 만만치 않을 것으로 예상된다. 하지만 우리 사회가 안고 있는 경제문제에 대한 근본적 해법을 찾는 과정에 깊은 통찰을 제시할 것임을 확신하고 바라면서 이 번역서를 펴낸다. 역자들 모두 번역에 최선을 다하고, 상호검토를 했지만 여전히 부족한 점이 많을 것이다. 번역의 내용 오류나 질비오 게젤의 사상에 대해 궁금하신 분들은 언제든 지적과 의견 제시를 해주시길 바란다. 취지에 공감하여 책 출간을 흔쾌히 맡아주신 출판사 클 김경태 대표와 함께 고생하신 직원분들께도 감사드린다.

2021년 9월, 역자 일동

일러두기

1. 이 책은 필립 파이Philip Pye가 번역한 *The Natural Economic Order*를 번역한 것이다. 이 영문 판은 1929년에 독일 베를린에서 첫 출간되었으며 1958년에 개정판이 나왔다. 이 책은 이 개정판 을 저본으로 삼았다. 불명료한 부분은 독일어 원전과 대조하면서 김길웅 성신여대 독문과 교수의 도움을 받았다.

2. 이 책의 저자가 말하는 '이자interest'는 화폐자본의 대여에 대한 대가만을 가리키는 오늘날의 쓰 임과 달리, 모든 형태의 자본 사용에 따른 수익을 의미한다.

3. 본문의 각주 중 ●는 원서에 있는 것이고, 숫자로 된 것은 옮긴이가 한국 독자들의 이해를 높이기 위해 단 것이다.

제3판 서문(1918년)

큰 희망을 갖고 아주 편히 쉬노라.

Magna quies in magna spe.[1]

여기서 이야기하는 경제질서는 인간의 본성에 적합하다는 의미에서 자연스러운 질서이다. 그것은 자연물처럼 저절로 발생하는 질서가 아니다. 그러한 질서는 사실 존재하지 않는다. 왜냐하면 우리가 우리 자신에게 부과하는 질서는 항상 의식적이고 의도적인 행위이기 때문이다.

어떤 경제질서가 인간의 본성에 적합한가 하는 증거는 인류의 발전을 관찰하면 찾을 수 있다. 인간이 번성하는 경제질서가 가장 자연스러운 경제질서이다. 이 시험을 통과하는 경제질서가 기술적으로도 가장 효율적인지, 또 경제통계상 의미 있는 수치를 제공하는지 여부는 부차적인 문제다. 현재에는 높은 기술적 효율성을 가진 경제제도가 인적자원을 점차 혹사시킬 거라고 생각하기 쉽다. 하지만 인류가 번영하는 경

---

1 나폴레옹 3세 시대의 정치인 에밀 올리비에(Emile Ollivier)의 묘비명에 쓰인 글귀. 그는 17권에 이르는 『자유주의 제국(L'Empire libéral)』의 저자이기도 하다.

제질서는 당연히 기술적 우월성도 지니고 있음을 스스로 증명할 것이다. 왜냐하면 인간의 일도 결국에는 인류의 진보와 함께 앞으로 나아갈 수 있기 때문이다. '인간은 만물의 척도'이며, 인간이 살아가는 경제제도도 거기에 포함된다.

모든 생명체와 마찬가지로 인류의 번영 여부는 주로 어떤 선택이 자연법칙에 따라 일어나는지에 달려 있다. 그러나 이들 자연법칙은 경쟁을 요구한다. 경쟁을 통해서만, 그것도 주로 경제영역에서의 경쟁을 통해서만 올바른 진화, 우생優生[2]이 가능하다. 자연선택이라는 법칙의 완전하고 놀라운 결과를 얻고자 한다면 경제질서의 기반을 자연이 실제로 부과한 조건, 즉 모든 특권을 배제한 후 자연이 제공하는 무기만을 갖고 하는 경쟁에 두어야 한다. 경쟁에서의 성공은 선천적 특성에 의해서만 결정되어야 한다. 왜냐하면 그러한 성공요인들만 자손에게 이전되고 인류의 공통특성에 더해지기 때문이다. 자녀들은 돈이나 문서상의 특권이 아니라 부모가 물려준 재능이나 신체, 사랑, 지혜에 의거해 자신의 성공을 이뤄야 한다. 그래야만 우리는 수천 년간의 부자연스러운 선택, 돈과 특권에 의해 타락한 선택으로 생겨난 열등한 개인들이라는 짐을 적시에 떨어낼 거라는 희망을 정당하게 갖게 될 것이다. 그리고 동시에 이러한 방식으로 패권이 기득권층의 손에서 넘어오고, 오랫동안 중단된, 신성한 목표를 향한 인류의 도약이 가장 고귀한 후손들에 의해 다시 시작될 거라는 희망도 갖게 될 것이다.

그러나 우리가 논의하려는 경제질서에 자연스러운 질서라는 이름

---

2 eugenesis. 번식력이 강한 품질 또는 상태. 저자가 여기서 우생은 언급한 것은 열성(劣性)을 차별해야 한다는 의미가 아니라 자연환경의 적응능력에서의 차이를 설명하기 위한 것이다.

을 붙이려면 또 다른 게 필요하다.

인간은 번성하기 위해 모든 상황에서 자신을 있는 그대로 표현할 수 있어야 한다. 훌륭한 사람인 척하는 것이 아니라, 실제 훌륭한 사람이 되어야 한다. 진실을 이야기할 때 고난을 당하거나 상처를 받을 위험 없이 고개를 들고 활보할 수 있어야 한다. 성실함이 영웅들의 특권으로 남아서는 안 된다. 사람이 성실하면 최고수준의 경제적 성공을 얻을 수 있도록 경제제도가 만들어져야 한다. 경제생활에 필수적인 의존성이 사물에만 영향을 미치고, 인간에게는 미치지 않아야 한다.

인간이 그의 본성이 지시하는 대로 행동할 수 있도록 자유로우려면 그가 경제활동 중에 정당한 이기심에 따르거나 자연이 부여한 자기보존 충동에 따를 때 종교나 관습, 법이 그를 보호해주어야 한다. 만약 그 사람의 행동이 종교적 견해와 상충되긴 하지만 도덕적으로 성숙하다면 "좋은 열매를 맺는 나무가 나쁠 수 없다"라는 추정에 따라 그 종교적 견해 자체를 새롭게 검토해야 한다. 우리는 어떤 기독교인이 자신의 신념을 논리적으로 적용하여 경제적 힘겨루기를 하다가 거지가 되거나 무장해제 되고, 그 결과 자신과 자식들이 자연선택 과정에서 실패하는 운명을 막아야 한다. 인류가 배출한 가장 훌륭한 개인이 십자가에 희생된다면 인류가 얻을 것은 아무것도 없다. 우생 선택은 그 반대를 요구한다. 인류의 최고가 발전할 수 있어야 한다. 그래야만 인간 내면에 잠재된 무진장한 보물이 차츰 그 모습을 드러낼 것이기 때문이다.

그러므로 자연스러운 경제질서는 자기이익self-interest에 기초해야 한다. 경제활동을 하려면 고통스런 의지가 필요하고, 크나큰 태생적 게으름을 극복해야 하기 때문이다. 그러므로 그것은 강한 충동을 요구하는데, 충분한 힘과 지속성을 일으키는 유일한 충동은 이기심이다. 이기심에 따라 계산하고 부를 쌓는 절약가는 언제나 정확하게 계산하고 부를 쌓는다. 따라서 기독교의 계율이 경제생활로 옮겨져서는 안 된다. 계율의 결과는 오직 위선을 만들어낼 뿐이다. 육체적 욕구가 충족될 때만 영적 욕구가 발생하므로, 경제적 노력이 육체적 욕구를 충족시켜야 한다. 기도나 시를 읊는 것으로 일을 시작하는 것은 앞뒤가 뒤바뀐 것이다. "유용한 기술의 어머니는 '부족'이고, 훌륭한 예술의 어머니는 '풍요'"라고 쇼펜하우어는 말했다. 다시 말해 우리는 배가 고플 때 구걸하고, 배가 부를 때 기도하는 것이다.

따라서 이기심에 기반한 경제질서[3]는 종을 보존하는 더 높은 충동과 어긋나는 것이 아니다. 오히려 그것은 이타적인 행동을 할 수 있는 기회와 그 기회를 실행에 옮기는 수단을 제공한다. 또 육체적 욕구를 충족시킴으로써 이타적인 충동을 강화시킨다. 그와 반대 형태의 경제질서[4]에서는 곤경에 처한 친구는 누구든 보험회사로, 아픈 친척들은 병원으로 보내질 것이다. 국가는 모든 개인적 도움을 불필요한 것으로 만든다. 그런 질서에서는 따뜻하고 소중한 많은 충동이 사라질 게 분명하다고 나는 본다.

이기심에 기초한 자연스러운 경제질서에서 모든 사람은 자기의 온전한 노동대가를 보장받아야 하며 자신의 뜻대로 그 대가를 사용할 수 있어야 한다. 자신의 임금, 소득, 수확물을 가난한 사람들과 나누면서 만족을 얻는 사람이라면 누구나 그렇게 할 것이다. 그걸 누가 시키지도 않고 막지도 않는다. 사람에게 가장 잔인한 형벌은, 자기가 줄 수 없는

---

3 자연스러운 경제질서를 말한다.
4 공산주의 질서를 말한다.

도움을 달라고 큰 소리로 울부짖는 고통받는 사람들 속으로 그 사람을 데려가는 것이라고 한다. 이 끔찍한 상황에서 이기심이 아닌 다른 방식의 경제생활을 구축하거나, 자신의 노동대가를 제 뜻대로 처분하는 것이 허용되지 않는다면 우리는 서로를 비난하게 된다. 인도주의적인 독자를 위해 말을 해두자면, 우리는 여기서 경제활동이 성공으로 보상받을 수 있을 때 공공심과 자기희생이 최고로 발휘된다고 말할 수 있다. 희생정신이란 자기 오른손에 의지할 수 있음[5]을 아는 사람들이 개인적인 안전과 힘을 느낄 때 생겨나는 것이다. 우리는 이기심egoism과 이기주의selfishness를 혼동해서는 안 된다. 이기주의는 근시안적 악덕이다. 현명한 사람이라면 모두가 번영할 때 자기이익도 극대화될 수 있다는 것을 금방 안다.

따라서 자연스러운 경제질서란 자연이 준 수단만으로 서로 같은 조건에서 경쟁하는 질서를 말한다. 이 질서에서는 결국 가장 적합한 사람이 지도자가 되고, 모든 특권은 폐지된다. 그리고 이기심의 충동에 순응하는 개인이 자신의 목표를 향해 갈 때 경제생활과 무관한 양심 같은 것에 방해받지 않는다. 양심을 발휘할 기회는 경제생활의 외부에 충분히 많다.

자연스러운 경제질서의 조건 중 하나는 현 경제질서(많이 비난받긴 하지만)에서 실현되고 있다. 현 경제제도는 이기심에 기반을 두고 있고, 누구도 부정하지 않는 현 제도의 기술적 성과가 새로운 질서의 효율성을 보증할 것이기 때문이다. 그러나 또 하나의 조건, 즉 자연스러운 경제질서라면 갖추어야 할 가장 필수적인 조건, 즉 경제적 힘겨루기를

---

5 오른손이 주로 일하는 손이므로 오른손에 의지한다는 것은 일한 대가로 먹고산다는 의미.

위한 공평한 수단은 앞으로 이뤄야 할 과제로 남아 있다. 의식적이고 건설적인 개혁은 경쟁의 결과를 가로채가는 모든 특권을 억제하는 방향으로 나아가야 한다. 이것이 여기서 언급할 두 가지 근본적인 개혁의 목표, 자유토지와 자유화폐이다.

자연스러운 경제질서는 '맨체스터 제도'[6]라 부를 수도 있다. 그 제도는 자유를 진정 사랑하는 사람들의 이상이었다. 외부의 개입 없이 스스로 유지되는 질서. 이 질서에서는 경제적 힘[7]들의 자유로운 작용을 통해 국가 사회주의와 근시안적인 정부 개입이라는 오류를 바로잡는다.

이제는 사실 맨체스터 제도의 실행 오류를 판단의 근거로 삼지 않는 사람들에게만 우리는 그 제도에 대해 이야기할 수 있다. 실행의 오류가 곧 계획 자체의 오류를 증명하는 것은 아니기 때문이다. 하지만 맨체스터 제도로 널리 알려진 것을 들여다보면 그 이론의 처음부터 끝까지 비난할 만하다.

맨체스터 경제학파[8]는 올바른 길을 택했고, 그들의 주장에 다윈주의[9]를 덧붙인 것도 옳았다. 그러나 그 제도의 첫번째이자 가장 중요한 조건은 연구되지 않았다. 경제적 힘들의 자유로운 작용이 일어나는 환경에 대한 연구가 없었다. 정부가 비켜서서 경제생활의 발전을 더는 방해하지 않는 이상, 현존 질서의 경쟁조건(토지의 사적소유와 화폐에 붙어 있는 특권들 포함)은 이미 충분히 자유롭다고 때로는 부정직한 의도

---

6 영국의 자유주의자들이 그린 이상적인 제도.
7 수요, 공급 등 시장에 작용하는 여러 가지 힘들.
8 19세기 전반 영국의 맨체스터를 근거지로 하여 전개된 자유무역운동의 실천가 집단으로, 산업자본의 입장에서 곡물법 철폐를 주장했다.
9 영국의 생물학자인 찰스 다윈(Charles Darwin)이 1859년 『종의 기원』과 『인류의 기원』이라는 저서에서 발표한 이론. 진화론의 한 종류로서 자연선택의 원리에 관한 것이다.

로 가정했다.

자연스러운 발전을 위해서는 땅을 빼앗긴 프롤레타리아에게 땅을 빼앗은 자들과 같은 무기로 땅을 되찾을 권리를 주어야 한다는 사실을 이 경제학자들은 잊었거나 직시하려 하지 않았다. 대신에 맨체스터 경제학자들은 이미 경제적 힘의 자유로운 작용을 방해하고 있던 국가에 강제력을 이용해서 진정 자유롭게 작용하는 제도를 강제력으로 막아달라고 호소했다. 그런 방식으로 맨체스터 제도를 적용하는 것은 맨체스터 제도의 이론과 결코 맞지 않았다. 정직하지 못한 정치인들은 어떤 특권을 보호하기 위해 모든 특권을 거부하는 이론을 악용했다.

원래의 맨체스터 이론에 대해 올바른 견해를 가지려면 그 이론의 사후 적용을 조사하는 것으로 시작해서는 안 된다. 맨체스터 경제학자들이 경제적 힘들의 자유로운 작용을 통해 처음에 기대한 것은 이자율이 점차 0으로 떨어질 것이라는 점이다. 이러한 기대는 시장에서 대출이 비교적 잘 이뤄지는 영국에서 이자율도 가장 낮다는 사실에 따른 것이었다. 대출이 증가하여, 경제적 힘들이 자유롭고 활발하게 작용하면 이자가 사라지고, 현 경제제도의 가장 병적인 문제를 깨끗이 청소할 것이라고 여겼다. 맨체스터 경제학자들은 이런 방식으로 화폐의 특권을 제거하는 데 (검증 없이 채택한) 우리 통화제도에 내재한 결함이 극복 불가능한 장애물이었음을 미처 알지 못했다.

맨체스터 이론은 또 상속재산이 자녀들에게 분배되고, 부유하게 자란 아이들의 선천적인 경제적 무능으로 다시 부동산이 쪼개지면, 임대료가 전체 국민에 귀속될 거라고 주장했다. 이 믿음은 오늘날 우리에게는 근거가 없는 것처럼 보일지 모른다. 하지만 맨체스터 학파의 또 다른 교리인 자유무역 도입 이후 임대료가 보호관세만큼 감소했기 때문에 적어도 그 정도까지는 그 믿음이 정당화되었다. 이 외에도 증기선과 철도는 노동자들에게 처음으로 이동의 자유를 가져다주었다. 영국에서는 임대료가 줄어든 대신 임대료와 담보 없는 미국 땅의 이민자들(자유토지 농부들)의 노동대가 수준까지 임금이 상승했다. 동시에 미국의 자유토지 농부들의 생산물이 영국 농산물 가격을 떨어뜨리면서 다시 한번 영국 토지 소유자들의 희생을 초래했다. 독일과 프랑스에서는 금본위제 채택을 통해서 이 자연스러운 발전이 강화되었는데, 만약 국가가 두번째 개입(밀 관세 도입)으로 첫번째 개입(금본위제 실시)의 결과에 대응하지 않았더라면 경제적 붕괴가 발생했을지 모른다.

따라서 이런 갑작스러운 상황의 진전 속에 살면서 그 중요성을 과대평가한 맨체스터 경제학자들이 왜 경제적 힘들의 자유로운 작용을 통해 우리 경제제도의 두번째 고질병, 즉 토지임대료의 사유 문제가 해결될 거라 믿었는지 쉽게 이해할 수 있다.

세번째로 맨체스터 경제학자들은 자신들의 원리를 적용한 이후 경제적 힘들의 자유로운 작용으로 지역적 기근을 제거했으므로, 동일한 방법들, 즉 통신수단의 개선, 기업조직, 은행시설의 확장 등에 의해 앞으로 상업위기의 원인이 제거될 거라고 주장했다. 기근은 불완전한 현지 식량유통의 결과이며 상업위기는 상품유통상 결함의 결과일 수밖에 없음이 밝혀졌다. 그리고 실제로 보호관세라는 근시안적인 정책이 국가와 세계의 자연스러운 경제발전을 얼마나 크게 방해했는지 생각해볼 때, 맨체스터 학파의 자유무역주의 실수 정도는 기꺼이 용서할 수 있다. 그들은 전통적인 화폐제도의 결함으로 야기될 수 있는 엄청난 교란을 무시한 채 단순히 자유무역만 하면 경제위기가 제거될 것으로 기대했다.

맨체스터 학파는 더 나아가 다음과 같이 주장했다. "만약 보편적 자유무역을 통해 경제활동을 완전하게 행할 수 있다면, 또 방해 없고 중단 없는 활동으로 자본이 과잉대출되어 이자가 감소하다가 결국 사라진다면, 더욱이 경제적 힘들의 자유로운 작용으로 임대료가 우리 기대대로 하락한다면, 전 국민의 납세능력은 단시간 내에 증가하여 전 세계에 대한 중앙정부와 지방정부의 채무 전체를 갚을 수 있을 정도가 될 것이다. 이것으로 우리 경제생활의 네번째이자 마지막 고질병인 공공부채의 부담을 정리해줄 것이다. 그렇게 되면 우리 제도의 기반이 되는 자유의 이상이 전 세계 앞에서 정당화될 것이며, 우리를 질투하는, 악의적이고 부정직한 비판자들은 침묵하게 될 것이다."

맨체스터 학파의 이처럼 큰 희망이 실현되기는커녕 오히려 시간이 지날수록 기존 경제질서의 결함이 커지는 것은, 맨체스터 경제학자들이 화폐이론에 무지하여 자기들이 예고한 발전이 시작되자 곧 무너지는 전통적인 화폐제도를 무비판적으로 채택했다는 데서 기인한다. 그들은 이자가 돈이 제공되는 조건이라는 것을 몰랐고, 상업위기와 노동계급의 가난과 실업이 전통적인 형태의 화폐가 만들어낸 결과라는 것도 몰랐다. 맨체스터 학파의 이상과 금본위제는 양립할 수 없었다.

자연스러운 경제질서에서 자유토지와 자유화폐가 성취되면 맨체스터 제도가 갖고 있는 흉하고 불안정하고 위험한 부작용을 제거하고, 경제적 힘들의 진정 자유로운 작용에 필요한 조건이 만들어진다. 그렇게 되면 우리는 그러한 사회질서가, 현재 유행하는 이념,[10] 즉 수많은 관료들의 근면과 책임감, 청렴, 자비심이 우리를 구원해줄 것이라 약속하는 이념보다 더 나은지 여부를 알게 될 것이다.

10 공산주의를 말한다.

우리 앞에는 경제활동을 민간에서 통제할지, 정부가 통제할지 하는 선택지가 놓여 있다. 제3의 가능성은 없다. 이러한 선택을 거부하는 사람들은 대신 협동조합이나 길드사회주의 또는 국유화와 같은 매력적인 이름의 질서를 만들어낼지도 모른다. 하지만 이 모든 것이 결국 같은 것, 즉 공무원들의 끔찍한 통치, 개인의 자유와 개인의 책임과 독립성의 죽음으로 귀결된다는 사실을 감출 수는 없다.

이 책에서 제시한 방안으로 우리는 갈림길에 서게 되었다. 우리는 새로운 선택에 직면했고 이제 결정을 내려야 한다. 지금까지 어떤 사람도 이러한 선택을 할 기회를 갖지 못했다. 이제 우리는 행동에 나서야 한다. 왜냐하면 경제생활이 지금까지 발전해온 것처럼 지속될 수 없기 때문이다. 우리는 낡은 경제구조의 결함을 고치거나 재산공유제인 공산주의를 받아들이거나 해야 한다. 다른 가능성은 없다.

신중하게 선택하는 것이 매우 중요하다. 이것은 가령 전제정부가 국민의 정부보다 더 나은지, 또는 노동의 효율성이 민간기업에서보다 국영기업에서 더 클 것인지와 같은 세세한 걸 묻는 게 아니다. 우리는 더 높은 차원에 서 있다. 우리는 인류의 더 나은 진화를 누구에게 맡길 것인가 하는 문제에 직면해 있다. 철칙에 따라 자연으로 하여금 자연선택의 과정을 수행하게 할 것인지, 아니면 현재의 타락한 인간의 허약한 이성이 이러한 자연의 역할을 빼앗게 할 것인지, 우리가 결정해야 하는 문제는 바로 그것이다.

자연스러운 경제질서에서 선택은 특권의 제약 없는 자유경쟁에 의한 개인의 성취로 결정되고, 이것은 결국 개인적 자질을 발전시킬 것이다. 왜냐하면 노동이 문명화된 인간이 생존경쟁에서 사용할 유일한 무기이기 때문이다. 인간은 끊임없이 자신의 성취를 높이고 완성함으로써 경쟁 속에서 자기자신을 지키려고 한다. 이러한 성취를 통해 그가 가족을 이룰 수 있을지, 이룬다면 언제일지, 또 어떻게 자녀를 양육하여 자신의 자질을 물려줄지가 결정된다. 이런 종류의 경쟁을 레슬링 시합이나 사막의 맹수들이 먹이를 두고 벌이는 싸움 같은 것으로 생각하면 안 된다. 패배가 곧 죽음이라고 생각하게 해서도 안 된다. 그와 같은 선택은 어떤 목적이 있는 게 아니다. 인간의 강점은 더 이상 야만적인 힘에 있는 것이 아니기 때문이다. 인간이 동물적인 힘에 의존한 것은 인류 역사의 초기에서뿐이다. 따라서 패배자들에게 경쟁이란 오랜 역사시대에서처럼 냉혹한 결과로 귀결되는 것은 아니다. 그들은 단지 자신의 열등함 때문에 가족을 이루고 자녀를 양육할 때 더 큰 장애물에 부딪히는 것뿐이며, 그 결과 그들의 후손이 줄어들 것이다. 이 결과조차 개인들에게 항상 나타나는 것은 아니다. 왜냐하면 운에 달려 있는 것도 있기 때문이다. 그러나 의심의 여지 없이 자유경쟁은 유능한 인간에게 유리하고, 그들의 증가로 이어질 것이다. 그것만이 인류의 발전을 충분히 보장할 것이다.

그렇게 회복된 자연선택 방식은 자연스러운 경제질서에서 성性 특권을 제거함으로써 더욱 강화될 것이다. 이러한 목표를 달성하기 위해 자녀양육 부담에 대한 보상으로 토지임대료가 양육모들에게 자녀 수에 비례하여 분배될 것이다(예를 들어 스위스 어머니는 한 자녀당 한 달에 약 60프랑을 받게 된다). 이것은 여성이 경제적 필요 때문에 결혼하거나 자신의 감정에 반하는 결혼을 지속하거나 첫번째 결혼에 실패한 후에 매춘부로 전락하는 것을 막을 수 있을 정도의 경제적 독립성을 제공해줄 것이다. 자연스러운 경제질서에서 여성은 자신의 정치적 대표자를 선택할 자유(공허한 것이다!)만이 아니라 배우자를 선택할 자유를 갖게 된다. 그리고 그 자유에 기초하여 자연의 모든 선택적 활동이 이뤄지게 되는 것이다.

그럴 때 자연선택은 완전하고 기적 같은 효과를 갖고 복원된다. 선천적으로 열등한 개인의 보존 및 번식을 가능하게 하는 의학의 효과가 클수록 자연선택이라는 자연적 방법이 온전히 작동하도록 하는 것이 더욱 중요해진다. 그러면 우리는 비난을 받지 않고도 의학의 적용을 촉구하는 인도적이고 기독교적인 감정에 따를 수 있다. 열등한 개인들의 번식 때문에 발생하는 병리학적 물질의 양이 아무리 많아도 자연선택은 이에 대처할 수 있다. 그때 의료기술은 우생을 늦출 수는 있지만 막을 수는 없다.[11]

반면에 우리가 경제생활을 국가가 통제하기로 결정하면 선택과정에서 자연을 배제한다. 인간의 번식이 형식적으로는 국가에 양도되지 않지만 내용상 국가의 통제하에 놓인다. 국가는 한 남성이 가족을 이룰 수 있을지, 언제 이룰지, 그리고 그가 그 자녀에게 어떤 종류의 양육을 제공할 수 있는지를 결정한다. 공무원들에게 급여를 차등지급함으로써 국가는 현재 복무 중인 공무원들의 번식에 결정적으로 개입하며, 앞으로 이러한 개입은 일반화될 것이다. 국가 당국을 만족시키는 인간 유형

---

11 게젤의 시대인 20세기 초에는 다윈의 진화론에 따른 우생선택이론의 영향이 컸으며, 더 나아가 우생학에 기초하여 인종 개조 및 말살을 행한 나치의 유대인 학살로 이어지기까지 했다. 하지만 게젤은 인간 개조 또는 열성 제거라는 우생학의 관점이 아니라 경제활동에서 자연선택이 일어나도록 공정한 경쟁의 환경, 즉 제도개혁(자유토지와 자유화폐)이라는 관점에서 우생의 생존을 옹호한 것이다. 인간본성에 따른 경제활동은 이기심에 기초하여 경쟁하는 것인데, 이때 경쟁을 왜곡하는 게 바로 특권(토지의 사적소유 및 화폐 특권)이고, 특권이 있는 한 우생 선택이 배제될 수 있다고 본다. 그래서 이러한 특권을 제거하여 경제활동의 선택이 자연법칙에 의한 선택이 될 수 있도록 하자는 것이고, 그렇게 해야 인류의 번영이 가능하다고 본다. 선천적으로 열등한 사람에 대한 의학적 치료는 당시의 시대적 분위기로는 비난받을 수 있는 것이었으나 게젤은 인도주의적 관점에서 의학의 적용을 옹호하고, 이것이 자연선택을 막지 않을 것이라고 보고 있다.

이 우세한 유형의 인간이 될 것이다. 그러면 개인은 더 이상 자신의 개인적인 능력이나 다른 사람 또는 주변환경과의 관계에 의해 지위를 얻지 못하고, 반대로 그의 성공과 실패는 권력을 가진 당 지도부와의 관계에 의존하게 된다. 그는 지위를 얻기 위해 음모를 꾸미고, 결국 음모를 잘 꾸미는 자들이 그러한 기질을 물려받은 후손을 가장 많이 남길 것이다. 이런 식으로 경제생활에 대한 국가의 통제는 인류의 번식에 영향을 미칠 것이다. 이는 마치 의류 패션의 변화가 양羊의 번식에 영향을 미치고 흰 양과 검은 양의 수를 결정하는 것과 같다. 가장 영리한 음모꾼들로 이뤄진 당국이 개인을 임명(승진 또는 좌천)할 것이다. 음모꾼이 되기를 거부하는 사람들은 도태되고 그들의 유형은 줄어들고 마침내 사라질 것이다. 국가의 금형金型이 인간의 유형을 찍어낼 것이다. 국가가 찍어낸 유형을 넘어선 인류 발전은 불가능해질 것이다.

국가통제하에 발전할 사회생활의 모습이 어떨지 독자들의 상상에 맡겨둔다. 그러나 나는 경제적 힘들의 자유로운 작용이라는 원칙이, 비록 전쟁 전에 희화화되었다고 해도, 사회의 많은 부분에 매우 큰 자유를 허용한다는 것을 상기시키고 싶다. 화폐 소유자가 누리는 것보다 더 큰 독립성이란 상상할 수 없다. 그들은 직업 선택의 완전한 자유를 가지고, 적절하게 일하고, 원하는 대로 생활하며, 완벽한 이동의 자유를 가지며, 국가통제의 의미를 전혀 모른다. 누구도 그들이 돈을 어디서 받는지 묻지 않는다. 그들은 수표책 모양의 '열려라 참깨' 말고 다른 짐 없이 전 세계를 여행한다. 여행자들에게 이상적인 상태라 할 수 있다. 이 시대는 근본적으로 건전한 경제제도의 설계 결함으로 인해 자유에서 배제된 사람들, 즉 프롤레타리아트를 제외하고는 황금시대로 인식된다. 그러나 프롤레타리아트라는 결함, 즉 우리 경제제도의 설계 결함이 있다고 해서 기존 제도 자체를 거부하고 대신 모든 사람의 자유를 박탈하고 전 세계를 노예제도로 떨어뜨릴 새로운 체제를 도입할 어떤 근거가 있을까? 설계 결함을 수리하고, 불만족스러운 노동자들을 해방시키고, 이러한 방식으로 모든 사람들이 현행 제도의 값진 자유를 공유하도록 만드는 것이 더 합리적이지 않을까? 왜냐하면 그 목적은 분명 모든 사람을 불행하게 하지는 않을 테니까. 반대로 그것은 모든 사람이 삶의 기쁨의 원천에 접근할 수 있도록 할 것이다. 삶의 기쁨은 인간에 내재된 힘이 자유롭게 기능할 때 비로소 나타날 수 있다.

경제기술적 관점, 즉 노동의 효율성 관점에서 민간기업이 국영기업보다 더 나은지에 대한 질문은 일반적으로 자기보존 충동이 각자의 생활 속 과업에 수반된 곤란을 극복하는 데 종족보존 충동*보다 더 효과적이냐 하는 질문과 동일하다.

이 질문은 아마도 효과가 나타나는 데 시간이 걸리는 자연선택 과정보다 즉각적이고 실질적인 중요성 때문에 일반적으로 더 흥미롭다. 이를 간단히 살펴보자.

재산공유제의 옹호자인 공산주의자가 다른 사람들, 적어도 개인적으로 자기가 모르는 사람들이 자기자신보다 더 헌신적일 거라고 믿는다는 건 기이한 현상이다. 따라서 자신을 먼저 생각하고 때로는 자신만을 생각하는 가장 근시안적인 이기주의자들이 이론상 열광적인 공산주의자인 경우가 종종 있다. 이 사실을 직접 확인하고 싶은 사람은 공산주의자 모임에서 임금이나 급여를 다 합친 뒤에 똑같이 나누자는 진정한 공산주의적 제안을 해보면 알 수 있다. 그러면 바로 전만 해도 재산

● 전체나 종, 공동체, 대중, 인종, 인류를 보존하기 위해 모든 사람에게서 어느 정도 발전된 충동.

공유제에 대해 큰소리로 찬성하던 사람들조차 이런 제안에는 다들 침묵한다. 모두 임금공유제가 자기에게 유리할지 따지느라 조용해진다. 지도자들은 정말 어이없는 논리로 그 제안을 단호하게 거부한다. 그러나 사실 공산주의자들의 이기심 말고는 이 임금공유제에 다른 장애물은 없다. 누구도 공장이나 공동체, 노동조합의 노동자들이 각자의 임금을 모은 다음 각 가정의 필요에 따라 총액을 분배하는 것을 막지 않는다. 이 계획으로 그들은 곤경을 해결하는 경험을 얻거나, 전 세계에 공산주의 원칙의 정당성을 설득할 수 있다. 더 나아가 인간은 공동체적이라는 것을 부정하는 회의론자들을 완전히 반박할 수도 있다. 아무도 그러한 공산주의적 실험을 막지 않는다. 국가나 교회는 물론 자본가들조차. 그 계획에는 어떤 자본도 필요하지 않고, 유급직원이나 복잡한 준비도 필요없다. 원하는 규모로 언제든 시작할 수 있다. 그러나 경제생활에서 실질적 공유제에 대한 공산주의자들의 열망이 너무 작아서인지 그러한 실험은 시도된 적이 없다. 자본주의 제도 안에서 임금공유제는 노동대가가 각 개인의 필요에 따라 분배되기만 하면 된다. 그러나 재산공유제 위에 세워진 국가에서는 이 제도가 개인의 노동의 즐거움을 감소시키지 않았다는 걸 증명할 필요가 있을 것이다. 이 또한 공산주의자들이 임금공유제를 통해서 증명할 수 있을 것이다. 왜냐하면 임금공유제를 도입한 후(특별노력에 대한 특별보상을 모두 폐지한 후)에도 (특히 보상이 따르던 작업에서) 열심히 하려는 노력이 없어지지 않는다면, 또 임금공유제가 총소득을 감소시키지 않는다면, 또 가장 효율적인 공산주의자들이 자신의 더 많은 수입을 현재처럼 자기 주머니에 넣듯 유쾌하게 임금기금에 넣는다면, 그보다 완벽한 증거는 없을 것이기 때문이다. 생산 분야에서 수많은 공산주의적 실험이 실패했다고 해서 그것이, 임금공유제 제안이 항상 단호히 거부될 만큼, 공산주의가 불가능하다는 결정적인 증거가 되는 것은 아니다. 상품 생산공유제를 위해서는 특별한 준비와 훈련, 기술과 상업상의 지도력, 그리고 생산도구들도 필요하다. 따라서 실패는 여러 가지 방법으로 설명될 수 있기 때문에, 원칙 자체가 잘못이고, 공산주의 정신, 연대의식이 너무 약하다는 결정적인 증거는 아니다. 하지만 임금공유제 제안은 애매모호한 태도를 불가능하게 만든다. 그걸 거부하는 것은 곧 공산주의 정신에 대한 직접적인 반박이기 때문이다. 즉 "종족보존 충동은 생활 속 과업에 수반된 곤란을 극복할 만큼 충분히 강하다"라는 주장에 반대하는 것이기 때문이다.

초기 기독교인들 사이에 공산주의가 존재했다고 해서 이러한 사실의 논리적 문제를 벗어날 수 없다. 실행이 훨씬 어려운 생산공유제가 아니라 소득공유제를 실천한 초기 기독교인들은 종교적 원칙에 따라 행동했다. 그리고 가족이나 부족 차원의 공유제를 실천한 다른 사람들은 공동체의 족장이나 가부장의 명령에 따라야 했다. 둘 다 강요된 또는 광신적인 복종에 따라 행동한 것이지 자연의 충동에 따른 것은 아니었다. 그들은 물자부족에 시달렸고, 선택의 여지가 없었다. 또한 교환을 위한 재화 생산이라든가, 개별성과의 차이를 측정하거나 모든 사람에게 투명하게 보여줄 노동분업은 아직 확립되지 않았다. 원시인들은 함께 씨를 뿌리고 수확하고, 낚시와 사냥을 했고, 서로 같은 밧줄을 잡아당기고 있었기 때문에, 누가 조금 더 잡아당겼고 덜 잡아당겼는지 알수가 없었다. 측정기준이 존재하지 않거나 불필요했고, 공동체 생활은 견딜 만한 것이었다. 그러나 교환을 위한 재화 생산과 노동분업으로 인해 이런 종류의 사회질서는 더 이상 불가능해졌다. 공동체의 각 구성원이 기여한 직물량, 무게, 곡물량의 정확한 수치는 모두에게 알려졌고,

노동생산물의 평화로운 분배는 과거의 일이 되었다. 모두 자기의 노동 생산물을 자유롭게 처분하고 싶어했다. 특히 가장 큰 성과를 내고 결과적으로 지역사회의 존경을 누리던 가장 유능한 사람들이 더 그랬다. 지도자들은 공동체를 해체해야 했는데, 평균 이상의 성과를 거둔 모든 사람들의 지지를 받았음에 틀림없다. 개별생산이 가능해지자 생산공동체는 필연적으로 사라지게 되었다. 경제생활 공동체인 공산주의는 외부의 적들의 위협과 공격을 받아 사라진 것이 아니었다. 공산주의는, 이 경우에는, 항상 그 공동체의 가장 유능한 사람들로 구성된 '내부의 적'에게 굴복했다. 공산주의가 모든 사람에게 공통된 어떤 충동, 이기심보다 더 강한 충동에 기초했더라면, 세계를 지배했을 것이다. 공산주의 지지자들이 아무리 자주 외적 사건에 의해 흩어지더라도 항상 다시 모였을 것이다.

공산주의의 동력, 즉 종족보존의 충동(연대의식, 이타주의)은 사실 경제생활에서 개인주의를 만드는 자기보존 충동에 따라 희석되고 마는 해결책이며, 따라서 공산주의의 효능은 희석되는 양에 반비례한다. 사회(공동체)가 클수록 희석량은 커지고 공동체 보존을 위해 일하려는 충동은 약해진다. 동료와 함께 일할 때는 혼자 일해서 그 결실을 즐길 때보다 근면성이 떨어진다. 동료가 10명, 100명 또는 1,000명이 되면 일하려는 충동도 10분의 1, 100분의 1 또는 1,000분의 1로 줄어들게 된다. 그리고 만약 인류 전체가 노동대가를 공유하게 되면, 모든 사람들은 스스로에게 이렇게 말할 것이다. "내가 어떻게 일하는지는 중요하지 않아. 내 일은 바닷속의 물 한 방울 같은 것인데." 이렇게 되면 일은 더 이상 충동에 이끌리지 않게 된다. 따라서 충동은 다른 강제방식으로 대체되어야 한다.

이러한 이유로 다음과 같이 말한 뇌샤텔[12]의 철학자 샤를 스크레탕 Charles Secrétan[13]은 옳았던 것이다. "이기심이 주로 일의 자극제가 되어야 한다. 따라서 이 충동에 더 많은 힘과 행동의 자유를 줄 수 있다면 어떤 것이든 장려해야 한다. 이 충동을 약화시키고 제한하는 것들은 비난받아야 한다. 이 근본원칙은, 근시안적인 자선단체의 반대와 교회의 비난에도 불구하고 흔들림 없는 해결책으로 적용되어야 한다."

그때 우리는 자연스러운 경제질서의 더 높은 목표에 무관심하다고 믿는 사람들조차 이 개혁의 혜택을 받을 것이라고 약속할 수 있다. 그들은 더 나은 식탁, 더 나은 집, 더 아름다운 정원을 기대해도 된다. 자연스러운 경제질서는 현재의 질서 또는 공산주의적 질서보다 기술적으로 더 우월할 테니.

---

12 스위스 서쪽 뇌샤텔 호수를 끼고 있는 도시.
13 스위스의 철학자로, 합리적이고 철학적인 기독교를 구축하려 애썼다.

제4판 서문(1920년)

현재 수많은 지지자들이 『자연스러운 경제질서』를 적극적이고 광범위하게 선전해준 덕분에 제3판 발간 후 얼마 안 돼서 이번 제4판을 출간한다.

전쟁이 새로운 걸 보여준 게 없어 책의 내용도 새로워진 건 없다. 내 이론에서 아주 사소한 부분조차 수정할 필요는 없었다. 전쟁과 독일혁명의 사건들은 전쟁 전에 내가 쓴 내용이 정확하다는 많은 증거가 되었다. 이론과 그 정치적 적용 모두 그렇다. 전쟁은 자본가와 공산주의자, 마르크스주의자에게 반성을 위한 많은 재료를 제공했다. 많은 사람들, 아마도 대부분의 사람들은 자신의 계획이 잘못되었고, 솔직히 난처하고 당황스러운 것이었음을 인정했다. 대부분은 이제 더 이상 자신이 어떤 정당 소속인지조차 모른다. 이 모든 것이 자연스러운 경제질서의 바탕이 되는 원리가 진실임을 확인시켜준다.

정당은 모두 경제강령이 없다. 그들은 선전구호에 따라 함께 모여 있을 뿐이다. 자본가조차 인정하듯 자본주의는 수정되어야 한다. 볼셰비즘이나 공산주의는 러시아의 시골지역에서 아직도 발견되는 그런 원시적인 사회상태에서는 가능하지만 그와 같은 선사시대의 경제형태는 분업에 기반을 둔 고도로 발전된 경제제도에서는 적용될 수 없다. 유럽인은 공산주의에 필연적인 관리감독을 넘어설 만큼 성장했다. 그들은 자본주의적 착취에서 자유로울 뿐만 아니라 공산주의적 사회생활의 필수요소인인 공적개입으로부터도 자유로워야 한다. 이런 이유로 현재의 산업국유화 시도는 거듭해서 실패를 경험하게 될 것이다.

재산공유제의 옹호자인 공산주의자는 사회발전이라는 문턱에서는 극우파의 자리에 서 있다. 따라서 공산주의는 가장 극단적인 형태의 반동reaction이다. 반대로 자연스러운 경제질서는 행동action의 강령, 진보의 강령, 극좌파 대표의 강령이다. 그 사이에는 과도적인 단계가 있을 뿐이다.

무리지어 살던 미개상태의 인간에서 독립적이고 완전히 발전된 개인, 타인의 통제를 완전히 거부하는 자율적 인간으로의 이행은 노동의 분업과 함께 시작된다. 이 이행은, 만약 현재의 토지 소유제도와 화폐 형태의 특정 결함들(이 결함들이 자본주의를 만들었고, 자본주의는 자기 보호를 위해 우리가 아는 국가, 즉 공산주의와 자연스러운 경제질서 사이의 잡종을 만들어냈다)이 지속적으로 방해하지 않았더라면 오래전에 끝났을 것이다. 우리는 이런 발전단계에서는 뭔가를 할 수가 없다. 국가라는 잡종이 만든 곤경들이 고대민족을 파멸시킨 것처럼 언젠가 우리를 망가뜨릴 것이다. 오늘날 중단이냐 후퇴냐에 대해서는 의심의 여지가 없다. 선택은 진보냐 파멸이냐 사이에 놓여 있다. 우리는 자본주의의 수령을 넘어 군건한 땅으로 나아가야 한다. 자연스러운 경제질서는 인위적으로 만든 새로운 질서가 아니다. 노동의 분업에서 시작된 질서를 발전시키려면 우리의 화폐제도와 토지 소유제도의 결함으로 인한 장애물을 제거하기만 하면 된다. 이 이상의 것들이 시도된 적이 없었다.

자연스러운 경제질서는 유토피아나 몽상적인 열정과는 아무런 관련이 없다. 자연스러운 경제질서는 그 자체로 작동되며 법령 제정도 필요하지 않다. 또 그 질서는 관료나 정부, 기타 모든 감독기관도 필요 없다. 우리가 의지하는 자연선택이라는 법칙을 존중할 뿐이다. 그것은 모든 사람이 자신의 자아를 완전히 발전시킬 수 있는 가능성을 제공한다. 그것이 지향하는 이상은 스스로를 책임지는 그리고 타인의 통제로부터 해방된 개성이라는 이상, 그것은 실러Schiller[14]와 슈티르너Stirner,[15] 니체Nietzsche,[16] 란다우어Landauer[17]의 이상이기도 하다.

1920년 5월 5일
질비오 게젤

---

14 19세기 중반독일 고전파 극작가이자 시인. 인간의 자유와 존엄성을 중시했다,

15 19세기 중반 독일의 철학자. 사회적 소외와 자기의식을 연구했다.

16 19세기 후반 독일의 철학자. 이성적인 것은 비이성과 광기에서 비롯되었다고 주장했다.

17 20세기 초 독일의 무정부주의 철학자.

제1부

분배

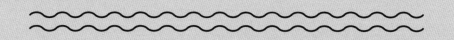

서론

만약 고용주에게 현재 이자율의 절반으로 화폐자본을 제공하면 다른 모든 자본의 수익도 곧 절반으로 떨어질 것이다. 예를 들어 주택 건축용 자금의 차입이자가 기존 주택의 임대료보다 낮거나, 황무지의 개간이 기존 농지의 임차보다 더 수익성이 있다면, 주택임대료와 농장임대료는 경쟁에 의해 필연적으로 화폐이자 수준으로 떨어질 수밖에 없다. 실물자본(주택, 경작지 등)의 가치를 가장 확실하게 떨어뜨리려면 바로 옆에 실물자본을 더 짓거나 개간하여 운영하면 된다. 생산이 증가하면 이용 가능한 화폐자본의 양도 증가하는 게 경제법칙이다. 이 덕분에 임금은 인상되고, 이자는 결국 0으로 떨어지는 경향이 있다.

피에르-조제프 프루동Pierre-Joseph Proudhon,[1] 『소유란 무엇인가?』

---

1 프랑스에서 활동하던 협동조합이론가이자 무정부주의 철학자이다. 그의 대표작『소유란 무엇인가(Qu'est ce que la propriété?)』는 사회주의이론의 고전으로 평가된다.

이자 또는 임대료로도 불리는 소위 잉여가치라는 불로소득을 폐지하는 게 모든 사회주의운동의 직접적인 경제적 목표다. 이 목표 달성의 일반적 방법으로 제안되는 것이 생산의 국유화나 사회화 방식의 공산주의다. 나는 자본의 본질을 연구하면서 이 문제의 또 다른 해결 가능성을 지적한 유일한 사회주의자가 피에르-조제프 프루동이라는 걸 알고 있다. 생산의 국유화에 대한 요구는 "생산수단의 본성이 그걸 필요로 한다"라는 호소에 따른 것이다. 생산수단을 소유하고 있기 때문에 자본가는 노동자와 임금협상을 할 때 반드시 모든 상황에서 우위優位를 가질 수밖에 없다는 것이 언제나 상식처럼 이야기된다. 우위란 '잉여가치' 또는 자본이자로 대표되고, 영원히 그럴 운명이라는 것이다. 지금까지 프루동을 제외하고는 누구도 기존 주택 옆에 새 주택을 짓거나, 기존의 모든 공장 옆에 새 공장을 세움으로써, 빼앗긴 자(노동자) 쪽으로 우위를 이동할 수 있다고 생각한 사람은 없었다.

프루동은 50여 년 전부터 사회주의자들에게, 중단 없이 열심히 일하는 게 자본을 성공적으로 공격하는 유일한 방법이라는 것을 보여주었다. 그러나 오늘날 사회주의자들은 이 진실에 대해 그 시대보다 더 이해를 못한다.

프루동이 완전히 잊힌 것은 아니지만, 정말 제대로 이해된 적은 없었다. 그의 충고를 이해하고 실행에 옮겼더라면 오늘날의 자본과 같은 것은 사라졌을지 모른다. 그의 방법론(교환은행)^{2}이 잘못되는 바람에

2 화폐가 상품보다 우위에 있는 현실을 타개하고자, 상품 수준을 화폐 수준으로 끌어올리기 위해 상품과 상품을 서로 교환할 수 있도록 교환권을 발행하고, 이 교환권을 바탕으로 상품이 교환되도록 설계된 은행. 교환권은 정부화폐와 교환되지 않는 게 원칙이다. 그러나 실패로 귀결되었다. 게젤은 프루동의 구상을 뒤집어서 화폐를 상품 수준으로 떨어뜨리는 '썩는 화폐', 즉 자유화폐 도입을 주장한다.

그의 이론 전체에 대한 신뢰가 떨어지고 말았지만.

어떻게 마르크스주의 자본이론이 프루동의 이론을 밀어내고 공산주의적 사회주의의 주도권을 쥐는 데 성공했을까? 어떻게 세계의 모든 신문에 마르크스와 그의 이론이 언급되게 되었을까? 어떤 사람들은 마르크스 교리가 가망이 없고 동시에 무해하다는 점을 그 이유의 하나로 꼽았다. "어떤 자본가도 기독교 교리를 무서워하지 않는 것처럼, 마르크스의 이론을 두려워하지 않는다. 따라서 마르크스가 결코 자본에 타격을 주지 못하기 때문에, 마르크스와 기독교가 가능한 한 널리 회자되도록 하는 게 그들에게 매우 도움이 된다. 그러나 프루동은 조심하라. 그를 사람들의 눈과 귀에서 멀어지게 하는 게 좋다. 그는 위험한 사람이다. 만약 노동자들이 방해나 간섭, 중단 없이 계속 일할 수 있게 하면 자본은 과잉공급(상품의 과잉생산과 혼동해선 안 된다)되어 곧 질식당할 것이라는 그의 주장은 명백한 진실이기 때문이다. 자본을 공격하자는 프루동의 제안은 위험하다. 그것은 당장 실행에 옮길 수 있기 때문이다. 마르크스주의 강령은 현대적 기계와 도구로 무장한 오늘날의 훈련된 노동자의 엄청난 생산능력을 이야기한다. 하지만 마르크스는 이 엄청난 생산능력을 이용하지 못한다. 반면 프루동의 손에서 그것은 자본에 대항하는 치명적인 무기가 된다. 따라서 마르크스를 줄창 이야기하라. 프루동이 잊힐 수 있도록!"

이 설명은 그럴듯하다. 그리고 헨리 조지Henry George[3]의 토지개혁운동도 마찬가지 아닌가? 토지 소유자들은 토지개혁운동이 늑대의 옷

---

3 미국의 저술가, 정치가, 정치경제학자이다. 지공주의라 불리는 토지공유 개념의 주창자였으며, 단일세로서의 토지가치세 도입을 주장했다. 그의 대표적 저서가 『진보와 빈곤(*Progress and Poverty*)』이다.

을 입은 양이라는 것을 곧 알게 되었다. 토지임대료에 대한 과세는 효과적인 형태로 이루어질 수 없고, 따라서 헨리 조지와 그의 개혁은 무해했다. 언론에서 헨리 조지의 유토피아를 광고하는 것이 용인되었고, 토지개혁가들은 최상류사회 어디에서나 받아들여졌다. 옥수수 관세로 보호받던 독일의 모든 농민과 곡물관세 투기자들이 토지개혁가가 되었다. 유행을 따르는 많은 사람들이 기독교 교리를 가지고 노는 걸 즐기듯, 이빨 빠진 사자가 되어버린 그와 노는 건 안전했다.

마르크스의 자본 연구는 애초에 길을 잘못 들었다.

1. 마르크스는 대중의 잘못된 생각에 굴복하여, 자본은 물질적인 재화로 이루어져 있다고 주장한다. 반대로 프루동에게 이자는 물질적인 재화의 산물이 아니라 경제상황, 즉 시장조건의 산물이다.

2. 마르크스는 잉여가치를 소유권에 따른 힘의 남용으로 얻은 전리품으로 간주한다. 프루동에게 잉여가치는 수요와 공급의 법칙을 따른다.

3. 마르크스에 따르면 잉여가치는 반드시 양수여야 한다. 프루동은 음의 잉여가치도 가능하다고 본다. (양의 잉여가치는 공급 쪽의 잉여가치, 즉 자본가 쪽의 잉여가치이고, 음의 잉여가치는 노동자 쪽의 잉여가치다.)

4. 마르크스의 해결책은 빼앗긴 자들의 정치적 패권인데 이는 조직이라는 수단으로 성취된다. 프루동의 해결책은 생산능력의 완전한 발전을 가로막는 장애물을 제거하는 것이다.

5. 마르크스에게 파업과 위기는 반가운 사건이며, 착취자에 대한 최종적이고 강압적인 몰수야말로 끝장을 보는 수단이다. 프루동은 반대로 이렇게 말한다. 자본의 가장 강력한 동맹군은 파업과 위기, 실업이기 때문에, 무슨 일이 있더라도 스스로 일을 단념하는 것을 용인해서는

안 된다. 반면에 열심히 일하는 것만큼 치명적인 것은 없다.

6. 마르크스는 말한다. 파업과 위기는 당신의 목표로 당신을 휩쓸어 가고, 거대한 붕괴는 당신을 낙원에 내려줄 것이다. 프루동은 말한다. 아니다, 그런 방법은 당신을 목표에서 멀어지게 한다. 그런 전술로는 이자를 단 1퍼센트도 떨어뜨리지 못할 것이다.

7. 마르크스에게 사적소유는 권력과 패권을 의미한다. 반대로 프루동은 이러한 패권이 화폐에 뿌리를 두고 있으며, 조건이 바뀌면 사적소유의 힘이 약점으로 바뀔 수도 있음을 안다.

마르크스의 단언처럼 자본이 물질적인 재화로 이루어져 있고, 그것을 소유하는 것이 자본가에게 패권을 제공한다면, 이 재화를 조금이라도 쌓을 때 자본이 필연적으로 강화되는 게 맞다. 가령 건초 한 짐과 경제학 문헌 한 꾸러미의 무게가 각각 100파운드라면 두 짐이나 두 꾸러미는 정확히 200파운드여야 한다. 마찬가지로 한 주택이 연간 1,000달러의 잉여가치를 산출한다면, 10채의 주택은 항상 그리고 당연히 1,000달러의 10배를 산출할 게 틀림없다. 자본이 단지 물질적인 재화로 구성되어 있다는 가정하에서 말이다.

하지만 우리는 이제 자본이란 물질적인 재화처럼 차곡차곡 쌓아올릴 수 있는 것이 아니라는 것을 알았다. 왜냐하면 추가된 자본은 보통 이미 존재하는 자본의 가치를 떨어뜨리기 때문이다. 이러한 진실은 매일의 관찰로 실험할 수 있다. 어떤 상황에서는 생선 1톤의 가격이 100톤보다 더 클 수 있다. 만약 공기가 그렇게 풍부하지 않다면, 공기는 얼마에 팔릴까? 공기가 지금처럼 존재하기 때문에 우리는 공기를 공짜로 얻는다.

전쟁이 일어나기 얼마 전에 베를린 교외의 지주들이 주택임대료의 감소, 즉 잉여가치 하락으로 절망에 빠졌고, 자본가 언론들은 다음과 같이 비난하면서 떠들어댔다.

"노동자들과 건설업자들의 분노에 찬 건설!"

또는

"주택산업에 건설 전염병 유행!"(독일 언론으로부터 인용)

이러한 표현들은 자본의 불안감을 드러낸 것 아닐까? 마르크스주의자들이 그토록 경외심을 품고 있는 자본은 업자들의 '건설 전염병'으로 사망하고, 노동자들의 '분노의 건설' 앞에서 철수한다! 프루동과 마르크스는 그런 상황에서 어떤 충고를 했을까? "건설을 중단하라!" 마르크스는 그렇게 했을 것이다. "슬퍼하라, 가서 요구하라, 너의 실업을 한탄하라, 파업을 선언하라! 네가 짓는 모든 집들이 자본가들의 힘을 2배, 4배로 늘릴 것이다. 자본가의 힘은 잉여가치, 즉 주택임대료로 측정된다. 따라서 주택 수가 많을수록, 확실히 자본은 더욱 강력해진다. 그러므로 내가 충고하건대, 건설량을 제한하고, 8시간 노동 또는 심지어 6시간 노동을 요구하라. 여러분이 짓는 모든 집은 임대료를 추가할 것이다. 임대료는 잉여가치이므로 여러분의 건설 열망을 억제하라. 당신이 건설 활동을 덜 할수록 더욱 값싼 집에서 살 수 있을 테니까!"

아마도 마르크스가 그런 허튼소리를 하지는 않았을 것이다. 그러나 자본을 물질적인 재화로 간주하는 마르크스주의 교리 자체가 노동자들을 오도하여 이러한 방식으로 생각하고 행동하게 한다.

이제 프루동의 말을 들어보자.

"전속력으로 전진하라. 건설 열망을 품자. 우리에게 건설 전염병을 달라! 노동자들과 고용주들은, 어떤 일이 있어도 당신들 손에서 삽이 떨어지지 않게 하라. 당신들의 일을 방해하는 자들은 모두 무찌르라.

그들은 너희의 원수들이다. 주택임대료가 여전히 일정한 잉여가치, 자본이자를 누리고 있는데도, 건설 전염병과 주택의 과잉생산에 불만을 보이는 자들은 누구인가? 자본이 건설 전염병으로 죽게 내버려두자! 약 5년만 더 건설 열망에 빠져보자. 이미 자본가들은 절망을 느끼고 있으며, 이미 잉여가치의 하락을 한탄하고, 임대료는 이미 4퍼센트에서 3퍼센트로, 즉 4분의 1만큼 떨어졌다. 더 많은 노동을 방해받지 않고 5년씩 세 번만 더해보라. 그러면 잉여가치가 사라진 집 덕분에 환호하게 될 것이다. 자본은 죽어가고 있고, 그것을 죽이는 것은 바로 당신의 노동이다."

진실은 영원히 흐르는 나일강의 진흙 속 악어처럼 느리다. 그것은 시간을 고려하지 않는다. 인간의 수명으로 측정되는 시간은 진실에 대해서는 의미가 없다. 진실은 영원하기 때문에. 그러나 진실 앞에는 죽을 운명을 가진 인간처럼 항상 서두르는 대리인이 있다. 이 대리인에게 시간은 돈이다. 대리인은 항상 바쁘고 흥분상태에 있다. 그리고 그 이름은 '오류'다. 오류는 세월이 흘러가도록 가만히 누워 있지 않는다. 그것은 끊임없이 시험대에 오른다. 오류는 모든 사람의 길 위에 있고, 모든 사람은 오류의 길에 서 있다. 그것이 진정한 걸림돌이다.

그러므로 프루동이 금기시되어도 상관없다. 그의 적수 마르크스는 자신의 오류를 통해 진실을 밝혀주고 있다. 그리고 이런 의미에서 우리는 마르크스가 프루동의 대리인이 되었다고 말할 수 있다. 무덤 속의 프루동은 평화롭다. 그의 말은 영원한 가치가 있다. 그러나 마르크스는 쉴 새 없이 움직여야 한다. 언젠가는 진실이 드러나게 되고, 마르크스의 교리는 인간의 오류 박물관으로 밀려날 것이다.

프루동이 실제 억압당하고 잊힌다 해도 자본의 본질은 결코 변하지 않는다. 진실은 또 다른 사람이 발견할 것이다. 발견자가 누구든 진실은 상관하지 않는다.

본 저자는 프루동이 추구한 길을 따라가면서 같은 결론에 이르렀다. 저자가 프루동의 자본이론에 무지한 것이 오히려 다행이었다. 그 때문에 연구를 더 독립적으로 시작할 수 있었고, 독립성이야말로 과학적인 연구를 위한 최선의 전제이다.

본 저자는 프루동보다 운이 좋았다. 그는 프루동이 50년 전에 발견한 것, 즉 자본의 본성을 깨달았을 뿐 아니라 프루동의 목표로 가는 실제적인 길을 발견했기 때문이다. 그리고 중요한 것은 결국 그것이다.

프루동은 이렇게 물었다. 왜 우리는 주택이나 기계, 배가 부족한가? 그리고 그는 올바른 답도 제시했다. 화폐가 그들의 건설(제조)을 제약하기 때문이라고. 또 그의 말을 빌리자면, "화폐는 시장 입구에 서 있는, 아무도 통과시키지 말라는 명령을 받은 파수꾼 같은 것이다. 여러분은 화폐가 시장(시장은 상품의 교환을 의미한다)의 문을 여는 열쇠라고 생각한다. 그건 사실이 아니다. 화폐는 시장의 문을 가로막는 빗장이다."

화폐는 단순히 기존의 모든 주택 옆에 추가로 주택을 더 짓는다고 가치가 떨어지지 않는다. 자본이 전통적인 이자의 산출을 멈추는 순간, 화폐는 파업하고, 일을 멈추게 한다. 그러므로 화폐는 '건설 전염병'과 '분노의 노동'에 저항하는 혈청처럼 행동한다. 화폐는 실물자본(주택과 공장, 배)의 증가에 따른 위협을 막는 면역제가 된다.[4]

프루동은 화폐가 갖는 시장 진입 방해 또는 억제 속성을 발견하고

---

4 실물자본이 증가해 자본이 과잉되면 이자율이 떨어지게 되어 화폐가 시장에서 퇴출되고, 실물자본 생산도 억제되어 화폐가 과잉자본 상태를 막는 역할을 한다는 의미.

다음과 같은 슬로건을 내걸었다. "재화와 노동력을 화폐 수준으로 끌어올려 화폐의 특권과 싸우자. 두 가지 특권에 맞서게 하여 서로 중화시키자. 현재 화폐 쪽에 기울어진 잉여의 추를 재화 쪽으로 옮겨서 둘 사이의 균형을 맞추자."

프루동의 생각은 그런 것이었고, 그것을 실행에 옮기기 위해 그는 교환은행을 설립했다. 모두가 알다시피 그 은행은 실패했다.

하지만 프루동을 비켜간 문제해결책은 매우 단순하다. 중요한 것은 관습적인 관점, 즉 화폐 소유자의 관점을 버리고 노동의 관점 그리고 재화 소유자의 관점에서 문제를 보는 것이다. 이렇게 관점을 바꾸어야 직접적인 해결책이 무엇인지 이해하게 된다. 경제생활의 진정한 기초는 화폐가 아니라 재화이다. 재화와 그 결합물이 우리 부의 99퍼센트를 차지하며, 화폐는 단지 1퍼센트에 불과하다. 그러므로 기초가 되는 재화를 소중히 다루자. 재화는 건드리지 말자. 재화는 시장에 나와 있는 대로 받아들여야 한다. 우리가 재화를 고칠 순 없다. 그것들이 썩고, 부서지고, 사라지면, 그렇게 되도록 내버려두자. 그것이 재화의 본성이다. 우리가 아무리 효율적으로 프루동의 교환은행을 조직해도, 신문 공급자 손에 있는 신문이 독자를 찾지 못하면 두 시간 후 폐지로 전락하는 것을 막을 수 없다. 게다가 우리는 화폐가 저축의 보편적인 수단이라는 것을 기억해야 한다. 교환수단으로 유통에 봉사하는 모든 화폐가 은행에 예금되면 이자에 의해 다시 유통될 때까지 은행에 머문다. 어떻게 하면 저축자들로 하여금 재화를 기성 화폐(금)와 같은 수준으로 보게 할 수 있을까? 어떻게 하면 화폐 대신, 사들인 볏짚이나 책, 베이컨, 기름, 가죽, 비료, 화약, 도자기 등으로 그들의 궤짝이나 가게창고를 채우게 할 수 있을까?

그리고 이것이 프루동이 재화와 화폐를 같은 수준으로 만들려고 시도했던 진짜 목적이다. 프루동은 돈이 교환수단일 뿐만 아니라 저축수단이라는 사실, 그리고 화폐와 감자, 화폐와 석회, 화폐와 옷감은 어떤 경우에도 저축자의 마음속에서 결코 동등한 것으로 간주되지 않는다는 사실을 간과해버렸다. 노후를 대비해 저축하는 젊은이라면 큰 창고에 물건들이 아무리 쌓여 있는 것보다도 금화 한 개를 더 선호할 것이다.

따라서 우리는 재화를 건드려서는 안 된다. 재화는 다른 것들이 따라야 하는 기초적 요소이다. 화폐를 좀 더 자세히 살펴보면, 여기서는 뭔가 변화가 가능할지 모른다. 화폐가 현재 있는 모습 그대로 항상 존재해야 할까? 하나의 상품인 화폐가 다른 상품들에는 교환수단으로서 봉사해야 하는데, 화폐가 그 상품들보다 우월해야 할까? 화재나 홍수, 경제위기, 전쟁, 유행의 변화가 있을 때 화폐만 그 피해를 면해야 할까? 왜 화폐는 자신이 봉사하는 재화보다 더 우월해야 하는가? 그리고 재화에 대한 화폐의 우위는 우리가 잉여가치의 원천이라고 발견한 특권, 즉 프루동이 폐지하려고 노력한 그 특권이 아닌가? 그렇다면 화폐의 특권을 끝장내자. 아무도, 저축자, 투기자 또는 자본가조차 시장이나 상점, 창고의 물건들보다 상품으로서의 화폐를 더 선호하도록 해서는 안 된다. 화폐가 재화에 대한 지배력을 갖지 못하게 하려면 재화들이 그렇듯 화폐도 썩어야 한다. 화폐도 나방과 녹의 습격을 받고, 병들고, 닳게 하자. 그리고 화폐의 수명이 다하면 소유자로 하여금 죽은 화폐의 옷을 벗기고 땅에 파묻는 비용을 지불하게 하자. 그렇게 해야 비로소 우리는 프루동이 하려고 했던 것, 즉 화폐와 재화를 같은 선상에 놓고, 완전히 동등한 가치를 갖는다고 말할 수 있지 않을까?

이 요구를 상업적 방식으로 설명하면 다음과 같이 말할 수 있다. 재화 소유자는 재화를 보유하는 동안 항상 재화의 수량과 품질에서 손실을 입는다. 게다가 그는 보관비용(임대료, 보험금, 관리비 등)을 지불해야 한다. 이 모든 것이 매년 얼마나 될까? 아마 실제금액보다 크지는 않고 더 작을 테지만 5퍼센트라고 해두자.

이제 은행가나 자본가, 재산가가 자기소유의 화폐나 빌린 화폐에 대해 장부에 표시할 감가상각비는 얼마일까? 슈판다우의 율리우스 탑[5] 속에 있는 군자금은 거기 보관되어 있는 44년 동안 얼마나 줄어들었을까? 단 한 푼도 줄어들지 않았다!

그렇다면, 우리의 질문에 대한 답은 분명하다. 우리는 보관 때문에 어떤 재화에서 발생하는 손실만큼 화폐도 손실이 발생하도록 해야 한다. 화폐는 더 이상 재화보다 우위에 있지 않다. 재화든 화폐든 소유하거나 저축하거나 차이가 없게 된다. 그렇게 되면 화폐와 재화는 완전한 등가물이 된다. 프루동의 문제는 해결되고, 인류 역량의 충분한 발전을 가로막던 족쇄가 사라진다.

사회정치적 강령의 형태로 이 연구를 행하려는 계획 때문에 나는 문제의 해법을 이 책의 제3부부터 제5부까지로 미루고, 분배와 자유토지에 관한 부분부터 시작하게 되었다. 이러한 순서는 일반적인 도식을 끌어내고 자연스러운 경제질서의 목표를 보다 분명히 밝히는 데 도움이 된다. 그러나 프루동의 문제가 어떻게 해결되었는지 너무 알고 싶은 독자들은 이 책의 제3부부터 제5부까지 먼저 읽은 다음 돌아와도 된다.

---

5 독일 베를린 슈판다우(Spandau) 구에 있는 성을 보호하기 위해 13세기에 지어진 탑.

1.
목표와 방법

서론에서 지적했듯이, 모든 사회주의의 경제적 목표는 불로소득, 소위 잉여가치(때로는 임대료와 이자라고 불리는 것)를 폐지하는 것이다. 이 목표를 달성하려면, 일반적으로 생산과 그에 따른 모든 생산물의 국유화 또는 사회화가 불가피한 것으로 선언된다.

빼앗긴 자들의 이러한 요구는 카를 마르크스의 자본의 본성에 대한 과학적 연구에 의해 뒷받침되고 있다. 마르크스는 잉여가치가 민간기업과 생산수단의 사적소유에 의해 필연적으로 발생함을 증명하고자 했다.

본 저자는 '이 마르크스주의 교리는 우리가 진실에 도달하려면 포기해야 하는 불가능한 전제에 기초하고 있음'을 보여주고자 한다. 나의 결론은, 자본이란 물질적 재화로 간주해서는 안 되고, 오로지 수요와 공급으로만 결정되는 '시장조건'으로 보아야 한다는 것이다. 마르크스의 적수인 프랑스 사회주의자 프루동은 50여 년 전에 노동자들에게 이 사실을 증명해주었다.

이 교정된 자본이론에 따르면 우리가 토지의 사적소유와 불합리한 화폐제도에서 기인한 인위적 장애물들을 제거하면 현재의 경제질서에서도 근본적이고 건전한 원칙을 완전히 실현할 수 있음을 알게 된다. 이러한 장애물을 제거하면 노동자들은 자신의 노동으로 단기간에(10~20년 이내에) 자본에 대한 시장조건을 바꿀 수 있다. 그 결과, 잉여가치가 완전히 사라지며, 생산수단은 자본주의적 성격을 잃게 될 것이다. 생산수단의 사적소유라는 것은 이제 저금통을 가진 사람이 자기 돈을 저금통에서 꺼내 쓸 수 있다는 정도의 이점밖에는 없을 것이다. 즉, 저금통은 그에게 잉여가치나 이자를 주진 않지만, 그는 그 안에 있는 돈을 조금씩 꺼내 사용할 수는 있다. 생산수단(주택이나 선박, 공장)에 투자된 저축이나 기타 화폐는 자연스러운 마모나 소비하는 양에 비례하여 매년 그 가치가 상각되는 합계만큼 소유자에게 돌아올 것이다.[6] 그동안 추앙받으며 두려움의 대상이자 폭군이었던 자본은 강력하고 현대적인 생산수단에 의해 자유롭고 강도 높은 노동이 가능해지기만 해도 아이들의 저금통 같은 무해한 존재로 전락할 것이다.[7] 저금통은 어떤 잉여가치도 만들어내지 못하며, 주인이 그 속의 돈을 꺼내려면 저금통을 깨야 한다.

토지를 다루는 이 책의 제1부와 제2부는 농업과 건축업, 광공업이 어떻게 잉여가치 없이 또는 공산주의 없이 수행될 수 있는지를 보여준다. 자본에 대한 새 이론을 다룬 이 책의 후반부에서는 남은 생산수단을 국유화하지 않고 어떻게 하면 현 경제질서에서 잉여가치를 완전히 없애고 노동대가 전체에 대한 권리를 확보할 수 있는지 설명한다.

---

6 감가상각되는 비용만큼 임대료나 이자 형태의 수입이 들어온다는 뜻.
7 자본의 족쇄가 풀려 생산(또는 제조)이 증가하고, 자본이 서로 경쟁함으로써, 잉여가치가 사라지는 상태를 말한다.

2.
노동대가 전체에 대한 권리

이 책에서 노동자란 자신이 노동한 대가로 살아가는 사람을 의미한다. 이 정의에 따르면 농부, 고용주, 장인, 임금소득자, 예술가, 사제, 군인, 공무원, 왕은 다 노동자들이다. 그러므로 우리 경제제도에서 노동자의 반대는 자본가, 불로소득을 취하는 사람이다.

우리는 노동생산물products과 노동산출물yields, 노동대가proceeds 를 구별한다. 노동생산물은 노동에 의해 생산된 것을 말한다. 노동산출물은 노동생산물을 판매하거나 임금계약의 결과로 받은 금액이다. 노동대가는 노동자가 노동산출물로 구입하여 소비할 장소까지 옮겨올 수 있는 것을 의미한다.

노동생산물이 무형물일 때는 노동산출물 대신 임금이나 수수료, 급여 같은 용어들이 사용된다. 예를 들면 도로 청소를 하거나 시를 쓰거나 건물을 관리하는 일 등이 그렇다. 만약 노동생산물이 의자와 같은 유형물이고, 동시에 노동자의 재산이라면, 노동산출물은 임금이나 급

여라 하지 않고 물건의 판매가격이라고 한다. 이 모든 명칭들은 같은 것을 뜻한다. 즉, 수행된 노동의 대가인 화폐금액.

제조업자와 상인의 이윤은, 보통 그 안에 포함된 자본이자나 임대료를 공제한 뒤의 금액인데, 이는 노동산출물이라 할 수 있다. 광산회사의 경영자는 그가 한 일에 대해서만 급여를 받는다. 경영자가 주주이기도 하다면 그의 수입은 배당금만큼 늘어난다. 그때 그는 곧 노동자이면서 동시에 자본가인 셈이다. 일반적으로 농부, 상인, 고용주의 수입은 그들의 노동산출물에 일정한 임대료나 이자를 더한 것으로 이뤄져 있다. 차입한 자본으로 임차한 땅에서 일하는 농부는 자신의 노동대가만으로 생활한다. 자기 노동생산물 중 임대료와 이자를 지불한 후 그에게 남겨지는 몫이 그의 노동의 결과이고, 임금을 결정하는 일반법칙에 따른다.

노동생산물(또는 제공된 용역)과 노동대가 사이에는 우리가 소비하는 상품들을 구매하면서 매일 부딪치는 다양한 거래가 있다. 이 거래가 노동대가에 큰 영향을 미친다. 동일한 노동생산물을 판매하는 사람이라도 불평등한 대가를 얻는 일은 매우 흔하게 발생한다. 그 이유는 노동자로서는 동일하지만 판매자로서는 서로 다르기 때문이다. 어떤 사람은 자기 생산물을 좋은 가격에 판매하는 데 뛰어나고, 필요한 물품을 구매할 때 영리한 거래를 한다. 시장판매용 재화의 경우, 상업적 판매와 성공적인 거래에 필요한 지식은 기술적 효율만큼 성공에 매우 중요하다. 생산물의 교환이 생산의 최종적 행위라는 걸 알아야 한다. 이렇게 보자면 모든 노동자가 동시에 판매자이다.

노동생산물의 구성요소와 노동대가의 구성요소가 서로 비교되고 측정될 수 있는 공통속성이 있다면, 노동생산물을 노동대가로 전환하는 앞과 같은 상업거래는 사라질지도 모른다. 측정이나 계산, 계측이 정확하다면 노동대가는 항상 (이자와 임대료를 뺀) 노동생산물과 동일할 것이기 때문이다. 그리고 어떤 속임수도 일어나지 않았다는 증거를 노동대가의 요소를 조사함으로써 얻을 수 있을 것이다. 이는 마치 약재상의 저울이 정확한지 여부를 자신의 저울로 확인하는 것과 같다. 그러나 상품들 사이에는 그러한 공통속성이 없다. 교환은 항상 거래를 통해 이루어지지만, 결코 어떤 종류의 측정도구도 사용되지 않는다. 또한 화폐를 사용한다고 해서 교환을 성사시키기 위한 거래의 필요성이 사라지는 것도 아니다. 종종 오래된 경제학 문서에서 '가치 측정'이라는 용어를 화폐에 적용하기도 했는데, 이는 잘못이다. 카나리아 새 한 마리와 알약 한 알, 사과 한 개의 속성을 화폐 같은 걸로 측정할 수는 없다.

따라서 노동생산물과 노동대가를 직접 비교하는 것으로는 노동자가 그의 노동대가 전체를 받았는지 여부에 대한 타당하고 합리적인 증거를 찾지 못할 것이다. 전체 노동대가에 대한 권리가 어떤 개인들의 노동대가에 대한 권리를 의미하는 것이라면, 그것은 상상 속에서나 가능한 일이다.[8]

하지만 그것이 노동대가 전체에 대한 공동의common 권리 또는 노동자 집단의collective 권리라면 상황은 매우 달라진다. 이는 노동대가가 오직 일한 노동자들에게만 분배되어야 한다는 것을 의미할 뿐이다. 어떤 노동대가도 이자나 임대료로 자본가에게 양보해서는 안 된다. 이것이 노동자 공동의, 또는 노동자 집단의 노동대가 전체에 대한 권리를 요

---

8 전체 노동대가를 안다고 해서 개인의 노동대가를 알 수 있는 것은 아니다. 같은 노동을 하더라도 노동의 개별 거래과정에서 개인마다 얻는 노동대가는 달라지기 때문이다.

구할 때 내세우는 유일한 조건이다.

　노동대가 전체에 대한 노동자 집단의 권리라는 것은, 노동대가에 대한 개별 노동자의 권리를 따져본다는 의미가 아니다. 한 노동자가 어떤 사유로 노동대가를 챙기지 못하면 그것은 다른 노동자의 보수에 추가될 것이기 때문이다. 지금까지 노동자의 몫을 배분할 때 경쟁의 법칙을 따랐다. 경쟁이 치열할수록 개인의 노동대가는 줄어들고, 그 일이 쉽고 단순해진다. 높은 자격이 필요한 일을 수행하는 노동자들은 대중적 경쟁에서 가장 안전한 곳에 있고, 따라서 노동생산물에 대해 가장 높은 보수를 얻을 수 있다. 어떤 경우에는 대중적 경쟁을 물리치는 데 노래를 잘 부른다든지 하는 어떤 타고난 신체적 적성이 지능보다 나을 수도 있다. 자기 자신의 서비스로 경쟁의 공포에서 해방된다는 것은 행운이다.

　노동대가 전체에 대한 권리가 실현되면 모든 노동자들에게 이익이 될 것이다. 어쩌면 현재의 노동대가의 2배나 3배 더 많이 가져갈 수도 있다. 하지만 그렇다고 개별 노동자들의 노동대가가 평준화되지는 않을 것이다. 노동대가를 평준화하는 것은 공산주의의 목표다. 반대로 우리의 목표는 경쟁방식으로 배분되는 노동대가 전체에 대한 권리이다. 노동자 공동의 노동대가 전체에 대한 권리를 확보하는 데 필요한 개혁의 부수적 효과로서, (때때로 특히 상업에서 매우 크게 나타나는) 개별 노동자들 사이에 노동대가를 배분할 때 생기는 차이가 더 합리적인 비율로 감소될 것으로 기대할 수는 있다. 그러나 그것은 부수적인 효과일 뿐이다. 노동대가 전체에 대한 권리는, 우리 관점에서는 어떤 평준화를 의미하지 않는다. 따라서 근면하고 재능 있고 실력 있는 노동자들은 높은 능력에 비례하여 항상 더 많은 노동대가를 확보할 것이다. 거기에 불로소득이 사라진 데 따른 임금상승이 더해질 것이다.

요약

1. 노동생산물, 노동산출물, 그리고 노동대가는 직접적인 비교대상이 아니다. 이들을 양적으로 측정할 공통의 척도는 없다. 하나를 다른 것으로 바꾸는 것은 측정에 의해서가 아니라 계약과 거래에 의해서 이루어진다.

2. 개별 노동자들의 노동대가가 노동자 집단의 노동대가 전체와 비례하여 변동할지 여부는 알 수 없다.

3. 전체 노동대가는 공동의 또는 노동자 집단의 노동대가를 의미하는 것으로만 이해할 수 있다.

4. 노동자 집단의 노동대가 전체에 대한 권리는 모든 불로소득, 즉 이자 및 임대료 전액을 폐지하는 것을 의미한다.

5. 경제생활에서 이자와 임대료가 없어질 때 비로소 노동대가 전체에 대한 권리가 실현되고, 집단적 노동대가가 집단적 노동생산물과 일치한다는 증거가 완성된다.

6. 불로소득을 억제하면 개별 노동자의 노동대가가 2배 또는 3배로 증가된다. 그렇다고 개별 노동대가의 평준화가 나타나는 것은 아니다. 설사 있다 하더라도 부분적으로만 그럴 것이다. 개별 노동생산물의 차이는 정확하게 개별 노동대가로 변환될 것이다.

7. 개별 노동대가의 상대적 금액을 결정하는 경쟁의 일반적인 법칙은 여전히 유효할 것이다. 가장 유능한 노동자가 가장 높은 노동대가를 얻고, 그가 원하는 대로 사용하게 될 것이다.

오늘날 노동대가는 임대료와 이자에 의해 줄어들었다. 물론 임대료와 이자는 자의적으로 결정된 것은 아니고 시장조건에 의해서 결정된다. 모든 사람은 시장조건이 허락하는 만큼 가져가는 것이다. 우리는 이제 토지임대료부터 시작하여 이러한 시장조건이 만들어지는 방식을 살펴볼 것이다.

3.
토지임대료로 인한
노동대가의 감소

토지 소유자는 자기 땅을 경작하거나 묵혀둘 수 있는 선택권이 있다. 그가 땅을 소유하는 것과 경작하는 것은 별개다. 묵혀둔다고 해서 땅이 나빠지는 것도 아니다. 오히려 땅이 개선된다. 실제로 어떤 경작체계 아래서는 토양을 묵혀두는 것이 땅의 비옥도를 회복하는 유일한 방법이다.

따라서 토지 소유자는 자신의 재산(농장, 건축부지, 석유 또는 석탄 매장지, 수력, 삼림 등)을 다른 사람이 공짜로 사용하도록 놔둘 이유가 없다. 만약 토지 소유자가 그 사용에 대해 보상이나 임대료를 얻을 수 없는 상황이라면, 그 땅을 놀리면 그만이다. 그는 자기 재산을 절대적으로 지배한다.

그러므로 토지가 필요해서 토지 소유자에게 요청을 하는 사람은 당연히 임대료라고 불리는 지출을 해야 할 것이다. 우리가 토지의 면적과 비옥도를 크게 증가시킬 수는 있어도, 토지 소유자가 자기 땅을 공짜로 사용하게 하는 일은 결코 일어나지 않는다. 최악의 상황에서도 그는 땅을 사냥터로 만들거나 자기 정원으로 사용한다. 임대료는 모든 토지임대의 불가피한 조건이다. 토지 공급 측면에서 경쟁의 압력이 심하지 않기 때문에 토지를 무상으로 사용할 수는 없다.

그렇다면 토지 소유자는 토지 사용의 대가로 얼마를 요구할 수 있을까? 만약 지구의 땅 전체 면적이 인류의 생계를 위해 필요하고, 멀리서든 가까이서든 더 이상 공짜 토지를 얻을 수 없고, 이미 사유지로서 경작 중에 있거나 노동력을 더 많이 고용하는 소위 집약농업을 채택해도 생산물의 증가를 가져오지 못한다면, 토지 소유자에 대한 토지 무소유자들의 의존은 농노제 시대만큼 절대적일 것이고, 따라서 토지 소유자들은 자기 요구를 가능한 최대치까지 올릴 것이다. 그들은 노동생산물 전체, 수확물 전체를 요구할 것이고, 노동자에게는 보통의 노예에게 그러하듯 오직 그의 생존과 번식에 필요한 만큼만 제공할 것이다. 그런 조건이라면 소위 '임금철칙iron law of wages'[9]이라는 게 유효할 것이다. 소작농들의 운명은 토지 소유자의 자비에 맡겨질 것이고, 임대료는 토지의 수확량에서 소작농과 가축 먹이는 비용 그리고 자본이자를 뺀 것과 동일할 것이다.

그러나 지구가 현재의 인구를 부양하는 데 필요한 것보다 훨씬 크고 비옥하기 때문에 '철의 임금iron wage'으로 귀결되는 조건이란 없다. 오늘날 조방농업을 하더라도 지구 면적의 3분의 1은 거의 이용되지 않고,

---

9 독일의 사회주의자 F. 라살레가 주장한 것으로, 노동자의 임금이 노동자의 생존비에 일치되는 수준에서 결정되므로 임금은 그 수준을 중심으로 오르내리면서 언제까지나 그 이상의 금액이 될 수도 없고 그 이하도 되지 않는다는 의미이다. 자본주의 사회가 지속되는 한, 노동자는 이 철칙에서 벗어나지 못하며 노동자 생활은 향상되지 못한다. 그러므로 생활수준을 높이려면 노동자 자신이 생산협동조합을 만들고 생산자가 되어 이 임금철칙을 깨뜨려야 한다.

나머지는 묵혀두고 있거나 버려져 있다. 만약 조방농업 대신 집약농업이 일반적으로 도입되면, 지구 표면의 10분의 1만으로도 오늘날 노동자들이 소비하는 평균음식량을 인류에게 제공하기에 충분할 것이다. 이 경우 지구 표면의 10분의 9는 안 쓰고 방치한다. (물론 그렇다고 해서 인류가 그 정도에 만족한다는 뜻은 아니다. 모두 감자보다 더 좋은 것을 먹고, 승용마나 공작, 비둘기가 있는 정원 또는 장미정원과 수영장을 갖고 싶어한다면, 집약농업을 하더라도 지구는 너무 좁을 것이다.)

집약농업은 습지의 배수와 관개, 토양의 혼합, 깊은 쟁기질, 암석의 분쇄, 이회토 살포, 비료 사용, 재배식물의 선택, 식물과 동물의 개량, 과수원과 포도원의 전염병 예방, 메뚜기 제거, 철도와 운하, 자동차 사용에 의한 견인가축[10] 사용의 절약, 교환을 통한 식료품과 사료의 효율적인 사용, 면화 재배로 인한 양 사육 제한, 채식주의 실천 등으로 이뤄진다. 집약농업은 더 많은 노동력이 필요하고, 조방농업은 더 많은 토지가 필요하다.

그런데 현재 토지가 너무 부족하다고 토지 소유자들에게 매달리는 사람은 없다. 이러한 압박이 없으므로 (그러나 오로지 이 때문에) 토지 없는 사람들은 토지 소유자에게 크게 의존하지 않는다. 그러나 토지 소유자들은 가장 좋은 땅을 소유하고 있고, 이민 간 지역의 주인 없는 땅을 경작하려면 많은 노동력이 필요할 것이다. 다시 말하지만 집약농업에는 상당히 많은 어려움이 따른다. 그래서 모두 미개척 황무지로 이주하여 정착할 수 있는 것은 아니다. 이민에는 돈이 들고, 더구나 그 땅의 생산물은 운송비와 관세 때문에 큰 비용을 들여야 시장에 나올 수 있다.

---

10 말이나 소 등 수레 따위를 끄는 가축.

농부는 이 모든 것을 알고 있고, 토지 소유자도 마찬가지다. 그래서 농부는 이민을 결심하기 전에, 이웃 습지의 물을 빼기 전에, 소규모 직거래 농장으로 눈을 돌리기 전에, 토지 소유자에게 임대료가 얼마인지를 물어볼 것이다. 그리고 토지 소유자는 그 질문에 대답하기 전에 자기 토지의 노동대가와 아프리카나 미국, 아시아, 오스트레일리아에 있는 황무지 또는 과수원, 주인 없는 땅에서의 노동대가* 간의 차액을 생각하고 계산할 것이다. 왜냐하면 토지 소유자는 자신을 위해 이 차액을 얻기로 결심했기 때문이다. 그래서 이것을 그가 자기 땅에 대한 임대료로 주장할 수 있는 것이다. 그러나 일반적으로 계산할 건 별로 없다. 이 문제에서 양 당사자는 경험적으로 이해한다. 몇몇 건장한 젊은이가 이민을 가서, 이민에 대해 좋게 보고하면 다른 사람들도 따라간다. 이런 식으로 고국의 노동력 공급이 감소하고, 그 결과는 전반적인 임금상승으로 이어진다. 만약 이민이 계속되면, 임금은 이민 희망자가 여기 남는 게 더 낫지 않을까 의심하는 수준까지 오를 것이다. 이는 국내의 노동대가와 이민지의 노동대가가 다시 같아진다는 것을 뜻한다. 때때로 어떤 이민자는 미리 견적을 내본다. 그런 계산은 해볼 만한 가치가 있다.

이민에 따른 비용 견적표

— 본인과 가족 운임: 1,000달러
— 항해 중 사고 및 생명 보험료: 200달러

* 우리는 다시 노동생산물과 노동대가의 차이에 주목한다. 이민자의 노동생산물이 10배 이상 많아져도 그의 노동대가는 동일할 수 있다.

— 기후 적응을 위한 건강보험, 즉 기후 변화로 인한 특별한 위험에 대한 추가보험료: 200달러

— 전망대와 담쌓기 비용: 600달러

우리는 이민지에서도 독일과 동일한 양의 운전자본[11]이 필요하기 때문에 운전자본은 견적에 포함되지 않는다고 가정한다.

— 이민과 정착 비용 합계: 2,000달러

— 국내에 있는 독일 농부가 부담하지 않는 이 비용들은 운전자본에 추가된다. 위 운전자본 비용에 부과되는 이자: 2,000달러의 5퍼센트: 100달러

— 이민자는 같은 노동으로 모국의 땅(여기서는 경쟁지로 고려해야 한다)에서와 같은 양을 생산한다고 가정한다. 우리는 다른 생산자처럼 농부도 자신의 노동생산물에는 관심이 없고, 오직 자신이 그 생산물을 통해서 얻을 수 있는 소비재, 즉 노동대가에 관심이 있다는 걸 기억하고 있다. 이민자는 반드시 자기가 생산한 생산물을 시장에 보내, 그것을 판 돈으로 소비할 상품을 사야 한다. 그리고 이 상품을 그의 집으로 운반하는 비용을 지불해야 한다.

그의 생산물 교환시장은 대체로 거리가 멀다. 만약 그 시장의 위치가 많은 농산물을 수입해야 하는 독일이라면, 이민자는 다음과 같은 비용을 치러야 할 것이다.

— 수레, 기차, 선박 및 바지선 운임: 200달러

— 독일의 수입관세: 400달러

— 교환으로 받은 재화를 운송할 바지선과 선박, 철도, 수레의 운임:

---

[11] 일상적인 생산 및 판매 활동에 필요한 자금을 말한다.

200달러

　— 이민국의 수입관세: 100달러

　합계: 1,000 달러

　이 견적표에서 노동생산물을 노동대가로 바꾸는 것은 보통 상업적 방법으로 이뤄진다. 이민자에게 추가되는 운송비와 관세, 상업이윤의 합은 1,000달러인데, 이는 독일 농부라면 피할 수 있는 비용이다. 그러므로 만약 독일 농부가 이민자의 정부공여지와 동일한 노동생산물을 산출하는 토지에 대해 1,000달러의 임대료를 지불한다면 그의 노동대가는 이민자의 그것과 동일하다고 할 수 있다.

　독일에서 개간하려는 황무지와 비교해보면 앞에서 언급한 땅에는 유리한 경제적 이점이 있다. 하지만 여기서는 운송비나 관세 대신 토지 매립에 투입된 자본(습지의 물 빼기, 여러 층의 토양 혼합, 석회와 비료 주기 등)에 대한 이자가 들어가야 한다. 집약농업의 경우 그 차이는 이자와 운송비가 아니라 경작비용으로 이뤄진다.

　그래서 임대료는 일반적으로 (노동생산물이 아닌) 노동대가를 어디에서나 같은 수준으로 감소시키는 경향이 있다. 잘 경작된 독일 농장이 뤼네부르크[12] 황야보다 어떤 농업적 이점이 있거나, 시장과의 거리 근접성 덕분에 캐나다의 부적합 토지보다 더 많은 농업적 이점이 있다면, 토지 소유자는 그만큼을 임대료로 요구하거나, 토지를 팔 때는 토지가격으로 요구한다. 토지가격은 자본화된 임대료일 뿐이다. 비옥도나 기후, 시장 접근성, 관세, 운송비 등 토지의 모든 차이는 임대료를 통해 평

12　독일 북부 니더작센 주의 도시.

준화된다. (여기서 임금은 언급되지 않는다는 점을 알아야 한다. 임금은 일부러 빼놓고 이야기하는 것이다.)

경제적으로 말하면, 농부, 제조업자, (토지 소유자가 아닌) 자본가에게 토지임대료는 지구 표면을 완전히 획일화된 평면으로 만들어버리는 것이다. 플뤼르샤임Flürscheim[13]의 말처럼 "바다 밑은 울퉁불퉁해도 물에 의해 바다가 평평한 표면으로 변화되는 것처럼, 땅의 불균등은 임대료에 의해 평준화된다." 임대료가 모든 경작자의 노동대가를, 국내 미개간지나 주인 없는 먼 황무지로부터 기대할 수 있는 산출량 수준으로 떨어뜨린다는 것은 주목할 만하다. 비옥하건 척박하건, 옥토이건 모래땅이건 습지건, 위치가 좋건 나쁘건, 풍부하건 빈약하건 간에 그런 개념들은 경제적으로는 토지의 임대료에 의해 무차별해진다. 임대료는 아이펠 지역[14]의 황무지를 경작하든, 베를린에서 소규모 직거래 농장을 하든, 라인지역에서 포도밭을 가꾸든 경작자에게는 다를 게 없다.

---

13 독일 출신의 경제학자이자 헨리 조지 추종자(Georgist). 단일세금, 토지국유화, 통화개혁을 주장했다.
14 독일 서부와 벨기에 동부 사이에 있는 낮은 산지이다.

4.
운송비가 임대료와
임금에 미치는 영향

자유토지와 황무지, 습지, 미개척지의 노동대가에 따라 토지 소유자는 임금으로 얼마를 지불해야 하는지 또는 임대료로 얼마를 청구할 수 있는지를 결정한다. 농장노동자도 자유토지를 자유롭게 소유하고 경작할 수 있기 때문에, 분명히 자유토지의 노동대가와 동등한 임금을 요구할 것이다.(자유토지에 대해 곧 더 자세하게 설명할 것이다.) 또한 모든 농장노동자들이 임금협상을 할 때 이민을 가겠다고 위협하지는 못한다. 예를 들어 많은 자녀를 둔 기혼남성들은 그러한 위협으로 아무것도 얻지 못한다. 왜냐하면 토지 소유자는 그것이 실현하기 어려운 빈말임을 알고 있기 때문이다. 오히려 젊은 남성들의 이민이 노동력의 전반적인 부족을 일으킨다는 것을 상기시키는 것만으로 충분하다. 비록 많은 노동자들이 이민을 가지는 않더라도 다른 사람들의 이민으로 인한 노동력 부족은 마치 이민열차표를 예약한 것처럼 임금협상에서 그들에게 효과적으로 작용한다.*

반면에 토지를 임차한 자영농은 농장임대료와 그의 운전자본에 대한 이자를 공제하고 난 후 자유토지 이민자와 농장노동자의 노동대가에 상당하는 금액을 스스로 가져갈 수 있어야 한다. 즉, 농장임대료는 자유토지의 노동대가에 의해 결정된다. 농장임대료를 계산할 때 토지소유자는 토지를 임차한 자영농에게 자유토지의 노동대가보다 더 큰 이윤을 남겨줄 필요가 없으며, 임차농도 그보다 덜 받을 이유가 없다.

자유토지의 노동대가가 변동하면, 그 변동은 임금과 농장임대료로 전파된다.

자유토지의 노동대가에 영향을 미치는 상황 중 그 토지와 생산물 소비장소 사이의 거리를 우선 고려해야 한다. 우리는 이곳을 교환용 상품들이 만들어지는 장소(생산지) 또는 집하되는 장소(거래소)라고 해두자. 시장과의 거리의 중요성은 시장 근처의 토지와 시장에서 멀리 떨어진 토지가 똑같이 양질의 토지라도 가격 차이가 생긴다는 데서 아주 잘 드러난다. 가격 차이의 이유는 시장과의 거리뿐이다.

예를 들어 캐나다의 밀 생산지는 오늘날까지 누구나 좋은 땅을 공짜로 얻을 수 있는 곳이다. 이곳의 밀은 마차에 실려 비포장도로를 따라

● 임금이 이민자들과 이주노동에 의해 얼마나 큰 영향을 받는지 1918년 5월 20일에 있었던 윌슨 대통령의 다음과 같은 연설에서 잘 나타난다. "우리(미국) 국방장관이 이탈리아에 있을 때, 이탈리아 장관이 자기네가 미국과 밀접하게 연관되었다고 느낀 여러 가지 이유를 열거하면서 이렇게 말했습니다. '흥미로운 실험을 하고 싶으면 어느 군용열차든 들어가서 영어로 병사들에게 얼마나 미국에 가봤는지 물어보시오. 나머지는 귀하가 직접 보게 될 거요.' 우리 국방장관이 실제 군용열차에 올라가 그중 몇 명이 미국에 가봤는지 물었더니, 절반 이상이 일어선 것 같다고 말했습니다." 이탈리아 지주들이 그들을 미국으로 몰아냈고, 미국의 지주들이 그들을 다시 고국으로 돌려보냈다. 자기 나라에서처럼 미국에서도 대우를 나쁘게 받았기 때문에, 그 불쌍한 친구들은 쉴 새 없이 이리저리 방황하고 있었다. 윌슨은 덧붙였다. "이 이탈리아 군대 속에 미국에 대한 애정이 있습니다!". 그러나 우리는 더 잘 알고 있다. 이 이주노동자들이 조국을 떠날 때 자신의 운명을 저주했고, 미국을 떠날 때도 마찬가지였다는 걸.

멀리 떨어진 철로까지 운반되고, 거기서 다시 호수증기선에 선적되기 위해 덜루스[15]로 운반된다. 밀은 이 증기선으로 몬트리올까지 운반되고, 그곳에서 다시 해양증기선으로 옮겨진다. 거기서부터 유럽으로 항해를 계속한다. 목적지가 네덜란드 로테르담이라면 라인강에 있는 배까지 또 이동해야 한다. 라인강의 배는 만하임까지 가서 프랑스 스트라스부르나 독일 슈투트가르트, 스위스 취리히 시장에 도착하고, 거기서 밀을 화물열차에 실어야 한다. 그리고 이들 시장에서 수입 밀의 가격은 수입관세를 지불하고 난 후의 가격으로, 현지에서 재배된 밀의 가격과 같아야 한다. 엄청난 돈이 드는 긴 여정이다. 그러나 시장가격에서 수입관세, 운송비, 보험료, 중개료, 인지세, 선불금 이자, 포장비 등을 공제하고 남는 잔액은 아직 노동생산물을 팔아 얻은 금액의 총액일 뿐, 서스캐처원[16]에 있는 황무지에 정착한 사람들에게 필요한 것은 아니다. 이 돈을 소금, 설탕, 옷감, 총기, 도구, 책, 커피, 가구 등 소비용품으로 바꿔야 한다. 이 모든 물건들이 이민자의 정부공여지에 도착하고 그 물건들의 운송비를 지불한 뒤에야 비로소 그는 이렇게 말할 수 있다. "이게 내 노동대가에 자본이자를 더한 거야." (이민자가 이민에 필요한 돈을 빌렸든 자기자본을 썼든 노동생산물에서 자본이자를 공제해야 한다.)

따라서 자유토지에서의 노동대가는 분명히 운송비에 크게 의존할 수밖에 없다. 이 비용은 다음 표에서처럼 꾸준히 감소하고 있다(『멀홀 Mulhall 통계학 사전』[17]에서 인용).

---

15 미국 북부 미네소타 주의 오대호 연안 도시. 여기서 밀이 선적되어 오대호를 통해 몬트리올까지 배로 운반된다.

16 캐나다 중부에 위치한 주.

17 아일랜드 작가, 통계학자, 경제학자 및 신문 편집자로『멀홀의 통계학 사전』은 지금도 통계학의 고전으로 알려져 있다.

시카고에서 리버풀까지 곡물 톤당 운송비

1873년 17달러

1880년 10달러

1884년 6달러

즉, 시카고에서 리버풀까지만 해도 밀 1톤당 11달러를 절약할 수 있게 되었다. 1884년 가격 대비 거의 6분의 1 또는 현재가격(1911년) 대비 4분의 1 수준이다. 그러나 시카고에서 리버풀까지의 거리는 서스캐처원에서 만하임까지 거리의 일부에 지나지 않는다. 따라서 11달러는 실제 교통비 절감액의 일부에 불과하다.

이민자가 소비하는 상품에 대해서도 동일하게 운송비가 절감된다. 곡물은 노동생산물이고, 1884년에 63달러인 밀 1톤의 가격은 노동산출물이다. 그리고 돌아가는 배에 실은 물품들이 노동대가의 목적물이다. 이민자가 밀을 생산한 것은 노동대가로 그런 물품을 얻기 위한 것이었다. 캐나다의 밀을 먹는 독일의 공업노동자들은 캐나다에 직간접적으로 보내는 그들 상품으로 대가를 지불하는데, 마찬가지로 거기에 더해 운송비도 지불해야 한다는 점을 우리는 알아야 한다. 따라서 더 저렴해진 운송비로 절약되는 금액은 2배로 늘어나고, 독일의 일반임금을 결정하는 자유토지의 노동대가도 증가한다.

그러나 운송비의 일정액을 절약한다고 이민자의 노동대가가 그만큼 증가할 것으로 해석해서는 안 된다. 실제로 그의 노동대가는 운송비 절감액의 절반 정도만 증가한다. 그 이유는 자유토지에 사는 이민자들의 노동대가 증가가 독일의 농장노동자들의 임금을 올리기 때문이다.[18] 독일 농장노동자들과 자유토지 이민자들의 노동대가 상승은 공업노동자들을 농업 쪽으로 이동하게 한다. 농산물과 공산품 생산 사이의 기존관계가 바뀌고, 그로 인해 그들 사이의 교환비율도 바뀐다. 이민자는 자기 노동대가의 목적물(공산품)에 대해 더 높은 가격을 지불해야 한다.[19] 따라서 취득하는 공산품의 양은, 낮은 운송비용으로 인한 자유토지 이민자의 노동생산량 증가와 비례하여 증가하지는 않는 것이다. 경쟁의 법칙에 따라 그 차액은 공업노동자에게 떨어진다. 여기서 일어나는 일은 증기력 같은 개선된 기술이 생산원가를 낮출 때 일어나는 일과 같다. 생산자와 소비자가 그 이익을 나눠갖는 것이다.

여기서 운송비 변화가 이민자의 노동대가에 미치는 영향과 결과적으로 임대료와 임금에 미치는 영향을 수치화하는 것이 의미가 있을 것이다.

I. 1873년 톤당 운송비가 17달러일 때
캐나다 자유토지 이민자의 노동대가

노동생산물: 만하임으로 운송된 10톤의 밀은 톤당 63달러에 팔림

	630달러
운송비 톤당 17달러의 10배	170달러
노동산출물	460달러

---

[18] 이민자의 노동대가가 증가하면 이민 수요도 증가하게 되어 독일의 노동력이 부족해진다. 그러면 남아 있는 독일 노동자들의 노동대가도 증가할 수밖에 없다.

[19] 노동자들이 농업 쪽으로 이동해서 공업 노동자들이 부족해지면 인건비가 상승해서 공산품 가격이 높아진다.

이러한 노동산출물의 판매금액은 생활용품 구매를 위해 독일에서 소비되는데, 이 구매한 물품을 캐나다로 운송할 때, 밀이 독일로 운송될 때와 마찬가지로 포장과 운송, 수입관세와 품질손상 등 비용이 발생함

	(−)170달러
따라서 이민의 노동대가	290달러

II. 1884년 톤당 화물 운송비가 6달러일 때 동일하게 계산

노동생산물: 톤당 63달러의 10톤의 밀	630달러
운송비 톤당 6달러의 10배	(−)60달러
노동산출물	570달러

이 노동산출물은 첫번째 계산보다 110달러가 더 많다. 노동산출물은 이제 노동대가, 즉 소비할 공산품으로 변환된다. 앞에서 설명한 이유로, 공산품과 농산물의 교환비율이 공업에 유리하게 바뀌었다. 공산품 가격의 상승 때문에 노동산출물 증가액의 절반을 가져간다고 가정하면

	(−)55달러
	515달러

여기서 다시 돌아오는 운송비를 빼야 하는데, 운송비가 절약된 만큼 구매한 화물의 양이 증가했기 때문에 운송비가 조금 더 늘어났다. 따라서 운송비는 60달러가 아닌

	(−)61달러
따라서 현재 이민자의 노동대가	454달러

따라서 운송비 감소로 자유토지 이민자의 노동대가는 290달러에서 454달러로 늘었고, 그 결과 독일 농장노동자가 요구하는 임금도 자동

적으로 같은 금액만큼 증가하게 되고, 토지 임차농들은 그에 상응하여 노동생산물에 대한 자신의 몫을 더 많이 요구할 것이다. 그러면 토지임대료는 그만큼 감소할 것이다.

1873년 독일에서 밀 10톤의 가격은   630달러

그리고 그것을 생산하는 데 들어간 임금   (−)290달러

그에 따라 토지 소유자가 자영하든, 임대를 주든 가져가는 10톤*의

토지임대료   340달러

그러나 1884년 임금이 454달러로 오르면 임대료는 176달러(340달러에서 임금증가분 164달러를 뺀 금액)로 떨어져야 한다.

자유토지 이민자가 운송비로 지불해야 할 금액은 이제 그의 노동대가에서 공제되는데, 독일의 토지 소유자가 땅을 임대할 때는 해당금액을 농장임대료로 요구할 것이고, 직접 경작할 때는 그의 농장노동자들의 생산물에서 해당금액을 임대료로 공제하고 임금을 지급할 것이다. 즉, 자유토지 이민자가 운송비로 지불하는 만큼 토지 소유자가 임대료로 더 챙겨가는 것이다.

● 토지 1톤이란 1톤의 곡물을 생산하는 토지의 양을 나타내는 덴마크의 토지 측정단위이다. 그러므로 1톤의 토지는 토양의 질에 따라 달라지는 토지의 면적을 나타낸다.

5.
사회적 조건이
임대료와 임금에 미치는 영향

물론 철도와 선박운송비가 자유토지 이민자의 노동대가, 그리고 독일 농장노동자의 임금에 영향을 미치는 유일한 요소는 아니다. 인간이 빵만으로 살 수 없듯, 노동대가가 이민을 떠날지 고향에 남을지 결정하는 유일한 이유는 아니다.

이민자가 떠나려는 나라나 가려는 나라의 국민적, 사회적 생활양식이 대체로 강하고 결정적인 영향을 미치며, 많은 사람들은 토끼 사육을 위한 월계수 잎이나 푸른머리되새가 지저귀는 소리에서 손실에 대한 보상을 찾으며 자기 나라의 적은 노동대가에 만족하기도 한다. 그 사람 생각에는 조국만큼 아름다운 곳이 없다. 이처럼 붙잡거나 내치는 힘들이 심경의 변화를 일으키며, 때로는 이민을 자극하고 때로는 이민을 억제한다. 예를 들어, 많은 독일 농부들은 러시아에 이민 갔다가 다시 되돌아오는데, 이는 노동에 대한 더 많은 대가를 바라서가 아니라, 그곳의 조건이 더 이상 그들의 입맛에 맞지 않기 때문이다. 이 모든 요인들이 이민자와 남아 있는 농장노동자의 노동대가를 순전히 물질적으로만 평준화하려는 경향을 어느 정도 상쇄하는 것이다. 예를 들어, 우리가 독일 노동자들의 더 안락한 삶을 위해 금주禁酒를 제도화한다고 가정해보자. 금주 그 자체는 노동자들, 특히 그들의 아내의 삶을 풍요롭게 할 것이다. 그리고 술 때문에 국민들이 직간접적으로 낭비한 수백만 마르크가 아이들 양육을 위한 보조금 형태로 모성을 효과적으로 지원하는 데 쓰일 수도 있다. 또는 더 나은 학교, 공공 독서실, 극장 또는 교회, 또는 국립 무료 빵집의 무상 제공, 대중적인 축제, 회관 등을 짓는 데 쓰일 수도 있다. 어떤 남성이 이민을 결정하는 문제는 물질적인 노동대가에 대한 평가만으로 결정되는 것이 아니다. 그런 정책으로 많은 아내들이 남편한테 그냥 있으라고 말리거나, 많은 이민자들이 돌아오게 될 것이다. 이들이 임금과 임대료에 미치는 영향은 분명하다. 토지 소유자들은 이민 가려는 사람들을 가로막는 힘이 유지되는 한 더 많은 임대료를 요구할 것이다. 국립 무료 빵집에서 여성들에게 공짜로 나눠주는 케이크 값은 남편의 임금에서 임대료 인상이라는 형태로 뽑아갈 것이다.

따라서 독일이 직업활동, 지적인 활동, 사회생활에 제공하는 모든 이점은 토지임대료로 흡수된다. 임대료는 시詩, 과학, 예술, 종교가 자본화된 것이다. 임대료는 모든 것을 현금으로 바꾼다. 쾰른 대성당, 아이펠 고원의 시냇물, 너도밤나무 사이에서 지저귀는 새들의 울음소리까지. 임대료는 토마스 아 켐피스Thomas à Kempis[20]와 케벨라어 Kevelaer[21]의 유물, 괴테Goethe와 실러, 관료들의 청렴결백, 더 행복한

---

20 독일의 신비주의 사상가.
21 독일 노르트라인베스트팔렌에 있는 클레베 지구의 도시로 가톨릭 순례지 중의 하나.

미래를 위한 우리의 꿈 등 한 마디로 모든 것에 대해 요금을 매기는데, 노동자가 스스로에게 다음과 같이 물을 정도로 그것을 강요한다. '내가 여기 남아서 저것들에 대한 임대료를 낼까? 아니면 모든 것을 포기하고 이민을 갈까?' 노동자들은 항상 금수송점gold-point[22]에 서 있다. 한 사람이 조국과 동포에 대한 만족도가 높을수록, 이 즐거움에 대해 토지 소유자가 부과하는 임대료는 더 높아진다. 떠나는 이민자의 눈물은 토지 소유자에게는 값비싼 진주다. 이러한 이유로 도시의 토지 소유자들은 종종 그들의 건물부지에 대한 임대료를 올리기 위해 이민을 억제하고, 귀환을 촉진하고, 도시생활을 매력적으로 만들기 위한 개선협회와 같은 기관들을 만든다. 향수병은 토지임대료를 높이는 약초라고 할 수 있다.

그러나 독일 농장노동자가 빵만으로 살지 않는 것처럼, 자유토지에 정착한 이민자도 마찬가지이다. 물질적 노동대가는 인간의 삶을 가치 있게 만드는 데 필요한 것의 일부일 뿐이다. 이민자는 자신을 고국 땅에 묶어두려는 정서적 힘들을 극복하기 위해 애를 써야 하지만, 마찬가지로 그의 새 고향에서도 그를 끌어들이거나 밀어낼 많은 것들을 발견하게 된다. 매력적인 요소들은 그에게 현재의 노동대가가 충분하다고 느끼게 한다(적은 보수라도 즐거이 일할 준비가 되어 있는 것처럼), 반면 싫은 요소들은 그 매력을 감소시킨다. 좋지 않은 상황이 발생할 때(기후나 생명과 재산의 불안정, 해충 등) 이민자가 계속 타국에 머물면서 고향에 남은 사람들도 자신을 따르도록 하려면 노동대가가 그에 상응하여 더 커져야 한다. 자유토지 이민자의 삶과 행복에 영향을 미치는

---

22 국제거래에서 상인들이 대금상환을 할 때 환어음으로 지급할지 금으로 지급할지에 대한 유불리를 결정하는 환율상의 한계점을 말한다.

모든 것은 독일 노동자의 만족도에 직접적인 영향을 미치고, 그의 임금 협상에도 영향을 미친다. 이러한 영향은 여행에 대한 이야기에서 시작된다. 배멀미 없이 항해가 끝나고, 배에서의 생활과 음식이 견딜 만하면, 모국에 남아 있는 사람들에게도 용기를 줄 것이다. 만약 이민자가 누리는 자유와 사냥, 말타기, 수많은 연어떼와 버펄로 무리, 풍요로운 자연을 자유롭게 처분할 수 있는 권리, 어디서든 농노와 거지가 아닌 자유로운 시민으로서 대접받는 권리 등에 대해 이야기하면, 모국에 남아 있는 노동자들은 그의 형제가 레드인디언[23]의 침입, 방울뱀, 해충, 그리고 고된 일에 대해 편지를 쓸 때보다 임금협상 기간에 목에 힘을 주고 협상할 것이다.

이 모든 것은 토지 소유자들에게도 알려지기 때문에, 만약 이민생활을 탄식하는 편지가 도착하면(대부분 그런 편지들이지만) 신문에 실린다. 다른 한편 그 신문은 이민생활이 매력적이고 권장할 만하다고 증언하는 보고서는 어떤 것이든 조심스럽게 배제해야 한다는 것을 알고 있다. 모국의 매력을 홍보하기 위해 설립된 기관도 타국의 자유토지를 비난하는 임무를 맡는다. 뱀에 물리는 사고나 머리가 깨진 일, 메뚜기떼의 공격, 난파선들에 관한 모든 이야기들은 노동자들로 하여금 이주를 꺼리게 하고, 모국에서 더 순응할 수 있게 함으로써 토지 소유자들을 위한 현금[24]으로 전환된다.

---

23 아메리카원주민을 가리키는 말로, 현재는 인종차별적인 멸칭이다.
24 임대료.

6.
자유토지에 대한
더 정확한 정의

자유토지를 이야기할 때 우리는 먼저 북아메리카와 남아메리카의 광대한 미개척지를 생각한다. 이 자유토지는 비교적 저렴하고 쉽게 접근할 수 있다. 기후는 유럽인들에게 적합하고, 사회적 조건은 많은 사람들에게 매력적이다. 생명과 재산의 안전은 적정하다. 이민자는 그곳에 도착하자마자 국가 비용으로 이민자용 호스텔에서 1, 2주 동안 머무르며, 일부 국가에서는 가장 먼 곳에 있는 정착지까지 갈 수 있는 무료 철도 티켓이 제공된다. 거기서 즉시 정착할 수 있다. 목초지, 농경지, 삼림 등 자신이 가장 좋아하는 장소를 고를 수 있다. 그가 청구할 수 있는 정부 공여지는 아주 넓어서 아무리 대가족이라도 일거리가 충분하다. 이민자는 그곳에서 정착지의 울타리를 치고, 토지청에 가서 등록하는 대로 일을 시작할 수 있다. 아무도 방해하지 않고 심지어 그가 땅을 갈고 노력의 결실을 수확하도록 누가 허락했는지를 묻지도 않는다. 이민자는 네 개의 말뚝 사이에 있는 땅의 주인이 된다.

이런 종류의 땅을 우리는 1급 자유토지라고 부른다. 이 자유토지는 물론 사람들이 이미 정착한 지역에서는 찾을 수 없고, 사람이 적고 멀리 떨어져 있는 곳에만 존재한다. 그러나 이미 점거된 토지 중에서도 경작되지 않은 넓은 지역이 존재하는데 그곳은 국가권력을 남용해서 먼 외국에 살고 있는 개인들의 사유지가 되었다. 유럽에 살고 있는 수천 명의 사람들이 미국, 아프리카, 오스트레일리아, 아시아에 위치한 수억 에이커의 땅을 소유하고 있다. 이 땅의 한 부분을 차지하고자 하는 사람은 누구나 소유자들과 협상을 해야 하지만, 보통은 원하는 땅을 사거나 얼마 안 되는 금액으로 임차할 수 있다. 그가 경작하려는 땅을 위해 매년 1에이커당 얼마를 지불하든 간에 그의 노동대가에 큰 차이가 생기지는 않는다. 이런 조건부 자유토지를 우리는 2급 자유토지라고 부른다.

1급 자유토지와 2급 자유토지는 아직도 유럽 밖 세계 각지에 풍부하게 존재한다. 그곳이 항상 최고 품질의 토지는 아니다. 대부분의 토지는 개간하는 데 많은 노동력이 필요한 빽빽한 삼림이다. 많은 지역이 물 부족으로 비싼 관개시설을 해야 경작할 수 있다. 그렇지 않으면 흔히 배수를 해야 하거나 멀리 떨어진 계곡에 위치해 교통수단이 없고, 생산물 교환이 불가능한 곳이다. 자본이나 신용을 가진 이민자들만이 이런 종류의 자유토지를 차지할 수 있다. 그러나 임대료와 임금 이론에서는 이 자유토지를 자본가들이 경작하건 이민자들이 직접 경작하건 상관하지 않는다. 그 차이는 오직 자본과 그 이윤에만 영향을 미친다. 이렇게 열려 있는 토지에 이민자가 정착하려면, 자본의 도움과 함께 투자된 자본에 대한 통상의 이자를 지불해야 하며, 그는 이 이자비용을 자신의 운영비에 추가해야 한다.

대규모 토지를 개간하는 데 필요한 수단을 보유한 개인이나 기업에게는 여전히 나머지 절반의 세계가 자유토지이다. 캘리포니아와 로키산맥을 따라 펼쳐져 있는 최고의 땅은 최근까지 사막이었는데, 지금은 광활한 정원이 되었다. 영국은 나일강 댐을 이용하여 이집트를 수백만 명의 사람들이 살 수 있게 만들었다. 자위더르해[25]와 메소포타미아의 많은 사막들 또한 비슷한 자본투입으로 다시 경작될 것이다. 따라서 우리는 2급 자유토지가 가까운 미래에 인류의 자유로운 처분대상이 될 거라고 말할 수 있다.

---

25 북해에 이어진 네덜란드의 만.

7.
3급 자유토지

그러나 가장 중요한 자유토지는, 임대료와 임금 이론에서도 가장 큰 의미가 있는 것인데, 가까이에서 어디서든 이용할 수 있는 3급 자유토지이다. 그러나 이 자유토지의 개념은 다른 두 등급의 자유토지처럼 그렇게 간단하지 않으며 상당히 숙고할 필요가 있다

　몇 가지 사례를 들면 그 문제를 분명히 이해하는 데 도움이 될 것이다.

　사례 1. 베를린에서는 건축을 할 때 건축법규에 따라 4층 이상 높이로 집을 지을 수 없다. 만약 건축제한 층수가 2층이라면 그 도시는 같은 인구를 수용하기 위해 현재보다 2배의 토지가 필요하다. 이처럼 층수제한을 3층, 4층으로 올린 덕분에 절약된 땅은 오늘날까지 점유가 안 된 채 남게 된다. 만약 미국의 건축방식이 베를린에서 허용된다면, 즉 4층 아니라 40층 건물까지 인정되면 현재 베를린 면적의 10분의 1로 충분할 것이다. 나머지 땅은 남아돌아 토목건축업자에게 감자밭 가격과 다름 없는 가격으로 제공될 것이다. 그러므로 건축용 자유토지는 독일의

대도시 중심에서조차 무제한 제공될 수 있다. 4층 위로도 층수를 구름 높이까지 올리면 되니까.

사례 2. '농업'공화국에서는 법률로 화학비료 사용이 금지되어 있는데, 그 이유는 표면상 화학비료가 건강을 해치기 때문이다. 하지만 실제로는 곡물의 생산을 제한하여 곡물가격을 높게 유지하기 위한 것이다. 농업공화국 토지 소유자들은 곡물 풍작으로 값이 싸지는 것보다, 부족해서 비싼 값을 유지하는 것이 더 낫다고 믿는다. 이러한 화학비료 사용금지와 그로 인한 수확 감소, 또 높은 가격 때문에, 그리고 이민도 금지되기 때문에, 그 나라 사람들은 황무지나 습지에서도 농사를 지어 전체 수요에 맞는 수확량을 확보하기 위해 노력했다. 하지만 이러한 노력에도 불구하고, 사람들은 불만을 갖게 되고, 이러한 금지법의 즉각적이고 전면적인 폐지를 요구한다. 독일에서처럼 화학비료를 사용하면 토지의 수확량이 3배로 늘 것으로 기대하면서.

화학비료 금지법의 폐지는 임대료와 임금에 어떤 결과를 가져올까? 새로운 건축법규가 건물 층수를 3배로 더 높일 수 있게 하듯, 농업공화국에서도 같은 일이 일어나지 않을까? 화학비료를 사용하면 공화국의 토양이 갑자기 3배의 수확을 거두게 되는데, 이는 현재 인구가 요구하는 것보다 3배나 많은 수확이다. 그 결과 3에이커 중 2에이커는 미래 세대를 위해 휴경지로 남겨둘 수도 있다. 모든 토지가 경작에 이용되는 공화국에서는 화학비료 수입으로 갑자기 광대한 자유토지가 생겨날 것이다. 그리고 이 자유토지는 당분간 사냥터로 이용될 것이며, 이를 위해 적정 임대료만 지불하면 누구든 이용할 수 있다.

건축업과 농업에서의 이러한 사례들은 3급 자유토지라는 새로운 땅이 어떻게 만들어질 수 있는지를 그리고 과학적인 발견의 결과 그러한 땅이 어떻게 매일 만들어지고 있는지 보여준다. 유목민이 가족을 부양하려면 100에이커의 토지가 필요하지만, 농부는 10에이커 그리고 정원사는 1에이커 안 되는 땅으로도 충분하다.

유럽의 전체 농업지역은 아직 충분히 경작되지 않은 상태이고, 독일에서도 인구가 여전히 매우 희박하여, 만약 원예재배가 널리 퍼진다면 현재 경작 중인 면적의 절반을 놀려야 할 것이다, 첫째는 그만큼의 식량을 소비할 구매자가 부족하고, 둘째는 그 정도의 집약농업에 필요한 노동자가 부족할 것이기 때문이다.

따라서 우리는 독일 전역을 3급 자유토지로 간주할 수 있다. 사냥꾼이나 유목민 또는 조방농업보다 집약농업이 거두는 많은 토지수확량 덕분에, 미국인들이 이미 존재하는 건물층보다 높은 구름까지의 공간을 자유건축부지로 생각하는 것처럼, 독일의 모든 농지는 자유토지로 간주된다.

이와 같은 사례를 임대료와 임금 이론에 적용해보자. 앞에서 설명한 제한적인 의미에서 독일은 여전히 자유토지이다. 그리고 농업노동자는 자신의 임금에 불만을 느끼면 언제든 이러한 자유토지로 도망칠 수 있다. 농업노동자의 임금은 1급 자유토지의 노동대가 아래로 어느 정도 떨어질 수 있지만, 3급 자유토지의 노동대가 아래로는 영원히 떨어지지 않는다. 바로 이 지점이 농업노동자가 임금협상에서 결코 양보할 수 없는 지지선이 되는 것이다.

그러면 이제 노동자는 임금으로 얼마만큼 요구할 수 있을까? 토지소유자는 임대료로 얼마만큼 요구할 수 있을까?

8.
3급 자유토지가
임대료와 임금에 미치는 영향

보통 어떤 구역에서 조방농업 방식으로 100에이커의 땅을 경작하려면 12명의 노동자가 필요하고, 수확량은 600톤, 즉 노동자 1인당 50톤, 1에이커당 6톤을 수확한다고 가정해보자.

또한 집약농업 방식으로는 같은 면적의 토지에 50명의 노동자가 필요하고, 수확량이 2,000톤이라고 하자. 그러면 노동자 1인당 50톤이 아닌 40톤, 그리고 1에이커당 6톤이 아닌 20톤이 수확된다. 따라서 집약농업의 생산량은 단위면적당 증가하고, 단위노동량당 감소한다.

조방농업: 12명이 각각 50톤씩 생산하여 600톤이 된다.

집약농업: 12명이 각각 40톤씩 생산하여 480톤이 된다.

따라서 120톤의 차이는 100에이커 넓은 토지에서 나오는 것이라서 이 12명이 조방농업, 즉 노동절약적 경작을 채택하게 된 것이다. 필요한 땅을 마음대로 사용할 수 있는 경우, 당연히 이 방법을 선호할 것이다. 그러나 땅을 마음대로 사용할 수 없다면, 집약농업, 즉 토지절약적

농법에 의지할 수밖에 없고 상대적으로 적은 노동생산물에 만족해야 한다. 이로 인한 불이익이 너무 커서 어떤 사람이 조방농업에 필요한 땅을 사용하려면 그 결과 발생하는 이익에 대해 대가를 지불하는 데 동의할 것이다. 다른 말로 하자면 그 땅의 소유자가 조방농업과 집약농업 사이에 발생하는 노동생산물의 차이에 상응하는 추가 임대료를 부과할 수 있을 것이다. 경험으로 증명된 바와 같이 조방농업에 의한 노동생산물이 더 많다. 앞의 사례에서 보자면 100에이커 토지의 임대료는 120톤이 될 것이다.

농업은 노동력이 부족하면 조방농업을 택하고, 토지가 부족하면 집약농업을 택하는 경향이 있다. 이런 긴장관계로부터 토지임대료가 발생하고, 긴장의 정도가 (경험적으로) 농산물을 토지임대료와 임금으로 얼마만큼 분배할지를 결정한다.

우리가 여기서 조방농업이 왜 단위노동량당 생산물이 더 많고, 단위면적당 생산물이 더 적은지를 굳이 설명할 필요는 없다. 그것은 농업기술의 문제다. 우리는 농업에서는 그렇다는 것을 아는 정도로 충분하며, 그것은 사물의 본성에 기초한 것이다. 만약 그렇지 않고 조방농업이 40톤을 생산하고, 집약농업이 50톤을 생산할 수 있다면 농업 전체가 집약농업을 지향할 것이다. 노동자를 구할 수 없는 토지는 휴경지로 남겨둘 것이다. 왜냐하면 아직 노동력에 여력이 있으면 휴경지를 경작하는 것보다 이미 경작하고 있는 토지에 대한 집약농업으로 더 많은 수확을 거둘 것이기 때문이다.

(인구가 식량 공급에 좌우된다고 주장하는 인구이론은 앞의 명제와 모순되지 않는다. 식량 공급의 증대에 따라 인구는 증가하므로, 인구 증가는 집약농업의 결과로 나타나지만 그 반대는 아니다.)

조방농업이란 이용 가능한 지역 전체를 경작하기 위해 그 땅에 필요한 최소한의 노동이 고용되는 농업방식을 의미한다. 경작방법은 수렵이든, 가축방목이든, 삼포식[26]이든, 습지개간이든 아니면 오늘날 비교적 개량된 농법이든 가리지 않는다.

집약농업이란 더 큰 규모로 경작하면 보통 노동력 부족으로 귀결되는 농업 형태[27]를 의미한다.

따라서 집약농업이냐 조방농업이냐 하는 것은 상대적인 용어다. 유목민들은 사냥꾼에 비해 집약농업적이다. 따라서 유목민은 일반적으로 수렵지 사용에 대해 일정한 임대료를 지불해야 하고, 그렇게 할 능력이 된다.

조방농업은 더 많은 단위노동량당 생산물(임금과 임대료)을 산출하고, 집약농업은 더 많은 단위면적당 수확량을 산출한다. 토지 소유자는 양쪽 방법을 결합하되 집약농업을 하려고 한다. 하지만 이를 위해서는 조방농업에서 노동자를 빼내서 토지 일부를 휴경상태(3급 자유토지)로 돌리지 않고는 곤란하다. 당연하게도 토지 소유자들은 자기 땅을 유휴지로 만들고 싶어하지 않는다. 그들은 임금을 올려서 그 땅에 노동자를 끌어들이려고 노력한다. 그렇게 함으로써 수익성의 한계(임금에서 임대료를 빼내는 정도)까지 갈 준비가 되어 있다. 왜냐하면 토지 소유자는 토지를 공짜로 놀리는 것보다 1에이커당 한 푼이라도 받는 걸 선호할 것이기 때문이다.

---

26 중세 유럽에 널리 행해진 전통적인 경작방식. 세 가지 종류의 밭으로 구성되어 있음을 의미하며, 그중 한곳에는 봄에 파종하는 작물을 심고, 다른 한곳에는 가을에 파종하는 작물을 심으며, 나머지 한곳은 휴경지로 두거나 가축의 방목 등에 이용한다.
27 해당 토지에 필요한 최대한의 노동이 고용되어 있고, 면적을 늘리면 그에 맞는 노동력이 추가로 필요하기 때문이다.

이처럼 3급 자유토지는 임금과 임대료를 평준화하는 기능이 있다. 3급 자유토지는 임금을 누군가의 뜻대로 정하려는 시도를 불가능하게 만든다. 토지 소유자는 자기 뜻대로 임금을 낮게 정할 수 없고, 노동자는 자기가 원하는 만큼 임금을 요구할 수 없다. 양쪽 모두 경제법칙에 따라 각각의 몫을 정할 뿐이다.

9.
기술개선이
임대료와 임금에 미치는 영향

기술개선은 노동생산물을 증가시킨다. 집약농업이든 조방농업이든 노동생산물이 똑같이 증가하면 임금과 임대료도 마찬가지로 상승할 것이다. 그리고 생산수단의 개선을 통해서 토지 소유자도 노동자와 마찬가지의 이득을 얻기 때문에 임대료와 임금 간의 분배 비율도 변하지 않는다.

그러나 기술개선으로 조방농업과 집약농업 모두에 동일한 이득이 생기는 경우는 드물다. 가령 집약농업을 하는 농부들이 보습 열 개 달린 경운기나 파종기를 사용할 수 있을까? 이런 기계는 광활한 대지에서만 쓸 수 있다. 쥐 잡는 데는 사자가 별 쓸모 없는 것처럼 이런 기계는 집약농업에는 도움이 되지 않는다.

3급 자유토지에서 경운기*는 거의 쓸모가 없다. 그것은 미국의 넓은 평원과 같은 1급, 2급 자유토지와 같은 곳에서 사용된다. 그곳에서는 경운기 한 대로 50명 또는 그 이상의 농부들의 땅을, 그것도 적절하고 저렴하게 쟁기질할 것이다. 그 덕분에 이들 자유토지 이민자들의 노동생산물은 당연히 큰 폭으로 증가한다. 하지만 노동대가는 노동생산물에 달려 있고, 자유토지 이민자의 노동대가가 모든 곳의 임차토지 노동자의 임금을 결정한다.

이제 노동생산물을 노동대가로 바꾸는 모든 환경이 불변이라면 경운기로 노동생산물이 증가한 만큼 임금 일반도 반드시 인상될 것이다. 하지만 이러한 환경이 불변인 채 남아 있는 건 아니다. 여기서 우리는 다시 처음부터 노동생산물과 노동대가를 구별하는 것이 얼마나 필요한지 살펴본다. 왜냐하면 임금 일반을 결정하는 것은 노동생산물이 아니라 노동대가이기 때문이다.

자유토지 이민자의 노동대가가 증가하면 공업노동자들의 노동대가도 즉시 상승한다. 그렇지 않으면, 공업노동자들은 1급이나 2급, 3급 자유토지에 가서 농업노동자가 될 것이다. 공업노동자의 임금상승은 자유토지 이민자와 공업노동자의 생산물 사이의 교환비율의 변동으로 일어난다. 자유토지 이민자는 축음기나 엽총, 심지어 가정용 상비약을 위해 밀 10포대가 아닌 12포대를 주어야 한다. 이런 방식으로 자유토지 이민자는 자신의 노동생산물을 노동대가로 바꾸는 과정에서 잉여생산물의 일부를 공업노동자에게 넘겨주어야 한다. 따라서 경운기는 임금수준을 전체적으로 끌어올리는 것이다.

그런데 임금소득자가 경운기 덕분에 얻는 것은 경운기를 통한 잉여생산량 이상이다. 경운기는 1억 톤을 더 생산할 수 있지만 이것을 전체

● 경운기는 협동조합의 소유이기도 하지만, 일반적으로는 경운기를 수리도 하는 업체, 즉 지역 철공소의 소유이다.

노동자들에게 분배하면 자유토지 이민자의 노동대가 상승과 비교할 때 매우 적은 양이다. 임금소득자들이 더 많이 가져가는 이유는 다음과 같다.

1급과 2급 자유토지 이민자의 노동대가가 상승하면, 유럽 임차토지 노동자들의 임금도 비슷하게 오른다. 비록 그들의 노동생산물이 늘지 않더라도 그렇다.(그들의 땅에서는 경운기를 쓰지 않거나, 사용하더라도 아주 미미한 수준이기 때문이다.) 이때 임금상승은 임대료를 희생한 대가로 발생한다. 임금인상은 부분적으로만 자유토지 이민자의 잉여생산량에 의존할 뿐이다.

기술개선으로 집약농업이 혜택을 보지 못하고, 1급과 2급 자유토지 농부들에게 유리한 상황을 더 살펴보자. 다음과 같은 사실을 확인했다.

1급과 2급 자유토지 노동자들의 **노동생산물**은 더 효율적인 농기계를 도입한 덕분에 이자 및 기계수선비를 공제하고 나서 가령 20퍼센트 증가한다고 하자.

자유토지 농부의 **노동대가**는 10퍼센트밖에 늘지 않는데, 이는 이미 설명한 대로 공업노동자들이 자신의 생산물에 대해 더 많은 걸 요구하고 가져가기 때문이다.

공산품과 농산물의 교환비율은 공산품에 10퍼센트 유리하게 바뀐다. 따라서 생산물 증가분 20퍼센트 중 그 절반인 10퍼센트만이 임금 일반으로 이전된다.

독일 토지 소유자들은 자기 노동자들의 임금인상 요구에 맞추어 임대료를 낮추어야 한다. 왜냐하면 독일 토지의 생산물이 증가하지 않았기 때문이다.

그러나 토지 소유자의 손실은 농업생산물 몇 톤으로 표현되는 임대

료 감소에 국한되지 않는다. 자유토지 이민자들에게만큼이나 그에게
도 농업생산물 톤수가 중요한 것은 아니다. 왜냐하면 교환비율이 바뀌
어서, 공업생산물과 몇 톤의 지대농산물rent-product을 교환하면서 다
시 손해를 보기 때문이다. 따라서 그의 총손실은 10퍼센트를 훨씬 넘어
간다.

임금에 비례하여 토지임대료가 적어질수록 임금상승은 토지 소유
자에게 더 큰 타격이 된다. 그렇다고 해서 토지 소유자가 손해를 보면
서까지 노동자를 고용할 수 없다. 그리고 집약농업을 하는 토지 소유자
가 조방농업을 하는 동료들보다 더 많은 이윤을 얻을 수는 없기 때문에
집약농업에서 조방농업으로의 퇴행이 일어난다. 노동자에 대한 수요는
더 감소하여 노동자들은 직업을 잃고, 이들 실업자들은 임금을 정당한
수준, 즉 10퍼센트 인상된 1급과 2급 자유토지 농부들의 노동대가 이하
로 하락시키는 압력이 된다. 그러면 모국의 임금과 타국 노동대가 사이
의 균형이 다시 이뤄질 때까지 이민이 증가한다.

기술개선이 모국의 조방농업에만 이익이고, 집약농업에는 별 이익
이 안될 때 생산물 증가분 중에서 더 큰 몫이 토지임대료로 간다. 생산
물의 증가에도 불구하고 임금은 이전 수준 이하로 떨어질 수도 있다.[28]

기술개선은 농산물 분배에서 매우 불평등하게 영향을 미친다. 1급
과 2급 자유토지, 또는 3급 자유토지, 또는 조방농업 중 어느 쪽에 그 혜
택이 가느냐에 크게 달라지기 때문이다.

---

28 기술개선으로 기계가 개량되면 기계를 쓸 수 있는 조방농업에는 생산량 증가로 이어지지만 기
계 사용이 어려운 집약농업에는 효과가 없다. 집약농 노동자와 조방농 노동자의 임금은 유사하게
유지되므로 증가된 생산량은 임금인상이 아니라 임대료 인상으로 가게 된다. 집약농에서 조방농으
로의 후퇴가 일어나면 노동자 수요가 감소하므로 실업과 함께 임금인하 압력이 생긴다.

그 이전 시기 노동자들이 자신의 이익을 지키기 위해 기계를 파괴하자고 외친 건 항상 틀린 건 아니었다. 토지임대료는 기술개선으로 생긴 잉여생산물 전체를 가져갈 뿐 아니라 그 이전 임금의 일정 부분까지 빼앗아가는 일이 벌어질 수 있다.[29]

---

29 기술개선이 조방농업에만 혜택으로 돌아갈 경우를 말한다.

10.
과학 발견이
임대료와 임금에 미치는 영향

지난 수십 년 동안 독일 토지의 수확량을 3배로 증가시킨 데는 기계보다는 오히려 과학적인 발견이 훨씬 더 강력하게 작용했다. 여기서는 칼륨염, 염기성광재, 질소포집식물 등을 비료로 사용하는 것에 대해 간략하게 언급할 것이다. 질소비료(칼슘시안아미드)의 인공생산과 동식물 전염병 예방과 치료 등도 포함한다.[●]

하지만 이들 발견이 모든 토지를 똑같이 기름지게 한 것은 아니었다. 지금까지 과학적 발견으로 가장 큰 혜택을 본 곳은 이전에는 불모지로 간주한 토탄질 토지, 습지 그리고 사막이다. 여기서 발전이란 생산량을 배가했다는 의미 이상이다. 그것은 새로운 땅의 발견을 뜻한다. 사막이나 황무지는 그전에는 전혀 경작할 수 없는 토지였다. 독일에서

[●] 물리학자 로지(Lodge)는 토양을 전화(電化, 공기중의 질소를 전기적 방법으로 질산으로 바꾸는 일―옮긴이)함으로써 수확량이 30~40퍼센트 증가할 수 있음을 발견했다.

이러한 자투리 황무지는 이전에는 화전火田처럼 경작되었는데, 이 힘든 일을 한 사람들은 보통 15년에 한 번 정도 약간의 수확을 얻었다.* 현재는 이 땅에서 매년 풍성한 수확을 얻는다. 물론 원래 비옥한 땅이라도 그 이전 풍년작의 몇 배로 수확할 수는 없다. 그러한 토지는 경작을 할 때 소 사육을 함께 하면 보통 지력을 회복시키는 데 필요한 비료를 자체적으로 만들어낸다. 그런 곳에서 인공비료는 척박한 땅에 비해 그 중요성이 훨씬 떨어진다. 그리고 1급, 2급 자유토지의 생산물에 인공비료가 미치는 영향은 훨씬 더 적다. 일반적으로 이들 미개척지는 거름을 줄 필요가 전혀 없다. 게다가 그런 땅에 화학비료를 운송하는 비용도 엄청나다.

따라서 과학적 발견은 적용하려는 토지의 성질에 따라 임금이나 임대료에 미치는 영향이 다르다. 기계의 경우와 마찬가지로 임금이나 임대료를 올릴지 내릴지 일반적으로 말하기란 불가능하다.

---

* 불과 30년 전까지 하노버 지방의 절반 이상이 야생화로 덮여 있었다. 15년에 한 번 정도 야생화를 베어 더미를 만든 다음 이를 태워 그 재를 그곳에 뿌린다. 그 땅을 갈아 거기서 호밀과 메밀을 조금씩 수확했다. 이때 태운 연기가 하노버에서 500마일 떨어진 곳에서도 흔히 볼 수 있었다.

11.
임대료와 임금에 대한 입법의 개입

임대료 소득자와 노동자 간의 노동생산물 분배에 대해 입법이 미치는 영향은 중첩적이고 광범위하다. 정치란 주로 임금과 임대료에 대한 공격과 그에 상응하는 방어적인 조치들로 이루어진다고 흔히 이야기한다. 보통 행동은 본능을 따르기 마련이다. 세력들 간의 상호작용이 충분히 이해되지 못하고, 설사 이해한다고 해도 진실을 덮어버리는 게 정치다. 그렇게 열정적으로 제안된 조치를 옹호하는 사람들은 그 효과에 대한 과학적 증거에 대해서는 별 관심이 없다. 정치와 과학은 불편한 동거자이다. 사실 매우 흔한 일이지만 정치의 목적은 어떤 과학적 발견의 인정을 방해하거나 최소한 이를 지연시키는 것이다. 예를 들어, 밀 관세에 대해 얼마나 희한한 이야기들이 있었던가! 그를 통해서 눈앞의 이익을 챙기던 자들은 "밀 관세가 농업을 보호하고 장려하지!"라고 말한다. 빵 덩어리가 작아지면서 관세에 눈뜬 사람들은 "밀 관세는 빵 고리대금이고 도둑질이야!"라고 말한다. 또 어떤 이들은 "관세는 외국인이 지불하는 거지"라고 하면서 관세가 모두 소비자 부담이라는 사람들을 반박하기도 한다. 따라서 모두가 볼 수 있는 단순한 인간 사이의 거래임에도 지난 50년 동안 논쟁은 계속되어왔다. 하지만 여전히 논쟁에 참여한 자들 누구도 더 지혜가 생긴 것 같지는 않다. 그러므로 노동생산물의 분배에 대해 입법(즉 토지에 대한 과세)이 미치는 영향은 조사할 가치가 충분히 있다.

국경에서 담배 한 궤짝당 100달러의 관세를 지불해야 한다는 것을 아는 상인이 담배를 주문할 때는 그 담배 판매가격에서 관세비용과 투자자본의 이자 및 자기 이윤을 회수할 것이라는 확신을 가져야 한다는 건 누구나 인정할 것이다. 상인에게는 수입관세가 재화의 필수적인 부분이므로, 다른 품목의 상자나 자루, 궤짝들과 마찬가지로 장부상 차변 항목인 상품재고로 회계처리한다.

자바산 담배 100톤 50,000달러
운송비와 수입관세 10,000달러
────────────
합계 60,000달러
기대 이윤 10퍼센트 6,000달러
────────────
자본 66,000달러

상인이 수입관세를 다루는 방식이 이렇다. 왜 토지 소유자라고 국가가 그에게서 징수하는 토지에 대한 세금을 이와 유사하게 처리할 수 없겠는가? 그렇게 하고 있다고 종종 이야기한다. 토지 소유자들은 모든 세금을 이자와 이윤에 더해서 토지임차인에게 부과할 것이므로 토지세는 결국 농장노동자들의 쥐꼬리만 한 임금에서 떼어간다고 여러분에게 말할 것이다. 토지 소유자들은 "만약 그렇다면, 토지세를 즉시 인두세나 임금세, 소득세로 전환하는 것이 바람직하지 않은가"라고 주장할 것이다. "그러면 노동자들은 적어도 토지 소유자가 세금에 더하는 이자와 이윤을 절약할 것"이라고.

이 문제를 좀 더 면밀하게 살펴보려면 에른스트 프랑크푸르트Ernst Frankfurth가 불로소득에 관한 계몽적인 소책자 「토지세 수익은 어디에 쓰이는가?」에서 제기한 질문에 답하는 것이 필수적이다. 왜냐하면 국가가 토지세 수입을 토지 소유자의 땅으로 통하는 새 도로 건설과 그의 임차인들 자녀의 교육비 절감에 사용하는지, 아니면 가령 외국 곡물 수입 장려에 사용하는지가 토지세의 운명에 매우 중요하기 때문이다. 만약 우리가 이것을 모른다면, 우리는 궁극적으로 누가 토지세를 부담하는지 판단할 수 없다. 프랑크푸르트도 그렇게 말한다.

국가가 거둔 세금으로 자기 땅을 잘 이용하는 데 필요한 도로를 건설할 때까지 기다리지 못하는 성급한 토지 소유자들은 스스로 도로를 건설한다. 그 비용은 자본투자가 되는데, 장애물 제거나 배수 등과 같은 일에 쓰인다. 토지 소유자들은 그 도로에서, 투하된 자본이자의 수지균형을 맞출 이익을 기대한다. 그럼에도 불구하고, 국가가 도로를 건설하고 그 건설비를 토지 소유자에게 세금으로 부과하는 것은, 도로는 보통 이해관계가 상충되는 많은 소유자들의 땅을 가로지르므로, 도로 건설을 위해선 독점적 국가권한인 토지수용이 필요하기 때문이다. 그러나 국가가 도로를 건설한다고 해도, 토지에 부과되는 세금은 토지 소유자에게는 자본투자에 해당하므로, 토지 소유자는 그렇게 투하된 자본이자를 마지막 한 푼까지 되찾으려고 한다. 그리고 이것이 거의 모든 세금의 본질이다. 만약 국가가 야만인들의 침입으로부터 국경(러시아와 미국의 밀!)을 보호하기 위해 세금을 부과한다면, 토지 소유자는 이 세금 덕분에 카자크족[30]이나 양키[31]의 침략에 대비한 보험에 가입하지 않아도 될 것이다.

그러므로 만약 국가가 토지 소유자들을 위해 토지세 수입을 사용한다면, 이 세금은 토지 소유자를 위한 자본투자로 보아야 한다. 세금은 국가가 제공한 서비스에 대한 보수인 것이다. 토지 소유자는 자기가 고용한 노동자들의 임금을 기록하는 장부에 이 세금을 기록할 수 있다.[32] 만약 그 땅을 임차인에게 임대하면, 그는 세금을 농장임대료에 전가할 것이다. 국가가 싼값에 일을 잘하면 세금을 만회할 것이고, 국가가 영리한 계약자의 기민함을 발휘한다면 오히려 이익을 볼 수도 있다.

그러나 만약 국가가 임차인이나 노동자에게 교육세를 면제시켜주기 위해 토지 소유자에게 세금을 부과했다면 어떻게 될까? 토지 소유자가 토지세를 여전히 수익성 있는 투자로 간주할 수 있을까? 그렇지 않다고 가정해보자. 즉, 토지 소유자가 임차인에게 그가 절감한 교육세를 청구할 수도, 그렇다고 임금을 깎을 수 없다고 가정해보자. 그러면 임차인과 노동자는 교육비 절감액만큼 그들의 노동대가를 증가시키게 될 것이다. 하지만 왜 토지 소유자가 임차인과 노동자의 노동대가를 올려줘야 할까? 세금을 부담한다는 이유로? 임차인과 노동자의 노동대가는 1급, 2급, 3급 자유토지 노동대가에 의해 결정되기 때문에 그것은 이유가 되지 않는다. 만약 토지세 수입이 교육비 인하와 같이 3급 자유토지 자영농에게 혜택을 주는 방향으로 쓰이면 실제로 임금소득자 및 임차

---

30 러시아 남부 변경 지역에 사는 사람들.
31 미국 동북부에 사는 사람들.
32 다시 말해 노동자의 임금에서 세금을 뗄 수 있다.

인의 노동대가와 자유토지 이민자의 노동대가 간의 균형은 깨지지 않는다. 그리고 토지 소유자가 토지세의 부담을 임차인과 노동자에게 전가하는 것은 불가능하다. 그렇지 않다면 그는 임차인에게 이렇게 말할 것이다. "우리 농장에서 당신에게 제공하는 다른 이점에다 당신네 자녀들을 위한 무상교육이 추가돼. 비옥한 토양과 건강에 좋은 기후, 아름다운 호수의 경관, 좋은 시장 접근성, 무상교육 등 총액으로 따지면 1에이커당 10달러를 나한테 더 내야 해!" 그리고 그는 또 자기 농장의 노동자들에게 말할 것이다. "임금 삭감에 동의하지 않으면, 그만둬도 돼! 내가 주는 임금에 자녀 무상교육, 그리고 다른 사회복지도 더해주는 것이니, 여러분이 1급이나 2급, 3급 자유토지를 경작하는 것이 더 나을지 잘계산해봐. 떠나기 전에 잘 생각하라고!"

토지세의 사용처가 자유토지 농부들, 특히 3급 자유토지 농부들에게 이익이 되지 않는 한 토지세의 전체 부담을 다른 곳으로 전가할 수있음은 분명하다. 반면 만약 토지세 수입이 어떤 방식으로든 집약농업에 유리하게 작용하면, 3급 자유토지 농부의 노동대가의 증가는 조방농업에 종사하는 농장노동자들에게 이전되고, 이 경우 토지세는 전가가불가능해져 농장임대료에 2배의 타격을 가한다.[33] 첫째는 세금 총액만큼, 둘째는 농장노동자들이 요구하는 임금인상의 형태로.

이러한 사실을 통해서 '세금을 걷어서 어디에 쓸 것인가'와 같은 질문을 프랑크푸르트가 처음으로 던진 게 얼마나 적절한 것인지 그리고이 질문에 답하지 않은 채 세금 부담이 전가될 수 있는지에 답하는 게

---

33 집약농은 노동자들이 상대적으로 많이 고용되는 형태라 노동자들에게 유리한데, 그렇게 되면 그 효과는 조방농 노동자나 이민자에게도 같은 방향의 영향을 미치므로 그들에게로 토지세를 전가할 수 없다. 토지세가 토지 소유자 부담이 될 뿐 노동자 부담으로 넘어가지 못한다는 것이다.

얼마나 헛된 일인지 잘 알 수 있다. 또 사회개혁가들이 제안한 제도개혁 조치들이 왜 자주 실패하고, 바라던 것과 반대로 귀결되는지 그리고 노동생산물의 분배 문제에 국가의 힘이 얼마나 크게 영향을 미치는지도 알게 된다.

12.
보호관세와 임대료
그리고 임금

앞에서 추론한 것처럼 우리는 밀 수입을 장려하는 형태로 자유토지 농부에 이익이 되도록 토지세를 부과하면, 그것은 토지임대료를 두 번(즉 첫째는 세금으로, 둘째는 농장노동자들의 임금인상으로) 공격한다는 것을 살펴보았다. 많은 독자들은 보호관세가 수입장려금의 반대이기 때문에 토지임대료를 이중으로(즉 첫째는 관세에 상당하는 농산물 가격의 특별한 상승 때문에, 둘째는 관세 때문에 일어나는 1급, 2급 자유토지 농부의 노동대가 감소에 의한 임금하락 때문에) 올릴 것이라고 생각하기 쉽다.

이게 맞는지 살펴보자.

우선, 보호관세는 다른 재정관세[34]나 세금과는 근본적으로 다르다는 것을 이해해야 한다. 보호관세는 관세를 부과하는 국가보다 토지 소

---

34 재정 수입을 늘릴 목적으로 부과되는 관세.

유자에게 훨씬 영향을 크게 미치기 때문이다. 정부가 밀 수입에 대해 1억 달러의 관세수입을 올리면 토지 소유자는 가격을 더 높여서 빵 소비자들에게 10억 달러를 취할 것이다.* 그것이 바로 보호관세라고 불리는 이유다. 그것은 토지 소유자들의 임대료를 보호하고 증가시키기 위해 그리고 그들의 담보대출을 더 안전하게 해주려고 고안된 것이다. 담배세처럼 수입관세가 순수하게 재정적인 목적일 경우, 세금은 수입담배뿐만 아니라 국내에서 생산되는 담배에도 부과된다. 독일에서는 자기 밭에 담배가 한 그루 이상 있는 사람은 반드시 과세당국에 신고해야 하며, 스페인에서는 재정적인 이유로 민간인의 담배재배가 예로부터 금지되어 있었다. 그러나 밀에 대한 수입관세가 세금수입으로서의 중요성이 부차적이라면, 그 세금을 어디에 사용하는지에 대한 프랑크푸르트의 질문도 우리가 입증하려는 것에 비해 부차적이다. 따라서 우리는 밀 관세 자체에 대해 신경을 쓰기보다는 그것이 보호하고 있는 농장 임대료에 관심을 집중할 것이다.

토지 소유자와 농장노동자 사이의 생산물 분배는 자의적이지 않다. 모든 것은 고유한 법칙에 따라 이뤄지는 것이다. 이 분배에 대한 인위적인 개입은 법칙에 따라, 그에 어긋나지 않게 이루어져야 하며, 그렇게 하지 않으면 결국 헛일이 된다. 하지만 의도된 개입이 실패하더라도 흐트러진 힘의 균형이 회복되기까지 어느 정도 시간이 걸리고, 그동안은 충격으로 움직이기 시작한 진자처럼 흔들림을 반복하는 경우도 종종 있다. 토지임대료와 임금 사이의 생산물 분배는 한동안 요동치다가, 이전 상태가 회복되면서 안정을 찾게 된다.

* 어느 나라에 대한 것이라도 수입과 국내생산의 비율을 통해 정확한 금액은 계산할 수 있다.

그래서 만약 임금을 희생하여 토지임대료를 상승시키려는 보호관세가, 임금과 토지임대료 사이의 생산물 분배를 지배하는 경제법칙과 상충할 경우 완전히 실패하거나, 입법에 방해받은 힘의 균형이 회복될 때까지 단지 일시적으로만 성공할 수 있을 뿐이다.

수입관세로 인해 발생한 경제현상의 전체적인 모습을 파악하는 수준 이상으로 이 문제를 더 파고들 필요는 없다. 예컨대 밀에 대한 33퍼센트의 수입관세가 어떤 토지 가격을 얼마만큼 인상하게 될지와 같은 개별 사례들에 모두 적용할 수 있는 결론에 도달하고자 한다면 우리는 이 책의 범위를 훨씬 넘어서는 연구를 진행해야 한다.

수입관세에 대한 우리의 첫번째 관심은 그것이 1급과 2급 자유토지 농부들의 노동대가에 미치는 영향이다. 관세의 보호 아래 있는 농지에서 농장노동자의 임금은 3급 자유토지 농부의 노동대가에 의존하는데, 그의 노동생산물도 마찬가지로 관세의 보호를 받는다. 이는 나중에 다시 설명할 것이다.

1급과 2급 자유토지 농부들은 수입관세를 짐처럼 여긴다. 그들의 노동생산물을 노동대가로 전환하는 데 더 많은 비용을 발생시키는 다른 요인들처럼. 이런 비용 증가의 원인이 더 비싼 운송비 때문이든, 더 비싼 포장비 때문이든, 아니면 해적이나 사기 또는 관세 때문이든 그 사람들에게는 별 차이가 없다. 소비자가 그의 노동생산물(밀)에 대해 지불한 것을 자유토지 농부는 자기의 노동산출물로 여기는데, 이는 관세와 운송비 때문에 감소한다. 따라서 그의 노동대가도 그와 함께 더 감소한다. 만약 이런저런 운송비 때문에 발생한 손실이 그의 생산물 가격의 30퍼센트에 이른다면 손실은 관세까지 합쳐지면 50~60퍼센트까지 증가할 수도 있다.

아르헨티나 항구에서 함부르크까지 운송비는 보통 1톤당 4달러(15 마르크) 정도이다. 여기에 농장에서 항구로 가는 철도운송비가 더해지는데 이는 그 2배 이상이다. 합쳐서 약 13달러(50마르크)이다. 독일에서 관세는 톤당 14달러(55마르크)가 부과되므로, 합계는 총 27달러(105마르크)인데, 이것이 60달러(240마르크)의 가격에 포함되어 있는 것이다.

따라서 관세의 영향 때문에 1급, 2급 자유토지 농부들의 노동대가가 즉각적으로 감소한다. 그리고 이들 노동대가가 관세로 보호받는 토지의 노동자 임금을 결정하기 때문에, 이곳 독일에서도 역시 임금이 감소한다. 처음에는 명목임금의 변동 없이 식료품 가격이 상승하는 형태로 나타나기는 하지만. 그 후 토지 소유자가 관세 덕분에 자신의 농산물에 대해 더 높은 가격을 요구할 수 있고, 이 추가수익은 노동자들에 대한 임금인상이나 자신이 소비하는 공산품 가격 인상으로 나눠줄 필요도 없다. 공업노동자의 임금인상(이는 수입관세의 부담을 공업노동자들로부터 다른 쪽으로 이전하는 걸 의미)은 불가능한데, 이들 임금도 우리가 살펴본 것처럼 1급, 2급 자유토지 농부들의 노동대가에 의해 결정되기 때문이다. 공업노동자들은 결국 수입관세의 부담을, 농장노동자들과 1급, 2급 자유토지 농부들이 그러는 것처럼 더 이상 다른 데로 전가시키지 못한다. 그래서 나중에 묘사하게 될 반작용이 느껴질 때까지는 수입관세 전체가 토지 소유자에게 공짜 선물처럼 귀속된다. 그리고 수입관세는 관세청의 수입일 뿐 아니라 관세장벽 때문에 국내시장에서 국내생산물이 소비자에게 더 비싸게 팔리는 금액이기도 하다. 즉 모든 빵이나 달걀, 햄이나 감자를 소비할 때마다 토지 소유자의 주머니 속으로 조공을 바친다는 뜻이다. (토지가 임대되어 있으면, 관세는 바로 임대료에 전가된다. 또 땅을 팔 때 관세는 자본화되어, 관세의 20~25배를 곱한 금액이 보통의 땅값에 더해진다.)

정치가들은 관세는 외국인이 지불한다고 말한다. 확실히 그렇다. 왜냐하면 국경에서 정부 수입으로 거두는 관세는 금액상 그다지 중요하지 않지만 명백히 외국에 정착한 자유토지 농부들의 노동대가에서 지불되기 때문이다. 그러나 누가 독일 노동자에게 "국경에서 관세를 지불하는 사람은 자유토지 농부야"라고 진지하게 말하면서 밀 관세를 찬성하게 만들 수 있을까? 이런 말은 독일 노동자들에게는 조금도 위로가 되지 않는다. 자유토지 농부의 노동대가가 독일 노동자들의 임금을 결정하는데, 독일 토지 소유자가 관세 해당액만큼 식료품 가격을 인상하고, 독일 노동자는 자기 주머니에서 이 가격을 지불해야 하기 때문이다!

자본이자가 밀 관세의 일부를 부담할 거라는 믿음과 희망 또는 대담한 주장은, 지금 설명하겠지만 잘못된 것이다. 이자, 특히 새로운 투자 기회를 찾고 있는 새로운 자본의 이자에는 과세할 수 없다. 그것은 관세에서 자유롭고 독립적이다.

그렇지만 관세는 부작용을 만들어낸다. 느리지만 확실히 다음과 같은 방식으로 스스로를 드러낸다. 캐나다의 매니토바[35]나 만주● 혹은 아르헨티나에 사는 자유토지 농부가 베를린의 친구에게 편지를 쓴다. "내가 만든 밀을 사기 위해 네가 베를린에서 지불한 돈 중에서 운송비와 관세로 그 절반 이상이 사라지고, 마찬가지로 네가 만든 제품(공구, 책, 약품 등)을 사기 위해 내가 지불한 금액에서 똑같이 운송비와 관세로 그

---

35 캐나다 중부의 주.
● 현재는 '만주'라는 지명을 사용하지만 1916년에 초판 간행된 당시의 지명으로는 만추리아이다.

절반 이상이 날아가네. 우리가 이웃사촌이라면 이 비용을 절약할 수 있고, 서로 노동대가를 2배로 만들 수 있을 거야. 나는 내 밭을 너에게 옮길 수는 없지만, 너의 작업장이나 공장은 이쪽으로 옮길 수 있잖아. 그러니 이곳으로 와. 그러면 네가 필요한 음식을 지금의 반값에 제공할 수 있고, 네가 만든 것을 지금의 반값에 나에게 제공할 수 있을 테니까."

이 제안을 실제로 하기에는 여러 가지 장애가 있겠지만, 이치에는 맞는다. 공업은 일반적으로 많은 다른 산업이 들어선 중심지에서만 번성할 수 있다. 거의 모든 산업 분야가 크든 작든 상호의존하고 있기 때문이다. 공업의 이주는 그래서 서서히 이루어지고, 게다가 그 성질상 가장 독립적인 사업에서 시작된다. 벽돌공장, 제재소, 제분소, 인쇄소, 가구공장, 유리공장 등이 그렇다. 물론 처음에는 특히 운송비와 관세가 높은 제품에만 영향을 미친다. 그럼에도 불구하고 개별 기업의 이전은 항상 채산성에 따라 결정되므로, 관세는 운송비와 함께 기업의 해외이전에 결정적인 요소가 된다. 밀 관세가 오를수록 그만큼 자유토지 농부 근처로 일터를 옮기기 위해 짐을 싸는 편이 유리해진다. 그리고 자유토지 농부 근처에 새로운 기업들이 모두 자리를 잡으면 노동대가가 오르고, 상승한 노동대가는 관세로 보호된 나라의 임금에 다시 영향을 준다.

따라서 토지 소유자에 대한 관세의 혜택은 얼마 안 되어 임금상승으로 흡수되고 만다. 이를 깨달은 토지 소유자들은 그에 맞추어 움직인다. 그들은 반대의 효과가 나타나기 전에 자기 땅을 팔고 그렇게 넘겨받은 승계자들은 의회로 몰려가 구제를 요청하게 된다. 그때 곤경에 처한 농업도 부작용을 피할 수 없다.[*] (임금상승의 결과로 토지임대료의

---

[*] '농업이 곤경에 처해 있다!'는 프로이센 보호무역주의자들의 정치적 구호였다. 여기서 농업은 토지임대료의 은유인데, 영국이나 미국어에서 유사한 말을 찾는 건 어렵지 않다.

감소는 불가피하다. 비록 그것을 언제나 수치로 나타낼 수는 없지만. 여기서 묘사된 사태의 발전은 금광의 발견이나 지폐의 과잉발행에 의해 자주 야기된 통화인플레이션과 동시에 발생할 수도 있다. 1890년부터 1914년까지 발생한 통화인플레이션은 토지임대료의 손실을 보상해주었다. 하지만 이것은 오직 담보대출을 받은 부동산에만 적용되고, 토지 소유자는 그 반대의 가능성도 염두에 두어야 한다. 즉, 1873년부터 1890년까지와 같이 점진적인 가격하락의 시기에는 토지임대료의 손실을 볼 수 있다.)

하지만 보호관세가 가져오는 부작용은 1급, 2급 자유토지 농부의 행동에만 국한되지 않는다. 3급 자유토지 농부에게 무슨 일이 일어나는지도 알아봐야 한다. 3급 자유토지 농부에게 미치는 영향은 1급, 2급 자유토지 농부와 정반대다. 1급, 2급 자유토지 농부는 자기 주머니에서 관세를 지불하지만 3급 자유토지 농부는 자가소비를 하고 남은 농산물을 관세의 보호 아래 있는 시장에 가져가는 것이다. 따라서 그는 보호관세의 축복, 즉 소비자 약탈행위에 관여하는 셈이다. 그는 관세 때문에 6마르크가 아닌 8마르크에 토끼를 팔고 1.10마르크가 아닌 1.35마르크로 꿀을 판다. 요약하자면 그는 매입가격은 더 비싸지 않은데 자기 상품 판매가격은 더 비싸게 매기는 것이다. 그러니 3급 자유토지 농부의 노동대가는 높아지는 반면 임금노동자는 노동대가가 줄어들어 고충을 토로하기 시작한다. 따라서 3급 자유토지 농부의 노동대가는 이중으로 상승한다. 절대적으로는 더 높은 판매가격 덕분이고, 상대적으로는 임금하락 덕분이다. 그렇다고 해도 3급 자유토지 농부의 노동대가는 다시 노동임금 일반수준을 결정한다. 따라서 불균형이 오래 지속되지는 않을 것임은 분명하다. 토끼가 8마르크에 팔리고, 꿀은 1.35마르크, 감자는 5마르크, 그리고 염소젖이 20페니히에 팔린다는 말이 퍼지면 임금노동자들은 새로운 임금협상을 요구하며 반기를 들 것이다. 3급 자유토지 농부의 노동대가 상승을 빌미로 그들 역시 임금인상을 요구하고, 요구가 충족되지 않으면 황야나 습지, 황무지에 가서 일을 새로 시작하겠다고 위협한다.

이와 같이 임금인상은 1급, 2급 자유토지뿐만이 아니라 3급 자유토지에서도 일어나고, 밀 관세의 영향을 완전히 상쇄할 때까지 계속된다.

기억할 것은 수입관세에 의해 야기된 모든 농산물의 특별한 가격 상승과 그에 따른 임대료 상승으로 집약농업이 새로이 촉진되고, 관세가 집약농업의 노동대가를 올리면 임금도, 그로 인해 임대료도 훨씬 더 영향을 받게 된다는 것이다.

관세의 효과는 집약농업의 총수익을 증가시키고, 관세가 처음에는 공산품 가격에 영향을 미치지 않기 때문에 동시에 그들의 순노동대가도 증가시킨다.

그러나 만약 집약농업의 노동대가가 증가하면 임금도 오르게 되는데, 그것은 집약농업의 노동대가가 일반적으로 임금을 결정하기 때문이다.

우리 연구의 전반적인 결론에 따르면 결국 보호관세는 자유토지 농부의 노동대가에 영향을 미침으로써 얼마 안 가서 스스로 반대의 결과로 이어지게 된다는 것이다. 즉 주어진 보호라는 것은 일시적인 것 이상이 되지 못한다. '일시적으로' 관세를 부담해야 하는 사람들에게는 위로가 될 수 있겠지만, 관세의 혜택을 누리는 사람들에게는 그 일시성을 깨닫자마자 불안을 조성하는 일이 될 것이다. 그러나 만약 농부가 땅을 사거나 상속재산을 나눌 때 토지임대료의 일시적 상승이 영원히 계속되는 것으로 받아들여지면 문제가 매우 심각해진다. 그가 임대료나 임금이론을 어떻게 알겠는가. 단지 경험으로 알 뿐이다. 그는 수확량을 보고 농산물 가격이 어떨지 농장노동자들에게 얼마의 임금을 지불할지를 안다. 계산은 끝나고 거래가 이뤄진다. 준비된 돈으로 통상적인 금액이 지불되고, 나머지는 담보대출로 해결한다. 그러나 이 담보대출금은 일시적인 문제가 아니다. 확실한 것은 임금에 대한 관세의 일시적 효과보다 담보대출금 문제가 오래간다는 점이다. 그리고 농산물의 고정된 판매가격에도 불구하고, 노동자들이 임금인상을 요구하며 농부들을 향할 때도 담보대출금은 떨어지지 않는다. 그러면 농부는 다시 한번 '농업의 곤경'에 대해 불평을 하기 시작한다.

13.
자유토지 경작자의
노동대가에 기초한 전체 임금기준

토지 소유자가 자기 땅을 빌려주면 1,000달러의 임대료를 짜낼 수 있는데, 노동자를 고용하여 땅을 직접 경작해서 이보다 적게 번다면 만족하지 못할 것이다. 만약 그 땅에서 임금을 지불하고, 적어도 1,000달러를 벌 수 없다면, 토지 소유자는 노동자들을 해고하고 1,000달러의 임대료로 만족할 것이다.

따라서 어떤 경우에도 일용노동자는 임차농이나 미개척지 이민자들보다 더 많은 노동대가를 얻지 못한다. 그렇지 않으면 임차농(또는 이민자)은 일용노동자로 일하는 것을 선호할 것이므로.

반면에 일용노동자는 임차농이나 자유토지 이민자로 버는 돈보다 적은 임금으로 일하는 것에 동의하지 않을 것이다. 그렇지 않으면 그는 땅을 임차하거나 이민을 갈 것이기 때문이다. 그가 농장을 자경하거나 이민을 가기 위해 필요한 돈이 종종 부족한 것은 사실이다. 그러나 자기 돈이든 빌린 돈이든 간에, 그는 계산할 때 그 돈에 이자를 붙여 계산해야 하고, 그의 노동생산물에서 이자를 감안해야 한다. 노동자로서 자기가 가져갈 몫은 자기자본에 대한 이자를 공제하고 남는 돈이기 때문이다.

만약 자유토지 이민자의 총노동대가가 250달러이고 그의 운전자본에 대한 이자가 50달러라면, 그의 순노동대가는 200달러가 되고, 일반적인 임금수준은 이 부근에서 결정된다. 일용노동자의 임금은 더 낮아질 수 없다. 그렇지 않으면 일용노동자들이 이민을 선택할 것이기 때문이다.

공업노동자들의 임금 또한 확실히 이러한 일반적인 임금수준에 따른다. 만약 공업의 노동대가가 자유토지 이민자의 노동대가보다 더 크면, 농업노동자들은 공업으로 눈을 돌릴 것이고, 그 결과 농산물이 부족해지고 가격이 상승할 것이고, 반면 공업생산물은 넘쳐나게 되어 가격이 하락할 것이다. 농산물 물가의 상승과 공산품 물가의 하락으로 임금이 조정되어 다시 공평해질 때까지 임금의 재조정이 일어날 것이다. 그리고 이러한 재조정은, 사탕수수를 재배하든 석탄을 캐든 개의치 않는 이주노동자들이 매우 많기 때문에 매우 빠르게 진행될 것이다.

따라서 자유토지의 노동대가가 농업노동자의 노동대가를 결정한다면 그것이 노동대가 일반도 결정한다는 건 이론의 여지가 없다.

임금은 자유토지의 노동대가 이상으로 오를 수 없다. 왜냐하면 자유토지는 임금협상에서 농장노동자의 유일한 버팀목이자, 임대료협상에서 토지 소유자에 대한 임차농의 유일한 버팀목이기 때문이다. 농장노동자나 임차농이 이 버팀목을 상실하면(즉, 이농의 자유를 억압당하면) 그의 운명은 토지 소유자의 손에 맡겨진다. 그러나 자유토지가 유일한 버팀목이기 때문에, 어떤 상황에서도 임금을 자유토지 노동대가

보다 낮게 인하할 수 없다는 것도 사실이다.

그러므로 자유토지에서의 노동대가는 임금 일반의 최고치이자 동시에 최저치가 된다.

개별적인 노동대가 사이에 존재하는 차이도 이 일반적인 규칙에 어긋나는 것이 결코 아니다. 일단 토지 소유자와 노동자 사이에서 노동생산물의 분배가 결정되면 노동자에게 떨어지는 몫은 지극히 자연스러운 기준으로 자동분배된다. 보수가 다양한 것은 자의적인 것이 아니라 전적으로 그들 간의 경쟁의 법칙, 수요와 공급의 원리에 따라 조정된다. 일이 어렵거나 하기 싫을수록 임금은 더 높아진다. 왜냐하면 사람에게 두 가지 일 가운데 더 어렵고 하기 싫은 일을 하도록 시키려면 어떻게 해야 하겠는가? 오직 더 높은 노동대가를 제시하는 방법 아닐까(물론 그것은 꼭 돈이 아니라 다른 이득이나 특권일 수도 있다)? 그러므로 만약 누군가에게 교사나 목사, 수목관리원이 필요하면, 유일한 방법은 그들의 지갑에 통상의 노동대가보다 훨씬 많은 보수를 찔러넣어주는 것이다. 이렇게 해야 이들 직업을 얻기 위해 자기 자녀들의 교육비용을 스스로 떠맡도록 유도할 수 있다. 교사와 목사의 공급이 여전히 부족하면 보수를 더 올려야 한다. 노동자들이 그 일에 몰려 공급이 수요를 초과하게 되면 보수는 떨어질 것이다. 이러한 과정은 특별한 훈련이 필요한 모든 직업에서 동일하게 일어난다. 노동자들이 까마귀들을 쫓는 목동이나 거위 치는 소년, 소녀가 필요할 때는 그 반대현상이 일어난다. 만약 그들이 열심히 일해서 얻은 노동대가 전액을 그렇게 한가로운 일에 쓴다면, 모든 마을 사람, 선생, 목사, 농부들이 이 일에 지원할 테니. 그래서 거위 사육에는 최저임금이 제시되고, 누군가가 기꺼이 그 일을 받아들일 때까지 이 최저임금은 인상되는 것이다. 노동자들은 또한 그들의 생산물을 사주고 그들이 원하는 건 뭐든 팔아줄 상인이 필요하다. 이 노동자, 즉 상인도 마찬가지로 유통이윤의 형태로 누군가가 이 귀찮은 일에 헌신할 수 있도록 유도할 만큼 충분한 보수를 받아야 한다.

따라서 모든 임금을 조정하는 기초는 항상 자유토지의 노동대가이다. 이러한 기초 위에 최고보수를 받는 직업까지 노동대가에 대한 세부적인 보수등급의 전체구조가 구축된다. 그러므로 그 기초가 변화하면 지진의 진동이 첨탑 꼭대기의 풍향계까지 그 힘이 전달되듯이 전체 보수구조에 전달된다. '임금철칙설'이 올바르지 않다는 우리의 증거는 사실 아직 완전한 것은 아니다. 왜냐하면 '임금철칙설'은 비록 토지의 사적소유에 의해 일어난 것은 아니지만, 여전히 자본에 의해 일어날지도 모르기 때문이다. 그러나 자본이 이러한 힘을 소유하지 않는 것은 임금이 빈번하게 변동한다는 점에서 명백하다(진짜 '철의 임금'이라면 변동할 수 없을 테니까). 자본이 왜 이 힘을 소유하지 못하는지 우리는 나중에 증명할 것이다(제5부 참조). 만약 자본이 자유토지의 노동대가를 '철의 임금'에 해당하는 최저임금 수준으로 감소시킬 만한 힘을 가지고 있다면, 이자율로 표현되는 자본의 산출물은 반드시 자유토지의 노동생산물이 따르는 변동을 공유할 것이다. 하지만 그렇지 않다. 왜냐하면 나중에 보겠지만, 여기서 문제가 되는 기초이자는 매우 안정된 양이고, 실제로 매우 안정되어 있기 때문에 자본에 대한 '철의 수익'이라고 해도 무리가 없다. 그래서 만약 이 고정된 이자와 함께 임금도 고정된 것이라면, (임대료가 독립변수일 때) 노동생산물의 변동을 쓸어담을 저수지는 어디이겠는가?[36]

---

36 임대료가 그 저수지가 된다는 뜻.

14.
자본이자가
임대료와 임금에 미치는 영향

자유토지 이민자는 장부를 작성할 때, 자신의 운전자본에 대한 이자를 포함시켜야 한다. 이자는 자기자본이든 타인 자본이든 그의 노동대가에서 분리되어야 한다. 이자는 노동과 공통점이 없고, 완전히 다른 법칙에 의해 지배되기 때문이다.

자영농 토지 소유자도 마찬가지로 자기 노동대가에서 자본이자를 분리해야 한다.

만약 자유토지 이민자들과 임차농들이 자기들에게 필요한 자본에 대해 동일한 이자율로 이자를 지불해야 한다면, 이자율이 임대료에 아무런 영향을 미치지 않는다고 생각할 수 있다. 그러나 이는 잘못이다. 노동력과 생산수단이 있으면 흔히 도시 근교에 어느 정도는 새로운 땅을 개척할 수 있다. 그리고 이자율이 낮을수록 불모지를 개간하기가 더 쉽다. 고용주는 이렇게 개간한 토지에서, 동일한 자본으로 매입한 토지의 임대료와 같은 수준의 이자를 요구한다.[37] 1급과 2급 자유토지에서는 운송비가 종종 노동생산물 중 더 큰 부분을 가져가기도 하지만, 개간지에서는 자본이자가 기대 임대료를 뽑아간다. 개간이 어떤 식으로 이뤄지든, 즉 최근에 일어난 자위더르해 습지의 배수를 통해서 이뤄지든, 황무지를 개간한 것이든, 아니면 원시림을 베어내거나 사막의 관개를 통해서든, 암석의 폭발과 제거를 통해서든, 항상 첫번째 문제는 소요 자본에 대한 이자인데, 이는 동질의 땅에 대한 임대료와 비교된다. 만약 이자율이 높으면 비교할 것도 없이, 황무지는 개간하지 않은 채 버려둘 것이다. 반면에 이자율이 낮다면 그 개간은 성공이 약속된다. 예를 들어 이자율이 4퍼센트에서 1퍼센트로 하락하면, 오늘날 방치된 많은 땅에 대한 개량작업이 이익을 가져다줄 것이다.

1퍼센트의 이자라면 나일강의 물을 아라비아사막으로 끌어들이고, 발트해를 댐으로 막은 뒤 펌프로 바닷물을 퍼내 건조시키거나, 코코아와 후추 재배를 위해 뤼네부르크 황야에 온실을 만드는 일에도 자금을 투자할 것이다. 1퍼센트의 이자라면 농부는 과수원을 만들 수도 있다. 그 일은 지금 이자율 수준에서는 5년에서 10년 뒤의 수확을 기다리며 이자를 지불해야 하는 부담 때문에 엄두를 못내는 일이다. 한 마디로, 1퍼센트 이자율이면 모든 사막이나 습지, 황무지를 개간하여 경작하는 것이 가능하고 수익성도 생긴다. •

이자율이 떨어지면 경작면적을 넓힐 뿐 아니라, 사람들은 기계 사용의 확대와 도로 건설, 담 쌓기, 관개용 양수시설 설치, 습지 배수, 과실

37　토지를 개간할 때 투자된 자본에 대한 이자비용은 토지를 임차한 경우의 임대료와 동일해야 균형이 생기기 때문이다. 그렇지 않으면 이자비용을 충당하지 못해 자본투자를 하지 않고 차라리 토지를 임차해서 농사짓는 게 낫다.

•　물론 앞에서 제안한 내용들이 말 그대로 되는 건 아니겠지만.

수 식재, 서리 방지기구의 준비 등 수천 가지 개량을 통해 현재 면적에서 생산량을 2배 또는 3배로 뽑아낼 것이다. 이는 다시 경작면적의 감소를 필요로 할 것이고, 임대료에 더 큰 위협이 될 자유토지에 대한 접근성을 더 높일 것이다.[38]

더욱이 이자율 인하로 해외 밀 운송시설(항만, 운하, 해양증기선, 철도, 보관창고)을 보다 저렴하게 운영할 수 있게 되어 자유토지 생산물에 대한 운임이 낮아질 것이다. 그리고 여기서 절약되는 1달러는 임대료가 1달러 적어진다는 것을 의미한다. 현재 운송수단에 투자된 자본의 이자는 운송비의 상당한 부분을 차지한다. 1888년 유럽 철도의 경우, 평균이자율이 3.8퍼센트로, 운영비(철로의 유지, 직원급여 및 일용직 임금, 석탄 등)와 이자 간의 비율은 135:115였다. 따라서 이자는 거의 운영비와 같으므로, 이자율이 4퍼센트에서 3퍼센트로 낮아지면 운송비는 거의 8분의 1만큼 줄어들 것이다.

$$운영비 = 4, \ 자본이자 = 4, \ 운송비 = 8$$
$$운영비 = 4, \ 자본이자 = 3, \ 운송비 = 7$$
$$운영비 = 4, \ 자본이자 = 2, \ 운송비 = 6$$
$$운영비 = 4, \ 자본이자 = 1, \ 운송비 = 5$$
$$운영비 = 4, \ 자본이자 = 0, \ 운송비 = 4$$

즉, 이자율이 0퍼센트가 되면 철도 운임이 절반으로 줄어든다. 해양 운송 화물의 경우, 운영비 대 이자 비율이 철도운송과 동일하지 않지만,

[38] 경작면적이 줄어든 만큼 도시주변에 자유토지가 늘어나서 접근하기 쉬워진다는 뜻.

여기서도 이자가 중요한 역할을 한다. 선박, 운전자본, 항만, 운하(파나마, 수에즈), 석탄저장소, 탄광용 장비 등—이 모든 것이 정상적인 이자율을 요구하며, 이 이자는 운송비의 구성요소로서, 1급과 2급 자유토지 이민자들의 노동대가 창출에 들어가는 비용이기도 하다. 그 노동대가가 바로 임금과 임대료에 결정적인 중요성을 갖는다.

따라서 이자가 감소하거나 사라지면 운송비의 절반이 줄어들며, 자유토지는 이러한 방식으로, 경제성 면에서 50퍼센트 더 접근성이 좋아지고, 그에 따라 외국산 밀과의 경쟁은 더욱 치열해질 것이다.

그러나 만약 가까운 곳의 경작 가능 지역이 이처럼 필요 이상으로 증가하면 임대료는 어떻게 될까? 임금을 결정하는 자유토지를 그것도 가까운 곳에 마음대로 늘릴 수 있고, 그래서 자유토지 농부의 노동생산물과 그의 노동대가 간의 차이가 점점 줄어들면 임대료는 어떻게 될까? 우리가 소유한 자위더르해의 습지에서 밀을 재배할 수 있다면 왜 굳이 멀리 떨어진 캐나다나 매니토바로 이민을 가서, 다시 비싼 운송비를 주고 배에 싣고 올 필요가 있겠는가? 만약 이자율이 3퍼센트, 2퍼센트, 1퍼센트 또는 0퍼센트로 떨어지면 모든 나라가 자국민에게 필요한 빵을 스스로 공급할 수 있을 것이다. 집약농의 한계는 이자율로 정해진다. 이자율이 낮으면 낮을수록 더욱 집약적으로 땅을 경작하게 된다.[39]

우리는 여기서 이자율과 임대료 사이에 존재하는 밀접한 동맹관계를 관찰할 수 있다. 개간할 황무지나 습지, 사막이 있고, 기술적으로 토지를 개선할 수 있는 한, 자본가의 이상인 높은 이자율은 토지 소유자에

---

[39] 기존 땅에 대한 투자가 충분해지고, 토지의 효율성이 높아져 토지에 대한 수요가 줄어들기 때문이다.

게도 동일하게 임대료를 지켜주는 성벽이나 다름없다. 이자율이 0퍼센트로 떨어지면 실제로 임대료가 완전히 사라지지는 않겠지만 비틀거릴 정도의 타격을 입게 될 것이다. *

* 이자율 하락이 건축부지 임대료에 미치는 영향은 복잡하다. 건설자본에 대한 이자는 대지임대료보다 주택임대료에서 차지하는 비중이 더 크다(시골이나 소도시에서 대지임대료는 주택임대료의 5퍼센트 미만인 경우가 많지만, 이 경우 주택건설자본에 대한 이자는 총주택임대료의 90퍼센트를 차지한다). 따라서 이자율이 1퍼센트 또는 0퍼센트로 하락하면 주택임대료가 크게 감소할 것이고, 이는 물론 개개 가족들이 필요로 하는 숙박시설의 양에도 영향을 미칠 것이다. 오늘날 이자로 인한 높은 주택임대료 때문에 너무 부족한 주거시설에 만족해야 하는 대중은 (이자율이 떨어지면) 더 넓은 주거공간을 요구하고 그에 따른 비용을 지불할 수도 있다. 그러나 더 넓은 주거공간은 더 넓은 건축부지를 의미하고 곧 대지임대료를 올리게 된다. 반면 이자율이 하락하면 철로나 철도운송비가 감소하고, 결과적으로 도시 외곽으로 인구가 이동하면 도시에서의 대지임대료 상승을 상쇄하는 경향이 나타난다.

15.
지금까지 얻은 결과의 요약

1. 평균적인 노동자의 임금은 자유토지 경작자의 평균 노동대가와 같으며, 임금은 전적으로 이러한 노동대가에 의해 결정된다. 자유토지 경작자의 노동대가가 변동되면, 그 원인이 기술개선이건 과학적 발견이건 아니면 입법이건 상관없이 임금으로 전달된다.

2. 따라서 '철의 임금'이라는 건 착각이다. 개인의 경우 임금은 1에서 언급된 금액 부근에서 변동한다. 특히 노동자가 유능하면 이 액수 이상으로 상승할 수도 있지만, 반대로 최저생계비에 미치지 못할 수도 있다.

3. 숙련노동자의 총임금은 최고수준까지도 자유토지 경작자의 노동대가에 기초한다.

4. 임대료는 토지에서 나온 생산물에서 임금(및 자본이자)을 공제하고 남는 부분이다. 이 공제액(임금)은 그 토지에서 얻은 노동대가에 의해 결정되므로 임대료도 결국 자유토지 농부의 노동대가에 의해 결

정되는 셈이다.

5. 이자는 임대료와 밀접한 동맹관계에 있다.

6. 기술진보가 항상 임대료에 유리하다고 무조건 이야기할 수는 없다. 그 반대도 종종 사실이다. 기술진보와 빈곤이 반드시 짝을 이룬다고는 할 수 없다. 기술진보는 일반적인 번영의 확대와 대체로 연관되어 있다.

7. 토지에 대한 세금 부담이 다른 데로 전가될 수 있을지 여부는 분명하지 않다. 토지세 수입의 사용목적이 분명해져야 그 질문에 확실하게 답할 수 있다. 토지세는 임대료를 두 번 공격할 수도 있고(첫번째는 세금 자체를 통해, 두번째는 임금인상을 통해), 아니면 토지세의 총액보다 더 많은 혜택을 임대료가 누릴 수도 있다.

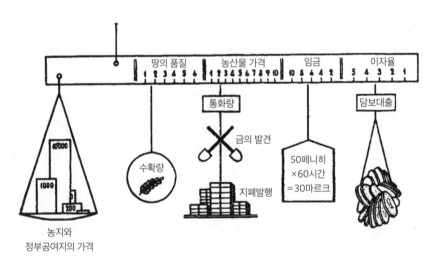

그림 1. 농지의 가격
토지의 가격은 다음과 같은 경우에 상승한다.
토지 품질과 농산물 가격이 상승할 때,
그리고 임금과 이자율이 하락할 때.

8. 임대료 세금 수입이 자유토지 경작자들의 이익을 위해 쓰인다면, 가령 수입곡물을 장려하거나 황무지 개간에 보조금을 지급하는 것처럼, 국가는 원할 경우 토지임대료를 완전히 몰수할 수 있다. 거둔 세금을 이렇게 사용할 경우에는 임대료 세금 부담은 전가될 수 없다.

16.
원료공급지와 건축부지의 임대료
그리고 일반 임금법칙의 관계

제분업자는 밀 생산지가 캐나다든, 아르헨티나든, 시베리아든 아니면 이웃 농장이든, 독일 이민자가 장시간 노동하여 재배하고 수입관세를 부담한 밀이든, 부유한 포메른[40] 대지주가 기른 관세 없는 밀이든 상관하지 않는다. 품질이 같으면 가격도 같다.

이것은 모든 상품에 적용된다. 판매되는 상품의 생산원가를 묻는 사람은 없다. 또 그들의 원산지에 대해서도 관심이 없다. 어떤 사람이 그로 인해 부유해졌는지, 또 누가 망했는지 개의치 않는다. 품질이 같다면 가격도 같다. 이것은 동전도 마찬가지다. 아무도 개별 동전의 원재료인 금을 어디서, 언제, 어떻게 얻었는지 묻지 않는다. 어떤 동전이 피로 물든 약탈품이었는지, 또는 힘들게 일하여 캐낸 금으로 만든 것인지 모르지만, 그들은 무차별하게 나란히 유통된다.

---

40 독일 북동부 지역.

개별 경쟁상품들의 생산비용의 차이가 어떻게 발생했든 가격은 서로 같다. 이는 원료를 사용하는 모든 사람도 알고, 원료를 재배하는 토지 소유자도 아는 일이다. 예를 들어 어떤 도시의 새로 난 거리에 포장이 필요한 때, 거기서 가장 가까운 채석장 소유자는 곧바로 그 거리에서 가장 가까운 무료 채석장까지의 거리, 똑같이 좋은 포장용 돌을 캐낼 수 있는 곳까지의 거리를 계산해본다. 그런 다음 거기서 필요한 곳까지 돌을 운반하는 데 드는 비용을 계산하고, 그런 다음 가격을 정할 것이다. 시는 이 가격을 수용할 수밖에 없을 것이다. 왜냐하면 이 가격 이상이 되어야만 경쟁이 일어날 것이고, 경쟁이 가격을 결정하기 때문이다. (두 채석장의 임금은 동일하다고 가정하고, 따라서 이 논의에서 제외해도 된다.)

그러나 직접적인 경쟁이 전혀 없고, 접근 가능한 거리 안에 무료 채석장도 없어서 결국 채석장 소유자가 포장석에 대해 과도한 가격을 요구하면, 경쟁은 다시 목판, 쇄석, 자갈, 아스팔트 또는 철도 같은 대체재로 확장될 것이다. 아니면 도로의 포장작업이 중단될 수도 있다. 후자의 경우, 시가 도로 포장으로 기대하는 이익의 크기만이 채석장 소유자가 고려해야 할 유일한 경쟁상대가 될 것이다.

다른 모든 원자재도 예외 없이 동일하다. 시멘트공장의 석회, 벽돌공장의 진흙, 무두질공장의 나무껍질, 풍차공장의 석탄, 철광석, 나무, 물, 건축용 석재, 모래, 기름, 광천수, 바람, 요양원의 햇빛, 여름 별장의 그늘, 포도 재배에 필요한 온난기후, 스케이트장을 위한 한랭기후 등이 누군가에게 필요할 때 우연히 이런 자연의 선물을 가진 토지 소유자는 채석장 주인이 포장석에 대해 요구한 것과 마찬가지로, 그리고 항상 똑같은 원리에 따라 그들에게 대가 지불을 요구할 것이다. 물론 개별적인 상황에 따라 사정은 다를 수 있다. 대체물과의 경쟁은 토지 소유자의 탐욕을 더 키우거나 줄일 수 있다. 그러나 항상 적용되는 동일한 원리가 있다. 토지 소유자는 그 토지의 생산물이나 상황 또는 품질이 제공하는 이점을 모두 이용한다는 것이다. 즉, 구매자로 하여금 자기노동으로 황무지나 사막, 자유토지에서 원재료를 조달하는 상황에서 얻을 수 있을 정도만 가져가도록 하는 것이다.

이러한 점을 고려하면 우리는 임금의 일반적인 법칙에 매우 중요한 전제를 끄집어낼 수 있다.

가장 척박하고, 가장 멀리 있고, 그래서 종종 소유자가 없는 원자재 공급지의 생산물은 운송비와 더 선호되는 유사 원자재 공급지의 운영에 지불되는 임금을 합한 금액으로 해당 원재료 가격의 기초가 형성된다. 더 선호되는 공급지 소유자들이 생산비에서 절약하는 것은 모두 임대료가 된다.

소비자는 토지에서 나오는 모든 생산물, 모든 원재료에 대해, 그것들이 마치 황무지에서 비싸게 생산되거나 주인 없는 토지에서 비싸게 운반해온 것처럼 값을 지불해야 한다.

가장 척박한 땅에서 얻는 노동생산물이 인간의 생존에 필요한 최저생계비와 같다면, 토지의 사적소유권은 '철의 임금'을 실현할지도 모른다. 그러나 우리가 살펴본 것처럼 꼭 그렇지 않다. 이 때문에, 아니 바로 이런 이유만으로 임금은 최저생계비 이상으로 오를 수 있다.

현 산업시대에 도시들의 대지임대료는 농경지의 총임대료와 거의 맞먹는 수준인데, 비록 상황은 다소 다르지만 정확히 같은 원리에 따라 결정된다.

베를린이 위치한 토지의 가치는 1901년에 29억1,100만 마르크로 추정되었는데, 이는 이자율이 4퍼센트일 때 1억1,600만 마르크의 대지임대료로 환산한 금액에 해당한다.[41] 이 토지가격 합계액을 브란덴부르크[42]의 400만 헥타르에 대하여 적용하면, 임대료는 1헥타르당 약 30마르크가 되는 셈이다. 브란덴부르크의 또 다른 도시들의 토지임대료를 더하면 도시의 임대료는 1헥타르에 약 40마르크에 달한다. 이는 그 토양이 척박하고, 강이나 습지, 숲이 넓은 면적을 차지한다는 점을 고려할 때 농지임대료를 초과하는 것이다. 아직 독일제국의 수도를 품고 있는 이 척박한 토양의 브란덴부르크의 지위는 사실 예외적이라고 할 수 있다. 하지만 이 수치들은 오늘날 도시의 대지임대료가 높고 중요하다는 것을 보여준다.

많은 독자들이 이 수치에 놀랄 것 같다. 하지만 누군가가 제대로 이야기했듯이 토지임대료 면에서 우리의 값비싼 부동산을 종전의 슐레지엔[43]에서보다 베를린에서 찾기 힘든 것인지는 의심스럽다.[44] 이런 기이한 현상을 어떻게 설명할 수 있을까? 무엇이 건축부지의 임대료를 결정하고, 무엇이 일반 임금법칙과 관계가 있는 것일까?

첫째 우리는 왜 사람들이 높은 대지임대료에도 불구하고 도시에 모이는지 설명할 수 있어야 한다. 왜 그들은 전국의 시골에 흩어져 살지 않는가? 앞의 수치로 계산하면 베를린 주민의 1인당 평균 토지임대료는 58마르크, 즉 가족이 5명이면 매년 290마르크의 임대료를 내야 한다. 시골에 살면 전혀 들지 않는 비용이다. 보통 시골집의 대지임대료

---

41 토지가격=토지임대료/이자율=1.16억 마르크(임대료)/0.04(이자율)=약 29억 마르크.
42 베를린을 둘러싸고 있는 독일의 주 이름.
43 폴란드 서남부와 체코 동북부 지역.
44 베를린에서 찾을 수 있다는 뜻.

는 아주 적어서 노천변소의 내용물로 지불할 수 있을 정도이다. 그리고 시골생활의 위생적인 이점은 도시의 비참한 주거환경과 현저하게 대조된다. 그래서 사람들이 도시를 선호하게 만드는 다른 중요한 이유가 있어야 한다.

만약 우리가 도시의 사회적 장점이 단점(나쁜 공기, 먼지, 소음, 그리고 우리의 감각을 공격하는 수많은 것들)에 의해 상쇄된다고 가정하면, 비용의 균형을 맞추는 것은 도시생활의 경제적 이점이다. 베를린의 도시 기업들은 그들 간의 상호의존성과 협력 덕분에 시골의 외딴 기업보다 1억1,600만 마르크에 달하는 비싼 대지임대료를 상쇄하는 이점을 더 누리는 것이다. 그렇지 않다면 도시의 성장은 전혀 설명할 수 없다.

시골은 그 계절적 특성 때문에 오늘은 노동자가 많이 필요하다가도 내일이면 거의 필요가 없어진다. 그 때문에 기업이 시골에서 자리를 잡을 수가 없다. 어쨌든 노동자는 1년 내내 일을 해야 하기 때문이다. 도시에서는 다양한 기업들에서 노동에 대한 수요가 어느 정도 평준화되어 있어서 어떤 기업이 해고한 노동자를 다른 기업이 고용할 수 있다. 이런 식으로 노동자는 시골보다 도시에서 고용안전성이 더 크다고 할 수 있다.

시골에서는 한 제조기업이 다른 기업가들과 교류하면서 아이디어를 교환하거나 자극을 얻을 기회가 부족하다. 다른 공장에서 훈련을 받고 다양한 방법을 익힌 노동자들은 시골 소재 경쟁업체와 비교해볼 때 도시 제조기업에 상당한 자산이 된다. 시골 기업은 전적으로 자신의 자원에 의존해야 하고, 다른 기업이나 다른 지역 노동자들과 아무런 교류도 할 수 없는 노동자들을 고용할 수밖에 없어서 다양한 개선사항들을 적용하는 데 뒤처지기 쉽다. 시골에는 또한 제품을 팔기 위해 도시가 제공하는 판매시설 같은 것이 대체로 부족하다. 그 지방의 다른 지역과 다른 지방에서 온 구매자들이 도시에 몰려드는 것은 그곳에는 필요한 모든 것을 모아놓고 파는 시장이 있기 때문이다. 도시 기업에는 외국 고객들이 방문하는데, 그들은 소비자들의 욕구에 관심을 끌거나, 더 나아가 기업가에게 시장조건이나 가격 등에 대한 귀중한 정보를 제공한다. 시골 기업은 이 모든 것이 없다. 고객들의 방문을 받는 대신에 고객들을 찾아다니는 데 시간과 돈을 들여야 한다. 원재료 가격, 해외시장 상황, 고객들의 지불능력에 대한 정보를, 자주 믿을 수 없는 간접적인 방법으로 수집해야 한다.

게다가 시골 기업은 필요할 때 즉시 모든 것을 조달할 수 있는 도시의 경쟁자보다 훨씬 더 많은 원자재 재고를 유지해야 한다. 만약 시골 제조업자가 어떤 물품, 어쩌면 나사 하나가 필요할 경우 그 부품이 도시에서 조달될 때까지 공장 전체의 가동을 멈춰야 한다. 혹시 기계가 고장이라도 나면 정비공을 도시에서 불러야 할 수도 있고, 그가 도착할 때까지 공장은 다시 놀려야 한다.

요컨대 공장 자체와 관련되거나, 직원이나 원재료 구입 또는 완제품 판매와 관련된 단점들이 너무 많아서, 시골 기업은 도시 기업과 경쟁하지만 도시 기업과 동일한 임금을 지불할 능력은 안 된다. 그러므로 시골 제조업자와 그 노동자들이 시골의 임대료에서 절약할 수 있는 모든 것이 노동대가에서 빠져나가는 셈이다.

따라서 지방에서 발전할 수 있는 유일한 산업은 대지임대료를 절약함으로써 모든 단점을 상쇄할 정도로 넓은 공간이 필요한 산업이거나, 제재소나 벽돌공장, 압연공장처럼 도시에서 할 수 없는 것이거나 위생상 이유로 경찰이 금지한 산업들(석회가마, 화약공장, 가죽공장 등)이다. 또는 단순 기능조직을 갖고 있어서 굳이 도시에 판매본부를 둘 필요가 없는 경우이다. 그 외 다른 모든 경우에 도시가 선호된다.

따라서 우리는 베를린 시의 대지임대료 1억1,600만 마르크가 어디서 왔는지 알고 있으며, 또한 무엇이 도시의 성장에 한계를 정하는지도 안다. 상호연결된 업무의 이점은 돈으로 계산되어 임대료로 토지 소유자들의 주머니에 들어갔다.

도시가 성장하면 경제적 이점이 커지고, 임대료도 동시에 증가한다. 하지만 임대료가 도시의 장점에 비해 지나치게 증가하면 그 성장은 멈춘다.

만약 당신이 사업을 위해 도시의 장점을 이용하고 싶으면, 당신은 토지 소유자에게 이러한 장점들의 대가를 지불해야 한다. 아니면 숲이나 들판에 공장이나 가게 또는 댄스홀을 자유롭게 세울 수 있을 것이다. 어느 쪽이 더 유리한지 계산하고, 그에 따라 행동하면 된다. 아무도 당신이 도시의 관문 밖에 정착하는 것을 막지 않는다. 만약 비와 눈, 먼지, 진흙을 맞으며 고객들이 당신에게 터벅터벅 걸어오도록 유도할 수 있다면, 그러면서도 도시 중심지에서와 같은 가격을 지불하도록 할 수 있다면 훨씬 더 좋은 일이다. 그럴 가능성이 낮다고 생각되면 임대료를 지불하고 도시에서 일해야 한다. 다른 방법도 있다. 도시 밖에서 물건을 더 싸게 파는 것이다. 어떤 고객들은 더 싼 가격에 끌릴 것이다. 하지만 그 장점은 어디에 있을까? 임대료를 아낀 만큼 파는 물건의 가격에서 손실을 보는데.

이처럼 도시의 대지임대료는 농경지와 원료공급지의 임대료를 좌우하는 법칙과 동일한 법칙에 의해 결정된다. 도시의 모든 장점(그 속에 분업도 포함된다)은 토지 소유자가 거두어간다. 독일의 밀이 만약 시베리아에서 재배된다면 국경에서 세금이 붙여진 가격에 팔린다. 마찬가지로 도시에서 생산된 재화는 공업 중심지로부터 멀리 떨어진 곳에서 생산된 재화가 갖는 모든 약점을 짊어진 채 팔렸을 가격으로 교환되는 것이다.[45]

　　농지임대료는 토지의 환경과 성질이 갖는 모든 장점을 흡수하여 정해지므로, 경작자에게 남아 있는 땅은 황무지와 버려진 땅뿐이다. 마찬가지로 도시의 대지임대료는 사회, 상호부조, 조직, 교육 등의 모든 장점을 흡수해 결정되므로, 이 때문에 도시 상공업에 종사하는 사람들의 노동대가는 외진 시골의 생산자 수준으로 작아진다.

45　관세나 운송비만큼 비싼 가격에 팔린다는 뜻.

17.
임금법칙에 대한 첫번째 개요

임대료와 자본이자를 공제하고 남는 생산물로, 모든 노동자(일용노동자, 사무원, 상인, 의사, 하인, 왕, 숙련공, 예술가)들이 나눠갖는 임금기금이 만들어진다. 누구나 자유롭게 직업을 선택할 수 있을 때, 수요와 공급에 따라, 그리고 각각의 개인적 역량에 따라 분배가 이루어진다. 만약 직업 선택이 완전히 자유롭다면(지금은 그렇진 않지만 앞으론 그럴 수 있다) 분배를 할 때 모두가 실제로 '가장 큰' 몫을 얻을 것이다. 왜냐하면 모두 가장 큰 몫을 얻기 위해 노력하는데, 그 몫의 크기는 수요와 공급에 의해 결정되고, 궁극적으로는 직업 선택에 의해 결정되기 때문이다.

따라서 임금의 상대적 크기는 직업의 선택, 즉 개인에 따라 달라진다. 반대로 임금의 절대량은 개인과 완전히 별도이며, 임금기금의 크기에 따라 결정된다. 개별 노동자들의 임금기금에 대한 기여가 클수록 해당 노동자의 몫은 커진다. 노동자의 수는 상관이 없다. 만약 노동자들의 수가 많아지면 임금기금의 절대량도 커지는데, 분배받을 몫에 대한 권리자의 수도 그만큼 늘기 때문이다.

우리는 이제 다양한 범주의 노동자들이 임금기금에 기여한 금액을 안다.

1. 농업노동자들의 기여는 같은 수의 농업노동자들이 자유토지에서 재배할 수 있는 생산물의 합계에서 운송비와 이자, 수입관세를 공제한 것과 같다. 우리는 생산물 속에 그러한 요소가 포함되어 있음을 고려해야 한다.

2. 다른 원재료 생산자들의 기여는 그들이 가장 척박하고, 가장 멀리 떨어진, 그래서 주인 없는 땅에서 생산되어 시장에 나온 생산물의 총합에서 이자를 뺀 합계와 같다.

3. 공업종사자, 상인, 의사, 예술가의 기여는 상호교류나 조직이라는 장점 없이, 인구가 많은 중심지로부터 멀리 떨어진 곳에서 생산할 수 있는 생산물의 합계에서 이자를 뺀 금액과 같다.

만약 우리가 이 모든 생산물들을 모아서 현재의 임금기준에 맞게 분배하면, 모두는 현재 받는 임금으로 가게와 시장에서 실제로 조달할 수 있는 생산물을 그대로 정확히 얻을 수 있다.

이 금액과 수행된 총노동의 전체 생산물의 차이가 임대료와 자본이자를 구성한다. 그렇다면, 노동자들이 (항상 가장 넓은 의미의 노동자를 말한다) 임금기금을 확대하기 위해, 그리고 생활비의 증가로 상계되지 않고, 전반적인 실질임금의 상승을 얻으려면 무엇을 해야 할까?

대답은 간단하다. 자신들의 임금기금을 더 잘 감시해야 한다. 그리고 그것을 기생충들로부터 보호해야 한다. 벌과 다람쥐가 자기 먹이를 지키는 것처럼 노동자들은 자신의 임금기금을 지켜야 한다. 노동생산물 전체를, 임대료와 이자를 공제하지 않고, 임금기금으로 보내서 그 생산물의 창조자들에게 마지막 부스러기 하나까지 분배해야 한다. 그리고 이는 우리가 이름 붙인 자유토지와 자유화폐라는 두 가지 개혁을 통해 이룰 수 있다.

제2부

자유토지

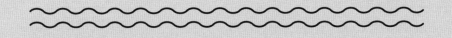

1.
'자유토지'라는 말의 의미

1. 사람들 간 경쟁은 땅에 대한 모든 사적 또는 공적 특권을 없앨 때 비로소 공정하면서도 경쟁 본연의 높은 목적에 맞게 이뤄질 수 있다.

2. 사람은 예외 없이 인종과 종교, 문화, 신체조건의 차이를 불문하고 지구에 대해 동일한 권리를 가진다. 그러므로 누구나 감정, 의지, 건강에 따라 어디든 가고 싶은 곳에 갈 수 있으며, 땅에 대해 원주민으로서 동등한 권리를 누릴 수 있다. 어떤 사람도, 어떤 국가도, 어떤 집단도 땅에 대해 특권을 가질 수 없다. 우리는 모두 같은 지구의 원주민이니까.

3. '자유토지'란 개념에는 어떤 수식어도 필요 없다. 그 개념은 절대적이다. 지구와 관련해서 어떤 민족의 권리도, 어떤 주권국가의 특권도, 어떤 국가의 자결권도 없다. 지구에 대한 영유권이란 민족 단위에 있는 것이 아니라 한 사람 한 사람 개인에게 있는 것이다. 그러므로 어떤 나라도 국경을 만들고 수입관세를 부과할 권리가 없다. 자유토지란 지구를 수입이니 수출이니 하는 개념이 없는 하나의 구체球體로 보아

야 한다는 의미이다. 그러므로 자유토지란 전 세계적인 자유무역으로 모든 관세가 완전하게 제거된 상태를 의미하기도 한다. 국가 간 경계도 마치 스위스 자치주 간 경계처럼 단지 행정적 의미만 가져야 한다.

4. 자유토지의 이런 특징으로 인해 '영국 석탄' '독일 칼리' '미국 석유'와 같은 명칭도 그저 지리적 의미로만 이해될 수 있다. 왜냐하면 인종 불문하고 누구나 영국의 석탄이나 독일의 칼리, 미국의 석유에 대해 같은 권리를 가지기 때문이다.

5. 토지는 시구 주민이라면 예외 없이 누구나 참여 가능한 공공경매 방식으로 경작자 등 필요한 사람에게 임대된다.

6. 이렇게 들어온 임대료는 전액 국가재정으로 귀속되어 어린 자녀의 수에 따라 매월 공평하게 어머니들에게 지급된다. 어디 출신인지 상관 없이 어머니라면 누구든 배분에서 제외되지 않는다.

7. 토지분할은 전적으로 경작자의 필요에 따라 결정된다. 즉 작은 가족에게는 작은 부지가, 대가족에게는 큰 부지가 주어진다. 공산주의자, 무정부주의자, 사회민주주의자의 집단거주지나 협동조합 및 종교 공동체에게는 더 넓은 땅이 할당된다.

8. 어떤 식으로든 자유토지에 제약을 가하려는 민족이나 국가, 인종, 언어공동체, 종교집단 및 경제단체는 모두 법을 어기는 것이다.

9. 기존의 토지 소유자는 임대료 상실분에 대해 정부증권의 형태로 전액 보상받을 것이다.

2.
자유토지를 위한 재정대책

국가는 모든 개인토지—농지, 숲, 건축부지, 광산, 자갈 채취장, 수력발전소 등—를 매입한다. 그리고 매입대가를 지불함으로써 토지 소유자에게 보상한다.

토지매입가는 개별 토지가 지금까지 산출했거나 산출했을 거라 추정되는 임대료에 근거한다. 그렇게 계산된 임대료는 담보대출이자율로 자본화*되어 한 푼의 가감 없이 이자를 지급하는 정부증권 형태로 토지 소유자에게 지급된다.

하지만 국가는 어떻게 그 어마어마한 금액에 대해 이자를 지급할 수 있을까? 답은 앞으로 국고로 흘러들어올 그 땅에 대한 임대료에 있다. 국가채무의 원금은 바로 토지임대료가 자본화된 것이므로 이 임대수입은 정확히 정부증권의 이자금액과 일치한다.

● 임대료의 자본화란 그 임대료와 같은 금액의 이자를 산출하는 화폐금액을 계산하는 것.(여기서는 토지가격을 산출하는 절차를 말한다—옮긴이)

예를 들어 연간 토지임대수입이 10억 달러였다고 하자. 4퍼센트 이자율로 국가가 보상한다면 토지매입가격은 250억 달러가 되며 동일 이자율을 적용하면 이자 역시 10억 달러가 되어 지급금액과 수입금액이 같다.

숫자 크기만 보고 놀랄 필요는 없다. 차변의 크기는 대변의 크기로 측정되기 때문이다.* 어떤 것도 그 자체로는 크지도 작지도 않다. 프랑스는 350억 프랑의 국가채무를 지고 있고 민간 부동산담보대출도 그만큼 되지만 다른 나라 정부증권으로 수십억을 쌓아두고 있다.** 그 저수지의 용량은 매우 크다. 토지국유화로 인해 발생할 채무도 마찬가지이다. 막대한 차변금액은 막대한 대변금액으로 균형을 맞출 수 있다. 그러므로 미리 이 금액을 계산하는 건 불필요하다. 그 금액이 1천억이어도 상관없다. 그 금액이 5천억이어도 역시 문제없다. 국가재정에서 기입되는 항목은 임시적인 것이다. 수십억 숫자들이 아무 흔적도 없이 국고를 거쳐 지나간다. 거액이 들어왔다고 불안해하는 은행가가 있던가? 독일국립은행장이 잉크를 찍어 쓰는 숫자가 아무리 거액이라 한들 그 금액 때문에 불안해하겠는가? 전혀 그렇지 않다. 그는 헬골란트 섬 은행장[1]만큼이나 푹 잘 것이다. 프로이센 정부가 철도를 국유화하고 대금을 정부증권으로 지급한다고 해서 프로이센 국가채무 압박이 더 심각해졌을까?

부채이자율은 원금 그 자체처럼 서류에 고정되어 있는데 반해 임대

---

* 1919년 11월 현재 실제로 상환할 것이 거의 없다. 독일의 배상채무는 1순위담보와 같은 것이라 독일 토지 대부분이 배상채무를 담보하여 [승전국들이] 독일 임대료의 대부분을 요구하게 될 것이다. 따라서 스위스 땅 몇 에이커로 독일의 대농장을 살 수 있다.
** 전쟁 전에 발행된 것이다.
1 헬골란트는 독일 북서부 슐레스비히-홀슈타인 주에 속하는 작은 섬. 작은 섬 은행 지점장이 별다른 압박감을 느끼지 않는 것처럼 큰 은행도 마찬가지라는 뜻.

료는 변동성 있는 경제요소들(관세, 운송비, 임금, 통화본위제)에 의해 결정되므로, 토지국유화와 관련되어 국가가 위험을 떠안게 된다는 점을 들어 실제 반대가 있을 수 있다.

그런 위험이 있다. 정말 이상한 점은 그 위험성을 국유화 반대 논거로서 토지 소유자들이 종종 악용하고 있다는 점이다. 지금까지 임대료가 줄어들 때마다 그들은 어떻게 자신들을 보호해왔던가? 그럴 때마다 항상 국가에 도움을 호소하지 않았던가? 지금 그들이 위험으로부터 보호해야 한다고 난리 치는 그 국가에 모든 손실을 전가하며 말이다. 위험이 있는 곳에 이익도 항상 있다는 점에 대해서는 물론 입을 다문다. 그들은 손실은 국가에, 이익은 전부 그들 자신에게 돌리는 습관이 있다. 토지의 사적소유에 관해서 국가는 지금까지 늘 복권 뽑기에서 지는 역할을 해왔다. 국가는 '꽝'을 뽑고 토지 소유자는 당첨되는. 그들은 임대료가 올라 이익을 봤다고 어려울 때 국가에서 받은 보조금을 돌려주겠다는 말을 하는 법은 없다. 과거에 토지 소유자는 스스로 문제를 해결할 수 있었다. 노예나 농노의 조건을 악화시켰으며, 노예제가 더 이상 유지될 수 없게 되자 이동의 자유를 제한하여 임금이 본연의 수준 이하로 떨어지게 해달라고 국가를 압박했다. 이제 이런 방법들이 다 너무 위험해지자 복본위제라고 하는 사기수법, 즉 화폐제도를 희생시키는 방법으로, 자기들을 지원하도록 국가에 강요했다. 이로 인해 물가가 엄청 오르는 인플레이션이 초래되어, 대다수 국민의 희생하에 토지 소유자들만 부채가 탕감되는 효과를 누렸다.[2] (아직 통화문제에 대해 잘 모

---

2 복본위제로 통화량이 늘어나니 물가상승, 즉 인플레이션이 초래된다. 인플레 상황에서 부채를 가진 토지 소유자들은 땅값이 오르는 대신 부채는 고정되기 때문에 이익을 보게 된다.

르는 독자들이라면 이 문장은 나중에 더 쉽게 이해할 수 있을 것이다.)
이런 시도가 불로소득을 얻는 다른 계급들, 즉 채권 소유자들의 반대로
실패하고 무력으로 더 이상 얻을 게 없어지자, 토지 소유자들은 동정심
에 징징거리며 호소하는 전술로 바꿨다. 농작물에 대한 보호관세를 정
당화하기 위해 '농업이 처한 곤경'에 관심을 환기시켰다. 토지 소유자들
의 임대료를 보호하고 올려주려고 대중에게 빵값을 더 물린 것이다. 이
처럼 토지와 관련한 위험을 떠안은 건 언제나 국가와 국민이었다. 토지
소유자처럼 영향력 있고 강력한 계급이 부담하는 위험이란 실제로는
국가재정이 부담하는 위험인 것이다. 토지국유화 후 유일한 변화는 발
생한 위험에 상응하여 국가가 이익을 볼 수도 있다는 점이다.

더욱이 경제활동 전체로 보자면 임대료가 내려가도 아무런 위험이
없다. 이런 관점에서는, 심지어 임대료가 완전히 없어져도 손실은 없을
것이다. 납세자는 현재 자기 노동생산물에서 세금뿐 아니라 임대료도
빼야 하므로 만약 임대료 부담이 없어진다면 더 많은 세금을 낼 수 있을
것이다. 국민들의 납세능력은 항상 토지 소유자들의 힘에 반비례한다.[*]

처음에는 토지수용으로 아무도 이익이나 손해를 보지 않는다. 그전
에 토지 소유자였던 사람은 임대료로 받던 금액을 국가로부터 이자로
받으며, 국가는 토지 소유자로서 국채 이자와 동일 금액을 임대료로 받
는다.

국가가 얻는 순이익은 이 책에서 나중에 다룰 자유화폐로의 개혁을
통해 채무를 점진적으로 상각할 때 비로소 발생하기 시작할 것이다.

[*] 1908년~1912년 기간 중 프랑스 토지임대료는 1879~1881년 기간 대비 22.25퍼센트 하락했다.
동 기간 중 토지가격은 32.6퍼센트 떨어졌다. 1879년~1881년에는 1헥타르당 1,830프랑이었는데,
1908~1912년에는 겨우 1,244프랑이었다.

이 개혁으로 (화폐자본 및 실물자본 모두에 대한) 이자율은 단기간에 국제시장 조건이 허용하는 가장 낮은 수준까지 하락할 것이며 개혁이 국제적으로 적용되면 순이자율은 0퍼센트로 떨어질 것이다.[3]

그러므로 토지국유화 채권의 소유자들에게 채권의 시장가격이 채권의 액면가격을 유지하는 데 필요한 수준의 이자를 지급하는 것[4]이 합리적일 것이다. 왜냐하면 이자율이 고정된 증권의 가격은 시장이자율의 모든 변동에 반응하기 때문이다. 그러므로 만약 정부증권 가격이 안정되어야 한다면, 이자율이 조정될 수 있어야만 한다. 그 이자율이 자본이자의 시장이자율에 따라 오르고 내릴 수 있어야만 정부증권을 투기로부터 보호할 수 있다. 특히 많은 경우에 별다른 금융경험이 없는 일반인이 이들 정부증권을 소유할 것이므로 투기자들로부터 500억~750억 달러에 달할 자본을 보호하는 것은 전적으로 공익에 부합하는 일이라 할 것이다.

우리는 토지국유화와 동시에 화폐개혁 도입을 제안한다. 화폐개혁으로 시장이자율이 하락할 것이며 그 결과 토지국유화 채권 이자율이 자동적으로 5, 4, 3, 2, 1퍼센트에서 궁극적으로 0퍼센트까지 떨어질 것이다.

이렇게 된다면 토지국유화 재정은 다음과 같이 나타날 것이다.

한 국가의 연간 임대료 총액이 예를 들어 100억 달러라면
5퍼센트 이자율일 때 국가가 토지 소유자에게

---

3 이 책 3부와 4부에 어떻게 이자율이 '0퍼센트'로 수렴하는지 원리가 설명된다.
4 이런 상황을 채권 패리티(parity)라고 한다.

지급하는 배상금은	2,000억 달러
4퍼센트 이자율이라면 지급하는 배상금은	2,500억 달러
2,000억 달러 원금에 5퍼센트 이자율일 때	
지급하는 이자는	100억 달러
이제 시장이자율이 4퍼센트로 떨어지면	
2,000억에 대한 지급이자는 하락하여	80억 달러
임대료는 처음 정한 그대로 유지되므로	100억 달러
토지국유화로 국가재정에서 시현되는	
연간 차익은	20억 달러

이 차익으로 채무의 일부를 상환하여 이자가 지급되는 원금은 그만큼 줄어드는 반면, 임대료는 줄어들지 않은 채 국고로 계속 유입된다. 연간 재정잉여금은 일반이자율 하락에 비례해서 증가할 것이며 궁극적으로 이자율이 0퍼센트까지 떨어지면 임대료 총액이 전액 잉여로 남을 것이다. 물론 임대료도 이자하락에 따라 같이 하락하겠지만 같은 규모는 아니다. (제1부 14장 참고)

이러한 상황을 더 전개시키면 토지국유화로 생긴 거대한 국가채무는 20년 내에 깨끗이 상환된다.

예외적으로 높은 현재의 전시공채 이자율을 자본화 이자율[5]로 채택한다면 토지국유화에 매우 유리하다는 점도 고려해볼 만하다. 이자율이 높을수록 토지 소유자에게 배상금으로 지불될 원금액수가 작아지기

---

5 토지가격 산정을 위한 이자율. 앞으로 받게 될 임대료를 이자율로 할인하여 계산하게 되므로, 이 자율이 높을수록 화폐원금은 작아지고, 낮을수록 커진다. 전시공채 이자율이 아주 높은데 만약 이 것을 자본화 이자율로 적용하면 원금, 즉 토지가격이 많이 낮아지게 된다는 뜻이다.

때문이다. 매년의 임대료 1,000달러에 대해 배상될 금액은,

　　5퍼센트 이자율 = 원금 20,000달러

　　4퍼센트 이자율 = 원금 25,000달러

　　3퍼센트 이자율 = 원금 33,333달러

　　위와 같은 방식으로 토지 소유자에게 제시될 이행 및 조정 기간을 더 단축시키는 게 바람직할지 아닐지에 대한 판단은 다른 사람 몫으로 남기겠다. 방법은 많다. 이 책 제4부에서 제안할 화폐개혁의 효과는 훨씬 광범위한 것이다. 화폐개혁이 되면 우리의 경제활동은 자유롭게 발전할 수 있어 근대적 생산수단이 가진 기능을 완전하게 발휘할 수 있게 될 것이다. 그 덕분에 고도의 기술을 보유한 노동자들은 생산성이 대폭 증가하여 경제위기나 휴업도 사라질 것이다. 국민의 납세능력은 어마어마하게 커진다.[6] 그러므로 이런 힘들을 다 사용하여 국가채무를 빠르게 상환하려 마음먹는다면 앞에서 말한 기간이 대폭 줄어들 것이다.

6　소득이 과거에 비해 크게 늘어나기 때문이다.

3.
자유토지의 실제

토지의 유상 국유화 이후 토지는 농업, 주택, 산업의 필요에 맞춰 분할하여 공공경매를 통해 최고가 응찰자에게 1, 5, 10년 또는 무기한으로 임대될 것이다. 임차인들에게는 그들이 입찰 시 근거한 경제적 요소들의 안정을 위한 확실한 보증을 해주어, 그 계약 때문에 그들이 망하지 않도록 할 것이다. 이 목적을 실현하기 위해서 농산물에 대해 최저가격을 보장하거나, 통화를 이들 가격에 연동시키거나,[7] 또는 전반적으로 임금이 상승할 때 임대료를 인하해준다. 간단히 말해서 이 개혁의 목적은 농부들을 괴롭히려는 것이 아니라 반대로 농업이 발전하고 건강한 농민계급을 만들고 유지하는 것이어서 토지의 수확물과 농장임대료가 영구계약이 될 수 있도록 가능한 모든 조치를 취할 것이다.

농지국유화가 가능하다는 것은 여러 차례 경험으로 증명되었다. 국

---

[7] 농산물 가격이 적정수준을 유지하도록 통화량을 조절한다는 뜻.

유화란 한 나라의 모든 토지를 국가소유 임차농지로 바꾸는 것인데 국유든 사유든 임차농지는 이미 독일 전역에 존재한다. 국유화를 통해 우리는 기존제도를 단지 보편화하려는 것이다.

임차농 방식에 반대가 많았는데, 자기 토지를 좋은 상태로 유지하는 데 신경을 쓰는 현재의 토지 소유자들에 비해 임차농은 땅을 더 황폐시킨다는 이유에서이다. 임차인은 땅을 쥐어짜서 이용한 후 다른 곳으로 계속 옮겨 다닌다고들 말한다.

이것이 임차농 방식에 대해 제기할 수 있는 유일한 반대이다. 농사가 잘되기 바라는 건 임차농이나 자작농이나 아무런 차이가 없다. 둘 다 동일한 목적, 즉 최소의 노동으로 최대의 산출을 얻고자 한다.

토양을 소진시키는 농법이 절대로 임차농만의 특징이 아니라는 것은 미국에서 볼 수 있는데 그 곳에서 일부 밀 농부들은 완전히 소진하는 수준으로까지 토지를 쥐어짠다. 그렇게 해서 피폐해진 밀 농장을 수백의 소농들이 헐값으로 가져가기도 한다. 반면 프로이센에선 국유농장들이 표준방식으로 농사를 짓고 있다고 하는데 이들 모두가 임차농이다.

그러나 어떠한 경우라도 임차농에 의한 토지 황폐화는 쉽게 예방할 수 있다.

1. 임차농에게 농지를 영구임대하면 된다.

2. 토지 황폐화를 불가능하게 만드는 조건을 계약서에 포함시킬 수 있다.

만약 어떤 임차농이 토지를 황폐화시킨다면 항상 그 잘못은 그 토지의 소유자에게 있다. 그가 단지 높은 임대수익을 올리기 위해 몇 년 동안 그 방식을 사용하도록 허용했기 때문이다. 이 경우 임차인이 아니라 토지 소유자에게 토지 황폐화의 귀책사유가 있다. 때때로 토지 소유자는 순전히 유리한 매도 기회를 놓치지 않으려고 장기임대 대신 단기임대를 수용한다. 그런 조건하에서는 기꺼이 토양을 개선하려는 임차농을 찾기가 당연히 어려워지니 이 경우 병폐는 임차제도가 아니라 토지의 사적소유제도라고 할 수 있다.

토양 황폐화를 원하지 않는다면 토지 소유자가 임대계약서를 그렇게 만들면 된다. 만약 임차농으로 하여금 농장에 자라는 꼴을 소진할 정도로 충분한 가축 수를 유지하고, 건초나 갈대, 퇴비 등을 외부에 판매할 수 없도록 하는 계약이 체결된다면 이 조항만으로도 토양은 충분히 보호될 것이다.

뿐만 아니라 본인이 원하면 영구히 그 농토를 사용할 수 있고, 사망 시에 배우자나 자녀에게 최우선 임차권이 주어지는 등 임차농에게 토지사용이 완전히 보장된다면 임대료가 너무 비싸 도저히 계약을 갱신하지 못할 상태가 아닌 한 임차농이 토지를 황폐화시킬 우려는 전혀 없다. 어떤 토지는 가축방목에는 안 맞지만 밀 재배에는 좋을 수 있다. 이런 경우에는 농부가 밀을 재배하여 번 돈으로 인공비료를 사서 토양을 보존한다는 조항을 계약에 삽입하면 될 것이다.

또한 이제는 인공비료가 개발되어, 소진된 토양의 지력을 회복하는 데 휴경만이 유일한 방법이었던 예전만큼 더 이상 토지 황폐화가 심각한 문제는 아니라는 점도 고려할 필요가 있다. 예전에는 지력회복에 평생이 걸렸지만 지금은 인공퇴비로 금방 회복이 가능하다.

임차농의 무분별한 농사에 대한 경고로 아일랜드 사례를 드는데 우리는 여기서 우리 독자들에게 토지국유화의 가장 중요한 특징을 반드시 상기시키고자 한다. 즉, 임대료가 더 이상 개인의 배를 불리는 데 쓰이지 않고 국고로 들어가서 감세, 육아장려금, 과부연금 등등의 형태로 국민에게 모두 돌아갈 것이라는 점이다. 만약 부재지주不在地主가 지난 300년간 연년세세 아일랜드에서 착취해서 다른 나라에서 게으름 피우며 탕진했던 임대료가 아일랜드 국민에게 남겨졌다면 그 나라의 오늘은 아주 달라졌으리라.

러시아의 '미르Mir'나 독일의 공유지 예시가 임차농 방식의 문제점으로 언급되어왔다. 이 또한 아일랜드의 경우처럼 토지국유화와 비교해선 안 되는 사례들이다. 미르에서는 사망과 출생으로 공동체 내 인구가 변동하는 몇 년마다 정기적으로 토지를 재분배했으므로 어느 누구도 일정기간 동일한 토지를 경작할 수 없었다. 미르 구성원 중 어떤 사람이 토지를 개량했을 때 그 이익을 미르 구성원 전체와 공유해야 하므로 그가 개인적으로 갖는 이익은 매우 작다. 이런 제도하에서는 필연적으로 농사를 게을리하게 되어 토양은 황폐화되고 전체 공동체는 궁핍해진다. 미르는 공산주의도 개인주의도 아니면서 두 제도의 장점은 하나도 없이 결점만 갖고 있다. 러시아 농부들이 메노파[8]의 방식을 따라 공동으로 경작했다면, 공동이익을 거두고자 자작농들의 토지개량 방법을 배웠을 것이다. 만약 그들이 공산주의를 거절한다면 그 결과를 수용하고 철저한 개인주의 제도를 받아들여야만 한다.

비참한 상태로 자주 인용되는 독일 공유지에서도 사정은 같다. 잘못은 토양착취 농법을 부추기는 단기소작 방식에 있다. 이는 마치 주민위원회가 공유지 분할을 쉽게 하려고 일부러 공유지를 저평가했던 방

---

8 메노파 혹은 메노나이트(Mennonites)는 16세기 종교개혁 시기에 네덜란드에서 등장한 개신교 교단으로 유아세례를 인정하지 않아 재세례파로 분류된다. 예카테리나 대제가 러시아의 농업발전을 위해 정책적으로 메노파의 종교의 자유를 존중하며 군대징집을 면제해주어 이들은 우크라이나에 정착해서 공동체를 이루고 살았다.

법과 아주 비슷해 보인다. 실제 과거에 이 방법은 성공적이었다. 이런 의심이 타당하다면 공유지를 사유지로 바꾸려는 희망에서 토지개량을 소홀히 한 것이므로 지금의 독일 공유지의 열악한 상황은 전적으로 토지의 사적소유제도가 그 원인이라 할 수 있다. 그러므로 만약 공유지를 분할하려는 시도가 처벌대상이 되고, 토지가 공동체의 양도할 수 없는 재산으로 분명히 선언되었더라면 이런 개탄스러운 상태는 빠르게 바로잡혔을 것이다.

농부가 진짜 원하는 것은 토지개량에 돈과 노동이 얼마나 들더라도 자신이 개량으로 인한 이익을 직접적 그리고 개인적으로 누릴 수 있을 것이라는 확신이므로 임대차계약이 이 점을 명확히 해주면 된다. 그리고 아주 쉽게 그렇게 만들 수 있다.

그러나 아주 중요한 토지개량을 하려면 토지의 사적소유 원칙을 침해하지 않을 수 없다. 예를 들어 어떤 사람이, 적대적일 수도 있는 이웃의 땅을 가로질러야 자기 땅에 가는 길을 공사할 수 있을 때 어떻게 할까? 수천 명의 개인 사유지를 통과해야 하는 철도와 운하는 어떻게 건설할 수 있을까? 이제 재산분할 및 토지의 사적소유 원칙은 법률에 의한 수용에 늘 양보해야만 한다. 민간인 한 사람이 해안이나 강을 따라 홍수방지용 제방을 쌓을 순 없다. 습지 배수 작업에서도 상황은 같은데, 경계선 침범 따위는 고려하지 말고 오로지 땅의 모양만을 고려하여 설계해야 한다. 스위스에서는 아레강 줄기를 비엘 호수로 돌려 7만5천 에이커의 땅에서 물을 빼는 대공사를 벌였는데 4개 주가 협력했다. 이 공사에서 개인토지 소유자들은 아무것도 주장할 수 없었고 주의 소유권도 무시되었다. 라인강 상류 수로변경 사업에서는 스위스의 국가 소유권 원칙만으로도 충분하지 않아 오스트리아와의 합의가 있어 겨우 실행될 수 있었다. 나일강 유역의 개인토지 소유자가 농업용수를 얻으려면 어떻게 해야 할까? 기후, 강물의 흐름, 항로는 물론 전 국민의 건강을 의존하고 있는 숲 가꾸기에 토지의 사적소유 원칙을 확대적용할 수 있을까? 주민의 식량공급조차 개인토지 소유자의 손에 안심하고 맡길 수 없는 일이다. 예를 들면 스코틀랜드에선 몇몇 토지 소유자들이 개인자산법의 보호하에 사람들을 다 소개疏開하고 교회와 마을을 불태워 사냥터로 만들었다. 같은 행위가 독일 대지주들에 의해 자행되는데, 이들은 식량공급에 대한 사람들의 불안을 구실로 국민들의 빵값을 올리는 보호관세를 요구한다. 토지의 사적소유 원칙은 수렵과 어업의 이익이나 야생조류의 보호 등과 양립할 수 없다. 아르헨티나에서는 풍뎅이나 메뚜기 같은 해충퇴치에 토지 사유자들이 매우 무력한 모습을 보였는데 그들은 메뚜기를 자기 땅에서 이웃 땅으로 쫓아내는 데만 노력한 결과 3년 만에 해충들이 배로 늘어나 밀농사를 완전히 망쳤다. 국가가 나서서 개인자산을 무시하고 어디든 메뚜기가 보이면 박멸하고 나서야 겨우 사라졌다. 해충퇴치의 경우 독일도 아주 유사하다. 예를 들어 개인 포도밭 소유자가 뿌리진딧물에 어떻게 맞설 수 있겠는가?

개인의 이기심이라는 동기가 실패하는 곳에서 사적소유제도도 실패하는데, 토지개량이나 토지보호에 문제가 있을 때 보통 이 현상이 발생한다. 만약 우리가 독일농민당을 신뢰해야 한다면 그들이 늘 불만을 토로하는 '농업의 곤경'(실제로는 '임대수익자의 곤경')은, 그들에 따르면, 오직 보호관세를 통한 국가의 강제개입에 의해서만 해결될 수 있으니, 개인토지 원칙은 완전 폐기되어 마땅할 것이다. 그러니 토지 소유자들에 따르면, 사적소유는 농업의 곤경 문제를 해결하는 데 할 수 있는 일이 아무것도 없다.

사적소유는 상속권으로 인해 필연적으로 토지분할이나 담보대출로 귀결된다. 한 자녀 상속이 아니라면 이 현상은 예외가 없다.

토지를 분할하면 모두가 가난해지는 영세농으로 전락하며, 거기에 토지담보대출을 받으면 토지 소유자는 통화정책, 이자, 임금, 운송비 그리고 보호관세 등에 완전히 매이게 되어 토지에 있어 개인 재산이라곤 실제 거의 남아나지 않는다. 오늘날 우리에게 남아 있는 것은 토지의 사적소유라는 제도가 아니라 토지의 사적소유를 둘러싼 정치이다.

예를 들어 금본위제 도입처럼 통화정책에서 흔히 벌어지는 실수의 결과로 농산물 가격이 폭락했다고 가정해보자. 농부는 담보대출이자를 어떻게 조달할까? 만약 이자를 지불하지 못하면 그의 재산은 어디로 가게 될까? 의회에 영향을 미쳐 통화정책을 규제하고 원하는 수준으로 담보대출이자율 부담을 줄이는 방법 외에 자신을 보호할 무슨 다른 방법이 있을까? 그리고도 이자율이 오른다면 경매사의 경매봉을 피할 방법이 있을까?

토지 소유자는 법에 매달릴 수밖에 없다. 정치에 적극 참여하여 통화, 수입관세, 철도요금 등을 통제하지 못하면 그는 손실을 본다. 군대가 없다면 지주는 뭐가 되겠는가? 만약 황화黃禍[9]가 실제 일어나 프로이센 것보다 성가신 몽골 법제도가 적용된다면 자산 없는 사람부터 먼저 연장을 버리고 식솔과 간단한 옷가지를 챙겨서 외국으로 이민 갈 것이며 땅을 버릴 준비만 된다면 토지 소유자도 그렇게 할 것이다.

이처럼 토지의 사적소유는 정치의 산물로 오로지 정치의 도움으로

---

9 청일전쟁 말기인 1895년경, 독일 황제 빌헬름 2세가 황색 인종을 억압하기 위해서 내세운 모략으로서, 앞으로 황색인종이 서구의 백인사회를 위협하는 시대가 올 것이라는 주장을 한 것이 그 내용이다.

만 유지될 수 있으므로, 본질적으로 정치가 구체화된 것이다. 정치가 없다면 토지의 사적소유가 있을 수 없으며 토지의 사적소유 없이는 정치도 없다. 토지국유화 이후 정치는 과거의 유물이 될 것이다.

토지가 국유화된 후 농업은 정치와의 관련성을 다 잃게 된다. 지금도 임차농 같은 경우엔 통화, 수입관세, 임금과 이자, 운송비용, 운하건설, 해충퇴치 등 현대정치상 '큰'—그리고 지저분한— 문제들에 관심이 없는데, 이는 임대차조건에 이런 모든 사항들이 이미 녹아 있기 때문이다. 국유화 이후엔 모든 농민들이 흥분하지 않고 국회 논의를 지켜볼 것이다. 농민들은 토지임대료에 영향을 미치는 모든 정책들이 임대차조건에 반영될 것임을 알게 된다. 농업보호 명분으로 수입관세가 설사 도입된다 하더라도 이 보호조치 때문에 그는 더 높은 농지임대료를 지불해야 하므로 수입관세 제안에 무관심해진다.

토지가 국유화되면 농산물 가격이, 공익에 해를 끼치지 않으면서도, 상승할 수밖에 없어 모래언덕이나 산비탈을 개간해도, 심지어 화분에 밀을 키워도 이익이 날 정도가 된다. 그렇다고 비옥한 토지 경작자가 농산물 가격 상승으로 특별 이익을 보진 못하는데 그것은 임대료 상승에 따라 그들이 임차토지에 지불하는 금액이 증가하기 때문이다. 전시에 조국의 보급물자를 걱정하는 애국자라면 토지국유화의 이 놀랄 만한 측면을 반드시 연구해야 한다. 수입관세를 통해 토지임대업자에게 뿌려진 돈의 10분의 1만으로도 독일은 모든 황무지와 불모지를 옥토로 바꿀 수 있다.

이제 임대인은 철도, 운하이용료, 그리고 그와 결부된 정치문제 등에 대해 일반시민 수준으로밖에 관심을 갖지 않게 된다. 설사 운송비 변동이 그에게 이익이 된다 해도 어차피 임대료가 올라서 상쇄될 것이기 때문이다.

토지국유화가 되면 정치는, 간단히 말해서, 더 이상 개인적으로 농부들의 관심을 끌지 못하며, 농부들은 이제 객관적 정책[10] 시행을 통해 공공의 행복을 가져오는 입법에만 관심을 두게 된다. 그런데 객관적 정책이란 더 이상 정치라기보다 응용과학이다.

농부들이 농토를 장기 또는 영구 임차할 수 있다면 여전히 법의 영향하에 있으므로 공공의 행복을 희생해서 그들의 사적이익을 추구하려 할 것이라고 반론할 수 있다. 타당한 견해이다. 그러나 오늘날 보호관세 덕에 토지가격이 급상승한 것에서 볼 수 있듯이, 법제도만 유리하게 만들어놓으면 높은 가격으로 땅을 팔아 단단히 한몫 잡을 수 있는 현행 토지 사적소유가 그 점에 있어서는 더 큰 문제를 갖고 있지 않을까? 그러나 국유화가 되면 정치의 모든 오점들이 말끔히 제거될 수 있다. 장기계약의 경우 마치 지금 토지세처럼 임대료를 공식적으로 수시 재조정하는 권리가 국가에 귀속되기 때문이다. (단기계약은 임대차 공공경매 방식으로 농부들이 직접 조정한다.) 그래서 정치를 통해 얻을 것으로 기대했던 모든 이권들이 국세청에 임대소득으로 고스란히 귀속되는 것을 보게 되면 농부들도 입법으로 임대료에 영향력을 행사하는 시도를 포기할 것이다.

이런 모든 정황을 고려해볼 때 토지국유화 이후 임대차계약은 다음과 같을 것이다.

---

10 다중에게 영향을 끼치는 결정, 즉 정치적 결정이 근거나 대안 없이 결정되면 의도와 완전히 다른 결과를 초래할 수 있으므로 의사결정 과정에 근거사실과 대안이 포함되어야 보다 장기간에 걸쳐 정책의 성공을 거둘 수 있다는 관점.

공지

'초크농장'의 농지 및 부속건물 임차 공공경매 소식을 알립니다. 공공경매는 성 마틴의 날[11]에 열리며 최고가 낙찰방식입니다.

농장은 한 사람이 꼬박 일해야 할 규모입니다. 집과 외양간은 좋은 상태입니다. 지금까지 임대료는 100달러입니다. 흙은 5등급이며 기후는 강한 체력을 가진 분에게만 맞습니다.

조건

농부는 다음 조건을 충족할 것을 계약합니다.

1. 꼴 판매 금지. 건초와 짚 전량을 소비하기에 충분한 가축을 사육해야 합니다. 외양간두엄도 판매할 수 없습니다.

2. 농사로 소진한 미네랄을 화학비료 형태로 보충하기 위해 생산된 곡물 1톤당 염기성 슬래그 비료 200파운드 또는 그 상당물질을 투입해야 합니다.

3. 농장 부속건물을 좋은 상태로 유지해야 합니다.

4. 임대료는 선납하거나 지불보증을 제공해야 합니다.

국가토지국은 다음을 확약합니다.

1. 임차인이 계약조건을 정상적으로 이행하는 한 계약 종료는 없습

---

11 기독교의 성인 마르티노를 기념하는 로마 가톨릭 교회의 축일(11월 11일)이다. 마르티노가 로마의 군인이었을 때 엄동설한에 헐벗은 거지에게 자신의 망토 절반을 잘라주었는데 그날 밤 꿈에 예수가 그 절반의 망토를 걸치고 나타났다는 일화가 있다. 독일에서는 이날을 기념하여 등불을 들고 거리를 행진하는 풍습이 있다.

니다.

2. 임차인 사망 시 경매최고가에서 10퍼센트 할인한 형태로 사망자의 부인 및 직계비속에게 임차우선권을 공여합니다.

3. 연간임대료의 3분의 1 위약금 지불 시 임차인의 요청으로 언제나 계약을 해지할 수 있습니다

4. 계약 기간 중에는 곡물운송비 변경 없습니다.

5. 정확한 임금통계를 구축하여 영구임차의 경우, 임금상승 시 임대료를 인하하며, 임금하락 시 임대료를 상승 조치합니다.

6. 필요하다고 인정될 경우 새 건물을 건축해주며 투하된 자본에 대한 이자 및 감가상각비 합계액만큼 임대료를 인상합니다.

7. 임차인은 사고, 질병, 해일, 홍수, 가축전염병, 화재, 진딧물 등 각종 병충해로 인한 모든 비용에 대해 면제됨을 확약합니다.

토지국유화의 현실성에 대한 결정적인 질문은 이것이다. 앞에서 언급한 조건에 임차농이 나타날까? 아주 소수여서 공공경매 경쟁률이 낮다고 가정해보자. 어떻게 될까? 응찰가가 떨어져 현실 임대료보다 낮게 임대료가 형성되어 낙찰받은 농부가 상대적으로 높은 이익을 보게 될 것이다. 그러면 이 높은 이익이, 새로운 방식을 제대로 평가하지 못해 팔짱을 낀 채 경험의 판결을 기다리던 농부를 자극하지 않을까?

따라서 짧은 검증기간이 지나면 공공경매에서 임차인들 간에 경쟁이 붙어서 그 토지로 낼 수 있는 가장 높은 수준까지 임대료가 올라갈 것이다. 특히 새로운 조건하에서는 농장 순수익이 평균임금 이하로 떨어질 가능성이 없어 위험부담이 거의 사라진다. 농부는 그의 노동에 대해 평균임금을 항상 보장받을 뿐 아니라 거기에 더해 자유와 독립, 그리

고 이동의 자유까지 누리게 된다.

국유화가 되면 농부들이 각 지역에서 임대차계약 실행을 관리감독하는 역할을 맡아야만 할 것이라는 점도 생각해두자. 모든 주와 구에서 삽화가 첨부된 임대농장 리스트가 매년 공시되는데 거기에는 농장 크기와 상태, 재배 중인 작물, 농산물 가격, 농장 건물, 과거 임대료, 인근 학교, 기후, 놀이터와 사냥터, 사회적 조건 등등에 대해 농부들이 알아야 하는 모든 정보들이 망라되어 있다. 국유화의 목적이 농민 착취가 아니므로, 임차농에게 농장의 장점과 단점을 가능한 한 상세히 알려주려는 정책적 배려가 커질 것이다. 반면 현재의 토지 소유자들은 단점을 절대 알려주지 않는다. 많은 단점들, 예를 들어 건물 습기라든지 밤 서리가 심하다든지 하는 등등이 은폐되어 임차농의 간접탐문에 의해서야 겨우 발견된다.

다음은 농지국유화의 효과에 대한 요약이다. 임대료에서 사적이익이 제거되며 그에 따라 소위 '농업의 골칫거리'라 부르던 것들, 즉 농업 관세와 그를 둘러싼 정치도 없어진다. 토지의 사적소유가 폐지되어 그에 따라 부동산 담보대출도 사라지고 토지분할도, 가족 내 상속분쟁도 없어진다. 토지 소유자도, 토지노예도 없어지고 대신 보편적 평등이 자리한다. 토지자산이 없어져 거주 이전의 완전한 자유가 실현되고, 인류의 건강, 인격, 종교, 교양, 행복, 기쁨 등에서 유익한 결과를 가져온다.

광업에서 국유화는 농업보다 더 간단하다. 광산을 임대하는 대신, 국가는 광산을 운영할 업자나 협동조합을 입찰에 초청하여 산출물 톤당 최저가로 입찰자를 선정하면 된다. 그러고 나서 산출물을 최고가 응찰자에게 판매하면 된다. 최고가와 최저가 차액은 임대료로 국고에 귀속된다.

이 단순한 방법은 지속적인 기계사용이 필요하지 않은 곳, 예를 들어 토탄 습지, 갈탄 매장지, 자갈·진흙·모래 채취장, 채석장, 유전 등에 적용 가능하다. 이 방법은 국유림에 주로 쓰이는데 오랫동안 만족스러운 것으로 나타났다. 삼림관리국은 벌채한 목재의 세제곱미터당 얼마로 임금을 책정하는 공공근로계약을 최저가경매 방식으로 노동자와 맺는다. 나무들을 빌채하고 다듬어서 정해진 표준규격으로 적재한 뒤 공공경매 방식으로 판매한다. 구매자는 정해진 간단한 측정방식으로 바로 불만을 제기할 수 있어 사기는 거의 불가능하다. 노천채굴의 경우도 비슷할 것이다. 구매자는 현장에서 작업을 감독하게 될 것이다. 노동자들은 그들이 원하면 서로 협동하여, 고용주의 업무를 없앨 수 있는데 (노동자들이 어쨌든 아직 배워야 하는 방식이긴 하다), 이것은 딱히 자본이라 할 만한 것이 필요 없기 때문에 가능하다.[12] 노천광산은 국가의 것이고 노동자는 연장 정도만 있으면 된다.

석탄갱의 경우, 일반적으로 심층채광인데, 시설이 필요해서 좀 더 복잡하지만 몇 가지 해결책이 있고 다 가능하다.

1. 국가가 시설을 제공한다. 국가가 탄광사고에 대해 노동자에게 보험을 들어주며 그 외에는 앞의 과정과 동일하다. 즉 채굴은 개별 노동자와의 계약에 의한다. 이 방법은 민영 및 국영 광산에서 널리 사용되고 있다.

2. 앞의 경우처럼 국가가 설비를 제공하고 협동조합과 채굴계약을

---

12 노동자협동조합의 기본원리. 노동자들이 경영관리 맡을 경우 경영관리비용을 절감할 수 있어 경쟁력이 생길 수 있다. 설비보다 노동력에 의존적 산업인 경우 더 적합하다.

맺는다.[13] 이 방법은 내가 아는 한 지금 사용되고 있지 않다. 이 방법의 도입으로 자율적 경영을 배울 수 있으므로 공산주의 성향 노동자들에게 유리할 것이다.

3. 국가는 채굴작업과 채굴 설비시설을 모두 협동조합에 위탁하고, 경쟁입찰 방식으로 정한 계약금액을 협동조합에 지급하며 생산물은 앞의 두 방법과 같이 최고가 응찰자에게 판매한다.

네번째 방법은 생산물 판매도 아예 노동자에게 위임하는 방법인데, 이는 판매가격에 영향을 미치는 요소가 너무 많아 추천하기 어렵다.

수천 명이 일하는 대형광산이라면 첫번째 방법이 최적이며 중형광산에는 두번째 방법, 그리고 소형광산은 세번째 방법이 적정할 것이다.

어느 경우에나 판매가와 운영비 간의 차액이 임대료로 국고에 귀속된다.

광물 판매에도 두 가지 방법이 있다.

1. 매년 고정가격 판매방식. 이 방식은 생산량을 무한 증가시킬 수 있어 고정가격으로 인해 발생하는 수요를 언제든지 충족시킬 수 있는 경우에 적용 가능하다. 이 방법에서는 생산물의 균질성이 필수적이다.

2. 공공경매 방식. 이 방식은 품질이 균일하지 않고 생산이 수요증가에 쉽게 대응하기 어려운 경우에 쓸 수 있다.

만약 고정가로 판매하면서 수요증가에 상시적으로 대응할 수 없다면 투기가 개입할 소지가 생긴다. 품질이 균일하지 않다면 공공경매가

---

13 일반 기업이 아니라 협동조합과 계약하는 것은 협동조합이 조합원의 이익을 위해 자율적 경영을 하는 조직이어서 노동자를 착취하지 않을 것으로 보기 때문이다.

불만을 피할 수 있는 유일한 방법이다.

수력발전은 토지 이용의 특수한 형태로서 일부 지역에서는 이미 대단히 중요하며 기술과학의 발전에 따라 그 중요성은 점점 더 커질 것이다. 도시에 빛과 전차tramway 에너지를 공급하는 대형발전의 경우, 운영에 큰 어려움이 없으므로 시영市營기업이 가장 간단한 방법일 것이다. 제분소나 제재소 같은 산업체에 직접 공급되는, 그보다 작은 규모의 수력발전이라면, 그 전력을 석탄 가격에 따라 조정되는 균일가 방식으로 판매하는 것이 더 실용적일 것이다.

관리상의 전횡을 배제하고 그러면서도 국가가 임대수입 전액 확보를 원할 경우, 도시가 들어선 건축부지를 국유화하는 게 좀 더 어렵다. 중간수준의 효율적 해법을 찾는다면 런던 대부분 지역에서 이용되는 임대차 방식을 적용할 수 있다. 이 방식은 임차인에게 50년에서 70년간(런던은 99년간) 토지의 자유로운 사용을 보장하며 연간임대료는 전체 임대기간에 걸쳐 사전에 고정된다. 임차인의 권리는 양도와 상속이 가능하며, 그래서 임차토지 위에 세워진 건물은 팔 수 있다. 따라서 시간의 경과에 따라 (100년이라면 많은 일들이 변할 수 있다) 대지임대료가 상승하면 임차인이 —런던이라면— 매우 큰 이익을 볼 수 있고 반대로 대지임대료가 떨어지면 임차인이 손해를 감수해야 하는데 이 역시 매우 큰 금액일 수 있다.[14] 토지 위에 세워진 건물이 대지임대료에 대한

---

14 지역개발 여부 등에 따라 실제 대지임대료가 큰 폭으로 변동할 경우 임대료가 이미 고정되었으므로 대지 임차인(건물주)은 큰 이익이나 손실을 보게 된다.

지급 담보 역할을 하기 때문에 임차인은 손실을 피할 수 없다. 건물의 총임대료가 토지 소유자를 위한 보증서 역할을 하는 셈이다.

그러나 바빌론, 로마 그리고 베네치아의 역사에서 알 수 있듯이 모든 도시는 흥망성쇠를 거듭하며 자연히 쇠락하게 되어 있다. 인도 항로가 발견되어 리스본으로 항로를 바꾸면서 베네치아, 제노바 그리고 뉘른베르크는 쇠락했다. 수에즈 운하 개발로 제노바가 다시 살아났지만, 이제 바그다드 철로가 개통되면 콘스탄티노플에도 비슷한 일들이 벌어질 것이다.

또 우리는 이 점도 분명히 알고 있어야 한다. 현재의 통화 관련 법률로는, 은이 법정통화에서 배제된 1873년에 발생했던 것처럼, 채권자 계급의 뜻에 맞춰 전반적 물가가 하락하는 방향으로 통화정책이 수립되는 것을 단 하루라도 막을 보장이 전혀 없다는 점을.[15] 이제 금이 법정통화에서 배제될 가능성은 언제나 있다. 그러면 통화공급량이 줄어들어 물가가, 예를 들어 50퍼센트 하락한다면 사채 및 국채 채권자들의 재산은 채무자들의 희생으로 2배로 늘어난다. 오스트리아에서 지폐로 인해 이런 일이 발생했고, 인도에선 은화 때문에 벌어졌는데 같은 일이 금화라고 일어나지 않겠는가?

이와 같이 대지임대료가 전체 계약기간 동안 임대차계약을 맺을 당시 수준으로 유지될 것이라는 것은 전혀 보장할 수 없다. 정치의 영향과 수많은 경제적 상황 변수들—토지국유화 이후 인구의 도시 집중 경향이 역전될 가능성도 포함하여—의 영향으로 장기임대차계약은 극도

---

[15] 물가가 하락하면 추가하락을 기대하여 물건을 사지 않으며 투자도 감소하여 물가는 더욱 하락한다. 이렇게 되면 돈의 가치는 더욱 올라가 채권자들은 이익을 보고 돈을 빌려 물건을 사거나 투자를 한 사람들은 큰 손해를 보게 된다.

로 위험하게 하며, 임대인(여기서는 국가)이 임대료 감소의 형태로 그 위험을 부담해야 한다.

또 다른 문제가 있다. 임대기간이 만료되면 건물들은 어떤 상태가 될 것인가? 만약 건물이 아무 보상도 없이 국가에 귀속된다면 임차인은 건물 지을 때 임대기간보다 오래 버티도록 짓지 않으려 할 것이고, 그 결과 대부분의 건물이 국가에 양도될 시점에는 철거해야 할 정도로 부실해질 것이다. 매번 신축할 때마다 신기술을 사용할 수 있으므로 건물을 아주 오래 버티도록 짓지 않는 게 어떤 측면에서는 좋을 수도 있겠으나 프랑스 철도 사례에서 볼 수 있듯이 단점이 훨씬 더 크다. 프랑스 철도가 차지하고 있는 땅은 임대기간 만료 시 모든 설비를 별도의 보상 없이 국가에 인도하는 조건으로 99년간 민간 철도회사에 임대되었다. 그 결과 철도 건설과 유지보수가 모두 이 조항을 기준으로 행해졌다. 국가는 절대로 가치 있는 설비를 인도받기는 어려울 것이고, 고철더미와 쓰레기뿐인 폐기 직전의 철도를 갖게 될 것이다. 프랑스 철도가 계약만료되려면 아직 시간이 많이 남아 있는 오늘날 벌써 관리가 부실하다는 인상을 주고 있는 것은 바로 이처럼 근시안적 계약의 결과이다. 주택부지도 국가에 임대기간 만료 시 주택의 무상인도 조건으로 임대된다면 똑같은 일이 벌어질 것이다.

건물을 평가해서 국가가 보상해주는 것이 이보다 나은 방법으로 보인다. 문제는 평가기준이다. 두 가지 방법이 있다.

1. 유용성(건축계획, 설계방식)에 따른 평가
2. 투입 건축비에 따른 평가

만약 단순히 건축비와 수리상태로만 보상액을 결정한다면 국가는 쓸모없고 엉망이어서 철거할 수밖에 없는 건물을 비싼 값에 인수하게 될 것이다. 건축주는 국가가 모든 비용을 지불할 것을 알기에 근시안적이고 엉터리 같은 건축계획도 마다하지 않을 것이다. 한편 건축비를 제외한 다른 요소들로 가치평가를 한다면 건축계획을 국가에 제출해서 승인받아야 할 것이고 이것은 다시 관료주의, 보호감독, 그리고 온갖 불필요한 요식행위들을 초래할 것이다.

그래서 내가 보기에 가장 좋은 방법은 이것이다. 건축부지를 무기한으로 임대하지만, 사전에 영구적인 금액을 결정하는 고정임대료 방식이 아니라 국가가 3년, 5년, 또는 10년 주기로 정기적으로 재평가하는 대지임대료에 상응하여 조정하는 변동임대료 방식이다. 이 방식으로 건축주는 대지임대료와 관련된 위험을 거의 없앨 수 있으며 국가는 건물에 관련된 문제로 골머리 썩을 일 없이 임대료 전액을 받을 수 있다. 건축부지를 최적으로 사용할 의무는 관련된 사람, 즉 건축주가 지게 된다. 대지임대료 계산과 그에 따른 임대수입액 계산이 아주 정교하지는 않더라도 어느 정도는 가능할 것이므로 기업을 죽이지도, 국가가 부당하게 손해 보는 일도 없는 수준에서 임대료를 조정하는 것이 가능할 것이다.

도시 각 지역의 대지임대료를 측정하기 위해 도시 내 모든 구역에 국가가 직접 공동주택을 건축하는 방법이 있다. 가능한 한 가장 높은 임대료를 받을 수 있도록 건축설계를 한다. 건물의 총수입금액에서 건축비에 대한 이자(이자가 존재하는 한), 수리비, 감가상각비, 화재보험료 등을 차감하고 남은 금액이 같은 거리에 있거나 똑같이 좋은 위치에 있는 다른 모든 건물들에 대한 대지임대료가 될 것이다.

이 방법으로도 대지임대료를 완벽하게 정확히 산정할 수 없는데 이는 많은 부분이 표준공동주택 건축설계에 달려 있기 때문이다. 그러므로 세심한 주의를 기울여 이 표준공동주택을 설계하는 것이 필요하다. 그러나 건물주는 어떤 경우에도 불평할 이유가 없다. 표준공동주택에 단점이 있다면 이 건물의 임대수입이 줄어들고 이 결함이 대지임대료 산정에 영향을 미쳐 모든 건축부지의 대지임대료를 낮출 것이기 때문이다.

이 방법을 채택하면, 건물주들이 건물 유지보수와 설계를 잘할 때 개인의 직접적 이익을 거둘 수 있게 된다. 표준주택 기준을 초과하는 그들 건물들의 모든 장점이 이익으로 직결되니까.

마지막으로 주택임대 시 대지임대료 금액 산정에서 가장 중요한 항목은 건설에 소요된 자금에 대한 이자율이므로 이자율을 사전에, 즉 임대차계약서에 날인하기 전에, 결정하는 것이 필요하다는 점을 언급하고자 한다. 대지임대료 계산 시 건설자본 이자율을 4퍼센트, 3.5퍼센트, 5퍼센트 등 얼마로 할 것인가에 따라 큰 차이가 난다.

예를 들어 어떤 건축계획상 소요자본이 10만 달러, 집세는 1만 달러 그리고 이자율이 4퍼센트라고 하자. 건설자본에 대한 이자는 4,000달러가 되고 대지임대료, 즉 임차대지에 대해 받는 임대료는 6,000달러가 된다. 그런데 만약 이자율이 3퍼센트가 되면 3,000달러만 집세에서 차감되어 대지임대료는 7,000달러로 올라간다. 만약 이점을 반박의 여지가 없이 계약서에 명시하지 않는다면 이 차이로 아주 시끄러워질 것이다. 이자율이 4퍼센트에서 3퍼센트로 하락하면 베를린 시의 경우 대지임대료가 2천만 마르크 이상 차이가 날 것이다. 그러므로 대지임대료 계산의 기초가 되는 이자율은 절대 마음대로 정하면 안 된다.

이 책에서 화폐개혁을 다룰 때 순수 자본이자 계산에 대해 충분히 논의할 예정이니 독자들은 제3부를 참조하시라. 다른 논의들과 별도로 나는 여기서 주택건설업 전체 주식의 평균배당률을 건설자본이자율로 사용하자고 제안한다. 건설자본이 동종 산업자본 평균수익률을 보장받는 이 방식에 의해 건설산업은 결과적으로 모든 위험을 회피할 수 있으며 대규모 자본을 유인할 수 있어 임차인에게도 이익이 된다. 안전투자를 선호하는 사람들이 주택에 투자를 하면 늘 평균배당수익을 거두게 될 것이다.

이 이자율은 물론 표준공동주택의 대지임대료를 계산할 때만 사용된다.

500제곱야드 표준공동주택 임대수익	10,000달러
통상적 감가상각액 차감 후 건설자본	100,000달러
산업 보통주 평균배당 3.5퍼센트	
그러므로 임대료에서 차감할 건설자본이자는	3,500달러
대지임대료로 남는 금액은	6,500달러
	또는 제곱야드당
	13달러

실제 경험을 통해서만 최종결정될 수정사항을 제외하면, 국가와 건축주 간 임대차계약의 대강은 다음과 같다.

1. 국가는 건축주에게 12번 클라디우스 가 건축부지에 대한 승계임차권을 부여한다.

2. 대지임대료는 같은 거리에 위치한 표준공동주택의 추정 대지임대료에 근거하여 계산된다.

3. 표준공동주택의 대지임대료는 동 건축물 임차에 대한 공공경매 임대료 낙찰가에서 감가상각, 수리비와 보험료 해당액 그리고 건설자본이자를 공제한 금액이다.

4, 건설자본이자 계산 시 이자율은 베를린 주식시장에 호가된 산업주식의 연평균 배당률을 사용한다.

4.
토지국유화의 효과

토지국유화의 효과를 보려고 마지막 국채[16]가 상환되어 소각되는 날까지 기다릴 필요는 없다. 그 효과는 토지수용이 법적으로 발효된 그날 나타날 것이기 때문이다. 그 효과는 국회와 정치에서 처음 분명해질 것이다.

바벨탑 건축가들처럼 국회의원들은 이제부터 갑자기 서로를 알아보지 못할 것이다. 그들은 새롭고 고결한 목적을 갖고 완전히 바뀐 새 사람이 되어 집으로 돌아갈 것이다. 그들이 지금까지 지지하거나 주창하거나 공격했던 것들, 그들이 수집해왔던 중요하거나 시시하거나 한 수천수만의 모든 주장들은 더 이상 존재하지 않는다. 마법의 지팡이 한 번으로 정치투쟁의 포연 자욱한 전쟁터가 평화로운 무덤으로 바뀌었다. 이제 어떤 개인도 임대료로 이익을 보지 못한다. 국회라는 곳이 다

---

16 앞에서 설명한 토지유상매입 정부증권을 말한다.

름 아니라 토지임대료의 상승과 하락을 놓고 곰과 황소가 되어 으르렁 대는 주식시장에 불과했었나? "더 높은 통행세를 뜯기 위한 도박판"이 라고 의회 토론에 참여했던 사람이 이름을 붙이기도 했다. 사실 최근 국회의 의사록을 보면 거의 대부분이 토지임대료에 직간접적으로 영향 을 주는 문제만 다루었다.

토지임대료는, 독일뿐 아니라 세계 모든 곳에서 정부가 주도하는 모 든 입법활동의 출발점이며, 의식적이든 무의식적이든 집권당의 생각이 걸려 있는 축이다. 토지임대료만 무사하면 세상이 편안하다.

곡물관세에 대한 길고 추악한 논쟁은 토지임대료에 대한 것이었다. 독일에서 상업 협약과 관련한 모든 곤경은 토지의 이해관계에 의해 발 생했다. 독일 중부 운하 관련 논의가 질질 끌게 된 것은 토지 소유자들의 반대를 극복해야 했기 때문이다. 거주 이전의 자유, 노예제 및 농노제의 폐지와 같이 우리가 오늘날 누리고 있는 모든 사소한 천부의 자유권은 무력투쟁으로 토지 소유자들에게서 뺏을 수밖에 없었는데, 왜냐하면 그 들이 자신들의 이익을 지키려 총을 쏘고 무력을 동원했기 때문이다. 장 기간 많은 사람이 죽어간 미국의 남북전쟁도 결국 토지 소유자와의 투쟁 이었다. 모든 종류의 진보에 대한 반대는 토지 소유자로부터 나왔다. 만 약 진보가 그들 손에 달렸더라면 거주 이전의 자유, 보통선거 등은 토지 임대수익을 위해 이미 오래전에 희생되었을 것이다. 학교, 대학 그리고 교회는 처음부터 토지 소유자들의 이익을 위해 봉사했을 것이다.

국유화를 하면 이런 모든 문제들이 바로 사라진다. 토지 소유자에 의한 정치는 토지해방이라는 태양 아래 눈 녹듯이 사라질 것이다. 사유 지제도의 폐지와 함께 정치에서 모든 개인적이고 금전적인 이해관계 가 흔적도 없이 사라진다. 아무도 국회에서 자기 주머니를 채울 수 없다. 사익에 의해 추동되는 것이 아니라 공공복지를 위한 배려와 호소의 영향을 받는 정치는 더 이상 정치가 아니라 이미 언급했듯이 응용과학이다. 국회의원들은 국가문제를 매우 심도 있게 파고들 것이다. 감정을 배제한 작업방식을 의무적으로 채택하며 전문가의 지식과 통계의 도움을 받아 진지한 문제를 진지하게 검토할 것이다.

토지 소유자들의 정치와 함께 그 반대당들의 정치도 쓸모없어질 것이다. 독일의회에 사회당, 자유당, 민주당들이 왜 생겼을까? 그저 토지 소유자들의 포식성에 맞서 국민들의 이익을 지키려 만들어진 것이다. 그러나 공격자들이 사라졌으니 수비수들도 불필요하다. 민주당의 모든 정책공약들은 토지해방과 함께 당연히 실현될 것이다. 모두가 진심으로 자유주의자이므로 아무도 민주당 공약에 의문을 제기하거나 비판하지도, 심지어 검토할 생각도 하지 않을 것이다. 뭐가 반동이었고, 뭐가 보수당 정책이었던가? 바로 다름 아닌 토지임대료였다.

토지국유화가 되면 어제의 반동적 토지 소유자들조차 자유주의적이고 진보적으로 생각하게 될 것이다. 그들은 더 나을 것도, 더 나쁠 것도 없는 우리와 똑같은 사람들로, 보통 사람들이 다 그렇듯이 그저 자기 이해관계에 충실했을 뿐이다. 그들은 다른 종이 아니다. 다만 공동의 물질적 이해관계로 뭉쳐 있었는데, 이게 굉장히 강력한 연대였던 것이다. 토지국유화로 토지 소유 계급들은 일반대중에 통합된다. 심지어 어제의 융커Junker[17]조차 민주당원으로 바뀔 것이다. 땅 없는 귀족이 무엇이 겠나? 부동산과 귀족은 동전의 양면이다. 귀족 얼굴만 봐도 그가 몇 에

---

17 프로이센의 지배계급을 형성한 보수적인 지주 귀족. 토지와 큰 집 그리고 농노를 소유·경영했다. 프로이센 행정기구의 중요한 자리나 장교의 지위를 독점했고 큰 세력을 휘둘러서 권력을 유지했다. 2차대전 후 독일 동부를 차지한 공산당의 토지개혁에 의해 완전히 소멸되었다.

이커의 땅을 소유하고 있는지 임대수입이 얼마나 큰지 알 수 있다.

그렇다면 정당정치인에게 어떤 역할이 남아 있을까? 토지임대료가 더 이상 개혁의 진로를 막지 않으니 모든 일들이 단순하고 자연스러워질 것이다. "진보의 길을 열라"가 자유주의의 구호였는데 이제 정말 그 길이 열린 것이다. 입법은 사적 이해관계와 어디서도 충돌하지 않는다. 유동자본[18]은 실제로 계속 존재하며 심지어 토지자본이 유동자본(정부증권)으로 전환됨에 따라 그 규모가 수십억으로 증가할 것이다. 그러나 한 나라에서 다른 나라로 옮겨갈 수 있는 유동자본은 국제성을 가지므로 토지자본 관련 법과는 완전히 다른 법률의 규제를 받는다. 정치는 유동자본에 대해서는 아무짝에도 쓸모가 없다. (이 문제는 이자이론을 다룰 때 더 상세히 설명하여 입증하겠다.) 더욱이 외국과의 경쟁에 놓인 유동자본은, 모든 방향에서의 진보에 민감해야 하며 그에 따라 필연적으로 자유의 길로 들어설 수밖에 없다.[19]

개인토지를 폐지하면 도시와 농촌 간 정치적 적대행위는 종식되고 모든 사람들이 동일한 목표를 향해 노력할 것이다. 예를 들어 농업이 어떤 이유에서건 우월한 지위를 가지게 되었다면 노동자들이 산업현장을 떠나 농촌으로 향했을 것이고, 그래서 농장임차 공공경매 경쟁에 의해 농업이 다시 우월한 지위를 잃고 공업과 농업에서 노동수입 간 균형이 회복될 때까지 농장임대료를 상승시킨다. 마찬가지 방식으로 산업노동이 누리는 우월적 지위도 사라질 것이다. 토지가 모두에게 동일한

---

18 국채나 주식, 재고자산처럼 1년 이내에 현금화가 가능한 자산을 유동자본(유동자산), 토지나 주택, 기계장치같이 현금화가 비교적 어려운 자산을 비유동자본(비유동자산)이라 한다.
19 주식이나 채권과 같은 유동자본은 토지처럼 고정되어 있지 않으므로, 사회의 사소한 변화(저자는 이것을 진보로 표현했다)에도 민감하게 반응한다. 따라서 처분하거나 국경을 넘나드는 자유의 움직임을 보이게 된다는 뜻이다.

조건으로 주어지므로 이렇게 되는 것이다. 토지국유화가 된 후에는 농업과 공업은 충돌해서는 절대 이익을 볼 수 없다. 농업과 공업은 최초로 동질적인 경제적, 정치적 실체이자 압도적 다수로 융합될 것인바, 그와 함께하면 모든 것을 얻을 수 있지만 그에 대적해서는 아무것도 얻지 못할 것이다.

토지국유화가 정치 분야에서 미칠 모든 효과를 자세히 논의하는 것은 우리의 본 주제에서 한참 벗어나는 것이나 지금까지 언급한 정도만 보아도 토지국유화로 정당정치, 즉 우리가 정치라고 부를 수 있는 모든 형태의 정치가 사라질 것이 분명하다. 왜냐하면 우리가 아는 정치와 토지임대료는 같은 것이기 때문이다. 의회정치가 불필요해지진 않겠지만 성격이 아주 달라진 문제들—개인의 사적 이해관계가 철저히 배제된 문제들—을 해결하기 위해 소집될 것이다. 과학분과가 소집될 것이다. 지금처럼 너무 다양한 이질적인 문제들을 결정해야 하므로 결국 모든 것에 만능일 것 같은 대표자를 국회로 보내는 대신 우리는 개별 특정문제마다 전문가를 선발할 것이다. 이렇게 전문가들과 과학적 방법에 의해 개개의 문제들이 해결될 것이다. 오늘날 국회의원에게 요구되는 것이 무엇인가? 육군과 해군, 학교와 종교, 예술과 과학, 의료(백신 의무접종), 상업, 철도, 우편, 수렵법, 농업 등등 국회의원이 다루지 않는 영역이 없을 정도이다. 우리의 전지전능한 대표자들은 (예를 들어 금본위제 도입 같은) 통화정책도 결정해야 한다. 그들 중 99퍼센트가 돈이란 무엇인지, 또는 무엇이어야 하는지 개념조차 없으면서 말이다. 어쩔 줄 몰라 당황하고 계실 이분들을 전문성이 없다고 비난하는 게 정당한가?[*] 이

---

[*] 국가는 국립학교, 국립교회, 국립대학 및 유사한 국립기관의 부담에서 완전히 해방되고, 그렇게 되어야 한다. 이들 기관은 지주계급이 진짜 주제로부터 국민의 관심을 돌리려고 국가에 강요한 것이다.

와 같은 만물박사들은 앞으로 토지국유화와 함께 사라질 것이며 국민들은 입법권한이 개별 전문영역으로 제한되는 전문가들을 국민대표로 선출할 것이다. 개별 문제가 해결되면 이들 대표들의 권한도 종료된다.

토지국유화는 정치 못지않게 사회에도 심대한 영향을 미칠 것인데 이 역시 토지수용 선포 직후부터 발생한다.

모든 사람은 자기가 태어난 땅에 대해 동등한 권리를 가진다는 생각에 우리 모두는 자부심으로 가득 차고 얼굴 표정에도 그 의식이 드러날 것이다. 모두가 머리를 꼿꼿이 쳐들고 다니며 심지어 공무원들조차 길들여진 복종적 태도를 버릴 것이다. 우리 모두가 이제 안다. 우리에게 땅이라고 하는 안전한 피난처, 어떤 곤경에도 보호막이 되어줄 믿음직한 어머니가 있다는 것을. 가난하든 부유하든, 남자든 여자든, 농사만 지을 수 있다면 모두에게 같은 조건으로 내 땅이 주어질 것이다.

지금도 땅을 빌려서 경작하는 데 아무 문제가 없지 않은가 하는 반론이 이쯤에서 나올 것이다. 그러나 지금까지는 토지임대료가 토지 소유자의 주머니로 들어가며, 모두가 먹고살려면 죽어라 일해야 한다는 점을 잊어선 안 된다. 토지국유화가 되면 토지임대료는 국고로 귀속되며 공공서비스 형태로 모두에게 직접적으로 혜택이 돌아간다. 생활비를 벌기 위한 필요노동량이 감소된다. 과거 10에이커 대신 이젠 6~7에이커만 경작해도 충분하며 그래서 도시의 나쁜 공기로 아팠던 공무원이 농사로 전업하여 먹고사는 게 가능해질 것이다. 물론 이런 발전은 뒤에서 언급할 화폐개혁의 결과 자본이자가 사라지면 더 뚜렷해질 것이다. 오늘 10에이커 경작해야 할 것이 그날이 오면 4에이커로 충분할 것이다.

이처럼 경제력이 높아지고 경제적으로 자립하게 되면 당연히 사람과 사람 간 관계에도 변화가 생긴다. 예절, 관습, 말투, 성격이 더 자유롭고 고상해질 것이다.

임대료의 사적수취를 없애고 나아가 자본이자를 없앤 후에는 건강한 여성이 농사로 자녀를 양육하며 자립적으로 생계를 유지하는 것이 가능해진다. 10에이커 대신 3에이커 농사만 지어도 된다면 지금 남성이 전력을 다해야 할 일을 여성의 힘으로도 충분히 할 수 있을 것이다. 여성이 농업으로 복귀하는 것이 '페미니즘' 문제[20]에 대한 가장 행복한 해결책 아니겠는가?

어머니들에게 자녀양육비로 원시여성이 토지사용으로 얻을 수 있는 금액 정도의 국가연금을 지급하자는 제안이 있었다. 어머니연금을 토지임대료로 지급하자는 주장은, 토지임대료를 세금감면에 사용해야 한다고 말한 헨리 조지의 생각[21]과 반대된다.

그럼에도 이 제안을 추천할 만한 이유가 많다. 첫째 임대료 상승이 사람이 많아진 결과이고 사람 수를 늘리는 게 어머니들이니, 임대료는 결국 어머니들의 작품이라 할 수 있다. "각자에게 자기 몫을Suum cuique!"[22]이라는 원칙에 따르자면, 어머니는 의심할 바 없이 토지임대료에 대해 가장 강력한 청구권을 갖고 있다. 그녀 주변의 모든 천부적인 자연의 선물을 마치 여왕처럼 누릴 수 있었던 원시여성들과 가난에 찌든 지금의 프롤레타리아 여성을 비교해봐도 같은 결론에 도달하게 된다. 토지임대료는 어머니들로부터 훔친 것이 명백하다. 아시아, 아프리카, 그리고 아메리카 원시부족에서는 오늘날 유럽 프롤레타리아 여

---

20 토지국유화 후에는 여성 혼자서도 농사를 통해 충분히 자립적 생계유지가 가능하므로 '농업으로의 복귀'가 여성의 선택을 가능하게 하는 실질적인 해결책이라고 보았다.
21 헨리 조지는 자신의 저서 『진보와 빈곤』에서 토지임대료에 대한 세금으로 소득세나 법인세 등 다른 세금을 줄이자는 제안을 한 바 있다.
22 서양에서 정의에 대해 일반적으로 통용되는 개념으로 플라톤의 『공화국』에서 처음 천명되었다.

성만큼 모든 자연자원을 완전히 박탈당한 어머니는 없다. 원시여성들은 자신의 주변 것들을 모두 소유할 수 있었다. 자기가 찾은 땔감으로 화톳불을 피우고 자신이 선택한 곳에 집을 짓는다. 닭, 오리, 염소, 소 등을 집 근처에 놓아 키우고 그녀의 개가 아기 요람을 지킨다. 아들 하나가 개천에서 송어를 잡고 좀 더 큰 아이들은 텃밭에 씨를 뿌리고 수확을 하며 또 다른 아이들이 숲에서 땔감과 딸기를 채취하는 사이 장남은 산에서 사냥한 사슴을 메고 온다. 그런데 이렇게 자연의 선물이 가득한 곳에 우리는 뚱뚱하고 무기력하며 비열한 토지임대소득 생활자를 왕으로 옹립했다. 오늘날 프롤레타리아 임산부가 아이를 낳아 기를 자기 주변의 모든 자연에서 아무것도 소유하지 못하는 상황을 생각해보면, 현재의 경제제도로는 담장 쌓고 임대료 걷는 일밖에는 할 일이 없으니 이 임대료가 어머니들에게 귀속되는 것이 정당함을 깨닫게 된다.

솔직히 아직 불완전한 수치이긴 하지만 계산해보면, 임대료 수입 재정으로 15세 미만 모든 아동에게 월 12달러 정도 보조금을 지급할 수 있다. 이 보조금과 현재의 이자 조공[23]을 없애면 모든 여성들은 남성의 재정적 지원에 의존하지 않고 농촌에서 아이를 키울 수 있다. 경제적인 문제들은 더 이상 여성들의 영혼을 짓밟지 못할 것이다. 성적 문제에 있어서도 자신의 취향, 소망, 그리고 본능에 따라 결정할 것이다. 그래서 여성은 자기 짝의 돈 가방을 보지 않고 자유롭게 정신적, 육체적 삶의 질 그리고 인종적 개선 여지를 고려할 것이다. 여성은 이제 자연 선택이라고 하는 위대한 권리, 즉 자기 짝을 고를 권리를 재발견하게 될 것이고, 여성들에겐 자신의 정치적 대변인을 고르는 허울 좋은 권리보

---

23 저자는 이자를 돈에 붙는 조공처럼 원천이 비합리적, 폭력적인 것으로 해석했다.

다 이것이 훨씬 중요하다.

토지국유화가 되면 자국의 전 토지를, 또 토지국유화가 전 세계로 퍼지면 전 세계 토지를, 모든 사람들이 원하는 대로 사용할 수 있게 된다. 그 상태와 비교할 때 오늘날 왕은 거지나 다름없다. 적자든 사생아든 모든 신생아들은 1억9,555만 제곱마일, 즉 1,257억9,200만 에이커의 토지를 마음대로 사용할 수 있다. 누구나 자유롭게 이동하며 어디서나 정착할 수 있다. 아무도 식물처럼 땅에 매이지 않는다. 이웃들과 친하지 않거나 그들이 속한 공동체가 싫거나 어떤 이유에서든 거주지를 바꾸고 싶은 사람은 임대차계약을 해지하고 이사를 가면 된다. 이 방식으로 마치 농노시대처럼 땅에 묶여 교회탑 너머를 보지 못했던 독일 농부들은 움직일 수 있는 상태가 되어 새로운 관습, 새로운 작업방식, 새로운 생각을 접하게 될 것이다. 여러 다른 사람들이 어울리며 서로에 대해 배우기 시작하고, 어느 누구도 다른 누구보다 나을 게 없다는 것 그리고 지금까지 자신들이 살아온 사회가 사악하고 불명예스러운 것이었음을 알게 된다. 사람이란 대체로 친구나 친척들하고 있을 때보다 이방인과 있을 때 자신들의 비행을 부끄러워하는 법이어서 이방인과의 교류가 도덕을 정화시키고 고귀하게 만들어줄 것으로 기대된다.

토지국유화는 사람 본성에 깊이 침투하여 그것을 바꾸고 변화시킨다. 노예근성이 사라지지 않고 농노시대 이래(농노와 주인 모두에게) 여전히 남아 있는데, 이것은 바로 노예제의 근간인 개인토지가 아직 현존하고 있기 때문이다. 이 노예근성은 토지재산이 소멸될 때 마침내 사라질 것이다. 그때 인간은 마치 어린 전나무가 무거운 눈덩이에 눌려 휘었다가 눈이 녹으면 본래의 곧은 줄기로 힘차게 튕겨 되돌아오듯이 우뚝 다시 설 것이다. 실러가 말하길, "족쇄를 차고 태어났어도 인간은 자유로운 존재이다." 인간은 모든 외부 영향에 적응하며 적응과정에서 획득한 것을 다음 세대에 전달한다. 그러나 노예근성만은 유전되는 것이 아니어서 개인토지의 소멸과 함께 노예의 도덕 세포에 아무 상처도 남기지 않고 사라질 것이다.

토지국유화로 경제에 토대를 둔 완전하며 뿌리 깊은 자유가 생기므로 우리가 과거 오랫동안 헛되이 희구했던 문명의 과실을 비로소 제대로 기대할 자격이 생긴다. 내적 영혼의 평화가 얼굴에 드러나듯 국내의 정치적 평화가 해외에서도 반향을 일으킬 것이다. 토지임대료에 의해 사회적 관계가 왜곡되었을 때 필연적으로 생기는 야만성과 야비함은 정치에 그대로 전달되며 외국과의 관계에도 독약으로 작용한다. 토지 사적소유에서 오는 끝없는 이해관계의 충돌로 인해 우리는 이웃이나 이웃국가를 모두 무력으로 제압해야 할 적으로 보는 데 익숙하다. 왜냐하면 나라들은 현재 서로를 사람과 형제자매로 보지 않고 땅을 가진 자들로 보기 때문이다. 어떤 두 나라에서 토지의 사적소유가 사라진다면 이 두 나라가 서로 다툴 유일한 이유가 없어진다. 남이 잘되면 배 아픈 토지 도둑이 되는 대신, 우리는 서로 교류를 통해 잃는 건 없이 얻을 것만 있는 사람, 즉 직업활동, 신앙, 예술, 사고방식, 도덕과 입법활동에서 더 풍부해지는 그런 사람이 될 것이다. 토지가 국유화되면 특정인이 더 높은 임대료로 이익을 추구할 수 없게 되고, 만약 이게 국제관계에도 적용된다면 어떤 특정 국가도 수입관세를 통해 이익을 볼 수 없게 된다. 지금은 이 수입관세로 인해 국제관계에 원한이 쌓이고 알력과 불화가 생기며 방어기제가 작동하여 각국이 자국의 지위 유지를 위해 전쟁에 돌입하는 혼란이 초래되고 있다. 토지국유화와 뒤에 설명할 화폐개혁까지 시행되면 자유무역은 당연히 자리 잡게 될 것이다. 자유무역이 확대되고 수십 년에 걸쳐 작동하면 사람들은 한 나라의 복지가 자유무역과 얼마나 긴밀히 연결되어 있는지 저절로 이해하게 될 것이다. 그렇게 되면 모든 사람들이 이웃국가와 우호적인 관계를 만드는 데 더욱 애를 쓸 것이다. 국경을 넘어 혈연으로 묶이는 가족들이 생겨나고 예술가, 학자, 과학자, 기능공, 상인, 종교지도자 등 상호 간 우정이 돈독해져 세계인들은 시대와 공동이익에 따라 통합되는 국가연맹 형태로 발전할 것이다. 임대료를 개인재산으로 삼지 않으면 관세장벽이 없어져 전쟁도 사라진다. 토지국유화는 곧 세계 자유무역과 평화를 의미한다.

토지개혁이 전쟁과 평화에 미치는 영향이 지금까지 피상적으로 연구되어왔다. 이 분야는 아직 독일 토지개혁론자들도 깊게 천착해보지 못한 미개척 분야이다. 포괄적 연구를 위한 풍부한 자료가 여기 있다. 누가 그 일을 맡을까? 구스타프 지몬스Gustav Simons, 에른스트 프랑크푸르트, 파울루스 클립펠Paulus Klüpfel 등 이 어려운 작업을 철저히 해왔으며 이 일에 적임자였던 사람들이 한창 활동 중에 사망했다.

「자유토지, 평화의 근본조건」*에서 나는 이 거대한 문제의 윤곽을 밝힌 바 있다.

일반 임금법칙과 관련해서 오직 다음 내용만 남았다. 토지가 국유화되고 그 목적을 위해 발행된 국채 부채가 상환된 이후에는

모든 토지임대료는 임금기금으로 흘러갈 것이다.

그리고 총노동대가는 총 노동생산물에서 자본이자를 차감한 금액과 같아진다.

● 「자유토지, 평화의 근본조건(Freiland, die eherne Forderung des Friedens)」(1917년 취리히에서 행한 연설)과 평화에 대한 게젤의 다른 연설 「금과 평화?(Gold und Frieden?)」(1916 스위스 베른)은 『자연스러운 경제질서』의 모든 독일어 후속판과 프랑스어판에 담겨 있다.

5.
토지국유화 사례

이제 보통 사람들은 지구 전체를 자기 것이라 주장한다. 땅의 어느 한 부분이 아니라 전체를 사람의 팔다리와 같은 필수기관으로 간주한다. 문제는 어떻게 모든 사람들이 신체의 이 필수기관을 충분히 이용할 수 있는가이다.

땅을 분할해도 되기는 된다. 모두가 땅 한 조각이라도 얻을 수 있으니까. 하지만 사람들은 그 전체를 갖고자 한다. 국그릇을 박살내서 조각을 나누어 갖는 방법으로는 배고픈 가족들의 아우성을 잠재울 수 없다. 나누는 땅마다 환경, 토질, 기후 등이 모두 다르니 각자가 원하는 땅을 선택하게 해야만 한다는 사실은 별개로 하더라도, 사람이 태어나고 죽을 때마다 매번 구획을 새롭게 나누어야 하는 것 또한 문제다. 어떤 사람은 산꼭대기 햇볕 좋은 곳을 원하고 어떤 사람은 술집 옆에 살기를 원할 수도 있다. 그럼에도 상속에 의한 현재의 분할방식으로는 이런 희망사항들을 전혀 고려할 수 없어서 애주가가 산꼭대기에서 매일같이 술 마시러 내려와야 하는가 하면 햇볕 잘 드는 산꼭대기를 원했던 사람이 골짜기에 살면서 정신적으로나 육체적으로 피폐해지기도 한다.

사람을 태어난 곳에 묶어두는 분할방식으로는, 특히 일반적인 경우처럼 거래세 때문에 서로의 지분교환이 방해받는다면 아무도 만족하지 못한다. 건강을 위해 이사 가고 싶을 수도 있고 이웃에 앙심을 사서 이사 가는 게 좋을 수도 있는데 토지재산 문제 때문에 발목이 단단히 붙잡힌다.

독일 많은 지역의 거래세는 1~3퍼센트이고 알자스 지역은 좀 높아서 5퍼센트이다. 토지재산 대부분이 금액의 4분의 3까지 담보로 제공되고 있다는 점을 고려해보면 이 거래세라는 장애물이 얼마나 심각한지 알 수 있다. 거래세로 매도자가 받은 금액의 5분의 1, 매수자는 투자금의 5분의 1을 낸다.[24] 만약 다섯 번 이사를 가면 —개인의 성장과정에서 이 정도는 그리 잦은 편이라 볼 수 없는데— 그의 전 재산이 세금으로 날아간다. 게다가 토지개혁가들이 옹호하고 있는 불로소득세는 토지 거래 시에만 부과되어 사태를 더 악화시킬 뿐이다.

한 젊은 농부가 북부지방에서 성공한다. 그러나 이 사람도 나이가 들어 예전만큼 혈액순환이 잘 안 되어 따뜻한 기후를 원하게 된다. 노인들은 남부지방에서 제일 행복하니까. 이와 같은 수천 가지 바람들을 토지 분할방식으로 어떻게 만족시킬 수 있겠는가? 땅을 가방처럼 들고 옮길 수도 없다. 자기 땅을 팔고 다른 땅을 사야 할까? 시장상황을 지속적으로 예의주시할 능력은 없고 상황 때문에 어쩔 수 없이 여러 번 땅을

---

24 부동산 가치가 100원일 때 거래세율 5퍼센트라면 거래세 금액은 5원. 75원은 차입금, 25원이 본인 몫이므로 5/25=1/5.

팔아야만 했던 사람에게 물어보라. 그들은 시장에 소를 팔러 가서 여러 번 사고판 끝에 카나리아 한 마리 들고 집에 가는 시골 농부와 같다. 땅주인은 땅을 팔고 살 기회를 기다릴 수밖에 없다. 기다리는 사이에 시간은 흐르고 결국 그는 이사를 가서 얻을 수 있는 이점을 포기하는 경우가 많다. 많은 농부들이 자녀들을 학교 보내기 쉬운 도시 근교로 이주하고 싶어한다. 또 다른 농부들은 자녀들을 순수한 자연 속에서 키우려고 도시 근교를 떠나고 싶어한다. 상속을 받아 어쩔 수 없이 개신교도 마을에서 살게 된 독실한 천주교인이라면 천주교인 이웃들이 많았던 곳으로 돌아가고 싶을 것이다. 토지재산은 이 모든 행복할 수 있는 기회를 없애버리고 사람들을 사슬에 묶인 가축이나 농노로, 땅의 노예로 만든다.

반면 조상 대대로 쟁기질 해온 그 땅에서 죽는 날까지 농사나 짓는 게 소원인 농부들은 채권자, 고리대금업자, 세무공무원들에 의해 쫓겨난다. 사유재산법이 그를 자기 재산에서 내쫓은 것이다.

또 이런 경우를 보자. 아버지에게서 농지를 물려받아 농사를 짓게 된 한 남자가 있다. 그는 형제들 상속 몫을 정리해주느라 물려받은 농지의 90퍼센트까지 담보대출을 받을 수밖에 없었는데 결국 대출 부담으로 으스러지고 만다. 임금이 조금만 오르거나 임대료가 조금만 줄어도 (단지 운송비가 하락하기만 해도 일어날 수 있는 일인데)[25] 그는 담보대출이자를 치르기가 어려워져 농지 전부를 경매로 넘게 된다. 독일 자작농들을 괴롭혔던 소위 '농업의 골칫거리'는 토지 상속으로 인해

---

[25] 운송비가 하락하면 외국 농산물 단가가 하락하고 그에 따라 국내 농민의 농업수입과 토지임대료가 하락하게 된다.

불가피하게 체결된 채무계약의 결과이며 토지의 사적소유와 분리할 수 없는 동반현상이었다. 이 '행복한 상속자'는 악착같이 일하고 계산기 두드리고 술집 정치토론에서 위안을 찾겠지만 날이 갈수록 지쳐갈 것이다.

이보다 더 처참한 것이 협동조합운동이 주장하는 것처럼 토지를 집단 또는 공동 재산 형태로 나누었을 때의 결과이다. 자기 땅 지분을 파는 것이 불가능하여 공동체를 떠나는 순간 그는 자기 몫을 잃는다. 거래세 대신 이제 퇴거세가 100퍼센트 적용되는 셈이다. 공동체 중에는 세금을 부과하지 않을 뿐 아니라 실제 현금을 나누어주는 곳도 있다. 이 수입을 포기할 수 없어서 많은 사람들이 기후, 정치, 종교 또는 사회 환경, 술맛, 임금 등이 만족스럽지 않음에도 떠나지 못하고 머무른다. 이 부유한 공동체보다 소송, 분쟁, 살인이 많은 곳, 인생을 낭비하는 곳은 아마 없을 것이다. 이런 공동체에선 임금 또한 필연적으로 다른 곳보다 낮게 마련인데, 이는 거주 이전의 자유가 없어 직업적 성공의 필수요소인 개인 적성에 따른 직업 선택의 자유가 극히 제한되기 때문이다. 모두가 그 지역 산업에 내던져져 그렇지 않았다면 천문학자나 댄스강사가 되었을 사람이 단지 그가 공동재산 중 자기 몫을 포기할 수 없다는 이유로 몸과 마음을 바쳐 목수로 살아간다.

동일한 문제가 확대되고 더 위험한 형태로 발생하는 것은 각국이 세계를 분할하고자 할 때이다. 모든 나라가 개인과 마찬가지로 자기 성장을 위해 지구 전체를 필요로 하기에 자기 나라에 할당된 땅에 만족하는 법이 없다. 자기 땅이 불충분하다고 여길 때 정복 말고 더 자연스런 행동이 무엇이겠는가? 그러나 정복하려면 무력이 필요하고, 역사에서 배울 수 있듯이 자기가 지배하는 땅이 커질수록 무력은 분산되므로 정복으로 모든 국가를 통일할 가능성은 전무하다. 그러므로 정복이란 보통 지구의 일부 작은 조각에 국한되며 그마저 이 손에서 저 손으로 넘어가게 되어 있다. 왜냐하면 한 국가가 정복을 통해 얻는 이익이 있다면 반드시 다른 국가는 잃는 것이 있을 것이고 그 국가도 동일한 확장 욕망을 갖고 있으니 호시탐탐 이웃의 쇠락을 기다려 정복하려 할 것이기 때문이다.

이렇게 모든 국가들은 정복을 통해 땅을 늘리려 시도해왔으나 번번이 같은 부정적 결과만 남았다. 칼도 다른 도구와 마찬가지로 자꾸 쓰면 무뎌진다. 이 소용없는 짓거리에 엄청난 희생이 요구된다! 피와 땀이 강처럼 흐르고, 시체가 쌓이고 방대한 자원이 낭비된다. 헛되게! 오늘날 세계지도는 누더기옷처럼 조각조각을 덧댄 모양이다. 매일 새롭게 국경이 세워지고 각국은 자기들이 물려받은 난장판 같은 땅을 그 어느 때보다 더 탐욕스럽게 지키려 애쓴다.

언젠가 위대한 정복자가 나타나 우리를 통일해준다고 희망하는 게 합리적일까? 우리는 그런 해로운 상상에 빠져서는 안 된다. 땅을 분할하면 전쟁이 초래되며 전쟁하면 누더기 조각보 같은 땅이 남을 뿐이다. 그러나 인류는 지구 전체를 필요로 하지 적대국가들로 조각난 누더기 땅을 원하는 것이 아니다. 모든 사람들이 가진 이 근본적인 필요가 충족되지 않는 한 전쟁이 있을 뿐이다. 개인 대 개인, 국민 대 국민, 대륙 대 대륙 간의 전쟁. 더구나 그런 이유로 발생한 전쟁은 교전 당사자들이 의도한 것과 정반대의 결과를 필연적으로 가져온다는 점도 반드시 알아야 한다. 전쟁은 통일이 아니라 분열을, 확장이 아니라 축소를, 다리가 아니라 절벽을 만든다는 사실을.

담배 연기 자욱한 술집이 편안하고, 산꼭대기는 불편해하는 사람이 있는 법이다. 예를 들어 프로이센 보수파는 새로운 영광에 놀라 독일제 국과의 합병에 한발 뒤로 물러났다. 그간의 지구 국경의 분할로 심약해진 종족이 생겨났기 때문이다.[26]

그러니 이제 군비경쟁, 국경선 긋기, 관세장벽 세우기 그리고 토지 재산 등록과 같은 이 바보 꼭두각시짓을 그만두어야 한다. 인류에게는 망가지고 조각난 지구보다 나은 것이 필요하다. '각자에게 자기 몫을' 원칙에 따라 모두가 전체를 갖도록 해야 한다.

그렇다면 어떻게 공산주의가 아닌 방식으로, 모든 국가를 하나의 커다란 세계국가로 병합하지 않고 각기 다른 국민의 독립성을 없애지 않고 이 이상을 실현할 수 있을까?

우리의 답은 바로 자유토지개혁이다.

자유토지가 도입되면 국경 안에 위치한 모든 토지는 그 나라 거주자들에게 개방되어 그들의 재산으로 선언된다. 이 정도 되어야 모든 이들에게 자기가 원하는 토지를 제공하고, 그들의 열망과 심지어는 변덕스러움까지 만족시키지 않을까? 이와 같은 방식으로 하면 그동안 이동을 방해하던 장애물들이 전체 부동산의 무게에 의해 줄어들어[27] 거주 이전의 자유가 경제적 실재이자 법적 실재가 된다.

이 문제를 좀 더 면밀히 검토해보자. 한 농부가 아들과 함께 독일 북

---

26 19세기 중반 독일 통일을 둘러싸고, 오스트리아제국을 맹주로 과거 신성로마제국의 영토를 대부분 통합하여 대독일을 건설하자는 대독일주의와 프로이센 왕국을 중심으로 소독일을 건설하자는 소독일주의가 대립했다. 결국 프로이센-오스트리아 전쟁에서 프로이센이 승리함으로써 프로이센을 중심으로 한 북독일연방이 탄생했다. 여기서는 낡은 보수파 프로이센이 오랫동안 조각난 땅에서 사는 것에 익숙해져 독일 통일운동에서조차 소극적 태도를 보인 것을 이야기하고 있다.

27 부동산 전체가 국가 소유로 통합 관리되므로, 그동안 사유지 울타리 같은 이동을 방해하던 장애물들이 줄어든다는 뜻.

부 평야에서 큰 농장을 운영하고 있다. 그런데 아들은 농사일에 별 관심이 없어 도시에 나가 상업에 종사하고 있다. 농장은 매우 넓어서 나이 먹을수록 약해지는 농부는 갈수록 힘에 부친다. 농부는 더 작은 농장을 갖고, 젊을 때의 꿈인 산속 생활을 하고 싶어한다. 또한 그는 아들이 살고 있는 프랑크푸르트 인근 어딘가에서 살았으면 한다. 이런 변화는 지금으로서는 어렵거나 거의 실행 불가능한 일이다.

자유토지가 도입되면 상황은 달라진다. 농부는 자기 토지재산이 없으니 마치 철새처럼 자유롭게 이동할 수 있다. 심지어 벌금을 내면 언제라도 계약을 취소할 수 있으니 임대차계약 만료일까지 기다릴 필요조차 없다. 그러니 각 지역에서 정기적으로 공지하는, 농장 그림이 포함된 임대차 농장 목록을 요청해서 그에게 제일 잘 맞을 것으로 보이는 농장을 고르면 된다. 선택지가 부족할 리는 없다. 농장 평균 임대차기간을 20년으로 가정하면 20년마다 농장 한 곳씩은 매년 비게 되니 평균 면적 25에이커 농장 15만여 개가 나온다. 큰 농장, 작은 농장, 산악지역, 평야지역, 라인강 유역, 엘베강 유역, 비스툴라강 유역, 천주교 지역, 개신교 지역, 보수당, 자유당, 사회주의 지지 지역, 습지, 사막, 해안, 방목지, 비트 경작지, 숲, 안개 자욱한 곳, 맑은 개천이 흐르는 지역, 매연 자욱한 중공업지대, 도시 주거지, 양조장, 군인 주거지, 종교인 주거지, 학생 주거지, 프랑스어 지역, 폴란드어 지역, 결핵환자를 위한 곳, 심장 약한 사람을 위한 곳, 강한 사람을 위한 곳, 허약한 사람을 위한 곳, 늙은이를 위한 곳, 젊은이를 위한 곳 등등, 간단히 말해 매년 골라잡을 15만 개의 각기 다른 형태의 농장들이 와서 자기 행운을 시험해보라며 기다리고 있다. 이쯤 되면 모든 사람들이 전 국토를 통째로 소유하고 있다고 말할 수 있지 않을까? 땅을 소유한다는 것은 그 위에 정착한다는 것을 의미하므로 어떤 경우에도 그는 한 번에 한 곳 이상을 소유할 수 없다. 지구상에 설령 혼자 산다 해도 그는 한 조각의 땅만 골라야 할 것이다.

그는 실제로 농장임대료를 지불해야 한다. 그러나 이 지불행위를 통해 그는 땅의 생산물이 아니라 사회의 생산물(되돌려주는 대상을 의미한다)인 토지임대료를 되돌려주는 것뿐이다. 그리고 사람은 땅에 대해서는 청구권이 있지만 사람들에 대해선 청구권이 없다. 그러므로 그가 만일 자기 농장 생산물을 판매해서 사회로부터 징수한 임대료를, 농장에 대한 임대료로 사회에 다시 돌려준다면, 그는 단순히 회계사무원 또는 세금징수인과 같은 역할을 하는 것이다. 땅에 대한 권리는 여전히 그대로 남아 있다. 농부는 땅에서 생산한 수확물 판매로, 자기 노동을 초과하여 사회가 미리 지급한 금액을 다시 사회에 돌려준다. 그러나 농부 자신도 사회구성원이므로 농부 역시 농장임대료 중 자기 몫을 받는다. 그러므로 실제로 농부는 임대료를 전혀 내지 않는 셈이다. 그는 그와 사회 간 재산계정이 더 정확하게 정산될 수 있도록, 그가 대신 징수한 임대료를 반환하는 것뿐이다.[28]

자유토지는 전국 모든 토지에 대한 모든 개인의 권리를 완벽하게 실현한다. 그러나 그 나라 전체 토지 역시 자신의 가치를 자각한 한 사람을 만족시키기에 충분치 않다. 그는 전 세계를 자기 재산으로서, 또 인격의 중요한 부분으로서 요구한다.

---

[28] 토지사유제였다면 그는 토지임대료를 많이 내므로 초과분에 대해 소작료로 다 강탈당했을 것이다. 그러나 이젠 자기 노동의 결과는 자기가 가진다. 다만 그것을 초과하는 부분은 공유재산을 활용한 공동 부이므로 임대료로 사회에 돌려준다. 그렇게 돌려준 임대료는 국고로 돌아가 다시 사회복지비용 등으로 그에게 돌아온다. 이처럼 그는 그의 사회계정(그와 사회 간 재산계정)이 정확하게 정산될 수 있도록 그가 대신 징수한 몫을 사회에 돌려주는 것이다.

이 문제도 역시 자유토지로 해결할 수 있다. 자유토지가 모든 나라로 확대되었다고 가정해보자. 국가 제도들이 얼마나 쉽게 국경을 넘어 전 세계에 적용되는지 생각해보면 이 가정이 결코 비합리적인 것은 아니다. 이제 자유토지가 국제협약에 의해 세계적으로 채택되어 현재 대부분의 법제도에 관해서 그렇듯이, 이민자들에게도 그 나라 국민들과 동등한 권리가 주어진다고 가정해보자. 이렇게 되면 모든 개인들은 전 세계 땅을 소유할 권리를 깨닫게 되지 않겠는가? 전 세계가 이제부터 그의 절대적인 재산이 되어 그는 자기가 좋아하는 어느 곳에라도 (돈만 있으면 지금도 할 수 있는 것처럼) 아무 비용도 없이 정착할 수 있다. 또한 지금까지 본 바와 같이, 그가 지불한 농장임대료는 땅에 부과된 것이 아니라 그가 농산물 판매가격으로 사회에 부과한 임대료를 돌려주는 것이며 이것은 다시 국가서비스 형태로 그에게 돌아오므로 추가비용도 없다.

자, 이제 자유토지 덕분에 모든 사람이 전 세계를 소유하게 된다. 세계는 이제부터 그 사람 것이며 마치 그의 두개골이 그렇듯이 그 사람의 절대 소유물이다. 그가 살고 있는 세계는 그의 일부로 성장하며 절대 부도어음, 담보부채, 파산한 친구에 대한 보증채무 때문에 그 세계를 뺏기지 않을 것이다. 그는 술 마시든, 도박을 하든, 투기를 하든, 무엇이든 원하는 대로 해도 이 재산만큼은 안전하다. 이 사람이 열두 명의 형제자매와 유산을 나누어야 하든, 유일한 자녀이든 상관없이 이 사람이 가진 부동산 가액은 변함이 없다. 이 사람의 성격이나 행동이 어떻든 땅은 여전히 그의 재산이다. 만약 그가 농장 수확물 판매로 거둔 임대료를 사회에 돌려주지 않는다면 그는 후견인의 보호를 받는 처지로 떨어지겠지만 그럼에도 땅은 여전히 그의 재산으로 남는다.

토지국유화 덕분에 모든 아이들은 토지 소유자 그 이상으로 태어난다. 모든 아이들은 적자, 서자를 가리지 않고 마치 프라하 아기예수 동상[29]처럼 손에 지구를 들고 태어난다. 피부색이 검은색, 갈색, 흰색, 황색, 그 무엇이든 상관없이 지구 전체가 그의 것이다.

"너는 흙이니 흙으로 돌아갈 것이니라."[30] 이 말은 별 뜻이 없어 보이지만 바로 이 흙이 가진 경제적 의미가 과소평가되었음에 주의해야 한다. 이 흙은 땅의 일부로 토지 소유자의 소유이다. 핏속 철분이 조금이라도 부족하면 건강이 나빠지듯이 사람이 태어나서 자라려면 땅의 일부가 필요하다. 땅 없이는, 그런데 이 땅은 토지 소유자의 것이니 결국 그의 허락 없이는 그 누구도 태어날 수 없다는 말이다. 이 말은 결코 과장이 아니다. 사람의 화장한 재를 분석해보면 공기에는 없는 흙의 성분이 몇 퍼센트 나온다. 이 흙 성분은 한때 땅에 있었으니 토지 소유자에게서 사지 않았다면 훔친 것이다. 다른 가능성은 없다.

바이에른 지역에서는 경제적 수입이 있어야 결혼허가를 받을 수 있었다. 뼛조각을 만드는 데 필요한 흙을 살 돈이 없는 사람은 법적으로 출생허가가 거부된 셈이다.

게다가 토지 소유자의 허락이 없으면 죽을 수도 없다. 죽으면 흙으로 돌아가고 이 흙은 땅 위에 있어야 하는데 토지 소유자가 허락하지 않을 수도 있으니 말이다. 만약 토지 소유자의 허가 없이 죽는다면 그 사람은 그의 물건을 훔친 것이니 묘지 살 돈이 없는 자는 지옥으로 곧장 가는 것이다. 그래서 스페인 속담에 이르길 "그는 쓰러져 죽을 곳도 없

---

29 나무로 만든 16세기 로마 가톨릭 양식 아기예수 조각상으로 프라하의 한 교회에 있으며 왼손에는 십자가가 꽂혀 있는 지구본을 들고 있다.
30 구약 창세기 3장 19절.

다"라 하고 성경에서도 "사람의 아들이 머리 누일 곳이 없도다"[31]라 한 것이다.

요람과 무덤 사이에 삶이 펼쳐지는데 알다시피 삶은 연소과정이다. 몸이란 생명의 불꽃을 꺼트리지 않으려면 열이 계속 유지되어야 하는 용광로와 같다. 몸 안에서는 영양분으로, 몸 밖에서는 옷과 집으로 이 열을 유지한다. 그런데 음식과 옷 그리고 건축재료는 모두 땅에서 나온다. 만약 토지 소유자가 우리에게 이 물질들을 공급하길 거절한다면 어떻게 될까?

토지 소유자의 허락이 없으면 어느 누구도 먹을 수도, 입을 수도, 정주할 수도 없다.

이 또한 과장된 게 아니다. 미국은 중국인 이민을 허가하지 않고 있다. 오스트레일리아는 순백색 피부가 아닌 사람이 상륙하는 것을 금하고 있다. 심지어 해난사고로 피난처를 구하는 말레이시아 사람들을 무자비하게 돌려보낸 바도 있다. 한편 우리의 경찰은, 땅에서 난 이런 산물들을 살 수단이 없는 사람들을 어떻게 다루고 있나? 아무것도 가진 게 없는데, 네가 아직 살아 있다면, 넌 훔친 것이다. 체온의 따스함, 땅의 생산물로 유지한 생명의 불꽃이 바로 네 범죄의 증거이며 너를 수감할 충분한 이유가 되는 것이다. 그래서 여행을 하는 직인[32]은 항상 절대 손대지 않는 일정 현금을 갖고 다닌다.

사람은 땅에 대해 천부적 권리를 갖고 있다는 말을 흔히 듣는다. 그

---

31 누가복음 9장 58절.
32 직인(journeymen)은 서양 전통 수공업 체계에서 도제 과정을 마친 숙련공을 말한다. 여기저기를 떠돌아다니면서 일감을 받는다. 직인이 한곳에 정착하여 자기 가게를 내고 제자로 도제를 거느리게 되면 장인이 된다.

러나 이 말은 참 어색한 말인데, 마치 사람이 자기 갈비뼈에 대해 권리를 갖고 있다고 말하는 것만큼이나 당연한 말이다. 이런 맥락으로 권리를 말한다면 소나무는 땅에 뿌리를 내릴 권리가 있다고 말해야 한다. 대체 사람이 열기구 풍선을 타고 평생을 보낼 수 있는가? 땅은 사람에 속하는 것으로 신체기관의 일부이다. 머리나 위장이 없는 사람을 상상할 수 없듯이 땅 없이 사는 사람도 상상할 수 없다. 땅은 머리처럼 사람의 일부분으로, 장기와 같은 것이다. 소화기관은 어디에서 시작되어 어디에서 끝나나? 소화기관은 시작점도 종점도 없는 폐쇄계를 형성하고 있다. 사람이 생명 유지를 위해 섭취하는 물질들은 날것 상태로 소화시킬 수 없어 소화 전 준비단계를 거쳐야 한다. 이 단계는 입에서 이루어지는 것이 아니라 식물에 의해 진행된다. 사람의 소화관을 통한 이후 단계의 소화과정에서 영양소로 바뀔 수 있는 물질을 수집하고 변형시키는 것이 바로 식물인 것이다. 그러므로 식물과 그 식물이 자라는 곳은 사람의 입, 치아, 위장처럼 사람의 일부이다.

그러나 사람은 식물과 달리 지구의 한 부분으로 존재하는 것에 만족하지 못한다. 사람은 전체를 원한다. 모든 개인이 분할되지 않은 전체 지구를 원한다. 계곡이나 섬에 고립된 민족, 또는 관세장벽에 갇힌 나라는 약화되어 끝내 절멸한다. 반면에 교역하는 민족, 세계에서 나는 각종 산물로 그들의 피에 향신료를 듬뿍 치는 민족은 강성해져서 전 세계로 뻗어나간다. 인류의 육체적, 정신적 욕구는 마치 문어다리로 공을 감싸듯이 지구 표면 구석구석에 뿌리를 내린다. 인류는 열대지역, 온대지역 그리고 북부지역까지 모든 곳의 과일을 원하며 건강을 위해 산, 바다, 그리고 사막의 공기까지 필요로 한다. 정서 고양과 풍부한 경험을 위해 세계 모든 민족과 교류하고자 하며 자기 종교와 비교하려고 다른 민족의 신들조차 필요로 한다. 태양 주위를 반짝이며 도는 지구 전체가 모든 개인의 일부분이며 신체기관이다.

그렇다면, 어떻게 우리가, 땅을 압류하여 자신들의 배타적 재산으로 삼아 사람들을 고통스럽게 만들 수 있으며, 장벽을 세우고, 감시견과 감시노예를 두어 우리를 우리의 일부와 다름없는 그 땅에 접근하지 못하게 할 수 있단 말인가? 이건 마치 우리 몸에서 사지를 찢어내는 행위와 다를 바 없지 않은가? 이건 자해행위 아닌가?

아마도 독자들은 토지분할로 피가 나는 것은 아니어서 이 비유를 받아들이기 어려울지 모른다. 그러나 이건 그냥 피 좀 나는 것보다 훨씬 심각하다! 보통 상처는 낫는다. 귀나 손을 잃을 수도 있다. 피는 멎고 상처는 아문다. 그러나 토지를 조각 분할해서 생긴 우리 몸의 상처는 영원히 곪으며 아물지도 않는다. 토지임대료를 내는 날마다 상처가 벌어져 황금 피가 솟구쳐 나온다. 고혈을 빨린 사람들이 비틀거리며 걸어간다. 우리 몸에서 땅 조각을 잘라내는 일은 수술 중에서도 가장 유혈낭자한 수술이다. 이 수술은 쩍 벌어져 곪은 상처를 남기는데 잘린 팔다리를 다시 가져다 붙이지 않는 한 이 상처는 아물지도 않는다.

하지만 어찌 할 수 있겠는가? 지구는 이미 찢기고 잘려서 조각나지 않았는가? 이 조각낸 작업을 기록한 토지문서가 만들어져 있으니 이를 인정할 수밖에 없지 않은가?

그러나 이건 한 마디로 허튼소리다. 도대체 누가 이 토지문서를 작성하고 서명했는가? 나는 지구를 조각내자는 것, 내 사지를 절단하자는 주장에 전혀 동의한 바 없다. 그러니 내 동의도 없이 다른 자들이 행한 일로 나를 구속할 수는 없다. 내게 이 서류들은 종이쪼가리일 뿐이다. 나는 나를 불구로 만드는 절단에 결코 동의한 바 없다. 그러므로 나는 빼앗긴 내 땅을 돌려줄 것을 요구하는 동시에 누구든지 그걸 빼앗아간 자에게 전쟁을 선포하는 바이다.

"그렇지만, 거기, 이 낡은 양피지 서류에, 네 조상의 서명이 버젓이 있지 않소!" 그렇다. 내 이름이 거기 나오는 건 맞는다. 그러나 이 서명이 조작된 것인지, 진본인지, 누가 알랴? 설사 그 낡은 서류의 서명이 진짜라 하더라도 정황상 그 서류는 협박에 의해 강제로 만들어진 것이다. 목숨이 경각에 달려 있지 않는 한 자기 팔다리를 내놓을 사람은 없지 않은가? 덫에 걸린 여우만이 자기 다리를 물어뜯는 법이다.[33] 다시 물어보자. 자기 조상 빚을 의무적으로 꼭 알아야만 하는가? 어린이에게 할아버지가 지은 죄의 책임을 물어도 되는가? 부모라고 자기 자녀 사지를 마음대로 절단해도 되나? 아버지가 딸을 팔아먹어도 되는가?

어느 독일 늙은이가 술독에 빠져 마누라와 아이들을 팔아버린 것처럼 우리 조상들이 땅을 술로 날려버린 건 아닐까 하고 의심할 수도 있다. 왜냐하면 바보 주정뱅이라야 자기 자신이나 팔다리를 팔았을 테니 말이다. 주정뱅이 바보라야 자기 땅을 넘기겠다는 서류에 스스로 서명하지 않겠는가? 화성인이 지구에 날아와 여기 땅 좀 사서 가져가자 할 때 그 화성인이 크든 작든 땅 조각을 떼어가게 내버려두는 모습을 상상할 수 있겠는가? 그런데 지구의 풍요를 화성으로 가져가는 것이나 지구의 풍요를 지주 한 사람이 소유하는 거나 나머지 사람에게는 아무 차이가 없다. 토지 소유자가 임대료를 받아먹고 나서 뒤에 남긴 것이라곤 쓰레기와 황무지 말고 없으니 이 자가 독일 전역의 옥토를 둘둘 말아서 그걸 화성으로 가져가버린 것하고 무슨 차이가 있겠는가? 러시아의 기

---

33 여우가 덫에서 빠져나오려고 자기 다리를 물어뜯는다는 속설이 있다.

근 동안 러시아 지주들은 파리에서 호화롭게 살면서 막대한 물량의 밀을 러시아에서 빼내 수출했으며 이 행위는 카자크족마저 쪼들려 질서 유지 목적으로 수출을 금지할 수밖에 없을 때까지 계속되었다.

토지문서 서명은 단검을 들이대며 협박했거나 사기를 쳤거나 술로 꾀어 갈취한 것이다. 토지문서가 소돔과 고모라의 범죄 기록에 불과하므로 만약 토지 소유자들이 이제라도 조상들의 행동에 기꺼이 책임지겠다고 나선다면 사기와 갈취 죄로 교도소에 가야 할 것이다.

야곱은 에서가 늑대사냥을 마치고 허기져서 집에 왔을 때 죽 한 그릇으로 속여서 에서의 목초지를 빼앗았다.[34] 우리는 이 부당한 거래를 도덕적으로 승인하여 에서의 후손들이 이 목초지를 사용하지 못하게 경찰력으로 막아야 하는가?

이런 부당한 토지문서의 기원을 밝히려고 에서 시대까지 거슬러 올라갈 필요는 없다. "대부분의 국가는 원래 정복에 의해 성립되었으며 현대에 와서도 기존의 토지분할은 무력에 의해 매우 자주 변경되었다."[•]

그렇다면 한 나라의 점령은 오늘날 우리 눈앞에서 어떻게 벌어지고 있는가? 헤레로 족의 왕은 호텐토트로부터 뺏은 땅을 자신을 위한 브랜디 한 병과 왕비를 위한 보석 몇 점을 받고 팔았다.[35] 그의 백성들이 가축을 키우고 있던 수백만 에이커의 목초지를 말이다! 그가 독한 술에 취해 제정신이 아닌 상태로 토지매각문서 맨 아래에 배신의 십자가 서명을 했을 때 그는 자기가 무엇을 하고 있는지 알았을까? 이 서류가 철제금고에

---

34 구약 창세기 27장.

• 안톤 멩거(Anton Menger) 『총노동대가에 대한 권리(The Right to the Full Proceeds of Labour)』.

35 헤레로Heroro, 호텐토트Hottentot는 모두 남아프리카에 거주하는 원주민.

귀한 유물로 보관되어 경비병이 밤낮으로 지킬 줄 알았을까? 그의 모든 백성들이 그 배신의 십자가에 못 박혀 그날 이후 가축 한 마리 한 마리당 임대료를 내야 할 줄, 그것도 자기 대에 끝나는 게 아니라 자식과 손자, 그리고 오늘을 지나 내일, 아니 영원히 내야 할 줄 알았을까? 그가 선교 사한테 배운 대로 서류에 십자가 서명을 했을 때는 이를 알지 못했다. 어떻게 예수의 상징으로 사람을 속이고 사기 칠 수 있겠는가? 만약 그가 알면서도 서명했다면 그는 배신자이니 가까이 있는 나무에 교수형을 처해도 마땅했을 것이다. 그러나 그는 몰랐다. 그래서 경험이 그 서류가 대체 무슨 뜻인지 가르쳐주었을 때 그는 "이 사기꾼 같은 야만인들"을 몰아내려고 무기를 들었다. (불행한 원주민들이 손에 쥘 수 있는 보잘것없는 무기를 들고 '독립전쟁'에 나섰을 때 독일 신문은 이들을 선동가, 도둑, 사기꾼 같은 야만인 등으로 묘사했다.) 물론 그 봉기는 헤레로인들에게 아무런 도움도 되지 못했다. 그들은 쫓기다 체포되었고 살아남아 도망친 몇몇은 사막까지 쫓겨가 굶어 죽었다.[36](트로타 장군의 성명서[37] 참조)

이런 방식으로 점령된 토지는 공식문서에 따르면 다음과 같이 배분되었다. •

36 1884년 독일제국은 오늘날 서남아프리카 나미비아에 해당하는 지역을 보호령으로 선언하고 토지 강매와 자원약탈을 자행했다. 이러한 독일제국의 식민통치에 저항하기 위해 1904년 1월 헤레로인과 나마인이 반란을 일으켜 독일군 140여 명을 사살하자 그해 8월 로타어 폰 트로타 대장이 이끄는 독일군은 헤레로족을 절멸시키라는 명령을 받고 항복하는 사람은 물론 민간인도 남녀노소를 막론하고 죽였으며, 오마헤케 사막으로 도망친 원주민들이 사막에서 탈출하지 못하도록 봉쇄하고 우물에 독약을 타는 등 조직적, 집단적으로 학살했다. 이 학살로 헤레로 원주민의 약 80퍼센트인 10만여 명이 사망했다. 이 사건은 20세기 최초의 집단학살(헤레로 제노사이드)로 규정되었으며 2004년 독일정부는 사과를 표시했다.
37 트로타 장군의 성명서는 다음과 같다. "헤레로족은 더 이상 독일 국민으로 간주되지 않는다. 나는 그들에게 말한다. 헤레로족은 나라를 떠나야 한다. 그렇지 않으면 나는 총으로 그들을 몰아낼 것이다. 독일 국경 내에 있는 모든 헤레로족은 무장을 했든 하지 않았든 사격대상이 될 것이다."
• 『독일 국민의 소리(*Deutsche Volksstimme*)』 1904년 12월 20일자.

	평방마일
1. 남서아프리카 독일척식회사	51,300
2. 독일정착회사	7,600
3. 한자 토지채굴상업회사	3,800
4. 카오코 토지채굴회사	39,900
5. 남서아프리카유한회사	4,940
6. 남아프리카영토유한회사	4,560
합계	112,100

물경 7천만 에이커다.

주인 여섯이 7천만 에이커에 대한 대가로 무엇을 주었을까? 브랜디 한 병, 죽 한 그릇. 이게 아프리카, 아시아, 오스트레일리아에서 벌어진 일이다.

남아메리카에서는 더 단순했다. 십자가 서명 서류도 생략되었다. 훗날 대통령이 된 로카 장군이 일군의 병사들을 데리고 인디언들을 비옥한 방목지 팜파스에서 몰아냈다. 인디언 대부분은 학살되었고 여자와 아이들은 값싼 노동력으로 수도로 끌려갔으며, 나머지 사람들은 네그로강 저편에서 사냥감이 되었다. 그 땅은 병사들에게 배분되었는데 대부분 브랜디나 장신구를 사려고 서둘러 팔아치웠다.*

---

* "아르헨티나 총영사는 최근 아르헨티나 대농장 매각을 보면 아르헨티나 부동산 가격이 얼마나 상승했는지 명확하게 알 수 있다고 보고했다. 팜파 주에서 안토니오 디보토 씨는 영국 남아메리카 토지회사로부터 116레과의 땅과 1만2천 마리 소, 30만 마리 양 등을 650만 달러, 즉 레과(2,500헥타르)당 5만 달러에 구매했다. 밀의 제왕으로 알려진 호세 과소네 씨는 부에노스아이레스 주의 나바리아 구에서 레과당 20만 달러로 5레과의 땅을 샀다. 유대식민회사는 일부는 피케 지역에서, 일부는 팜파 센트럴 지역에서 레과당 8만 달러씩 주고 총 40레과 면적을 샀는데, 이 땅의 판매자인 페

194   제2부 자유토지

이것이 아마도 세계에서 가장 비옥한 토지에 대한 현재 소유자들의 신성하고도 불가침한 권리가 취득된 경로이다. 수백만 마리의 양, 말, 소가 있는 초원, 막 형성되고 있는 위대한 국가를 위한 땅이, 오늘날 브랜디 몇 되로 이 땅을 산 소수 무리들의 개인재산이 되었다.

북아메리카에서 최근 정착한 지역은 대개 사람이 안 사는 곳이었다. 그래서 각자 원하는 만큼 가질 수 있었다. 모든 성인 남녀는 160에이커씩 청구할 수 있어서, 6인의 성인 가족은 1,000에이커의 땅을 소유할 수 있었다. 나무 몇 그루를 심는 데 동의하면 2배인 320에이커도 가능했다. 6년 후에는 점유자들에게 토지권리증이 부여되어 그 땅을 팔 수 있게 되었다. 몇 푼 안 되는 돈으로 이런 정부공여지를 구매해서 수천 에이커의 대농장이 만들어졌다. 다른 곳에선 그냥 얻을 수 있는 땅이기에 많은 금액을 요구할 수도 없었는데 지불가격은 브랜디 한 상자, 부도어음, 죽 한 그릇 정도였다. 캘리포니아에서 룩셈부르크 농부인 뮐러와 룩스가 현재 소유한 토지는 어마어마해서 프로이센이 통째로 들어갈 수 있을 정도이다. 그 땅의 가격은? 브랜디 한 상자와 죽 한 그릇.

북태평양철도회사는 캐나다 정부로부터 철도 건설허가를 무료로 받았으며 이 특권에 더해 철로 양변 각 40마일의 긴 토지를 덤으로 받았다. 무슨 의미인지 생각해보라. 2천 마일에 걸쳐 좌우 40마일의 땅

데리코 렐로이르 씨는 1879년에 이 땅을 레과당 400달러를 주고 샀다고 한다. 팜파 지역의 모든 토지는 1878년에 인디언들로부터 해방되어 1879~1880년 사이에 레과당 400달러에 공개매각된 적이 있다. 이 지역은 가축 방목에 아주 적합하며 이 땅의 가치는 그동안 150배에서 200배 정도 상승해서 이 지역이 얼마나 번영했는지 잘 보여준다." 『함부르크 해외신문(Hamburger Fremdenblatt)』, 1904년 12월 22일자.

이 글에 덧붙여 말하자면 토지가격 상승은 이보다 훨씬 컸다. 레과당 400달러는 당시 '유통화폐' 기준으로 현재 페소(달러)의 30분의 1이다. 그러므로 가격 상승은 30×200, 즉 6천 배에 달한다. 많은 병사들이 자기 몫의 땅을 성냥 몇 갑(cajas de fosforos) 가격에 판 셈이다.

을! 가격은 공짜!

캐나다 태평양회사의 경우도 유사하다. 이 회사 팸플릿에는 다음과 같이 기재되어 있다. "회사는 국가로부터 소중한 특권과 자유를 부여받고 1,920마일 길이의 철도 건설을 맡았다. 이와 함께 현금 2,500만 달러, 토지 2,500만 에이커, 기건설된 638마일의 철로도 받았다."

계획 중인 철도가 이 선물에 대한 대가라고 상상하진 말자. 이 팸플릿에 철도는 회사 자산이라고 분명히 말하고 있다. 그렇다면, 물어보자, 땅 2,500만 에이커, 2,500만 달러 현금, 이미 건설된 638마일의 철로, 그리고 귀중한 특권을 받은 것에 대한 대가는 어디로 갔는가? 대답은 간단하다. 철도건설자본에 대한 이자와 관련된 위험이 그 대가이다.

이렇게 펜 한 번으로 지방 곳곳의 가장 비옥하고 아름답고 질 좋은 경작지 2,500만 에이커가 사적소유로 넘어갔다. 아무도 선물로 거저 준 그 땅을 둘러보는 수고조차 하지 않았다. 철로 건설 도중에 최상의 토지, 풍부한 광물, 그리고 아름다운 경치가 비로소 '발견'되었다. 이런 일이 아프리카도 아니고 캐나다에서 일어난 것이다. 뛰어난 행정력으로 유명한 캐나다에서.

이것이 유럽이 자국 땅만큼이나 의존했던 국가에서 있었던 오늘날 토지 사적소유의 유래이다.

이처럼 현재 토지의 사적소유가 어떻게 형성되었는지 알고 있는데 굳이 과거에는 어떻게 형성되었는지 조사할 필요가 있을까? 스페인 말로 '페오르 에스 메네아를로Peor es menearlo'[38]라고 한다. 자꾸 움직일수록 상황은 더 나빠진다. 죽어가는 여성이 그녀의 토지재산을 교회에 바

---

38 '긁어 부스럼'이라는 뜻.

치는데 지옥은 무슨 색인지 교회에 물어봐야 할까? 공작과 남작, 백작들이 단지 군역의 대가로 갖고 있던 땅을 허약한 황제의 소유물에서 자신의 절대 재산으로 바꾸려고 어떤 반역적인 수단을 썼는지 굳이 물어봐야 할까? 아니면 이들이 인접국을 약탈하러 침입하면서 이걸 이용해서 어떻게 황제로부터 특권과 토지를 뺏는 기회로 활용했는지 물어봐야 할까? '페오르 에스 메네아를로.' 휘저을수록 악취가 고약해진다. 영국 지주가 어떻게 아일랜드의 토지를 자기 것으로 만들었는지 꼭 그에게 물어볼 필요가 있을까? 약탈, 강도, 살인, 대역죄 그리고 유산 사냥,[39] 이런 것들이 그 질문에 대한 답일 것이다. 이 정도 답에 만족하지 않는 분들은, 옛 발라드나 술자리에서 부르는 노래를 조사해보거나 원주민들의 비참한 육체적, 도덕적 쇠락을 살펴보면 토지재산이 어떻게 생겨났는지에 대해 완벽히 알 수 있다. 그는 우리 조상들이 다음 세대들의 운명에 대해 무관심하여 후손에게 물려줄 유산을 술값으로 날려버린 술주정뱅이들이었다고 확신하게 될 것이다. "나중에 홍수가 나든 말든 무슨 상관!"이 그들의 모토였다고.

이런데 우리는 처음부터 비어 있던 술병들을 경건하게 숭배하면서, 또 물려받은 타락한 피와 불구가 된 신체에 대해 감사하면서, 이렇게 술 취한 팔스태프 경[40]들이 우리에게 남긴 이 숭고한 제도를 유지해야 할까?

죽은 자의 행위가 우리 행동의 척도가 될 수 없다. 각 세대는 전력을 다해 완성해야 하는 세대 고유의 임무가 있다. 낙엽은 가을바람이 쓸

---

39 유산을 얻으려 부자 노인에게 잘 보이는 것을 뜻한다.

40 셰익스피어의 희곡을 바탕으로 베르디가 작곡한 오페라에 등장하는 기사. 재정파탄으로 몰락한 주정뱅이 귀족 팔스태프가 부자 유부녀를 유혹해 한몫 잡으려다 망신만 당한다는 이야기.

어가고 들판에 죽은 두더지나, 풀 뜯는 동물들의 배설물은 자연의 청소 동물들에 의해 사라진다. 자연은 간단히 말해서, 죽은 것들을 시야에서 사라지도록 관리해서 지구를 영원히 깨끗하고 젊게 유지한다. 자연은 죽음을 기억하기 싫어한다. 앙상한 가지만 남은 소나무는 새 초목을 위한 지지대와 사다리 역할을 할 수 없으니 새싹이 움트기 전에 폭풍으로 쓰러져야 한다. 고목의 그늘 아래에서는 어린 싹이 성장하기 어렵지만 고목이 사라지면 바로 새싹들이 성장하고 번성하기 시작한다.

죽은 자들과 함께 그들의 토지문서와 법 들을 묻어버리자. 토지대장을 죽은 자의 화장을 위한 장작더미 위에 쌓아올리자. 관을 침대로 쓰기엔 너무 좁다. 우리의 토지법과 토지대장이 바로 선조들의 시신을 눕혀 묻을 관이 아니라면 무엇이겠는가?

그러니 썩어가는 쓰레기를 태워버리자! 불사조는 시체가 아니라 재 속에서 태어난다.

6.
자유토지로 할 수 없는 일

이와 같은 것들이 토지국유화가 가져올 광범위한 결과이다. 이처럼 토지개혁의 중요성이 물론 대단히 크지만, 그렇다고 과장되어선 안 된다. 자유토지는 만병통치약으로 생각하기 쉽지만 그렇지 않다. 헨리 조지는 자유토지가 다음의 것들을 없애줄 것이라 생각했다.

이자, 경제위기, 실업.

그는 사실 이 생각을 핵심주장[41]만큼의 확신이나 풍부한 개념으로 뒷받침하지 못했다. 이런 미온적인 태도로 볼 때 헨리 조지 스스로도 명확한 통찰력 부족을 인지하고 있었고 이 부분의 이론에 대해 의심했던 것 같다. 그러나 그는 이 생각을 제자들과 공유하지 않았다.

헨리 조지에게 깊은 확신이 없는 단순의견 수준이던 내용이 제자들 대에 이르러서 의문을 제기할 수 없는 독단이 되고 말았다. 예외가 있

---

41 헨리 조지의 핵심주장은 토지국유화이다.

다면 미하엘 플뤼르샤임 정도인데, 바로 이 이유 때문에 그는 독일에서 토지개혁 사상을 다시 살린 장본인임에도 다른 토지개혁가들에게는 인기가 없다.

자유토지는 상품의 분배에 영향을 미친다. 그러나 실업과 경제위기는 분배의 문제가 아니라 교환, 즉 상업의 문제이다. 심지어 이자조차 그것이 비록 토지임대료보다 더 강력하게 상품의 분배에 영향을 미치지만 단지 교환의 문제일 뿐이다. 왜냐하면 이자란 미래의 상품에 대한 대가로 기존 상품재고가 제공되는 비율이라 할 수 있으며 이처럼 이자를 결정하는 행동은 교환, 바로 교환이기 때문이다. 반면에 토지임대료에서는 교환행위가 일어나지 않는다. 임대료를 받은 사람은 그에 대한 대가를 주지 않고 받기만 할 뿐이다. 임대료는 교환이 아니라 수확이며 그 때문에 아무리 임대료 문제를 연구해도 이자 문제 해결을 위한 바탕을 제공하지 못한다.

실업, 경제위기 그리고 자본이자 문제는 교환이 벌어지는 조건을 검토하지 않으면 답을 구할 수 없다. 헨리 조지는 바로 이 연구를 하지 않았으며 다른 독일 학자들은 시도조차 하지 않았다. 그래서 이들은 자본이자와 경제위기, 실업 문제가 왜 존재하는지 전혀 설명할 수 없는 것이다. 독일 토지개혁가들이 혼란스러워하면서도 주창하는 헨리 조지의 이론은 믿을 수 없을 만큼 조잡한 '결실이론'[42]으로, 자본이자나 실업 현상이 왜 발생하는지 전혀 설명해주지 못한다. 또한 그의 경제위기 이론

42 결실이론은 프랑스 경제학자이자 재무장관인 안 로베르 자크 튀르고(Anne Robert Jacques Turgot)에 의해 제안된 이자율 이론이다. 튀르고에 따르면, 자본가는 그의 돈을 빌려줄 수도 있고, 땅을 살 때 사용할 수도 있다. 좋은 땅은 영원히 임대료를 발생시키므로, 그 가격은 영구연금 공식이 적용된다. 만약 A가 토지의 연간임대료, r이 이자율이라면 토지의 가격은 A/r이다.

(부자들의 소비와 소득 간 불균형) 역시 매우 피상적이다.

이것이 지금까지 토지개혁운동의 약점이었다. 토지개혁으로 사회 문제를 해결할 수 있다고 단언하면서도 우리의 경제제도가 갖고 있는 가장 큰 결함을 밝혀내지 못했다. 토지개혁가들은 이론적 설명을 못 해 냈을 뿐 아니라 우리 경제제도의 결함에 대한 효과적인 치유책도 제안 하지 못했다. 토지개혁가들이 구원을 약속했던 임금생활자들도 토지국 유화만으로는 절망적인 빈곤에서 구조될 수 없다. 임금생활자들은 노 동대가 전체를 원하는데, 이는 곧 토지임대료와 자본이자를 모두 폐지 하는 것이다. 또한 그들은 공황과 실업이 없는 경제제도를 요구한다.

이처럼 그는 토지국유화의 효과를 과장함으로써 전체 운동에 치명 적인 손상을 입혔다.

지금부터 우리는 자본이자와 경제위기, 실업이 생겨나는 조건을 살 펴볼 것이며 이런 악들을 제거하기 위해 필요한 방법들을 논의할 예정 이다. 이렇게 우리는 경제제도 전반에서 가장 복잡한 것으로 악명 높은 문제들에 다가가려 한다. 그렇다고 독자들이 너무 겁먹을 필요는 없다. 만약 사이비과학의 연구방법을 쓴다면 문제가 꼬여서 복잡해질 것이다. 실제로 여러 사실들이 아주 서로 긴밀하게 연결되어 있다. 그러니 우리 는 이 상호연결성을 발견할 올바른 지점에서 시작하기만 하면 된다.

제3부

현재 화폐의 실제

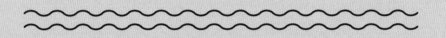

서론

오늘날 금속화폐는 모든 본질에서 고대의 상품교환에 사용되었던 화폐와 다를 바 없다. 아테네나 로마 혹은 카르타고의 유적지에서 발굴된 금화는 현대 유럽이나 미국의 화폐와 함께 널리 쓰이고 자유롭게 유통된다. 금 순도에서의 차이가 있을 수 있지만, 그와 관계없이 로마 황제의 인장이 찍힌 주화 1킬로그램은 독일 조폐국 인장이 찍힌 주화 1킬로그램과 같은 것이다. 우리가 사용하는 화폐는 스파르타의 리쿠르고스[1]가 폐기해버렸던 화폐의 모든 특징을 그대로 가지고 있다. 화폐는 아마도 우리가 고대로부터 변함없이 채택하고 있는 유일한 국가제도일 것이다.

---

[1] 스파르타의 개혁적 정치가로, 스파르타의 특이한 제도 대부분을 입법한 것으로 알려져 있다. 특히 그는 귀금속화폐를 폐지하고 식초에 담가둔 녹슨 쇠화폐를 사용하게 했는데, 녹슨 쇠화폐는 단위무게당으로 가치를 환산해서 귀금속화폐와 비교했을 때 훨씬 더 많은 수량이 필요해서, 숨기거나 옮기거나 도둑질하기 힘들었기 때문이다. 그 결과 관리의 비리와 재산은닉 현상이 사라졌다고 한다.

그러나 화폐의 본성에 대한 우리의 지식은 그 오랜 역사와 비교해 볼 때 정말 보잘것없다. 리쿠르고스는 귀금속으로 만든 화폐가 사람들을 부자와 빈자로 분열시킴으로써 국가를 망칠 것이라는 점을 알고 있었다. 우리는 여기서 그가 화폐를 폐기한 것, 즉 '악화로 양화를 구축한 것casting out the good with the bad'이 잘한 일인지에 대해서는 논하지 않을 것이다.[2] 하지만 알려져 있는 화폐의 악惡에 대한 우리의 이해는 리쿠르고스와 마찬가지로 지금도 매우 낮다. 우리는 "모든 악의 뿌리인 금과 은을 폐기해버린 리쿠르고스에게 영광을!"이라고 말한 피타고라스에게 환호하거나, "모두 화폐를 향해 달려가고 화폐에 매달리는데, 아 우리 가난한 이들이여!"라고 말한 괴테와 함께 탄식할 수는 있다. 그러나 거기서 더 나아가질 못한다. "화폐가 뭐가 문제란 말인가?" "왜 화폐는 인류에게 저주가 되었는가?" 같은 질문에는 침묵한다. 우리 경제학자들조차 이 문제가 너무 곤혹스러워서, 그에 대해 연구하기보다는 단순히 리쿠르고스와 피타고라스를 반박하거나, 제기된 화폐의 문제점을 잘못된 관찰 탓으로 돌리곤 했다. 이렇게 스파르타의 모세는 화폐본위에 대한 부당한 참견꾼으로, 위대한 수학자는 도덕적 광신자로 분류되었다.

이 분야에서 과학이 실패한 것은 인간의 이해력 결함에 기인하기보다는 화폐이론의 과학적 사유에 우호적이지 않은 어떤 외부환경 때문이다.

주제 자체가 연구자들에게 혐오감을 준다. 고매한 이상주의자들은

---

2 16세기 영국의 금융가였던 토머스 그레셤은 '악화가 양화를 구축한다'는 그레셤의 법칙을 주장했다. 소재가치가 다른 두 통화가 같은 액면으로 유통될 경우 소재가 열등한 것만 시장에 남고 우월한 것은 퇴장되어 시장에서 사라진다는 것이다.

화폐보다 매력적인 연구주제를 쉽게 찾을 수 있다. 예를 들어 종교, 생물학, 천문학 등이 화폐의 본질을 연구하는 것보다 훨씬 더 유익하다. 숫자를 다루는 따분한 사람만이 과학의 이 의붓자식에 매력을 느끼는 것이다. 영예로움을 추구하는 인간의 본성상, 화폐의 과학이라는 어두운 대륙을 파고드는 연구자들이 아직도 손꼽을 정도라는 것은 이해할 만하다.

게다가 지금까지 사용된 잘못된 방법론, 그리고 다행히 지금은 빈사 상태에 있는 가치주의와 화폐 연구의 연관성으로 인해 이 분야에 대한 반감이 자연스럽게 커졌다. 학자들은 화폐이론을 현학적으로 모호하게 다루었고, 이로 인해 대중은 이 주제가 인류발전에 아주 중요한 요소임에도 무시하게 되었다. (예외적으로 복본위제bimetallism[3]에 대한 잊힌 문헌들은 훌륭하다.) 심지어 오늘날에도 화폐본위는 대다수 대중에게 단순히 일정량의 순금으로 간주되며, 대부분 사람에게 금은 중요성이 그리 크지 않은 물질일 따름이다. 화폐이론이라는 것이 이렇게 저평가된 결과 아무도 관련 서적을 사지 않게 되고, 대부분의 출판사들에게 화폐이론 저작을 출판하는 것은 큰 위험이 된다. 그리하여 아주 훌륭한 저술들도 아마 출판되지 못했을 것이고, 이는 연구자들이 화폐 문제에서 멀어지게 되는 또 다른 상황을 만들었다. 자비로 출판할 여유가 있는 저자들만 화폐 문제에 전념할 수 있는 것이다.

후자의 경우 예외가 있다. 대학 교수들의 저서는 적어도 학생들이나 대학 도서관에 필요하므로 출판사를 찾을 수 있다. 그러나 대학교육

---

3 복본위제는 화폐단위의 가치가 두 가지 금속, 통상적으로 금과 은에 연계되어 결정되는 화폐제도를 말한다. 두 금속 간의 가치비율을 법으로 정하였으나 시장가치와의 괴리가 문제가 되어 오래 지속될 수 없었다.

에서는 기존질서를 비판하기가 어려운 관계로 교수들은 화폐의 본성을 깊게 파고들지 못한다. 공식적 연구는 깊게 들어가지 못하고, 논쟁에 내재된 단단한 껍질을 뚫지 못한다. 화폐에 관해 진실인 것은 지대, 이자, 그리고 임금에 대해서도 진실이다. 대학교수가 논란이 많은 이 문제의 근본에 대해 연구하는 모험을 감행한다면 강의실은 전쟁터로 바뀔 것이다. 논란이 되는 문제들, 즉 정치 그리고 임금, 지대, 이자 및 화폐 이론은 대학 바깥에 있다. 그리고 이로 인해 경제학은 우리 교수들의 손 안에서 시들어갈 수밖에 없다. 대학교수는 "거기까지, 더 이상은 안 돼!"라는 협박이 그의 귓가에 울릴 때, 그 주제에 대해 한 삽도 더 파고들지 못하는 경우가 대부분이다.

이렇게 겉으로 드러난 어려움 외에도 이 가시 돋친 주제를 이론화하기 위해서는 실제 상업에서만 획득될 수 있는 지식이 필요하다는 난점이 있다. 통상적으로 그러한 상업에 종사하는 사람들은 이론적 연구를 할 능력이 안 되는 사람들이다. 상업은 이론가나 이상주의자가 아니라 행동하는 인간을 필요로 한다. 게다가 아주 최근까지도 상업행위는 명예롭지 못한 일로 간주되어왔다. 장사의 신인 메르쿠리우스는 도둑의 신이기도 하다. 상업은 학교에서 낙오한 사람들을 위한 직업이었다. 똑똑한 아이들은 대학에 보냈고, 나머지는 회계사무소에 보냈다.

그리하여 다른 모든 영역에서 과학이 승승장구하는 동안에도 우리가 금속화폐에 대한 제대로 된 정의나 이론을 갖지 못한 놀라운 사실이 설명이 된다. 금속화폐는 4천 년 동안 존재해왔으며 수백 세대에 걸쳐 수십억의 손을 거쳐 전해져왔다. 그럼에도 화폐관리는 세상 모든 나라에서 과학이 아니라 단순히 관습에 의해 이루어져왔다.

이자라는 현상이 한 번도 만족스럽게 설명되지 못했던 것은 견고한 화폐이론이 없었기 때문이다. 4천 년 동안 우리는 셀 수 없을 만큼 많이 이자를 주고받았다. 그런데도 오늘날 과학은 "언제부터, 왜 자본가들이 이자를 받게 되었는가?"●라는 질문에 답을 할 수 없다.

사실 이자 문제를 해결하려는 시도가 부족했던 것은 아니다. 이자는 평화의 명백한 저해요인으로 간주되어 화폐보다 훨씬 더 많이 대중과 학문의 관심을 받았다. 유명한 모든 경제학자들은 이 문제를 다루었으며, 특히 사회주의자들은 기본적으로 이자를 공격하는 데 모든 노력을 기울였다.

그러나 이러한 모든 시도에도 불구하고 이자 문제는 풀리지 않은 채 남아 있다.

실패한 이유는 그 주제가 어렵기 때문이 아니다. 자본이자(실물자본이자[4]와 대출이자 모두)는 전통적 형태의 화폐의 자식 혹은 부산물이어서 화폐이론의 도움이 있어야만 과학적으로 해명될 수 있기 때문이다. 화폐와 이자는 피상적으로 보아도 뗄 수 없는 친구 사이처럼 보이지만, 이 둘은 또한 밀접한 내적관계를 가지고 있다. 이자이론은 오로지 화폐이론에서 연역될 수 있는 것이다.

그러나 앞에서 말한 이유 때문에 이자이론가들은 항상 화폐이론에 대한 연구를 등한시해왔다. 예를 들어 마르크스는 화폐이론에 단 5분도 관심을 두지 않았다. 반면 이자에 관해서는 세 권의 두꺼운 책(『자본』)을 썼다. 프루동은 화폐를 덜 과소평가했으며,[5] 그래서 이자 문제의 해법

● 뵘바베르크(Boehm-Bawerk), 『이자이론의 역사와 비판(*History and Criticism of Theories of Interest*)』(오이겐 폰 뵘바베르크는 오스트리아의 경제학자로 마르크스 경제학의 모순을 비판했으며 이자 이론과 관련하여 시차설을 주장했다―옮긴이)

4 실물자본의 수익률을 의미한다.

5 프루동은 화폐와 이자를 사회악의 원인으로 보았다. 노동에 의한 재산만을 정당화하여 생산에

에 가장 근접했다.

　　다음의 연구는 우연히 시작되었고 우호적인 외부환경에 힘입은 바크다. 나는 이제 과학, 상업, 그리고 정치에서 오랫동안 찾아 헤맸던 화폐와 이자의 이론을 제공하고자 한다.

　　내가 연구한 것은 논쟁적인 문제이다. 내가 발견한 것이 사회질서의 격변을 촉진할 것이 틀림없으니 나는 비난을 받아야 하는 걸까?

1911년 여름

질비오 게젤

필요한 노동량을 표기하는 증권으로 교환을 행하는 교환은행을 만들 것을 주장했다.

1.
화폐의 본질은
어떻게 드러나는가

주화에 쓰여 있는 내용이 화폐의 본질에 대한 정보를 제공하기로 되어 있다면, 그 정보가 빈약하다는 것을 인정하지 않을 수 없다. 쓰여 있는 것은 '10마르크' '10프랑' 혹은 '10루블' 등이다. 우리가 이 단어들에서 화폐의 본질을 추론할 수 없다면, 가장자리에 있는 '하느님과 함께' '자유, 평등, 박애' 등의 구절에서도 우리가 알 수 있는 건 거의 없다.

현재의 독일 주화와 옛 프로이센의 탈러[6]를 비교해보면, 확연히 알 수 있는 것이 주화에 담긴 정확한 금속량이 더 이상 적혀 있지 않다는

6 1750년부터 1871년까지 프로이센에서는 탈러라는 은화가 발행되어 통화로 사용되었다. '라이히탈러'라고도 한다. '라이히탈러'는 1857년에 페라인스탈러(Vereinsthaler, 동맹 탈러)로 바뀌게 되는데 이 새로운 탈러는 대부분 독일 지역에서 통용된다. 이후 즉 1871년부터 독일은 금본위제 마르크를 채택했고 더 이상 탈러는 발행이 되지 않았다. 그러나 1908년까지는 기존의 구 탈러도 법정화폐로 같이 통용되었다. 원래 탈러는 보헤미아왕국이 1518년에 에르츠산맥의 요아힘스탈에서 나온 은으로 만든 은화인 요아힘스탈러(Joachimsthaler)의 준말로 쓰였다. 어원학적으로 보았을 때 탈(thal)은 독일어로 골짜기를 뜻하며, 탈러(thaler)는 골짜기에서 온 사람 또는 물건을 뜻한다. 미국의 달러는 이 명칭에서 유래한다.

점이다. 무게 표시는 종종 편리함 때문이었는데[*] 그게 삭제되었으니 의도적이었음이 분명하다. 왜 삭제되었을까? 아마도 프로이센 탈러에 적힌 무게 표시가 당시에 유력했으며 오늘날에도 여전히 통용되고 있는 화폐이론으로는 풀 수 없는 문제를 초래했기 때문일 것이다. 새 주화에 무게 표시를 없앰으로써, 통화 당국은 적어도 모순에 빠질 위험을 피할 수는 있었던 것이다.

"×××탈러는 순은 1파운드"[**]라고 하면 순은 1파운드는 ×××탈러이다. 주화에 적힌 이 내용만으로 탈러라는 개념은 은에 대한 무게단위가 되어버린다. 이는 영국에서 어떤 재화에 대해 특별한 무게단위가 사용되는 것과 같다. (예를 들어 다이아몬드는 캐럿으로 무게를 잰다. 뇌샤텔에서는 사과나 감자의 무게단위는 20리터이고 곡물의 무게단위는 16리터이다.)

그러나 만약 순은 1파운드가 30탈러라면, 그리고 탈러에 적힌 내용과 이론이 주장하는 대로 그 주화가 정해진 양의 은과 동일하다면, 은의 화폐 자격을 어떻게 없앨 수 있을까? 은 1파운드의 30분의 1은 1탈러와 어떻게 구분할 수 있을까? 하나의 개념으로부터 두 가지, 즉 '은'과 '탈러'를 만들어내는 것이 가능한가? 1872년 이전에 ×××탈러는 순은 1파운드였지만 그 후로는 더 이상 그렇지 않았다. 만약 '더 이상 그렇지 않았다'라는 진술이 가능하다면(그리고 그게 사실이다), 그 앞의 진술은 결코 참일 수가 없다. 주화에 적힌 내용은 하나의 개념으로 우리에게

● 주화는 법이 보증하는 무게가 되었고, 그것을 이용해 누구나 점원이 준 화폐의 무게를 잴 수 있었다. 화폐 액수 계산에서 주화 수는 무게로 알아낼 수 있었으며, 반대로 주화 무게는 주화 수를 세서 알아낼 수 있었다.

●● 옛 프러시아 탈러에 적힌 내용은 '××× 정확히 1파운드'.

제시되었지만, 항상 두 가지 개념, 즉 탈러, 그리고 탈러를 구성하는 물질이었던 것이다. 쇠 1파운드가 말발굽을 만드는 데 필요한 것처럼, 오로지 탈러의 무게가 순은 1파운드의 30분의 1과 같았고, 은 1파운드는 30개의 탈러를 주조하기 위해 필요했던 것이다. 집 한 채가 한 무더기의 벽돌이 아닌 것처럼 혹은 한 켤레의 신발이 1야드의 가죽이 아닌 것처럼, 1탈러는 일정량의 은이 아니게 되었다. 탈러는 독일 조폐국에서 만든 생산물이며 은과는 완전히 다른 것이다. 그리고 주화에 적힌 내용에도 불구하고 그 사실은 은의 화폐 자격박탈 전이나 후나 마찬가지였다.[7]

주화에 적힌 내용은 탈러와 그 물질을 하나로, 동일한 개념으로 만들었지만, 은의 화폐 자격박탈로 탈러 내에 두 가지 개념이 존재하고 있음이 증명되었다. 은으로 자유롭게 주화를 주조할 권리를 없앰으로써 탈러는 투명해졌고, 우리는 은을 관통하여 그 내부의 본질을 보게 된 것이다. 우리는 탈러가 단순히 은이라고 믿어왔다. 그러나 이제 우리는 그것이 화폐라는 것을 인식하지 않을 수 없게 되었다. 우리는 탈러가 죽음에 이르러, 우리 눈앞에서 그 영혼이 육체를 떠날 때가 되어서야, 그것이 일종의 영혼임을 알게 된 것이다. 자유주조권을 없앨 때까지 프로이센 사람들은 탈러를 오직 은으로 보았다. 이제 처음으로 화폐, 즉

---

7 화폐의 재료와 화폐가 같은 것으로 취급될 경우 모순이 나타난다는 점을 게젤은 탈러의 사례를 들어 보여주고 있다. 탈러(화폐)가 은(재료)이라고 한다면 은탈러화의 화폐 자격을 박탈해도 그것이 화폐가 아니라고 할 근거가 없다. 왜냐하면 탈러에 적힌 내용이 그렇게 정의했기 때문이다. 그러므로 게젤은 화폐와 재료는 아무 관계가 없다는 것이 화폐의 중요한 본질 중 하나라는 것을 제3부에서 지적하고 있다. 당시 사람들은 이를 구분하지 못했던 것이고, 그렇게 된 이유 중 하나는 소위 '가치론'이라는 허구적 개념에서 벗어나지 못해서이다. 제3부에서 '가치이론'이 유령으로 취급되면서 비판을 받는 이유이기도 하다.

은과 국가 법률이 결합된 독특한 생산품의 존재가 드러나게 되었다.

독일 조폐국이 은의 화폐주조가 폐지되기 전에는 단본위주의와 복본위주의 양쪽 이론가들에게서 제시된 화폐론이 반대 없이 수용되었다.[8] 그러나 은본위제 폐지는 주화가 금속 덩어리로 만들어지더라도 같은 이유로 금속 덩어리가 화폐가 될 수는 없다는 사실을 보여주었다.

"주화는 인증에 의해 그 무게와 순도가 보증된 금속 덩어리이다."(슈발리에Chevalier, 『화폐La Monnaie』, 39쪽)[9]

"우리 독일 마르크는 단지 금 1파운드의 1,395분의 1에 해당하는 이름일 뿐이다."(오토 아렌트Otto Arendt)[10]

은화의 자유주조권, 즉 실제로 주화를 금속 덩어리로 만들고 금속 덩어리를 주화로 만드는 것이 법이라는 사실을 아무도 알지 못했다. 법은 입법자들의 의지에 따라 국가가 제정한다. 탈러는 하나의 제조품이며, 입법의 산물이고, 은은 그저 탈러의 원료로 자의적으로 선택되었을 뿐이라는 사실을 누구도 몰랐던 것이다. 법이 탈러를 만들었고, 또 없애버렸다. 여기서 탈러에 대해 서술된 것들은 그 계승자인 독일 마르크에도 적용된다.[11] 오늘날 주화와 금을 동일시하는 금화의 자유주조권은 우리 입법자들의 작품이다. 이 권리를 존재하게 했던 수단이 이 권리를 없앨 수도 있는 것이다. 금본위제 채택 당시에 당연하게 여긴 많은 것

---

8 단본위제(monometalism)는 단일금속을 본위화폐로, 복본위제(bimetallism)는 두 종류 이상의 금속을 동시에 본위화폐로 하는 제도이다.

9 프랑스의 정치경제학자로 자유무역의 열렬한 지지자였으며 나폴레옹 3세의 경제고문으로 있으면서 유럽에서 보호주의 장벽을 없애는 데 기여했다. 남아메리카가 라틴아메리카라 불리도록 명명한 이가 슈발리에다.

10 독일의 정치인으로 복본위제를 지지했다.

11 1871년 프로이센 제국의 선포 이후 채택된 통화본위는 금본위제로 마르크라는 명칭이 도입되었다.

들이 비판을 견딜 수 없게 되었다는 견해가 우세해지면, 그 권리는 언제라도 도전받을 수 있다. 그러나 이런 일이 발생한다면, 즉 조폐국이 금본위를 폐기하고 제국은행[12]의 은행권을 법정 화폐로 인정하는 것이 이런 방향으로의 첫걸음이 된다면, 금은 우리 화폐와 어떤 관계를 가지게 될까? 구리나 니켈, 은, 종이와 마찬가지로 금은 단지 화폐를 제조하는 재료로 쓰였을 뿐이다. 즉, 석재와 집, 가죽과 장화, 철과 쟁기의 관계나 마찬가지인 것이다. 화폐와 화폐 재료 사이의 동일성의 모든 흔적은 사라질 것이다. 그리고 금과 마르크 사이의 구분은 은과 탈러, 혹은 모자와 밀짚 사이의 구분만큼이나 명확해질 것이다. •

그러므로 화폐와 그 원료, 독일 마르크와 금은 명확히 구분되어야 한다. 화폐와 그 원료는 결코 동일체로 간주될 수 없다. 오늘은 그 둘을

---

12 제국은행(Reichsbank)은 구 독일제국의 중앙은행이다. 1876년 설립되었고 2차대전 후 1948년에 문을 닫았다.

• 금본위제이론은 지금 상당한 혼란에 빠져 있어 말로 표현하기 어려울 정도다. 독일의 금본위제 채택을 앞두고 이루어진 토론에서 매우 조잡한 형태의 귀금속주화론이 주도했던 것이다. 밤베르거(Bamberger)는 "화폐의 가치는 화폐가 스스로에게 부여하는 가치이다"라고 말했다. 또 "따라서 금은 그것이 갖는 금속적 속성에 의해 자신을 화폐로 사용되도록 했다"라고 했다. 이 주장과 몇 년 후 독일에 '독일 금본위제 보호협회'가 나타났다는 사실을 어떻게 양립시킬 수 있을까? 금이 그 금속적 속성에 의해 자신을 화폐로 만드는 일을 더 이상 하지 않게 된 것인가? 그리고 어떻게 '독일' 금본위제라고 말을 하게 되었을까? 그 이론이 주장하는 대로 독일 마르크가 단순히 일정 무게의 금이라면, 독일이 아니라 프랑스, 러시아 혹은 일본이라 한들 무슨 차이가 있겠는가? 아니라면 광산이나 용광로에서 독일용 금을 생산한단 말인가? 그렇다면 이 금을 다른 금과 화학적으로 어떻게 구별할 수 있는가? 이 협회의 이름은 그 협회 인쇄물처럼 거의 그 단어만큼이나 많은 모순을 가지고 있다. 10년 전까지 독일 화폐이론의 실상을 보여주는 예로서 화폐 문제에 대해 전혀 전문적 경험이 없는 사람들이 그 협회에 가입 신청을 했다는 사실을 들 수 있을 것이다. 몸젠과 피르호는 마치 염소지기 협회를 설립하듯이 그들의 이름을 올렸다. 그들에게 화폐본위 문제는 즉석에서 결정할 수 있는 사소하고 작은 논쟁거리에 불과했던 것이다. (루트비히 밤베르거는 독일의 정치가, 경제학자. 금본위제 도입과 제국은행 설립을 주도했다. 이 원주에서 게젤은 '금이 스스로 화폐에 가치를 부여하고 있다'는 금본위제 옹호자들의 주장과 언급된 협회의 이름에 '독일'이나 '보호'라는 말이 들어갔다는 사실이 서로 모순된다는 것을 비판하고 있다—옮긴이)

결합했지만 내일은 분리할 수도 있는 법이 그 둘 사이에 가로놓여 있기 때문이다.

화폐와 재료 사이의 구분은 항상 존재하고 있었다. 은의 자유주조 시기에도, 금본위제 시기에도 감춰진 형태로 존재하고 있었다. 그러나 은의 자유주조권이 법에 의해 자의적으로 철회되자 모두에게 그 차이가 드러나게 되었다. 그 차이는 오늘날에도 여전히 분명하다. 화폐라는 특권이 어떤 금속에 내재해 있는 것이 아니라 법에 의해 한 물질에서 다른 물질로 옮겨질 수 있다는 사실을 은의 역사를 통해 알게 되었으니까.

하지만 통화 문제가 제기될 때, 예를 들면 독일 마르크를 집어들고 이게 무엇이냐고 자문할 때 우리 입법자들은 무슨 생각을 할까? 그들은 독일 마르크가 한 번도 법적으로 정의된 적이 없으며, 현존하는 화폐이론 중 어느 것도 독일 화폐제도에 부합되지 않고, 독일 은행권이 법정화폐가 됨으로써 정통 금본위제이론의 마지막 근거마저 사라지게 되었고, 또 우리 은행권에 적힌 다음 내용이 터무니없다는 사실을 알고 있을까?

"제국은행은 소지자가 제시할 경우 독일본위 100마르크를 지불할 것을 약속한다." 화폐이론은 오직 이러한 지불 약속 때문에 은행권이 유통될 수 있다고 선언했다. 그러나 해당 은행권 자체가 법정화폐라고 선언함으로써 그 약속은 은연중에 취소되었다. 그럼에도 은행권은 계속 유통된다. 이게 어떻게 가능한 일인가? 예를 들어 이전에는 독일 농부가 실제 녹여보면 400마르크 가치의 은만 함유하고 있는 은화 1천 마르크를 받고 그의 소를 파는 데 동의했다. 그가 이제는 물질로나 이론적으로나 종잇조각으로 볼 수밖에 없는 은행권을 가장 좋은 말과 기꺼이 교환하려고 한다.

그 은행권에 적힌 내용은 실제에 부합하여야 한다. 금화와 은화처럼 은행권에도 단순히 10마르크, 20마르크, 100마르크로 적어야 한다. 그 외 내용들, 특히 "지불한다"와 같은 말은 삭제되어야 한다. 이런 용어는 지불 약속(약속어음, 환어음 등)의 경우에 사용되는 것이다. 그런데 은행권은 지불 약속이 아니다. 지불 약속의 경우, 특히 국가의 지불 약속인 경우에는 그 소유자가 이자를 받는다. 그러나 은행권의 경우 그 반대가 참이다. 은행권 발행인, 즉 국가가 이자를 받는 것이다. *

은행권 발행자인 국가가 진짜 채권자이고 은행권 보유자는 채무자이다. "제국은행은 소지자에게 지불하기로 약속한다…"라는 문구는 "이것은 100마르크이다"로 바뀌어야 한다. 은행권은 그 적힌 내용에도 불구하고 절대 지불을 약속할 수 없다. 이자 없는 신용증서는 현재 조건에서는 상상할 수 없는 일이다. 은행권에 적힌 문구를 제외하면, 소유자(채권자)에게 이자 비용을 부담시켜 이를 발행자(채무자)에게 주면서, 동시에 실질 이자를 낳는 증서와 같은 액면을 유지하는 신용증서를 우리가 어디서 찾을 수 있겠는가?[13] 독일 황실채권은 소유자에게 매년 3퍼센트 이자를 지급하는데 현 시점에서(1911년) 가격이 84.5이다. 그런데 독일 은행권은 매년 4, 5, 6, 8.5퍼센트의 이자를 소유자에게 물리

● 현재 발행된 100억 마르크의 은행권에 대해 국가는 매년 5억 마르크의 이자를 받고 있다.

13 게젤은 '지불하기로 약속한다'라는 문구가 들어가는 순간 그것은 화폐가 아니라 증서라는 점을 지적하고 있다. 모든 그런 종류의 신용증서는 채권자에게 이자를 지급한다. 그런데 이 은행권은 자신을 화폐가 아니라 증서로 규정하면서도 채무자인 발행자가 이자를 받는 매우 희한한 일이 벌어지고 있다는 것이다. 이 모든 것이 설명되려면 그것이 신용증서가 아니라 화폐여야 한다. 즉 '지불하기로 약속한다'는 문구가 없어야 한다. 당시 독일 통화당국은 화폐와 지불약속증서의 차이에 대해 정확히 이해하지 못했다. 게젤에 따르면 그 차이에 의해 화폐의 본질이 드러난다.

는데 그 가격은 액면을 유지한다.[*] 법률과 오늘날의 화폐이론은 두 종류의 증서를 비슷한 것으로 간주한다. 그 각각을 지불 약속, 동일한 채무자에 의한 지불 약속으로 보는 것이다.

모순으로 가득찬 법률과 사이비 과학을 쓸어내야 한다.

구리, 니켈, 은, 금과 마찬가지로 은행권의 셀룰로즈도 화폐 제조의 원료이다. 이 모든 다른 형태의 화폐는 화폐라는 특권에 있어 동일한 자격을 가지며 서로 대체 가능하다. 모두 국가라는 동일한 효율적 통제에 종속되어 있다. 아무도 같은 국가의 금속화폐로 종이화폐를 사지는 않는다. 하나는 다른 것으로 쉽게 바꿀 수 있기 때문이다. 그러므로 은행권에 표기된 지불 약속은 없애버리고 새로운 내용이 들어가야 한다. "이것은 독일 본위 10, 100, 1,000마르크이다"라고.

은행권은 거기 적힌 내용 때문이 아니라, 그 내용에도 불구하고 액면으로 유통되고 있는 것이다.[**]

이제 우리는 물어봐야 한다. 어떤 힘이 은행권 발행자를 이자를 수취하는 채권자로 만들고, 은행권 소유자를 이자를 지급하는 채무자로 만드는가? 의심의 여지 없이 그러한 기적은 은행권이 화폐가 되는 특권을 가진다는 사실 때문이다. 그러므로 우리는 그 특권의 본질에 대해 보다 자세히 조사해봐야 한다.

---

[*] 제국은행은 상업어음을 할인할 때 그것이 은행권으로 표시되든 금으로 표시되든 차이를 두지 않는다. 제국은행은 둘 모두에게서 같은 이자를 받는다. 그런데도 금은 자본으로, 은행권은 부채로 장부에 표시한다.

[**] 지폐가 액면가격 밑으로 하락하면, 금속화폐는 그레섬의 법칙에 따라서 그 나라에서 빠져나가고 지폐만 유통된다.

2.
화폐의 필요성과
화폐 재료에 대한 대중의 무관심

우리가 소비하는 것보다 더 많이 생산할 수 있는 것은 분업 때문이다. 그래서 당장의 필요라는 구속에서 벗어나 생산수단을 완성하고 늘리는 데 더 많은 시간과 비축물자와 노동을 투입할 수 있다. 분업이 없이는 우리는 현재와 같이 풍부한 생산수단을 축적하지 못했을 것이다. 그리고 이러한 생산수단이 없이는 우리 노동으로 현재와 같은 생산성의 100분의 1도 얻지 못했을 것이다. 그러므로 점점 더 많은 사람들이 자신의 생존을 직접적으로 분업에 의존하게 된다. 독일 인구 6천5백만 명 중 6천만 명이 오직 분업을 통해 생활을 꾸려간다.

분업에 의한 생산물은 생산자가 바로 소비하기 위한 재화가 아니라 상품, 즉 생산자에게 유용한 교환수단일 뿐이다. 구두수선공, 목수, 장군, 교사, 혹은 일용노동자는 자기 노동의 생산물을 바로 소비할 수 없다. 그들은 자신들이 생산한 것을 판매해야 한다. 구두수선공과 목수는 그들의 상품을 소비자에게 팔고, 교사와 장군은 그들의 서비스를 국가에 판매한다. 일용노동자는 고용주에게 그의 서비스를 판다.

대부분의 생산물은 팔아야 하는 것들이다. 공산품의 경우 이것은 예외 없는 규칙이다. 그렇기 때문에 생산물 판매에 장애가 발생하면 노동은 즉시 중단된다. 재단사가 고객을 찾을 수 없다면 옷을 만들겠는가?

그러나 판매, 즉 상품의 상호교환은 화폐라는 매개체를 통해 이루어진다. 화폐의 개입이 없다면 어떤 상품도 소비자에게 도달할 수 없다.

사실 분업에 의한 생산물을 물물교환을 통해 처분하는 것이 전혀 불가능한 것은 아니다. 그러나 물물교환은 너무 번거롭고, 또 복잡한 사전협의를 너무 많이 요한다. 그래서 보통 생산자들은 그렇게 하느니 노동을 중단하게 된다.

프루동의 노동생산물 교환은행은 물물교환을 재도입하고자 하는 시도였다. 현대의 백화점이 이들 은행과 같은 목적에 종사한다고 할 수 있다. 물물교환을 성사시키기 위해서 나는 내가 생산한 것을 사고 그 대가를 내가 필요로 하는 것으로 지불할 사람을 찾기만 하면 된다. 백화점은 모든 걸 제공하는 곳이니, 당연히 모든 것을 구매해야 한다. 물물교환의 유일한 필수적 전제조건이 여기서 충족되는 것이다. 백화점의 모든 고객이 물품의 공급자라는 조건 혹은 그 역이 참이라는 조건하에서, 백화점이라는 공간 내에서라면 가격표가 쉽게 화폐를 대체할 수 있을 것이다. *

---

* '백화점 안에서 가격표는 화폐를 대체할 수 있기 때문에 화폐가 이 가격표와 동등하다'라는 낡은 오류로 인해 경제학 문헌에 많은 혼란이 생겼다.
화폐는 하나의 독립된 상품이며 그 가격은 판매 자체에 의해 손이 바뀔 때마다 새롭게 결정되어야 한다. 생산물을 팔 때 화폐를 받는 사람은 다시 그 화폐의 대가로 얼마나 얻게 될지 알 수 없다. 그것은 오직 다른 판매에서, 일반적으로 다른 시점에, 다른 장소에서, 다른 사람과 결정될 문제이다. 가

그러므로 상품은 화폐를 대가로 판매되어야 한다. 즉, 상품재고량과 동일한 양의 화폐 수요가 존재할 수밖에 없다. 따라서 분업이 모두에게 이득이 되는 만큼이나 화폐의 사용은 필연적이다. 분업의 이득이 커지면 화폐의 필연성도 커진다. 자신이 생산한 대부분을 소비하는 소농을 제외하면 전체 인구는 화폐를 받고 그들이 생산한 것을 팔아야 한다는 절대적인 경제적 강제하에 놓이게 된다. 분업이 물물교환이 가능한 영역을 벗어나는 순간 화폐는 분업의 본질적 조건이 되는 것이다.

하지만 이러한 강제의 본질은 무엇일까? 분업에 참여하고자 하는 모든 사람들은 금(혹은 은, 기타)을 받고 그들의 생산품을 팔아야 한다는 것인가? 아니면 화폐를 받고 팔아야 한다는 의미인가? 이전에 화폐는 은으로 만들었고, 그래서 모든 상품은 탈러를 받고 팔아야 했다. 그

격표가 화폐 대신 사용될 때는 대가로 받는 서비스의 양과 질이 사전에 정확히 정해져 있어야 한다. 이것이 진정한 물물교환이다. 가격표는 계산단위로서의 기능을 가지는 것이지 교환매개물이 아닌 것이다. 예를 들어 백화점 판매용으로 의자를 제공하는 가구업자에게는 그가 사려고 하는 모자의 가격표에 5가 매겨져 있는지, 10이 매겨져 있는지가 별로 중요하지 않다. 왜냐하면 그는 당연히 그 숫자에 따라 의자의 가격을 계산할 것이기 때문이다. 그는 백화점의 모든 가격을 의자 기준으로 환원시킨다.

사회주의 국가에서는 모든 가격이 정부에 의해 고정되기 때문에 가격표가 화폐를 대체할 수 있을 것이다. 그리고 제소위원회와 서면 항의가 개인 간 흥정을 대신할 것이다. 개인은 그의 생산품에 대한 대가로 가격표와 항의기록부를 받게 될 것이다. 화폐에 기반을 둔 경제제도에서는 가격에 대한 흥정이 위원회와 항의기록부를 대신한다. 의견차는 법적 개입 없이 당사자 간에 현장에서 해결된다. 거래가 성사되지 않거나, 거래된 가격이 제소 불가능한 법적 효력을 지니게 되거나 둘 중 하나인 것이다.

여기에 가격표와 화폐의 차이가 있다.

경제학 문헌들이 자주 가격표와 화폐를 혼동하는 것은 의심의 여지 없이 다음과 같은 사실에 기인한다. 즉 화폐 재료가 화폐의 유통량에 영향을 미치지 않는다면, 둘 다 어떤 재료로도 만들어질 수 있으며 재료가 가격에 영향을 미치지 않는다는 사실이다. 지난 몇 년간 벤딕센(Bendixen), 리프만(Liefmann), 그리고 크나프(Knapp)의 다수 제자들과 같은 많은 경제학자들이 이 함정에 빠져 있었다. 실제로 (앞 장에서 서술된 은본위제 폐지에 의해 드러났듯이) 화폐의 진정한 본질을 이해한 사람들은 그 함정에서 벗어난 연구자들뿐이었다.

후 화폐가 은과 결별했는데도 분업은 유지되고, 생산물 교환은 지속되었다. 그러므로 분업은 은에 의존했던 것이 아니다. 교환매개물에 대한 수요는 상품으로 인해 생겼고, 이는 교환매개물의 재료에 대한 수요가 아니었다. 그 화폐를 꼭 은으로 만들 필요는 없는 것이다. 경험을 통해 이러한 점이 최종적으로 입증되었다.

그런데도 교환매개물을 꼭 금으로 만들어야 할까? 양배추를 재배하고 그것을 팔아 다시 치과의사에게 지불해야 하는 농부는 금이 필요한 것일까? 오히려 보통이라면 그가 화폐를 보유하는 짧은 시간에 화폐를 구성하는 물질이 무엇인지 그에게 전혀 상관없는 것 아닐까? 일반적으로 그가 화폐를 들여다볼 시간이나 있을까? 상황이 그러하다면 종이로 화폐를 만들 수 있지 않을까? 만약 우리가 금 대신에 셀룰로스로 화폐를 제조한다면, 그래도 분업의 산물인 상품을 화폐와 교환할 필요는 여전히 있지 않을까? 그렇게 바뀌면 분업을 포기하게 될까? 사람들이 셀룰로스 화폐를 교환수단으로 인정하느니 차라리 굶겠다고 할까?

금본위이론은 화폐가 그것이 담고 있는 '가치'만큼 교환될 수 있으므로 교환매개물 역할을 하기 위해서는 '내재가치'를 가져야 한다고 주장한다. 어떻게 보면 무게가 저울추에 의해서만 올라갈 수 있다는 것과 같다. 그러나 셀룰로스 화폐는 아무런 내재가치가 없기 때문에 가치를 갖는 상품과 교환될 수 없다. 0과 1을 비교할 수는 없는 것이다. 셀룰로스 화폐는 가치가 없으므로 상품과 아무런 관계가 없고, 그러므로 셀룰로스 화폐 자체가 불가능하다.

금본위제 지지자들은 여전히 이 주장을 견지하고 있다. 그러나 그러는 동안 지폐는 조용히 세상을 장악해가고 있다. 이론가들은 지폐의 이러한 힘이 '옮겨진' 것이라며 여전히 사실을 부인하고 있는 것이 현실이다. 지폐가 모든 나라에서 사용되고 있기는 하지만 그것이 유통되는 것은 오직 금에 근거를 두고 있기 때문이다. 금속화폐가 없다면 지폐 역시 무너지는 탑 위의 참새 둥지처럼 산산조각날 것이다. 지폐를 가진 사람에게는 금 지불이 약속되어 있고 이 약속이 지폐에 생명을 불어넣는다. 그리고 그 사실, 혹은 금으로 바꿔주겠다는 약속에 의해 금의 '가치'는 지폐로 이전된다. 선하증권은 실제 매매가 이루어지지만 그것이 대표하는 재화가 사라지면 그 가치를 잃게 되는데 지폐가 이와 같다.

만약 금 혹은 태환 약속이 제거되면 모든 지폐는 휴지로 전락할 것이며, 따라서 지폐를 떠받치고 있는 것은 단지 '옮겨진 가치'일 뿐이다.

이상이 지폐의 가능성에 반대하는 이야기 전부이다. 이러한 주장들은 너무나 확실해 보여서 자신의 판단력을 믿는 거의 모든 사람들은 더 고민할 것도 없이 지폐의 가능성을 부인해버린다.

(지폐가 금속화폐와 비교해서 우월한가, 열등한가 하는 실질적 문제는 나중에 다시 논하기로 한다. 우선 우리는 셀룰로스가 화폐의 재료로 사용될 수 있는지, 그리고 종이가 특정 자재, 특히 금이나 은에 의존하지 않고도 화폐로 만들어져서 유통되고, 교환매개물의 기능을 할 수 있는지 등의 질문에 답해야 할 것이다.)

화폐는 그 내재가치와 같은 가치로만 태환이 되거나 교환될 수 있다고 사람들은 말한다. 하지만 지폐에 대한 이해를 가로막고서는, 지폐가 환각이라고 선언하고 있는 이 가치라고 하는 것은 무엇일까? 지폐는 많은 나라에서 존재하고 유통된다. 그리고 어떤 나라에서는 금속화폐와 무관하게 유통되고 있다. 게다가 지폐가 있는 곳에서 그것은 수백만 가지 형태를 띠고 있는데, 그래서 제조독점권이 필요하게 된다. 만약 가치이론에 비추어볼 때 지폐가 환각이라면 동일한 이론에 비추어 이 수백만 가지 지폐도 환각으로 간주되어야 할 것이다. 독일 정부가 지폐 발행을 통해 얻는 제국은행의 7퍼센트 배당금, 수백만 마르크도 가치이론에 따르면 환각이다. 그게 아니라면 혹 그 반대가 아닐까? 오히려 가치이론이 환각이 아닐까?

3.
'가치'라는 것

"독일 금화는 충분한 가치를 갖고 있다. 즉, 화폐로서의 가치가 물질로서의 가치에 의해 완전히 보장되는 것이다. 순은은 주조된 탈러의 딱 절반에 해당되는 가치만 가진다. 그리고 이는 우리 은화에 대해서도 동일하다. 그래서 저평가되어 있다. 즉 물질로서의 가치가 화폐로서의 가치보다 적은 것이다."

"건전한 국가는 항상 내재가치를 지닌 화폐, 그래서 아무도 의심할 수 없는 가치의 항구성을 지향한다."

헬페리히Helfferich, 『통화 문제*The Currency Question*』, 11, 46쪽.[14]

---

[14] 카를 헬페리히는 독일의 정치가이다. 1916년부터 1917년까지 재무장관을 맡으면 1차대전의 전비를 조달하는 역할을 담당했다. 전후에는 독일 국민당 소속으로 전쟁배상 이행을 반대했으며, 1923년 인플레이션 기간 중에는 '호밀 통화'를 제안하기도 했다. 첫번째 인용문에서 헬페리히는 금화와 비교해서 이전의 은화인 탈러화는 결함이 있다고 주장한다. 그러나 이 주장은 화폐가 기능하기 위해서는 내재가치가 중요하다는 가치이론에 입각해 있다. 게젤은 그 관점이 잘못되었으며 가치이론이 허구라는 것을 논증한다.

"금과 은은 언제나 보편적으로 인정되는 가치를 갖고 있다. 이 금속들은 구매력 제공수단으로 수집되고, 따라서 가치 저장수단의 역할을 한다. 주화는 곧 교환수단 이상의 것이 되었다. 왜냐하면 화폐 가치로 모든 생산물의 가치를 측정하는 것이 관습이 되었기 때문이다. 화폐가 가치를 측정하게 되었다. 우리는 모든 가치를 화폐로 평가한다. 화폐 가치와 연관된 변화로 모든 가치 변화를 알게 되는 것이다. 화폐 가치는 다른 모든 것을 측정하는 잣대가 된 것 같다."

오토 아렌트,

『통화 문제의 중요한 원리Leading Principles of the Currency Question』

한 사람은 금본위제로, 다른 사람은 복본위제로 금속본위를 지지하는 두 사람의 이 논쟁적인 저작을 보면, 모두 '가치'에 근본적인 중요성이 부여된다. "가치란 무엇인가?"라는 질문 혹은 "'가치'라는 단어가 가리키는 것은 어떤 대상인가, 아니면 어떤 힘 혹은 물질인가?"라는 고틀Gottl[15]의 비판적 질문에 대한 논의는 전무하다. 두 사람은 서로 대립하고 있지만, 가치라 불리는 실체의 존재를 전혀 의심 없이 수용한다는 점에서 의견이 같다. 이 근본적인 문제에 관한 한 그들은 완전히 하나인 것이다. 두 사람은 마치 '가치 문제', '가치 연구' 혹은 '가치의 교리'와 같은 말을 한 번도 들어본 적이 없는 사람들처럼 '가치'라는 용어를 멋대로 이리저리 연관시켜 사용하고 있다. '가치를 담고 있는 물질Wertstoff' '물질로서의 가치Stoffwert' '내재가치' '가치의 항구성' '가치척도' '가치 수호

15　오스트리아 출신의 독일 정치학자, 경제학자이다. 뮌헨공과대학, 함부르크대학 등의 교수를 역임했으며 바이에른 주정부의 과학 고문으로 일하기도 했다. 나치의 일원이었으며 기술, 합리화, 포디즘 등이 그의 주요 관심분야였다.

자Wertbewahrer' '가치 보존자Wertkonserve' '실체적 가치Wertpetrefakt' '가치저장소Wertspeicher' '가치 이전의 매개Werttransportmittel'와 같은 표현들이 자명하다고 보았다.[*] 두 저자 모두 독자들이 그들의 책을 파악하는 데 필요한 만큼 정확하게 이러한 표현들을 이해할 것이라 암묵적으로 가정하고 있는 것이다.

지금 과학은 '가치'라는 표현에 대해 뭐라고 말하는가?

이를 알고 싶으면 고틀의 책 『'가치'라는 생각, 정치경제학의 숨겨진 도그마』를 읽어봐야 한다. 동료들을 존중하는 마음에서 고틀은 그의 책이 명백하게 증명한 사실, 즉 '가치'가 일종의 환각이며 상상의 산물일 뿐이라는 것을 대놓고 드러내지는 않는다.

가치이론에 기반하여 경제제도를 세운 마르크스 역시 "가치는 유령이다"라고 거의 같은 표현을 사용한다. 하지만 이것이 세 권의 두꺼운 책에서 이 유령을 불러내려는 마르크스의 시도를 막지는 못했다. 마르크스는 노동이 가해진 산물[**]에서 모든 재료의 속성을 제외하면 가치라는 유일한 속성이 남는다고 말한다.

『자본』의 도입부에 나오는 이 단어들을 아무 의심 없이 지나친다면 별 탈 없이 책을 읽을 수 있을 것이다. 그리고 더는 갈팡질팡할 일이 없다. 그러나 앞의 질문, 즉 "물질에서 분리된 속성이 무엇인가"라는 질문을 제기하는 사람—마르크스의 이 근본적인 문구를 이해하고 그것을

---

[*] "우리는 금이 가치 측정수단으로는 매우 중요하지만 가치 저장수단(Wertspeicher)으로는 덜 중요하다는 사실을 인정해야 한다." I. A. F. 엥겔(Engel), 『함부르크 해외신문(Hamburger Fremdenblatt)』, 1916년 2월.

[**] 마르크스의 용어로는 노동생산물. 하지만 이 표현은 잘못된 것이다. 이러한 추출 후 남는 것은 속성이 아니라 단지 대상물의 역사, 즉 인간이 그것에 공들인 지식이다.

실제적 용어로 표현하고자 하는 사람은 당혹해할 것이다. 혹은 『자본』
이 난센스이며, 그 출발점부터 착각이라고 선언할 것이다.

　　인간의 뇌는 물질인데 어떻게 그렇게 완전히 추상적인 것을 파악하
고, 기록하고, 분류하고, 그리고 발전시킬 수 있는가? 이러한 생각을 형
성하기 위해 우리는 어떤 연관성과 변환이 필요한가? 무언가를 이해한
다는 것은 어딘가 그 실체를 꽉 움켜쥐는 것comprehend—prehendere, 이
미 우리 마음속에 현존하면서 새로운 생각이 그것과 관계를 맺을 수 있
는 비교대상(개념)을 발견했다는 것을 의미한다. 그러나 모든 종류의
실체와 에너지로부터 분리된 추상은 잔이 탄탈로스[16]의 손아귀를 빠져
나가듯이 앎의 손아귀를 빠져나간다.

　　마르크스가 추상화한 것은 어떤 도가니에서도 시연될 수 없다. 그
것은 모든 실체적인 것으로부터 완전히 괴리되어 있고, 마찬가지로 우
리의 이해와 완전히 떨어져 있다. 그러나 아주 이상하게도 이 완전히
추상적인 개념은 한 가지 '속성'을 가지고 있는데, 이 속성은 그 기원, 인
간의 노동이라는 기원이다. ● 그것은 사실 일상어를 전문용어로 바꾸
기 위해 계산된 특별한 속성이다! 이 이론에 의해 독일 화폐는 그 원료
가 훈족이 묻어놓은 보물인지, 정직한 광산업자가 캐낸 것인지, 혹은 프
랑스로부터 쥐어짜낸 피로 얼룩진 수백만 마르크인지에 따라 다른 속

16　그리스 신화의 인물로 제우스와 요정 플루토의 아들이다. 오만함으로 신들의 저주를 받아 지옥
의 밑바닥인 타르타로스로 떨어졌다. 그는 거기에서 목까지 늪 속에 잠겨 있었는데, 물을 마시려고
하면 물이 없어지고, 과일이 달린 머리 위의 가지에 손을 뻗치면 가지가 물러나서, 영원한 굶주림과
갈증의 고통을 당했다.

● "사물의 사용가치를 보면, 그것은 단지 노동생산물의 특징들일 뿐이다(Sieht man vom
Gebrauchswert der Warenkörper ab, so bleibt ihnen nur noch eine Eigenschaft, die von
Arbeitsprodukten)." 마르크스(Marx), 『자본(Kapital)』 1권, 4쪽.

성을 가지게 될 것이다.[17] 생산물의 기원은 그 생산물 역사의 일부이지, 그 속성 중의 하나가 아니다. 그렇지 않다면 희소성이 금의 속성 중 하나라는 (종종 듣게 되는) 주장 역시 옳다고 할 것이다. 그러나 이러한 주장은 완전히 난센스다.

그러나 여기서 설명한 대로 마르크스가 생산물의 기원과 역사를 그 속성으로 착각한 것이라면, 그리고 뒤이어 그가 이상한 환영을 보고, 그가 길러낸 '유령'을 두려워하기 시작한 것도 놀라운 일이 아니다.

내가 마르크스를 인용했지만, 다른 가치 연구자들 역시 조금도 나은 것이 없다. 그들 중 누구도 '가치의 재료'를 분리해내거나, '가치의 속성'을 어떤 실체와 연관시켜 우리 눈앞에 제시하는 데 성공하지 못했다. 슈베르트의 노래 〈마왕〉처럼 '가치'는 실체 위에 떠다니고 있어, 만질 수도 없고, 접근할 수도 없다.

이 연구자들은 "가치이론이 경제학에서 근본적으로 중요하다"는 크니스Knies[18]의 의견에 모두 동의한다. 하지만 한 이론이 경제학에서 그렇게 중요하다면 경제현실에서는 훨씬 더 중요해야 할 것이다. 그렇다면 집단 혹은 개인의 경제생활에서 가치이론이 알려지지 않은 것은 어떻게 설명할 수 있을까? 이 이론이 정말 그렇게 근본적인 중요성을 갖는다면, 독일의 모든 장부 원장 첫 페이지에 '신과 함께'라는 구절에 이어서, 회사가 인정한 가치이론이 경영지침을 제시하기 위해 적혀 있을 것이다.

---

17 마르크스의 논리에 따르자면 그렇다는 것이다. 가치가 그 기원인 인간의 노동 여하에 따라 달라진다고 했기 때문이다. 이 가치이론을 화폐에 적용하면 땅에서 발견한 금화와 광산업자의 노동에서 나온 금으로 만든 금화가 다르다는 결론에 도달하게 된다. 그러나 현실에서 이 둘은 같은 화폐로 평가되고 유통된다.

18 독일의 경제학자이며 역사학과 창시자 중 한 사람이다. 경제적 법칙을 자연과학의 관점에서 다룰 수 없다고 생각했으며 역사주의적 방법이 유일한 해결책이라 보았다.

더 나아가 모든 사업 실패는 결함이 있는 토대, 즉 불완전하거나 잘못된 가치이론 때문이라고 생각해야 되지 않을까?

가치이론이 경제학에서 '근본적인 중요성'을 갖고 있다면, 사업활동에서 가치라고 하는 것이 알려져 있지 않다는 게 놀랍지 않은가? 인간활동의 다른 모든 영역에서는 학문과 삶이 병행한다. 오직 상업에서만 그와 관련된 학문의 주요 이론에 대해 아무것도 알려져 있지 않다. 상업에서 우리는 오직 가격만 찾는다. 그리고 가격은 수요와 공급에 의해 결정된다. 한 사업가가 어떤 것의 가치에 대해 말하고 있다면, 이는 주어진 시간과 장소의 여건하에서 그 물건의 소유자가 얻을 수 있는 가격을 의미한다. 그러므로 가치는 거래이며, 거래는 측정이 완료된 교환생산물의 양에 대한 평가, 즉 가격으로 전환된다. 가격은 정밀하게 측정될 수 있지만, 가치는 추정될 뿐이라는 점이 유일한 차이다. 그러므로 가격이론은 가격과 가치에 똑같이 적용되어야 한다. 별도의 가치이론이 필요 없는 것이다.

우리는 이번 장 도입부에 화폐본위에 관한 두 저자의 여러 표현들을 정확한 의미 해석 없이 인용했는데, 이를 통상적인 말로 하면 다음과 같은 의미 정도로 볼 수 있다.[19] "금은 어떤 '속성'을 가지고 있다. 소위 그것의 가치 말이다. 이 '속성'은 금의 무게처럼 그 물질 속에 내재해 있다. '물질로서의 가치Stoffwert'이다. 이 '속성'은 금의 무게나 화학적 친화성과 마찬가지로 금으로부터 분리될 수 없다. '내재가치'는 바뀔 수도, 파괴될 수도 없다는 의미이며 '가치의 항구성'으로 표현된다. 무게가 없는 금을 생각할 수 없는 것처럼, 가치 없는 금을 생각할 수 없다. 무게와

---

19 이하에 나오는 문장은 화폐가 가치에 입각해 있다고 보는 가치론자들의 관점을 그들의 용어로 표현한 것이다. 원문에서는 인용부호(" ")가 없으나 편의를 위해 인용부호를 붙였다.

가치는 어떤 물질이라는 표시다. 1킬로그램의 금은 1킬로그램의 가치다. 물질의 가치는 가치를 담고 있는 물질과 동일하다. 가치의 존재는 저울에 의해 '제대로 평가되어' 표현될 수 있다. 가치를 재는 다른 방법이 있는지는 아직 분명하지 않다. 리트머스 시험지는 가치에 민감하지 않은 것 같다. 자기磁氣 바늘은 가치에 반응하지 않는다. 가치는 우리에게 알려진 가장 높은 온도도 견딘다. 실제로 가치에 대한 우리의 모든 지식은 여전히 좀 빈약하다. 우리는 단지 그것이 존재한다는 것만 알고 있다. 과학과 생활에서 가치가 갖는 '근본적 중요성'을 생각해볼 때 이는 불행한 일이다. 그러나 '가치를 담고 있는 물질Wertstoff'에서 그 가치가 물질에 항상 비례하는 것은 아니라는 점을 헬페리히 박사가 발견함으로써 새로운 가능성이 열렸다. 가치를 담고 있는 물질은 그 가치보다 크거나 작다. 그는 은화의 가치가 그 제조에 사용된 은 가치의 2배라는 것을 발견했다. 따라서 은화는 2배 농도의 가치를 가진다. 그 결과 우리는 가치추출물을 가지게 된다. 이 중요한 발견은 가치의 본질에 대한 매우 중요한 통찰을 준다. 가치는 추출할 수 있고, 농축할 수 있다는 것, 즉 가치가 그 물질로부터 분리될 수 있다는 것이다. 따라서 우리는 미래 어느 날 과학이 화학적으로 순수한 가치를 생산할 수 있으리라는 희망을 가질 수도 있다." 그러나 여기에 다시 모순이 있다. 우리가 돌고 돌아 도달한 것은 지폐본위이론이다. 하지만 이 이론은 오직 가격에 근거하고 있으며 가치이론은 완전히 방치해버린다.

그래서 가치는 환상이다.* 그리고 이로써 우리는 왜 추커칸들 Zuckerkandl[20]이 "가치이론에서는 사용되는 용어부터 시작해서 거의 모

* 거래에서 가치라는 말은 한 생산물을 대가로 얻을 수 있는 가격에 대해 평가한 값을 의미한다.

든 것들이 여전히 논쟁단계에 있다"라고 선언했는지 알 수 있다.[*] 뵘바베르크 역시 "수많은 노력에도 불구하고 가치이론은 우리 과학에서 가장 어둡고, 가장 혼란스러우며 논쟁적인 분야였고, 지금도 그렇다"라고 말했다.

환상은 저렴하다. 환상은 자체검토를 받고 닫힌 체계를 형성한다. 그래서 이해하기 쉬운 것처럼 보인다. 기적과 마찬가지로 환상은 자연을 초월한다. 그것은 인간의 머리 안에서 자라고 번식한다. 그러나 현실에 비추어보면 환상은 곧바로 사실과 충돌한다. 현실세계에 환상이 자리 잡을 곳은 없다. 연기처럼 사라져버린다. 그리고 집단이든, 개인이든 경제활동만큼 현실적인 것은 없다. 물질과 에너지, 여기에 연계되지 않은 어떠한 것도 상상의 싸구려 산물일 뿐이다. 그런 것이 가치다. 가치라는 환상으로부터 태어난 학문은 착시만 만들 뿐, 아무것도 낳지 못할 운명이다. 다른 분야에서는 학문이 실천이라는 열매를 맺고, 학문이 실천의 기준이 된다. 그러나 현재까지도 경제활동의 실천은 방치되어 있다. 여기서는 학문이 불분명하다. 사용되는 용어부터 시작해서 거의 모든 것이 여전히 논쟁단계에 있기 때문이다. 가치의 교리에 기반한 학문은 아직 어떤 이자이론, 임금이론, 경제적 임대료 이론, 경제위기이론, 그리고 화폐이론도 갖고 있지 못하다. 그런 시도가 부족한 것이 아

생산물의 가치는 시장상황이 허락하는 예상가격이다. 이런 의미에서 재고조사는 가치에 의존한다. 그 평가가 정확한지는 나중에 판매가격으로 판명된다.

20 헝가리 태생으로 오스트리아에서 법률가, 경제학자로 활동했다. 1889년 그의 대표작인 『가격이론(Zur Theorie des Preises)』을 발표했다.

[*] 이 문제는 "근본적으로 중요하기" 때문에, '거의'라는 말이 무엇을 제외하려고 한 말인지 추커칸들이 말해줬으면 좋았을 것이다. 가치이론에서 논쟁의 대상이 안 되는 것은 글쓰기에 사용되는 알파벳뿐이다.

니었는데도 말이다. 그것은 가장 간단한 일상조차도 과학적으로 설명하지 못한다. 그것은 어떤 경제적 사건도 예견할 수 없고, 어떤 법률적 조치가 미치는 경제적 효과도 예측할 수 없다(예를 들어 밀 관세나 토지세 부담이 전이될 가능성 등).

상인, 투기자, 은행가, 고용주, 언론인, 의원, 정치인 그 누구도 이 학문을 무기나 방패로 사용할 수 없다. 독일 상업이나 심지어 제국은행조차 이론적 고려를 지침으로 삼지 않는다. 의회는 가치를 기초로 삼는 학문에 관심이 없었고, 그래서 그 이론 중 어떤 것도 입법에 영향을 주지 못했다. 완전히 쓸모없다는 게 이 학문의 특징이다.

가치이론은 상업활동에서 불운하게 배제된, 그래서 상업, 투기, 이윤에 대해 그저 귀동냥으로 들어 알고 있는 사람들, 즉 임금생활자들 사이에서만 문하생을 찾게 되었다. 임금생활자들은 실제적인 사안들, 특히 정치활동이나 임금정책에서 가치이론을 추종했다. 이 유령은 우리 사회주의자들의 두뇌를 사로잡고 있다. 빛이 들어오지 않는 깊숙한 탄광에서, 공장의 소음과 먼지 속에서, 고로의 연기와 증기 속에서 가치라 불리는 무엇이 실제로 존재하고 실질적 중요성을 갖는다는 순진한 믿음이 사람들의 마음을 사로잡았다.

무익함이 그 이론의 유일한 결함이라면 그래도 참았을 것이다. 많은 뛰어난 지식인들이 헛된 종교적 억측에 시간을 낭비하고 말았다. 가치 개념에 대한 연구로부터 헤어나오지 못하는 몇몇 사람들 때문에 그런 연구자들 수가 팽창한다면, 우리는 그 낭비에 대해 통탄할 수도 있지만, 인구 수백만의 국가에서 그 손실이 크다고 할 수는 없다. 하지만 가치에 대한 믿음은 이러한 사람들의 유익한 협업 이상의 비용을 치르게 한다. 왜냐하면 가치라는 교리가 완전히 무익함에도 불구하고 많은 사람들이 여전히 그 교리로부터 무언가를 기대하고 있기 때문이다. 이러한 기대가 없다면 사람들은 이 분야에서 좀 더 유익한 시도를 하는 데 전념했을 것이다. 이처럼 가치의 교리는 그 존재만으로도 치명적이다.

독일에는 판단력과 지성을 갖춘 많은 사업가들이 있다. 모든 분야의 인간활동에 대한 이론적 지식에 촉각을 곤두세우고 있는 사람들이다. 하지만 이 사람들은 그들의 직업과 관련한 이론적 설명은 불안해하며 기피한다. (사업가와 관련한 경제질문들이 그렇다.) 사업가들은 잘못된 입법의 효과를 가장 처음 느끼게 되는 사람들이다. 그 결과에 대한 대가를 치르거나, 아니면 적어도 일시적으로라도 그 비용을 감당하기 위해 선금을 내야 하기 때문이다. 그들은 입법과 공동체의 경제활동 사이에 끼어서, 언제나 어떤 위기가 오면 망가질 위험 속에 있다. 하지만 이들은 자기들 일과 관련된 이론적 문제에 관한 논쟁에는 불안한 가운데 움츠러들고 만다. 왜 그럴까? 이유는 두 가지다. 첫째, 이 사람들은 공인된 독일식 훈육을 받아왔기 때문에 권위에 대한 자신들의 믿음을 떨쳐내지 못한다. 학문은 교수들 손에서 잘 육성되고 있다고 생각하는 것이다.● 둘째, 사업가들은 교수들이 설명하는 가치이론을 명확하고

● 이 견해가 충분한 근거가 있는지는 다음의 인용문으로 판단할 수 있을 것이다(『농민연맹*Bund der Landwirte*』 1915년 8월 7일). "룰란트(Ruhland)는 처음부터 농업, 공업과 상업을 건전하고 실용적인 기반 위에 영원히 올려놓는 데 필요한 과학적 이론을 제공하려는 생각을 가졌다. 그래서 그는 애초부터 로셔(Roscher)와 슈몰러(Schmoller)가 제시한 경제학적 논제들에 대한 해석을 거부했다. "경제학은 존재해야 하는 것이 아니라 존재하거나 존재했던 것들에 관한 학문이다.(로셔)" "학문은 당장의 문제해결에 직접 영향을 미치는 것과는 관련이 없다. 그건 정치가들의 일이다.(슈몰러)" 슈몰러와 로셔는 우리가 아직 진정한 경제과학에 이르지 못한 채 단지 계급국가의 경제학 수준 정도에 머무르고 있으며, 이 국가 해부에 관한 연구는 대학의 일이 아니라고 매우 정확하게 인식하고 있었다. 그러나 불행하게도 그들은 계급국가의 경제학 연구가 대학의 일이 아니라는 이 인식에서 최종결론을 도출하는 것도 거부했다. 그런 학문이 대학에 얼마나 해로운 타락의 원인이 되는지 브렌타노(Brentano) 교수가 언급한 바 있다(『경영자*Der Unternehmer*』 6쪽). "경제학 교육에서는

냉철하게 이해할 수 없고, 심지어 이 이론의 주제조차 파악하지 못하기 때문에 자신들의 지적 무능함을 공개적으로 드러내길 부끄러워한다.

이 회의적인 구경꾼들 가운데 그 민족 특유의 뛰어난 지성을 가진 많은 유대인 주식중개인들은 거의 명백하게 부조리하고 공허한 구절들을 포기하지 못했다. 웃음거리가 될지도 모른다는 두려움 때문에 공개적으로 표현하지는 못했지만, 동화에서 아이들에게 보이지 않았던 왕의 옷처럼 가치이론이라는 주제가 그들 눈에는 보이지 않았던 것이다.

이 조잡한 환상의 산물은 경제학의 실천과 이론에 수많은 해악을 미쳤다. 머릿속 유령으로부터 튀어나온 이론으로 인해 전 국민이 자신의 이해력을 의심하게 되었고, 국민복지의 법칙에 관한 연구가 대중적 이론이 될 수 없도록 방해했다.

어떤 이론이든 가치이론에 입각한 통화관리는 무익하고 무력할 수밖에 없다. 금의 '내재가치' 안에서 무엇을 관리할 수 있겠는가? 가치의 환상은 통화관리 영역에서의 진보를 가로막았다. 오늘날의 통화제도가 왜 4천 년 전의 통화제도와 같은지 다른 설명이 필요하지 않다. 적어도 이론적으로 그것은 동일하다. 하지만 실제로 우리는 조용히 보이지 않게 지폐본위로 옮겨갔다. 그것은 사실이고, 그 사실이 알려져서는 안 되었기 때문이다. 우리 교수들이 이에 대해 듣게 되면, 그 경고의 울부

집권당의 이해와 일치할 경우, 그 당이 권력을 유지하는 동안 진리로 인식된다. 다른 당이 강해지면 그 당의 이해와 맞는 것으로 보이는 교리, 그전에는 가장 오류가 많다고 했던 이론이 부활한다." (구스타프 룰란트는 독일의 경제학자이다. 농업 연구와 개혁이 그의 주된 관심사였으며, 1894~1914년 독일농민연맹의 경제고문을 역임하였다. 빌헬름 로서는 독일의 경제학자로 역사적 방법을 사용하여 경제발전의 법칙을 수립하고자 했다. 구스타프 슈몰러는 독일 역사학파의 대표적 경제학자이다. 그는 프로이센의 군주제와 관료제를 자유주의 국가의 사상과 조화시켜 사회를 개혁하고자 했다. 독일경제학회의 창립자이자 회장을 역임했다―옮긴이)

짖음으로 인해 종이화폐, 즉 '내재가치'가 없는 화폐(그들의 의견에 따르면 근본적으로 불가능하며 따라서 붕괴할 수밖에 없는 화폐)가 큰 손상을 입을 수도 있기 때문이다.

4.
왜 화폐는
종이로 만들 수 있는가

사실

종이화폐는 불가능하다는 주장이 있다. 화폐는 그 자체의 '내재가치', 즉 그 '물질로서의 가치'만큼만 교환될 수 있는데, 지폐는 '물질로서의 가치'가 없다는 것이다.

이러한 주장에 확연히 모순되는 것이 오늘날 전 세계적으로 엄청난 생산물 교환이 거의 지폐로 이뤄지고, 부분적으로만 금 보증이 되는 은행권으로 이루어진다는 명백한 사실이다. 지구의 어느 위도를 여행하더라도 오직 지폐만을 주고받는다. 내가 아는 바로는 오늘날 독일, 영국과 터키만이 금속화폐 유통이 더 많은 유일한 문명국가다. 그 외 나라에서 금화를 보는 것은 아주 예외적이다.●

● 이 책이 쓰인 1907년 이후 유통되던 마지막 금화는 사라졌다.

노르웨이, 스웨덴, 덴마크, 오스트리아, 네덜란드, 벨기에, 스위스, 러시아, 이탈리아, 프랑스, 스페인, 그리스, 미국, 캐나다, 멕시코, 브라질, 아르헨티나, 파라과이, 칠레, 오스트레일리아, 뉴질랜드, 영국령 인도, 일본, 네덜란드령 인도 등 거의 세계 모든 곳에서 상업거래는 지폐나 은행권, 그리고 보조화폐나 토큰으로 이루어진다. 금을 원하면 수도까지 찾아가서 발권은행 창구에서 달라고 해야 한다. 그때도 대부분 금괴 형태로 받게 되며 수수료를 내야 한다. 이들 나라 중 어디에서도 일상적인 사업거래에서 금으로 지불할 것을 요구하지 않는다. 사실 이 중 아르헨티나, 우루과이, 멕시코, 인도 등 많은 나라들에서는 국가 화폐 단위에 금화가 없다.

만약 우리가 독일에서 금화로 이 나라들의 환어음을 매입한다면, 그 환어음은 항상 종이화폐로 지불되거나, 우리가 이의를 제기하지 않으면 은화 한 보따리, 즉 헬페리히의 용어를 빌리자면 망치로 내려치면 '그 가치를 지닌 물질Wertstoff'의 절반을 잃어버릴 수도 있는 주화로 지불된다.

이 은행권들이 그 적힌 내용에 따라 소유자에게 일정한 양의 금을 약속한다는 것은 사실이다. 그래서 은행권은 지폐가 아니라는 게 일반적인 견해다. 그러나 이 상황으로는 금 1루블, 1루피, 1달러에 대해 지폐 3루블, 3루피, 3달러 혹은 그 이상이 존재한다는 사실을 충분히 설명하지 못한다. 유통되는 은행권의 3분의 2는 금 보증이 되지 않는 것이다. 따라서 은행권의 3분의 2는 그 존재와 속성이 태환 약속이 아닌 다른 어떤 것에 기인해야 한다. 은행권 소유자가 태환 약속의 이득을 보는 것을 막는 힘이 상업의 어딘가에, 증권거래소나 그 외의 곳에 분명히 있는 것이다. 그렇지 않다면 10년, 20년, 100년 동안이나 발권은행의 채권자(은행권 소유자)가 자신들의 권리를 사용하지 않는 사실이 설명이 되지 않는다. 수세대 동안 동전을 용광로에 녹이지 않게 하는 힘 또한 분명히 존재한다.

나는 곧 이 힘들의 기원을 추적해볼 것이다. 우선은 그 힘들이 존재한다는 사실을 분명히하고 싶다. 이 모든 나라의 은행권에 쓰여 있는 문구에도 불구하고 그 통화는 종이이며 금속화폐가 아니라는 주장을 독자들이 수용할 수 있도록 하기 위해서다. 국가가 종이 한 장에 "이것은 100그램의 금이다"라고 적으면 온 세상은 그 주장을 믿는다.[21] 그리고 그 종잇조각은 금덩어리와 동등하게 수년 동안 유통이 된다. 심지어 때로는 금에 대해 프리미엄을 갖게 될 수도 있다.•

하지만 국가가 비슷한 종잇조각에 젖소 한 마리를 약속했다면, 그 증서 소유자들은 다음날 모두 소 고삐를 들고 나타날 것이다.

이제 수세대에 걸쳐, 무수히 다양한 경제적 상황 속에 있는 수많은 사람들에게 한 장의 종이가 일정량의 금을 온전히 대표한다고 해보자. 그리고 한편으로는 그 동일한 종이가 24시간 동안 소 한 마리나 어떤 다른 쓸모 있는 물건을 대표하지 못한다고 해보자. 그렇다면 이것은 모든 주요 속성을 고려해볼 때, 모두에게 종이와 금화가 상호교환이 가능하다는, 즉 차이가 없다는 것을 입증한다. 금이든 종이든 화폐 형태를 가지면 모든 사람에게 동일한 서비스를 제공한다. 게다가 만약 태환 약속이 은행권을 보증해서 계속 유통이 이루어진다면, 은행권이 단순히

---

21 여기서 '쓰여 있는 문구'란 금으로 교환할 수 있다는 것, 즉 금태환의 약속을 말한다. 그래서 종이로 만들어진 은행권을 사람들이 금속화폐와 같다고 여기는데, 그것이 틀렸다는 것이다.

• 1916년 스웨덴에서는 지폐 100크로넨에 금화 105크로넨이 지불되었다. 전쟁의 대체생산물은 비싸고 혹독했다. 금의 대체물인 지폐만이 우리가 평화를 갈구하게 하지 못했던 것이다.

지불 약속으로 간주되어야 한다면, 그리고 환어음처럼 발행자가 채무자이고 소유자가 채권자라면, 발권은행은 채권자, 즉 은행권 소유자에게 이자를 지급해야 할 것이다. 모든 다른 형태의 지불 약속에 대해서는 예외 없이 채무자가 이자를 지급한다. 그러나 은행권의 경우 그 반대이다. 여기서는 채무자인 은행이 이자를 받고, 채권자인 은행권 소지자는 이자를 지급한다. 발권은행은 그들의 부채(은행권, 발권력)를 가장 가치 있는 자본으로 생각한다. 이러한 기적을 만들어내기 위해서는, 즉 채무자와 채권자의 관계를 완전히 역전시키기 위해서는 특별한 힘이 은행권에 작용해서 그것이 지불 약속의 범주에 포함되지 않도록 해야 한다.

게다가 국가가 은행권을 지불 약속으로 본다면, 이 지불 약속이 3분의 1만 보증되고 감채기금도 없으며 소유자에게 이자 지급도 하지 않는데, 이자도 주고 국가의 과세 능력에 의해 보증도 되는 일반 국가채권에 비해 통상 프리미엄을 받는다는 사실이 설명이 되지 않는다. 예를 들어 소유자가 이자를 내야 하는 독일 100마르크 은행권은 소유자가 3퍼센트의 이자를 받는 독일 황실채권 117마르크와 같은 가치를 가지는 것이다.[22]

그러므로 이러한 사실에 근거해 볼 때, 우리는 은행권이나 일반 지

---

22 독일 황실채권은 그 이자와 원금을 정상적으로 받을 수 있을지 불확실하다. 상황이 어려워지면 황실이 채권에 명기된 약속을 지키지 못할 수도 있기 때문이다. 따라서 은행권을 지불 약속으로 볼 경우에도 동일한 원리가 적용되어야 할 것이다. 그런데 그렇지 않다. 은행권은 언제나 그 액면으로 거래되기 때문이다. 그 결과 은행권은 독일 황실채권에 대해 프리미엄을 받는 현상이 발생한다. 이것은 시장이 은행권을 지불 약속(달리 표현하자면 태환 약속)으로 인식하지 않는다는 것을 말해 준다. 은행권은 화폐인 것이다. 그리고 화폐는 지불 약속이 아니다. 게젤은 화폐에는 지불 약속과는 다른 무엇이 있다고 계속해서 강조한다.

폐에 생명력을 부여하는 것이 태환 약속 때문이라는 주장을 부정한다. 우리는 그 힘이 상업활동 속 어딘가 다른 곳에 존재함이 틀림없다고 주장한다. 현재는 그 힘이 금속 함유량(일종의 보증)이나 태환 약속에 있다고 잘못 알려져 있다. 지불 약속(은행권)을 자본으로 바꾸고, 채권자로 하여금 채무자에 이자를 지급하게 만드는 이 힘은 현재는 숨겨져 있지만 그 힘만으로도 시장에서 화폐 기능의 수행을 보장할 만큼 매우 강력하다는 것이 우리 주장이다. 이러한 사실에 근거해 우리는 어떤 태환 약속도 없이, 어떤 특정재료(예를 들어 금)에 의존하지 않고도 다음의 문구만 담겨 있다면 종이로 화폐를 만들 수 있다고 주장한다.

'1 달러' (혹은 '마르크' '실링' '프랑' 등)

혹은 "이 종이는 그 자체로 1달러이다."

혹은 "이 종이는 상업에서, 국가 재무부에서 그리고 법정에서 100달러 법정화폐이다."

또는 더 명확하진 않아도, 적어도 더 과감하게 내 뜻을 밝히자면,

"환전을 위해 이 종이를 발권은행에 제시하는 사람은 100대의 태형에 처한다(지불 약속 부정). 그러나 시장이나 상점에서 이 소유자는 수요와 공급이 허용하는 만큼, 즉 거래협상을 잘하는 만큼 재화를 얻을 것이다."

나는 여기서 충분히 확실하게 표현했다고 생각한다. 지폐라는 말로 내가 무엇을 이야기하고자 하는지 더 이상 의문의 여지가 없을 것이다.

이제 그 힘에 대해 연구해보자. 앞의 구절 중 하나만 들어가 있으면 그 종이를 차지하기 위해 사람들을 허둥거리게 만드는 힘, 그 종이를 벌기 위해 눈썹에 땀이 나도록 일하게 만드는 힘, 그 종이에 대한 대가로 '내재가치'를 가지고 있는 생산물이나 재화를 포기하게 만드는 힘, 그런

종잇조각으로 지불할 수 있는 환어음과 담보증권을 인정하고 그걸 소위 '가치저장소'라 하여 축적하게 하는 힘, 만기가 다가오는 어음상환을 위해 이 종잇조각들을 어떻게 구할까 궁리하면서 슬픔과 눈물로 얼룩진 빵을 먹으며 밤을 새우게 하는 힘, 채무를 갚기 위해 앞의 구절 중 하나가 새겨진 종이를 약속된 시간과 장소에서 지불하지 못하여 파산, 격리, 그리고 명예훼손을 당하게 하는 힘, 마지막으로 이 종이들을 어딘가 자본으로 보관하여 1년 내내 일하지 않고 재산 손실도 없이 화려하게 살 수 있도록 만드는 힘 말이다.

그 종잇조각(지폐) 또는 존 로John Law[23]와 다른 사기꾼들이 만들었던 화폐, 정통 경제학자들과 소인배들의 혐오의 대상이었던 그것이 자신의 힘을 끌어내는 숨겨진 원천은 무엇인가?

사실에 대한 설명

누군가 무엇이 필요해서 얻으려 한다면, 그리고 그 대상물이 다른 사람의 소유라 다른 방법으로는 얻을 수 없다면, 보통의 경우 그는 소유자가 그 물건을 내줄 수 있도록 자신의 물건 중 어떤 것을 내놓아야 한다. 즉, 대가로 무언가를 주고 그가 원하는 물건을 수중에 넣는 것이다. 그가 원하는 물건이 그 사람에게 쓸모없는 것이라도 그렇게 해야 한다. 그 물건의 소유자가 누군가 그것을 필요로 한다는 사실, 혹은 더 나아가 꼭

---

23 스코틀랜드 출신으로 프랑스에서 활약한 금융전문가이다. 1720년 프랑스의 재정감독관이 되었으나 지폐의 남발과 투기확대의 결과, 경제공황을 일으키게 되었다. 그는 화폐는 교환의 수단일 뿐 스스로 부를 창출해내지 않는다고 생각했다.

가져야 한다는 사실을 알기만 하면, 그는 아무 대가 없이 그것을 내주려 하지 않을 것이다. 사실 사람들은 그 물건을 유용하게 쓸 수 있는 사람이 나타날 것이라는 기대만으로도 어떤 물건을 보관하거나 계속 소유하고자 한다. 그리고 원하는 사람의 필요가 급할수록 소유자의 요구는 높아질 것이다.

여기서 언급한 것은 오늘날 너무나 자연스럽고 또 명백해서 많은 사람들이 굳이 그렇게 말할 필요가 없다고 생각할 것이다. 사실 내가 아는 바로는 경제학 저술에서 이런 말이 등장한 건 처음이다. 그러나 이것은 오늘날 경제활동에서, 상업에서, 국가를 구성하는 개인들 간 경제적 관계에서 그리고 개인과 국가 간 경제적 관계에서 가장 근본적인 법칙이다.

이 '신기원을 이루는 발견'은 뉴턴의 만유인력 법칙 발견만큼이나 상식적이고 명백하다. 그리고 그것은 뉴턴의 법칙이 물리학에서 중요한 만큼 경제학에서도 중요성을 갖는다.

어떤 물건이 우리에게는 쓸모가 없지만 다른 사람들은 필요로 할 것을 알거나 예상한다면, 그 물건을 소유하는 마음속 유일한 목적은 다른 사람을 곤란하게 해서 이득을 보는 것이다. 우리의 목적은 고리대금업과 같다. 왜냐하면 누군가를 곤란에 빠뜨려 그 곤란함을 이용해 이득을 취하는 것이 고리대금업의 일이기 때문이다.

그러한 착취는 서로 일어난다는 말로 비난을 경감할 수 있을지 모른다. 그러나 그럼에도 불구하고 우리 이웃의 필요를 이용한 착취,● 판매

● 이 문제와 관련하여 덜덜 떨고 있는 거지만을 생각하면 안 된다. 록펠러(Rockefeller)는 연료 대체품이 석유 판매에 장애가 될 때 곤란에 빠졌다. 크루프(Krupp) 역시 공장 확장을 위해 어느 농부의 땅을 사야 할 때 곤경에 빠졌다. (록펠러는 미국의 석유사업가로 스탠더드오일 트러스트를 조

술의 모든 속임수들과 함께 행해지는 상호 약탈은 우리 경제생활의 기초이다. 교환의 전체구조는 이 기초 위에 세워져 있다. 그것이 교환관계, 즉 모든 상품의 가격을 자율적으로 규제하는 근본적인 경제법칙이다. 이 기초를 없애면 우리의 경제활동은 붕괴될 것이다. 남게 되는 유일한 상품 교환방법은 기독교적, 사회주의적, 공산주의적, 혹은 형제애에 기반한 상호기부 방법밖에 없을 것이다.[24]

설명을 위해 예가 더 필요한가?

왜 우체국은 제공되는 서비스가 동일함에도 편지 한 통에는 2센트, 인쇄물에는 1센트의 요금을 부과하는가? 그건 단지 편지 쓰는 사람이 편지를 보낼 더 긴급한 이유가 있으리라 짐작되기 때문이다. 반면에 우편요금이 더 높아지면 인쇄물 발송은 대체로 없어진다. 편지 쓰는 사람은 어떤 강제하에 있지만 인쇄물 발송자는 그렇지 않은 것이다. 단지 이 이유 때문에 편지 쓰는 사람이 2배의 우편요금을 지불하는 것이다.

또 왜 1만 마르크의 재고밖에 없는 독일의 약국이 50만 마르크에 팔리는가? 국가가 약사들에게 부여한 특권 덕에 약사들은 보통의 자유로운 거래라면 불가능한 높은 약값을 부과할 수 있기 때문이다. (그 특권이 국가가 요구하는 과학적 훈련을 받은 데 대한 대가라는 사실을 인정하더라도 이 설명은 유효하다.)

왜 독일에서는 풍작일 때도 종종 밀 가격이 오르는가? 수입관세가

직하여 한때 미국 정유업계를 지배한 사람이다. 크루프는 독일의 철강업자로 대포 제작에 주력하여 세계적인 군수기업으로 발전시켰다―옮긴이)

24 게젤이 보는 경제활동의 가장 근본적인 요소는 '필요'와 그 필요에 기반하고 있는 '교환'이다. 그리고 '필요의 정도가 교환의 조건을 결정한다'는 것이다. 교환의 조건이란 바로 가격이다. 그런데 화폐의 경우 분업으로 인해 필요가 생긴다. 그 결과 화폐는 아무런 물질적 가치가 없어도 교환에 사용된다. 이는 기존의 가치이론에 위배된다.

경쟁을 억제하기 때문이다. 독일 농부는 국민들이 자신의 생산물을 살 수밖에 없다는 걸 알고 있다.

가격은 정말 '시장의 상태'에 따라 오르내린다. 우리는 가격이 수요와 공급에 의해 결정된다고 말함으로써 개인적 동기나 행위는 무시하고 고리대금업자에 대한 증오를 짊어질 희생양을 찾으려 한다. 그러나 개별적인 거래를 성사시키는 살아 있는 행위자 없이 어떻게 수요와 공급, '시장의 상태'가 존재할 수 있겠는가? 가격 변화를 일으키는 것은 이 살아 있는 행위자들이고 시장의 조건은 그들의 도구이다. 그리고 이 행위자들이란 우리 자신, 즉 모든 사람이 아니겠는가? 시장에 물건을 갖고 오는 사람은 모두 같은 생각으로 움직인다. 시장의 상태가 허락하는 한 가장 높은 가격을 받겠다는 생각 말이다. 모두가 시장의 상태라고 하는 비인격적인 것을 말하면서 자신에게 면죄부를 주려 하지만 실제로는 착취가 상호적이라는 사실에 의해 죄를 면하는 것이다.

사실 카를 마르크스처럼 상품은 (그 '내재가치'에 비례한다는 것에 주목하면서) 스스로 교환된다고 주장하는 사람들은 고리대금업을 할 필요성에 대해서도 여지를 남겨둔다. 그는 채무자를 압박하거나, 그의 일꾼들을 굶주리게 만드는 데 아무런 양심의 가책을 느낄 필요가 없다. 왜냐하면 고리대금업은 그가 아니라 그의 재산에 의해 이루어지기 때문이다. 교환행위를 하는 것은 그가 아니다. 그의 구두약은 스스로를 비단, 밀, 혹은 가죽과 교환을 한다.[●] 생산물이 거래를 만든다. '내재가치'를 갖고 있기 때문이다.[25]

● 마르크스, 『자본』 1권 3쪽.

[25] 게젤과 달리 마르크스의 세계에서 교환은 기계적으로 이루어진다. '객관적' 가치를 가진 물건들이 그 가치에 따라 교환되기 때문이다. 그래서 마르크스의 세계에서는 교환에 대해 양심의 가책을

그러나 가치라고 불리는 이 유령 같은 상품의 속성을 이해할 수 없는 사람들, 따라서 상품의 교환을 하나의 행위로서 간주하고, 시장의 상태와 상품을 이 행위의 부속물로 간주하는 사람들은 누구라도 가능한 한 적게 주고 가능한 한 많이 받으려는 모두의 공통된 욕망 외에는 그 행위의 다른 동기를 발견할 수 없을 것이다. 임금협상에서 주식거래에 이르기까지 모든 교환에서 우리는 양 당사자가 시장의 상태에 대한 정보를 찾으려는 걸 관찰할 수 있다. 매도자는 매수자가 자기 상품을 급하게 필요로 하는지 알려 하고, 특히 자신들이 급하게 팔아야 하는 경우 이를 숨기고 싶어한다. 간단히 말해 고리대금업의 원리는 상업 전반의 원리이며, 상업과 고리대금업 사이의 차이는 정도의 차이일 뿐, 종류의 차이가 아니라는 사실을 곧바로 확신하게 된다. 상인, 노동자, 주식중개인은 같은 목적을 갖고 있다. 즉 시장의 상태, 전체적으로 보면 대중을 이용해먹는 것이다. 아마도 고리대금업과 상업의 유일한 차이는 전문 고리대금업자의 경우 그의 착취 행위가 특정인들에게 더 집중되어 있다는 것뿐일 것이다.

따라서 거듭 말하지만 가능한 최소의 서비스를 제공하고 가능한 한 최대의 보답을 받으려는 노력이 상품교환을 연출하고 통제하는 힘이다.

이 점은 아주 분명하게 말해둘 필요가 있다. 왜냐하면 오직 이 사실을 인식함으로써 우리는 지폐의 가능성을 완전히 이해할 수 있기 때문이다.

이제 존스가 어찌어찌해서 지폐 한 장을 갖게 되었다고 가정해보

느낄 필요가 없다는 역설이 가능해질 수 있는 것이다. 그의 세계에서 빠져 있는 것은 경제행위자의 필요와 그 필요에 의해 조성되는 시장조건이다. 이 모든 것은 가치이론에 대한 믿음에 기인한다.

자. 그걸로는 어떤 육체적, 영적 욕구도 만족시킬 수 없다. 그런데 어떤 이유인지 그게 쓸모가 있는 로빈슨이 존스에게 지폐를 달라고 한다. 지금까지 우리가 공부해온 바에 따르면 존스는 공짜로 그 종잇조각을 건네주지 않을 것이 분명하다.

그런데 공짜로 그걸 가질 수 없다는 단순한 사실 그 자체로 인해 그 종이는 지폐로 바뀐다. 왜냐하면 그 순간 우리가 지폐에 기대하는 것은 지폐를 얻으려면 그 재료인 종이보다 더 비용이 많이 든다는 사실뿐이다. 지폐를 거저 얻을 수 있어서는 안 된다. 화폐는 항상 누군가가 그것을 찾고 있고, 어떤 물건을 그것과 교환해야 하기 때문에 그 기능을 충족한다. *

종이가 화폐가 될 수 있다는 가능성을 설명하기 위해서는 로빈슨이 실제로 존스의 수중에 있는 지폐 조각을 얻어내야 하는 상황에 처할 수도 있음을 증명하면 된다. 그 증명은 어렵지 않다.

분업**에 의한 생산물인 상품은 처음부터 교환되어야 할 운명이다. 말하자면 생산자에게 상품의 특성은 우리에게 화폐의 특성과 같은 것이다. 즉, 교환대상으로만 유용성이 있는 것이다. 자신의 상품을 교환

* 정통 경제이론과 사회주의 경제이론은 이러한 반대급부의 가능성을 부인하고 있으며, 계속 부인할 수밖에 없다. 왜냐하면 그 반대급부는 종이의 양도를 교환으로 간주하는데, 이들 이론의 용어로 표현하자면 교환에는 '내재' 혹은 '교환' 가치가 상정되어 있기 때문이다. 그러나 우리는 종잇조각 그 자체에는 '내재' 혹은 '교환' 가치가 없다고 가정했다. (우리가 이 용어들을 현실과 연결할 수 있는지는 지금 당장 중요하지 않다.) 정통적인 그리고 사회주의적 가치교리가 주장하는 것은 상품은 오직 그것이 담고 있는 가치(교환가치)만큼 교환될 수 있다는 것이다. 그래서 가설 속의 지폐가 아무런 교환가치가 없다면 교환도, 가격 책정도 불가능하다는 것이다. 가치교리에 따르면 그러한 교환에서는 반대급부를 '측정할' 가치 측정이 없기 때문이다. 지폐와 상품은 양적 비교가 불가능한 것이다.
** 여기서 우리가 말하고자 하는 분업의 의미는 교환의 대상물, 즉 상품을 만드는 노동이다. 반대로 원시경제의 생산활동은 당장의 욕구충족을 목표로 한다. 공업에서의 분업은, 하나의 생산물이 제조되는 과정의 다단계화이며 기술적 분업이다. 이를 경제적 분업과 혼동해서는 안 된다.

할 수 있다는, 오직 그 기대 때문에 생산자는 원시적 형태의 생산을 포기하고 분업에 참여한다.

그러나 상품과 상품이 교환되려면, 교환매개물, 즉 화폐라는 것이 필요하다. 교환매개물에 대한 유일한 대안은 물물교환인데, 알다시피 물물교환은 분업이 일정수준으로 발전하면 불가능해진다. 물물교환이 매우 원시적인 경제적 조건에서만 가능하다는 사실은 쉽게 알 수 있다.

화폐, 즉 교환매개물은 고도로 발달된 분업과 상품생산에 필수적인 조건이다. 분업을 위해 교환매개물은 불가결한 것이다.

하지만 교환매개물의 본성이 그렇기 때문에 매개물로 선택된 것을 자유롭게 생산하는 것은 어떤 방식으로든 금지되어야 한다. 만약 모든 사람이 자기 방식대로 자유로이 화폐를 제조할 수 있다면 생산된 화폐가 너무나 다양해서 원래 이루고자 했던 목적에 부합하지 않을 것이다. 모든 사람은 그 자신만의 특정 생산물을 화폐라 선언할 것이고 우리는 다시 물물교환으로 돌아가야 한다.

단일한 화폐제도의 필요성은 화폐본위가 두 개만 되어도 잘 작동되지 않았다는 사실에서 알 수 있다. 만약 금본위제를 채택했지만 주화 제조는 자유롭다는 데 합의했다고 가정해보자. 그러면 형태나 무게, 순도가 다른 모든 주화가 함께 유통될 것인데 이는 불가능한 상황이다. (그러한 '합의'는 그 자체가 국가의 행위다. 국가는 우리가 합의한 모든 것들이 재료가 되어 성립되기 때문이다.)

어떤 방법으로든 제한 없는 화폐 제조는 금지된다. 법률 제정으로, 또는 화폐 재료(금, 조개껍데기 등) 생산의 어려움으로 금지되거나, 의식적 혹은 무의식적으로 화폐를 규제하거나, 사람들이 엄숙한 집회에서 그걸 결의하거나, 혹은 발전하는 경제적 힘의 압박에 단순히 굴복하는 것이다. 어느 경우든 사람들은 하나의 행동을 취한다. 그런데 법, 즉 국가행위를 제외하고 사람들이 그런 만장일치를 이룰 수 있겠는가? 그러므로 교환매개물은 언제나 국가제도라는 성격을 갖는다. 이는 주화, 조개껍데기나 은행권 모두 마찬가지다. 어떻게 하든 사람들이 어떤 물건을 화폐로 인정하는 순간, 이 물건은 국가제도의 인증을 받게 된다.

그러므로 국가가 지정한 화폐를 사용하거나 화폐 없이 살거나 둘 중에서 선택해야 한다. 화폐를 기업이 마음대로 제조하는 것은 안 된다. 이건 너무 명백해서 더 설명이 필요 없다.[*]

현재는 화폐 재료의 생산에 제한이 없고, 자유주조권에 의해 실제로 화폐 재료가 화폐로 변환되고 있는 것은 사실이다. 그러나 이 사실이 앞에서 말한 화폐이론에 반하는 논증은 아니다. 왜냐하면 자유주조권이 있어도 화폐 재료 그 자체가 화폐는 아니기 때문이다. 이는 프로이센 탈러의 역사가 분명히 보여준 바 있다.

금화 자유주조권이 법에 의해 부여되는 것처럼, 화폐가 되는 것은 금의 속성 때문이 아니며, 언제라도 법에 의해 철회될 수 있다(은화 주조를 중지한 것처럼).

하지만 어쨌든 화폐 재료의 생산은 현재 명목상으로만 무제한적이다. 금 생산은 자연적 제약이 있기 때문에 이 자유는 환상이다.

이러한 화폐이론은 많은 저개발국가(예를 들어 식민지 시기의 미국)에서 밀가루, 소금, 차, 가죽 등이 교환매개물로 사용되었다는 사실과 상충되지도 않는다. 여기서는 물물교환을 한 것이지 화폐가 사용된

---

[*] 자연생산물이 화폐 역할을 하는 곳에서는 당시에 거기서는 무제한 생산이 안 되거나 아예 생산이 안 되는 화폐 재료(조개껍데기, 금)를 선택하여 화폐의 무제한 생산을 방지했다.

것이 아니다. 소금, 차 밀가루 등은 개척자의 생산물과 교환되어 그의 집에서 소비되었다. 이 상품들은 유통되지 않는다. 결코 출발점, 즉 그 물건들이 하역되었던 항구로 되돌아오지 않는다. 물질적 속성 때문에, 즉 소비하기 위해 이 상품들을 매입한 때문이다. 그러므로 새 상품들로 계속 교체되어야 한다. 하지만 화폐의 특징은 물질성이 아니라 교환매개물의 기능 때문에 구입하려 한다는 점에 있다. 그래서 화폐는 소비되지 않으며 단지 교환매개물로만 사용된다. 그것은 원을 그리며 계속 움직이고 출발점으로 돌아오기를 반복한다. 중국 차 한 묶음을 화폐로 여긴다고 가정해보자. 그러면 그것은 수년간 미국 식민지들을 거쳐 유통된 후 중국으로 돌아와야 한다. 이는 마치 미국의 은화 1달러가 무역거래를 통해 중국에 도착하고, 거기서 수년간 유통된 후 다시 무역을 통해 콜로라도로 돌아와서 광부의 임금으로 지급되어 그 화폐가 태어난 광산으로 다시 한번 돌아가는 것과 같다. 게다가 차 한 묶음의 가격은 입항한 항구로부터 멀어질수록 그 거리에 비례하여 계속 상승한다. 운송비, 이자, 중간상의 이윤이 가격에 붙기 때문이다. 반면에 은화는 세계를 열 번을 돌아도 광부가 애초 공급할 때의 가격 그대로 그에게 돌아온다. 대부분의 국가에서는 100년 또는 그 이상 오래된 주화들이 유통되고 있다. 그 동전들이 거쳐간 손은 아마 10만 번 바뀌었을 것이다. 하지만 이를 소유했던 사람들의 긴 연결고리 속에 그 누구도 화폐를 소비할 생각, 즉 함유된 금이나 은 때문에 그것을 녹여볼 생각을 하지는 않았다. 100년 동안 그런 주화는 교환매개물로 사용되어왔다. 10만 명의 소유자에게 그것은 금이 아니라 화폐였기 때문이다. 그들 중 단 한 사람도 화폐 재료를 사용하려고 하지 않았다.

그렇다면 이것이 화폐의 기준이다. 즉 소유자는 화폐 재료에 관심이 없어야 한다는 것이다. 오직 이 이유 때문에, 오직 이 완벽한 무관심 때문에 독성을 지닌 푸른 녹으로 덮인 동전, 낡은 은화, 보기 좋은 금화와 화려하게 인쇄된 종잇조각이 액면가격으로 함께 유통되는 것이다.

아프리카 내륙에서 교환매개물로 사용되는 조개껍데기는 화폐와 더 많은 유사점을 갖고 있다. 조개껍데기는 소비되지 않으며, 그 구매자는 차와 밀가루의 경우보다 조개껍데기에 훨씬 더 무관심하다. 조개껍데기는 유통이 되고 그래서 계속 보충할 필요도 없다. 때로 그 출발점, 즉 해변으로 돌아오기도 한다. 사실 여기저기서 조개껍질은 화폐의 기능에서 벗어나 여인들의 장신구로 사용되기도 한다. 그러나 조개껍데기의 경제적 중요성은 이러한 용도와는 독립되어 있다. 조개껍데기는 다른 어떤 교환매개물에 의해 쫓겨나지 않는다면 분명히 화폐의 용도로 계속 사용될 것이다. 장신구로 더 이상 쓰이지 않더라도 말이다. 그렇다면 우리가 구리, 니켈, 은으로 만든 주화나 은행권을 오직 교환매개물로 사용할 수 있는 것처럼 조개껍데기는 진정한 교환매개물이 되었을 것이다. 즉 진정한 화폐가 되었을 것이다. 그리고 우리가 사용하는 화폐처럼 사회적 화폐 혹은 국가화폐로 불릴 수 있었을 것이다. 그러한 저개발국가에 대해 '국가'라는 말을 제한적인 의미로 사용한다면 말이다. 여기서 화폐 제조에 대한 국가 독점은 보전될 수 있었을 것이다. 수천 마일 떨어진 해변에서나 발견할 수 있는 조개껍데기를 중앙아프리카에서 생산한다는 것은 불가능하기 때문이다. (그 조개껍데기는 유럽의 금과 마찬가지로 오직 무역에 의해서, 즉 교환에 의해서만 얻을 수 있다.)

그러나 교환매개물이 분업의 필요조건이고, 특별한 통화법률에 의해 국가가 화폐를 생산하고 통제하게 되어 오직 국가의 화폐만 그런 교환매개물로 인정된다고 해보자. 자신의 상품을 시장에 가져와보니 국가가 지폐만 생산하기로 해서 종이 외에 다른 화폐를 찾을 수 없게 되었을 때 그 생산자가 무슨 선택을 할 수 있겠는가?

만약 생산자가 (정통 가치이론이나 사회주의적 가치이론과 맞지 않는다고 말하면서) 이 화폐를 거부한다면, 그는 그의 생산물을 교환할 기대를 접은 채 팔지 못한 감자, 신문, 빗자루 등을 가지고 집으로 돌아가야 한다. 그는 거래와 분업을 포기해야 한다. 아무것도 팔 수 없다면, 즉 국가에 의해 유통되는 화폐를 수용하길 거부한다면, 아무것도 살 수 없기 때문이다. 이 생산자의 반발은 24시간 내에 끝날 것이다. 24시간 동안 그가 할 수 있는 건 그의 가치이론을 고집하면서 지폐가 사기라고 주장하는 것뿐이다. 그러고는 배고픔, 목마름과 추위가 찾아오고 어쩔 수 없이 그의 상품을 국가가 다음과 같은 문구를 새겨놓은 지폐와 교환하게 될 것이다.

"발권은행에 이 화폐를 제시하면 누구든 태형 100대에 처해질 것이다. 그러나 시장에서는 수요와 공급이 허락하는 만큼 상품과 바꿀 수 있다."

배고픔, 목마름과 추위 (여기에 세금징수원까지) 때문에 원시생산으로 돌아갈 수 없는 사람들, 자신들의 일 때문에 분업의 이점을 보호하려는 사람들은 (현대사회에서 이런 사람들이 대부분이다.) 그들 생산물을 국가의 화폐로 발행된 종이와 교환하게 된다. 이 모든 사람들은 그들 상품 때문에 어쩔 수 없이 종이화폐에 대한 수요를 형성하게 된다. 그리고 이 수요 때문에 지폐를 소유하고 있는 사람은 그걸 공짜로 내놓지 않을 것이다. 그들은 지폐에 대한 대가로 시장이 허락하는 한 많은 것을 가지려 할 것이다.

따라서 종이가 지폐로 변했다. 왜냐하면

1. 분업이 엄청난 이점이 있기 때문이다.

2. 분업이 상품, 즉 오직 교환의 목적으로만 생산자들에 쓸모가 있는 상품을 만들기 때문이다.

3. 분업 발전이 일정 단계에 이르면 상품의 교환은 교환매개물이 없으면 불가능하기 때문이다.

4. 교환매개물은 바로 그 본성으로 인해 오직 국가화폐나, 적어도 사회적 화폐만 가능하기 때문이다.

5. 우리의 가설에 따르면 국가는 지폐 외의 화폐를 제공하지 않기 때문이다.

6. 모든 상품 소유자들은 국가가 공급하는 지폐를 받아들이든지 아니면 분업을 포기하든지 그 외의 다른 대안이 없기 때문이다. 그리고 마지막으로,

7. 이 지폐 소유자들은 생산자들이 곤경에 처해서 그들의 상품과 지폐를 교환할 수밖에 없다는 것을 알고 지폐를 공짜로 내주지 않기 때문이다.

화폐를 셀룰로스로 만들 수 있다는 증거는 이제 완성되었다. 나는 즉시 다음 질문으로 넘어갈 수 있을 것이다. "지폐는 그 소유자에게 얼마나 많은 생산물을 안겨줄까, 혹은 안겨주어야 하는가?" 하지만 이 주제는 중요한 것이므로 나는 우선 지폐라는 아이디어에 반대하는 편견을 살펴보고, 그중 두드러진 것들의 오류를 드러내고자 한다. 이 과정에서 나는 신중하거나 조심스러운 독자들의 신뢰를 얻길 바란다. 이들은 앞에 제시된 증거가 논리적으로 연역되었다고 인정할 준비는 되어 있지만, 그 전제들이 불완전할 수 있고, 아직 고려하지 않은 어떤 사실

로 인해 증거가 무효화될 수 있다는 우려를 가진 독자들이다.*

지폐 문제와 씨름해온 다른 사람들과 마찬가지로 나도 "국가가 세금이나 벌금 등을 지폐로 요구할 수 있다"라고 간단하게 이야기할 수도 있었다.

예를 들어 국가가 우표, 국영철도의 요금, 국유림에서 생산되는 목재, 국가 염전에서 나오는 소금을 오직 국가가 만든 화폐만 받고 판매한다면, 그리고 수입관세, 십일조, 교육세를 그 종이로만 지불할 수 있다면, 모든 사람들은 당연히 이 종이를 굉장히 가치 있는 무엇으로 생각할 것이고 공짜로 내주려 하지 않을 것이다. 그러므로 국가는 화폐 소유자에게 금 대신 국가의 서비스, 즉 하나가 아닌 많은 서비스를 약속하게 되는 것이다. 지폐에 생명을 불어넣는 것은 이러한 서비스들이다.[26]

그러나 나중에 나오겠지만 이러한 설명은 모든 다른 지폐 개혁가들, 지폐 제조자들과 마찬가지로 풀리지 않는 문제들과 직면하게 만든다. 위에 일곱 가지 요점에서 제시된 지폐의 진정한 기초를 모르는 사람은 어떤 경제현상도 그 최종원인까지 추적할 수 없다.

지폐가 불가능하다는 가장 눈에 띄는 '증거들' 중 하나는, 우리가 금은통화론자들의 걸작이라 부르는 것인데, 상품은 오직 상품과 교환될 수 있다는 주장이다. 그 누구도 쓸모없는 종잇조각을 대가로 유용한 물

---

* 나는 다시 한번 신중을 기하기 위해 지금까지 내가 논한 것은 종이로 화폐를 만들 수 있는 가능성뿐이었다는 것을 말하고 싶다. 지폐가 금속화폐에 비해 어떤 우위를 가지는지는 아직 다루지 않았고 나중에 이야기할 것이다.

26 즉 국가는 이 지폐의 유효성을 유지하기 위해 금 태환을 약속하지 않는다. 그러나 국가가 할 수 있는 많은 서비스가 이 지폐를 통해서만 가능하도록 제도화한다면 그 종이는 화폐가 되어 유통될 것이다. 이하에서 게젤은 언뜻 일리가 있어 보이는 이러한 접근법도 화폐의 본질을 완전히 파악하는 데는 부족하다고 비판한다.

건을 내주려 하지 않을 것이기 때문이다.

이 주장은 너무나 결정적으로 보이기 때문에 내가 아는 한 모든 지폐이론가들이 이 문제를 다루는 것을 조심스레 피해왔다. 아마도 그 속에 있는 오류를 꿰뚫어볼 수 없었기 때문일 것이다. 이에 힘입어 금속본위제 옹호자들은 지폐가 불가능하다는 것을 선험적으로 증명하여, 이 분야에 대한 과학적 탐구의 접근을 막는 데 항상 성공할 수 있었다.

"상품은 오직 상품과 교환될 수 있다." 이건 의심의 여지 없이 사실이다. 하지만 상품이란 무엇인가? 상품은 분업의 산물이다. 생산자들에게 분업에 의한 생산물은 교환매개물로서만 쓸모가 있다. 앞서 보여준 대로 상품은 당장 사용하려는 것이 아니다. 100톤의 감자를 재배한 농부나 100만 개의 굴대를 사용하는 면방직공이 생산물을 판매하지 않고, 즉 교환의 대상으로 사용하지 않고 무얼 할 수 있겠는가?

이렇게 용어를 정의하고 나면 상품은 오직 상품과 교환될 수 있다는 주장은 해석이 아주 달라지게 된다. 그 주장이 의미하는 바는 첫째로 ('상품'이라는 용어를 사용함으로써) 교환할 물건의 소유자 혹은 생산자에게 그 물건이 아무 쓸모가 없다는 것이다.

둘째로, 그 상품과 교환되는 물건 역시 그 소유자에게 아무 쓸모가 없어야 한다는 것을 의미한다. 그런데 지폐가 바로 그렇지 않은가? 화폐라는 속성을 제외하면 이 종잇조각은 절대적으로 쓸모없는 물건이 아닌가?

"따라서 상품은 오직 상품과 교환될 수 있다"라는 주장은 지폐가 불가능하다는 증거가 아니라 가능하다는 증거가 된다. 그것은 정통 금속화폐이론을 지지하는 증거가 아니라 반대하는 증거이다.

이제 그 주장의 근거인 "누구도 유용한 물건을 쓸모없는 것과 바꾸려 하지 않을 것이다"는 말로 돌아가보면 즉시 오류가 발견된다. 그 주장 자체가 말하고 있는 것은 상품인데 상품은 그 소유자에게 언제나 쓸모가 없다. 하지만 앞의 설명은 상품이 아니라 쓸모가 있는 대상, 즉 용도가 있는 재화에 대해 말하고 있다.

우리의 예에 적용해보면 앞의 주장은 다음과 같다.

"감자는 실과 교환될 수 있다. 내재가치를 가지고 있어서 감자가 농부에게 쓸모가 있고 실은 면방직공에게 쓸모가 있기 때문이다." 이것은 명백히 틀린 말이다. 거듭 말하지만 면방직공이 엄청난 양의 실을 당장 어디다 사용할 수 있겠는가?

하지만 제시된 설명이 틀렸더라도 그것으로 인해 "상품은 오직 상품과 교환될 수 있다"는 주장 자체가 틀린 것은 아니다. 지폐가 이 주장에 부합되기 위해서는 지폐의 도움으로 교환이 이루어지는 상품들과 똑같은 정도로 지폐도 상품이라는 걸 증명해야 한다. 우리는 오해의 여지를 남기고 싶지 않다. 그래서 우리는 종이 한 장, 즉 다음과 같은 터무니없는 문구가 화려하게 인쇄된 종이가 상품, 그것도 분명히 엄청나게 중요한 상품의 모든 속성을 가진다고 주장한다.

"이 종이를 가진 사람이 국가통화국에 나타나면 100대의 태형에 처해질 것이다. 그러나 시장에서는 그 종이를 대가로 거래협상을 잘하는 만큼 재화를 얻을 수 있을 것이다." 우리는 지폐가 빌린 재산도, 훔친 재산도, 혹은 이전된 재산도 아니라는 것을 인정한다. 무엇보다도 우리는 단지 국가가 화폐 기능과는 관계없는 어떤 서비스를 약속했다는 이유로 지폐를 하나의 상품으로 인식해서는 안 된다. 반대로 우리는 독자들이 다음의 명백한 역설을 지지하도록 설득하고자 한다.

"지폐는 순수한 상품이며, 심지어 상품으로서 쓸모가 있는 유일한 물건이다."

어떤 물건이 상품으로 간주되기 위해서는 다음과 같은 두 가지 특징을 가져야 한다.

1. 그 물건에 대한 수요가 있어야 한다. 즉, 누군가 그 물건을 원해야 하거나, 구해야 하는 처지에 있어야 한다. 따라서 그것과 교환할 다른 상품을 마련해야 한다.

2. 이 수요가 창출되려면 그 물건은 당연히 구매자에게 쓸모가 있어야 한다. 그렇지 않으면 그 물건을 찾거나 사려고 하지 않을 것이다.

이런 이유로 벼룩, 잡초, 그리고 악취는 상품이 아니며 주인이 없는 물건 역시 상품이 아니다. 그러나 어떤 물건이 (매도자가 아니라 매수자에게) 쓸모가 있다면, 그리고 그걸 공짜로 얻을 수 없다면 상품이 되기 위한 모든 조건이 충족된다.

우리는 화폐, 즉 국가가 발행한 화폐가 분업에 절대적으로 필요하다는 것, 그리고 모든 상품 소유자는 그 소유물의 성격상 국가가 다른 형태의 화폐를 제공하지 않으면 지폐를 갖기 위해 자신들의 상품을 팔 수밖에 없고, 그래서 지폐 수요를 창출한다는 것을 보여주었다. 그래서 지폐가 첫번째 조건을 만족한다는 것이 증명되었다. 만약 독일이 은의 화폐 자격을 박탈했듯이 금의 화폐 자격을 박탈하고 지폐로 대체하면, 상품 소유자들과 생산자들은 이 지폐를 수용하는 수밖에 없을 것이다. 그래서 모든 사람들이 그들의 생산물 때문에 지폐 수요를 창출하게 될 것이다. 그뿐만 아니라 지폐 수요는 판매를 기다리는 상품의 공급과 정확히 같은 양이 될 것이고, 이는 결국 상품의 생산에 의존하게 될 것이다.

그러므로 지폐는 첫번째 조건을 분명히 충족한다. 석유, 밀, 양모,

철 또한 가장 확실하게 상품의 특징을 가지고 있다. 이들은 시장에 나와 있는 가장 중요한 물품들에 속한다. 하지만 이 물품들 수요가 지폐 수요만큼 무조건적인 것은 아니다. 오늘날 거래를 하고 상품을 생산하는 모든 사람들, 즉 원시생산을 포기하고 분업에 참여한 모든 사람들은 그의 생산물과 함께 교환매개물에 대한 수요를 창출한다. 모든 상품은 예외 없이 화폐 수요가 구현된 것이다. 국가가 다른 형태의 화폐를 공급하지 않는다면 그 수요는 지폐에 대한 수요이다. 그러나 모든 상품 소유자가 그들 생산물을 팔아 얻은 화폐로 철과 석유, 밀을 사는 것은 아니다. 철, 석유, 밀은 많은 대체물이 있다. 반면 화폐에 대한 유일한 대체물은 원시생산과 물물교환이다. 그리고 이러한 대체물은 자신의 삶을 분업에 의존하고 있는, 현 인구의 90퍼센트에 해당되는 사람들이 굶어죽게 될 경우에나 생각해볼 수 있을 것이다.

그러므로 지폐에 대한 수요는 분업에 의한 생산물이 상품이라는 사실에 의해 존재하게 되었다. 상품을 낳는 분업은 화폐 수요의 마르지 않는 원천이다. 반면 다른 상품에 대한 수요는 훨씬 덜 긴급하다.

물론 어떤 물건에 대한 수요의 원천은 그 필요한 물건, 이 경우는 지폐가 (현재 소유자가 아닌) 구매자에게 어떤 서비스를 행한다는, 혹은 다른 말로 하면 그에게 쓸모가 있다는 사실로만 설명할 수 있다.[27]

그러나 화려하게 인쇄된 이 직사각형의 종이는 화폐의 위엄을 가지게 되었다. 국가에 의해 인증된 교환매개물이며 결과적으로 유일한 교환매개물인 것이다. 이게 쓸모 있는 물건이 아닌가? 이 종잇조각이 노

---

27 이것이 앞에서 언급한 상품이 되기 위한 두번째 조건이다. 이하에서 그 두번째 조건에 대한 설명을 이어간다.

동자, 의사, 무용수, 왕 그리고 성직자로 하여금 그들 개인에게는 완전히 쓸모없는 생산물과 서비스를 소비할 재화로 바꿔주는데, 아무런 쓸모가 없는 건가?

여기서 우리는 통상 그렇듯 지폐의 물질적 측면, 종잇조각을 생각할 게 아니라 그 총체성, 즉 종이에 덧붙여진 교환매개물로서의 공적 지위를 확실히 염두에 두어야 한다. 우리는 화폐를 제조된 상품, 더구나 법에 의해 보호를 받고 국가가 독점하는 제조된 상품으로 생각해야 한다.

지폐에서 그 특징, 유일하게 법적으로 인정되고 실제로 널리 사용되는 교환매개물이라는 것을 제외하면 남는 건 휴지 조각뿐이라는 것은 분명 사실이다. 그러나 다른 대부분의 물건 역시 그 용도를 제외하고 재료만을 생각하면 마찬가지 아니겠는가? 유화 그림을 긁어파거나, 토큰 주화나 잉크병, 수프 그릇을 망치로 내리친다면 쓰레기 외에 뭐가 남겠는가? 우리가 집을 벽돌 무더기로, 왕관을 금속으로, 책을 종이로 간주하면, 우리가 모든 사물에서 단지 그 재료만을 본다면, 대부분의 물건은 휴지 조각보다 별 나을 게 없을 것이다.

피아노는 땔감으로 쓰이지 않고, 기차는 주철로, 지폐는 벽지로 쓰이지 않는다. 그런데 왜 지폐의 경우만 그 재료, 셀룰로스에 대해서 이야기하는가? 왜 교환매개물에 대해 말하지 않는가? 다른 모든 물건은 의도된 그 용도와 연관해서 이야기한다. 지폐도 그렇게 다루면 즉 교환매개물로 간주하면, 단순한 휴지 조각이 아니라 아주 중요하고 정말 필수적인 제품, 가장 중요하고 쓸모 있는 상품이 된다.

이 물건 생산비용이 실제로 거의 안 든다고 해서 그 중요성이 줄어드는 건 아니다. 모든 생산물이 생산자의 땀과 피를 요하는 것은 아니다. 베를린의 건축부지는 수십억 가치를 가지고 있지만 생산하는 데 1페니도 들지 않는다.

그러므로 지폐를 이해하기 위해서는 그 원료가 되는 종이에 관심을 기울여서는 안 된다. 우리는 그것이 필수불가결한 제품, 그것도 국가가 보호하는 제품으로 생각하는 데 익숙해져야 한다. 그러면 지폐를 상품의 모든 특징을 지닌 무엇으로 인식하는 데 어려움이 없을 것이다. 그렇게 되면 지폐가 상품은 오직 상품으로만 지불할 수 있다는 주장에 대한 반박이 아니라 증거임을 발견하게 될 것이다.

화폐이론의 문헌을 찾아보면서 어려움을 겪는 사람들은 항상 화폐가 정확하게 정해진 목적(교환매개물)을 가진 제품이 아니라, 산업용 원료(보석)로, 화폐 기능은 단지 부차적이고 일시적인 것으로 취급되었다는 것을 발견하게 될 것이다. 하지만 많은 나라에서 100년, 200년 전 주화가 유통되고 있다. (꽤 최근까지 독일에서 유통되었다.) 반면에 1년 된 상품은 일반적으로 정도의 차이는 있지만 판매가 어렵고, 그래서 상인의 재고평가 때 재고손실처리를 하게 된다.

화폐가 산업용 원재료에 불과하다면 다른 상품처럼 구매가 이루어질 것이다. 즉 이자와 이윤을 붙여 넘길 수 있으리라는 조건 말이다. 그러나 앞서 언급한 1달러, 즉 콜로라도에서 채굴되어 10년 혹은 20년간 중국에서 유통되다가 원래의 광산에서 다시 임금 지급에 사용된 그 화폐는 자신의 여행 중에 수많은 이자, 운송비, 그리고 이윤이 붙었을 것인데 마지막으로 그 화폐를 받게 되는 광부는 도대체 얼마를 치러야 한단 말인가? 만약 그 달러가 자신이 함유한 은 때문에 항상 거래가 이루어져왔다면, 만약 그 달러가 다른 서비스, 즉 생산물과 소비할 재화 간 교환을 수행한다는 사실을 아무도 알지 못했다면, 이러한 비용부담이 필요했을 것이다.

화폐란 정말 가장 독특한 상품이다. 화폐, 특히 지폐는 오직 상품, 교환을 위한 상품으로만 사용된다. 그것은 다른 상품들처럼 공장이나 부엌에서, 즉 시장 바깥에서 소비하기 위해 구매하는 것이 아니다. 화폐는 상품이며, 상품으로 남아 있다. 그 쓸모는 전적으로 교환상품이라는 자신의 서비스에 있다. 모든 다른 상품은 소비를 위해 구매된다(상품과 화폐 모두를 항상 상품으로 가지고 있는 상인을 제외하고). 사람은 판매를 위해 상품을 생산하지만, 소비를 위해 상품을 산다. 다시 말해, 상품을 팔고 소비할 재화를 산다. 오직 화폐만 교환 서비스를 하면서 남아 있다. 그러므로 화폐는, 무엇보다도 지폐는

유일하게 쓸모 있는 상품이다.

금속본위제의 주역들은 공히 금속화폐를 단순히 금 세공업자의 원료로 생각한다. 복본위주의자인 아렌트는 1마르크가 금의 1,392분의 1이라고 말했는데, 금본위제 옹호자들은 당연히 이 의견을 공격할 이유가 없었다. 그 의견으로 인해 반대편이 자신의 명분을 방어할 모든 무기를 박탈당했기 때문이다. •

지폐 옹호자들은 이 오류를 무너뜨리는 데서 시작했어야 하는데, 모두 이 쟁점을 회피했다. 그들은 화폐 자체가 그 재료와 관계없이 쓸모가 있으며, 정말로 필수불가결한 물건임을 충분하고 명확하게 인지하지 못했음이 분명하다. 그래서 지폐에 적을 문구를 만들 때, 그들 모두 스스로가 화폐 기능과는 별도로 그 소유자에게 금이나 이자, 밀, 노동, 땅 등과 같은 무언가를 약속해야 한다는 압박감을 느끼고 있었다.

• 슈발리에, 『화폐』 파리, 1866, 36쪽. 슈발리에는 주화가 단순히 금속 덩어리이며 국가가 그 무게와 순도를 보증한다는 기본적 견해를 건지하고 있었음이 틀림없다.

상품교환은 오직 화폐에 의해서만 가능한데, 이 서비스가 지폐시장이 준비되었다고 확신하기에 충분한지 분명하게 보이지 않았던 것이다.

내가 알고 있는 유일한 예외는 부에노스아이레스가 1869년 발행한 지폐에 적힌 내용이다. 여기서 처음으로 그 종이 자체가 화폐라는 것을 선언한다. 소유자에게 태환 약속은 없었다. 적힌 내용은 다음과 같다.

La Provincia de Buenos-Aires

reconoce este Billete por

un peso

moneda corriente, 10 Enera de 1869.

번역:

부에노스아이레스 주는 이 종이를 페소 화폐로 인정한다.

1869년 1월 10일.

나는 이 내용이 통찰의 결과물인지, 아니면 현재의 아르헨티나 지폐에 적힌 것처럼 곤경의 결과물인지 알아낼 수는 없었다. 아르헨티나 지폐에는 '그 지폐 소유자에게 100페소의 국가화폐 지급을 약속한다!'고 적혀 있다. "La Nación pagará al portador y a la vista y por medio del Banco de la Nación 100 Pesos moneda nacional." 이건 완전히 난센스다. 국가화폐 페소는 같은 종이 페소와 다를 게 없으니까. 은행이 지폐를 다시 지폐로 태환해준다고 약속하고 있는 것이다.

다음과 같은 제안이, 심지어 최근까지도 여러 번 있었다. 국가가 충분한 화폐를 찍어서 나라 땅 전체를 산다. 그러면 모든 사회문제 중 가장 큰 문제, 즉 사람들에게 임대료를 어떻게 돌려줄 것인가 하는 문제가 즉시 해결된다. 그리고 땅이 지폐에 대한 보증이 된다. 하지만 제안의 취지에 따라 땅을 지폐와 교환해주지는 않는다. 지폐 소유자는 땅으로 보증이 된다는 데 만족해야 한다. 이건 은행권 소유자가 은행 지하실의 금에 의한 보증에 만족하기로 되어 있는 것과 같다. (이건 분명히 그렇지 않다. 은행권 소유자는 교환매개물로서 제공되는 서비스면 만족하기 때문이다. 그렇지 않다면 그는 원재료가 필요한 금 세공업자처럼 바로 가서 금으로 바꿀 것이다.) 통화기법의 견지에서 보면 이것은 미친 제안이다. 여기서 다시 한번 간과되고 있는 것은 상품교환으로 지폐는 충분한 서비스를 제공한다는 사실, 그리고 이 서비스가 보장되면 (이를 위한 유일한 조건은 어떤 다른 형태의 화폐도 발행하지 않는 것이다) 다른 모든 서비스는 불필요하다는 사실이다.

화폐의 개념을 파악하기 어려운 것은 우리가 화폐로부터 기대하는 서비스가 화폐의 재료와 완전히 별개라는 사실 때문이다. 화폐 재료가 필요한 것은 단지 화폐를 보고 만질 수 있어서 그게 있다는 걸 우리가 확신하고 또 그것을 옮길 수 있기 때문이지, 재료 자체에서 무언가를 기대하기 때문이 아니다. 기대하고 있다면 주화가 1년, 10년, 혹은 100년 동안 유통이 되거나, 은행권이 24시간 동안 미결제 상태로 있는 게 불가능할 것이다. 중요한 것은 오직 화폐의 양이다. 왜냐하면 화폐의 공급 규모와 그걸로 살 수 있는 상품의 양이 부분적으로 거기에 달려 있기 때문이다. 화폐를 재료로 보면 아무런 속성, 적어도 능동적으로 작용하는 속성을 갖지 못한다. 심지어 화폐가 완전히 사라져도 잃어버릴 속성이 없다. 독일인들이 은 대신 금을 그들의 화폐로 선택한 것은 단지 은 1킬로그램에 비해 금 1킬로그램에 대해서는 16배 많은 상품을 주어야 했기 때문이다! 필요한 화폐 재료가 16분의 1이 된 것이다. 그게 은보다 금을 선호한 이유다.

쓸모 있는 모든 종류의 재화에 대해 구매자는 예외 없이 "많을수록 더 좋다"고 말한다. 그러나 화폐 재료에 대해서는 반대로 "적을수록 더 좋다"고 한다. 화폐는 셀 수만 있으면 된다. 나머지는 짐일 뿐이다.

꿀은 단맛 때문에, 맥주는 취하게 하기 때문에, 납은 무겁기 때문에, 자는 길이를 잴 수 있기 때문에, 쿼트quart 계량기는 양을 측정할 수 있기 때문에 우리가 산다. 그러나 화폐에 대해서는 맛도, 무게도, 부피도 혹은 어떤 물질적 특성도, 혹은 개인적 욕구를 직접 충족시킬 어떤 것도 요구할 수가 없다. 우리는 다시 상품으로 넘기기 위해 상품인 화폐를 산다.

화폐의 물리적 특성에 대한 일반적 무관심의 증거는 얼마만큼의 순금이 있어야 1달러, 1마르크, 1프랑 혹은 5파운드 지폐를 요구할 법적 자격이 있는지 1천 명 중 한 사람도 말할 수 없다는 사실에서 알 수 있다. 의심이 많은 사람은 이 말이 정말인지 쉽게 시험해볼 수 있다.

이런 이유로 우리가 화폐에 요구하는 것은 최소한의 물리적 속성을 갖고 있어야 한다는 것뿐이다. 그렇기 때문에 인류는 점차 무의식적으로 화폐의 재료로 자연물질인 금을 채택하게 되었다. 금은 모든 물질 중에서 속성이 가장 적다. 다른 생산물, 예를 들어 망치, 책 혹은 카나리아와 비교해볼 때 금의 속성은 얼마나 적은가! 금이 화폐로 선택된 것은 그 색, 무게, 부피, 소리, 냄새, 맛, 혹은 화학적 친화성 때문이 아니다. 금은 녹슬지 않고, 썩지 않으며, 자라지 않고, 시들지도 않으며, 긁히지 않고, 타지 않으며, 자를 수도 없다. 금은 생명이 없다. 그것은 죽음의 원형이다.

화폐의 물질적 속성에 관한 한 우리는 플러스가 아니라 마이너스를 추구한다. 최소한의 재료의 속성이야말로 모든 사람이 화폐 재료에 요구하는 바이다. 화폐를 이루는 물질에 대해 모든 사람들은 상인이 자신의 상품에 대해 갖는 느낌과 같은 것을 느낀다. 즉, 차가운 무관심이다. 금의 그림자로도 충분하다면, 금의 그림자를 더 선호할 것이다. 은행권의 존재와 인기가 이를 증명해준다. 물질의 속성이 적으면 적을수록 화폐 재료로서의 이점은 더 커지는 것이다. 그것이 지폐본위 비밀의 전부다.

귀금속은 사람들이 보편적으로 좋아하기 때문에 화폐로 채택된 거라고들 말한다. 내 생각은 그 반대다. 즉, 금과 은은 생산자들이 보편적으로 무관심해서 이 금속을 화폐로 인정하는 데 인류가 합의할 수 있었다는 것이다. 긍정적인 속성을 가지고 있어서 사람의 성향에 따라 그들에게 미치는 효과가 달라지는 어떤 것에 대해 합의하기보다는, 관심을 두지 않는 어떤 것, 중립적인 어떤 것에 대해 합의하는 것이 더 쉬운 법이다. 모든 자연생산물 가운데 금이 가장 속성이 적으며, 공업과 농업에서 가장 쓸모가 적다. 금만큼 우리가 무관심한 물질은 없다. 그래서 그 편의성 때문에 화폐로 채택될 수 있는 것이다.

보석제조업에서 금은 산업적 용도를 갖는다. 그러나 교환매개물로 화폐를 사용하는 사람들, 즉 생산자, 노동자, 농부, 기능공, 상인, 국가, 법원은 일반적으로 보석류가 필요 없다. 젊은 여성들은 금을 탐낼 수도 있다. (종종 그것이 화폐라는 이유만으로 말이다.) 그러나 생산자가 아닌 젊은 여성들은 교환매개물을 필요로 하지 않는다. 그들은 화폐에 대한 어떤 상업적 수요도 만들어내지 않는다. 젊은 여성들의 욕구에 의해 화폐 재료가 선택될 일은 거의 없을 것이다. 경제적 교류의 가장 중요한 수단이며 분업의 필수요건인 화폐는, 사회에서 경제적으로 가장 취약한 구성원들이며 본인 치장이 취향인 젊은 여성들의 욕구와는 다른 어떤 기초를 가져야 한다.

경제활동에서 화폐의 물질 부분의 중요성은 축구선수들에게 축구공 가죽의 중요성 정도이다. 선수들은 공의 재료나 공 주인에 대해 관심이 없다. 그것이 닳았는지, 더러운지, 새것인지 혹은 낡았는지는 중요하지 않다. 그 공을 볼 수 있고 찰 수 있거나 다룰 수만 있다면 경기를 진행할 수 있는 것이다. 화폐에 대해서도 마찬가지다. 우리 삶의 목표는 그것을 차지하기 위한 멈추지 않는 투쟁이다. 우리가 공 자체, 즉 화폐를 이루고 있는 물질이 필요해서가 아니다. 다른 사람들이 그것을 되찾으려고 애쓰고, 그러기 위해 희생하리라는 것을 알기 때문이다. 축구에서 그 희생은 세게 부딪히는 것이고, 경제활동에서 그것은 상품이라는 점이 유일한 차이다. 경구를 좋아하는 사람은 다음 말에 즐거워할지도 모르겠다. '화폐는 경제활동의 축구공이다.'

5.
지폐의 안전성과 보증

지난 장에서 튀어나온 여리고 새로운 아이디어는, 편견의 토양 속에서 싹터 나온 것이므로, 건강한 관목으로 자라나 가시로 자신을 보호할 때까지 지금은 의심의 찬바람으로부터 보호되어야 한다. 지폐라는 아이디어는 평범한 사람에게 불쾌한 느낌이 아니라 안전한 느낌을 주어야 한다. 금보다 은으로 저축하기를 여전히 더 선호하는 독일 농부조차, 모든 것을 고려해볼 때 그의 고지식한 머리로도 종이가 금이나 은보다 더 안전하다는 사실을 더 이상 거부할 수 없기 때문에 은보다 지폐를 더 선호하게 되어야 한다.

그러므로 지폐가 가능할 뿐 아니라 그것이 보증되고 안전하다는 것을 보여주는 것이 관건이다. 나는 금속화폐는 그것을 주조한 국가가 법을 어기지 않고도 없앨 수 있는 반면, 지폐는 국가 자체와 운명을 같이한다는 것을 증명하고자 한다.

"우리 독일 마르크는 금 1파운드의 1,392분의 1에 대해 이름을 붙인 것에 불과하다"는 오토 아렌트의 말을 독일통화법 당국은 부인할 수 없다. 어떤 법도 정금正金이나 금괴 소유자가 화폐 개념에 대해 법적으로 그렇게 해석하는 것을 막지 않는다. 실제로 이전 독일 주화에 적힌 "× ×× 1파운드 순은純銀", 그리고 현재 은행권과 재무부증권에 적힌 "은행 (혹은 경우에 따라 국가)은 소유자에게 … 등을 지불할 것을 약속한다"는 문구는 그 문구의 작성자가 금속화폐의 본질에 대해 아렌트와 같은 관점을 가지고 있음을 보여준다. 따라서 우리는 쉽게 다음과 같은 상황을 상상해볼 수 있다. 국가가 과거 은에 대해 그랬던 것처럼 어떤 이유로 금이 갖고 있는 화폐로서의 독점적 지위를 박탈한다. 그런데 금화를 새로운 화폐로 교환해주는 대신, 망치로 두들겨서 금화 표면에 새겨진 내용을 지우고 이런 말을 적어서 그 소유자에게 돌려준다. "당신은 지금 당신이 인정한 바와 같이 법적으로 권한이 있는 모든 것, 즉 일정 무게의 금을 가지고 있다. 그러나 향후 이 금은 화폐가 아니다. 국가는 다른 형태의 화폐를 채택했고, 금은 더 이상 화폐로 인정되지 않는다. 금을 새 화폐로 교환해주지도 않는다. 당신의 말에 따르면, 그리고 화폐의 본질에 관한 당신의 설명에 따르면, 금화는 그 금 함유량에 의해 보호되고 있었다. 당신이 이제 소유하고 있는 것은 금 함유량이다. 그걸로 당신이 하고 싶은 것을 하면 된다. 그 문제는 국가가 관여할 바가 아니다. 당신은 금괴를 국가에 가져왔고, 국가는 상당한 비용이 들었지만 그 비용을 당신에게 물리지 않고 그걸 금화로 만들어주었다. 이제 국가가 받았던 것, 즉 금괴를 가져온 모든 사람에게 금괴를 돌려준다. 당신은 그 이상을 요구할 수는 없다. 당신이 준 게 그만큼이기 때문이다."

그런 통화정책으로부터 우리를 보호할 법은 없다. 오히려 그 정책은 통용되는 이론이나 여론, 주화에 적힌 내용에 부합한다.

그러나 이 정책은 완전히 사기다. 이로 인해 현금, 담보대출, 환어음, 정부증권, 약속어음, 연금, 채권 소유자들이 그들 재산에 상당한 손실을 입기 때문에 이들의 재산을 강탈하는 게 될 것이다. 담보대출, 지방 혹은 중앙 정부 채무, 약속어음, 연금과 환어음은 단지 그만큼 많은 양의 금을 지불하겠다는 약속일 뿐이기 때문이다.° 그리고 금에서 화폐의 재료라는 주된 용도를 갑자기 박탈해버리면, 금 가격이 떨어질 것이 분명하다. 망치로 두들겨진 그 주화는 이제는 단순한 금속막대가 되어 금 세공업자의 가게로 흘러들어갈 것이다. 그리고 그러한 공급 증가는 당연히 금 가격을 낮출 것이다.

은의 화폐 자격이 박탈되었을 때, 금에 대한 교환비율이 16분의 1에서 30분의 1 혹은 35분의 1로 떨어졌다. 수백 년간 1톤의 금으로 16톤의 은을 샀는데, 은의 탈화폐화 이후 30톤 혹은 그 이상을 살 수 있게 된 것이다. 만약 은의 탈화폐화가 모든 나라에서 동시에 시행되었다면 은 가격의 하락은 훨씬 더 컸을 것이다.°° 니켈을 화폐로 채택한 후 그때까지 얼마 안 되던 니켈 가격은 100퍼센트가 올랐다.

여기서 논의되고 있는 가설, 즉 금화의 자유주조권 폐지는 1856년에 실제로 거의 현실화될 뻔했다. 당시 채권자들은 캘리포니아 금광 발견으로 인한 전반적인 물가상승으로 채무자가 유리해지고 자신들이 손

● 국가가 금화 주조를 중지하고 사적 주조를 금지하면, 아무도 금화로 빚을 갚으려고 강요당할 수 없다는 건 명백하다. 누구에게도 독점대상이 되는 것을 내놓으라고 강요할 수 없는 것이다.

●● 경제대국 중 한 국가가 금을 탈화폐화하면 나머지 국가들도 즉시 이를 따르게 될 것이다. 그들은 처음 국가에서 밀려나오는 금으로부터 자신들을 보호하려 할 것이고, 라틴동맹이 은 매각을 너무 오래 망설이다가 입었던 그런 손해를 피하고자 할 것이다. (여기서 라틴동맹은 라틴통화동맹The Latin Monetary Union을 말하는 것이다. 이 동맹은 19세기 유럽의 여러 통화를 단일통화로 추진하려는 기구였다. 당시에는 주화를 금과 은으로 만들었기 때문에 이에 대한 비용 부담을 줄이고 통합력을 갖자는 의도였으며 1865년에 창설돼 1927년 해체됐다―옮긴이)

해를 입었다는 걸 깨닫게 되었다. 그래서 그들은 금화의 자유주조권을 폐지하라고 압력을 가했다. 실제로 네덜란드는 그 정책을 채택했다. 캘리포니아 금광이 그 발견만큼이나 갑자기 소진되지 않았다면, 의심의 여지 없이 금본위제는 끝이 났을 것이다. *

하지만 금이 화폐의 특권을 상실한다면, 그리고 원시적 경제조건을 포기하고 분업으로 넘어갔던 모든 사람들, 간단히 말해 상품을 생산하거나 소유한 모든 사람들이 이 상품들을 가지고 금에 대한 수요를 만들어내지 않는다면, 금은 현재에도 중요할까? 금이 더 이상 화폐가 아니라면 중시될 이유가 있을까? 금은 탈화폐화된 후의 은만큼 경제적 중요성이 작아질 것이다. 그것은 별로 중요하지 않은 산업, 즉 수천 개의 가지를 가진 경제라는 나무에서 중요도가 낮은 가지에 불과한 산업의 원료로 쓰일 것이다. 지금 은에 대해 말하는 사람이 누가 있는가? 저축수단으로 은괴를 사서 저장하려는 사람이 누가 있는가? 은 가격이 200으로 오르든 50으로 떨어지든 누가 신경이나 쓰는가? 은 가격, 즉 은과 다른 생산물간의 교환비율이 바뀐다고 누가 이익 혹은 손해를 보거나 파산하게 되는가? 은 가격 변화는 기껏해야 소수의 귀금속 거래인들에게나 영향을 미친다. 대리석상이 치통에 무관심한 것처럼 일반 사업가는 은 가격에 무관심하다. 이전에는 그렇지 않았다. 은과 다른 생산물 간의 교환비율 몇 퍼센트 상승만으로 산업의 수레바퀴가 멈추고, 경제위기가 발생하며, 죽음과 파괴를 퍼뜨리고, 채무불이행과 실업, 굶주림과 사회적 소요가 일어날 정도였다.

● 나는 이 책이 1911년, 즉 전쟁 전에 출판된 책의 새 판본임을 다시 한번 지적하고 싶다. 전쟁은 이 화폐이론을 지지하는 많은 새로운 증거를 제공해주었지만, 나는 그 이점을 활용하거나 이론 증명의 자료로 쓰고 싶지는 않다.

사람들이 자신의 생산물에 대한 대가로 화폐를 얼마나 받을 수 있는지, 자신의 생산물이 다 팔릴 수 있는지를 은의 가격, 즉 은과 다른 생산물과의 교환비율이 결정했기 때문이다. 이전에는 상품가격에 대한 문의는 동시에 은 가격에 대한 문의를 의미했다. '이것 혹은 저것은 얼마인가?'라고 묻는 사람은 간단히 말해 은 가격을 묻고 있었던 것이다.●

이제 더 이상 그렇지 않다. 국가가 펜 한번 휘갈겨서 은을 화폐와 결별하게 만들었기 때문이다. 은이 수천 년간 누려왔던 화폐로서의 특권을 박탈하기 위해 위대한 대중운동이 필요했다고 생각해서는 안 된다. 그 '위대한 화폐개혁'은 헛소리꾼 몇 사람 의해 제창되었다. 별 위험도 없었고, 다른 여섯 명의 헛소리꾼에 대항해서 변호하는 데 별 어려움도 없었다. 인내심이 있으면 이 장황한 말다툼에 대해 읽어보라. 그 과정 내내 사람들은 마치 훈족처럼 화폐개혁을 다루었다. 공허한 문구, 논증되지 않은 이론, 값싼 주장, 일방적인 진술과 같은 것들이 화폐개혁이 이루어진 당시의 위대한 논쟁이었다. 그리고 지금까지 이어져온 모든 주장들을 보아도 매우 피상적이었다. 교환매개물, 교환을 기다리는 상품에 필요한 것들, 분업에 대해서는 전혀 논의가 없었다. 정말로 독일 마르크는 금 1파운드의 1,392분의 1에 불과한 것처럼 보였다.

금본위제를 옹호하는 주장은 당연하게 여겨졌고, 아무것도 검증되지 않았다. 그 주제에 대한 과학적 연구가 없었기 때문이다. 심지어 많은 쓰라린 경험을 겪고 난 오늘날에도 우리는 '화폐'라는 단어에 대한 법적 정의를 갖고 있지 않다. 통화 관련 법 적용에 있어서 의심이 생길 경우 그 정의에 의존해야 하는데도 말이다.

● 프랑스어와 스페인어로 '은'은 화폐를 의미한다. (argent, plata)

지금 이 순간에도 농부나 노동자는 말할 것도 없고 교양 있는 남녀들도 화폐의 본질에 대해서는 유치한 생각을 갖고 있는 게 사실이다. 즉, "많은 사람들, 심지어 저명한 경제학자들도 심사숙고한 화폐이론이 없다."(크누트 빅셀Knut Wicksell,[28] 『이자와 물가(Interest and Prices)』) •

이러한 상황에서 우리는 당연히 물을 수 있다. 독일 화폐, 독일 마르크의 안전성과 보증은 어디에 있는가? 금속에 있는 것은 확실히 아니다. 금보다 더 밀접하게 독일 화폐에 결합되어 있었던 은이 어느 날 별소란이나 말썽 없이 화폐에서 법적으로 분리된 사실을 보면 이는 명백하다.

화폐의 안전성이 법에 의해 보장되는 것도 아니다. 독일 마르크에 대한 법적 정의가 공백이기 때문이다. 완전히 공백이기 때문에 "법적으로 독일 마르크는 무엇이지?"라고 질문을 하면 항상 "1마르크는 100페니히다"라는 똑같은 영리한 답을 듣게 된다. 누구에게 물어도 마찬가지다.

화폐를 진짜 안전하게 만드는 유일한 방법은 화폐에 대해 충분히 많은 사람들을 가르치는 것이다. 이 사람들이 화폐본위에 영향을 미치는 입법을 할 때, 경호원 역할, 말하자면 돌팔이들과 사기꾼들로부터 마르크를 보호하는 역할을 할 것이다. 그러나 현재 이러한 안전성은 존재하지 않는다. 일반 대중과 학계, 언론, 사업가들이 화폐이론에 대해 너무나 무관심하기 때문이다. 그래서 수백만 독일인 중에서 이 주제에 대해

---

28 19세기 중반의 스웨덴 경제학자.

• 전후 인플레이션, 디플레이션 그리고 안정화를 경험하면서 대부분의 사람들은 통화본위가 국민 생활의 진정한 기초라는 점을 확신하게 되었다. 그럼에도 불구하고 독일공화국의 새 헌법은 통화본위에 대해 아무런 언급이 없다. 독일 정부가 지금껏 알려진 가장 큰 인플레이션을 일으키고 난 후, 우리 입법자들은 독일 특유의 철저함으로(deutsche Gründlichkeit) 국기의 색깔을 결정하는 데 긴 논쟁을 벌였다. 그러고는 나라의 화폐본위를 결정해야 한다는 것은 완전히 잊어먹었다.

진지하게 토론할 수 있는 사람은 손꼽을 정도이다.

그렇다면 독일 마르크의 안전성은 어디에 있는가? 누가 혹은 무엇이 마르크를 돌팔이와 투기자로부터 보호해주는가? 독일 금본위제보호협회의 전단지인가? 이 수호자들도 돌팔이 아닌가? 그 전단지를 주의 깊게 조사해보면, 글을 쓴 사람들이 화폐가 어떤 기능을 충족해야 하는지 모른다는 것이 분명하다. 화폐가 생산물 교환을 보호하고, 촉진하며, 저렴하게 해야 한다는 사실에 대한 언급이 전혀 없는 것이다. 화폐의 탁월함을 판정하는 기준이 금속 함유량이나 무게가 아니라 시장이라는 사실에 대해서도 마찬가지다. 이 전단지는 화폐를 가장 저급한 관점, 금 세공업자나 은행가의 관점에서 보고 있다. 그러나 현재 이 협회가 승리를 거두고 있다!

금속 함유량이 독일 마르크에 어떤 안전도 '보증'도 제공하지 않는다는 것을 우리는 은의 역사를 통해 증명했다. 은으로부터 도출된 결론은 너무나 명백해서 그것 하나만으로도 1마르크가 금 1파운드의 1,392분의 1이며 그 금속 함유량에 의해 충분히 안전하다는 주장이 오류라는 것을 단정할 수 있다.

게다가 그레셤의 법칙*으로 알려진 힘의 작용에 의해 집권당이 지

---

* 그레셤의 법칙: 어떤 국가에서 화폐의 양이 생산물 교환에 필요한 정도를 넘어서면, 물가가 상승한다. 이렇게 물가가 상승하면 수출은 억제되고 수입이 촉진된다. 결국 대외무역수지는 수입이 수출보다 많아 적자를 보게 된다. 이를 메울 수 있는 가장 쉬운 방법은 금의 수출이다.
그래서 독일이 프랑스의 전쟁배상금으로 넘쳐났던 1872~1874년의 기간에 수입이 수출보다 36억 4,600만 마르크나 더 많았던 것이다. 이건 거의 배상금 규모와 같다. 하지만 전쟁 전에는 수출이 수입보다 많았다.
이렇게 금이 빠져나가는 건 그 나라의 화폐량의 감소를 의미하기 때문에 물가는 하락한다. 따라서 자동적으로 수출과 수입 간의 균형이 다시 설정된다. 그러나 국가가 금 유출이 주는 경고에 유의하지 않고 지폐 발행을 통해 계속 화폐의 양을 늘리면, 수입업자들이 수입결제에 필요한 금(혹은 외국환어음)을 얻기 어려워질 때까지 금 유출은 계속된다. 이러한 어려움은 일시에 금에 대한 프리미엄

폐나 은화를 발행할 때마다 금이 국외로 유출될 수 있다는 건 확실하다. 국가가 더 많은 은화를 주조하거나, 발권은행이 더 많은 지폐를 발행하면 머지않아 금화는 국경을 넘기 시작할 것이다. 법이 다른 형태의 화폐로 금화를 몰아낸다면, 금화의 안전성과 보증은 어디에 있는 것인가? 프랑스에서는 존 로가 지폐 실험을 시작했을 때 은화와 금화가 유통되고 있었다. 이 프랑스 화폐의 안전성은 너무나 완벽해서 단시간에 금화와 은화는 사라져버리고 지폐만 유통되었다. 프랑스혁명 때는 아시냐 지폐[29]로 실험이 반복되었는데 결과는 같았다. 나중에 전쟁배상금[30]이 독일에 유입되었을 때도 다시 한번 지폐에 의해 금화는 시장에서 사라져버렸다. 금속 때문에 안전하다는 생각은 착각이라는 것이 세 번씩이나 입증된 것이다. 스코틀랜드, 영국, 오스트리아, 러시아, 스페인, 이탈리아, 미국, 남아메리카에서 권력자(독재자나 국민의 대표)가 원할 때마다 셀 수 없을 만큼 금속화폐는 지폐에 의해 쫓겨났다. 금속은 결코 돌팔이와 사기꾼으로부터 이들 나라를 지켜줄 수 없었다. 그것은 탈

이나 환전수수료로 전환되어 수입을 억제하고 수출은 촉진하는 조절자 역할을 하게 된다. 그러나 동시에 그 프리미엄은 국내에서 금 유통을 억제한다. 정부 당국과 법원은 지폐만 인정하기 때문이다. 그래서 대중은 조만간 프리미엄 변동을 금의 성가신 부산물 정도로 생각하게 되고 이런 형태의 화폐를 인정하지 않으려 할 것이다. 금은 유통되지 못하고 남아돌아서 은행에 모이고 되고, 금 주인이 이윤을 위해 해외로 보낼 때까지 거기서 놀리게 된다. 따라서 한 국가 내에서 금과 종이가 충돌하면 항상 종이가 승리한다. 지폐나 기초통화는 그 경쟁자인 금을 국경 밖으로 몰아낸다. 이 '법칙'을, 그것을 발견한 혹은 재발견한 엘리자베스 여왕 시대 정치가를 기려서 그레셤의 법칙이라 한다.

29 아시냐(assignat)는 프랑스혁명 기간 중 재정 문제를 해결하기 위해 발행한 지폐이다. 성직자들과 귀족들로부터 몰수한 토지를 기초자산으로 했고 1789년부터 1796년까지 발행되었다. 전비조달을 위해 발행이 급증하면서 가치가 급격히 하락하게 되어 실패하게 된다.

30 1870~1871년 프로이센-프랑스 전쟁(보불전쟁)에서 프로이센이 승리한다. 패전국 프랑스는 독일에 배상금 50억 프랑을 지불하고 알자스-로렌의 대부분을 할양했다. 또, 파리 개성(開城) 직전인 1871년 1월 18일, 베르사유에서 독일제국의 성립이 선포되었다. 독일제국이 탈러 대신 금화마르크(Goldmark)라는 새로운 통화를 도입한 것도 1871년이었다.

러의 은 함유량이 독일 화폐를 지켜주지 못한 것과 같다.

마르크가 그 금 함유량에 의해 돌팔이와 사기꾼들부터 보호되고 있다는 믿음은 화폐의 역사에 대한 완전한 무지를 보여준다.

그레셤의 법칙은 제쳐두더라도 화폐의 금속 함유량은 누구를 보호했을까? 우연히 그 주화를 갖게 된 사람들, 독일에서 유통되는 40~50억 개의 주화를 갖게 된 사람들뿐이다. 5천억에 달하는 국가채무, 담보대출, 환어음, 리스와 기타 임대차계약과 비교해볼 때 아주 미미한 양에 불과한 이 금이 뭐가 그리 중요하겠는가? 이 5천억도 50억의 금이라는 금속 함유량으로 보증되는가? 이 5천억에 대한 유일한 보증은 법이다. 주화의 금속 함유량이 아니라 법이 담보대출, 정부증권 등에서 독일 마르크의 의미를 결정하기 때문이다. 40년 전에는 독일의 모든 담보대출, 증권과 환어음은 은으로 지불할 수 있었다. 그러나 이제 법에 의해 채무자는 금으로 부채를 갚아야 한다.

또한 이러한 관점에서 볼 때 금속 함유량이 독일 마르크의 안전성을 부여한다는 것은 착각이다.

한 국가의 주화는 비주조화폐*(즉, 모든 화폐 지불 계약)라는 바닷속의 물 한 방울에 불과하다. 결국 주화의 금속 함유량에 의해 부여되는 안전성은 미미한 수준인 것이다. 그리고 그레셤의 법칙이라는 힘이 작용하면 언제라도 이 미미한 안전성마저 제거된다.

앞서 이름이 열거되었던 국가들에서 지폐나 동전에 의해 금화와 은화가 축출되었을 때, 그리고 많은 경우 이 지폐가 그것이 인쇄된 종이만큼 가치가 없어졌을 때, 채무자와 채권자 사이의 모든 계약(정부증권,

---

● 독일에서는 50억 마르크의 금화가 유통되고 있는데 환어음의 유통량은 400억, 담보대출의 규모는 1,430억 등에 이른다.

담보대출, 환어음)도 동시에 지폐 수준으로 떨어졌다!

자 그럼, 다시 한번 묻는다. 그래서 금속화폐의 안전성은 어디에 있는 것인가?

화폐는 국가를 필요로 한다. 국가가 없는 화폐는 불가능하다. 실제로 국가의 설립은 화폐를 도입한 날부터라고 할 수도 있다. 화폐는 국가의 가장 자연스럽고 가장 강력한 시멘트이다. 로마제국의 결속은 로마 군대보다 로마 통화에 더 의존했다. 금광과 은광이 고갈되어 주화를 더 이상 만들 수 없게 되자 로마제국은 산산조각 나고 말았다.

화폐가 필수불가결하고 화폐에 대한 국가 통제 역시 그렇기 때문에 국가는 화폐에 대해 무한한 권력을 갖게 된다. 이 무제한의 권력 앞에 노출되면 금속에 의한 화폐의 안전성은 바람 앞의 왕겨와 같은 신세다.

화폐가 화폐 재료에 의해 국가권력의 남용으로부터 보호되는 것은 아니다. 이는 국가의 헌법이 그것이 적힌 양피지에 의해 권력의 자의적 침해로부터 보호되지 않는 것과 마찬가지다.

오직 국가 자신, 즉 권력을 가진 이들(독재자 혹은 의원들)의 의지만이 돌팔이, 사기꾼이나 투기자들로부터 화폐를 보호해줄 수 있다. 권력자들이 그 권력을 목적에 합당하게 사용할 수 있다면 말이다. 지금까지는 불행하게도 권력자들이 그러지 못했다.

금속화폐에 대해 지금까지 이야기한 것은 당연히 지폐에도 적용이 된다. 지폐의 재료는 화폐의 소유자나 화폐 지급을 약속하는 증서(환어음, 정부증권, 연금권리증, 리스나 다른 임대차계약, 보험증서, 담보대출, 채권)의 소유자에 어떤 안전도 제공하지 않는다.

이러한 점에서 지폐는 금속화폐보다 좀 더 안전하지 못하다. 하지만 이를 보완하기 위해 국가에 의해 더 철저히 보호된다.

지금까지 우리가 알아낸 것은 다음과 같다. 국가는 법을 어기지 않고 기존의 화폐이론과 완전히 조화를 이루면서도, 망치질 한번으로 주화를 원재료로 바꿀 수 있다. 그리고 국가는 금화에서 화폐의 특권을 박탈할 수 있고, 화폐의 특권을 잃게 된 금은 가격하락 압력을 받게 된다. 또 국가는 이러한 손실에 대해 금화 소유자에게 보상할 법적 책임이 없으며, 보상하기로 결정하더라도 법에 의해서가 아니라 단순히 공정성 문제로 그렇게 할 뿐이다. '공정성'이란 신축적인 용어다. 그걸 언급하는 사회계층에 따라 크게 달라진다. •

지폐의 법적 지위는 훨씬 더 강하다. 국가가 지폐에서 화폐 특권을 박탈하려면 반드시 그 소유자에게 보상을 해야 한다. 지폐를 발행해주면서 국가는 무언가를 받았는데 그 무언가 때문에 지폐는 소유자의 부채로 기재된다. 이 무언가는 상환되어야 한다. 어떤 관점에서 고려해보아도 이를 부정할 수는 없다. 보상의무가 있다는 최상의 증거는 그 명백함이다.

국가는 탈러에서 화폐의 특권을 박탈하고, 그 소유자에게 탈러를 새 화폐로 교환해줌으로써 보상해주었다. •• 보상에 대한 법적 권리는 없었다. 그러나 법과는 별도로 이에 대한 충분한 근거가 발견되었다. 예를 들어 국가는 세금을 부과하여 시민들에게 탈러의 매입을 강요했다. 농부는 세금을 내려면 우선 탈러를 매입해야 했기 때문에 소를 팔았다. 국가가 은을 요구했기 때문에 농부는 개인적으로 필요하지 않음에도

• 독일의 토지 소유자들은 관세장벽을 높여서 나라의 식량 가격을 올려달라고 국가에 요구했는데, 이 요청은 받아들여졌다. 독일 노동계급은 관세를 폐지하여 식량 가격을 낮춰달라고 요구했지만 단호하게 거절당했다.

•• 탈러 소유자들은 은이 가진 화폐의 특권이 철회됨으로써 손실을 볼 수도 있었다. 이는 금속화폐이론과 모순되었고, 모순된 채로 남아 있다.

은을 사야 했다. 그러므로 국가는 이 탈러의 판매를 보장할 의무를 지게 되었다. 보상의무는 이로부터 추론될 수 있다.

보상의무에 대한 그런 호소는 들어줄 만하다. 그러나 그런 호소가 항상 뭔가를 얻어내는지는 또 다른 문제다. 귀머거리에게 호소하는 건 쓸모가 없다. 그리고 "들으려 하지 않는 사람들보다 더한 귀머거리는 없다." 어떤 권리를 호소하는 것은 정말이지 약점을 인정하는 것이다.

독일에서 금본위제가 채택되었을 때 독일의 토지 소유자들이 은의 탈화폐화로 그 가격이 하락하여 은 탈러로 계약되어 있는 그들의 담보 대출 부채가 50퍼센트 경감될 걸 알았다면, 보상 문제에 대한 그들의 태도는 많이 달랐을 것이다. 너무 늦었지만 이 문제가 실제로 어떤 것인지 토지 소유자들이 깨닫게 되었을 때 나중에 그들이 한 행동을 보면 다음과 같이 가정해도 무방해 보인다. 그들은 1탈러가 순은 1파운드의 30분의 1이라고 선언한 이론을 채택했을 것이다. 그리고는 은으로 계약한 자신들의 빚을 탈러당 은 1파운드의 30분의 1 비율로, 주화가 아닌 그냥 은으로 갚겠다고 고집했을 것이다. 이렇게 했다면 그들이 실제로 했던 행동, 즉 보호관세로 임대료를 올리는 것과 이익은 같은데, 더 명예로운 행동이 되었을 것이다.

지폐에는 그런 불확실성이 없다. 국가의 보상의무를 뒷받침할 어떤 법도, 법 해석도, 주장도 없다. 그 의무가 명확하기 때문이다. 이런 이유로 지폐는 금속화폐보다 훨씬 안전하다. 지폐가 안전한 것은 사람들을 하나의 국가로 뭉치게 만드는 모든 관심과 이상 때문이다. 국가가 무너질 때만 그 국가의 지폐도 무너진다.

화폐는 국가의 절대적 권력과 관련된 가상의 안전성 외에 '보증'이나 경제적 안전성이 요구된다. 국가가 그 권력을 최상으로 잘 사용하고 권력 남용이 없다고 하더라도, 화폐 소유자가 그 화폐를 갖기 위해 지출했던 것을 되찾게 될 것이라는 보장은 여전히 없다고 금속본위 지지자들은 말한다. 금속화폐는 자체에 이 지출을 충족할 재료를 담고 있어서 '내재가치'(지금은 이 용어가 뭘 의미하는지는 중요하지 않다)를 가지는데, 반면에 지폐는 이러한 내용물이 없으며 따라서 그 재료가 아닌 다른 곳에서 보증해줄 것을 찾아야 한다는 것이다.

이 반론은 공허하며 사고의 혼란을 보여준다. 이는 제3부 3장에서, 그리고 화폐의 안전성에 관한 앞의 논의에서 이미 우리가 배운 바 있다. 탈화폐화된 은화를 가진 모든 소유자들이 예외 없이 교환의 권리를 행사했다는 사실만 봐도, 금속화폐가 그걸 얻기 위해 소유자가 지출했던 금액을 완전히 보증해주지 못한다는 것을 분명히 알 수 있다. 완전한 보증이 있었다면, 소유자는 그냥 그 은화를 가지고 있었을 것이다.

앞의 반론에 대해서는 지금까지 논의한 바 있지만 이걸 덧붙이고자 한다. 좀 과장은 있지만 모두 합리적인 이야기일 것이다.

상품은 누군가가 통상적인 양의 다른 상품 혹은 화폐와 교환할 준비가 되어 있는 한 보증이 된다. 달리 말해 그 상품에 대한 수요가 있으면 된다. 분업 그리고 상품이라는 단어는 생산자 노동의 생산물이 자신에게 쓸모없다는 것을 의미한다. 반복해 말하지만 아무도 매입하려 하지 않는다면, 재단사, 제화공, 약제사가 그들 상품으로 혹은 농부가 금화로 무얼 할 수 있겠는가?

화폐를 보증한다는 것은, 소비할 재화(식량, 도구 등)의 소유자가 그걸 사용함으로써 얻어내는 그런 효용을 의미한다. 화폐 소유자에게도 화폐 재료를 통해 같은 종류의 효용을 제공하려고 한다. 화폐는 개인적 필요를 충족하기 위해 동시에 상품이자 재료가 되어야 한다. 화폐라는 상품은 불가능한 혼합물이 되어야 하는 것이다.● 화폐 재료가 모든 화폐 소유자들에게 쓸모가 있게 되는 순간, 화폐는 존재하지 않을 것이다. 화폐 재료가 쓸모 있으면 주화는 용광로에 들어가게 된다. 그러나 화폐는 필수불가결하다. 그러므로 소비되어서는 안 된다.

분업이 있는 한, 우리가 상품, 즉 우리에게 쓸모 없는 생산물을 생산하는 한, 우리는 교환매개물인 화폐가 필요할 것이다. 그러므로 화폐 수요는 영원히 지속된다. 화폐 수요는 분업에 기초하고 있는데 분업은 우리 생존의 기반이다. 왜 누군가 화폐를 소모하고 파괴할 힘을 가져야 하는가? 교환매개물을 소모해버릴 가능성 때문에 상품의 교환과 분업의 지속이 위험에 빠지지 않겠는가?[31]

이상의 반론이 의미하는 바와 같이 화폐에 대한 보증은 존재하지 않으며, 존재할 수도 없다.

화폐를 보증하고 그 경제적 수요를 확보해주는 것은 화폐 재료가 아니라 교환매개물로서의 기능이다. 최종적으로 분석하자면 화폐를 보증하는 것은 분업을 통해 인류가 갖게 된 고갈되지 않는 보물이다.

분업을 제외하면 화폐에 대한 보증은 없다. 분업은 끝없는 상품의 흐름과 끝없는 교환매개물 수요, 즉 화폐에 대한 수요를 만들어낸다.

● "보통 독일인이 무언가를 원할 때, 반대의 것도 원한다." 비스마르크. (화폐에서 양립할 수 없는 두 가지를 동시에 추구해서는 안 된다는 것이다. 즉 1. 화폐 재료를 통한 효용 2. 화폐의 지출(화폐의 유통)에 의한 소비의 효용이다. 화폐의 본원적 기능은 2이다. 그럼에도 사람들은 화폐의 보증 문제 때문에 1에 더 중점을 두었고 이는 화폐의 기능 실패를 초래했다. 게젤은 2의 기능에 중점을 두면서 화폐의 보증은 다른 곳에서 찾고 있다. 화폐를 보증하는 것은 분업이며, 이로 인한 필연적인 화폐의 수요이다—옮긴이)

31 화폐 재료가 화폐에 대한 보증으로서 가치를 갖게 되면 이러한 위험, 즉 화폐의 파괴와 소모라는 위험이 상존하고 그 결과 교환과 분업도 위험을 받게 된다.

화폐의 재료가 무엇인지와 상관 없이 말이다. 화폐가 금으로 만들어졌는지, 은이나 종이로 만들어졌는지는 상품의 공급, 즉 화폐의 보증에 아무런 영향을 미치지 못한다. 화폐의 형태가 무엇이든, 분업의 생산물을 화폐로 교환하기 위해 팔아야 하기 때문이다. 농부가 자신의 감자 판매로 금화를 받는지, 지폐를 받는지는 그가 시장에 내놓는 감자 양에 전혀 영향을 미치지 못한다. 어느 경우라도 그는 남는 걸 다 내놓을 것이기 때문이다. 제국은행이 지하실에 보관하고 있는 금이 10톤이든 100톤이든, 상품의 공급, 교환매개물의 수요에 영향을 미치지 못한다. 그리고 이 수요가 화폐에 대한 진짜 보증이다. (일반적으로 상품 수요가 상품에 보증이 되는 것과 같다.) 그러므로 화폐에 대한 보증은 화폐의 재료와 무관하다.

상품, 화폐 수요, 그리고 화폐에 대한 보증은 같은 것에 대한 세 가지 다른 표현이다. 철도 주식은 어디서 보증을 하는가? 철로와 제방인가? 철도 주식을 보증하는 것은 매일매일 수송이 필요한 대량의 상품이라는 걸 모두 알고 있다. 분업이 철도 주식을 보증하는 것이다.

화폐의 특권에서 차지하는 몫, 즉 화폐의 소유 자체에 대해서도 마찬가지다. 화물과 승객이 없으면 철도 주식은 쓰레기가 된다. 분업과 상품 흐름이 멈추면, 화폐는 가장 쓸모없는 물건이 된다. 그렇게 되면 지폐는 휴지가 될 것이고 금속화폐는 가장 덜 중요한 산업에 쓰이는 원료가 될 것이다.

이 장에서 논의된 것을 요약하면,

1. 화폐 재료는 화폐 문제에 있어서 국가권력의 오용에 대한 안전장치가 아니다.

2. 그레셤의 법칙이 작용하는 걸 무시하더라도, 화폐 재료는 작은 정도로만 주화를 보증할 수 있다. (은은 탈러의 40퍼센트만 보증한다.) 화폐로 지불해야 하는 계약(담보대출, 정부증권)은 그보다 수천 배나 더 큰데 보증이 되지 않는다.

3. 어떤 형태의 화폐가 화폐의 특권을 박탈당하면, 국가의 보상의무는 지폐의 경우에만 명백하다. 금속화폐의 경우는 보상의무를 이행하려면 이해관계가 걸린 공동체 다수의 반대에 맞서야 한다. 이러한 이유로 지폐의 안전성이 금속화폐보다 더 크다.

4. 화폐 재료는 화폐 수요에 영향을 미칠 수 없고, 따라서 화폐를 보증하는 역할도 하지 못한다. 화폐 재료는 화폐 수요를 유발하지도, 수요에 영향을 미치지도, 통제하지도 못한다.

5. 화폐는 그 재료와 상관없이 항상 분업에 의해서만 보증된다.

6. 화폐의 안전성은 국민과 그 통치자들이 건전한 통화정책 개념을 공유할 때만 달성될 수 있다.

6.
화폐가격은
얼마가 되어야 하나

우리는 지금까지 화폐를 종이로 만들 수 있다는 것을 보여주었다. 혹은 다른 말로 하면, 지폐는 화폐의 특권이 없는 같은 양의 종이에 비해 더 높은 가격을 받을 수 있다는 것을 보여주었다. 이 주제가 중요한 만큼 필요한 모든 세부사항을 곁들여서 말이다.

다음 문제는 이것이다. 지폐가격은 그걸 만든 종이보다 얼마나 비싸야 하는가? 화폐와 상품 간 교환비율은 얼마가 되어야 하는가?

이것은 중요한 질문, 생산자가 열렬히 관심을 갖는 질문이다. 생산자들은 화폐의 물질에 대해서는 무관심하다. 그건 그들에게 단지 불필요한 짐일 뿐이다. 그러나 다음 질문은 그들의 관심을 불러일으킨다. 당신의 소에 대한 대가로 얼마만큼의 화폐를 요구하겠는가? 혹은 내 연장을 사기 위해 얼마나 지불하겠는가? 생산과정 전체의 성패는 이 대답에 달려 있다.

상품과 화폐 간 교환비율에 변화가 있으면, 상품을 파는 모든 사람들은 화폐를 더 많이 받거나 더 적게 받게 된다. 그리고 화폐를 지불할 때는 그 상응하는 만큼 상품을 더 적게 받거나 더 많이 받게 된다. 그러므로 이러한 관점에서 보면 화폐가격의 변화는 크게 관심을 갖지 않는 문제가 될 것이다.[32]

하지만 모든 사람이 자기가 받은 화폐로 즉시 상품을 사지는 않는다. 그런 사람들에게는 판매와 구매 사이의 시차 동안 발생하는 가격 변화가 분명히 무관심할 수 없는 문제다. 채무자과 채권자의 경우 가격은 훨씬 더 민감한 문제다. 그들에게는 이런 질문이 매우 중요하다. "채무에 대한 이자를 내고 원금을 갚기 위해 내 생산물을 얼마나 팔아야 하는가?" (혹은 "빌려준 화폐에 대한 이자와 원금 상환 시 받는 화폐로 생산물을 얼마나 살 수 있는가?") 우리가 또 보게 될 것은 단순히 상업의 기술적 관점에서 고려해볼 때, 가격 문제가 상품교환이 지속될지 말지, 즉 경제활동의 기반인 분업이 지속될지 말지를 결정한다는 점이다.

가격의 중요성을 보여주기 위해 지금은 채권자와 채무자의 관계만을 생각해보고자 한다.

채무자(담보대출자, 채권 발행자, 어음인수인, 세입자, 생명보험증권 소유자, 납세자)의 자산은 항상 상품, 기계, 토지, 가축으로 이루어진다. 반면 그의 채무는 항상 확정된 화폐 합계이다. 채무자는 자신의 자산, 보통은 자신의 생산물 중 일부를 팔아야만 채무를 갚을 화폐를 얻을 수 있다.

상품과 화폐 간 교환비율이 변하면, 채무자의 부채에 대한 자산의 비율도 비례해서 변하는 것은 명백하다. 예를 들어 밀 가격이 톤당 62

---

[32] 화폐와 상품 간 교환비율이 일률적으로 같이 변화하는 경우를 말한다. 화폐로 표시한 가격만 바뀔 뿐 상품 간 교환비율은 변화가 없다. 따라서 사람들이 별 관심을 갖지 않게 된다는 것이다.

달러(밀에 대한 수입관세를 도입한 후 독일에서의 가격)이고, 한 농부가 세금, 보험료 및 담보대출 상환비용(혹은 임차농의 경우 임대료)을 내기 위해 그의 수확물 중 4분의 1이 필요하다고 해보자. 지금 밀 관세를 없애면 농부는 같은 비용을 지불하기 위해 그의 수확물 중 3분의 1을 희생해야 할지도 모른다. 이 같은 증가는 채무자 이익의 소멸, 그의 파멸을 의미할 수 있다.

물가가 오르면 상황이 역전된다. 물론 채권자의 입장에서 봤을 때도 역전된다. 채권자는 물가의 변동으로 정확히 채무자의 손실만큼 이익을 보고, 채무자의 이익만큼 손실을 본다.

신용은 현대에 들어 엄청나게 팽창했다. 독일 채무자들은 독일 채권자들에 약 3천억, 4천억 마르크 빚을 지고 있다. 그 이자와 분할상환금은 노동생산물의 판매에 의해서만 조달될 수 있다. 그래서 물가가 조금만 변해도 이 두 거대한 계급 중 하나는 수십억 마르크의 부담을 지게되고, 다른 하나는 이익을 얻기에 충분하다.

평균 1퍼센트의 물가하락은, 그렇게도 칭송받는 금본위제하에서 가장 혼한 일이었는데, 독일 채무자들에 큰 부담을 안긴다. 이는 1871년 프랑스가 부담한 50억 프랑의 전쟁배상금보다 더 크다.

또 한 납세자가 지방 및 중앙 정부 빚에 대한 이자와 감채기금 중 그의 몫으로 매년 직접세와 간접세로 100달러를 지불한다고 해보자. 화폐와 그의 노동생산물 간 교환비율에 따라 그 화폐를 벌기 위해 그가 10일, 20일, 혹은 50일을 일해야 하는지가 결정된다.

우리 통화정책이 채무자의 이익을 위해 채권자를 착취하도록 물가를 올리는 걸 목표로 해야 할까? 아니면 국채 소유 계급을 부유하게 하기 위해 물가를 낮춰야 할까? 이 문제 결정을 채권자나 채무자에 남겨

뒤서 통화본위가 개인들의 이기적 동기에 의해 결정되도록 해야 할까? 답은 통화관리에서 절대 사적 이익이 고려되어서는 안 된다는 것이다. 화폐는 개인들의 이익이 아니라 경제활동 전체의 이익을 고려하여 관리되어야 한다.

시간, 장소와 상관없이 화폐는 오늘 구매한 가격으로 항상 구매할 수 있어야 한다. 화폐 소유자가 그 화폐를 얻기 위해 상품으로 지불한 것을 내일 혹은 10년 후에도 요구할 수 있어야 하는 것이다. 이런 식으로 채무자는 그가 받았던 것을 되갚는다. 그리고 채권자는 그가 준 것을 딱 그만큼 돌려받는다. [33]

그건 너무나 자명해서 어떤 증거도 필요치 않다.

33   결국 물가(달리 말해서 화폐가격)의 안정이 중요하다는 말이다.

7.
화폐가격은 정확히 어떻게
측정할 수 있는가

화폐가격*이 일정하다면, 그것이 실제로 일정하게 유지된다는 증거가 있어야 한다. 증거가 없다면, 채무자나 채권자는 불만을 갖게 되고 화폐가격의 인하 혹은 인상을 요구할 것이다. 채권자와 채무자의 그러한 불만을 잠재우는 유일한 방법은 화폐가격이 변하지 않는다고 명확하게 증명하는 것이다.

금본위주의자와 복본위주의자 사이의 갈등은 화폐가격이 변하는지 아닌지의 질문으로 귀결되었다. 이 질문에 대한 논쟁은 양측 다 소위 '가치'('내재가치' '가치저장소' 등)라는 환상의 영향에서 벗어나지 못한 채 진행되었다. 그러니 해결될 수가 없었다. 이 환상 때문에 복본위주의자들의 가장 훌륭한 과학적 증거들도 계속 불합리한 것으로 판명되었다. 복본위주의자들이 공들여 모은 통계를 사용해서 금본위제 도

● 화폐가격이란 일정한 화폐의 양과 교환되어야 할 상품의 양을 의미한다.

입 이후 물가가 10퍼센트, 20퍼센트 혹은 50퍼센트 하락했음을 보여주면, 금본위주의자들은 이러한 반론이 무의미하다고 답했다. 문제는 화폐가격이 아니라, 복본위주의자들도 인정한 것처럼 '가치'라는 것이니까.[34] 상품의 전반적인 가격하락은 기술진보에 의한 생산비와 운송비 감소 탓으로 돌려졌다. 확신에 찬 소수의 가치이론 반대론자들만이 금본위제 도입이 채권자의 이익을 위해 채무자(그중에서도 국가)가 약탈당하는 실수라는 것을 증명하는 데 성공할 수 있었다. 복본위주의자들이 논점을 화폐가격에 한정했더라면, 이겨도 쉽게 이길 수 있었을 것이다. 그러나 그들은 '가치'라는 환상을 순순히 수용했기 때문에 스스로를 무장해제하고 말았다.

화폐가격은 오직 상품으로만 표현될 수 있다. 물물교환을 제외하면, 상품의 가격도 오직 한 가지 방법, 즉 화폐액수로만 표현될 수 있다. 그러나 화폐가격은 상품의 종류와 품질, 운송조건, 시황에 따라 여러 가지로 표현될 수 있다. 한 나라에서 모든 최근 시장 보고서, 가격목록과 상품 품목표를 읽어보면, 그때 화폐가격이 얼마인지 알게 되는 것이다.

하지만 화폐가격의 변화 여부를 알아보려고 한다면, 상품의 오늘 가격을 어제 가격과 비교하는 것만으로는 충분치 않다. 왜냐하면 많은 상품의 가격이 상승하더라도 다른 많은 상품의 가격은 하락할 수 있기 때

---

34 금본위제하에서 경제가 팽창하면 이를 감당할 화폐의 공급에 제약이 생길 수밖에 없다. 금의 공급은 자연적 조건에 의해 제약되기 때문이다. 그래서 금본위제 도입 이후 물가가 하락했고 복본위주의자들은 이를 금본위제에 대한 공격의 논거로 삼았다. 그러나 가치이론을 포기하지 않았기 때문에 금본위주의자들의 반론에 대응할 수가 없었다. 가치이론에 따르면 시장에서 교환은 내재가치에 맞추어서 이루어진다. 물가하락은 이러한 가치의 변화를 반영한 것일 뿐이라는 설명에 복본위주의자들은 마땅한 답을 찾을 수 없었다. 이 모두가 가치에 대한 집착 때문이었다.

문이다.

또 증기용 석탄이나 밀, 철의 가격 변화는 바늘, 카나리아, 단추의 가격 변화보다 훨씬 중요하다.

예를 보면 의미를 알 수 있을 것이다.

	1906년	1907년
담배파이프 1개	1.00달러	1.10달러+
구두약 1통	0.50달러	0.60달러+
강철펜 1다스	0.50달러	0.80달러+
모자 1개	3.00달러	2.50달러−
장화 1켤레	4.00달러	3.00달러−
바지 1벌	11.00달러	10.00달러−
	20.00달러	18.00달러−

앞의 여섯 개 물건 중 절반은 가격이 상승했지만 절반은 하락했다. 그러나 '평균가격'은 2달러 또는 10퍼센트 하락했다. 이 상품들에 의거해 판단해보면 구매자는 화폐가격이 약 11퍼센트 상승한 걸 목격하게 된다. 같은 화폐로 전에 비해 11퍼센트 더 많은 상품을 받는 것이다.

처음 측정한 때의 균형을 회복하기 위해 상품 간 교환관계를 이전과 동일하게 재설정할 필요는 없다. 화폐가격이 하락하는 것으로 충분하다. 구두약 가격이 오르는 동시에 바지 가격이 하락하면, 그건 이들 상품의 생산 및 판매 조건이 변한 결과이다. 오직 같은 금액의 화폐에 대해 같은 품질의 상품을 '평균적으로' 더 많이 혹은 적게 받을 때, 상품과 화폐 간의 교환비율이 바뀌었다고 말할 수 있다. 그래서 이전의 균형을 회복하려면 앞의 여섯 개 상품가격이 각각 그전 가격과 상관없이 11퍼센트(11.1퍼센트) 올라야 한다. 그 결과는 다음과 같을 것이다.

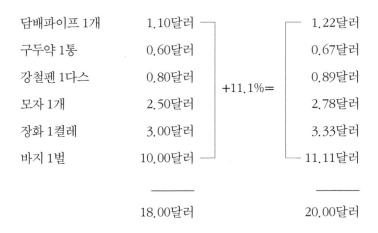

담배파이프 1개	1.10달러		1.22달러
구두약 1통	0.60달러		0.67달러
강철펜 1다스	0.80달러	+11.1%=	0.89달러
모자 1개	2.50달러		2.78달러
장화 1켤레	3.00달러		3.33달러
바지 1벌	10.00달러		11.11달러
	———		———
	18.00달러		20.00달러

이제 합계가 전과 같은 20달러다.

이렇게 같은 비율로 가격이 상승하는 건 모든 상품에 동일하게 작용하는 하나의 원인 때문이지, 다양한 생산비용의 변화에 기인하는 것은 아니다. 오직 화폐만이[*] 모든 상품가격에 동일하게 작용할 수 있다. 균형을 회복하기 위해서는 가격이 11퍼센트 상승할 때까지 더 많은 화폐를 유통시키기만 하면 된다.

그러므로 화폐가격의 변화를 측정하기 위해서는 상품의 평균가격을 결정하고 이를 이전의 평균가격과 비교해보아야 한다.

---

[*] 물가변화는 채무자와 채권자의 관계, 노동계급과 주주계급의 관계에 영향을 준다. 이는 이들 두 계급이 구매하는 상품의 수요에, 결과적으로는 그 가격에 영향을 주게 된다. 지금 주제를 이해하는 데 그리 중요하지 않으므로 이 반응을 여기서 다루지는 않겠다.

수십억 명의 운명이 여기에 달려 있다. 화폐가격이 채권자와 채무자가 흥하느냐 망하느냐를 결정하기 때문이다. 그러므로 신중한 작업이 필요하다. 채택된 방법은 외부 이해관계에 의해 조작되지 않았다는 점이 증명되어야 하고, 정확한 과학적 결과를 산출해야 한다. 그렇지 않으면 채무자와 채권자의 불평은 끝이 없을 것이다.

불행히도 지금껏 사용한 방법들로는 이런 정확하고 의심의 여지가 없는 결과를 얻지 못한다. 통계학자들은 장소가 다르고 품질이 다른 수백만 개의 상품가격을 공식적으로 결정하고, 이들의 상대적 중요성을 분류하기가 어렵다는 것을 알고 좌절하고 말았다. 그래서 그들은 거래되는 주요 물품들 중 제한된 수의 상품을 선택하고, 이 상품의 생산과 판매에 투입된 자본의 양으로 그 상대적 중요성을 평가하자고 제안했다.

이런 방식으로 제번스Jevons, 자우어베크Sauerbeck, 죄트베어Soetbeer와 다른 이들의 '지수'가 만들어졌다.[35]

경제활동의 아주 중요한 문제에 대한 이해를 돕기 위해 나는 여기에 표 하나를 보여주려고 한다. 표에 사용된 건 모두 가상의 수이고 단순히 예시라는 걸 미리 말해둔다.

---

35 윌리엄 제번스는 영국의 경제학자로 한계효용학파의 창시자이다. 아우구스투스 자우어베크는 『물가의 움직임(*Movement of Prices*, 1840-1894)』의 저자이다. 아돌프 죄트베어는 독일 경제학자로 함부르크 상공회의소장을 지내면서 상업통계제도의 토대를 마련했다.

주요 상품의 평균가격 계산표

	1860년			1880년			1900년		
	a 가격	b 양	c 합	a 가격	b 양	c 합	a 가격	b 양	c 합
1. 양모	1.00	100	100	0.80	90	72	0.70	40	28
2. 설탕	1.00	20	20	0.90	90	81	0.80	110	88
1. 아마	1.00	7	7	1.10	40	44	1.20	10	12
2. 면	1.00	20	20	0.90	40	36	0.80	60	48
1. 목재	1.00	150	150	1.20	100	120	1.30	80	104
2. 철	1.00	5	5	0.80	100	80	0.70	130	91
1. 밀	1.00	400	400	0.80	300	240	0.75	260	195
2. 고기	1.00	150	150	1.20	200	240	1.40	260	364
1. 염료	1.00	30	30	0.80	5	4	0.75	1	(1)
2. 석유	1.00	10	10	1.10	35	38	1.20	49	58
		1,000	1,000		1,000	955		1,000	989

설명: 이 표에 따르면 위 10개 상품의 평균가격은 1860년 1,000에서 1880년 955로, 1900년 989로 변했다.

결과가 유효하려면, 당연히 세 개의 b열의 수량의 합계는 항상 같아야 한다(여기서는 1,000). 선택된 수는 중요하지 않다. 각 b열에서 그들 사이에 개별 수량들의 비율이 정확하기만 하면 된다. 예를 들어 표의 수량 합계를 500이나 100으로 줄이더라도 최종 결과는 같을 것이다. 물가에 해당하는 수 1,000-955-989 사이의 관계는 변함이 없을 것이다.

첫번째 a열에 있는 가격은 1860년에 1달러로 살 수 있는 상품의 양에 대한 것이다. 예를 들어 그 당시 1달러로는 양모 7.5온스, 설탕 51온스, 아마 6온스 등을 살 수 있었다. 그렇기 때문에 첫번째 열에서 모든 가격은 1달러로 표시된다. 두번째, 세번째 a열의 가격은 1880년과 1890년 가격인데, 1860년에 1달러로 살 수 있었던 상품의 수량과 같은 수량을 살 때 해당되는 가격이다. 즉 양모 7.5온스, 설탕 51온스, 아마 6온스 등을 사려면 1860년에는 1달러였는데, 1880년에는 각각 0.8달러, 0.9달러, 1.1달러, 1900년에는 각각 0.7달러, 0.8달러, 1.2달러였다는 뜻이다.

이 방식으로 물가를 결정할 때 극복해야 하는 주요 난점을 예시하기 위해 나는 국가 경제활동에서 중요성이 줄어들고 있는 상품 뒤에 중요성이 증가하는 상품을 놓는 식으로 배열했다.[36] 양모와 설탕이 그 예이다. 독일에서 양 목축업은 지난 수십 년간 꾸준히 감소해왔다. 이제 독일 경제활동에서 양모의 중요성은 40년 전과 결코 같지 않다. 예전에는 양모의 가격이 엄청난 양떼의 가격, 그리고 양 방목지로 사용되는 넓은 국토의 임대료에 영향을 주었다. 오늘날 독일 농업은 양모 가격과 거의 관계가 없다. 양모 가격이 100에서 50으로 하락해도 독일 농부 100명 중 한 명도 그 사실을 모를 것이다. 양모 상인과 방직공, 그리고 포목상만이 어려움을 겪을 것이다.

양모 가격을 그 수량으로 가중치를 조정해야만 실제 중요도에 맞게 표에서 그 가격을 낮출 수 있다. 따라서 그 수량을 100-90-40로 점차 줄어드는 수로 표시했다.

설탕의 경우는 반대다. 독일의 사탕무 설탕 산업은 1860년 이후 절대적으로, 그리고 여타 산업에 비해 상대적으로도 크게 팽창했다. 많은 양의 목초지가 사탕무 경작지로 바뀌었다. 수많은 독일 농부들과 관련한 땅, 공장 및 상점에 투입된 상당한 양의 자본이 설탕 가격에 영향을 받았다. 그러므로 설탕은 우리 표에서 점점 더 중요한 위치를 차지한

---

36 각 상품 앞에 있는 번호 1, 2가 중요성에 따른 순서를 표시한다.

다.[37]

그것은 다른 상품들의 쌍, 아마와 면화, 양모와 철, 밀과 고기, 염료와 석유의 경우에도 마찬가지다.

우리가

1. 해당정보가 모두 채워지고,

2. 각 가격이 정확히 확인되며,

3. 각 상품의 상대적 중요도가 정확하다는 것을 확신할 수 있다면,

결과는 의심의 여지 없이 받아들일 수 있을 것이다.

그러나 이건 엄청난 가정이다. 상품은 수백만 개가 있다. 그리고 각 상품마다 품질 차이도 많다. 그건 각 공장의 상품 품목표 몇 페이지만 봐도 알 수 있다. 예를 들어 사진 관련 물품 품목표나, 약품, 철물의 품목표를 보라. 1천 개의 다른 제품들이 눈을 괴롭힌다. 그리고 그 가격을 공식적으로 어떻게 확인할 수 있겠는가? 공장은 다른 고객들을 위해 할인율이 다른 파란 견적서, 빨간 견적서, 녹색 견적서, 흰색 견적서를 가지고 있다. 공식적인 가격을 조사하는 사람은 흰색 할인 견적서를 받아야 하는가, 녹색 할인 견적서를 받아야 하는가?

하지만 충분한 정확도를 달성할 수 있는 다른 간단한 방법이 없다면, 우리는 대략적인 값, 즉 모든 상품의 평균가격이 아니라 가장 중요한 물건 100개, 200개, 혹은 500개의 평균가격에 만족해야 할지도 모른다.

가격 수집작업이 상공회의소에 맡겨져 그들이 수집한 가격의 평균을 취하면 채무자나 채권자에 대해 공정한 입장이므로 큰 반대는 없을

---

37 그래서 설탕의 수량은 20-90-110으로 증가하게 표시했다.

것이다.

절대적 정확성을 달성할 수는 없다. 왜냐하면

1. 상품가격은 제3자에 의해 정확하게 확인될 수 없기 때문이다. 특히 이 사람들이 정부 공무원이라면.

2. 다른 상품 간 상대적 중요성을 측정하는 것이 엄청나게 복잡하기 때문이다.

그러나 이것이 화폐가격 측정을 시도하지 말아야 할 이유가 될까? 재단사는 천을 잴 때 파리의 표준미터를 사용하지 않는다. 그의 고객들은 나무로 된 야드 자를 사용해도 만족한다. 앞에서 화폐가격을 확인하는 방법에 의해 얻은 대강의 결과가 제국은행 총재의 장황한 주장보다는 나을 것이다. 오늘날 독일 화폐가격에 대해 우리가 뭘 알겠는가? 우리가 관찰한 것을 제외하면 알 방법이 없다. 아니면 이해관계자들이 증거나 사실과 무관하게 말하는 주장이나 들을 뿐이다.

이러한 맹목적 무지와 비교해보면 화폐가격의 움직임을 근사적으로 측정하는 것이 실천적, 이론적으로 훨씬 이점이 있다. 그런 측정이 이루어지면 금본위제 예찬자들은 놀라고 당황하게 될 것이다.[38] 그렇다고 이 측정을 부인할 이유가 되는가? 판사가 배심원들에 대한 질의서를 만들 때 도둑의 당황스러움도 고려하는가? 양초가 시커먼 어둠보다 낫고, 과학이 제기하는 의심이 맹목적인 미신보다 낫지 않겠는가?

40년간 우리는 독일의 통화제도가 우수하다는 주장을 이끌어왔고, 40년간 그 증거를 찾았으나 헛수고였다. 앞의 방법에 의해 수집된 가격 통계는 이러한 주장의 진위를 조사할 기반이 될 것이다. 그런 통계를

---

38 금본위제 도입 이후 물가하락 현상이 관측될 것이기 때문이다.

현재까지 모으지 않는 것은 지금의 통화행정에 달갑지 않은 빛이 드리울까 두렵기 때문이다. 관습은 과학을 싫어한다.

금본위제의 곡예에는 눈이 멀었던 그 사람들이 지폐본위와 그 측정가능성을 고려할 때는 갑자기 꼼꼼하게 형식을 따지고 실천 불가능한 정확성을 주장하는 걸 보면 기이하다. 금본위제하에서 단기간에 물가가 10-20-30퍼센트 오르거나 내릴 수 있다고 불평하면, 제시된 측정방법이 절대적으로 신뢰하기 힘들다는 반대측 불평에 부딪히고 만다. 즉 오류에서 자유롭지 못하다는 것이다. 이러한 오류가 증명될 수 없다 해도 말이다.●

그러나 우리가 어느 정도의 수고를 감수할 준비가 되어 있다면, 그러한 악의적인 엄격한 행태도 침묵시킬 수 있다. 실제 문제는 무엇인가? 그건 단지 채권자와 채무자의 이익이 물가 변동에 의해 영향을 받았는지, 기업가계급의 예산이 물가의 상승 또는 하락에 영향을 받았는지, 영향을 받는다면 얼마나 받았는지, 임금소득자, 공무원, 주주, 연금생활자 등이 화폐소득으로 상품을 더 많이 혹은 덜 살 수 있는지 등을 알아보는 것이다.

오류 가능성을 넘어 이를 확인하기 위해서는 다음의 법안을 통과시키면 될 것이다. '모든 생산자는 그들이 생산한 상품의 수량과 판매 가격을, 해당업무를 수행하는 당국, 그러니까 상공회의소 같은 곳에 제출하여야 한다.' 각 수치는 이 당국에 의해 수집되고 그 결과는 중앙통계

● 이 측정방법에 제기된 불만을 증명하기 위해서는 비판자들은 그들 자신의 측정방법을 제시해야 할 것이다. 그러나 그들은 거부한다. 그 방법을 금본위제에 적용하면 테스트를 통과하지 못할 것이기 때문이다. 그래서 그들은 '입증할 수 없는' 오류에 대해 이야기하길 더 좋아하고, 그래서 '입증할 수 없는'이라는 그 말로 인해 특히 위험하다는 의심을 일반인들에게 불러일으키고 싶어한다.

국에 전달된다. 전달 내용은 다음의 어떤 형태가 될 것이다.

밀가루 5,000톤	톤당 140달러	700,000달러
감자 1,000톤	톤당 30달러	30,000달러
우유 5,000갤런	갤런당 0.60달러	3,000달러
판자 600세제곱야드	세제곱야드당 9달러	5,400달러
벽돌 5,000,000개	1,000개당 8달러	40,000달러
양 200마리	마리당 20달러	4,000달러
밀짚모자 500다스	다스당 10달러	5,000달러
	———	———
	X지역의 연간 생산액	787,400달러

모든 지역에서 들어온 금액은 중앙통계국에서 합쳐질 것이다. 그 합계는 가끔씩 그 뒤의 변화를 파악할 때 비교기준이 될 것이다. 새로 측정을 하려면, 각 지역의 수집대행기관이 확인한 새로운 가격이 앞서 그려낸 것과 같은 계산에 더해질 것이다. 그래서 새 합계는 국가 전체 생산물에 대한 물가의 평균적인 변화를 제공할 것이다. 따라서 물가는 측정이 필요한 만큼 자주 수집된다. 그러나 생산량은 연 단위로만 측정한다. 외국 상품에 대해서는 수입 통계가 사용될 것이다.

생산액은 가격만큼 변화가 심하기 때문에 새로운 생산물 통계는 새로운 측정에 바로 사용할 수 없다. 비교 가능한 수량을 얻기 위해서는 새로운 생산액은 먼저 이전 가격으로 측정되고, 이후 새로운 가격을 사용해야 한다. 이 두 수치의 비교에서 화폐가격 움직임을 나타내는 지수를 얻게 된다.

상인이 갖고 있는 재고는 이 계산에서 제외된다. 재고는 생산물에는 포함된다. 그리고 생산물 물가 통계에서 포착된 변화는 같은 비율로 상인의 수중에 있는 상품에 적용되리라고 가정할 수 있다. 따라서 물가 통계에 상인의 재고를 포함시키면 쓸데없이 복잡하게 된다. 이는 임금에 대해서도 마찬가지다. 이미 상품가격에 포함되어 있기 때문이다. 또한 일반적으로 공장출고가격이 변하지 않는다면 생활비 역시 일정해야 하고, 그래서 노동자, 공무원, 주주, 그리고 연금생활자는 그들의 화폐로 같은 양의 상품을 살 수 있을 것이라 가정할 수 있다. (노동자의 주택임대료는 주로 이자로 구성되어 있어서 이 연결관계에서 고려대상이 되지 않는다.)

생산수단(토지, 집, 기계 등)을 이 통계에 포함시켜서는 안 된다. 생산수단은 더 이상 교환을 위한 상품이 아니고, 소유자가 고용과 결합하여 사용하려는 재화이기 때문이다. 판매용이 아닌 물건의 가격에 관심을 둘 필요는 없다.

생산도구 중 마모나 상각에 의해 소진되는 부분은 상품으로 바뀌어서 규칙적으로 시장에 다시 나타난다. 따라서 상품가격에 충분히 반영된다.

이 계획에서는 국가가 개별 상품의 가격을 확인하지도 않고 중요성을 평가하지도 않는다. 모든 작업은 사람들 스스로 수행한다. 그러므로 화폐가격은 정치영역 밖에서 공정하게 확인된다. 국가는 그 통화본위에만 직접적인 책임이 있다.

국가가 처리할 수 있도록 수치를 공급해야 하는 의무가 산업계에 큰 부담은 아닐 것이다. 그 기록은 생산자에게 매우 유용할 것이다. 통화본위 관리에 의해 그의 대차대조표가 얼마나 영향을 받았는지 보여주기 때문이다. 그는 얼마나 많은 것이 자신의 활동에 달려 있고, 얼마나 많은 것이 발권은행의 활동에 달려 있는지 배우게 될 것이다.

이 방식에 대한 반론 중 가장 중요한 것은 물가의 등락에 이해관계가 있는 개인들(채무자 혹은 채권자)이 거짓 보고를 할 것이라는 지적이다. 예를 들어 부채가 있는 농부는 가격이 하락했다는 걸 입증하려고 애쓸 것이다. 그래야 국가가 화폐 발행을 통해 물가를 올리려 할 것이고, 이는 채무자 부담의 전반적인 완화를 의미한다. 그러나 이러한 위험은 크지 않다. 왜냐하면 그의 신고가 전체 결과에 미치는 영향이 극도로 미미하다는 것을 모두 알 테니까 말이다. 빚이 있는 농부가 1만 마르크 거래에서 1천 마르크 손실을 봤다고 거짓 신고를 해도 독일 전체 거래액 5백억 마르크에 비하면 무시할 만한 양이다. 거짓 신고는 처벌을 받을 수도 있다. 그러면 사람들은 그 위험이 기대이익과 비교해 크지 않을까 자문해볼 것이다.

모든 신고는 다른 사람들에 의해 확인될 것이다. 다수의 농부가 물가가 올랐다고 보고하는데 그 반대의 경우는 눈에 띌 수밖에 없고, 조사받을 준비를 해야 할 것이다.

분명히 이 진행과정에서 '가치'라는 환상은 고려되지 않는다.

상품은 상품으로 지불한다. 그리고 화폐는 상품, 즉 상품의 물질적 특성에 의해서만 측정된다. 화폐를 측정할 다른 방법은 없다. 나는 화폐를 받고 상품을 주었고, 그 화폐로 상품을 얻게 된다. 노동이나 땀을 주는 게 아니다. 교환을 통해 내 화폐를 가지려는 사람은 나에게 물건을 준다. 그가 그 물건을 어떻게 소유하게 되었는지, 그걸 만드느라 얼마나 오랫동안 일했는지는 그 사람 사정이지 내 관심사는 아니다. 나는 단지 그 생산물에 관심을 가질 뿐이다. 노동은 노동생산물과 분명히 구분되어야 한다. 그러므로 임금은 화폐가격의 측정수단으로 사용하면 안 된다. 실제로 임금은 노동생산물에 달려 있지, 마르크스가 주장하는 것처럼 공장 시계[39]에 달려 있는 것은 아니다. 그러나 임금이 생산물과 동일한 것은 아니다. 임금은 노동생산물에서 임대료와 이자를 빼고 난 금액이기 때문이다. 하지만 임금에 임대료와 이자를 합하면 노동생산물과 같다. 그 생산물은 상품의 형태를 띠며 앞서 본 대로 화폐가격의 척도이다. •

39 노동시간을 뜻한다.

• 나는 마지못해 '척도'라는 말을 사용하고 있다. 척도는 항상 측정하는 대상의 분수이거나 배수다. 옷감 한 뭉치의 길이를 야드자의 길이로 측정하는 것처럼 말이다. 하지만 말(馬)이 팔릴 때 지불된 달러에서 그 말의 어떤 부분을 찾을 수 있는가? 100년 동안 경제학자들은 화폐를 '가치의 척도'라고 불러왔다. 아직 그들 중 누구도 분명히 잘못된 이 표현의 대체물을 찾아야 할 필요를 느끼지 못했다. 화폐와 상품이 교환된다는 것은 그 둘 사이에 무언가 공통점이 있어서가 아니라, 반대로 화폐와 상품 사이에 거의 아무런 공통점이 없고 비교 측정도 가능하지 않기 때문이라는 것, 그래서 양측의 이익에 따라 교환이 이루어진다는 것을 증명한다. 그러나 공통된 속성이 없는 두 사물을 어떻게 '측정'하겠는가?

이러한 비판은 동일한 착각을 유발하는 '화폐의 구매력'이라는 표현에도 적용된다. 이 표현은 거부되어야 한다. 가격은 협상의 결과이고 수많은 요소에 영향을 받기 때문이다. 진짜 측정도구는, 다시 말해 파리의 표준 백금 미터(백금은 쉽게 변하지 않는 물성 때문에 길이를 재는 미터의 기준물질로 채택되었다—옮긴이)는 온도 변화의 영향을 받지 않도록 땅속 깊이 만들어놓은 특별함에 보관되어 있다. 그런 측정도구를 가격의 근거가 되는 행위(거래)에 적용해보라. 그러면 화폐에 적용되고 있는 '가치' '구매력' '가치 측정'과 같은 표현의 환각적 성격을 바로 알게 될 것이다. 그리고 아마 당신이 수학은 잘 몰라도 훌륭한 철학자라면, 경제학자들이 이제부터 거리낌없이 사용할 수 있는 그 용어를 발견하게 될 것이다.

8.
지폐의 가격을 결정하는 것

상품이 교환되는 비율이 그 생산에 필요한 노동량에 의해 결정된다는 이론은 지폐에 적용될 수 없다. 지폐는 실제로 가격은 있지만 노동비용이 들지 않아서 '가치'가 없기 때문이다. 지폐는 '내재'가치 혹은 '외재'가치나, '물질가치'도 없다. 그래서 '가치저장소'나 '가치 보존' 또는 '가치 운송수단'의 역할을 할 수 없다. 지폐의 가격은 "그 가치를 무게중심으로 하여 왔다 갔다" 할 수 없다. (가치이론의 전문용어)●

그러므로 지폐는 자신의 길을 가야 한다. 그것은 가격을 결정하는 힘에 완전히 종속되며, 그래서 한 주인만을 섬긴다.

가격을 결정하는 힘은 수요와 공급이라는 말로 요약된다. 그러므로 이 장의 제목에서 제기된 질문에 답하기 위해 우리는 이 단어들이 의미

● 우리는 여기서 왜 가격이 '가치'를 중심으로 움직이는지, 그리고 왜 그 힘이 가치로부터 가격이 벗어나기에는 충분하지만, 그 분리가 지속될 정도로는 충분하지 않은지 의문을 제기할 수 있을 것이다.

하는 바를 분명하게 이해해야 한다.

화폐 수요는 무엇인가? 누가 화폐 수요를 만들어내는가? 어디서 화폐 수요를 볼 수 있는가? 오늘날 이런 질문들을 하면 우리는 모순된 답을 듣게 된다. 아마 가장 흔한 답변은 다음과 같을 것이다. "은행이지. 거기서 고용주들과 상인들이 어음을 할인하니까. 화폐 수요가 증가하면 금리가 오르고 그래서 금리를 화폐 수요를 측정하는 수단으로 사용될 수 있어. 그리고 국가야. 국가는 수지균형을 맞출 수 없어서 국채를 발행하고 이는 화폐 수요를 만들어내지. 거지들도 마찬가지야."

그러나 이는 교환매개물이라는 개념과 양립할 수 있는 수요가 아니다. 화폐는 무엇보다도 교환매개물이다. 우리는 화폐를 단순히 교환매개물로 간주하는 법을 배워야 한다. '화폐'를 '교환매개물'이라는 표현으로 대체해보면 앞의 답변은 말이 안 된다는 것이 드러난다.

은행에서 화폐를 구하는 상인은 아무것도 교환하지 않는다. 주는 것은 없고, 단지 화폐를 갚기로 약속만 할 뿐이다. 빌리는 것이지 교환하는 것이 아니다. 그는 화폐를 받고 화폐를 준다. 이자를 제외하고는 거래와 가격에 대해 어떤 질문도 없다. 국가 역시 화폐를 빌릴 때 교환매개물에 대한 수요를 만드는 게 아니다. 교환의 대가로 아무것도 제공하지 않으니까. 현재의 화폐 합계가 미래의 화폐 합계와 교환되는 것이다.

이것은 교환매개물에 대한 수요가 아니다. 즉, 화폐의 목적과 양립하는 화폐 수요가 아닌 것이다. 교환매개물로서 화폐를 필요로 한다면 화폐와 다른 무엇을 그 대가로 주어야 한다.

그러면 화폐 수요는 어디에 있는가?

분명히 교환매개물이 필요한 곳이면 어디에나 있다. 분업으로 상품이 시장에 나와, 교환매개물, 즉 화폐를 필요로 하는 곳에는 어디에나 있는 것이다.

그럼 누가 화폐를 필요로 하는가? 자신의 생산물을 시장에 가져온 농부, 자신의 상품을 가게에서 파는 상인, 자신의 서비스를 제공하고 노동생산물에 대한 대가로 화폐를 요구하는 노동자들임은 분명하다. 상품의 공급이 가장 많은 곳에서 교환매개물에 대한 수요도 가장 크다. 상품의 공급이 증가하는 곳에서 화폐, 즉 교환매개물에 대한 수요도 증가한다. 교환할 상품이 없다면 화폐 수요도 사라질 것이다. 원시생산과 물물교환은 화폐 수요의 부재를 의미한다.

그러므로 우리는 같은 상인이라도 자신의 가게에서 옥양목을 파는 상인과 한 시간 후 은행을 방문해서 어음을 할인하는 상인을 분명히 구분해야 한다. 가게의 옥양목으로 그 상인은 교환매개물 수요를 만들지만, 은행에서 환어음으로 그가 화폐 수요를 만드는 것은 아니다. 환어음은 상품이 아니기 때문이다. 여기서는 이자율을 이야기한다. 이건 단지 화폐에 대한 욕망이지 수요가 아니다.

화폐 수요는 화폐에 대한 욕망과 아무런 공통점이 없다. 거지, 사채업자의 손아귀에 잡힌 농부, 국가, 고용주 혹은 어음을 할인하는 상인은 화폐에 대한 욕망을 가지고 있다. 그러나 화폐 수요는 상품판매를 하려는 사람들에 의해서만 만들어진다. 화폐에 대한 욕망은 복잡하지만 화폐 수요는 간단하다. 화폐에 대한 욕망은 인간에게서 나오지만, 화폐 수요는 물건, 즉 판매를 기다리는 상품에서 나온다. 거지는 구호품을 욕망하고, 상인은 사업을 확장하길 욕망하며, 투기자는 경쟁자의 손이 미치지 않는 곳에서 자신의 대부금을 지키고 시장을 독점하길 욕망한다. 그래서 농부는 고리대금업자가 쳐놓은 함정에 빠져 있다. 그들 모두는 화폐에 대한 강렬한 욕망을 가지고 있지만 아무도 화폐 수요를 만들지는 못한다. 수요는 사람의 관심사가 아니라 교환을 기다리는 상품재고량에 달려 있기 때문이다. 이런 의미에서 보면 어떤 물건에 대한 욕망과 그 공급이 가격을 결정한다는 것은 잘못된 말이다. 이자율로 측정되는 화폐에 대한 욕망과, 가격으로 측정되는 화폐 수요 간에는 엄청난 차이가 있다. 둘은 공통점이 전혀 없다.

'화폐 수요'라는 말을 듣고 즉시 상품을 떠올리지 않거나 '엄청난 화폐 수요'라는 말을 듣고도 즉시 한 무더기의 상품, 시장, 화물열차, 과적선박 혹은 어쩌면 '과잉생산'과 실업까지 떠올리지 못하는 사람은 '교환매개물 수요' '화폐 수요'라는 표현의 의미를 파악하지 못한 것이다. 그들은 분업이 교환을 위한 상품을 만든다는 것, 그리고 석탄을 팔기 위해 화물열차가 필요하듯이 화폐가 그 교환에 필요하다는 것을 이해하지 못한 것이다.

누군가 이자율이 상승하는 걸 보고 화폐 수요가 증가하고 있다고 말을 하면 우리는 이 사람이 자신의 생각을 제대로 표현하지 못한다고 확신할 수 있을 것이다. 그리고 수요와 욕망을 혼동하는 경제전문가를 보면, 과학적 질문은 모호한 용어로 다루어서는 안 된다고 말해주는 것이 우리의 의무다.

그러므로 우리는 화폐 수요를 인간의 욕망에서 분리해야 한다. 시장의 상태, 사업계획, 흥정, 투기 등에서 분리해야 한다. 우리는 그것을 '가치'라는 안개로 둘러싸인 곳에서 구해내어, 분업이 시장에 내놓은 산더미 같은 상품 위에 올려놓아야 한다. 모두가 볼 수 있고, 분명하며, 측정할 수 있도록 말이다.

우리는 화폐 수요와 화폐에 대한 욕망을 구분한다. 산더미 같은 상품이 아닌 또 다른 산더미 같은 환어음, 담보대출 증서, 채권, 정부증권, 보험증권 등 위에 우리는 '화폐에 대한 욕망'이라는 비명을 새긴다. 처음 산더미에는 '가격'이라 적고 두번째 산더미에는 '이자율'이라고 적는다. 이어지는 탐구과정에서 내가 화폐 수요에 대해 쓸 때, 화폐에 대한 욕망이 떠오르는 사람은 누구라도 이 책을 치워버리는 게 나을 것이다. 그 사람을 위해 쓴 책이 아니니까.

수요와 공급은 가격, 즉 화폐와 상품이 교환되는 비율을 결정한다. 화폐 수요가 무엇인지 이제 우리는 알고 있다. 그것은 물질이다. 그것은 분업으로부터 끊임없이 흘러나오는 상품의 흐름이다.

하지만 화폐 공급은 무엇인가? 우리는 이 개념에 형식과 내용을 부여해야 한다. 그래서 그 개념을 그것을 감싸고 있는 안개로부터 분리해내야 한다.

감자를 수확하는 농부, 외투를 만드는 재단사는 자신의 노동생산물을 화폐를 받고 팔아야 한다. 그는 그 화폐로 무엇을 하는가? 10만 명의 농부와 장인 들은 100년간 수많은 손을 거친 탈러를 가지고 무엇을 했는가? 그들 각자는 상품을 받고 탈러를 주었다. 한때 그들의 소유물이었던 그 상품은 재화로 사용되며 시장에서 사라져버렸다. 그러나 탈러는 계속해서 시장으로 돌아다녔고, 1년, 10년, 100년 동안 시장에 남아 있다. 그리고 아마 다시 주조가 된다고 하면 1천 년, 2천 년, 3천 년도 갈 것이다. 탈러가 거쳐간 모든 사람들에게 탈러는 오직 상품으로서 쓸모가 있었다. 10만 명 중에 다르게 사용한 사람은 한 명도 없었다. 소비 대상으로는 쓸모가 없기에 모든 사람들은 다시 그걸 처분하고 팔아버릴 수밖에 없었다. 즉 상품과 교환한 것이다.

화폐가 많은 사람은 교환에 화폐를 많이 제공해야 했고, 적은 사람은 적은 화폐를 제공할 수밖에 없었다. 화폐의 제공은 과거에도 그랬고 지금도 상품에 대한 수요라 불린다. 상품량이 많은 곳에서 화폐 수요도 크다. 마찬가지로 화폐가 많으면 화폐가 적은 곳보다 반드시 상품 수요가 더 많다고 말할 수 있다. (이 명제의 한계는 곧 나온다.)

화폐 공급으로 재현되지 않는 상품 수요가 어디 있는가? 여기서 다시, 화폐의 경우와 마찬가지로 우리는 상품에 대한 욕망이나 욕구와 상품 수요를 구분해야 한다. 상품에 대한 '굶주린' 욕구나 욕망이 있기는 하지만 그 대가로 화폐를 제공하는 사람만이 상품 수요가 된다. 상품에 대한 욕구나 욕망은 부탁이나 구걸하는 편지로 표현되지만, 상품 수요는 카운터 위로 현금이 던져지는 소리에 의해 표현된다. 상인들은 자신들의 상품에 대한 욕망은 피하지만, 그 상품에 대한 수요는 자석처럼 그들을 끌어당긴다. 간단히 말해, 상품 수요는 화폐 공급으로 구성된다. 화폐를 가진 사람들은 수요를 창출한다. (언제 그래야 하는지는 나중에 살펴볼 것이다.)

따라서 통상 간단히 수요라고 알려진 상품 수요는 항상 화폐로 표현된다. 산더미 같은 화폐는 엄청난 상품 수요를 의미한다. 비록 슈판다우에 비축된 1억8천만 마르크의 군자금에서 확실히 증명된 것처럼 실제로 항상 그런 것은 아니지만 말이다.[40] 40년간 이 산더미 같은 화폐는 1페니히의 상품도 사지 않았다. 그런 예외는 나중에 다룰 것이다. 새로운 금광의 발견은 상품에 대한 수요 증가를 의미한다. 그리고 지폐본위인 나라가 지폐인쇄기를 추가로 가동하기 시작하면, 수요가, 따라서 물

---

40 1차대전 전에 독일은 슈판다우 지구의 요새에 막대한 군자금을 비축하고 있었다. 이 군자금은 보불전쟁 결과 프랑스에서 전쟁배상금으로 받은 것이었다.

가가 상승하리라는 것을 모두 알고 있다. 만약 모든 사람들에게 은행권이나 법정지폐, 그리고 동전을 반으로 쪼개서 그 반쪽을 한 개로 사용할 권리가 주어진다면 수요와 가격은 2배가 될 것이다.

하지만 여기서 더 나아갈 수 있을까? 상품 공급에 대해 우리가 한 작업을 화폐 공급에 대해서도 할 수 있을까? "화폐의 양을 측정하는 것은 상품 수요를 측정하는 것이다"라고 말할 수 있을까? 달리 말해 화폐 공급이 화폐 발행량stock[41]과 같은 수준이어서 화폐 소유자의 바람과는 완전히 별개라고 할 수 있을까? 혹은 화폐 공급이 적어도 부분적으로는 시장의 변덕이나 투기자의 욕심에 종속되어 있는 것인가? 단적으로 화폐 공급은 물질적인 무엇, 즉 화폐 자체인가, 아니면 어떤 작용을 포함하는가?

분명히 이 질문에 대한 대답이 우리 문제를 해결하는 데 아주 중요하다.

분업은 '공급'이라 불리는 끝없는 상품 흐름을 만든다. 화폐 발행량은 '수요'라 불리는 화폐 유통량offer[42]의 원천이다. 화폐 발행량은 어

---

41 경제학에서 '스톡(stock)'은 일정 시점에서 존재하는 양을 말한다. 따라서 화폐 '스톡'은 어떤 시점에서 한 국가에 존재하는 모든 화폐의 양, 즉 발행된 화폐량을 의미한다. 그러나 이 모든 화폐가 상품에 대한 수요가 되지는 못한다. 어떤 화폐는 상품을 사는 데 사용될 수도 있지만 어떤 화폐는 금고에 보관된 채 시장에 나오지 않기 때문이다. 그래서 화폐 공급은 화폐 소유자의 바람과 완전히 별개라 할 수 없다. 물질적이 아닌 어떤 심리적 작용이 있는 것이다. 이와 대조적으로 화폐 수요(상품 공급)는 그 소유자의 욕망과 아무 관계가 없다. 그래서 화폐 수요와 화폐 공급은 본질적으로 차이가 난다.

42 화폐 유통량은 화폐 발행량의 부분집합이며 상품 수요에 제공된다는 의미를 담고 있다. 화폐 발행량과 화폐 유통량이 일치한다면, 즉 모든 화폐가 상품에 대한 수요로 쓰인다면 우리는 상품에 대한 수요를 정확히 알 수 있다. 그러나 일치하지 않는다면 상품의 수요가 얼마가 될지 알 수 없다. 화폐 소유자의 마음에 따라 계속 변할 것이기 때문이다. 반면 상품은 그 성격상 모두 팔리기 위해 시장으로 나오는 것이 일반적이다.

떤 확정된 양이다. 그러므로 화폐가 계속 유통되면 가격, 즉 화폐와 상품 간의 교환비율은 사람의 행위와 별개가 될 것이다. 화폐는 수요를 정확히 확정하여 구현할 것이다. 이는 상품이 공급을 계산 가능하고 측정 가능하게 구현한 것과 마찬가지다. 그래서 우리는 가격이 오를지 내릴지를 알기 위해 화폐 발행량과 상품 재고량의 비율만 확인하면 된다. 이것은 이 책의 제4부에서 기술되는 자유화폐에서 실제로 실현된다. 자유화폐는 수요를 구현한다. 그것은 시간, 장소, 수요량과 관련한 화폐 소유자의 바람을 수요와 분리시킨다. 자유화폐는 화폐 소유자에게 상품 주문을 강요하고 이 주문을 긴급한 필요로 만든다. 자유화폐가 있으면 수요량은 정부가 발행한 자유화폐의 양에 의해 바로 측정할 수 있다. 감자나 아침신문의 공급을 수확량이나 발행부수의 양으로 측정할 수 있는 것과 마찬가지다.

그러나 나중에 살펴보겠지만 이는 현재의 화폐 형태에 적용되지 않는다. 그러므로 우리는 이 장의 제목에 있는 질문에 바로 답할 수 없다. 무엇이 현재형태의 지폐가격을 결정하는지 말할 수 있으려면 더 조사를 해봐야 한다.

9.
수요와 공급에
영향을 주는 요인들

상품은 시장을 위해 생산되고 교환대상으로서만 생산자에게 쓸모가 있다. 이러한 이유로 공급은 상품 재고량과 같다. 그것은 어떤 물질이다. 아니면 적어도 상품에 의해 이루어지는 비자발적인 작용이다. 상품이 없으면 공급에 해당되는 작용이 수행될 수 없고, 상품이 있으면 그 작용은 반드시 수행된다. 교환을 위해 상품을 제공하는 것은 상품으로 할 수 있는, 유일하게 쓸모 있는 일이다. 따라서 일반적으로 공급에 해당되는 작용은 그 작용에 필요한 물질과 아주 밀접하게 동일시되어 물질과 작용이 하나로 묶여 있다.

그러므로 공급, 즉 화폐 수요는 상품 재고량과 같다.

상품 재고량은 다시,

1. 분업 때문에 시장으로 흘러오는 상품의 흐름에 달려 있고

2. 교환이 이루어지고 난 후 시장을 떠나는 소비재의 흐름에 달려 있다.

시장을 들고 나는 상품의 흐름이 변하지 않으면 공급, 즉 화폐 수요는 일정할 것이다. 그러나 실제로는 전혀 그렇지 않다는 것을 우리는 안다. 지속적인 인구증가로 인해 시장으로의 상품 유입은 계속해서 증가한다. 100명의 노동자는 90명의 노동자보다 더 많은 상품을 시장에 내놓는다. 또 분업의 꾸준한 팽창에 의해서도 상품의 시장 유입은 증가한다. 농부가 자신이 소비할 물건의 생산에 에너지를 낭비하는 대신 그의 농장을 목축용으로 활용한다면, 그는 더 자주 시장을 방문할 수밖에 없다. 이전에는 조금 사고 조금 팔았지만, 이제는 자신의 생산물 전체를 판다. 그러므로 그는 상품의 공급을 늘리게 된다. 즉, 화폐 수요가 거의 그 생산물만큼 증가한다.

시골과 소도시에서는 많은 장인들이 간헐적으로 거래를 하곤 했다. 그들은 농사나 원예 같은 부업을 했고, 자신의 도구나 옷, 가구를 스스로 만들었으며 자식들도 가르쳤다. 이제는 그런 일들을 할 시간이 없다. 그는 자신의 일에 전념하고 수입도 그게 더 좋다. 그의 노동생산물 전부가 상품이 되어 시장으로 나오고, 거기서 화폐 수요를 만들어낸다. 이런 식으로 지난 수십 년간 교환매개물에 대한 수요는 크게 증가했다.

게다가 생산수단의 개선에 힘입어 상품 공급, 즉 화폐 수요는 더 증가했다. 방직공이 수직기로 10엘ell[43]의 천을 직조해서 그만큼 시장에 내놓으면, 그의 화폐 수요는 단지 10엘의 천이었다. 현대식 기계로는 같은 방직공이 500엘을 직조한다. 따라서 50배 더 많은 상품을 시장에 내놓게 된다. 그의 화폐 수요도 50배가 된다.* 다른 모든 공작품도 마찬가지다. 현대식 인쇄기 한 대로 1년간 생산된 책을 복제하려면 중국제

---

43 직물 길이의 단위 1엘은 약 115센티미터이다.

국 전체 인구가 아침부터 밤까지 1년 내내 해야 할 것이다. 컬러인쇄도 그렇다.

아르헨티나에서는 남자 30명이 경운기와 탈곡기로 독일 소농 3천 명이 동일한 노력으로 생산하는 밀을 생산한다. 결과적으로 이 아르헨티나 농부들은 100배의 상품을 생산하고, 교환매개물에 대한 수요도 100배를 더 만든다.

그러나 공급량은 생산량만으로 측정해서는 안 되며 그 품질로도 측정해야 한다. 1등급 밀 1톤은 2등급 밀 1톤보다 더 많은 화폐 수요를 나타낸다.

현대의 생산품은 지속적으로 품질개선이 이루어지고 있다. 가축과 종자는 꾸준히 개량되고 있으며, 기계에 의한 마무리 작업은 점점 더 정밀해지고 있다. 순도가 더 높고, 쓰임새가 더 좋은 화학제품들이 시장에 나오고 있다. 착취당하는 우리 프롤레타리아가 공급하는 전동 끌과 멋진 모형을 가지고 조각가들은 기적을 생산한다. 그리하여 과거의 기술을 뛰어넘는 엄청난 현대기술의 진보에 의해 화폐 수요는 증가한다.

과거에는 쓸모없던 생산물에서 용도를 발견하는 것도 시장으로 생산물 유입을 증가시킨다. 독일 용광로는 비료로 사용되는 슬래그[44] 100만 트럭분을 공급한다. 슬래그는 한때 골칫거리 폐기물이었으나 이제는

● 불가해한 안개로 경제현상을 뒤덮는 데 성공한 가치이론가들은 여기에 대해 생산수단의 개선으로 인해 500엘의 '가치'가 이전 10엘의 가치로 감소했다고 반론을 제기할 것이다. 그 결과 500엘이 이제는 이전 10엘만큼의 화폐 수요만 만들어낸다는 것이다. 그에 대한 답변으로 우리는 왜 화폐 앞에서는 생산수단의 개선이 멈추어야 하는지 물을 수 있을 것이다. 우리는 당연히 다음처럼 답하게 된다. "생산공정의 개선은 지폐 500엘의 '가치'를 10엘의 '가치'로 감소시켰다. 상품의 가치가 하락함으로써, 화폐의 '가치' 역시 하락했고, 그럼으로써 상품의 가치와 같은 수준을 유지하게 되었다."

44 광석으로부터 금속을 빼고 남은 찌꺼기다. 예전에는 폐기했으나 현재는 여러 가지 이용법이 개발되었다. 광재라고도 한다.

수백만 마르크의 교환매개물 수요를 만들어내고 있다. (하지만 이것이 화폐 유통이 그 수백만만큼 증가할 필요가 있다는 의미는 아니다.) 염화칼륨과 많은 다른 물질도 마찬가지다. 염기성 슬래그와 염화칼륨의 쓸모가 발견되지 않았다면 독일의 화폐 수요, 교환매개물 수요는 더 작았을 것이다.

그러나 화폐 수요는 생산과 무관한 요소에 의해 영향을 받기도 한다. 재산의 분할은 전에는 사용을 위한 재화였던 많은 물건을 상품으로 만든다.[45] 예를 들어 토지는 이제 사고팔 수 있지만 예전에는 공동체의 재산으로 양도가 불가능한 것이었다. 해가 거듭될수록 부동산 거래에 더 많은 화폐가 요구되었다. 나라의 토지가 상품 수준으로 격하되자 화폐 수요는 증가했다. 담보대출이자와 임대료는 더 많은 화폐를 필요로 한다. 농부들이 성 마틴의 날에 토지임대료와 이자를 지불하기 위해 자신의 생산물을 팔아 받은 화폐 일부를 따로 모아둘 필요가 없다면 통화량이 더 적어도 충분할 것이다. 그 토지가 공동재산으로 남아 있었다면 필요 통화량은 더 적었을 것이다.

주택임대료도 마찬가지다. 예전에는 대부분의 사람들이 자신의 오두막이나 집에서 살아서 임대료는 예외적인 것이었다. 지금은 자신 소유의 집에 거주하는 사람이 거의 없다. 그래서 주급이나 월급의 일부를 임대료 지급일에 맞춰 따로 떼어놓아야 한다. 그래서 수백만 마르크가 며칠, 몇 주, 몇 달간 묶이게 된다.•

---

45 여기서 재산의 분할은 문맥상 공유재산의 분할을 의미한다. 따라서 이전에는 '사용을 위한 재화'였지만, 분할과 사유화를 통해 팔 수 있는 물건, 즉 상품이 되었다.
• 토지와 주택에 대한 임대료 혹은 다른 정기적인 지불이 매분기, 매달, 혹은 매주 이루어지는지 여부도 화폐 수요에 영향을 미친다. 한 노동자가 분기 첫 주에 임대료 용도로 그의 임금 일부를 떼어놓으면 그 화폐는 3개월 동안 놀리게 된다. 만약 영국처럼 그가 임대료를 주 단위로 지불하면 화폐

공동체가 제공하는 물, 빛, 전력 등은 이전에는 직접 소비를 위해 생산되던 많은 중요한 것들을 상품으로 바꾸었다. 이 역시 화폐 수요를 증가시킨다.

또한 구매자에 전달될 수 없으면 아무것도 상품이 될 수 없다. 철도, 도로, 운하의 부족으로 운송이 불가능해 쓸모 없어진 물건이 얼마나 많은가! 산더미 같은 광물과 목재, 가축떼는 새로운 철도 노선과 터널, 다리, 발견된 항로를 통해 시장으로 옮겨진다. 그리고 화폐 수요는 이 생산물 전체만큼 증가한다.

그러므로 일반적으로 상품 공급과 화폐 수요는 계속해서 증가한다. 그러나 때때로 화폐 수요가 감소하기도 한다. 예를 들어 노동시간이 전체적으로 감소할 때 그렇다. 현재의 전반적인 노동자 임금정책이 교환 매개물 수요를 감소시키는 것처럼,[46] 전쟁, 흉작, 그리고 전염병도 교환 매개물 수요를 크게 감소시킨다.

이러한 예는 상품의 시장 유입을 결정하는 많은 요인들 중 일부를 보여주기에 충분하다. 그러나 상품의 제공은 이미 기술한 것처럼 시장을 빠져나가는 상품 흐름에도 달려 있다. 한 상품이 소비자에게 도달할 때까지 우선 판매용으로 제공되고 화폐 수요를 만들어낸다. 시장에서 빠져나간[47] 모든 상품은 화폐 수요의 감소를 의미한다.

그래서 상품의 공급, 즉 화폐 수요는 상품이 얼마나 빨리 구매자를 찾아서 상품이기를 멈추는지에도 달려 있다. 운송수단과 비교하면 이

는 그 주인을 통해 바로 다시 유통된다. 이것이 영국이 다른 나라보다 훨씬 적은 통화량으로 운영되는 이유 중 하나이다.

46 저임금 때문에.

47 소비된.

점을 명확히 하는 데 더 도움이 될 것이다. 일정량, 말하자면 1천 톤의 벽돌을 매일 벽돌공장에서 도시로 수송해야 한다고 가정해보자. 도로는 좋지 않고 다리는 낡았으며 늪지를 건널 때는 벽돌을 내려야 한다. 그래서 짐차는 느리고 적재량이 적어서 이 일을 감당하려면 많은 짐차가 투입되어야 한다. 이제 도로가 개선되고 늪지는 메워졌으며 다리가 세워졌다고 가정해보자. 짐차는 이제 더 많은 짐을 실을 수 있고, 한 번이 아니라 두 번 오갈 수 있다. 그러면 짐차는 이전의 반만 필요할 것이다. 1천 톤의 벽돌은 이제 이전 짐차 수요의 단지 절반에 해당되기 때문이다. 아니면 협궤철도가 건설되었다고 해보자. 그러면 1천 톤의 벽돌은 이전의 100분의 1 혹은 그보다 더 적은 짐차 수요에 해당된다. 상품 재고량에 의해 발생하는 교환매개물 수요에 대해 우리는 이런 식으로 생각해야 하는 것이다.

교환을 통해 상품을 생산자에서 소비자로 옮기기 위해서는 일련의 상업조직이 필요하다. 상품이 시장을 떠나는 속도는 이 조직들의 유무와 효율성에 달려 있다.

브라질 커피 한 봉지를 엑스라샤펠[48]의 판화와 물물교환을 해야 한다고 가정해보자. 그러려면 셀 수 없을 정도로 많은 교환이 있어야 할 것이다. 커피는 하나의 상품으로 시장을 끝없이 표류할 것이다. 오늘날에는 화폐의 도움이 있기에 브라질 커피 한 봉지는 서너 번 주인이 바뀌면 대부분 독일 소비자에게 도착한다.

상업기술은 상대적으로 높은 수준의 완벽함에 도달했다.• 그리고

---

48 독일 아헨의 옛 지명이다.
• 나중에 우리가 증명하겠지만, 상품을 교환하는 화폐의 힘만 꾸준히 감소하고 있다.

각각의 개선은 상품이 사용할 재화로 전환되는 속도를 높인다. 현대 은행업과 어음 및 수표 관련 법률의 개선, 상호협동조합, 백화점, 우편, 전신, 영사consular 서비스, 광고와 인쇄, 젊은 사업가를 훈련하는 상업학교, 단일한 도량형, 전화, 타자기와 복사기 정도만 언급해도 충분하다.

현대 상업업무는 이전에 가능했던 사업의 10배, 20배, 100배 양을 처리할 수 있다. 현대 상인의 '판매기술'●은 단순히 기술적인 측면에서 보아도 그의 할아버지 때보다 100배는 더 좋아졌다.

분업은 계속해서 대량의 상품을 시장에 쏟아낸다. 그리고 상인은 상업조직의 도움을 받아 이 대량의 상품을 계속 시장 밖으로, 즉 소비자의 수중으로 인도한다.

상인들이 이 상업조직을 마음대로 사용할 수 없으면, 판매점, 가게, 그리고 시장은 느려진 상품 흐름 때문에 규모가 몇 배 더 커야 할 것이다. 산의 물줄기는 평원에 들어설 때 넓어지고 폭포에서는 좁아진다. 상품도 마찬가지다. 현대 상업조직이 없다면 상품 재고량은 늘어나고 화폐 수요는 비교할 수 없을 정도로 많아질 것이다. 오늘날에도 우리는 어떤 형태의 상업조직이 무너지는 것을 종종 경험한다. 예를 들어 신용조직이 그렇다. 그렇게 되면 시장 밖으로의 상품 흐름이 지연되고, 상품 재고량이 증가해서 시장에 홍수가 날 정도로 위협이 될 수가 있다 (소위 과잉생산). 이렇게 교환매개물 수요의 증가 압력이 커지면 물가는 하락하고 경제위기가 찾아온다.

어떤 도로가 굽어지는 부분이 너무 많고 표면도 좋지 않아서 교통량을 처리할 수 없다고 가정해보자. 그 도로가 일직선으로 닦이고, 표면

● 상품을 생산장소에서 소비자에게 전달하는 능력.

도 빠른 통행에 적합해지면 교통량이 늘어나도 여유로워 보일 것이다. 그런데 지금 갑자기 예전과 같은 조건으로 돌아가면, 교통은 차량 정체로 완전히 막히게 될 것이다. 상업조직도 마찬가지여서 상품의 신속한 교환을 위해 도로를 곧게 하고 개선한다. 그 조직의 일부가 무너지면 상품 재고량은 즉시 더 커질 것이다. 다시 말해 교환매개물 수요가 증가하는 것이다.

신용거래는 이런 방식으로 화폐 수요에 강력한 영향을 주기 때문에 좀 더 면밀히 살펴봐야 한다.

우리는 상품이 정확히 그 양과 품질에 맞는 교환매개물 수요를 나타낸다고 말했다. 그래서 화폐를 사용하지 않는 상품 교환방법이 있다면, 화폐 수요는 그렇게 교환되는 상품의 양만큼 줄어들 것이다. 화폐 수요에 대한 우리의 개념을 이용해 검토해보면 이는 자명하다. 여기서 다시 철도 노선을 예로 들 수 있을 것이다. 철도차량에 대한 수요는 운송을 기다리는 재화의 양과 정확히 같다. 하지만 철도를 따라서 운하가 건설되면 철도차량 수요는 운하로 수송되는 재화의 양만큼 감소할 것이다.

재화교환에서 화폐를 대체하는 신용거래는 그런 운하와 같은 효과를 갖는다. 쾨니히스베르크의 A가 엑스라샤펠의 B에게 버터를 탁송으로 보내고 B가 와인 탁송으로 그 계산서를 지불하면, 1페니히도 사용하지 않고 거래는 완성된다. 만약 B가 A에게 신용이 없거나 A가 B에게 신용이 없으면 버터는 화폐를 받아야만 건네질 것이고 와인도 같은 방식으로 교환될 수밖에 없다. 와인과 버터가 만들 수도 있었던 화폐 수요가 여기서는 신용에 의해 제거된다.

그러므로 화폐 수요는 정확히 신용을 통해 교환되는 상품량만큼 줄어든다. 신용거래의 총량이 증가하면 화폐 수요는 감소하고, 신용이 감소하면 화폐 수요는 그만큼 늘어난다. 버터와 와인의 가격이 화폐로 계산되고 이 화폐가 수표나, 환어음, 혹은 다른 신용수단으로 표시된다면, 신용거래가 화폐 수요에 미치는 영향은 변하지 않는다. 신용은 언제나 화폐 수요를 피해간다. 신용수단은 화폐로 표시되지만 그것이 협상하는 거래에서 화폐를 불필요하게 만든다. 하지만 그건 신용수단일 뿐이어서 신용에 따라 증가하기도, 감소하기도 한다. 신용이 번성하는 만큼만 화폐를 대체할 수 있다.

다시 우리는 운하에 의해 교통량이 분산된 철도의 예를 들 수 있다. 겨울에 운하의 물이 얼어버리거나 여름 가뭄으로 물이 마르면, 운하에 의해 수송될 재화는 철도로 다시 돌아갈 것이다. 얼음이 녹으면 철도차량에 대한 수요는 줄어들 것이다. 운하는 불안정해서 때로는 말라붙고 때로는 얼어버린다. 그래서 철도 교통량을 완화하기보다는 교란하는 역할을 한다. 신용거래가 화폐 수요에 미치는 효과가 이와 유사하다.

이 장에서 화폐 수요에 대해 말한 것을 요약해보자.

화폐 수요는 분업이 시장에 끊임없이 던져주는 상품으로 나타난다. 그러므로 화폐 수요는 분업으로 생산된 상품량에 따라 증가하기도 하고 감소하기도 한다. 화폐 수요는 단순히 상품량에 비례하는 것이 아니라 상품량 그 자체이다. 상품량 없이 화폐 수요는 없다. 그리고 우리가 여기서 상품을 언급할 때는 그 모든 물질적 속성을 포함한다. 우리가 '상품'이라는 단어를 사용할 때, 우리 눈앞에는 맥주통과 햄이 있고 담배를 실은 배가 있다. 손으로 만질 수 있는 햄이지 추상적인 햄이 아니다. 시각적으로 너무나 명확해서 그것이 베스트팔렌산 제품이라고 맹세라도 할 수 있는 그런 햄이다. 화폐 수요에 대해 말할 때, 즉 상품에 대해 말할 때 우리는 결정화結晶化되거나 박제된 노동, 또는 노동의 전형이라든가 사회적 실체, 혹은 땀과 피와 노동시간을 의미하는 것이 아니다.[49] 살코기와 지방, 뼈와 같은 모든 물질적 속성이 제거된 그런 햄을 생각하는 게 아니다. 화폐 수요, 교환매개물에 대한 수요는 볼 수 있고 만질 수 있는 사물에서 나온다. 우리 자신이 먹고 입기 위해 파운드나 야드 단위로 시장에서 구입하는 물건들이다. 그래서 상품의 양만이 아니라 품질도 화폐 수요에 포함되는 것이다.

화폐 수요는 분업과 재산의 분할[50]에 의해 만들어지는 상품의 흐름에 달려 있다. 이 흐름의 크기는 다시 노동자의 수, 근면성, 기술과 지식에 의존하며, 생산수단의 질에 의존한다. 영국 방직공은 인도 방직공보다 5배 많은 옥양목을 시장에 공급한다. 따라서 그는 5배 많은 화폐 수요를 창출한다.

화폐 수요는 상업이 상품을 소비자에게 얼마나 빨리 전달하는지에 의존한다. 이 속도는 상업기술이 발전할 때마다 빨라진다. 상업학교에서 훈련받은 젊은이의 판매기술이 평범한 소매업자의 판매기술보다 더 좋다면, 화폐 수요는 상업학교 설립과 함께 감소할 것이다. (그렇지 않다면 이 학교들은 존재할 정당성이 없다.)

화폐 수요는 분업과 재산의 분할에 의해 생산물이 상품의 성질을 잃어가는 속도에 반비례한다.

화폐 수요는 또한 신용의 성장 혹은 제한, 즉 계속되는 신용의 팽창과 축소에 의해 시장에서 빠져나가는, 즉 화폐 수요에서 제외되는 상품의 양에 달려 있으며 이 양은 계속 바뀐다.

---

49 노동에 대한 마르크스의 다양한 표현들.
50 앞서 말한 바와 같이 여기서 재산의 분할이란 공유재산의 분할을 통한 사유화를 의미한다. 이하에서도 마찬가지다.

그러므로 매일의 화폐 수요는 매일 시장에 유입되는 상품량에서 신용(혹은 물물교환)에 의해 교환되는 상품량을 제외한 것과 같다.

　　요약하면, 상품 공급, 간단하게 공급, "수요와 공급이 가격을 결정한다"라는 말에서 우리가 의미하는 공급, 이 공급이 화폐 수요이다. 화폐 수요는 상품의 공급으로 구성되며 그 반대도 참이다. 그리고 공급은 상품 재고량과 같다.

10.
화폐 공급
(상품 수요 혹은 간단히 수요)

분업과 재산의 분할에 의한 생산물의 특징은 팔려야 한다는 것이다. 상품은 팔기 위해 생산된다. 화폐보다 상품의 특징이 더 분명한 상품은 없다. 이것은 이미 우리가 보여준 바 있다.

다른 모든 상품은 조만간 시장을 떠나 소비할 재화가 된다. 그러나 화폐는 다시 팔리기 위해 돌아온다.

상품은 화폐를 받아야만 팔릴 수 있다. 같은 방식으로 화폐는 상품을 받아야만 팔릴 수 있다. 상품이 구현된 화폐 수요를 나타내듯이, 화폐는 상품 수요를 나타낸다. 화폐 발행량의 증가는 상품 수요의 증가를 의미한다. 화폐가 없는 사람은 상품 수요를 만들 수 없다. 은행 지하실에 있는 화폐는 언제라도 시장에 쏟아져 나올 수 있고, 그러면 강력한 상품 수요를 만들 것이다. 반면 부자들에게 간절한 눈길을 보내는 1천 명의 굶주린 실업자는 상품 수요를 만들 수 없다.

그러므로 상품 수요는 주로 화폐 발행량에 달려 있다. 상품 수요가 항상 화폐 발행량과 일치하지는 않을 것이다. (우리는 곧 이 결정적인 논점으로 돌아올 것이다.) 그러나 화폐는 상품이다. 그러므로 조만간 그 소유자는 교환을 위해 화폐를 내놓게 된다.

한 사람이 그가 가진 것보다 적은 화폐를 내놓을 수는 있지만 그가 가진 것보다 많은 화폐를 내놓을 수는 없다. 우리의 화폐 발행량은 우리가 내놓을 수 있는 화폐의 상한선이다. 화폐는 상품이기 때문에 장기적 관점에서 보면 화폐의 양이 적은 곳보다 많은 곳에서 평균적으로 더 많은 화폐가 교환을 위해 제공될 것이다.

독일에서 지난 40년간 슈판다우에 비축된 1억8천만 마르크의 군자금은 화폐와 화폐 공급이 감자와 감자 공급처럼 일치하지 않는다는 것을 분명히 증명하고 있다. 그럼에도 불구하고 화폐는 시장에 나타나기만 하면 어떤 상황에서든 교환하는 기능을 발휘한다.

교통수단이 오직 장소의 이동을 통해 그 소유자에게 쓸모가 있듯이, 화폐도 소유권이 바뀔 때, 교환매개물로 사용되고 유통이 될 때만 쓸모가 있게 된다. 자신을 유통시키고자 하는 특성이 화폐에 내재해 있는 것이다. 현재형태의 화폐는 어느 정도로만 유통이 강제되는 물질이라 하겠다. (자유화폐의 경우 이러한 강제는 절대적이다.)

우리는 상품 재고량이 상업에 의해 상품이 시장에서 소비자에 전달되는 속도에 반비례한다고 말했다. 그러나 화폐는 사용되지만 소비되지 않기 때문에, 화폐는 상품으로 존재하려는 자신의 특성을 보존하고 있기 때문에, 그리고 팔기 위해 사기 때문에 (예술을 위한 금 사용은 여기서 무시한다), 상업조직의 개선으로 화폐 소유가 바뀌는 속도가 가속화되면 상품판매의 가속화에는 반대효과를 낸다.[51] 화폐가 더 빨리 사

---

51 상품의 판매가 가속화되면 시장에서 상품이 그만큼 빨리 빠져나간다. 그런데 화폐의 유통이 가

람들의 손을 거칠수록 화폐는 다시 자신의 순환을 시작하기 위해 더 빨리 그 출발점인 시장에 나타난다. 화폐 소유가 바뀔 때마다 상품은 소비자의 창고를 향하여 한 단계 더 전진한다. 일정시간에 철도 화물차에 의해 수행되는 톤마일ton-mile[52] 수치가 그 바퀴의 회전속도에 비례하는 것과 마찬가지로, 일정금액의 화폐가 그 경로에서 치워버리는 상품의 양은 화폐가 자신의 순환을 완수하는 속도에 비례한다. 확실한 진품인 새 탈러는 아마 일주일에 열 번만 소유가 바뀔지도 모른다. 그걸 갖게 된 어떤 사람들은 그걸 내놓기 전에 두 번 생각할 것이기 때문이다. 낡은 탈러의 경우라면 유통에 대한 이런 장애가 적을 것이다. 그리고 의심스러운 탈러라면 이런 장애는 아예 없을 것이다. 그러므로 동일한 순환을 완수하기 위해 새 탈러는 한 달, 낡은 탈러는 2주, 의심스러운 탈러는 1주가 걸릴 수 있다. 새 4탈러와 낡은 2탈러, 또는 의심스러운 1탈러는 같은 양의 일을 하게 된다. 교환을 수행하는 화폐의 힘, 즉 상업적 관점에서 본 화폐의 기술적 품질은 은행업의 관점에서 본 화폐의 기술적 품질과 반비례하는 것이다. 상업적 관점에서는, 의심스러운 1탈러가 조폐국에서 새로 나온 1탈러보다 4배 더 효율적일 수 있다. 이 작은 세부사항을 주목해야 한다.

공급은 분업에서 나와 소비자의 집으로 유입되는 흐름이다. 수요는 흐름이 아니라 원을 그리며 움직이는 물체다. 빠르게 회전할 때면 단단한 고리와 유사하다. 공급은 항상 신선한 상품으로 구성된다. 그 상품은 한번 여행을 하고는 영원히 사라져버린다. 수요는 한 무더기 동전으

속화되면 시장에 다시 화폐가 투입되는 속도가 빨라진다. 그런 의미에서 반대효과라는 것이다.
52 톤수와 마일수를 곱한 것, 철도·항공기의 수송량 단위를 말한다.

로 구성된다. 그것은 같은 여행을 수없이 하고 되풀이할 운명이다.

이 비교는 수요를 지배하는 법칙이 공급을 지배하는 법칙과 다름을 보여주려는 것이다. 소비자로 이전되는 상품은 더 커지고, 더 무거워진다. 즉, 더 비싸진다.[53] 반면 화폐가격은 수없이 주인이 바뀐 뒤에도 똑같다는 단순한 사실, 이것이 우리가 항상 화폐와 상품을 비교할 수 없다는 것을 분명히 보여준다. (그러나 이 문장이 현재의 화폐가 상품교환을 수행하는 데 아무 비용이 들지 않는다는 뜻으로 받아들여져서는 안 된다.)

지난 장에서 보았듯이 상품 공급량을 결정하는 조건 중 어느 것도 사실 수요(화폐 공급)에는 적용되지 않는다. 실제로 한 조건, 즉 상업기술의 개선은 상품에 대한 효과와 반대효과를 화폐에 미친다. 상업기술의 개선은 상품의 소비자 전달을 가속화하고, 이로 인해 상품의 재고량과 공급은 감소한다. 반대로 화폐의 기술적 개선, 즉 화폐의 순환주기가 단축되면 같은 동전이 더 일찍 자신의 출발점에 다시 나타나 일을 시작하게 된다. 그러므로 화폐에 이루어지는 모든 개선은 화폐의 공급을 늘린다. 이런 이유로 자유화폐를 도입하게 되면 현재 화폐의 3분의 1 정도 양만으로도 충분히 동일한 수요량을 만들 것이다.

처음에 상품 공급량은 생산조건, 즉 자연의 비옥함이나 노동자의 숙련도, 도구의 효율성에 의해 결정된다. 수요에 대해서는 이 모든 것이 중요하지 않다. 금은 생산되는 것이 아니라 발견된다. 현세대에 영향을 미치는 금 재고량은 선조로부터 물려받은 것이다. 마찬가지로 지폐 공급량은 자의적으로 '발행되었다'. 1년 전 생산된 상품은 거의 공급에 영

---

53 유통과정에서 수송비와 중개이윤이 더해진다는 것을 의미한다.

향을 미치지 않는다. 하지만 솔로몬이 오피르[54]에서 받은 금은 틀림없이 현재 통화의 일부를 구성하고 수요에 영향을 미친다. 공급은 매년 새롭게 생겨난다. 하지만 수요는 솔로몬의 보물, 스페인의 멕시코와 페루 약탈, 최근에는 클론다이크와 트란스발[55]에서 발견된 풍부한 금광을 포함해 물려받는 것이다. 수요의 크기는 오래전 그 뼈가 먼지가 되어버린 사람들에 의해 결정된다. 10억 인구가 공급을 유지하는 데 종사하고, 다른 편에서는 알래스카와 남아프리카의 금광에 있는 소수의 탐험가들에 의해 수요가 유지된다.

하지만 수요 역시 화폐 유통속도에 영향을 받는다. 많은 사람들은 이 속도를 제한하는 것이 어렵다는 것을 알 것이다. 따라서 그들은 수요가 매우 불확정적인 무엇이라 생각하기 쉽다. 그러나 수요는 공급과 함께 가격 결정에 엄청나게 중요한 기능을 한다.

상업조직의 어떤 개선에도 불구하고 빨라질 수 없는 유통속도를 상상하기는 사실 어렵다.

예를 들어 우리가 지폐의 유통속도에 대해 상상할 수 있는 가장 높은 한계를 조심스럽게 설정했다고 가정해보자. 그런데 누군가 황화수소와 같은 메스꺼운 화학물질을 지폐에 주입하자고 제안한다. 그러면 모두 그 화폐를 훨씬 더 빨리 쓰려고 할 것이다. 그러면 설정된 속도의

---

54 '오피르에서부터 금을 실어온 히람의 배들이 오피르에서 많은 백단목과 보석을 운반하여 오매 왕이 백단목으로 여호와의 성전과 왕궁의 난간을 만들고 또 노래하는 자를 위하여 수금과 비파를 만들었으니 이 같은 백단목은 전에도 온 일이 없었고 오늘까지도 보지 못하였더라.' (성경 열왕기상 10장 11~13절)

55 클론다이크는 캐나다 북서부 지역의 지명으로 1896년에 금광이 발견되어 1899년까지 수많은 사람이 모여들었다. 이를 클론다이크 골드러시라고 한다. 트란스발은 19세기 후반 많은 금광이 발견되었던 남아프리카의 지명이다.

한계가 너무 낮았다는 것이 분명해진다.

그러나 실제에 있어서는, 화폐 유통속도가 내일 빨라질 수 있는지 여부는 오늘 수요에 중요하지 않다. 시장에서 중요한 것은 '오늘'이다. '내일'은 그것이 확실히 예견될 때만 중요하다. 우리는 어떤 기술개선에 의해 기차 속도의 한계가 올라갈 수 있으리라 생각할 수 있다. 그러나 당장은 그 한계는 기존 기관차, 다리, 커브, 제방에 의해 정해진다. 물론 우리 모두에게 문제가 되는 것은 우리가 원하는 속도로 이동하지 못한다는 사실이다. 조금만 생각해보면, 당장은 넘어설 수 없는 화폐의 최고 속도를 기존 상업조직이 정한다는 생각에 우리는 익숙해져야 한다.

그러나 이것이 상업조직이 개선될 수 없음을 의미하지는 않는다. 사실, 거의 매일 개선되고 있다. 예를 들어 독일 통화개혁으로 예전의 잡다한 주화들이 검사 없이 유통될 수 있는 단일 주화로 대체되었는데, 이로 인해 분명히 유통은 빨라졌다.[*]

거래소, 어음교환소, 수표와 환어음은 화폐 유통속도를 올린다.[**]

무엇보다도 저축형태의 변화가 유통속도에 영향을 미쳤다. 예전에 저축은 매트리스나 땅속 항아리 등에 숨겼다. 현대에는 그 화폐가 저축은행을 매개로 해서 다시 유통이 된다. 이런 식으로 커진 금액이 수요를 늘리게 된다.

화폐의 유통은 현대 백화점에 의해 가속화되기도 한다. 구매자가

---

[*] 반대의 결론에 해당하는 주장이 생길 수 있다. 환율하락을 막기 위한 안전장치가 강화되고, 위조화폐에 대한 보안이 커지면 그 화폐는 그로셴이나 탈러, 굴덴 같은 낡은 화폐보다 저축자들에게 더 매력적이 될 게 틀림없다. 그러나 실제 화폐를 저축하면 유통은 방해된다. 의심의 여지 없이 여기서 우리는 어느 정도는 억제 효과를 얻게 된다.

[**] 오늘날의 가축 거래상처럼 예전 상인들은 여행을 할 때 구매목적의 화폐를 지니고 다녔다. 인도 항로의 해저에는 상선의 난파로 잃어버린 은이 쌓여 있다고 한다.

도시에 흩어져 있는 별도의 가게에서 이틀 걸려 써야 할 화폐 전부를 하루에 한 가게에서 쓸 수 있기 때문이다. 간단히 말해 화폐 유통속도가 지속적으로 가속화될 가능성을 부정할 수 없다. 그러나 어떻게 해도 이 가능성으로 인해 앞서 우리가 그려낸 수요의 그림이 모호해지지는 않는다.

그래서 수요는 화폐의 발행량과 유통속도에 의해 결정된다. 수요는 화폐의 발행량과 유통속도에 정확히 비례해서 증가한다.

이것이, 수요와 공급을 통해 가격이 결정된다는 전체 그림을 만들기 위해, 수요에 대해 우리가 첫번째로 알아야 할 사실이다. 지금까지 우리가 배운 것이 아주 적다는 것은 인정해야 한다. 하지만 적어도 이 용어들에 내용은 채워졌다. 그래서 수요와 공급을 저울질하고 다룰 수 있게 되었다. 더 이상 추상적이지 않은 것이다. 공급을 말할 때 우리는 더 이상 상거래나 투기 등을 떠올리지 않는다. 우리는 목재, 밀짚, 라임, 채소, 양모와 광물을 싣고 우리 눈앞을 지나가는 화물열차를 본다. 우리 눈과 다른 감각들로 공급의 본질을 알게 되었다.

그리고 수요에 대해 말할 때 우리는 거지나 적자, 대출이자를 보지 않는다. 우리는 화폐, 지폐 혹은 금속화폐를 본다. 이건 우리가 다룰 수 있고 셀 수 있다. 우리는 화폐가 그 내재된 힘에 의해 유통되며 움직인다는 것을 안다. 그리고 이 운동은 상업조직의 개선에 의해 가속화된다. 우리는 화폐가 자신의 순환을 완수할 때마다 시장에서 일정량의 상품을 잡아서 소비자의 집으로 던져버리는 걸 목격한다. 상품을 제거하고 난 후 다시 다른 상품을 잡기 위해 화폐가 시장으로 돌아오는 속도에 수요가 일정부분 좌우된다는 것을 우리는 눈으로 추적할 수 있다. "가격은 수요와 공급에 의해 결정된다"라고 말할 때 우리는 더 이상 앵무새처럼 말하는 것이 아니라, 경제학의 근본적인 진리를 주장하고 있다는 것을 의식하면서 말한다.

지금까지 논의한 가격의 구성요소를 수치로 나타내면 대강 다음과 같을 것이다.

공급	톤	수요	톤
상업조직이 잘 작동할 때, 분업과 재산 분할로 매일 시장에 공급되는 양	1,000	국가가 발행하는 금속화폐나 지폐의 양이 현재의 유통속도와 어제 가격으로 만들어내는 수요의 양	1,000
공급의 증가 요인:		수요의 증가 요인:	
1. 인구 10퍼센트 증가로 인한 생산 증가	100	1. 새로운 금광 발견이나 지폐 발행으로 화폐의 양 10퍼센트 증가	100
2. 분업이 원시생산을 대체하여 5퍼센트 팽창	50	2. 상업조직의 개선을 통한 화폐 유통속도의 20퍼센트 증가	200
3. 생산수단이 20퍼센트 개선	200	3. 저축은행이 소액저축자들의 화폐를 10퍼센트 더 빨리 순환시킴	100
4. 노동자의 효율성 향상으로 고품질 상품을 30퍼센트 생산	300		1,400
	1,650	그러나 이 수요는 일정하지 않고 시장에 규칙적으로 나타나지 않는다. 다음 장에서 살펴볼 것이다.	
공급의 감소 요인:			
1. 상업조직의 개선과 중간상 제거로 상품이 시장에서 소비지역으로 빨리 이동	100		
2. 환어음 및 다른 경제환경 관련 법의 간소화로 화폐 대신 신용에 의한 상품교환이 증가	300		
	1,250		

설명: 1톤은 물론 어떤 상품, 예를 들어 토탄 1톤일 수 있다. 그러면 우리는 현재가격에서 토탄 1톤과 교환될 수 있는 감자, 우유, 크랜베리, 메밀 등의 양을 계산할 수 있다. 그러면 100파운드의 1등급 감자, 혹은 크림을 제거하지 않은 우유 20갤런, 또는 메밀 2부셸이 토탄 1톤의 공급과 같다.

수요의 경우, 우리는 실제 화폐의 양과 실제 유통속도를 바탕으로 얼마나 많은 화폐가 오늘 상품에 제공될 수 있는지, 현재 가격에서 이 금액으로 상품 몇 톤을 살 수 있는지를 계산할 수 있다. 답은 1,000톤이다. 수요와 공급이 이 1,000톤을 산출한 가격을 결정하므로, 공급된 화폐에 의해 톤으로 표시한 수요는 반드시 톤으로 표시한 공급과 일치해야한다. 그렇지 않을 경우, 앞의 예에서 공급은 1,250톤인데 수요 1,400톤과 만난다면, 그 차이는 조만간 가격변화로 해소될 것이다. 우리의 사례에서는 가격이 12퍼센트 상승함으로써 균형을 이루게 된다.

11.
현재형태의 화폐가
순환하는 법칙

수요와 공급이 물가를 조절하는 주권자라는 것을 안다면, 그리고 가치 이론이라는 주제가 환상이고, 나아가 생산이 가격을 무게중심으로 하여 위아래로 움직이며 그 반대는 아님을 확신한다면, 우리는 가격과 가격에 영향을 미치는 요소에 관심을 갖게 되고, 또 지금까지 사소해 보이던 어떤 사실들이 새로이 엄청나게 중요해질 것이다.

지금까지 완전히 간과된 채 사소해 보였던 이 사실 중 하나는 종래의 화폐가 그 본질상 수요(화폐 공급)를 하루, 한 달, 1년이나 그 이상까지도 늦출 수 있다는 것이다. 반면에 공급(상품 공급)은 하루만 늦추어도 그 소유자에게 모든 종류의 손실을 유발한다. 슈판다우 요새에 보관되어 있는 프랑스의 전쟁배상금인 금 1억8천만 마르크는 지난 40년간 시장에 유입되지 않았다. 하지만 이 군자금이라는 것 때문에 독일 정부가 치러야 했던 모든 비용은 율리우스 탑 안이 아닌, 그 바깥에서 발생했다.[56] 금의 양과 질은 그대로이다. 물질적으로는 단 1페니히도 손실이 없었다. 경비대 군인은 금을 좀이나 녹으로부터 보호하는 것이 아니라 도둑으로부터 보호한다. 그는 자물쇠가 온전한 한, 안에 모아둔 보물에 어떤 해도 없을 것이라는 걸 알고 있다.

이와는 대조적으로 실물 군자금, 베른에 저장되어 있는 '스위스연방의 밀'은 보호 및 저장 경비와는 별도로 매해 10퍼센트의 물질적 손실을 보고 있다. (이자는 계산에 넣지 않았다. 슈판다우 보물의 주인도 이자만큼의 손실은 본다.)

공급을 구성하는 것은 상품인데, 상품은 썩고, 무게와 품질에서 손실이 발생하며, 신선한 상품 대비 가격이 계속 하락한다.

녹, 습기, 부패, 열기, 냉기, 균열, 쥐, 좀, 파리, 거미, 먼지, 바람, 빛, 해일과 지진, 전염병, 사고, 홍수와 도둑 등이 상품의 양, 품질과 계속 전투를 벌이고 승리한다. 생산된 후 며칠 혹은 몇 달이 지났을 때, 이 전투의 결과를 보여주지 않는 상품은 거의 없다. 그리고 이러한 적들에 제일 취약한 것이 바로 식량과 의복처럼 가장 필수적인 상품들이다.

지상의 모든 것과 마찬가지로 상품은 끊임없이 유동적인 상태에 놓여 있다. 녹은 불에 의해 순수한 철로 바뀌고, 철은 대기의 약한 불로 다시 녹슨다. 비싼 모피는 수천 개의 좀으로 변해 창문 밖으로 날아가버린다. 집 짓기에 사용된 목재는 건부병으로 먼지가 된다. 심지어 유리조차도, 다른 생산물에 비해 시간의 공격을 잘 견딜 것 같지만, 조만간 똑같은 변형의 일종을 겪게 된다. 깨져버리는 것이다.

각 상품은 특정한 적에게 위협을 받는다. 쇠는 녹, 모피는 좀, 유리

---

56 율리우스 탑은 슈판다우 요새 안에 있는 탑이다. 전쟁배상금 금화는 여기에 보관되어 있었고 제1차 세계대전에서 독일이 패배하자 승전국이 된 프랑스로 1919년 반환되었다. 금화이므로 탑 안에서 손실이 발생하지는 않는다. 다만 그곳을 지키기 위해 국가는 일정한 비용을 지출해야 했다.

는 파손, 가축은 질병으로. 그리고 공통의 적이 이 특정한 적과 동맹을 맺고 있다. 그들은 물, 불, 도둑, 그리고 천천히 그러나 확실하게 모든 것을 태워버리는 공기 중 산소이다.

누가 이 모든 위험에 대한 보험료를 지불할 수 있을까? 가게 주인은 자기 상품만 보관하는 장소에 얼마나 지불할까?

또 상품은 노후화될 뿐 아니라 구식이 된다. 요즘 누가 전장식 화포나 물레를 쓰겠는가? 누가 그런 상품을 만드느라 원료비를 지불하겠는가? 생산은 계속해서 더 새롭고, 더 나은 모델을 시장으로 가져온다. 비행선은 그 조종 가능성을 증명하자마자 비행기에게 추월당했다.

상품 소유주가 그러한 손실에 맞서 자신을 보호하는 유일한 방법은 상품을 파는 것이다. 그가 가진 자산의 본질로 인해 판매를 강요당하는 것이다. 이러한 강요에 저항하면 처벌이 내려진다. 그 처벌은 그의 자산, 즉 그가 소유하고 있는 상품에 의해 수행된다.

새로운 상품들이 계속해서 시장으로 유입되고 있다는 것도 기억해야 한다. 소는 매일 젖을 짜야 하고, 가진 게 없는 사람은 굶주리지 않기 위해 일해야 한다. 그러므로 판매가 지연되면 상품의 공급은 더 커지고, 더 절박한 상황에 처할 수밖에 없다. 일반적으로 상품판매에 가장 유리한 시기는 공장을 떠나는 순간이다. 판매가 늦어질수록 시장상황은 더 불리해진다.

신문배달부는 외치며 달린다. 생산 후 몇 시간이 지나면 팔 수 없기 때문이다. 우유배달부의 수레가 종을 달고 있는 것은 제때에 맞춰서 팔아야 하기 때문이다. 채소 파는 여자는 신의 피조물 중 가장 일찍 일어난다. 그녀는 잠자는 수탉을 깨운다. 정육점 주인은 늦잠도 못 자고, 성령강림절 휴일에도 가게 문을 닫을 수 없다. 24시간이 지나면 그의 상품이 부패단계로 접어들기 때문이다. 제빵사는 빵이 따뜻한 동안만 제 가격을 받고 상품을 팔 수 있다. 그들은 일생 동안 바쁘게 산다. 1년에 한 번 수수죽을 가지고 스트라스부르에 나타나는 착한 취리히 사람들처럼 말이다. 감자 경작을 한 농부는 일쩍 서리가 내릴까 두려워 서둘러 수확을 하고, 서둘러 시장에 내놓는다. 좋은 날씨의 이점도 누리고, 그 값싸고 무거운 생산물을 싣고 내리는 노동을 가능한 한 절약하기 위해서다.

아니면 임금생활자, 즉 수없이 많은 노동자 부대의 경우를 보자. 그들은 신문배달부, 채소장수나 농부처럼 서두르지 않는가? 그들도 일하지 않으면 시계추가 움직일 때마다 자기 자산의 일부인 노동력을 잃게 된다.

그러므로 일시성이라는 상품의 본질은 매일 아침 우리를 잠에서 깨우고, 서두르도록 박차를 가하며, 정해진 시간에 시장에 나타나도록 한다. 상품이 그 소유자가 시장을 찾도록 처벌의 위협과 함께 명령하는 것이다. 그리고 그 처벌은 상품 자체에 의해 수행된다. 따라서 판매를 위한 상품 공급은 그 소유자의 의지가 아니라 상품 자체에 의해 좌우된다. 상품이 그 소유자의 자유의지를 벗어날 수는 없지만, 그렇더라도 아주 제한적일 뿐이다. 예를 들어 농부는 밀을 탈곡한 후에 더 나은 판매기회를 기다리며 헛간에 저장해둘 수 있다. 밀은 샐러드, 달걀, 우유, 고기나 노동과 비교해볼 때 그 성질상 생각할 시간을 더 많이 제공한다. 그러나 심사숙고의 시간이 무제한은 아니다. 밀은 무게나 품질이 저하되고, 쥐나 진드기가 파먹고, 불이나 다른 위험에서 보호도 해야 한다. 농부가 밀을 곡물창고에 가져다놓을 경우, 이자는 무시하더라도 그 보관으로 인해 6개월 안에 상당량을 비용으로 치르게 된다. 어떻게 되든 밀은 다음 수확 전에 팔려야 한다. 그리고 지금은 남반구에서도 수입을 하니 수확은 6개월에 한 번씩 발생한다.

(1860년) 파리 리리크 극장의 젤리 양은 태평양 마케아 섬 공연에서 입장권 860장에 대한 요금을 다음과 같이 받았다. 돼지 3마리, 칠면조 23마리, 닭 44마리, 코코넛 500개, 파인애플 1,200개, 바나나 120묶음, 조롱박열매 120개, 오렌지 1,500개. 그녀는 그 수입액을 파리 시세로 4천 프랑으로 평가하고 나서 물었다. "이걸 모두 어떻게 화폐로 바꾸지? 내가 듣기로 이웃 섬 마니카에서 온 투기자가 거금을 제시할 준비를 하고 있다는데. 그동안 돼지를 살려두려면 조롱박열매를 주고, 닭과 칠면조에게는 바나나와 오렌지를 먹이로 줘야 하겠지. 즉, 내 자본 중 동물을 지키려면 식물을 희생해야 돼."•

그러므로 공급은 그 공급을 구성하는 대상물에 내재한 강한 강제력에 종속되어 있으며, 이 힘은 매일 커져서 시장과 공급을 가로막는 벽을 무너뜨린다고 확실하게 말할 수 있다. 공급은 지연될 수 없다. 상품 소유자의 의지와는 완전히 독립된 채, 상품의 공급은 매일 시장에 나타난다. 맑은 날이든 비 오는 날이든, 정치적 소문으로 시장이 술렁이든, 공급은 항상 상품 재고량과 같다. 상품가격이 만족스럽지 않아도 공급은 상품 재고량과 같다. 가격이 생산자에 이익이든 손해든 상품은 팔아야 한다. 대부분의 경우 즉시 말이다.

• 비르트(Wirth), 『돈(Das Geld)』, 7쪽. (막스 비르트는 독일의 경제학자이자 저널리스트이다—옮긴이)

그러므로 우리는 상품의 공급, 즉 화폐 수요를 상품 그 자체와 같은 것으로 간주할 수 있다. 공급은 시장 흥정과 별개다. 공급은 하나의 사물, 하나의 물질이지 상거래가 아니다. 공급은 언제나 상품 재고량과 일치한다.

반면 이미 보여준 것처럼 수요는 이러한 강제에 종속되지 않는다. 수요는 금으로 구성되는데, 이 귀금속은 그 표현이 암시하듯이 지상의 생산물 중 예외적인 위치를 차지한다. 금은 지구에 침투해 와서 자연의 모든 파괴적 힘을 성공적으로 견뎌낸 외계물질에 가깝다고 볼 수 있을 것이다.

금은 녹슬지도, 부패하지도 않으며 깨지지도, 죽지도 않는다. 서리, 열, 태양, 비나 불 어떤 것도 금에 해를 끼치지 못한다. 금으로 만든 화폐를 소유하는 사람은 그 소유물의 물질적 손실을 두려워할 필요가 없는 것이다. 그 질도 변하지 않는다. 수천 년간 묻혀 있어도 소모되지 않는다.

또 옛날부터 축적된 금의 양과 비교하면 금 생산은 미미한 수준이다. 3개월, 6개월, 12개월간의 금 생산은 금 재고량의 1천 분의 1도 되지 않는다.

금은 유행의 변화에도 영향을 받지 않는다. 지난 4천 년간 화폐의 유일한 유행변화는 복본위제에서 단순한 금본위제로 바뀌었다는 것이다.

금이 두려워하는 유일한 위험은 효율적인 지폐의 발명이다. 그러나 여기서도 금 소유자는 그런대로 안전하다. 그런 지폐는 국민 전체의 뜻에 따라 도입되어야 하기 때문이다. 그 힘은 천천히 진행될 것이고 금 소유자는 자신을 구할 시간을 갖게 될 것이다.

금 소유자는 이 외래종의 독특한 성격 때문에 물질적 손실로부터 보호된다. 금은 시간 흐름에서 벗어나 있다. 파괴에 맞서 자신을 보호하기 때문이다.

금 소유자는 자산의 성격상 억지로 팔지 않아도 된다. 기다리는 동안 이자 손실이 있는 것은 사실이다. 그러나 그는 기다릴 수 있다는 이유만으로 또한 이익을 보는 건 아닐까? 상품 소유자도 판매를 늦추면 이자를 잃게 된다. 하지만 그는 또한 상품의 부분적 손실과 보관 및 관리 비용에 대해서도 대비해야 한다. 반면에 화폐 소유자의 피해는 이익의 상실뿐이다.

그러므로 화폐 소유자는 상품에 대한 자신의 수요를 지연시킬 수 있다. 자신의 의지를 발휘할 수 있는 것이다. 사실 그는 조만간 금을 팔아야 한다. 금 자체로는 그에게 쓸모가 없기 때문이다. 그러나 그는 그 시점을 정할 자유가 있다.

공급은 항상 존재하는 상품 재고량에 의해 측정될 수 있다. 그것은 정확히 그 상품들과 같다. 상품은 명령하고 어떤 모순도 용납하지 않는다. 상품 소유자의 의지는 너무나 무력해서 무시해도 될 정도이다. 한편 수요에는 화폐 소유자의 의지가 작용한다. 금은 인내심 있는 하인이기 때문이다. 화폐 소유자는 목줄을 한 사냥개처럼 수요를 잡고 있다가 자신이 선택한 사냥감을 만나면 목줄을 놓아준다. 상품은 수요의 사냥감이다. 혹은 카를 마르크스의 그림 같은 문구를 따라해보면, "수요는 쉬운 승리를 자신하며 의기양양하게 시장에 들어오고, 공급은 몇 푼 벌려고 더 많이 걷어차이는 거지처럼 낙담한 채 들어온다. 한편은 강요가, 다른 편은 자유가 있다. 그래서 강요와 자유, 그 두 가지가 함께 가격을 결정한다."

왜 이렇게 다른가? 한쪽이 팔려는 것은 파괴될 수 없는 금이고, 다른 쪽은 상하기 쉬운 상품이기 때문이다. 한쪽은 기다릴 수 있지만, 다른 쪽은 기다릴 수 없기 때문이다. 한쪽은 교환매개물을 가지고 있고 그 매개물의 물리적 특성 때문에 손실 없이 교환을 지연시킬 수 있지만, 다른 쪽은 지연되는 시간에 비례하여 손실을 입기 때문이다. 이러한 관계로 인해 상품 소유자는 화폐 소유자에 의존적이기 때문이다. 그래서 프루동을 인용하면, "화폐는 시장의 문을 여는 열쇠가 아니라 가로막는 빗장"이기 때문이다.

이제 수요가 자신이 누리고 있는 자유를 이용해서 시장에서 철수한다고 가정해보자. 그러면 공급은 자신을 지배하는 강제력 때문에 수요를 찾아내야 하고, 서둘러 만나야 하며, 특별한 이익을 주어서라도 수요를 다시 시장으로 유인해내야 한다.

수요, 즉각적 수요는 공급에 필수적이며, 수요는 이 필요성을 알고 있다. 결과적으로 수요는 시장에서 철수할 수 있는 특권 때문에 통상 어떤 특별한 이익을 요구하고 또 얻어낼 수 있다. 화폐 소유자가 이러한 보상을 요구하지 않을 이유가 있겠는가? 수요와 공급을 통해 가격이 결정되는 우리의 전체 경제제도가 이웃의 곤란을 이용해먹는 데 기초하고 있다는 것을 보여주지 않았는가?

시공간적으로 떨어져 있는 A와 B가 그들의 상품, 밀가루와 선철을 교환하고자 한다. 이 목적을 위해서는 C가 가진 화폐가 필요하다. C는 자신의 화폐로 즉시 그 교환을 성사시킬 수도 있고, 지연시키거나 방해하거나, 금지할 수도 있다. 화폐 때문에 그는 그 거래가 일어날 시점을 자유롭게 선택할 수 있다. 분명한 것은 이러한 힘에 대해 C는 지불을 요구하고, A와 B는 밀가루와 선철에 대한 조공의 형태로 그걸 인정할 수밖에 없다는 점이다. 그들이 화폐에 대한 이 조공을 거부하면, 화폐는 시장 밖으로 빠져나갈 것이다. 그러면 A와 B는 팔지 못한 채 물러나야 하고 팔리지 않은 물건과 함께 집으로 돌아가는 비싼 대가를 치러야 한다. 그러면 A와 B는 생산자이자 소비자로서 동시에 고생을 하게 된다. 생산자 입장에서는 그들 상품이 악화되고, 소비자 입장에서는 그 생산물을 팔아 얻고자 했던 재화 없이 살아야 하기 때문이다. 만약 C가 금 대신에 차, 분말, 소금, 가축과 같은 다른 생산물이나 자유화폐를 가지고 있다면, 이들 교환매개물의 특성상 자신의 수요를 지연할 힘을 잃게 되고, 더 이상 다른 생산물에 대해 조공을 부과할 수 없게 될 것이다.

그러므로 일반적으로, 즉 상업에서는 현재형태의 화폐는 조공을 받는다는 조건에서만 상품교환의 중개자 역할을 한다. 시장이 상품교환을 위한 길이라면, 화폐는 길을 가로지르며 세워진 요금소이고 요금이 지불될 때만 열린다. 요금, 이윤, 조공, 이자, 우리가 그걸 무어라 부르든지 그것이 상품이 교환되는 조건이다. 조공이 없으면, 교환도 없다.

나는 여기서 모든 오해의 가능성을 피하고 싶다. 내가 지금 말하는 것은 상업적 이윤, 즉 상인이 자신이 한 일에 대해 요구할 수 있는 지불이 아니다. 내가 여기서 말하고 있는 것은, 화폐 소유자가 자신의 화폐를 유보하여 상품교환을 마비시킬 수 있기 때문에 생산자에게 요구할 수 있는 이윤이다. 이 이윤은 상인의 이윤과 겹치는 부분이 없다. 화폐 자체에 의해 산출된 별도의 효과이기 때문이다. 그것은 화폐가 다른 상품들과는 달리, 팔려야 한다는 물질적 강제에서 자유롭기 때문에 받아낼 수 있는 조공이다. 공급의 경우 물질적 강제가 상품에 내재해 있지만, 수요의 경우 자유와 의지, 시간으로부터의 독립성이 있다. 그 결과가 조공이다. 화폐가 자유롭기 때문에 상품은 화폐에 조공을 바쳐야 한다. 다른 가능성은 없다. 이 조공이 없으면 화폐는 교환에 제공되지 않고, 교환을 실행하는 화폐가 없으면 어떤 상품도 그 목적지에 도달하지 못할 것이다. 만약 어떤 이유로 화폐가 평상시의 조공을 받지 못하게 되면, 경제위기가 발생한다. 상품은 그 자리에서 썩게 될 것이다.

그러나 조공이 수요의 등장을 위한 분명한 조건이라면, 손실이 예상되는 경우 수요가 시장에 나오지 않으리라는 것은 더욱 분명하다. 공급은 이득이나 손실과 무관하게 시장에 나오지 않을 수 없다. 수요는 조건이 불리하면 자신의 요새 속으로 숨어버린다. (그 요새를 무너뜨리는 것은 불가능하다.) 그리고 공략하기에 좋은 조건이 올 때까지 조용히 기다린다.

그러므로 수요, 즉 상품에 대한 화폐의 통상적인 공급은 시장에서 다음의 조건이 확실할 때만 이루어진다.

1. 손실에 대한 충분한 안전

2. 화폐에 대한 조공

조공은 상품을 팔 때만 부과될 수 있으며, 한 가지 필수조건이 충족되어야 한다. 생산물을 사고파는 사이에 가격이 하락해서는 안 된다는 것이다. 판매가격은 구매가격보다 높아야 한다. 그 차액에 조공이 포함되기 때문이다. 거래가 팽창하고 상품의 평균가격이 상승할 때, 상인의 이윤도 증가한다. 그러면 두 가격의 차이는 상인의 이윤과 화폐에 지불하는 조공을 대기에 충분하다. 가격이 하락할 때는 조공 징수가 불확실하거나 불가능하게 된다. 불확실하기만 해도 상인은 상품구매를 꺼리게 된다. 어떤 상인도, 투기자나 고용주도 그가 구매를 고려하고 있는 상품의 가격이 하락할 것이라는 의심이 들면, 은행에 어음할인을 해서 이자지불의 의무를 떠안으려 하지 않을 것이다. 가격하락은 그가 지출한 금액도 건지지 못한다는 걸 의미할 수 있다.

이제 화폐가 교환매개물로서 그 서비스를 제공하기 위한 두 조건을 고려해보면, 물가가 하락할 때 수리적으로 상업이 불가능하다는 것을 알게 된다. 그러나 이 수리적 불가능성을 말하는 사람이 화폐 소유자뿐이라는 사실에 주목해야 한다. 상품 소유자의 경우 극단적이고 분명한 손실을 입어도 공급에 장애가 되지 않는다. 그에게는 수리적 불가능이라는 문제가 없기 때문이다. 이윤이 나든 안 나든 모든 상황에서 상품은 교환할 준비가 되어 있다. 하지만 화폐는 평소의 조공이 확보되지 않으면 파업에 들어간다. 그리고 어떤 이유로 공급 대 수요의 비율에 장애가 생겨 가격이 하락할 때 그런 일이 벌어진다.

하지만 잠깐! 우리가 방금 무슨 말을 한 것인가? 수요가 물러난다. 즉 물가가 하락할 때 화폐의 유통이 수리적으로 불가능하게 된다! 그러나 물가는 단지 화폐 공급이 충분치 않기 때문에 하락한다.[57] 화폐 공급이 부족해서 물가하락을 막지 못하면 화폐가 빠져나가서 화폐 공급이 더 줄어든다는 말인가?

정말 그렇다. 우리가 방금 쓴 내용에는 인쇄가 잘못되었거나 실수가 있는 게 아니다. 화폐 공급이 충분치 않아서 물가하락이 시작되거나 예상될 때, 화폐는 실제로 시장에서 빠져나가고 화폐순환은 수리적으로 불가능해진다.

금본위제 도입 이후 화폐 생산이 전체 은 생산만큼 감소하고 물가가 하락했을 때, 화폐는 유통되지 못하고 은행에 쌓여갔다. 이자율은 꾸준

---

57 저자는 여기서 이상현상이 발생할 수 있음을 지적하고 있다. 앞선 논의에 따르면 물가가 하락하면 화폐가 수요 역할을 하지 않고 화폐의 순환에서 빠져나간다. 그렇게 되면 수요 부족으로 물가는 더 하락할 것이고, 이는 다시 화폐가 더 빠져나가게, 즉 수요가 더 줄어들게 만들 것이다. 하락의 악순환 고리가 형성되는 것이다. 이는 가격이 하락할 경우 수요가 증가한다는 경제학의 일반적 법칙과 상충된다.

히 가라앉았다. 그러자 복본위주의자들은 금본위제에 반대하는 운동을 벌이고 당시의 만성적인 거래 침체가 화폐 발행량이 부족한 때문이라고 주장하였다. 이에 대해 뵘바베르크와 다른 이들, 금본위제 지지자들은 막대한 은행유보금과 낮은 이자율을 지적하면서, 이런 현상이 화폐의 양이 너무 적어서가 아니라 너무 많아서라는 결정적 증거라고 주장했다. 그들은 물가의 하락이 상품의 과잉생산과 더불어 전반적인 생산비용의 하락(금 생산비용을 포함해서?) 때문이라고 설명했다.

복본위주의자들, 특히 라블레Laveleye[58]는 물가하락을 방지할 정도로 화폐가 충분히 공급되지 않으면 화폐의 상업적 순환이 불가능하다는 것을 증명함으로써 이 주장을 멋지게 반박했다. 막대한 은행예금과 낮은 이자율이 화폐가 충분치 않은 증거라는 것이다.

그러나 우리의 통화이론가들은 '가치'라는 안개 속에서 헤매느라 이것을 이해하지 못했다. 오늘날에도 그들은 자신들이 가는 길을 명확히 알지 못한다. 그동안 화폐의 역사가 이 부분에서는 복본위주의이론이 맞다는 많은 증거를 제시했음에도 말이다. 우연히 대량의 금이 발견되어 상품가격이 전방위적으로 강하게 상승하자, 막대한 은행유보금은 사라졌고 이자율은 어느 때보다 높아졌다. 그러므로 은행에 화폐가 쌓이고 이자율 하락하는 게 화폐 부족 때문이라는 것은 사실이다. 그리고 은행이 비워지고 이자율이 상승하는 게 화폐 공급이 너무 많기 때문이라는 것도 사실이다.

그러므로 물가가 하락하는 것은 정확히 화폐 공급이 부족하기 때문

---

58 역사, 문학, 법률 등 다방면에 관심이 많던 벨기에의 경제학자. 통화제도와 관련한 그의 저서로는 『국제복본위제와 이를 둘러싼 투쟁(*International Bimetallism and Battle of the Standard*)』(1881)이 있다.

이다.

실제 물가가 하락해야 꼭 화폐가 시장에서 빠져나가는 것은 아니다. 가격이 하락할 것이라는 전반적인 견해가 형성되면 (견해가 맞느냐 틀리느냐는 관계없다), 수요는 주저하게 되고 화폐는 덜 공급된다. 이런 이유로 인해 기대 혹은 우려했던 것이 실제 사실이 된다.

이 문장은 하나의 계시가 아닐까? 수많은 책에서 제시된 어떤 설명보다 경제위기의 본질을 더 명쾌하게 설명해주지 않는가? 이 문장에서 우리는 왜 '검은 금요일', 즉 죽음과 파괴를 흩뿌리는 경제위기가 마른하늘에 날벼락처럼 자주 오는지 알게 된다.[59]

수요는 물러나 숨어버린다. 현재 가격 수준에서는 상품 교환을 성사시키기에 수요가 충분하지 않기 때문이다! 공급은 수요를 초과하고, 그래서 수요는 완전히 사라진다. 상인은 면화 주문서를 쓴다. 그런데 면화 생산이 증가했다는 이야기를 듣고는 그 주문서를 휴지통에 버린다. 웃기는 일 아닌가?

그러나 생산은 계속해서 새로운 상품 덩어리를 시장에 던져넣고, 그래서 판매에 장애가 생기면 상품 재고량은 증가한다. 수문이 닫히면 강수위가 올라가는 것과 같다.

따라서 공급이 더 커지고, 더 절박해지는 것은 수요가 주저하기 때문이다. 그리고 수요가 주저하는 건 단지 공급이 수요에 비해 너무 크다는 이유 때문이다.

여기서도 역시 실수가 있거나 인쇄가 잘못된 것이 아니다. 경제위기 현상은 구경꾼이 보기에 정말 웃기지만, 웃기는 원인으로 발생하는

---

59 검은 금요일은 1869년 9월 24일로 이날 미국에서 금과 주식 시장의 붕괴가 시작되었다.

것이 틀림없다. 수요는 이미 너무 작았기 때문에 더 작아지고, 공급은 이미 너무 컸기 때문에 더 커진다.

그러나 희극은 비극으로 발전한다. 수요와 공급이 가격을 결정한다. 즉, 화폐와 상품 간의 교환비율이 가격을 결정한다. 더 많은 상품이 교환에 제공될수록 화폐 수요는 더 커진다. 신용거래나 물물교환에 의해 소비자에게 전달된 상품들은 화폐 수요에서 제외된다. 그러므로 신용판매가 증가하면 물가는 상승한다. 화폐와 교환하기 위해 제공되는 상품의 양이 신용거래액만큼 감소하고, 수요와 공급―화폐와 상품 간의 교환비율―이 가격을 결정하기 때문이다.

반대로 신용판매가 감소하면 물가는 하락한다. 옆 통로를 통해 구매자에게 가던 것들이 다시 화폐 수요를 창출하기 때문이다.

그러므로 화폐를 얻기 위한 상품의 제공은 신용판매가 감소한 만큼 증가한다.

물가가 하락할 때, 판매가격이 비용 이하로 하락할 때, 상인이 보통 그의 상품 재고로 인해 손해를 보고 있을 때, 비용 1,000이 들었던 물품인데 창고에서 재고조사하는 날에는 900으로 거래되고 있어서 재고상 각을 해야 할 때, 그럴 때 신용판매는 감소한다.[60] 상인의 지불능력은 그의 상품가격과 함께 증가하거나 감소한다. 그리하여 신용판매 역시 물가의 등락과 함께 증가하거나 감소한다. 모두 이 사실을 알고 있으며 이를 아주 자연스러운 것으로 생각한다. 그러나 이 사실은 꽤나 이상한 일이다.

---

60 경기가 좋지 않아 물건은 잘 안 팔리고 전반적으로 물가도 하락하면 부도위험이 커져서 사람들이 신용거래를 피하려고 한다.

물가가 오르면, 즉 수요가 공급을 초과하면, 신용이 등장해서는 화폐와 교환될 상품 일부를 빼앗는다. 그래서 물가는 더 상승한다. 물가가 하락하면, 신용은 물러나고, 상품은 현금과 교환되며, 그래서 물가는 더 하락 압력을 받는다. 경제위기에 대해 더 설명할 필요가 있겠는가?*

우리가 생산수단을 개선했기 때문에, 더 부지런하고 창의적으로 되었기 때문에, 좋은 날씨와 풍요로운 수확을 누렸기 때문에, 아내들이 아이를 많이 낳았기 때문에, 그리고 모든 문화의 원천인 분업을 확대했기 때문에, 상품의 공급(화폐 수요)는 증가했다. 그러나 더 커진 화폐 수요를 더 큰 화폐 공급으로 균형을 맞추지 못했기 때문에, 상품가격은 하락했다.

하지만 물가가 하락하기 때문에 수요는 빠져나가고 화폐는 쌓인다. 그리고 수요가 빠져나가고 판매에 지장이 생기기 때문에 상품이 누적된다. 마치 강에서 얼음의 흐름이 막힐 때 얼음덩어리가 쌓이는 것과 같다. 공급은 장애물을 무너뜨리고 시장에 밀려온다. 그리고 상품은 어떤 가격에서든 처리되어야 한다. 그러나 물가가 계속 하락하기 때문에 어떤 상인도 상품을 살 수 없다. 오늘 너무 싸서 사고 싶은 것이 있어도, 내일 경쟁자가 훨씬 더 싸게 살 수도 있다는 두려움 때문이다. 실제로 그렇게 되면 더 이상 경쟁이 안 된다. 상품은 너무 싸기 때문에, 그래서 더 싸게 될 위험이 있기 때문에 팔릴 수 없다. 이것이 경제위기다.

위기가 발생하고, 상인의 자산은 줄어들며, 부채는 (그 자산 감소

---

* 1907년 독일에서는 350억 마르크의 환어음이 유통되고 있는 것으로 제국의회에 보고되었다. 이 금액이 그해 동안 승인된 전체 어음 규모를 나타내는 것이라면, 90억 마르크로 축소된 금액이 맞을 것이다. 3개월 만기 어음일 것이기 때문이다. 그러나 이 정도라 하더라도 그런 신용금액—사람들의 기분과 시장 동향에 달려 있는 신용—에 의해 수요와 물가의 안정성이 얼마나 크게 위태로워질지 상상할 수 있다.

와 같은 비율로) 증가한다. 화폐를 지급하기로 한 계약서*에 서명한 사람은 누구든 상품(그의 자산)가격 하락으로 인해 그 약속을 지키기 어렵게 되었다는 것을 알게 된다. 그리하여 지불정지가 시작되고, 상품교환은 운에 의존하는 게임이 된다. 이런 이유로 인해 신용판매는 제한되고, 따라서 화폐 수요는 여태껏 신용방식으로 교환되던 전체 상품량만큼 늘어난다. 화폐가 부족해서 사라지는 그때에 말이다.

불로 인한 가뭄이 대화재를 만드는 것처럼, 우리가 사용하는 현재 형태의 화폐 유통에 대한 장애가 화폐 수요를 자극한다. 균형을 이루는 힘은, 그에 대해 그렇게 많은 글이 쓰여 있지만, 결코 작동하지 않는다. 악은 강화될 뿐, 완화되지 않는다. 보완해줄 흐름이 나타날 어떤 신호도 없는 것이다.

아직도 많은 사람들은 화폐 수요가 증가할 때 화폐의 유통속도 증가에서 이에 대한 보완책을 찾으려 한다. 싸게 사고 싶다는 바람 때문에 '준비금' 중에서 시장으로 유입되는 양이 커질 것이라고 그들은 상상하는 것이다. 진실은 그 반대이다. 물가하락이 아닌 물가상승이 상인의 매입을 자극한다. 물가하락은 상처를 입힐 뿐이다. 오늘 싸게 공급된 것이 내일은 훨씬 더 싸질 것**이라는 두려움이 모든 지갑을 닫게 만든다. 지갑은 물가상승이 예상될 때만 열린다. 다시 보자. 그들이 상정하고 있는 이 '준비금'은 어디에 있는가? 은행에 있는가? 은행은 물가가 전반적으로 하락하여 화폐가 안전하게 순환할 수 없으면, 화폐를 순환

● 환어음, 약속어음, 채권, 임대와 리스, 보험증서 등.
●● 상인의 관점에서 보면 어떤 상품도 그 자체로 싼 것은 없다. 상품은 그것을 팔 때의 가격과 비교해 싸야만 싸다. 물가가 하락할 때, 모든 상품은 비싸다. 물가의 전반적인 상승으로 인해 상인이 매수가격 이상으로 그의 매도가격이 상승할 때, 상품이 싸지는 것이다.

과정에서 빼내버린다. 그러므로 가장 필요로 할 때 수백만 마르크가 시장에서 빠져나가는데 이를 준비금이라 할 수는 없다. 수확이 실패해서 법률대리인이 농부의 소를 압류하면, 그 결과가 소 재고량에 추가되는 것은 아니다. 물가가 하락할 때, 즉 화폐 공급이 충분하지 않을 때 은행에서는 화폐가 넘쳐흐르고, 물가가 상승할 때는 비어 있다. 그 반대가 참이라면, 우리는 준비금 이야기만 할 수 있을 것이다. 실제로 준비금이 존재한다면, 상품교환이라는 이익을 위해 가능한 한 빨리 다 사용되어야 한다. 준비금이 있으면 물가변동이 커지는 원인이 되기 때문이다. 준비금, 즉 저장된 화폐는 유통과정에서, 시장에서, 상품교환에서 빠져나와야만 조성될 수 있다. 하지만 그런 준비금이 형성되는 것이 시장에서 이미 화폐를 구하기 힘들 때뿐이라면, 그것은 준비금이 아니라 독이다.

그러므로 이것이 수요의 법칙이다. 수요가 부족할 때 수요는 사라진다.

하지만 공급 대비 수요가 너무 클 때, 즉 상품가격이 오를 때는 무슨 일이 벌어질까? 이런 시장상황도 조사해봐야 한다. 지난 수십년간 시장의 역사에서 볼 수 있듯이, 그것은 이론적으로 가능하고(327쪽) 또 실제로 발생했다. 대략 1895년 이후 생산이 크게 증가했음에도 물가가 급등했다는 걸 부정할 사람은 없다.

물가가 오를 때 화폐 소유자는 어떻게 행동하는가? 그는 오늘 산 것을 내일 더 비싼 가격으로 팔 것을 기대한다. 상인의 관점에서 볼 때 상승하는 물가는 모든 것을 싸게 만들고(바로 앞의 주석을 볼 것) 가진 화폐를 굴림으로써 이익을 증가시킬 수 있다는 것을 그는 안다. 그러므로 그는 그의 화폐와 신용이 허용하는 최대한으로 산다. 그리고 물가가 상승하여 판매가격이 구입비용을 초과하는 한 상인은 신용거래를 할 수 있다. 물가상승으로 상인들 간에 낙관적 분위기가 형성되고 매수하려는 마음은 더 강해진다. 왜냐하면 화폐를 쓰기로 결정하기까지 열 번 이상 한 푼도 쓰지 않았기 때문이다. 화폐는 물가가 오를 때 더 빨리 순환한다. 거래 붐이 이는 동안 화폐의 유통은 기존 상업조직이 허용하는 최대속도에 도달한다.

그런데 수요는 화폐의 양과 유통속도의 산물이다. 그리고 수요와 공급이 가격을 결정한다.

따라서 물가가 상승하기 때문에, 화폐의 속도가 가속화되어 상품 수요는 증가한다. 동시에 신용판매 증가로 인해 현금에 제공되는 상품의 양은 감소한다. 그러므로 물가가 올랐기 때문에 물가는 오른다. 수요는 너무 크기 때문에 자극을 받아서 커진다. 상인은 당장 필요한 양보다 훨씬 많이 상품을 산다. 미래 판매를 위해 재고를 확보하려는 것이다. 수요에 비해 공급이 너무 작기 때문이다. 공급이 늘어나서 수요에 비해 너무 커지면, 상인은 그가 한 번에 처분할 수 있는 최소한으로 주문을 줄인다. 그는 구매와 판매 사이에 시간이 흘러가게 둘 수 없다. 이 시간 동안 그가 상품구매에 지불했던 가격보다 판매가격이 하락할 수 있기 때문이다. 그러나 상품이 희소해지면, 그는 열렬히 사고 싶어한다. 그가 할 수 있는 모든 구매가 그에게는 공짜처럼 보인다. 그는 모든 수단을 써서라도 재고를 늘리고 싶어한다. 그가 계약한 환어음 때문에 생긴 부채는 그의 자산에 비해 매일 중요도가 줄어든다. 그 자산이 가격 상승만큼 매일 증가하기 때문이다. 물가가 상승하는 한 이 부채는 그에게 걱정거리가 되지 않는다.

이것은 경기호황의 다른 특이한 현상들만큼이나 기이한 현상이 아니겠는가?

상품 수요는 항상 공급이 부족할 때마다, 그리고 부족할 때에만 평소의 양보다 훨씬 더 증가할 수밖에 없다.

그렇다, 가치이론의 후손인 우리의 금본위제는 시험대에 서 있다. 우리의 연구가 확실히 증명했다. 그것은 수요가 이미 너무 커졌을 때 수요를 증가시키고, 수요가 너무 작아지는 순간, 소수 화폐 소유자들의 개인적인 신체적 욕구 정도로 수요를 제한한다! 굶주린 사람은 그가 굶주리기 때문에 음식물을 빼앗기고, 대식가는 그가 대식가이기 때문에 터질 정도로 먹는다.

우리는 화폐의 진짜 효용이 어디에 있는지 안다(4장). 그러나 불행하게도 화폐의 진짜 효용은 지금껏 간과돼왔다. 그 결과 가치가 없는 종이로 만들어진 화폐에 대한 수요가 있을 거라고 아무도 상상하지 못했다. 무엇인가 사람들이 화폐를 사도록 자극하는 것에 틀림없다. 그리고 이 무엇이 교환매개물로서의 효용이 아니라면, 그것은 물질적 효용이어야 할 것이다.

지금 금은 사실상 산업적 효용을 가진 물질이다. 금이 더 싸지면 그 효용은 더 커질 것이다. 금의 높은 가격만이 철이나 납, 구리 대신에 자주 금을 사용하는 걸 막고 있다.

하지만 금은 적어도 장신구로 사용되지 않을 만큼 비싸지는 않다. 장신구에서 그 비용을 고민할 정도는 아니니까. 금은 사실 보석상들 거래에서 특별한 원재료다. 가톨릭 예배에 쓰이는 성배를 금으로 만드는 것처럼, 목걸이, 팔찌, 시계 케이스나 그런 장신구를 금으로 만든다. 자동차, 교회 시계, 피뢰침, 그림 액자 등의 도금에 사용되고, 치과의사와 사진사들도 상당량을 쓴다. 이 모든 금은 통화에서 제외된다. 주화는 통상 금 세공업자에게 가장 싼 원료다.

산업적 목적의 금 사용은 화려함에 대한 애착, 번영과 부의 성장과 함께 늘어났다. 부는 생산과 노동을 통해 증가한다. 번영의 시기에 금 세공업자는 늦도록 일을 하게 된다. 그러나 경기침체 시기에는 어려운 처지의 사람들이 금 장신구를 금 세공업자에게 도로 가져와 용광로에 넣는다.

즉 더 많은 상품이 생산될 때, 교환매개물인 화폐에 대한 수요가 증가할 때, 많은 금화가 금 세공업자의 용광로에 던져진다.

하지만 잠깐! 이 이야기는 정말 말이 안 된다! 더 많이 일을 하면, 더 많은 상품이 생산되고, 부의 증가도 더 커진다. 부가 더 많이 증가하면 더 많은 화폐(상품교환을 위한 매개물)를 녹여 보석을 만든다. 제대로 들었을 리가 없다!

그러나 그 이야기는 정말 진짜다. 여기에는 오해의 여지가 없다. 사형선고를 하는 판사와 같은 엄중함을 가지고 말한 것이다. 이 이야기 속에 금본위제를 비난할 충분한 근거가 있기 때문이다. 이 진실을 부정할 만큼 무모한 사람들은 그들 주장을 말하라고 해보라!

다시 반복한다. 상품이 더 많이 생산될수록, 번영의 성장과 부의 축적, 화려함에 대한 애착도 더 커진다. 상품생산을 통해 번영을 이룩한 사람들은 보석가게를 텅 비게 만들고, 보석상은 그들이 판 시계, 체인 등을 화폐 재료(금)로 대체하기 위해 받은 화폐의 일부를 용광로에 넣는다.

많은 상품이 생산되었다. 별로 좋지 않은 광석에서 좋은 강철을 만들기 위한 공정이 개발되었다. 이 강철은 우리에게 훌륭한 도구를 주었고, 그 도구로 노동생산물은 10배 증가했다. 거기다 그 공정의 부산물

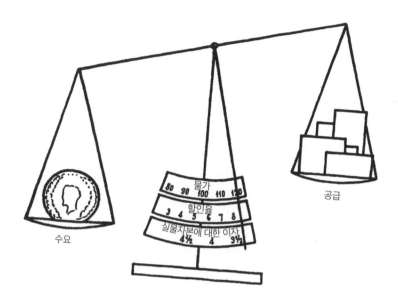

그림 2.
수요: 금의 발견이나 지폐의 과잉발행은 신용을 늘리고, 화폐 유통속도를 올린다.
그래서 수요는 증가하고 물가가 상승한다.
공급: 물가상승으로 인해 경제활동이 최고조에 달한다. (완전고용, 초과근무, 야간교대근무)
그러나 공급의 급증에도 불구하고 물가는 여전히 상승한다.
할인율은 상승하지만 과잉투자로 실물자본에 대한 이자율은 하락 압력을 받는다.

사람들이 부지런하고 창조적일 때, 일조량과 강우량이 수확에 유리할 때, 집과 공장 건설에 사용되는 물자가 풍부할 때, 이때가 바로 (교환을 촉진해야 하는) 화폐가 빠져나가 대기하는 때이다.

그리고 화폐가 빠져나가고 수요가 부족하기 때문에 물가는 하락하고 위기가 발생한다.

그러므로 실물자본의 생산 증가로 인해 공장과 집의 이자율이 가라앉을 때 항상 위기가 터진다.

이 농업 생산물을 3배나 늘려주는 훌륭한 비료라는 것이 입증되었다. 노동자들은 기술학교에서 손을 더 영리하게 사용하는 법을 배웠다. 간단히 말해서 상품 공급이 증가했다. 그리고 상품 공급이 증가했기 때문에 우리는 수요 전달자인 교환매개물을 녹여 상품 수요를 파괴한다!

어떤 철도회사가, 풍작을 축하하거나, 공장이 초과가동되는 산업 번영의 시기를 축하할 가장 좋은 방법이 자신의 철도차량을 태우는 것이라고 결정한다면 무슨 말을 할 수 있겠는가?[61]

"올해 감자 농사가 성공하면 아내에게 금목걸이를 사줄 거야"라고 토지 소유자가 말한다.

"올해 암소가 새끼 두 마리를 낳으면 애인에게 결혼반지를 사줄 거야"라고 젊은 농부는 말한다.

"재봉틀로 바지를 2배 더 만들면 금시계를 살 거야"라고 재단사는 말한다.

"새로운 공정으로 질소를 10배 더 생산하면 '구원의 성모님'[62] 예배당을 다시 도금할 거야"라고 화학자는 말한다.

"올해 철강 생산이 다시 증가하면 금접시 세트를 살 거야"라고 자본가는 말한다.

요약하자면 결혼반지, 목걸이 등의 구입은 항상 상품생산의 증가, 공급 증가에 의해 유발된다. 그리고 이런 목걸이와 결혼반지에 사용되

---

61 풍년이 들고, 생산이 활발해지면 경제가 좋아져야 함에도 불구하고 금본위제도하에서는 오히려 그러한 호황을 뒷받침할 수요를 위축시키는 필연적 메커니즘이 작동하고 있다는 것을 비유적으로 표현한 것이다.

62 '영원한 구원의 성모님(Our Lady of Perpetual Help, Our Lady of Perpetual Succour)'의 약칭으로 성모 마리아를 지칭한다. 이 명칭은 아기 예수와 성모 마리아를 그린 13세기의 그림에서 유래되었다.

는 금은 항상 수요, 즉 금화 주조에서 차감된다. (주조되지 않은 금도 법적으로 화폐다.)

보석상이 녹인 화폐는 상품 수요에서 차감되는 것이다. 게다가 그 감소는 불행히도 상품 공급이 증가할 때 일어난다(다음을 볼 것). 하지만 수요와 공급이 가격을 결정한다. 따라서 물가는 하락한다. 이러한 물가하락은 교환과 상품생산을 방해하고, 실업과 빈곤으로 귀결된다.

금본위제는 화폐 재료가 산업적 목적에 유용성을 가지기 때문에 번영이 자라나는 가지를 잘라내는 톱과 같다. 화폐는 분업의 조건이고, 분업은 번영을 가져온다. 그리고 번영은 화폐를 파괴한다.

그러므로 번영은 항상 존속살해를 범하는 것으로 끝난다.

금본위제와 거지는 분리될 수 없다. 프리드리히 대왕은 거지들이 있는 나라를 다스리는 걸 부끄러워했는데, 그래서 명예에 대해 무척 섬세한 감각을 가졌다는 걸 알 수 있다. 그는 특별히 부끄러워할 이유는 없었다. 앞서 거론된 금속들이 화폐본위가 되는 곳에서는 어디서나 왕이 항상 거지들이 있는 나라를 다스렸기 때문이다. 사람들이 보여주기를 좋아하고, 그들 소득증가의 일부를 금 세공업자의 예술적 생산품을 사는 데 쓰는 일이 계속되면, 그리고 금이 계속 교환매개물의 원료로 남아 있으면, 전체 인류의 번영은 불가능하다.

그러나 농부가 풍작이라고 항상 아내에게 금목걸이를 사주는 것은 아니고, 모든 화학자가 축복의 성모상을 도금하고 경배하면서 자신의 발명이 잘되길 비는 것도 아니다.

"수확이 잘되면 탈곡기를 살 거야"라고 농부는 말한다.

"축산으로 성공하면 늪의 물을 뺄 거야"라고 토지 소유자는 말한다.

"발명이 기대를 충족하면 공장을 세울 거야"라고 화학자는 말한다.

"공장이 상당한 배당을 지불하고 파업이 마무리되면 공동주택을 지을 거야"라고 자본가는 말한다.

즉, 상품생산이 증가할수록, 상품의 생산수단(소위 실물자본) 역시 증가한다.

그러나 이 투자, 즉 실물자본에서 수익[63]이 예상되는데, 인구 대비 실물자본의 비율이 증가하면 그 이자율은 하락한다. 집은 많은데 세입자가 적으면 주택임대료는 떨어진다. 공장은 많은데 노동자가 적으면 공장배당금은 감소한다.

따라서 실물자본이 몇 배 증가하고 그 결과 그 수익률이 전통적인 수준 이하로 하락하면 새로운 사업에 대한 투자가 이루어지지 않을 것이다.

잠깐만! 다시 한번, 내가 들은 게 맞는 건가? 공장, 집, 배에 대한 수익이 하락하면, 아무도 새로운 실물자본에 화폐를 투입하지 않을 테니까 더 이상 집을 짓지 않을 것이다? 이게 사실인가? 그러면 여태 싼 집들은 어떻게 지을 수 있었는가?

이것이 정말로 내가 하려던 이야기이고, 이건 진실이다. 누가 감히 이걸 부정하겠는가? 집이나 다른 실물자본에 대한 수익이 하락하면, 그런 사업에 투입된 화폐가 빠져나간다. 그러면 지금까지 실물자본을 개선하고 확장하는 데 사용되던 상품에 무슨 일이 벌어지겠는가?●

---

63 원전에는 이자(interest)라는 표현을 사용했지만 보다 현대적인 용어로는 실물자본의 투자수익을 의미한다. 이하 동일한 표현에 대해서는 문맥에 맞추어 수익 혹은 수익률로 번역하기도 하고, 원전을 살려서 이자로 번역하기도 했다. 그러나 둘 다 같은 용어이며 같은 의미이다. 다만 대부자본의 이자와는 다른 개념이다.

● 주택개혁을 위해 열린 독일 의회에서 비스바덴의 은행가 로이슈는 매년 독일 주택건설에 들어가는 화폐가 15억~20억 마르크라고 평가했다.

이 농업 생산물을 3배나 늘려주는 홀륭한 비료라는 것이 입증되었다. 노동자들은 기술학교에서 손을 더 영리하게 사용하는 법을 배웠다. 간단히 말해서 상품 공급이 증가했다. 그리고 상품 공급이 증가했기 때문에 우리는 수요 전달자인 교환매개물을 녹여 상품 수요를 파괴한다!

어떤 철도회사가, 풍작을 축하하거나, 공장이 초과가동되는 산업 번영의 시기를 축하할 가장 좋은 방법이 자신의 철도차량을 태우는 것이라고 결정한다면 무슨 말을 할 수 있겠는가?[61]

"올해 감자 농사가 성공하면 아내에게 금목걸이를 사줄 거야"라고 토지 소유자가 말한다.

"올해 암소가 새끼 두 마리를 낳으면 애인에게 결혼반지를 사줄 거야"라고 젊은 농부는 말한다.

"재봉틀로 바지를 2배 더 만들면 금시계를 살 거야"라고 재단사는 말한다.

"새로운 공정으로 질소를 10배 더 생산하면 '구원의 성모님'[62] 예배당을 다시 도금할 거야"라고 화학자는 말한다.

"올해 철강 생산이 다시 증가하면 금접시 세트를 살 거야"라고 자본가는 말한다.

요약하자면 결혼반지, 목걸이 등의 구입은 항상 상품생산의 증가, 공급 증가에 의해 유발된다. 그리고 이런 목걸이와 결혼반지에 사용되

---

61 풍년이 들고, 생산이 활발해지면 경제가 좋아져야 함에도 불구하고 금본위제도하에서는 오히려 그러한 호황을 뒷받침할 수요를 위축시키는 필연적 메커니즘이 작동하고 있다는 것을 비유적으로 표현한 것이다.

62 '영원한 구원의 성모님(Our Lady of Perpetual Help, Our Lady of Perpertual Succour)'의 약칭으로 성모 마리아를 지칭한다. 이 명칭은 아기 예수와 성모 마리아를 그린 13세기의 그림에서 유래되었다.

는 금은 항상 수요, 즉 금화 주조에서 차감된다. (주조되지 않은 금도 법적으로 화폐다.)

보석상이 녹인 화폐는 상품 수요에서 차감되는 것이다. 게다가 그 감소는 불행히도 상품 공급이 증가할 때 일어난다(다음을 볼 것). 하지만 수요와 공급이 가격을 결정한다. 따라서 물가는 하락한다. 이러한 물가하락은 교환과 상품생산을 방해하고, 실업과 빈곤으로 귀결된다.

금본위제는 화폐 재료가 산업적 목적에 유용성을 가지기 때문에 번영이 자라나는 가지를 잘라내는 톱과 같다. 화폐는 분업의 조건이고, 분업은 번영을 가져온다. 그리고 번영은 화폐를 파괴한다.

그러므로 번영은 항상 존속살해를 범하는 것으로 끝난다.

금본위제와 거지는 분리될 수 없다. 프리드리히 대왕은 거지들이 있는 나라를 다스리는 걸 부끄러워했는데, 그래서 명예에 대해 무척 섬세한 감각을 가졌다는 걸 알 수 있다. 그는 특별히 부끄러워할 이유는 없었다. 앞서 거론된 금속들이 화폐본위가 되는 곳에서는 어디서나 왕이 항상 거지들이 있는 나라를 다스렸기 때문이다. 사람들이 보여주기를 좋아하고, 그들 소득증가의 일부를 금 세공업자의 예술적 생산품을 사는 데 쓰는 일이 계속되면, 그리고 금이 계속 교환매개물의 원료로 남아 있으면, 전체 인류의 번영은 불가능하다.

그러나 농부가 풍작이라고 항상 아내에게 금목걸이를 사주는 것은 아니고, 모든 화학자가 축복의 성모상을 도금하고 경배하면서 자신의 발명이 잘되길 비는 것도 아니다.

"수확이 잘되면 탈곡기를 살 거야"라고 농부는 말한다.

"축산으로 성공하면 늪의 물을 뺄 거야"라고 토지 소유자는 말한다.

"발명이 기대를 충족하면 공장을 세울 거야"라고 화학자는 말한다.

"공장이 상당한 배당을 지불하고 파업이 마무리되면 공동주택을 지을 거야"라고 자본가는 말한다.

즉, 상품생산이 증가할수록, 상품의 생산수단(소위 실물자본) 역시 증가한다.

그러나 이 투자, 즉 실물자본에서 수익[63]이 예상되는데, 인구 대비 실물자본의 비율이 증가하면 그 이자율은 하락한다. 집은 많은데 세입자가 적으면 주택임대료는 떨어진다. 공장은 많은데 노동자가 적으면 공장배당금은 감소한다.

따라서 실물자본이 몇 배 증가하고 그 결과 그 수익률이 전통적인 수준 이하로 하락하면 새로운 사업에 대한 투자가 이루어지지 않을 것이다.

잠깐만! 다시 한번, 내가 들은 게 맞는 건가? 공장, 집, 배에 대한 수익이 하락하면, 아무도 새로운 실물자본에 화폐를 투입하지 않을 테니까 더 이상 집을 짓지 않을 것이다? 이게 사실인가? 그러면 여태 싼 집들은 어떻게 지을 수 있었는가?

이것이 정말로 내가 하려던 이야기이고, 이건 진실이다. 누가 감히 이걸 부정하겠는가? 집이나 다른 실물자본에 대한 수익이 하락하면, 그런 사업에 투입된 화폐가 빠져나간다. 그러면 지금까지 실물자본을 개선하고 확장하는 데 사용되던 상품에 무슨 일이 벌어지겠는가?●

---

63 원전에는 이자(interest)라는 표현을 사용했지만 보다 현대적인 용어로는 실물자본의 투자수익을 의미한다. 이하 동일한 표현에 대해서는 문맥에 맞추어 수익 혹은 수익률로 번역하기도 하고, 원전을 살려서 이자로 번역하기도 했다. 그러나 둘 다 같은 용어이며 같은 의미이다. 다만 대부자본의 이자와는 다른 개념이다.

● 주택개혁을 위해 열린 독일 의회에서 비스바덴의 은행가 로이슈는 매년 독일 주택건설에 들어가는 화폐가 15억~20억 마르크라고 평가했다.

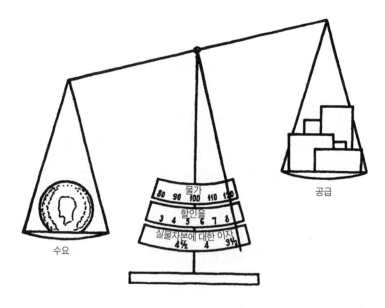

그림 2.
수요: 금의 발견이나 지폐의 과잉발행은 신용을 늘리고, 화폐 유통속도를 올린다.
그래서 수요는 증가하고 물가가 상승한다.
공급: 물가상승으로 인해 경제활동이 최고조에 달한다. (완전고용, 초과근무, 야간교대근무)
그러나 공급의 급증에도 불구하고 물가는 여전히 상승한다.
할인율은 상승하지만 과잉투자로 실물자본에 대한 이자율은 하락 압력을 받는다.

사람들이 부지런하고 창조적일 때, 일조량과 강우량이 수확에 유리할 때, 집과 공장 건설에 사용되는 물자가 풍부할 때, 이때가 바로 (교환을 촉진해야 하는) 화폐가 빠져나가 대기하는 때이다.

그리고 화폐가 빠져나가고 수요가 부족하기 때문에 물가는 하락하고 위기가 발생한다.

그러므로 실물자본의 생산 증가로 인해 공장과 집의 이자율이 가라앉을 때 항상 위기가 터진다.

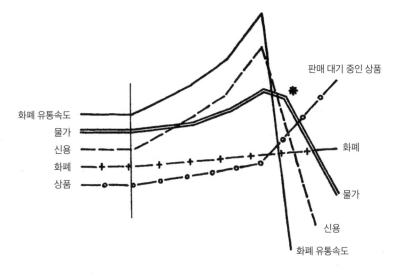

판매 대기 중인 상품

화폐 유통속도
물가
신용
화폐
상품

화폐

물가

신용

화폐 유통속도

그림 3.

설명: 상품 수요를 구성하는 요소는 화폐의 양(M), 화폐 유통속도(V)와 신용(C)이다. 공급은 판매 대기 중인 상품으로 구성된다. 화폐량 증가로 물가가 상승하면 상품생산을 자극한다. 상품 생산이 화폐량의 증가율을 초과해 늘어나면 물가는 하락하기 시작한다. 그 결과 화폐 유통속도(V)와 신용(C)이 상품 수요에서 빠져나가고 물가하락은 *에서 가팔라진다. 특히 물가하락으로 판매가 정체되고, 판매를 기다리는 상품량이 급증할 때 그렇다. 물가는 화폐량(M), 화폐 유통속도(V), 신용(C)과 상품 공급(W)이 나란히 움직일 때, 혹은 서로의 편차가 상쇄될 때 안정적이다.

이 책 마지막 부분 이자율이론에서 화폐에 대한 이자는 실물자본에 대한 이자와는 별개라는 점을 증명할 것이다. (그러나 그 역은 성립하지 않는다.) 따라서 화폐에 대한 이자율이 실물자본에 대한 이자율과 함께 하락하므로, 실물자본에 대한 이자율이 떨어지더라도 새로운 실물자본을 형성할 화폐가 부족하지는 않을 것이라는 반론은 유효하지 않다.

이 이유 하나만으로도 경제활동이 위기에 위기를 거치며 진행된다는 사실을 설명하는 데 충분하다. 금속화폐의 지배하에서는 사람들은 주기적으로 집 없는 거지처럼 생계를 꾸려가야 한다. 우리의 세습하는 왕인 금은 진정한 거지들의 왕roi des gueux이다.

12.
경제위기와
이를 막기 위한 필요조건

경제위기, 즉 시장의 침체와 실업 그리고 거기에 수반되는 현상들은 물가가 하락하는 경우에만 가능하다.

물가는 세 가지 이유로 하락할 수 있다.

1. 금 생산여건이 상품 공급에 부응하는 화폐의 공급(수요)을 해주지 못하기 때문이다.

2. 상품생산이 늘어나서 실물자본이 증가할 때, 실물자본의 이자율이 하락하기 때문이다. 그러면 새로운 실물자본 형성을 위해 더 이상 화폐가 제공되지 않으며, 이 용도(생산에서 중요한 부문, 특히 인구가 늘어날 때 중요하다)로 정해진 상품시장은 침체에 빠진다.

3. 생산이 증가하고 번영함에 따라, 상품 공급의 증가에 정비례하여 화폐가 금 세공업자에 의해 녹여진다.●

● 중국인들은 은으로 만든 인형을 집안의 수호신으로 삼아 귀히 여긴다고 한다. 그러나 은은 중국

이 세 가지 물가하락의 원인 중 하나만으로도 위기를 만들어내는 데 충분하다. 한 가지 원인이 작용하지 않더라도(첫번째를 예로 하자면 금 발견이 충분한 상황), 나머지 원인이 틈을 파고드는 것이 이것들의 특징이다. 위기의 세 가지 원인 중 하나 혹은 다른 것이 규칙적으로 그리고 필연적으로 경제활동의 주기적 붕괴를 야기한다.

산업용도의 금 소비가 증가함에도 불구하고 물가가 크게, 꾸준히 상승할 정도(적어도 연 5퍼센트)로 비정상적인 양의 금이 계속 발견되어야 경제는 위기 없이 발전할 수 있다. 실물자본의 이자하락 때문에 생기는 화폐의 유통장애도 그러한 전반적인 물가상승을 당해내지는 못할 것이다. 물가상승은 화폐의 유통을 강제한다. 그러나 전반적인 물가상승은 그 자체가 화폐본위 붕괴의 원인이 된다.[64]

상업위기의 원인에 대한 설명을 통해 이를 방지하려면 어떤 조건이

에서 일반적인 교환매개물이다. 따라서 다음과 같은 일련의 사건이 일어날 수 있을 것이다. 어떤 이유로 인해 평소보다 엄청나게 많은 은이 중국으로 유입되어 상거래와 산업을 부양한다(호황). 상인들은 번성하고 거기에 감사해서 은으로 된 가계 수호신의 크기와 무게를 늘린다. 자신의 생산물과 교환하여 얻은 은—거래 활성화의 원인—은 녹여져서 집안의 사당으로 영원히 사라진다. 그러나 상황이 역전되어 은이 부족해 물가가 하락하고 사업이 어려워지면 (불황), 중국 상인들은 자신의 가계 수호신이 너무 작아 힘이 없다는 결론을 내리게 된다. 그래서 그는 그가 가진 조금밖에 없는 은이라도 다 긁어모아 그 크기를 늘린다. 다른 원인이 없더라도 이 원인만으로 중국의 발전을 수천 년 동안 후퇴시켜온 분명한 족쇄를 설명하는 데 충분할 것이다. 유럽인이 중국인을 비웃을 권리가 있는가? 경기가 좋으면 과시용으로 금 시곗줄을 사고, 경기가 나쁘면 신용을 얻으려고 남들을 설득하기 위해 더 큰 걸 산다. 동기는 다르지만 둘 다 자신들이 앉아 있는 나뭇가지를 잘라내는 것이다.

64 여기서 게젤이 지적하고 있는 것은 금본위제도가 근본적으로 진퇴양난의 모순을 가지고 있다는 점이다. 금본위제하에서 화폐가 유통되어 그 기능을 하게 만드는 가장 강력한 조건이 지속적인 물가상승인데, 이는 화폐의 가치를 파괴함으로써 화폐의 신뢰성, 즉 화폐제도의 신뢰성을 망가뜨린다. 그래서 전반적인 물가상승은 그 자체가 화폐본위 붕괴의 원인이 된다고 말한 것이다. 2차대전 후 미국 달러를 기축통화로 한 브레튼우즈 체제가 겪을 수밖에 없었던 트리핀 딜레마와 본질적으로 유사하다. 이 문제는 결국 닉슨의 금 태환 정지 선언으로 이어졌다. 게젤의 관점에서 보면 이는 필연적이다.

충족되어야 하는지를 알 수 있다. 그 조건은 물가가 어떤 상황하에서도 하락해서는 안 된다는 것이다.

그다음 질문은 이러한 조건이 어떻게 충족될 수 있는가 하는 점이다. 그것은 다음의 방법에 의해 충족될 수 있다.

1. 금과 화폐의 분리 및 시장 필요에 맞춘 화폐의 생산.

2. 자본에 대한 이자율(화폐에 대한 이자율과 실물자본에 대한 이자율 모두)이 하락하거나 사라지더라도, 모든 상황에서 상품교환에 제공될 수 있도록 만들어진 지폐.

이런 조건을 충족하는 화폐의 형태는 이 책의 제4부(자유화폐)에서 기술될 것이다.

13.
지폐발행개혁

수요와 공급이 물가를 결정한다. 그리고 경제활동은 물가 수준이 고정되어야 번영을 누리고, 화폐에 내재된 멋진 번영의 가능성을 스스로 펼쳐 보일 수 있다. 3천 년이 넘는 시간 동안 문명이 힘겹게 올라왔던 고개를 경제위기 때문에 반복해서 내려가지 않았다면, 그리고 각 경제위기가 남긴 광범위한 빈곤이 우리의 살과 피 속에 가난의 철학을 만들어 내지 않았다면, 자본주의[*]는 오래전 과거의 유물이 되었을 것이다. 상품에 대한 수요가 공급과 같은 정도로 규칙적으로 나타났다면, 독일 노동자들은 그들의 고용주와 국가로부터 받는 처우를 감내하지 않았을 것이다. 독일의 토지 소유자들도 금본위제로 인한 물가하락으로 망하지 않았다면, 대중의 동정을 유발하려고 그들의 상처를 내보이지 않았을 것이고, 야윈 노동자의 아내들에게 밀 관세를 구걸하지도 않았을 것

[*] 자본주의—대부자금 및 실물자본에 대한 수요가 공급을 초과하여 이자를 상승시키는 경제적 조건.

이다.

굶주림의 고통과 부채의 압박은 해로운 교육적 영향을 끼친다.

로마에서 금(비록 피가 묻고 약탈한 것이라도)에 의해 탄생한 전도 유망했던 문화가 화폐의 부족으로 인해 1,500년에 걸쳐 마비되고 소멸되지 않았더라면, 인류는 과학, 예술, 종교에서 전례 없는 수준에 도달했을 것이다.

오피르로부터 받은 화폐 재료로 규칙적인 상품교환과 분업이 가능했기에 솔로몬 왕은 기적을 일으켰다. 그러나 그가 만든 모든 것은 금 공급의 중단과 함께 사라졌다.

문화의 성장은 늘 물가하락에 의해 파괴되었다. 문화란 분업을 뜻하고, 분업은 공급을 뜻하기 때문이다. 수요의 부족, 즉 화폐 부족으로 물가가 가라앉으면 공급은 교환을 만들어내지 못한다.

화폐와 문명은 함께 흥하고 함께 쇠락한다. 그래서 금을 부와 문화와 같은 것으로 보았고, 수입관세라는 수단을 통해 금의 양을 계속 늘리려 했던 중상주의자들이 그리 많이 틀린 건 아니다. 건전한 원리인데 적용이 어리석었던 것이다. 화폐의 양이 증가할 때 과학, 상업, 예술이 번성하는 것은 사실이다. 그러나 중상주의자들은 화폐와 금을 혼동했다. 그들은 금이 그 '내재가치'를 통해 기적을 일으킨다고 생각했다. 그들은 화폐를 간과했다. 그들의 눈에 금 외에는 보이지 않았던 것이다. 화폐와 금은 그들에게 같은 것을 의미했다. 금이 아니라 화폐가 상품교환을 수행하며, 부를 창출하는 분업을 가능하게 하는 것이 금이 아니라 화폐라는 것을 그들은 몰랐다. 그들은 분업의 결과물인 진보를 화폐의 특성이 아니라 금의 특성 때문이라고 보았다.

화폐와 금이 다르다는 것을 알게 되어 '내재가치'라는 이단을 포기하고 안정된 물가의 중요성을 확신하게 된 많은 사람들은 이제 다음과 같이 주장하고 싶을 것이다. 왜 공급이 수요를 넘어서는 즉시, 달리 말해서 물가가 떨어지기 시작하는 즉시 간단히 지폐를 제조하여 유통시키지 않는가? 역으로 말하면 왜 수요가 공급을 초과할 때, 즉 물가가 상승할 때 지폐를 순환에서 빼내어 태워버리지 않는가? 이것은 단지 양의 문제이다. 석판인쇄기와 벽난로가 있으면 당신 마음대로 수요(화폐)를 공급(상품)에 정확히 일치시켜 물가를 안정시킬 수 있다.[65]

그렇게 말하는 사람들 가운데 이 생각을 열렬히 선전했던 미하엘 플뤼르샤임*이 있다. 그는 이런 생각을 처음 만들고 대중화했던 사람들 중에 나를 포함시켜주었다. 하지만 나는 이 명예를 거절해야 한다. 나는 처음부터** 지금까지 우리가 알고 있는 (직접적, 물질적 순환 강제력이 없는) 지폐는 국내외에서 정상적인 상품교환이 요구하는 만큼 공급에 밀접하게 부응할 수 있다는 걸 부정해왔기 때문이다.

나는 이 가능성을 거부한다. 그리고 국가가 화폐의 발행량을 조절하지만 그 순환을 통제하지 않는다면, 현재형태의 화폐 기능에서 드러난 모든 부작용이 계속 존재할 것이라는 점을 글로 증명하고자 한다.

상품으로 간주되는 화폐가 일반적인 상품보다 우위에 있는 한, 저축자가 자신의 생산물인 상품보다 화폐를 더 선호하는 한, 투기자가 시장 조작에 화폐를 오용하면서도 처벌을 받지 않는 한, 화폐는 정당한 상업 이윤을 넘어서는 특별 조공을 받지 않고는 교환을 중개하지 않을 것이

---

65 이것이 '단순한 의미'의 지폐본위를 지지하는 개혁론자들 주장의 핵심이다. 그러나 게젤은 이하에서 이 주장 역시 화폐의 본질에 대한 오해를 담고 있다고 비판한다.

● 미하엘 플뤼르샤임(Michael Flürscheim), 『경제·사회적 문제(*The Economic and Social Problem*)』.

●● 질비오 게젤, 『힘줄(*Nervus Rerum*)』 36~37쪽, 부에노스아이레스, 1891.

다. 그러나 화폐는 "시장의 문을 여는 열쇠이지, 시장을 가로막는 빗장"이 되어서는 안 된다. 그것은 길이 되어야지, 요금소가 되어서는 안 된다. 그것은 교환을 도와주고 저렴하게 해야지, 교환을 방해하거나 부담이 되어서는 안 된다. 그리고 화폐는 분명히 교환매개물이면서 동시에 저축매개물이 되어서는 안 된다. 그것은 박차를 가하면서 제동을 거는 것과 같다.

그러므로 나는 화폐의 유통량에 대한 국가의 통제(지폐본위에서만 가능하다)에 더하여 교환매개물과 저축매개물을 완전히 분리할 것을 제안한다. 세상의 모든 상품들이 저축하려는 이들의 처분에 맡겨져 있다. 그런데 왜 화폐의 형태로 저축을 해야 하는가? 화폐는 저축을 위해 만들어진 게 아니다.

공급은 상품의 본질에 내재하는 직접적 강제의 영향을 받는다. 그리고 이런 이유로 나는 수요에 대해서도 유사한 강제를 제안한다. 그러면 가격이 정해지는 과정에서 공급은 더 이상 수요에 비해 불리하지 않을 것이다.•

이러한 강제 때문에 공급은 상품 소유자의 의지와는 무관하게 간단히 측정할 수 있는 대상이 된다. 그러므로 수요도 화폐 소유자의 의지로부터 분리되어야 한다. 그래서 수요도 항상 측정 가능한 대상이 되어야 한다. 언제라도 생산된 상품의 양을 알면 공급을 알 수 있다. 마찬가지로 언제라도 유통되는 화폐의 양을 알면 수요의 양을 예견할 수 있어야 한다.

이러한 개혁은 어떤 물질에 종속된 채 내재적으로 유통을 강제하는

• '가치'라는 미신에서 아직 벗어나지 못한 사람들은 이 주장의 정의로움을 이해하지 못할 것이다.

교환매개물을 도입함으로써 달성될 수 있으며, 오직 이 방법으로만 달성될 수 있다(제4부 참조).

물질적 강제는 차익에 대한 탐욕, 투기와 공포가 유발하는 모든 유통의 장애물로부터 화폐를 해방시킨다. 또 국가가 발행한 화폐 덩어리 전체를 계속해서 끊임없이 유통시켜, 지속적이고 끊임없는 수요를 창출한다.

규칙적인 수요는 판매의 침체와 상품의 정체를 제거한다. 규칙적인 수요의 즉각적 결과는 상품생산에 의해서만 영향을 받는 규칙적인 공급이다. 이는 폭포의 물이 고르게 분산될 때 강의 흐름이 규칙적으로 되는 것과 같다.

화폐가 유통의 강제하에 있다면 화폐량의 미세한 변화로도 충분히 생산의 자연스러운 변동에 수요를 딱 맞출 것이다.

이러한 화폐 유통의 강제가 없다면 우리는 현재의 혼란으로 다시 돌아갈 것이다. 수요는 국가의 힘을 피해가고, 현재의 혼돈 속에서 유일하게 확고한 요소, 즉 화폐가 자신의 서비스에 대해 조공을 받는다는 사실로 인해 민간의 개인들은 화폐가 부족해지는 즉시 시장에서 화폐를 빼내고, 화폐가 넘쳐흐르는 즉시 다시 유통시킬 것이다.

방금 말한 것이 정확한지 시험하기 위해 나는 플뤼르샤임의 제안을 보다 자세히 조사해보고자 한다.[*] 이것이 더 필요한 이유는 아르헨티나,[**] 브라질, 인도 및 여타 국가들이 금이 아닌 다른 화폐의 발행을 규제함으

---

[*] 또 아서 폰다(Arthur Fonda)의 『정직한 화폐(*Honest Money*)』와 프랭크 파슨스(Frank Parsons) 교수의 『이성적인 화폐(*Rational Money*)』도 참조할 것.

[**] 질비오 게젤, 『아르헨티나 통화문제(*La Cuestion monetaria argentina*)』, 부에노스 아이레스, 1898; 『화폐의 과잉(*La pletora monetaria*)』, 부에노스아이레스, 1907.

로써 그들의 통화를 금본위와 등가로 유지하는 데 성공해서이다. 이로 인해 지폐에 대해 주목하게 되었고, 교환매개물이 더 완벽해질 수 있다는 믿음이 생겼다. 하지만 지폐본위 지지자들이 실패할 가능성을 배제할 수 없는 개혁의 도입을 시도하는 것보다 그들의 대의에 상처를 주는 것은 없다. 실패할 때마다 금속통화제도를 옹호하는 이들의 입장은 강화되고, 지폐 논의는 수십 년 지연되기 때문이다.

여기서 부적절한 것으로 기술되는 단순한 지폐발행개혁은 국가에 일반적인 물가 수준에 의해 결정된 양의 지폐를 발행하거나 거두어들일 수 있는 힘을 부여하자고 제안한다. 국가는 오직 상품의 평균가격에 의해 화폐 수요를 추정한다. 유통되는 화폐의 양은 물가가 하락할 때 늘리고, 물가가 상승할 때 줄인다. 화폐는 금이나 다른 특정 생산물로 태환되지 않는다. 태환을 하려면 화폐 소지자는 시장으로 향해야 한다. 그러나 다른 모든 면에서 이 지폐는 보통 지폐와 구별되지 않는다. 그것은 상품교환에 사용될 수도 있고, 저축이나 투기준비금으로 잘못 사용될 수도 있다. 수요는 그것이 공급에 대해 갖는 모든 특권을 가진 채 남아 있다. 수요는 오늘날의 모습 그대로 남을 것이다. 화폐 소지자의 뜻에 따라 움직이는, 큰손의 장난감으로 남을 것이다.

그럼에도 불구하고 그 개혁이 주기적으로 발생하는 과잉생산과 실업을 없앨 것이며, 경제위기를 불가능하게 하고 자본에 대한 이자를 억누를 것이라고 주장할 것이다.

이 개혁의 운명은 저축하는 입장에 있는 사람들의 행동에 의해 결정될 것이다. 우리는 여기서 저축에 대해 한 말을 떠올려야 한다. 저축하는 사람은 구입하는 것보다 더 많은 상품을 생산하는 사람이다. 그리고 그가 만들어낸 잉여생산물은, 사업가가 저축은행에서 나온 화폐로 구입해서, 새로운 실물자본으로 만들어진다. 하지만 이자가 약속되지 않으면 아무도 저축된 화폐를 내주지 않는다. 사업가는 그가 생산한 것이 적어도 저축한 돈을 사용하는 데 요구되는 이자만큼 수익을 내지 못하면 이자를 지급할 수 없다. 주택, 공장, 배 등을 만드는 일들이 한동안 계속되면 거기서 나오는 수익은 당연히 하락할 것이다. 그러면 사업가는 저축된 화폐를 사용하는 데 요구되는 이자를 지급할 수 없게 된다. 화폐는 저축자의 잉여상품을 구매할 화폐인데, 저축은행에 머물러 시장에 나오지 못하고, 그렇게 되면 잉여상품들의 판매에 장애가 생기고 물가는 하락한다. 이것이 경제위기다.

그러나 여기서 지폐발행개혁가들이 끼어들어 말한다. "왜 위기가 발생하는가? 물가가 떨어지기 때문이다. 그리고 물가는 화폐가 부족하기 때문에 떨어진다. 실물자본의 이자율이 떨어져서 화폐 발행량의 일부가 유통에서 빠져나가기 때문이다. 좋아! 저축자들이나 저축은행이 화폐를 보유하도록 내버려둬. 그들이 화폐를 쌓아가도록 해. 우리는 새로운 화폐로 그걸 교체할 거야. 자본가와 저축자의 화폐가 뒤로 물러나 있으면, 국가가 화폐를 찍어서 사업가들에게 대출을 하는 거야. 실물자본에 대한 이자율이 하락하면, 국가가 발행하는 화폐의 이자율도 떨어뜨리는 거야. 사업가가 그들의 주택, 공장, 배에서 3, 2, 1퍼센트만 얻어낼 수 있다면, 국가도 3, 2, 1퍼센트로, 필요하면 0퍼센트로 그들에게 화폐를 공급하는 거야."[66]

이 제안은 단순하다. 그리고 합리적으로 들린다. 그러나 비전문가에게만 합리적으로 들릴 뿐이다. 훈련된 귀는 불협화음을 감지할 수 있다.

---

[66] 원문에 인용부호는 없으나 이해를 돕기 위해 추가했다.

화폐는 교환을 용이하게 하기 위해 존재하는데, 여기서는 자본가, 투기자, 저축자가 상품의 교환과는 다른 목적으로 화폐를 사용하는 것이 허용된다. 화폐는 상품 생산자가 그의 생산물을 다른 생산자의 생산물과 교환하는 것을 돕기 위해 만들어졌다. 화폐는 교환매개물에 불과하다. 화폐는 교환을 가능하게 한다. 그리고 교환은 두 생산자가 그들의 생산물을 교환할 때만 완결된다. 어떤 생산자가 그의 생산물을 화폐를 받고 팔았을 때, 교환은 아직 완결된 것이 아니다. 누군가가 시장에서 그를 기다리고 있는 것이다. 화폐의 목적이 요구하는 것은 화폐를 받고 한 생산물을 팔면 곧 이어서 그 화폐로 생산물을 구입하여 교환을 완료해야 한다는 것이다. 누군가 매입을 주저하게 되면 교환은 완료되지 않은 채 남겨지고, 다른 생산자의 판매를 가로막는다. 이는 화폐를 잘못 쓰는 것이다. 구매가 없으면 판매는 불가능하다. 그러므로 화폐가 그 목적을 충족하려면 구매는 발맞추어서 판매의 뒤꿈치를 따라다녀야 한다.

우리는 누가 화폐를 받고 자신의 상품을 판매했으나, 다시 생산물을 사도록 화폐를 풀어주지 않고는 이자를 주어야만 그 화폐를 빌려줄 거라는 이야기를 듣는다. 그러나 이러한 조건은 정의의 관점에서 용납될 수 없다. 그 사람은 조건 없이 화폐를 빌려줘야 한다. 아니면 상품을 구매하거나 혹은 그 자신의 상품을 재구매하도록 강제해야 한다. 어떤 개인도 화폐의 유통에 대해 어떤 조건을 내걸도록 허용될 수 없다. 화폐를 가진 사람들은 즉시 상품을 구매할 권리를 가질 뿐 다른 권리는 없다. 이자에 대한 권리는 화폐의 개념과 양립할 수 없다. 왜냐하면 이 권리는 개인의 이익을 위해 상품교환에 세금을 매기고 그것을 국가권력에 의해 승인하는 것과 비슷하기 때문이다. 이자에 대한 권리는 화폐를 쥐고서 상품교환을 방해하는 권리다. 그 결과 이 화폐를 기다리고 있는 상품 소유자를 곤란하게 만들고 이자를 얻어낼 목적으로 그 곤란을 이용한다. 화폐를 빌려주는 조건은 저축자의 사적인 일이지 국가의 관심사는 아니다. 국가에게는 화폐는 순수한 교환매개물이다. 국가는 저축자에게 말한다. "당신은 산 것보다 판 게 더 많다. 그 결과 남는 화폐를 소유하게 되었다. 이 잉여는 어떤 상황에서든 다시 시장으로 돌아와서 상품과 교환되어야 한다. 화폐는 깃털 침대가 아니다. 그것은 길가에 잠시 멈추었다 가는 장소다. 당신이 개인적으로 상품이 필요하지 않다면, 상품이 필요한데 돈이 없는 사람으로부터 환어음이나 약속어음, 담보대출 증서 등을 살 수 있다. 환어음 매입조건은 당신이 알아서 할 문제다. 그래서 국가가 절대적 복종을 요구하는 단 한 가지는 당신의 화폐가 즉시 시장으로 되돌아와야 한다는 것이다. 만약 자발적으로 당신의 화폐를 유통시키지 않는다면 국가는 처벌을 통해 당신이 그렇게 하도록 강제할 것이다. 당신이 그걸 늦추면 공익에 해롭기 때문이다."

국가는 상품운송을 위해 도로를 건설하고 상품교환을 위해 통화를 공급한다. 국가는 누구도 느리게 움직이는 소달구지로 바쁜 거리의 교통을 방해해서는 안 된다고 주장한다. 또한 누구도 화폐를 쥐고서 교환에 장애를 주거나 지연시켜서는 안 된다고 주장한다. 그런 배려 없는 행위는 처벌을 받게 된다.

젊은 열정을 가진 지폐발행개혁가들은 효율적인 화폐제도의 이 분명한 조건들을 간과하면서 그들의 목표를 실현하길 기대한다. 그건 헛된 희망이다!

저축자는 그들이 소비하는 것보다 많은 상품을 생산한다. 그리고 이자가 약속되지 않으면 그들이 잉여로 받은 화폐를 다시 놓아주지 않는다. 지금 우리 앞에 놓인 제안[67]은 저축자 행동의 직접적 결과물인 경제위기를, 국가가 사업가에게 더 낮은 이자율로 화폐를 공급함으로써 해결해야 한다는 것이다. 이 화폐는 인쇄기에서 바로 찍어낸 새 화폐다.

이 경우 저축자의 잉여생산물은 그들의 화폐가 아니라 새 화폐로 구매된다. 당장은 이것이 중요하지는 않다. 새 화폐의 도움으로 집과 공장, 배들의 건설이 지장 없이 진행된다. 사업가들이 이런 사업에서 얻는 수익이 점점 줄어드는 것은 사실이다. 왜냐하면 지금은 건설에 지장이 없어서 배, 공동주택 등의 공급이 계속 증가하기 때문이다. 하지만 그들이 받는 수익률의 하락과 동일하게 발권은행에 지불해야 할 이자율도 하락한다. 그러므로 그들은 사업가로서 배나 집에서 그들이 받는 수익의 크기에 대해 무관심하다. 어차피 채권자에게 모두 넘겨줘야 하기 때문이다. 일은 중단없이 진행되고, 따라서 저축에도 아무 장애가 없다. 많은 사람들은 여전히 낮은 이자율이라도 저축한 화폐를 빌려주는 게 유리하는 걸 안다. 하지만 다른 사람들, 특히 어떤 경우이든 아주 작은 이자를 받는 소액 저축자들은 이자를 포기하고 그들의 저축을 집에 보관하는 오래된 관습으로 되돌아갈 것이다. 이자율이 단지 5퍼센트에서 4퍼센트나 3퍼센트로 떨어져도 말이다. 그렇게 축장된 작은 금액들을 합치면 수억 달러에 이른다. 국가는 이 금액을 새로운 화폐 발행으로 교체한다. 따라서 위기를 모면하고 집, 배, 공장에 대한 작업은 계속된다. 그리고 그 사업의 수익은 꾸준히, 어쩌면 빠르게 하락하게 된다. 그러나 이자율이 하락할 때마다 저축은행으로 유입되는 저축 흐름

---

67 앞에서 설명한 지폐본위 개혁가들의 제안을 말한다. 즉 유통되는 화폐가 모자라거나 넘치면, 국가가 공급하거나 회수하고, 그럼으로써 문제를 해결할 수 있다는 개혁안이다.

은 더 억제될 것이다. 곧 대형 저축가 계급마저 저축은행에 화폐를 넣는 게 별로 이익이 되지 못한다는 것을 알기 시작할 것이다. 그러면 그들도, 갑자기 필요할 수도 있는 화폐를 좀 떨어져 있는 은행에 가져오는 걸 주저할 것이 분명하다. 또 어떤 사람들은 화폐를 타인의 통제하에 두는 것보다 직접 소유하는 것이 더 안전하다고 생각할 것이다. 저축된 화폐가 다시 유통과정에 유입되는 것을 막는 모든 힘, 높은 이자율로 균형을 유지했던 그 힘은 이제 해방되고, 화폐, 즉 지폐는 국가통화국이나 발권은행에서 수백만 개의 저금통으로 흘러 들어갈 것이다. 국가통화국의 인쇄기는 쉬지 않고 시장에서 빠져나간 화폐를 대체할 것이다. 매일매일 지불해야 하는 지폐, 즉 수요의 거대한 흐름은 시야에서 사라질 것이다.

이자율이 하락할수록 그 흐름은 팽창한다. 마침내 시장이 실물자본으로 포화되기 전, 이자가 1퍼센트 정도로 하락했을 때, 아무도 저축은행에 저축을 하지 않을 것이고, 모든 사람이 화폐를 스스로 관리하려 할 것이다. 이 단계에 이르면 국가 전체의 저축, 매년 수십억 달러에 이르는 큰 금액이 저금통으로 흘러갈 것이다. 이 금액은 증가할 것이다. 경제위기가 없고 이자율 하락으로 저축이 더 쉬워지기 때문이다. 지난해의 저축은 올해의 실업으로 소모되지 않을 것이다. 이자가 1퍼센트로 떨어지면 노동자들의 소득은 2배로 증가한다. 소득이 2배로 증가하면 저축은 10배 증가할 수 있다. 그것이 저축된 소득에 마지막으로 추가되고, 이는 지금까지의 소득 총량과 맞먹을 것이다.

이 모든 화폐가 매년 국가에 의해 교체된다! 나라 전체가 그 저축을 화폐로, 매일매일 지불되는 수요가 되어야 하는 것으로, 종잇조각으로 바꾸는 것이다. 그 종잇조각이 쓸모가 있는 것은 오직 그중 일부가 상품교환을 위해 필요하기 때문이다. 참 이상한 상황이다!

수십억 달러가 담보대출로 대출된다. 그러나 담보대출이 이자를 낳지 못하면 그 자금은 회수되고, 화폐는 쌓인다. 국가는 이 수십억 달러를 새로운 발행으로 대체해야 한다. 독일에서는 전체 300억 마르크가 넘는 환어음이 규칙적으로 유통되면서 동시에 교환매개물로 기여하고 있다. 그러나 이자가 사라지면, 아무도 더 이상 어음을 할인하지 않을 것이다. 그러므로 환어음은 거래목적에 쓸모가 없게 되고 국가는 같은 금액의 화폐를 발행해야 할 것이다. 수천억이 필요할 것이다. 100개의 인쇄기로 밤낮없이 1천 달러 지폐를 찍어내도 국가는 통화요구량을 맞추지 못할 것이다. 매일매일 시장에서 요구되는 수천억의 수요가 쌓여서 묻혀 있으니 말이다!

그러나 어떤 이유로 이 수요가 살아나서 시장에 나타나면 어떻게 될까? 그때 그에 맞는 생산물 공급은 어디에 있을까? 공급이 부족하면 물가는 오르고, 물가상승은 차익을 발생시킨다. 이 이익전망이 화폐를 시장으로 유인하게 된다! 물가상승과 차익에 대한 기대는 저금통을 깨트리고 수십억 수요를 산사태처럼 시장에 쏟아붓는다. "도망쳐"라고 외치는데, 그 난파선에서 유일한 구명보트는 상품이다. 상품을 살 수 있는 사람은 안전하다. 그래서 모두 상품을 산다. 수요는 수조 규모로 증가하고 당연히 공급은 부족하기 때문에 물가가 치솟는다. 물가상승은 저축을 전멸시킨다. 농부는 다시 지폐를 프랑스의 아시냐를 사용할 때처럼 사용하게 된다. 외양간의 벽지로.

플뤼르샤임은 그런 가능성을 확실히 부정한다. 그는 저축자, 즉 수십억의 수요를 가진 사람들이 절대 물가상승에 대해 생각지 않을 것이라 주장한다. 왜냐하면 물가상승의 조짐이 조금만 보여도 국가가 즉시 남아도는 화폐를 빼내서 대응할 것이라 생각했기 때문이다.

그러나 우리는 여기서 이 개혁의 두번째 모순과 마주치게 된다. 첫 번째 모순은 국가의 용인하에 화폐를 저축 매개물로 사용, 아니 오용한다는 것이었다. 그 결과 국가는 실제 화폐의 목적, 즉 상품의 교환에 필요한 것보다 더 많은 화폐를 찍어내야만 했다.

두번째 모순은 국가가 사업가들에게 화폐를 발행해줄 때 스스로 화폐를 교환매개물로 사용하고 있지 않다는 점이다. 그 화폐는 상품을 받고 준 게 아니라 환어음 혹은 담보대출이나 다른 증권을 받고 준 것이다. 그러나 화폐는 교환매개물이다. 그래서 상품에 대하여 발행되어야 한다. 즉 그 목적에 맞게 제공되어야 하는 것이다. 국가가 상품에 대해서만 화폐를 발행한다면 (그리고 이 상품들이 그동안 먼지가 되거나 썩지 않는다면) 축적된 저축이 순환에 복귀함으로써 야기될 수요의 눈사태를 두려워할 이유가 없을 것이다. 현 상황에서는 국가가 담보대출, 약속어음, 그리고 환어음만 가지고 있고, 그것들은 이자를 낳지 않는다. 그런 수단으로는 화폐를 조금도 불러들일 수 없다.

저축자들로부터 거부당한 사업가들에게 국가가 화폐를 대출해줄 때, 국가는 화폐의 기능을 오해하고 있었다. 국가가 그 힘을 잘못 사용한 것이다. 그리고 화폐는 국가가 저지른 모든 화폐의 오용에 대해 날카롭고 갑작스러운 복수를 행한다. 여기서 이 개혁과 불가분의 세번째 모순이 나타난다. 화폐는 그것이 저축목적으로 쓰이는가, 혹은 교환목적으로 쓰이는가에 따라 질적으로 요구되는 것이 다르다. 저축자는 소비자로서는 일정한 수량의 상품에 100달러를 지불하지만, 저축자로서 그는 이 가격을 지불하지 않는다. 그는 자기가 가진 100달러를 더 선호한다. 그러므로 저축매개물로 간주되는 100달러는, 100달러로 살 수 있는 상품 이상의 것이 된다. 따라서 상품은 결코 저축을 순환으로 되돌릴 수 없다.

국가는 여기서 교환을 위한 화폐와 저축을 위한 화폐를 동일하게 취급해왔다. 그래서 저축의 형태로 시장에서 빠져나간 화폐를 환어음이나 담보대출 등을 매입하여 대체했던 것이다. 국가가 이것들을 저축과 교환할 때가 되면 그렇게 하는 게 불가능하다는 것이 분명해진다.

이는 두 가지 다른 종류의 화폐, 말하자면 금과 차(茶)가 함께 유통되는 걸 생각해보면 훨씬 분명해진다. 교환매개물로 화폐를 사용하는 사람에게는 어떤 종류의 화폐를 받든 그 차이가 중요하지 않다. 금방 다시 그 화폐를 지불할 테니까. 그러나 화폐를 저축하기를 원하는 사람에게는 금으로 혹은 차로 받는지가 절대 무관심할 수가 없다. 금은 내구성이 있지만 차는 상하기 때문이다. 저축하려는 사람은 차 10달러의 대가로 금 10달러를 내놓지 않을 것이다. 그래서 정말로 그가 오랜 시간을 고려하고 있다면[68] 어떤 교환비율로도 금과 차는 같아질 수 없다고 생각할 것이다. 그에게 금과 차는 단순히 양으로는 비교가 불가능한 것이다.

게다가 국가는 즉시 움직여야 한다. 물가가 조금만 올라도 곧바로 가격상승을 노리는 투기자들이 출현한다. 일단 그들이 가격차에 의한 첫번째 이득을 챙기게 되면, 지폐가 밀려드는 것을 막을 수 없게 될 것이다. 그렇게 되면 국가가 어떤 행동을 취하더라도 너무 늦다. 국가가 처한 상황을 그려보자. 정상적인 상품교환에 100억이 필요한데, 1천 억

---

68 그가 고려하고 있는 저축기간이 길다는 것을 말한다. 예를 들어 수십 년이라면 저축자 입장에서 금의 선호도가 차에 비해 엄청나게 클 것이다.

이 발행되어 그 차액이 저축으로 쌓여 있다. 잉여자금 900억의 일부가 시장에 도착하면, 물가는 상승하고, 물가가 상승하는 순간 900억의 나머지도 시장으로 뛰어오게 된다. 사건의 순서는 다음과 같을 것이다. 물가가 막 오를 거라 믿는 상인들은 그들이 당장 필요한 것보다 더 많이 산다. 그들은 이 매입을 위한 화폐를 얻기 위해 저축자에게 이자를 제공한다. 유통에 편입된 이 저축은 이제 물가상승을 현실로 만든다. 이는 새로운 대출과 새로운 투기적 매입을 자극한다. 그래서 그 과정은 물가의 상승 움직임에 의해 저금통의 모든 화폐가 유통으로 끌려나올 때까지 단계적으로 진행될 것이다.

국가가 물가상승을 막을 힘이 있다는 믿음이 조금이라도 약해지면 그 즉시 수십억의 저축이 시장으로, 상점으로 밀려올 것이다. 이것은 마치 예금은행의 지불능력에 대해 조금만 의심이 생겨도 그 즉시 모든 예금자들이 은행 창구로 몰려드는 것과 같다. 그들은 2배속으로, 자동차를 타고, 비행기를 타고 시장으로 질주할 것이다. 그것이 교환매개물을 저축매개물로 오용하는 것을 건드리지 않고 내버려둔 화폐개혁의 불가피한 결과이다.

지폐가 그것이 원래 의도했던 대로 교환매개물로 남는다면, 모든 것이 부드럽게 작동할 것이다. 어떤 다른 목적을 위해 지폐를 쓰면 지폐는 그걸 인쇄한 종이만큼의 가치도 없게 된다. 기껏해야 담배파이프 불붙일 때나 적합한 종잇조각이 된다.

요셉의 시대처럼 일련의 풍년 뒤에 일련의 흉년이 이어진다고 가정하면, 교환매개물과 저축매개물의 물리적 결합이 비정상이라는 게 훨씬 더 분명해진다. 풍년에는 사람들은 당연히 저축을 할 수 있을 것이다. 즉 지폐를 산더미처럼 쌓아둔다. 이어진 흉년 기간 중 사람들이 이 종이 더미를 사용하려고 하면, 이 쌓아둔 수요와 균형을 맞출 공급이 없다는 사실이 분명해진다.

여기서 우리가 검토하고 있는 개혁이 효과가 있으려면, 사업가가 얻는 이자가 저축은행이나 자본가에게 지불을 할 수 있을 정도로 충분해서, 저축자 대부분의 화폐를 다시 순환에 투입하도록 유도해야 한다. 그러나 플뤼르샤임은 이자가 한번 떨어지기 시작하고 그러고도 경제위기를 피할 수 있다면, 이자가 곧바로 0으로 떨어져야 한다고 주장하지 않는가?

이런 종류의 개혁은 오래가지 못할 것이고, 지금껏 인류에게 자행되어온 중 가장 거대한 사기가 될 가능성이 높다. 그런 개혁을 시도한 후에 사람들은 과거처럼 자신들을 구원해줄 것이 금본위제라고 믿고 그걸 다시 도입해야 한다고 떠들 것이다. [•]

나는 개혁작업을 처음부터 철저히 하는 것이 좋아 보인다. 방금 기술했던 지폐발행개혁에 화폐의 형태변화를 더하는 것이다. 그 변화는 교환매개물과 저축매개물 사이의 물질적 연계를 해체할 것이고, 사적인 화폐 축적을 모두 사라지게 하며, 모든 저금통의 뚜껑을 깨뜨리고, 모든 금고의 자물쇠를 열며, 전시든 평시든, 풍년이든 흉년이든, 전반적인 물가 수준의 변동 없이 정확히 시장이 흡수할 수 있는 만큼만 유통되도록 화폐량을 유지할 것이다.

우리 연구에 따르면 자유화폐라면 저축매개물과 교환매개물 사이의 전통적인 연결고리는 돌이킬 수 없이 단절된다. 화폐는 그 소유자의

[•] 앞선 분석에서는 그 개혁이 전세계적으로 채택된다고 가정했다. 만약 한 국가나 소수 국가가 그 개혁을 채택하면, 이자율 하락은 더 높은 이자를 얻기 위해 해외로 나가는 저축의 수출에 의해 제어될 것이다. 이 경우 그 개혁은 재난을 초래하지는 않을 것이다. 그러나 이자를 없애지도 못할 것이다.

의지와는 독립된 순수한 교환매개물이 된다. 화폐는 물질화된 수요가
되는 것이다.

14.
화폐 품질의 기준

금본위제 지지자들은 지난 수십 년 동안 절대적, 상대적으로 위대한 경제발전이 있었던 것을 금본위제 덕택으로 여긴다. 연기를 뿜어내는 이 수백만 개의 공장 굴뚝은 희생물을 바치는 현대의 제단이며, 금본위제에 대한 국가적 감사의 표현이다!

통화제도가 경제부흥을 일으키거나 가능하게 할 수 있다는 주장은 분명 놀랄 만한 것은 아니다. 화폐는 상품교환을 가능하게 하고, 상품교환이 없으면 일도, 이윤도, 교통도, 결혼도 있을 수 없기 때문이다. 상품교환이 중단되면 공장은 문을 닫는다.

거듭 말하지만 처음 보면 그 주장은 놀랄 게 없다. 오히려 제조업자, 조선업자와 다른 사업가들에게 자신들이 지금 가진 기계와 직원들로 상품을 더 생산할 것인지 물어보면, 생산을 제한하는 것은 오직 상품의 판매 여부일 뿐이라고 일치된 답을 할 것이다. 그리고 판매를 가능하게 만드는 것은 화폐다. 아니면 불가능하게 만들든지.

금본위제에 대한 이러한 찬사는 그 전신인 복본위제가 경제적 발전을 저해했다고 하는 암묵적인 가정을 담고 있다는 사실 역시 놀랄 일이 아니다. 왜냐하면 화폐가 진보를 가져올 수 있다면, 또한 분명히 진보를 저해할 수도 있기 때문이다. 경제적 번영이나 수십 년간의 침체보다 더 중요한 결과들이 화폐 때문일 수 있는 것이다.●

독일에서 금본위제가 채택된 후 독일의 토지 소유자들은 물가하락에 대해, 그리고 담보대출이자를 지불할 화폐를 마련하기 힘들다는 것에 대해 불평했다. 그들을 보호하기 위해 독일의 수입관세가 고안되었으며, 이러한 보호장치가 없었다면 많은 농장이 경매에 붙여졌을 것이다. 그러나 물가가 하락하는데 누가 이 농장을 샀겠는가? 로마제국 때처럼 대농장이 형성되었을 것이다. 로마의 몰락은 라티푼디움[69] 때문이었다.

그러므로 금본위제 옹호자들의 주장은 놀라운 건 아니다. 그러나 증거가 필요하다. 독일의 경제발전은 다른 원인에 기인할 수도 있기 때문이다. 학교, 작업성과를 올리는 기술적 발명, 수많은 건강한 노동자들을 제공하는 독일의 아내들 등등 말이다. 간단히 말해 금본위제로부터 월계관을 낚아챌 경쟁자가 적지 않은 것이다.

그래서 증거가 필요하다. 우리는 화폐의 품질을 위한 어떤 기준을 찾아내야 한다. 우리는 금본위제가 정말로 교환을 촉진했는지, 그래서 경제적 팽창이 오로지 그 원인 때문인지 판단해야 한다.

금본위제가 생산물 교환을 촉진했다면 그 결과 교환은 더 안전해지

● 게젤의 연설 「금과 평화?」(1916년 베른). (177쪽 참조)

69 고대 로마에서 국유지가 사유화되면서 나타난 대토지소유제를 말한다. 이로 인해 중소농민층이 몰락하였고 결국 로마 멸망의 경제적 배경이 되었다.

고, 빨라지고, 싸졌을 것이다. 그렇게 되면 상업에 종사하는 사람들의 수는 그만큼 줄어야 한다. 이것은 너무나 분명해서 더 이상 설명이 필요 없다. 제품 수송용 도로를 개선하면 짐마차꾼의 효율은 올라간다. 그리고 수송되는 제품의 양이 동일하다면 짐마차꾼의 수는 감소해야 한다. 증기기관이 도입된 이래, 해상 교통량은 100배 증가했지만 선원의 수는 감소했다.

금본위제와 조개껍질본위제의 관계가 증기기관을 바람과 비교하거나 다이너마이트를 쐐기와 비교할 정도로 차이가 있다면, 상업에서 같은 결과가 발생해야 한다.

그러나 금본위제에서는 정반대의 현상이 목격된다.

"중간상의 활동(즉 상업)은 한때 노동자의 약 3~5퍼센트로 추정되었는데, 지금은 13~15퍼센트, 어떤 때는 심지어 31퍼센트로 추정된다. 이 활동(상업비용)이 가격에서 점점 더 많은 부분을 차지한다."라고 슈몰러는 말한다(「19세기의 상업Commerce in the XIXth Century」『주간Die Woche』).[70]

상업은 더 쉬워지기는커녕 매일 더 어려워지고 있다. 금을 교환매개물로 사용하면 상품교환은 더 적은 사람이 아니라 더 많은 사람을 필요로 한다. 이 사람들은 더 나은 교육을 받았고, 더 나은 상업적 훈련을 받은 사람들이다. 이는 독일 직업통계로 증명할 수 있다.

	1882년	1895년	1907년
독일 인구	45,719,000명	52,001,000명	62,013,000명
전체 노동자	7,340,789명	10,269,269명	14,348,016명
상업종사자	838,392명	1,332,993명	2,063,634명

[70] 1899년부터 1944년까지 베를린에서 발행되었던 주간지.

이 표에서 우리는 상업종사자의 증가율이 독일 노동자(산업, 상업, 농업) 전체의 증가율을 훨씬 앞질렀다는 것을 알 수 있다. 전체 노동자수는 7,340,789명에서 14,348,016명으로 95퍼센트 증가한 반면, 상업종사자의 수는 838,392명에서 2,063,634명으로 146퍼센트 증가했다.

이 표는 금이 교환매개물로 채택된 이후 상업이 더 어려워졌다는 분명한 증거다.

다음과 같이 반론을 할 수도 있을 것이다. 지난 수십 년간 많은 생산자들이 원시적 생산양식에서 분업으로 넘어갔으며, 특히 시골에서는 개인적 소비를 위한 생산은 점점 줄고, 시장을 위한 생산은 더욱 늘어났다고 말이다. 그래서 당연히 필요한 상인의 수가 증가한다는 것이다. 예를 들어 물레는 지금 거의 쓰지 않는다. 그리고 현물로 직접 보수를 받던(물물교환) 마을 장인들은 공장에 자리를 내줘야 했다.

다시 말해 생산방식의 개선 덕분에 지금 노동자는 이전에 비해 양적, 질적으로 더 나은 상품을 생산한다. 따라서 훨씬 더 많은 상품이 시장에 투입되고, 이로 인해 상업에 종사하는 사람의 수는 증가한다. 방직공 열 명이 생산한 옥양목을 팔려면 상인 한 명이 필요한데, 다른 조건이 같고 방직기가 개선되어 방직공 열 명이 2배의 옥양목을 생산하게 되면 상인 두 명이 필요하다는 것이다.

이 반론은 일리가 있다. 그러나 다른 한편으로 상업 일 또한 조직과 발명에 의해 크게 개선되었다는 점을 기억해야 한다. 우리는 금본위제와 함께 십진법 통화제를 도입했다(영국 통화제도가 증명하듯이 십진법 통화제는 금본위제와 별개이긴 하지만). 또 무게와 길이를 재는 미터제, 더 나은 학교에서 훈련된 상업 직원들, 통합된 상법, 영사관, 탁월한 우편시설(저렴한 우표, 소포, 엽서, 우편환, 우편 수금 등)을 도입했다. 여기에 더하여 전신과 전화, 속기술, 타자기, 소형인쇄기, 금전등록기, 수표와 당좌예금, 더 효율적인 광고 방법, 소비자 협동단체를 도입했다. 간단히 말해 지난 30년간 수많은 개선이 상업기술에 도입되었다. 마지막으로 상사원들이 기술적으로 더 좋은 훈련을 받게 되어 제품 판매력이 증가했음에 틀림없다. 기술적 훈련이 그런 효과가 없다면, 그건 불필요하고, 상인은 그에게 급여를 더 많이 주는 바보짓은 하지 않을 것이다. 상인이 더 높은 급여를 지급하는 이유는 훈련된 직원이 더 많은 일을 할 것이라고, 즉 미숙련 직원보다 더 많은 제품을 팔 것이라고 믿어서이다.

생산 증가를 상업조직의 효율성 증가로 흡수할 수 있다면, 상업종사자의 비율 증가는 재미있게도 금본위제가 우월하다는 주장에 대해 반대되는 증거력을 갖는다.

그러나 앞의 표는 상업종사자의 수만 보여준다. 우리는 총상업이윤에 더 관심이 있다. 외형적으로 판단해보면 이것은 분명히 증가했다. 이는 상업종사자의 수에서 직접 추론될 수는 없다. 왜냐하면 그들의 평균소득이 다른 노동자의 소득보다 높기 때문이다.

화폐개혁이 상업에 미치는 효과를 판단하기 위해서는, 총상업이윤,[71] 즉 각 상품의 공장가격과 소매가격의 차이를 통계적으로 계산할 필요가 있다. 소매가격에서 공장가격을 차감한 것이 총상업이윤이다. 이런 식으로 한 국가의 상업비용과 그 통화제도의 효율성을 계산할 수 있을 것이다. 그런 통계가, 상업이 현재 총생산의 3분의 1 혹은 그 이상

---

71 총상업이윤이란 한 나라의 상업 부문에서 벌어들이는 이익의 합계를 의미한다. 화폐제도가 잘 되어 있어서 교환이 원활하게 이루어지면 중간 마진이 줄어들어 상업이윤은 감소할 것이다. 그러니 총상업이윤의 크기와 추이를 보면 화폐제도가 잘 작동하고 있는지 알 수 있다.

을 차지한다는, 널리 알려진 주장을 증명하리라고 믿을 만한 이유가 있
다! 생산물 1천 톤 중 333톤이 상인들 몫이 되는 것이다.

15.
기존 수량이론을
화폐에 적용하면 왜 실패하나

수요와 공급은 상품의 가격을 결정하고 공급은 상품의 현재 재고량에 달려 있다. 재고량이 증가하면 공급은 증가하고 재고량이 감소하면 공급은 감소한다. 상품 재고량과 공급은 같다. '수요와 공급'이라는 말 대신 '상품의 수요와 상품 재고량'이 가격을 결정한다고 말할 수 있을 것이다. 이런 형태의 진술은 수량이론의 가정을 정말 선명하게 보여준다.

사소한 한계는 있지만 수량이론은 모든 상품에 유효했고, 화폐에도 적용되었다. 화폐의 가격이 화폐의 양에 의해 결정된다고 한 것이다. 그러나 경험을 통해 알고 있듯이 화폐의 공급은 수량이론이 가정하는 것처럼 화폐 발행량에 달려 있는 건 아니다. 화폐 발행량은 대부분 변함이 없다. 그러나 화폐의 공급은 큰 변동이 불가피하다. 슈판다우의 군자금은 40년간 공급으로 제공된 적이 없다. 반면에 다른 화폐는 매년 10번이나 50번 주인이 바뀌었다. 화폐가 보관된 장소(은행, 금고, 상자, 저장소)는 어떤 때는 비어 있고, 어떤 때는 넘쳐난다. 그에 따라 화폐 공급은 오늘은 많은데 내일은 적어진다. 소문 하나로도 충분히 화폐의 물줄기와 수요를 그 보관장소로 돌리는 경우가 허다하다. 날조되었을 수도 있는 전보 한 통으로 지갑을 닫던 손이 시장에 돈을 뿌리는 일도 흔하다.

시장조건은 화폐 공급에 가장 큰 영향을 미친다. 앞에서 상품의 수요와 공급이 그 가격을 결정한다고 말했다면, 화폐에 대해서는 '화폐 수요와 화폐 소유자의 기분'이 그 가격을 결정한다고 똑같이 말할 수 있을 것이다. 화폐의 발행량은 확실히 화폐 공급에 중요하다. 그것이 화폐 공급의 상한선을 정하기 때문이다. 화폐 발행량이 허용하는 이상으로 화폐가 공급될 수는 없다. 그러나 반면에 상품은 공급의 상한선(즉 상품의 재고량)이 하한선이기도 하다. 그래서 공급과 재고량은 항상 일치한다. 화폐의 경우는 하한선을 발견할 수 없다. 0으로 보지 않는다면 말이다.

자신감이 있을 때 화폐는 시장에 머무르고, 자신감이 부족하면 화폐는 빠져나간다. 그것이 경험의 가르침이다.

그러나 경험의 가르침대로 화폐 공급이 화폐 발행량과 늘 정확히 일치하는 것이 아니라면, 화폐가격은 화폐 발행량과 독립적이다. 그래서 수량이론을 그대로 화폐에 적용할 수는 없는 것이다.

그런데 수량이론을 그대로 화폐에 적용할 수 없다면 생산비이론 역시 마찬가지다. 생산비가 가격을 결정하는 것은 오직 생산량, 즉 재고량에 영향을 미치기 때문이다. 그리고 앞서 본 바와 같이 화폐 발행량은 항상 화폐의 공급과 일치하지는 않는다. •

● "화폐량의 증가만으로는 가격을 올릴 수 없다. 새로운 화폐 역시 시장에서 구매를 위해 사용되어 수요를 일으켜야 한다. 그것이 이 이론의 첫번째 한계이다." 조지 비베 박사(Dr. George

일반적인 생산물의 경우 생산비가 하락하면 생산이 증가하는 건 사실이다. 생산 증가와 함께 재고량과 공급이 증가하며, 공급이 증가하면 가격은 하락한다.

그러나 귀금속의 경우 재고량이 증가한다고 공급이 바로 증가할지는 결코 확실하지 않다. 더구나 공급이 항상 재고량과 일치할지는 훨씬 더 불확실하다. 워싱턴에 저장된 은, 슈판다우의 군자금, 종종 발견되는 동전 무더기들이 그 증거다.

정제되지 않은 수량이론과 생산비이론 모두 화폐에 적용하면 실패한다. 실패하는 이유는 화폐 재료의 특성에서 찾아야 한다. 금이 가진 어떤 특징이 없다면 슈판다우 군자금의 내용물은 오래전에 먼지가 되었을 것이다. 그리고 이와 유사한 은의 어떤 특징이 없다면 미국의 은 정책은 생각도 할 수 없었을 것이다.

다른 생산물처럼 금도 부패한다면, 화폐 공급은 항상 화폐의 발행량과 정확히 일치할 것이다. 자신감은 화폐 공급에 영향을 미치지 못할 것이다. 전시든 평시든, 호황기든 불황기든 화폐는 항상 교환을 위해 제공될 것이다. 감자가 그 소유자의 이익 여부와 전혀 관계없이 교환에 제공되는 것처럼, 화폐 역시 손실을 보더라도 제공될 것이다. 간단히 말해, 모든 다른 상품의 가격결정이 그런 것처럼 이제야말로 수요와 공급이 화폐의 가격을 결정할 것이다.

슈판다우에 있는 금 또는 워싱턴에 있는 은과 같은 생산물은 조금

Wiebe), 『16, 17세기 물가혁명의 역사(*History of the Price Revolution in the 16th and 17th Centuries*)』, 318쪽.
"생산물 교환에 제공되지 않는 화폐는 마치 파괴된 화폐와 마찬가지로 물가에 영향을 주지 못한다." 흄Hume.

도 감가상각에 시달리지 않고 수십년 동안 습한 지하금고에 보관할 수 있다. 그런 생산물의 공급은 내재된 필요가 아니라 인간의 판단에 달려 있고, 따라서 그 가격은 바람처럼 제멋대로라서 계산을 할 수가 없다. 그런 생산물의 가격은 어떤 경제법칙도 모른다. 수량이론과 생산비이론은 그런 생산물을 비켜간다. 그 공급은 단지 이윤에 의해 결정될 뿐이다.

라살레Lasalle[72]가 제대로 지적했듯이 그런 화폐는 처음부터 자본이다. 그것은 이자를 얻을 수 있는 한에서만 교환에 제공되며, 그 이상은 제공되지 않는다. 이자가 없으면 화폐도 없다!

이제 현 상황의 화폐, 현존하는 금속화폐나 지폐에 대한 우리의 조사를 마쳤다. 그래서 화폐가 어떻게 되어야 하는지에 대해 관심을 돌릴 수 있게 되었다. 즉 우리가 자유화폐라고 이름을 붙인, 말하자면 자유롭게 유통되고, 이자라는 비정상으로부터 자유로운 미래의 화폐 말이다.

---

[72] 독일의 사회주의자 및 혁명사상가로 독일 사회민주당의 전신인 전 독일 노동자협회의 창설자이다. 그가 만든 대표적인 사회주의 분파 사상으로는 국가사회주의가 있다.

제4부

자유화폐

—미래 화폐의 모습

서론

인간의 정신은 추상적인 것 앞에서 당황한다. 지금까지 화폐는 완벽한 추상물이었다. 화폐와 비교할 만한 추상물은 없다. 금화나 지폐 등 여러 종류의 화폐가 있지만 화폐의 가장 중요한 기능인 순환조절능력에서 보면 이들은 동일하고, 이 때문에 화폐이론가들은 화폐에 대해 더 파고들 수 없었다. 동일한 사물은 서로 비교할 수 없으므로 화폐이론은 텅 빈 벽에 막혀 한 걸음도 나아가지 못하고 있었다. 세계 어느 나라에도 화폐의 운영과 관리를 뒷받침하는 합법적인 화폐이론은 없었고 지금도 없다. 어디서나 화폐관리는 순전히 경험칙에 따라 이루어졌는데 그럼에도 불구하고 그 경험칙이 절대권위를 가졌다. 그러나 화폐는 경제와 금융의 실질적 기초이며 실체가 있는 물체로서 다른 어떤 것보다 실제적 중요성을 가지고 우리의 상상력을 자극해왔다. 게다가 인류는 그 화폐를 이미 3천 년 전부터 알고 있었고, 인위적으로 만들어 써왔다. 이게 무얼 뜻하는지 잘 생각해보자. 공공부문에서나 민간부문에서나 가장 중요하게 여기는 그것을 우리는 그 오랜 세월 동안 무의식적이고 맹목적으로, 그리고 무지몽매하게 사용하고 있었다는 것이다. 이른바 추상적 사고가 얼마나 절망적인지를 보여줄 증거가 필요하다면 그것은 바로 여기 화폐에 있다.

여기에서 서술되는 자유화폐로 인해 그러한 상황은 확 바뀔 것이다. 화폐는 이제 더 이상 추상적인 것이 아니다. 자유화폐는 비로소 돈을 고찰하기 위한 상대적인 시각을 제공한다. 이제 화폐는 자신의 배경을 갖게 되었으며 색과 윤곽을 가진 실물이 되었다. 아르키메데스는 "나에게 지렛대를 달라. 나는 지구를 움직일 수 있다"라고 했다. 비교 기준점이 있다면 우리는 어떤 문제도 해결 가능하다.

자유화폐는 통화이론을 구축하는 수직추선[1]을 제공한다. 수직추선을 벗어나면 바로 드러난다.

1 수직과 수평을 헤아릴 때 쓰는 도구.

1.
자유화폐

화폐는 교환수단에 불과하다. 상품교환을 촉진하고 물물교환의 어려움을 없애준다. 물물교환은 불확실하고 번거로우며 비용도 많이 들 뿐 아니라 많은 경우 거래가 깨진다. 화폐가 물물교환을 대체하기 위해서는 상품의 교환을 보다 안전하고, 빠르고, 싸게 해야 한다.

그것이 화폐에 대해서 요구되는 것이다. 화폐가 상품교환을 얼마나 안전하고 빠르고 싸게 할 수 있는지가 화폐의 유용성에 대한 시금석이다.

이에 덧붙여 화폐란 그것의 물적 속성으로 인해 발생하는 불편함을 최소화해야 한다는 주장은 화폐의 존재목적에 배치되지 않는 한 타당하다.

상품의 교환을 안전하고 싸고 빠르게 하면서도 좀먹거나 녹슬지 않고 저축이 가능한 화폐가 있다면 모두 그런 화폐를 원할 것이다. 하지만 상품교환을 안전하고 빠르고 싸게 하지 못하는 화폐라면 우리는 외칠 것이다. 저리 꺼져!

분업이 우리 문명의 진정한 기반이라는 사실을 인정한다면 우리는 개인적 희망과 선입관에 관계없이 분업이 요구하는 화폐, 분업에 필요한 화폐를 선택할 것이다.

화폐의 품질을 검사하기 위해서 우리는 저울을 쓰거나 도가니나 염산을 사용하지 않는다. 동전을 하나하나 조사하지도, 이론가들에게 조사를 의뢰하지도 않을 것이다. 대신 우리는 화폐가 하는 일을 검토할 것이다. 화폐가 상품을 찾아내 가장 빠른 경로로 소비자에게 전달하는 모습을 본다거나, 시장과 창고의 재고가 줄고, 상인의 수가 감소하며, 상거래비용이 줄고, 상품이 잘 팔려 생산자가 자기생산물의 판매를 완전히 보장받는 모습을 본다면 우리는 외칠 것이다. "이것은 '훌륭한 돈'이구나!" 더 자세히 들여다보고 나서 화폐가 물질적으로 매력이 하나도 없을지라도 우리는 이러한 생각을 바꾸지 않을 것이다. 기계를 관찰하고 평가할 때처럼 우리는 화폐를 그 모습이나 색깔이 아닌 수행하는 역할을 보고 평가하게 될 것이다

좋은 화폐 또는 효과적인 교환수단의 기준은 다음과 같다.

1. 상품교환을 안전하게 보증해야 한다. 이 점은 판매 정체, 경제위기, 그리고 실업 초래 여부로 판단할 수 있다.

2. 상품교환을 빠르게 촉진해야 한다. 이 점은 상품 재고가 줄고 상인 및 점포 수는 줄면서 대신 소비자의 창고는 물자로 가득 차는지 여부로 판단할 수 있다.

3. 상품교환을 싸게 하도록 해야 한다. 이 점은 생산자 공급가격과 소비자 지불가격 간의 차이가 얼마나 작은지로 판단할 수 있다(여기서 생산자에는 모든 화물운송업자들도 포함된다).

기존의 전통적인 화폐가 교환수단으로서 얼마나 한심한 것인지는

제3부의 연구에서 잘 살펴보았다. 일반적으로 전통적인 화폐는 부족해 질 때 시장에서 빠져나가고 남아돌 때는 더 많이 시장에 들어온다. 이런 화폐는 사기나 폭리만을 일으킬 뿐이며 아무리 외관이 번쩍거려도 쓸모없는 것이다.

이런 상황에서 금본위제를 도입한 독일은 얼마나 큰 재앙을 맞이했 던가! 프랑스에서 들어온 수백만의 금 유입으로 거품이 일어났고, 그 후 필연적으로 위기가 찾아온 것이다.

우리가 금본위제를 도입한 것은 나름의 이유가 있다지만 상품거래 가 안전하고 간편하고 빨라지는 것 말고 도대체 화폐제도의 변화에 무 엇을 더 바라겠는가?

그리고 만약 그것이 목적이었다면, 금본위제의 도입은 과연 그 목적 에 부합했는가? 금화, 아름답게 빛나는 이것이야말로 볏짚이나 철, 석 회, 모피, 석유, 밀, 그리고 석탄 등과의 교환을 쉽고 안전하며 빠르게 해줄 것이라 기대되었다. 그러나 그것이 왜 그렇게 할 수 있는지에 대 해서는 아무도 알지 못하고 단지 그럴 거라 믿었을 뿐이다. 그리고 모 든 사람이, 비스마르크조차도 속칭 전문가들의 판단을 단순히 믿었다.

금본위제 도입 이후에도 그 이전과 마찬가지로 상품교환은 전체생 산량의 30퍼센트, 40퍼센트, 그리고 때로는 거의 50퍼센트 정도를 차 지했다. 상업공황은 탈러나 플로린[2] 시절과 마찬가지로 빈번했고 경제 에 파멸적인 영향을 미치곤 했는데, 중간거래상들의 수가 늘어나는 것 만 봐도 새로운 화폐가 얼마나 상업적 능력에서 열등한지 알 수 있다.

---

2 1252년 이탈리아 피렌체 지방에서 시작된 서유럽 최초의 금화. 근대에는 네덜란드 혹은 플랑드 르 지방에서 찍어낸 금화인 플랑드르 플로린이 유럽 전체의 기축통화 자리를 차지하기도 했다.

금화의 상업적 능력, 즉 상품교환 기능이 이렇게 열등한 것은, 지금까지 그 화폐를 소유자의 입장에서만 일방적으로, 그것도 지나치다 싶을 정도로 개선해왔기 때문이다. 화폐 재료를 선택할 때도 수요의 편에 서 있는 구매자의 입장만 반영되었다. 상품, 공급, 판매자, 생산자는 완전히 간과되었다. 화폐를 생산하기 위해 지구상에서 가장 아름다운 물질인 귀금속을 골라냈는데 이는 단지 소유자에게 편리함을 주기 위함이었다. 그러나 여기서 화폐전문가들이 전혀 고려하지 않은 것은 상품의 소유자가 자신의 생산물을 팔 때 화폐 소유자의 편리함의 대가를 지불해야 한다는 점이었다. 화폐의 소재로 금을 선택함에 따라 구매자에게는 상품구매에 가장 유리한 시점을 선택할 시간이 주어지지만, 판매자는 이 구매자의 자유를 위해 그가 편리한 시간에 나타날 때까지 시장에서 참을성 있게 기다려야만 하게 된 것이다. 화폐 재료의 선택으로 인해 재화에 대한 수요가 전적으로 화폐 소유자의 재량에 맡겨지게 되었으며 그의 변덕, 탐욕, 투기와 우연의 스포츠가 되어버렸다. 아무도 화폐 재료의 본성 때문에 재화의 공급이 이처럼 제멋대로 바뀌는 의지에 휘둘리고 있다는 점을 알아차리지 못했다. 이리하여 금융권력의 모습을 하고 모든 생산자를 짓누르는 화폐의 권력이 생겨난 것이다.

간단히 말해, 우리의 훌륭하신 전문가들은 화폐 문제를 생각할 때 상품은 잊고 있었다. 상품을 교환하려고 화폐가 존재하는 것인데도 말이다. 그들은 화폐를 소유자의 일방적 시각에서만 개선한 결과, 교환수단으로서는 쓸모없게 만들었다. 그들은 화폐의 목적에 대해 명확하게 따지지 않았고, 그 결과 프루동이 표현한 것처럼 "시장을 여는 열쇠가 아니라 시장을 가로막는 빗장"을 만들어낸 것이다. 그러한 화폐는 상품을 끌어오는 대신 배척해버린다. 물론 그 돈으로 상품을 살 수는 있지만 배가 고프거나 이익이 날 때에만 산다. 모든 사람은 소비자로서 최소량밖에 사지 않는다. 아무도 상품을 저장해두려 하지 않아서 건축가들은 집을 설계할 때 저장실을 포함시키지 않는다. 만약 오늘 모든 주택 소유자들의 저장실에 물건이 가득 채워지면 그다음날 그 저장물을 시장으로 내놓을 것이다. 시민들이 원하는 것은 돈인데, 이런 바람은 충족될 수 없다는 걸 안다. 왜냐하면 모든 사람들의 돈이 서로 상쇄되기 때문이다.[3] 논쟁의 여지 없이 사람들은 재화보다 금화를 원할 것이다. 자기는 금화를 갖고 남들은 재화를 갖게 하고 싶지만 경제에서 말하는 이 '남들'은 누구일까? 우리 자신, 상품을 생산하는 우리 모두가 그 남들인 것이다. 소비자로서 다른 사람의 생산물을 거부하면 우리 모두는 실제로 우리 자신의 상품을 거부하는 것이다. 만약 동료 시민이 생산한 재화보다 화폐를 더 선호하지 않고, 바라지만 얻을 수 없는 돈 뭉치 대신, 저장실을 설치해 동료 시민이 생산한 것으로 가득 채운다면, 상거래비용이 드는 비싼 상점에 우리 생산물을 억지로 내놓을 필요가 없어진다. 우리는 신속하고 싸게 상품을 회전시켜야 한다.

금은 우리 상품과 어울리는 특성이 없다. 금과 짚, 금과 석유, 금과 구아노,[4] 금과 벽돌, 금과 철, 금과 모피의 교환이라니! 공상적이고 터무니없는 '가치' 학설만이 이 모순을 극복할 수 있다. 짚, 석유, 구아노 등 모든 일반 상품은 사람들이 화폐를 갖든 상품을 갖든 차이가 없을 때에만 안전하게 화폐와 교환될 수 있다. 그리고 그것은 우리 생산물 특유의 여러 가지 불편한 특성 때문에 화폐도 손상될 경우에만 상품과 교환

---

3 모두가 돈을 원한다면 서로가 물건을 팔려고만 하고 사지 않으려 할 텐데, 그러면 사고파는 행위가 서로 상쇄되어 물건이 팔리지 않게 되고, 돈을 얻고자 하는 그 소원은 이루어질 수 없다.
4 바닷새의 배설물. 비료로 쓰인다.

이 가능하다. 이것은 분명하다. 재화는 썩고, 소멸하고, 깨지고, 녹슨다. 따라서 그 대가로서의 화폐도 재화처럼 썩고 상하는 불편한 물질적 특성을 지닐 때만 거래를 신속하고, 확실하고, 더 싸게 중개할 수 있다. 왜냐하면 아무도 그런 화폐를 상품보다 더 탐내지 않을 것이기 때문이다.

신문이 하루만 지나도 옛것이 되고, 감자는 썩고, 철이 녹슬고, 에테르가 증발하듯, 시들해지는 돈만이 감자, 신문, 철과 에테르의 교환수단으로서 자격시험을 통과할 수 있다. 그런 돈은 소비자도 상품판매자도 좋아하지 않는다. 화폐를 받고 상품을 제공하는 것은 화폐를 교환수단으로 쓰기 때문이지 화폐의 소유에 따른 이익을 기대해서가 아니다.

그래서 화폐를 더 좋은 교환수단으로 만들기 위해서는 화폐를 더 나쁜 상품으로 만들어야 한다.

상품 소유자가 늘 교환을 서두르는 것처럼 교환수단인 화폐 소유자도 똑같이 서둘러 거래하도록 해야 공평하다. 상품 공급은 늘 직접적이고 고유한 강제력에 지배되고 있으므로 상품 수요도 똑같은 강제력의 지배 아래 있어야 한다.

상품 공급은 상품 소유자의 의지와 상관없다. 그렇다면 상품 수요도 화폐 소유자의 의지와 상관없어야 한다.

우리가 화폐 소유자의 특권을 철폐하고 공급이 본래 특성상 종속되어 있는 그 강제력에 수요도 종속시킬 것을 결정한다면, 기존형태의 화폐가 가진 변칙성을 모두 제거하고, 수요가 정치적, 경제적, 혹은 자연적인 사건과 무관하게 시장에 규칙적으로 등장하게 만들 수 있다. 그러면 투기자의 계산이나 자본가나 은행가의 견해 또는 변덕은 수요에 더 이상 영향을 주지 않을 것이다. 우리가 '주식시장의 분위기'라고 부르는 것은 옛이야기가 될 것이다. 중력법칙이 분위기를 타지 않듯이 수요

법칙도 그러할 것이다. 손실에 대한 불안이나 이익에 대한 어떤 기대도 수요를 늦추거나 가속시킬 수 없을 것이다.

그러면 수요는 모든 상황에서 국가가 발행한 통화량에 기존의 상업 조직이 허용하는 화폐 유통속도를 곱한 배수로 이뤄질 것이다.

개인이 쌓아둔 돈은 모두 이와 같은 강제순환을 통해 자동적으로 시장에 유입된다. 발행되는 통화량 전체가 규칙적이고 빠르고 끊임없이 유통된다. 어느 누구도 화폐를 시장에 더 밀어넣거나 회수하여 통화정책에 개입할 수 없다. 한편 국가 스스로도 수요를 항상 공급에 정확하게 일치시켜야 한다는 사명을 가지고 있고 이를 위해서는 적은 양의 화폐를 회수하거나 발행하는 것으로 충분하다.

어떠한 방해에도 불구하고 재화를 잘 순환시키며 경제위기와 실업을 불가능하게 하고, 상업이익을 임금수준으로 억제하며, 단기간에 자본이자를 자본의 바다에 익사시킬 수 있다면 그 이상 무엇이 더 필요하겠는가.

분업을 통해 화폐를 만들어낸 우리 생산자는 이처럼 화폐의 강제력에 의해 주어지는 엄청난 혜택을 얻기 위해서 어떤 비용을 지불해야 할까? 그것은 변덕스러운 마음, 욕심, 기대, 공포와 걱정, 불안과 공황을 통해 수요에 영향을 주는 특권의 폐지다. 우리는 그저 남들이 내 상품을 사지 않아도 내 물건을 팔 수 있다는 환상만 버리면 된다. 그리고 어떤 상황에서도 자신이 판매한 만큼 바로 사겠다는 약속을 상호간에 해야만 한다. 그리고 이 약속을 서로 지키기 위해, 우리는 상품 판매자가 화폐를 보유하면 반드시 다음과 같은 의무를 강제로 이행하도록 화폐의 속성을 바꿔야 한다. 상품 판매자는 자신이 필요한 상품이 있다면 사고, 만약 필요한 상품이 없다면 다른 사람에게 돈을 빌려줘서라도 자

100달러 자유화폐											
10센트	10센트	10센트	10센트	10센트	10센트	10센트	10센트	9월 1일	10월 5일	11월 3일	12월 1일
10센트	10센트	10센트	10센트	10센트	10센트	10센트	8월 11일	9월 8일	10월 13일	11월 10일	12월 8일
10센트	10센트	10센트	10센트	10센트	10센트	10센트	8월 18일	9월 15일	10월 20일	11월 17일	12월 15일
10센트	10센트	10센트	10센트	10센트	10센트	10센트	8월 25일	9월 22일	10월 27일	11월 24일	12월 22일
	10센트		10센트			9월 29일					12월 29일
1960년 1월 1일 연방통화국											

그림 4. 자유화폐, 미국 통화 (또는 어떤 다른 종류의 십진제 통화)

이 100달러 지폐는 8월 4~11일 주간에는 그림 4와 같이 31장의 10센트(3.10달러) 스탬프(stamp)가 부착된 상태로(올해 초부터 매주 한 장씩 총 31장이 그 동안 이 돈을 소유한 사람들에 의해 해당 날짜 칸에 부착된다) 등장할 것이다. 그해가 경과하면 모두 52장의 10센트 스탬프(5.20달러)가 이 100달러 지폐에 부착되어 있어야만 하는데, 이는 즉 다른 말로 하자면 지폐 소유자 부담으로 매년 5.2퍼센트씩 감가된다는 의미이다.

신이 번 돈을 반드시 상품으로 다시 전환시켜야 한다.

과연 우리는 우리 동료 생산자의 상품에 대해 군림하던 소비자로서의 특권을 폐지함으로써 상품 판매자인 우리를 노예화시킨 족쇄를 기꺼이 부술 수 있을까? 만약 그렇다면 이 강제적 수요라고 하는 전대미문의 혁명적인 제안을 더 검토해보자. 비인격적 강제성을 지니고 상품 교환 과정에 제공될 새로운 형태의 화폐에 대해 알아보자.

4파운드 자유화폐

1페니	1페니	1페니	1페니	1페니	1페니	1페니	1페니	9월 1일	10월 5일	11월 3일	12월 1일
1페니	1페니	1페니	1페니	1페니	1페니	1페니	8월 11일	9월 8일	10월 13일	11월 10일	12월 8일
1페니	1페니	1페니	1페니	1페니	1페니	1페니	8월 18일	9월 15일	10월 20일	11월 17일	12월 15일
1페니	1페니	1페니	1페니	1페니	1페니	1페니	8월 25일	9월 22일	10월 27일	11월 24일	12월 22일
	1페니			1페니				9월 29일			12월 29일

1960년 1월 1일 런던, 영국통화국

그림 5. 자유화폐, 영국 통화

영국 통화인 이 자유화폐는 1실링,[5] 5실링, 10실링, 1파운드, 4파운드, 10파운드, 그리고 20파운드 지폐로 발행된다. 작은 우표처럼 절취선이 있으며 각 미국돈 0.5다임,[6] 1다임, 2.5다임 그리고 5다임의 가치를 갖고 있는 스탬프도 발행되는데 이것을 매주 지폐에 부착하여 액면 가치(위 그림에서는 4파운드)를 유지한다. 예를 들어 위 그림 5와 같이 스탬프를 붙일 수 있도록 날짜 칸 52개로 구분된 4파운드 지폐에, 화폐 보유자는 매주 1페니(penny)짜리 스탬프를 붙여야 한다. 예시의 지폐는 8월 4~11일 사이에 나타날 모습으로 여러 보유자들이 연초부터 매주 한 장씩 31장의 1페니짜리 스탬프(즉 31펜스)를 붙였음을 보여준다. 1년 동안 52펜스(1페니짜리 52장) 스탬프들(약 4실링 또는 4다임 가치에 해당)이 이 4파운드 영국지폐에 부착되어야 하는데 다시 말하면 보유자 부담으로 매년 5.2퍼센트씩 감가된다는 의미이다.

자유화폐에 대한 설명

1. 자유화폐는 물가를 안정시키는 화폐로서 일반물가를 안정시키기 위

---

5 실링(shilling)은 영국과 오스트리아에서 쓰이던 옛 화폐단위로 1/20파운드 또는 12펜스(pence, 페니의 복수형)에 해당한다.
6 다임(dime)은 미국 동전으로 10센트에 해당된다.

해 물가지수에 따라 발행되거나 회수되는 법정지폐이다.

2. 자유화폐는 십진제 통화,[●] 즉 1, 5, 10, 20, 50 그리고 100달러(또는 프랑, 마르크) 지폐로 발행된다. 통화당국은 우체국을 통해 1, 2, 5, 10, 20, 50센트짜리 통화스탬프도 판매한다.

3. 자유화폐는 매주 액면의 0.1퍼센트, 즉 연간 5.2퍼센트를 화폐 소유자 비용으로 감가된다. 화폐 소유자는 앞에서 설명한 통화스탬프를 부착하여 지폐 액면을 유지해야 한다. 화폐를 보유한 사람들은 누구나, 연초부터 매주 스탬프 한 장씩을 지폐 위에 표시된 해당일자의 빈칸에 붙인다. 예를 들어 앞의 그림 4에서처럼 100달러 지폐에 매주 수요일마다 10센트 스탬프가 부착되어, 8월 4~11일 사이에는 31장의 10센트 스탬프(3.10달러)가 붙은 상태로 시중에 나타난다. 한 해가 지나면 100달러 지폐에는 52장의 10센트 스탬프가 부착되어야 한다. 즉 다시 말하면 보유자 부담으로 매년 5.2퍼센트씩 감가되는 것이다.

4. 1달러 미만의 잔돈(1, 2, 5, 10, 20, 50센트)을 거슬러주기 위해 통화스탬프 자체를 사용할 수도 있다. 공공기관에서 수취할 때 스탬프를 재발행하지 않고 새 스탬프로 바꿔준다. 통화스탬프는 한 장씩 뜯어 쓸 수 있도록 중간에 절취선이 있고, 각 장의 총 액수가 1달러인 종이우표세트 형태로 판매된다.

5. 연말이 되면 스탬프가 다 붙은 지폐는 새 지폐로 교환되어 다음 해에 유통된다.

6. 사람들은 모두 스탬프 비용을 피하려고 물건을 곧바로 구매하거나 빚을 갚거나 노동자를 고용하거나 은행에 예금하거나 해서 그 돈을

[●] 자유화폐, 영국 통화, 그림 4를 참조.

다른 사람에게 넘기려 애쓸 것이다. 그 돈을 받은 은행은 필요하다면 대출이자를 내려서라도 돈을 받은 즉시 그 돈을 빌릴 사람을 찾아나설 것이다. 이런 식으로 화폐 유통은 압력에 처하게 된다.

7. 자유화폐의 목적은 화폐가 누리고 있던 특권을 없애는 것이다. 이 불공평한 특권은 순전히 전통적 형태의 화폐가 모든 일반상품에 비해서 막대한 장점, 즉 불멸한다는 장점을 갖기 때문이다. 종래의 화폐는 감가되지 않는다는 특권을 가지고 있다는 것이다. 우리의 노동생산물에는 상당한 보관유지비용이 필요하며, 설사 그 비용을 들이더라도 상품의 점진적 소멸을 늦출 수는 있을지언정 없앨 순 없다. 화폐 소유자는 바로 그 화폐의 소재(귀금속이나 종이)가 가진 성질에 의해 그러한 손실을 면하고 있다. 그래서 상거래에서 상품 소유자는 늘 서두르는 반면 자본가(화폐 소유자)는 기다릴 여유가 있다. 가격협상이 결렬되면 손해를 결국 보는 것은 언제든지 상품 소유자, 그리고 최종적으로는 (넓은 의미에서의) 노동자이다. 상품 소유자(노동자)를 압박하여 그들의 노동생산물을 제값 이하로 후려칠 수 있기 때문에 자본가는 늘 이 상황을 이용한다.

8. 국가통화국은 자유화폐를 태환해주지 않는다.[7] 화폐는 늘 필요하고 사용될 것인데 왜 태환해주어야 하겠나? 하지만 국가통화국은 평균물가를 안정시키기 위해 시장상황에 맞추어 화폐를 발행할 의무가 있다. 물가는 기존 재화수량에 맞춰 공급된 화폐의 수량에 의해 결정되므로 국가통화국은 물가가 떨어질 때 더 많은 돈을 풀고, 물가가 오를 때 돈을 회수함으로써 물가를 관리한다. 자유화폐란 국가통화국이 발

---

7 금 등으로 태환해주지 않는다는 뜻.

행한 모든 화폐가 상품교환에 즉시 활용되도록 확실하게 만드는 것이 그 본질이다. 새로운 국가통화국은 지금의 화폐관리국처럼 무기력하지 않을 것이다. 지금의 화폐관리국은 나태한 운명론에 입각하여 소위 금의 신비한 '내재가치'에 의해 국가통화가 안정될 것이라 기대하고 있는데 이건 결국 사기꾼, 투기자, 고리대금업자에게만 엄청나게 유리한 것이다. 새로운 국가통화국은 고정된 일반물가 수준을 구현하기 위해 단호하게 개입함으로써 무역과 산업의 건전성을 보호할 것이다.

9. 국제무역의 중요성으로 인해 환율을 안정화시키기 위한 국가 간 협약을 체결하는 것이 바람직하다. 협약이 없으면 통화 당국은 통화 발행량을 통제할 때 국내물가의 안정을 택할지 국제환율의 안정을 택할지 양자택일을 강요받게 된다. 국제환율을 안정시킨다는 것은 타국 물가 수준에 맞춘다는 것을 의미하기 때문에 당연히 둘 다 할 순 없다. 그리고 이 물가 수준은, 금속본위제를 도입한 국가에서는, 끊임없이 변동한다.

10. 금속통화를 자유화폐로 교환하는 것은 완전한 자유의사에 맡겨진다. 금을 고집하는 사람은 그것을 수중에 두어도 좋지만, 은처럼 금의 자유로운 통화주조권이 사라지며, 금동전은 법정통화로서 특성을 상실한다. 정해진 교환기한 이후에 금동전은 법원이나 다른 공공기관에서 받아주지 않을 것이다.

11. 해외로 수출 선적하는 상인이 판매용으로 제공하는 환어음은 종전과 같이 해외지급용으로 사용할 수 있다. 소액의 경우 현재 관례처럼 우편환을 사용할 수 있다.

12. 수출을 위해 국내 생산물을 사고자 하는데 수중에 금만 가지고 있어 수입어음을 구하지 못할 경우 국가통화국에 금을 팔 수 있다. 반

대로 외국제품의 수입을 위해서 금이 필요한데 제공된 수출어음이 없다면[8] 국가통화국에서 금을 살 수 있다. 금의 가격에 대해서는 앞의 9에서 결정하는 데 달려 있다.

13. 통화스탬프 판매로 유통 중인 지폐 가액의 5퍼센트에 해당되는 금액, 즉 1914년 이전 독일이라면 2~3억 마르크 정도 되는 금액이 국가통화국의 고정적인 연간수입으로 창출될 것이다.

14. 통화당국의 이 수입은 화폐개혁에 따른 우연한 부산물로 그리 큰 금액은 아니다. 이 수입은 법에 따라 처분될 것이다.*

---

8 해외수출국가가 자유화폐를 받지 않으므로 수출어음을 발행하지 않아 금으로만 결제해야 하는 경우.

* 자유화폐를 운용하는 다른 방법들에 대해서는 제3부 13장을 참조.

2.
국가는 자유화폐를
어떻게 유통시키나

자유화폐개혁으로 발권은행은 지폐 발행이라고 하는 특권을 빼앗기고, 그 자리를 매일매일의 화폐 수요를 충족시키는 것을 사명으로 하는 국가통화국이 대신한다.

국가통화국은 어떤 종류의 은행업무도 하지 않는다. 수표 매매는 하지 않고 기업을 1등급, 2등급, 3등급 등으로 분류도 하지 않는다. 개인과의 관계도 결코 갖지 않는다. 국내에서 화폐가 부족할 때 국가통화국은 화폐를 발행하고 화폐가 남아돌 때 회수한다. 그것뿐이다.

자유화폐를 유통시키기 위해서 국가의 모든 재무부서들의 요청이 있을 때 구 금속화폐나 지폐를 자유화폐와 교환해주도록 지침이 내려진다. 구 화폐 1달러(프랑, 실링)는 자유화폐 1달러(프랑 또는 실링)로 교환된다.

이 교환을 원하지 않는 사람은 그의 금화를 수중에 가지고 있을 수 있다. 아무도 교환을 강요받지 않는다. 법적 압력은 없으며 강제력도 사용되지 않는다. 다만 어떤 정해진 기간(1, 2, 3개월)이 지나면 금속화폐는 더 이상 돈이 아니라 단지 금속이 되어버린다는 사실만 공지된다. 그래도 그 시간 이후에도 계속 금속화폐를 갖고 있는 사람은 귀금속으로 중개인에게 팔아 자유화폐와 교환할 수 있으나 가격흥정을 꼭 해야 할 것이다. 정부가 인정하는 유일한 형태의 화폐는 자유화폐뿐이다. 이제 금화는 국가에 목재나 구리, 은이나 밀짚, 종이, 또는 생선기름 등과 같은 상품일 뿐이다. 오늘날 목재나 은이나 짚 등 상품으로 세금을 낼 수 없듯이 교환기한 후에는 금화로 세금을 낼 수 없게 된다.

앞으로는 법정화폐만 존재할 수 있고 이 화폐의 유통을 위해 별도의 노력을 기울일 필요가 없다는 점을 국가는 알고 있다. 화폐는 어차피 필요하고 화폐에 대한 국가통제도 불가피하니 저절로 그런 결과가 도출된다. 임의의 순도나 무게의 동전을 주조하는 사설 조폐국 설립을 결심하는 사람이 있다면 국가는 조용히 지켜보면 된다. 국가에 동전은 존재하지 않으며 있다면 그것은 가짜 동전일 뿐이다. 국가는 국가가 주조한 동전을 포함하여 모든 동전에서 질량과 순도의 보증을 철폐하고 주조기는 최고가로 경매해서 팔아버리면 된다. 금화의 유통중지를 위해서 국가가 하는 것은 그뿐이며 그것으로 충분하다.

자유화폐에 적의를 갖고 자기 상품의 지불수단으로 자유화폐를 거절하는 사람이 나타날 경우 그냥 두면 된다. 그는 자신의 상품에 대해 금화를 요구할 수 있다. 그러나 그는 이 금화 한 개 한 개를 저울에 달아 동전마다 순도를 산이나 시금석으로 측정해야만 할 것이다. 게다가 그는 그 금화를 누가 얼마에 살지 알아보고 어느 정도 놀랄 준비도 해야 할 것이다. 만약 잠시 생각 끝에 이 과정들이 너무 귀찮고 비싸다고 생각되면 그는 여전히 자유화폐 영역으로 들어가 구원받을 수 있다. 그것은 바로 이전에 금본위제에 격노하며 새 금화를 반대했다가 바로 받아들였던 독일 토지 소유자들의 선례를 따르는 것일 뿐이다.

자유화폐와 교환하여 생겨난 금으로 국가는 무엇을 할 것인가? 국가는 이를 녹여 목걸이나 팔찌 또는 시계를 만들어 독일 내 모든 신부에게 결혼식 때 선물하는 것이다. 이 금이라는 보물을 달리 어떻게 쓸 수 있단 말인가?

국가는 금이 필요 없다. 그래서 자유화폐와 교환으로 들어오는 금을 국가가 경매하면 금값이 떨어져서 독일이 과거 무턱대고 은을 팔았을 때처럼 아직 금본위제가 유지되고 있는 나라를 곤혹스럽게 한다. 당시 국가가 회수한 은 탈러를 가지고 결혼 선물을 만들거나 전당포나 고리대금업자의 잡 앞에 금본위제의 선구자들을 기리는 중후한 동상을 건립했더라면 국내외 경제 및 국가재정에도 훨씬 더 나았을 것이다. 국가가 은을 팔아 거둔 수백만 수익은 독일의 경제활동 전체의 관점에서 보면 바다의 물 한 방울이지만 은의 가격을 떨어뜨리는 데 큰 역할을 했다. 그리고 낮은 곡물 가격으로 인해 독일 토지 소유자들이 겪게 된 생활고의 일부 원인은 바로 은 판매였다.[*] 실제로 앞의 제안대로 실행되어 은 탈러로 식기를 만들어 결혼식 답례품으로 훌륭하게 사용했더라면 시민의 납세능력이 늘어나 그 손실을 10배나 보상받을 수 있었을 것이다.

●　라블레, 『화폐와 복본위제(La Monnaie et le Bimétallisme)』.

3.
자유화폐는 어떻게 관리되나

자유화폐가 유통되고 금속화폐가 더 이상 사용되지 않는다는 사실이 누가 보기에도 분명해지면 국가통화국이 해야 할 유일한 일은 화폐와 상품의 교환비율(일반적 물가)을 살피고 화폐의 유통량 증감을 통해 화폐의 시세를 안정시켜 일반물가를 안정시키는 일이다. 국가통화국은 제3부에서 검토한 모든 상품의 평균가격 계산을 위한 통계를 기준으로 그 일을 할 수 있다. 일반물가 수준의 등락추세를 보여주는 이 계산결과에 따라 통화 유통량은 제한되거나 확장된다. (화폐량을 변경하는 대신 5.2퍼센트의 감가손실률을 올리거나 내리는 것으로 유통속도를 변경할 수 있다. 결과는 동일하지만 앞의 제안된 방법이 더 좋은 방법이다.)

화폐순환을 늘리려면 국가통화국은 새 화폐를 재무부에 지불하고 재무부는 그에 상응하는 감세[9]를 통해 화폐를 지출한다. 예를 들어 세

---

9 세금환급.

입이 10억이고 1억의 새 화폐가 발행되어야 한다면 세금을 10퍼센트 줄여주는 것이다.

화폐 유통량을 줄이는 것은 더 쉽다. 유통되는 화폐의 양은 감가를 통해 매년 5퍼센트 정도 감소하므로 화폐의 양을 줄이기 위해서라면 특별히 아무것도 하지 않아도 된다. 남아도는 화폐는 자동으로 소비된다. [●] 그래도 부족하면 증세하거나 자유화폐를 폐기시켜 잉여를 흡수하는 통화량 감소 방법도 있다. 통화량 조절은 국가통화국에 의한 정부증권의 매매를 통해서도 이루어질 수 있다.

그러므로 국가통화국은 자유화폐를 통해 교환수단의 공급에 대해 완전한 통제권을 가지고, 화폐의 제조와 공급을 절대적으로 통제한다.

국가통화국은 독일중앙은행과 같은 수백 명의 직원을 가진 거대한 건물이 필요 없다. 국가통화국은 어떤 종류의 은행업무도 하지 않는다. 창구나 금고도 필요 없다. 화폐는 국영인쇄소에서 인쇄된다. 발행과 교환은 재무부서에서 이루어진다. 물가 측정은 통계국에서 이뤄진다. 화폐를 인쇄소에서 재무부서로 운반하는 사람, 통화조절을 목적으로 국세청으로부터 회수된 화폐를 태우는 사람이 한 사람 있으면 될 뿐이다. 인쇄기 한 대와 난로 한 대가 설비의 전부이다. 단순하고 싸고 효율적이지 않는가!

그리고 이 단순한 설비는 금을 캐는 광부의 중노동이나 조폐국의 정교한 기계, 은행들의 운전자본 그리고 발권은행의 지루한 일 모두를 대체하며 게다가 그 유통에 1페니의 과부족도 없다. 오늘, 내일, 아니 영

● 게젤의 1891년에 출판된 원래 계획을 참조하라. 자유화폐 운용원칙에 있어 소유자 부담으로 스탬프를 부착하는 대신 지폐 액면을 연초 100에서 연말 95로 감소시키자고 주장한다. (제3부 13장 참조)

원히, 맑은 날이나 흐린 날이나 모두 말이다. 그리고 이것은 단순히 기존 국가기관의 대체만을 의미하지 않는다. 이것은 세계의 모범이 되는 통화제도를 영구하게 수립해가는 일이다.

4.
자유화폐가
순환하는 법칙

자유화폐를 더 자세히 살펴보자. 그 소유자는 그것으로 무엇을 시작할 수 있을까? 1월 1일부터 이 돈은 시장과 상점, 각종 수납처, 공공 재무부서 그리고 법정에서도 100달러로 통용되다가 12월 31일이 되면 95달러로 줄어든다. 말하자면 이 지폐의 소유자가 연말에 이 지폐를 100달러로 환어음, 청구서나 일람불 약속어음을 위해 결제하려고 하면 이 지폐 위에 5달러를 더 추가해야 한다.

무슨 일이 벌어진 것일까? 다른 모든 상품에서 일어나는 것과 같은 일이 일어났을 뿐이다. 실물 달걀이 부패로 인해 경제적 개념의 '달걀'로부터 꾸준히 급속도로 멀어져 완전히 달라지듯이, 개별 달러 지폐도 추상적 명목화폐에서 항상 멀어져간다. 통화단위로서의 달러는 불변하고 지속적이며, 모든 가격 계산의 기반이다. 통화의 징표token로서의 달러는 단지 공통의 출발점일 뿐이다. 자, 이제 우리 주변에서 일어난 것과 똑같은 일이 일어난다. 종種이나 개념은 변하지 않지만 종의 구현체인 개체적 존재는 죽게 되고 항상 그 종말을 향해 간다. 통화라는 종에서 개체적 존재인 교환대상을 분리시켜 화폐를 탄생과 부패의 일반법칙에 따르게 하는 일이 벌어지는 것이다.

소멸해가는 돈의 소유자는 달걀의 소유자와 마찬가지로 불필요하게 계속 소유하지 않도록 주의하게 된다. 이 새로운 돈의 소유자는 변함없이 돈을 타인에게 넘기려 노력하여 소유에 따르는 손실도 전가시키려고 할 것이다

하지만 이는 어떻게 가능할까? 생산물을 팔 때 그는 이 화폐를 받는다. 이 화폐의 소유로 야기되는 손해를 알고 있더라도 그는 이 화폐를 받아야 한다. 그의 생산물은 처음부터 시장용이다. 그는 생산물을 교환해야 하고 교환은 주어진 조건하에서 화폐라고 하는 매개수단을 통해서만 유효해질 수 있는데 이제 국가에서 발행한 화폐가 유일하다. 따라서 그가 자신의 생산물을 팔아치워 노동의 목적을 달성하고 싶다면 이 얄궂은 자유화폐를 상품과의 거래로 받아들여야 한다. 다른 상품에 대한 직접적인 수요가 생길 때까지 판매를 연기할 수 있을지 모르지만 그 사이에 그의 생산물의 질은 떨어지고 가격도 하락하고 만다. 화폐를 소유함에 따른 손실 이상으로 그의 상품량도 줄고 질도 떨어져 보관 및 관리 비용 등으로 더 큰 손실을 입을 수도 있다. 그가 이 새로운 돈을 받을 수밖에 없는 그 강제력은 생산물 자신의 성질에 기인한다. 이제 그는 돈을 소유하고 있는데 이 돈은 가지고만 있어도 점점 가치를 잃어간다. 그는 화폐 소유로 인한 손실을 떠안아줄 구매자를 찾을 수 있을까? 똑같은 강제력을 받는 사람만이, 상품을 생산하고 나서 소유로 인한 손실을 걱정하며 가능한 한 빨리 상품을 팔려고 하는 사람만이 이 '나쁜' 새로운 화폐를 받을 것이다.

우리는 여기서 처음으로 주목해야 할 사실이 있다. 판매자가 자기 상품을 구매자에게 넘기려는 직접적인 압력을 늘 받고 있듯이 구매자도 자기가 소유한 화폐를 다른 상품의 소유자에게 서둘러 넘기려는 압력을 받는다. 따라서 소비자는 가격흥정 시 화폐가 (금처럼) 불멸함을 내세우며 판매자가 내 조건에 응하지 않을 경우 협상을 중단하겠다고 위협할 수 없다. 판매자와 구매자 둘 다 쓸 무기가 없다. 둘 다 거래를 빨리 타결해야 하는 공통의 긴급한 필요가 있다. 이와 같은 상황에서 명백하게 거래조건은 공정해지며 거래는 촉진될 것이다.

지금까지 이야기한 지폐가 예금주나 기업가 혹은 은행가의 손에 있는 경우를 생각해보자. 그들은 무엇을 할까? 마찬가지로 그들의 손에서도 화폐의 가치는 계속 줄어든다. 그들은 이전에 가지고 있던 금화를 자유화폐와 교환했다. 법에 의해 강제로 교환을 한 것이 아니었다. 그들은 금을 갖고 있을 수도 있었으나 국가가 특정일 이후에는 자유화폐의 금 태환을 중지할 것이라고 선언했으니 그 이후에 금을 갖고 그들이 할 수 있는 일이 무엇이 있겠는가? 아마 금 장신구를 만들어 갖고 있을 수도 있겠지만 누가 그 장신구를 살 것이며 얼마에 살 것인가? 그리고 어떤 지불수단으로 금 장신구를 살까? 자유화폐밖에 없지 않은가!

그래서 그들은 교환조건을 놓치지 않는 게 바람직하다는 것을 알았다. 이제 그들은 새로운 화폐를 그들의 자산으로 고려하고 있다. 화폐 기능을 잃은 금은 아무 소용이 없어 그들은 금을 자유화폐로 교환하는 데 동의할 수밖에 없다. 이번에는 새 돈을 소유하면 손실이 불가피해지니, 그 손실을 다른 사람에게 가급적 빨리 전가하려면 돈을 수중에서 없애야 한다.

그러나 저축자와 자본가들은 재화에 대한 개인적 수요가 없으므로,

상품을 사고 싶지만 지금 돈이 수중에 없는 사람에게 빌려주려고 한다. 그들은 이전 금본위제 시대와 같이 돈으로 대출을 한다. 하지만 이전과 다른 점이 있다. 예전에는 자신이 마음에 드는 조건으로 돈을 빌려줄 수 있었지만 이제는 대출조건이 어떻든 돈을 빌려줘야 한다. 그들은 강제력하에서 행위를 하는 것이다. 그들의 자산(상품)이 지닌 성질 때문에 자유화폐 수령을 강요받듯이, 화폐의 성질 때문에 돈을 다시 대출하도록 강요받는다. 제공되는 이자가 마음에 들지 않으면 그들은 금을 되살 수도 있고, 와인처럼 품질이 좋아져 가격이 오르는 상품을 살 수도 있고, 채권이나 정부증권을 살 수 있고, 노동력을 고용하여 집을 지을 수도 있고, 장사를 하는 등 돈으로 할 수 있는 일이라면 뭐든지 좋아하는 일이라면 할 수 있지만 딱 한가지만 안 된다. 돈을 넘겨줄 때 조건을 부과하는 것만은 더 이상 할 수 없다.

채무자가 제시하는 이자가 마음에 들든 아니든, 주택 건축에서 약속되는 수익에 만족하든 아니든, 주식시황이 좋든 나쁘든, 창고에 넣어두려는 와인이나 귀금속의 가격이 같은 발상을 한 많은 구매자 때문에 오르든 말든, 잘 숙성된 와인의 판매가격이 저장 및 관리 비용보다 크든 작든 상관없이 그들은 돈을 처분해야 한다. 그리고 그것도 즉시. 내일이 아니라 오늘 말이다. 오래 생각할수록 손실은 더 커진다. 하지만 돈을 빌려줄 상대가 발견된 경우, 돈을 빌리는 사람의 목적은 다름이 아니라 상품이나 사업 등에 곧바로 투자하는 것이다. 돈을 빌려 장롱에 가만히 넣어두고 가치가 줄어드는 걸 보고 있을 사람은 아무도 없을 것이다. 그도 돈을 돌림으로써 화폐의 소유에 따른 손실을 남에게 전가하려 할 것이다.

돈이 투자되면 늘 바로 수요가 생긴다. 직접 구매자로서 혹은 간접적으로 대출자로서, 화폐의 소유자는 자기가 소유한 화폐의 양과 정확하게 비례하는 만큼 항상 상품에 대한 수요를 창출하게 될 것이다.

그 결과 수요는 화폐의 소유자의 의지와 관계없이 나타난다. 이윤을 얻으려는 어떤 욕심도 수요와 공급을 통한 가격결정에 아무 영향을 끼치지 못한다. 수요는 사업전망과 물가의 등락 기대, 정치적 사건이나 수확전망, 국가지도자의 능력과 경제혼란에 대한 불안과 무관하게 일어난다.

화폐의 공급은 감자, 건초, 석회, 석탄처럼 무게를 잴 수도 있고 측정될 수도 있을 것이다. 생명력이나 자유의지 같은 것은 없지만. 화폐는 당분간 타고난 자연스러운 힘으로 가능한 순환속도의 끝까지 점진적으로 나아갈 것이며, 모든 상황에서 이 한계를 뛰어넘으려고 할 것이다. 달이 이 지상에서 무슨 일이 일어나든 영향을 받지 않고 차분하게 궤도를 도는 것처럼, 자유화폐도 그 소유자의 바람과는 상관없이 시장을 헤치며 나아갈 것이다. 모든 상황에서 날씨가 좋든 나쁘든, 수요는 정확히 다음과 같을 것이다.

1. 국가가 유통시키고 관리하는 화폐량 곱하기
2. 현재 상업조직으로 가능한 최대한의 화폐 유통속도

경제생활에 미치는 영향은 무엇일까? 그것은 이제 우리가 시장의 변동을 제어한다는 것이며 국가통화국이 화폐의 발행이나 회수를 통해 수요를 시장의 요구에 맞출 수 있다는 것이다. 수요는 더 이상 화폐 소유자, 중산층의 불안, 투기자의 도박, 주식시장 분위기에 의해 통제되지 않는다. 통화량은 국가통화국에 의해 완전히 결정된다. 국가가 우표를 제조하거나 노동자가 공급을 창출하는 것처럼 국가통화국은 수요를 창출한다.

물가가 내려가면 국가통화국은 화폐를 제조해 이 화폐를 유통시킨다. 이 화폐가 바로 수요, 즉 구체화된 수요이다. 그리고 물가가 오르면 국가통화국은 화폐를 폐기하며 실제 폐기되는 것은 수요다.

이로써 국가통화국은 시장 분위기를 조절할 수 있다. 이는 우리가 드디어 경제위기와 실업을 극복했음을 의미한다. 우리의 의사가 없으면 물가는 오르지도 내리지도 않는다. 물가의 상승이나 하락은 국가통화국의 의지에 따른 것이며 국가통화국은 거기에 책임을 진다.

돈 주인의 변덕에 좌우되는 수요는 반드시 물가변동과 판매정체, 실업과 사기를 유발하게 되어 있다. 자유화폐하에서 물가는 화폐의 목적에 맞게 경기변동을 막을 능력이 있는 국가통화국의 의지로 통제된다.

새 화폐를 접하는 사람은 돈을 쌓아두는 오랜 관행을 버려야 한다. 쌓아둔 돈은 늘 가치가 사라져가니까. 이 새 화폐는 이렇게 쌓아둔 돈을 모두 녹여버린다. 꼼꼼한 가정주부의 돈이든, 상인의 돈이든, 먹잇감을 노리며 매복해 있는 고리대금업자의 돈이든 상관없이 말이다.

그리고 이 변화는 경제에 어떤 의미가 더 있는 것일까? 그것은 앞으로 사람들이 교환매개물인 화폐를 시장의 즉각적 수요를 위해 필요한 양보다 많이 갖고 있지 않을 거라는 점이다. 그렇게 양이 조절되면 화폐가 너무 많거나 적어서 생기는 가격변동은 사라질 것이다. 누구도 더 이상 화폐관리에 대해 국가통화국에 도전할 수 없다는 이야기다. 국가통화국이 통화량을 제한하려 할 때 더 이상 개인들이 저축으로 쌓아둔 돈을 시장으로 흘려보낸다든지, 반대로 국가통화국이 금융시장에 충분한 화폐를 공급하려 할 때 돈이 흘러가서 개인에게 쌓이지도 못한다. 그러므로 통화정책의 목적을 달성하기 위해 국가통화국은 소액의 통화를 회수하거나 발행하기만 하면 된다.

새로운 화폐 형태가 도입되면 화폐의 규칙적인 순환으로 화폐량이 남아돌 것이므로 누구도 돈을 쌓아둘 필요가 없다. 과거 화폐의 저장고는 물탱크여서 그저 돈을 모아놓은 것에 불과했다면, 이제 화폐의 규칙적인 순환으로 우리는 영원히 솟아나는 돈의 샘을 갖게 될 것이다.

자유화폐에서는 수요가 화폐와 분리되지 않으며 수요가 화폐 소유자의 의사를 나타내는 것도 아니다. 자유화폐는 수요를 위한 도구가 아니라 그 자체가 수요, 그것도 구체적인 형태의 수요가 되어 늘 물질로서 남아 있는 공급과 보조를 맞춘다. 증시 분위기, 투기, 공포와 시장붕괴 등은 앞으로 수요에 영향을 주지 않는다. '발행된 화폐의 양 곱하기 현재 상업조직으로 가능한 최대한의 화폐 유통속도'는 모든 상황에서 수요의 최대치와 최소치를 제한한다.

모든 시대에 걸쳐 저주였던 화폐는 자유화폐의 도입으로 사라지진 않을 것이나 경제생활에서 실제 수요와 조화를 이룰 것이다. 자유화폐는 우리를 고리대금업자처럼 보이게 하는 근본적인 경제법칙[10]은 그대로 내버려둘 것이다. 대신 고리대금업자로 하여금 악을 좇지만 결과적으로 선을 이루도록 만들 것이다. 이자를 없앰으로써 자유화폐는 왕자라든가 이자생활자, 프롤레타리아 등 현재와 같은 추악한 혼합물을 말끔히 씻어내고 그 대신에 자랑스럽고 자유로우며 독립적인 인류가 성장할 수 있도록 할 것이다.

---

10 이기심에 의해 움직이는 경제활동을 뜻한다.

5.
자유화폐를
어떻게 평가할까

A. 소매업자

자유화폐가 나오면서 내 장사는 눈에 띄게 변했다. 첫째, 고객들이 물건대금을 모두 현금으로 지불한다. 가능한 한 빨리 지불하는 게 고객 자신에게 직접적인 이득이고, 자기도 현금으로 지불받기 때문이다. 둘째, 상품의 소량판매가 멈추면서, 더 이상 페니 단위로 상품을 판매하지 않는다. 고객들은 그전에는 돈을 넘겨줘야 할 압박이 없었기 때문에 자기 돈과 헤어지는 걸 꺼려했었다. 그 돈으로 이자를 받을 수 있으니 통장에 넣어두었고, 돈이 상품보다 보관하기가 더 쉬웠다. 그리고 무엇보다 아무도 자기가 받을 돈을 언제 받을지 확신하지 못했기 때문이다. 화폐순환은 불규칙하고, 대금지불도 매우 불확실해서 고정수입이 있는 사람들 말고는 누구든 돈이 생기면 돈을 쌓아두어야 했다. 그러기 위해 사람들은 물건을 살 때 가능한 외상으로 사고, 당장 쓸 필수품만 구매했다. 1킬로그램을 사기보다는 1그램을 사고, 자루로 사기보다는 낱개로 사는 걸 좋아했다. 물건을 여분으로 사두거나 새 집을 설계할 때 저장실을 마련하는 일은 없었다. 오직 가능한 저축은 돈 저축뿐이었다. 그래서 현대식 주택에 여러 용도의 방들, 즉 암실이나 카펫 방, 드레스룸 등은 있어도 물건 저장실은 없었다.

지금은 이 모든 것이 변했다. 새 화폐가 지속적으로 화폐 소유자에게 채무자의 의무를 상기시키고, 그들은 화폐를 받자마자 즉시 지불하려는 열망을 갖는다. 화폐는 이제 강제로 순환하게 되었고, 그래서 화폐순환은 안정적이고 방해받지 않는다. 화폐가 더 이상 소문에 사로잡혀 휘둘리는 일이 없어졌다. 화폐가 규칙적으로 순환하니 재화의 판매도 규칙적이고, 화폐의 가치 손실이 두려워 모두가 물건 구입대금의 지불을 서두르게 되니 내 현금통으로 들어오는 화폐의 흐름도 규칙적이다. 우리 소매업자들은 규칙적인 화폐 유입에 의존할 수 있으니 더 이상 미래를 위해 돈을 쌓아둘 필요는 없다. 자유화폐가 감가상각이 되기 때문에 저축할 수 없다는 것과는 사뭇 다른 이야기다. 사람들은 돈을 쌓아두는 대신 이제는 상품을 쌓아둔다. 그들은 현금보다 상품을 가지고 싶어하고, 같은 이유로 외상구매보다 현금구매를 선호한다. 이제는 상품구입도 소량이 아니라 원래 박스포장된 그대로 묶음구매를 한다. 한 되를 사기보다는 한 말(斗)을 사고, 1미터를 사기보다는 한 롤을 사고, 1킬로그램이 아니라 한 박스를 구입한다.

이 때문에 우리 소매업자들이 새로운 환경에서 흥청망청 놀며 지낸다고 오해할 수 있다. 하지만 불행히도 그러지 못한다. 나는 다행히 상황변화를 자세히 관찰하면서 새 환경에 내 사업방식을 적응시킬 수 있었다. 나는 예전 소매가격 대신 도매가격을 적용했고, 이런 방식으로 내 고객 수를 유지하려 애썼을 뿐 아니라 꽤 늘리기도 했다. 하지만 다른 소매업자들은 나처럼 예측하지 못하고 가게 문을 닫아야 했다. 이전에 가게가 열 군데가 있었다면 지금은 단 한 개만 남아 있고, 그 가게의 회전율은 10배 늘었음에도 불구하고, 영업직원은 오히려 더 줄었다. 내 가게 임대료는 많은 가게가 문을 닫은 탓에 이미 90퍼센트가 하락했다. 가게 자리는 철거되어 주택용 대지로 바뀌어가고 있다. 그러나 최저의 임대료와 10배로 증가한 판매량에도 불구하고 내 이윤이 그만큼 비례적으로 증가한 것은 아니다. 왜냐하면 다른 소매업자들도 유통의 전반적인 간소화 때문에 이윤이 줄었기 때문이다. 따라서 나도 지금은 평균 25퍼센트 마진 대신 1퍼센트의 수수료에 만족한다. 그리고 상품매출이 10배 증가했음에도 내 물류창고 규모가 커지진 않았다. 고객들이 철도역에서 직접 규칙적으로 배달받는 방식에 동의해주었기 때문이다. 소매업이 단순 위탁판매업으로 발전한 것이다.

가게 문을 닫은 동료 소매상들이 가엾게 된 것은 사실이다. 특히 다른 거래를 익히지 못한 나이 든 동료들이 그렇다. 그들의 곤경이 자유화폐의 도입, 즉 국가의 개입 때문에 생겨난 것이므로, 그들은 정당하게 국가연금으로 보상받아 마땅하다. 그리고 국가는 이들에 대한 보상을 잘 해줄 수 있는 능력이 생겼다. 왜냐하면 중간상인들이 사라지면서 모든 상품가격이 덩달아 내리고 그만큼 국민들의 소득도 늘어 납세능력이 크게 증가했기 때문이다. 그 이전에 국가는 밀 관세를 도입하여 임대료 하락을 막아 토지 소유자를 보호했던 적이 있기 때문에, 현재의 경우에도 이 보상은 충분히 정당화될 것이다.

자유화폐 덕분에 소매업이 엄청나게 단순화되고 있다는 점을 인정해야 한다. 그와 같은 무언가가 일어날 수밖에 없다. 이제 유통과정에서 큰 비용이 발생하는 소규모 소매나 너무 빈번한 외상판매 같은 거래 방식이 지속되는 것은 불가능해졌다. 노동자들이 5퍼센트의 임금인상 투쟁에 사활을 걸 때 일용생필품을 매입가에 25퍼센트 에누리를 덧붙여 판다는 것은 참을 수 없는 노릇이었다.

1900년에 인구 300만 명 스위스는 26,837명의 무역상을 고용했다. 이들이 상업면허를 얻기 위해 지불한 금액은 총 32만 프랑이었다. 그들의 하루 지출을 1인당 5프랑으로 계산해도 이들 무역상들 탓에 스위스는 연간 48,977,525프랑을 부담했다.

독일에는 4만5천 명의 무역상들이 끊임없이 활동 중이다. (스위스에서 이 무역업은 대개 부업으로 행해진다. 그 때문에 비교적 많은 수의 무역상이 있고, 내 추정으로 적어도 하루에 5프랑을 비용으로 쓴다.) 이들 4만5천 명의 무역상들로 인해 하루에 (임금과 여행경비, 호텔숙박비 등으로) 14마르크의 경비가 든다고 계산된 적이 있는데, 이 금액이 과장된 것은 분명 아니다. 하루에 60만 마르크, 연간 2억1,800만 마르크에 이른다. 여기에 다른 여행경비가 더해져야 한다. 모든 여행의 3분의 2는 사업목적의 출장이고, 현존 호텔의 3분의 2는 오로지 무역상을 위한 것이라고 할 수 있다.

자유화폐의 도입으로 구매자는 더 고분고분해질 것으로 예상했는데, 실제 그들의 행동은 이미 합리적으로 변하고 있다. 지난주 토요일 재봉틀을 사러 온 손님이 내게 한 시간 동안이나 홍정을 하고서도 좀처럼 결심을 하지 못했는지 멀쩡한 재봉틀에 있지도 않은 결함을 찾으려 했다. 결국 내가 그에게 곧 주말이고, 이제 통화스탬프를 붙여야[11] 할

---

11 화폐의 액면을 유지하려면 매주말 통화스탬프를 한 장 사서 붙여야 한다는 뜻.

거라는 걸 알려 주고서야 그는 결심을 했다. 그 말은 마법처럼 작용하여 손님의 요새 같던 우유부단함을 허물어뜨렸다. 그는 시계를 한번 보고 돈을 세었다. 더 이상 미적거리면 1페니를 잃는다는 것을 계산한 것이다. 그는 의심이 풀리자마자, 돈을 지불하고 행복하게 떠났다. 나는 1페니를 손해 보긴 했지만, 대신 1천 배의 시간을 얻었다.

다음에는 어느 돈 많은 고객이 찾아와 몇몇 상품을 구입하고는 자기가 지갑을 놓고 왔으니 내게 자기 장부에 대금을 외상으로 달아놓으라고 부탁했다. 내가 오늘이 주말이니 돈을 가져와서 돈이 감가상각되는 걸 피하는 게 이득이 될 거라고 귀띔해주었다. 그러자 그는 내게 충고해줘 고맙다면서 집에 다녀왔고, 나는 몇 분 만에 그 돈을 받았다. 덕분에 그 상품을 공급해준 제조업자에게 바로 대금을 지불할 수 있었다. 이런 경우 현금 지불지연은 고객 입장에서는 단순한 게으름에 불과할지도 모르지만 이 때문에 나는 그 제조업자에게 대금을 지불하지 못했을 수 있다. 자유화폐는 얼마나 많은 수고와 위험, 근심을 구제해주는지! 이제 나는 경리직원을 열 명에서 한 명으로 줄여도 된다. 화폐개혁이 마치 우연처럼 현금 지불이라는 골치 아픈 문제를 해결해준 것은 놀랍다. 구매자가 현금 지불을 꺼리는 것은 돈이 없어서가 아니라 자기 이익 때문이다. 현금 지불이 이득이 되자마자, 현금 지불이 일반적인 것이 되었다. 잘 알다시피 종전에 상인은 가난한 사람보다 부자들한테 외상거래를 당하는 경우가 더 많았다. 채무자[12]는 외상으로 지불을 미루면서 그 기간 동안 이자를 챙겼다.

나는 화폐의 감가 자체에 대해 아무런 불만이 없다. 상인의 한 사람

---

12 구매자.

으로서 나는 개인적으로 화폐 감가율을 5퍼센트에서 10퍼센트로 올리는 걸 환영한다. 그러면 구매자들이 훨씬 더 고분고분해지고 외상장부는 완전히 사라지고, 마지막 경리 한 명마저 내보내도 될 테니까. 이제 나는 안다. 돈이 멸시당할수록 상품과 그 제조업자는 더 대우받고, 거래는 더 단순해진다. 일하는 사람들은 돈이 그들 자신이나 자기가 만든 제품보다 푸대접 받는 곳에서만 존경을 받을 수 있다. 이 바람직한 결과가 현재수준의 화폐 감가율로는 별로 안 생길지 몰라도, 10퍼센트의 감가율이 되면 확실히 실현될 것이다. 그리고 어쩌면 그 감가율은 일하는 사람들을 위해서 인상될 수도 있다.

그런데 내가 평균 1천 달러 현금잔고를 가지고 있을 때 10퍼센트는 어느 정도일까? 무려 연간 100달러나 된다! 그러나 이건 다른 지출에 비하면 별게 아닐 수도 있다. 더구나 나는 내 현금잔고를 훨씬 빨리 없앰으로써, 감가되는 양을 상당부분 줄일 수도 있다. 즉, 현금으로 지불하되 돈을 선급하는 방식으로 말이다.

돈을 선불하다니 언뜻 보면 어리석은 행동처럼 보인다. 하지만 그것은 제품이 만들어진 다음 돈이 그 뒤를 따라가던 이전관행을 뒤집은 것에 불과하다. 이제는 돈이 먼저 가고, 제품이 나중에 따라온다. 선불은 채무자[13]로 하여금 자기가 즉시 처분할 수 있는 것, 즉 제품과 노동을 공급하도록 강제한다. 후불은 채무자가 돈, 즉 단지 간접적으로만 무언가를 얻을 수 있는 것을 지불할 의무를 지는 것이다. 따라서 돈이 먼저 가고 제품이 나중에 따라올 때 종전처럼 그 반대의 경우보다 양 당사자에게 더 이익이고, 더 안전하다.

13 제조업자.

제조업자에게 돈을 선급해주는 것은 그를 만족시키고 사업운영자금을 원활하게 조달할 수 있는 최선의 방안이다. 만약 제조업자가 자기 제품을 외상으로 팔 필요가 없어지면 그들은 신뢰를 가지고 성공적으로 경쟁할 수 있을 것이다.

B. 현금출납 담당 은행원

자유화폐가 도입되자 우리 현금출납을 담당하는 직원은 세간의 동정을 받았다. 사람들은 우리가 업무량과 걱정에 시달릴 것이고, 계좌에는 항상 돈이 부족할 거라고 예측했다. 하지만 실제 무슨 일이 일어났는가? 우선 업무량이 별로 없어서 우리 근무시간은 감소했다. 종전에는 열 시간 일했는데, 지금은 여섯 시간만 일한다. 그리고 직원 수도 점차 줄었다. 나이 든 직원은 연금으로 생활하고, 젊은 직원들은 해고되었다. 그러나 그것으로는 충분치 않았다. 대부분의 은행 점포들이 지금은 문을 닫았다.

실제로 이러한 상황전개는 예견된 일이었다. 하지만 은행들은 자기들이 꼭 필요한 존재라 믿어 의심치 않았다. 은행원의 주 소득원이던 어음이나 수표는 거의 사라졌다. 국가통화국의 보고서들에 따르면 현재 화폐의 유통량은 우리의 이전 발행량의 3분의 1에도 미치지 못한다. 그것은 현재 화폐(자유화폐)의 유통속도가 구화폐보다 3배가 빨라졌기 때문이다. 이전총액의 1퍼센트 정도만 가까스로 은행가의 손을 거칠 뿐이다. 이제 돈은 구매자들, 상인들, 제조업자들의 손을 거치며 시장에서 유통 중이다. 아무런 방해 없이 손에서 손으로 흘러가기 때문에 은행에 쌓여 있을 시간이 없다. 화폐는 더 이상 제조업자가 자기 제품을 어렵사리 팔고 나서 쉬거나, 개인적인 필요를 위해 돈을 쓸 때까지 게으르게 앉아서 기다리는 벤치 같은 게 아니다. 교환과정에서 쉬는 것은 이제 상품 자신이다. 그것은 물론 자기가 만든 상품이 아니라 타인들이 만든 상품이다. 화폐 소유자는 화폐를 갖고 있기 때문에 쫓기고 걱정을 한다. 마치 이전에 자기 제품을 다른 사람에게 넘길 때까지 제품 제조업자가 쫓기고 걱정하던 것과 마찬가지다. '은행bank'과 '은행가banker'라는 말은 어디서 유래한 것일까? 그것은 상품 소유자가 상품을 팔러 여기저기 뛰어다니며 안절부절못하는 동안 화폐 소유자는 느긋하게 쉬던 벤치benches에서 유래한 것이다. 자유화폐 덕분에 이제는 여기저기 뛰어다니며 안절부절못하는 사람은 화폐 소유자이고, 의자에 앉아 있는 사람은 상품 판매자로 바뀌었다.

또 화폐의 유통속도가 매우 빨라졌고, 모두가 서둘러 지불하기 때문에 환어음은 더 이상 필요하지 않고, 모두 현금결제로 대체되었다. 누구도 돈을 쌓아두지 않는다. 규칙적인 화폐순환 덕분에 저축은 불필요한 것이 되었다. 살아 움직이고 영원히 샘솟는 우물이 고여 있는 저수지를 대체해버린 것이다.

종전에는 돈을 쌓아두는 관행 때문에 사람들은 이 시대의 가장 위대한 실수인 '수표'를 사용하는 쪽으로 끌렸다. 현금출납 담당 은행원으로서 나는 수표야말로 최고의 실패작이었다고 주장한다! 화폐를 사용한다는 것은 물건값을 지불하는 것이다. 금은 사람들이 생각할 수 있는 가장 편리한 지불수단이 되어야 했다. 그런데 왜 그렇게 쓰이지 않았을까? 예전에 금이 호언장담했던 것처럼 현금결제가 모든 요건을 충족하고 있음에도 왜 현금결제 대신 수표가 그 자리를 대신했을까? 수표는 현금결제보다 극히 다루기 어려운 수단인데도 말이다. 수표는 여러 가지 형식요건을 준수해야 한다. 수표는 현금화되는 장소가 정해져 있고, 지불의 안전성은 지급인과 은행의 지급능력에 달려 있다. 그런데도 수표는 진보의 상징처럼 여겨졌다! 사람들은 수표가 영국인들이 해온 것처럼 일을 잘 처리하고, 수표로 택시요금까지 지불하길 바랐다. 그렇게 하면 택시기사에 비해 자신이 명예 있고 우월해지기라도 하듯이! 수표라는 것은 최소한 수령자에게는 확실한 현금이다. 왜냐하면 수표는 어떤 상점이나 술집에서도 현금화할 수 있고, 어떤 형식에도 묶이지 않고, 안전성도 문제가 되지 않기 때문이다. 우리는 우리 금화에 자부심을 가지고 있었고, 그래서 우리는 금화를 가지고 있으면 극한의 완벽에 도달한 것으로 확신한 나머지 수표 사용에 담긴 모순을 전혀 깨닫지 못했다. 금화는 일상에서 쓰기에는 너무 아까웠기 때문에 그 대체물을 찾았고, 수표를 만들어냈다. 마치 낡은 코트를 입고 새 우산을 가지고 산책을 나간 사람이 새 우산이 젖을까봐 펼치지 못하고 그의 코트 안에 숨기는 것처럼 말이다. 아무도 현금출납 담당인 우리에게 수표 다발을 내미는 걸 주저하지 않는다. 우리는 수표 다발의 총액을 내기 위해 각각의 금액을 길게 받아적은 다음 이를 다시 더해야 했다. 이런 일은 짜증나는 일인 데 비해, 돈 세는 일은 아이들 장난 같은 거 아닌가. 화폐는 액면이 모두 정해져 있어서 개수만 세면 계산이 되기 때문이다.

게다가 수표는 여러 은행에서 정산되어야 하고, 개별 수표는 수표발행인에게 추심이 이뤄졌다. 그러고 나서 이자 계산이 추가된다! 매 분기 말이 되면 상세하게 기입된 모든 수표와 함께 해당계좌가 제출되어야 한다. 이처럼 모든 수표는 유통과정에서 열 번 이상 장부에 기록된다. 그런데 이것을 진보라고 부른다! 얼마나 터무니없는 일인가! 금화는 갖고 다니기 무겁고 유통이 불규칙하기 때문에 은행계좌가 필요하게 되었고, 그 대신 수표가 나타났다. 하지만 이런 환경을 금화의 심각한 결함으로 생각하기는커녕 뭔가 자랑스러운 것으로 간주했다니!

그리고 수표 외에도 금, 은, 동, 니켈 같은 주화가 담긴 두툼한 자루와 지폐가 거래에 사용된다! 열한 가지 종류의 동전, 즉 1, 2, 5, 10, 20마르크 동전과 1, 2, 5, 10, 20, 50페니히 동전 등이 거래된다. 1마르크 이하의 작은 단위 동전만 세 종류의 금속으로 만든 여섯 가지의 동전이 거래된다! 수백 종의 수표, 11종의 동전, 게다가 10종의 지폐가 거래되는 것이다!

자유화폐가 도입되면서 단지 몇 종의 화폐만이 유통되고 수표는 사라졌다. 그리고 모든 화폐가 가볍고 깨끗하고 항상 새롭다. 종전에는 내 계좌를 정리하는 데 한 시간이 걸렸다면 지금은 몇 분이면 끝난다! 수표를 사용하지 않기 때문에 수표와 연동되는 업무가 사라져 계좌정리에 시간이 걸리지 않는다.

현금잔고의 감가손실을 어떻게 처리하는지 묻는 질문을 받는다. 이것은 매우 단순하다. 주말 마감을 하는 토요일 오후 4시에 내 현금을 센 다음, 그 주의 감가되는 금액을 계산하여, 비용으로 장부에 계상한다. 민간 은행에서는 이 합계금액을 일반비용으로 계상하는데, 이는 예금 이자 감소로 상계된다. 국고에서 이 손실은 단지 명목상으로만 존재한다. 국가 입장에서는 총화폐유통액의 감가액만큼 이익으로 잡히기 때문이다.[14]

현금출납 기술 관점에서 보자면, 자유화폐에 약점은 없다. 전체 현

---

14 이익이 감가상각되는 만큼 통화스탬프가 판매되므로 이로 인한 이익을 말한다.

금출납 담당 은행원의 90퍼센트가 남아돌게 되었다는 것이 그 좋은 증거이다. 노동을 절약하는 기계가 일을 잘하는 게 틀림없다.

C. 수출업자

금본위제는 국제무역을 촉진할 것이라는 명분하에 도입된 것이다. 하지만 금본위제의 도입으로 (화폐량이 줄어) 화폐수량이론에 따라 물가가 큰 폭으로 떨어지자 보호무역을 요구하는 아우성이 크게 일었다. 그리고 외국과의 무역을 저지하기 위해 보호관세 형식의 장벽이 세워졌다. 그것은 수단을 위해 목적을 희생한 것이 아닌가?

금본위제가 물가하락이나 경제적 혼란 없이 도입될 수 있었다고 해도 그것은 외국과의 교역에는 여전히 별 도움이 되지 않았을 것이다. 실제로 금본위제의 시행 덕분에 외국무역이 증가했다는 주장을 종종 한다. 그러나 외국무역이 증가한 것은 인구가 증가한 덕분이지만 그만큼 증가하지도 못했다. 게다가 지폐를 도입한 나라들(러시아, 오스트리아, 아시아, 남아메리카)과의 무역이 특히 증가했고, 금본위제 국가들(프랑스와 북아메리카)과의 교역은 발전이 더뎠다. (영국은 과도기 상태에 있었기 때문에 여기서 예로 들기는 곤란하다.)

금본위제가 보호관세나 경제적 혼란, 물가의 갑작스런 변동 없이 보편적으로 채택될 수 있다면 어느 정도 정당성이 있을지 모른다. 다른 모든 나라에 금본위제를 강제할 힘을 가진 어떤 국가가 있다면 그 방향으로 이끄는 게 합리적인 정책일 것이다. 그러나 어떤 국가도 이런 힘을 갖고 있지 않고, 단지 다른 나라들이 우리 길을 따라오리라 기대할 수밖에 없는 상황이라면 국제적으로 지폐본위로 가는 게 왜 안 되는 걸까? 금화로 상품을 사는 독일인이 그걸 팔 때는 루블, 굴덴, 페세타, 리라, 레이스 같은 지폐를 받아야 한다면 마르크 지폐를 주고 상품을 사는 것보다 확실히 나을 게 없다. 만약 판매대금 지불을, 구매통화와 다른 통화로 계산해야 한다면 해당구매를 할 때 지폐로 하든 은화로 하든 금화로 하든 무슨 상관인가?

설사 금본위제가 국제무역을 위해 보편적으로 채택된다 해도 그 이점은 크지 않다. 한때는 금본위제가 상업계산을 용이하게 할 것으로 여겨졌다. 금본위제가 모든 나라에 중요하다는 것을 알게 하려면 화폐의 액면가격이 얼마인지를 알면 충분할 거라고 생각했다. 하지만 이것은 착각이다! 우선 금본위제는 환율변동을 막지 못한다. 모든 나라에서 금 수입과 수출이 변동하기 때문이다. 그 거래량이 아무리 작아도 상당한 환율변동을 불러일으키기에 충분하다. 환율은 금 수입비용과 금 수출비용 사이에서 움직이는데, 그것은 운송비, 보험료, 이자손실과 사소한 지출로 3퍼센트에 이른다. 그리고 여기에 금화의 재주조비용도 더해진다. 왜냐하면 밤베르거가 제대로 말했듯이 금이 해외로 나가는 것은 용광로를 향해 가는 것이기 때문이다. 그런 비용들이 작은 거래들에서도 고려되어야 한다. 그러나 상인이 환율변동까지 고려해야 한다면 도대체 그가 계산할 때 금본위제의 이점은 뭐란 말인가?

국제 금본위제가 이익이라는 다른 근거는 훨씬 기만적이다. 어떤 나라에서 일정금액의 화폐의 가치는 그 나라의 물가, 임금 등이 알려져 있을 때만 이해될 수 있다. 예컨대 내가 빚을 상속받는다면 독일에 머무르지 않고 돈 벌기 쉬운 나라로 갈 것이다. 내가 이민을 가더라도 빚의 크기는 줄지 않지만 그걸 갚을 능력은 커진다. 1천 달러의 빚을 진 사람은 독일에서라면 엄청 가난한 것이지만 미국에서 그 정도는 사소한 빛이다. 빚 대신 재산을 상속받을 경우에는 상황이 그 반대이다. 이런 경우 금본위제가 무슨 소용이 있을까? 또 다른 예를 들어보자. 어떤 이민자가 큰 금액의 금을 받기로 되어 있을 때 그는 곧바로 그가 생산하고 소비하게 될 상품가격을 물어본다. 그 상품가격을 알아야 그 돈이 어느 정도의 금액인지 개념을 잡을 수 있을 테니 말이다. 그의 생각은 금에서 곧바로 상품가격으로 날아간다. 금이 아니라 상품가격이 그가 개념을 잡을 수 있는 기초가 된다. 즉 돈이 어느 정도의 금액인지 추정하려면 먼저 상품가격을 알아야 하는 것이지 그 돈이 금화인지 지폐인지는 중요하지 않다. 그리고 사실 아무도 주어진 돈이 어느 정도 가치인지 근사치조차 맞히지 못한다. 그 돈이 금화로 된 달러든 지폐로 된 루블화든 간에.

하지만 이 모든 게 사실 상인에게는 별로 중요하지 않다. 상인이 고려해야 할 수많은 난해한 요소들에 비하면 이 정도의 문제는 쉬운 산수문제 같은 것이니까. 상품 수요의 예측, 품질의 결정, 수백 종의 다른 제품과 경쟁에서의 기회, 유행의 변화, 새로운 수입관세의 가능성, 이런저런 제품에서 생길 것으로 기대하는 이윤율 등등. 이런 것들이 상인이 고려해야 하는 것들이다. 한 통화를 다른 통화로 환전하는 문제는 사환이 할 일이다.

상인들이 무역거래를 하면서 사용하는 외국통화보다 훨씬 중요한 것은 보호관세와 그 변동이다. 금본위제를 지키기 위해 많은 나라가 자유무역에서 빠져나갔다. 하지만 수출업자는 보호관세와 연계된 금화보다는 그것이 중앙아프리카의 조개껍질로 된 화폐라도 자유무역과 연계된 화폐를 선호한다. 그리고 금본위제가 등장하는 곳마다 보호무역이 뒤따른다는 사실을 부정할 수 없다.

국제교역에서 상품은 대부분 상품으로 지불된다.[15] 만약 부족분이 발생하면 매우 제한된 범위에서만 통화로 그 차액이 정산된다. 신용연장이나 환어음, 대출, 증서교환 등이 이용된다. 국제수지균형을 위해서는 발권은행의 정책이 수출전용 화폐의 존재 유무보다 훨씬 더 중요하다. 여기서는 특히 예방이 치료보다 더 낫다. 발권은행은 환율하락이 통화의 과잉발행에 따른 물가상승, 수출 감소와 수입 증가의 신호라는 걸 배워야 한다. 이 경우엔 재빨리 화폐 공급을 제한해서 물가하락을 유도해야 한다. 그리고 반대의 경우가 발생하면 화폐 공급을 늘려야 한다. 만약 이런 방식으로 진행하면 국제 수입과 지출이 항상 서로 상쇄되는 경향이 생겨 화폐 수출로 지급해야 할 차액도 남지 않는다. 따라서 적어도 한 국가의 통화를 발행해서 수출할 필요도 없다. 사실 국가의 통화를 수출하고 수입하는 건 그 나라에 중대한 위험이 될 수 있다. 만약 통화가 수출될 수 있다면 발권은행은 화폐 공급 독점을 상실하고 국내시장은 외국, 특히 호전적인 세력의 영향력에 노출된다. 예를 들어 독일은행에 투자되어 있는 프랑스 화폐는 모로코 사태 때 독일에 상처를 입힐 목적으로 빠져나갔는데, 결국 그 목적은 이뤄졌다. 해외에서 통화를 통제할 때 생기는 실책은 모두 국내통화에 영향을 미치지만, 관세가 아니면 그건 상쇄될 수 없다. 다른 나라가 지폐를 도입하여 금화를 몰아낼 때 이 금은 다른 곳에서 사용처를 찾다가 하필 이미 물가가 지나치게 높은 그때 우리나라로 쏟아져 들어온다. 또 다른 나라가 은본위제나 지폐본위제를 금본위제로 대체할 때, 그 나라의 금은 때마침 금

---

15 당시 국제교역은 구상무역의 성격이 컸다.

부족상태에 있는 우리나라에서 빠져나간다. 드물지 않게 발생하는 일이다. 통화관리에서 그와 같은 실수가 부채를 짊어진 우리 독일 농부들을 매번 곤경에 빠뜨렸다.

이 모든 것은 이론적으로는 오래전에[●] 증명된 것인데, 실제로 입증된 것은 자유화폐가 도입되고부터이다. 왜냐하면 우리는 이제 금과 완전히 분리된 지폐본위제를 택하고 있기 때문이다. 자유화폐와 더불어 금 태환 약속은 사라졌고, 그럼에도 다른 나라와의 환율은 종전보다 훨씬 안정되었다. 먼저 국가통화국은 모든 노력을 일반물가 수준의 안정에 집중했다. 그 결과 국내물가는 안정을 유지한 반면 환율은 변동했다. 그 이유는 금본위제의 통제하에 있던 다른 나라들에서는 종전처럼 물가가 요동치고 있었기 때문이다. 다른 나라는 이러한 설명을 어쨌든 받아들이길 거부하면서 우리의 지폐제도가 비난받아야 할 것이라 주장한다. 그때 우리 국가통화국은 물가변동이 금 때문이고, 환율을 안정시키기 위해서는 국내물가 안정정책을 포기해야 한다는 걸 증명해보기로 했다. 마르크 환율이 오를 때 마르크 통화량을 늘렸고, 환율이 떨어질 때 통화량을 감소시켰다. 그리고 자유화폐와 더불어 통화량은 재화에 대한 수요가 되기 때문에 그것이 환율과 물가에 미치는 영향은 국가통화국에 의해 정확하게 예측되었다. 즉 환율이 안정되었고, 국내물가는 변동했다. 따라서 우리는 금본위제에서는 환율안정은 물가안정과 함께 기대할 수 없으며, 물가안정이 국제적으로 채택될 때만 두 가지 목적을 결합할 수 있다는 것을 전세계에 증명해 보였다. 따라서 환율을 안정시

● 게젤, 『현대 교통의 필요에 맞는 통화조절(*Anpassung des Geldes an die Bedürfnisse des modernen Verkehrs*)』 부에노스아이레스, 1897; 프랑크푸르트와 게젤, 『적극적인 통화정책*Aktive Währungs-politik*』 베를린, 1909.

키려면 모든 나라에서 물가안정을 목표로 해야 한다는 것이다. 모든 나라에서 자국통화를 같은 원리로 관리해야만 국제상거래를 위한 환율안정이 바람직한 국가기준과 결합될 수 있다. 이제 마침내 다른 나라들도 이 사실을 이해하는 것 같다. 왜냐하면 국제지폐제도와 국제통화국 설립을 위한 국제회의가 소집되었기 때문이다.

뭔가가 이뤄져야 한다. 우리는 자유무역과 안정된 국제환율 그리고 국내시장에서의 물가안정을 원한다. 일국차원의 제도만으로 이러한 세 가지 목적을 온전히 실현하는 것은 불가능하다. 따라서 우리는 세계 각국과 합의를 해야 한다. 그리고 자유화폐는 그러한 합의의 기초를 제공하기 위해 탄생한 것 같다. 자유화폐는 순응적이고 적용하기 쉽고 유연하기 때문이다. 자유화폐는 어떤 목적 실현을 위해서라면 기꺼이 자신을 제공한다.

D. 제조업자

매출 또 매출, 매출이 바로 우리 제조업자가 원하는 모든 것이다. 장기간의 선주문에 의한 안정적이고 확실한 매출! 제조업의 성패는 제품의 규칙적인 판매에 달려 있다. 우리는 매출이 떨어진다고 해서 숙련직원을 자를 수 없다. 그러면 곧 나중에 미숙한 신입직원을 고용하는 수밖에 없다. 우리는 주문이 규칙적이지 않는데 아무렇게나 계속 생산해서 재고를 쌓아둘 수 없다. 그러니 우리에게 매출 그것도 안정적인 매출을 달라. 우리 제품의 교환을 촉진하는 효율적이고 공적인 제도(교환거래소, 우체국, 전신판매 등)를 달라. 그로 인한 기술적인 곤란함은 우리가 해결할 수 있다. 규칙적인 매출, 현금결제 그리고 안정된 가격! 그 이외의 일은 우리가 열심히 노력해서 해결할 수 있다.

자유화폐 도입이 논의되고 있을 때 그것은 바로 우리가 바라던 바였다. 그리고 우리 바람은 실현되었다.

판매란 무엇인가? 그것은 제품과 돈을 교환하는 것이다. 돈은 어디서 나오는가? 제품판매에서 나오고, 그것은 끊임없이 순환한다.

자유화폐는 화폐 소유자로 하여금 물건을 사게 한다. 자유화폐는 사용하는 걸 잊어버리면 소유자에게 곧 손실이 발생하기 때문에 그에게 끊임없이 구매자로서의 의무를 상기시킨다. 따라서 구매는 언제나 모든 가능한 환경에서 판매의 뒤를 따라간다. 그리고 모두가 판매한 만큼 구매해야 하는 상황이 이어지는데 어떻게 판매가 둔화될 수 있겠는가? 그런 다음 내 자유화폐는 화폐순환을 마무리한다.[16]

상품이 공급을 표상하는 것처럼 돈은 이제 수요를 의미한다. 수요는 더 이상 소문이나 정치적 사건 같은 것에 따라 흔들리는 갈대가 아니다. 수요는 더 이상 구매자나 은행가, 투기자 들의 뜻에 좌우되지 않는다. 돈은 이제 스스로 수요의 구체적 모습이 되었다. 화폐 소유자는 이제 규율 아래 놓이게 되었고, 돈은 가죽 끈을 목에 맨 개처럼 그 소유자의 목덜미를 잡고 있다.

그리고 이것은 매우 공평하다. 우리 상품의 생산자 또는 소유자에게 이보다 더 좋은 건 없다. 우리가 제품 공급을 통제하는 것이 아니라 제품의 본성 때문에 우리는 그것들을 판매하도록 강요당하는 것이다. 우리 제품의 속성, 즉 그들이 뿜어내는 냄새, 차지하는 공간, 화재의 위

---

16 화폐에서 상품으로 바뀌기 때문에.

험, 진행되는 부패, 파손 위험, 유행의 변화 그리고 수많은 다른 환경들이 우리로 하여금 제품생산 즉시 판매하도록 강제한다. 이렇게 상품 공급은 본래의 물질적 제약하에 있다. 따라서 제품에 대한 수요인 화폐 공급도 동일한 제약하에 있어야 하는 게 아닐까?

이 질문에 자유화폐의 도입으로, 긍정적으로 답한 건 용기 있는 행동이었다. 그때까지 구매자만이 고려대상이었는데, 이제 마침내 판매자도 어떤 바람을 갖고 있다는 것 그리고 구매자의 바람은 오직 판매자의 희생으로만 실현될 수 있다는 점을 이해하게 되었다. 이러한 단순한 진리에 도달하는 데 얼마나 오랜 시간이 걸렸는가!

자유화폐제도하에서는 매출이 둔화되고 물가가 하락한다고 해서 너무 일을 많이 했다거나 과잉생산이 있었다는 식의 설명은 더 이상 하지 않는다. 우리는 대신 유통화폐가 부족하고 수요가 부족하다고 말한다. 그래서 국가통화국은 더 많은 화폐가 순환되도록 한다. 그렇게 돈이 풀리면, 돈은 수요의 구현체이므로 물가를 적정수준까지 끌어올린다. 우리는 일해서 만든 제품을 시장에 가져온다. 그것이 공급이다. 그러면 국가통화국은 이 제품 공급을 고려하여 시장에 그에 상응하는 화폐량을 투입한다. 이것이 수요다. 수요와 공급은 이제 노동의 생산물이다. 수요 속에는 어떤 자의적인 행동이나 욕망, 희망, 예측의 변화, 투기 같은 흔적이 남아 있지 않다. 우리는 우리가 필요한 수요량만 주문하고 딱 그 양만큼 만들어진다. 우리의 생산, 즉 제품 공급은 수요를 요청하는 주문이고, 국가통화국은 그 주문을 실행한다.[17]

그리고 국가통화국 관리자가 임무를 게을리하더라도 하늘이 돕는

---

17 제품의 공급은 화폐에 대한 수요이고, 화폐의 공급은 제품에 대한 수요이기 때문이다.

다! 그는 이제 옛 발권은행의 행정처럼 '상업의 필요'를 충족시켜야 한다는 고정관념에 사로잡혀 있을 수 없다. 국가통화국에 부여된 임무는 세밀하게 정의되어 있고, 우리가 그곳에 준 무기는 강력하다. 종전에는 애매하고 정의가 불분명했던 독일 마르크화 발행량은 이제 정해진 수량이 되었고, 이 수량에 대해 국가통화국 관리들은 책임을 진다.

우리 제조업자는 더 이상 금융업자나 은행가, 모험가 들의 놀잇감이 아니다. 우리는 흔히 이야기하는 '시장상황'이 좋아질 때까지 무기력한 체념상태로 기다리지도 않는다. 우리는 이제 수요를 관리한다. 왜냐하면 우리가 그 발행과 공급을 통제하는 화폐가 곧 수요이기 때문이다. 이 사실은 아무리 반복해도 그리고 아무리 강조해도 지나치지 않는 사실이다. 우리는 이제 수요를 관찰하고, 이해하고, 측정할 수 있다. 마찬가지로 우리는 공급에 대해 관찰하고, 이해하고, 측정할 수 있다. 생산이 많아지면 화폐를 늘리고, 생산이 줄면 화폐도 줄인다. 그것이 국가통화국의 규칙이다. 놀랄 만큼 단순하지 않은가!

화폐개혁으로 고정주문이 아주 충분해져서 수개월 동안 완전고용이 미리 보증된다. 상인들은 내게 구매자들이 돈보다 상품을 더 원한다고 말한다. 그들은 이제 그 물건이 필요한 순간까지 구매를 연기하지 않고, 돈을 손에 넣을 때마다 주문을 한다. 모든 가정에 특별한 저장실이 있다. 예를 들어 크리스마스 선물도 크리스마스이브까지 기다리지 않고, 기회가 생길 때마다 구매한다. 크리스마스용 상품이 1년 내내 팔린다. 내 장난감공장이 1년 내내 주문을 받는 이유이다. 크리스마스 때 종전과 같이 물건을 사려고 가게에 돌진해서 서로 차지하려고 다투던 모습은 이제 1년 열두 달 크리스마스 기념품이 안정적으로 판매되는 방식으로 대체되었다. 그리고 이 현상은 모든 산업에서 동일하다. 겨울 코트가 필요한 사람은 첫눈이 내릴 때까지 기다리지 않고, 돈이 들어올 때 주문한다. 심지어 그늘 온도가 38도인 날이라도 말이다. 구매자의 호주머니 속 돈은 재단사의 선반 위 옷감처럼 써야 할 물건이다. 새로운 화폐는 소유자에게 어떤 평온함도 제공하지 않는다. 새 화폐는 그를 영리하고, 조바심 나고, 들뜨게 한다. 재단사는 달리 아무것도 할 일이 없고 그저 다가오는 겨울용 주문만 받으면 자유화폐보다 훨씬 더 나쁜 돈으로 양복값을 받더라도 즐거워할 것이다. 왜냐하면 팔리지 않는 옷보다 더 안 좋은 돈은 없으니까.

구매자 행동에서 나타난 이 놀라운 변화 덕분에 여러 상업조직들은 상당부분 쓸모없게 되었다. 왜냐하면 구매자들은 미리미리 소비할 상품을 구매하며 직접 배달해주길 고집하지 않으므로 상인들은 상품을 쌓아둘 창고가 불필요해졌다. 그는 샘플용 전시품만 구비하고 있으면 고객들이 그걸 보고 주문을 한다. 그러면 상인들은 그 주문을 모아서 공장에 주문하고 공장에서 물건이 도착하면 도착하는 기차역에서 바로 고객에게 상품을 전달하기 때문이다. 이런 방식으로 물건을 더 싸게 팔 수 있는 건 물론이다.

모든 물건을 바로 가져갈 수 있도록 많은 재고를 구비하던 종전의 가게들이 없어지자 가장 굼뜬 구매자들도 자기가 필요한 상품을 미리 생각하고 사전주문해서 적시에 물건들을 확보한다. 따라서 자유화폐를 통해서 우리는 결국 상품 수요에 대한 예측을 상인이 하는 게 아니라 구매자 자신이 한다는 점을 알게 되었다. 이게 바로 모든 이해관계자들에게 가장 큰 이익이 되는 지점이다.[18] 참 이상하게 종전에는 제조업자에

---

18 과잉재고나 재고부족 사태가 일어나지 않고, 필요한 만큼 생산하고, 생산한 만큼 팔리기 때문에.

게 제품을 주문하기 위해 소비자 수요를 먼저 예측한 사람은 상인이었다. 그리고 그가 자주 잘못 예측한 건 분명하다. 이제 소비자는 자신의 필요를 예측한다. 그리고 소비자는 분명 자신이 필요한 생필품을 상인들보다 더 잘 알기 때문에 예측의 오류는 많이 줄어든다.

따라서 상인은 이제 단순 견본품 전시자가 되었고, 제조업자는 상인이 그에게 내민 주문이 상인의 상품 수요에 관한 개인적 의견이 아니라 소비자의 직접적인 수요, 즉 그들의 상품에 대한 실질적 필요를 반영한다는 확신을 갖는다. 주문은 사람들의 취향과 필요에서 생긴 틀림없는 증표로 인식되고, 그는 이에 공장 가동을 맞출 수 있다. 종전처럼 주문이 단지 상인의 개인적 의견을 반영했을 때는 갑작스런 새로운 일탈, 즉 유행의 변화가 수시로 일어났다.

이런 점에서 자유화폐는 또 한 번 나의 곤란한 문제를 많이 해결해주었다.

그러나 제조업자의 일이 매우 쉬워져서 기술전문가만으로도 충분해서 동시에 상인일 필요가 없다면, 확실히 이윤은 안 좋아질 게 틀림없다. 유능한 기술자가 충분하고 기업의 영업환경이 그다지 나쁘지 않으면, 모든 유능한 기술자들이 유능한 제조업자가 될 것이기 때문이다. 그렇다면 자유경쟁의 법칙에 따라 제조업자의 이윤은 기술자의 봉급 수준으로 떨어질 게 틀림없다. 이것은 주로 자신의 상업적 능력으로 성공해온 많은 제조업자들에게는 불쾌한 결과이긴 하다. 자유화폐와 함께 창의력은 상업에서 불필요해졌다. 왜냐하면 상대적으로 희소해서 풍부하게 보상받던 상업적 수완이 필요한 어려움들이 사라졌기 때문이다. 그리고 누군가는 제조업자의 이윤 감소의 혜택을 볼 것임에 틀림없다. 덕분에 상품가격이 더 내려가거나 임금이 오르거나 할 것이다. 그

외 다른 가능성은 없다.

E. 고리대금업자

예로부터 사람들은 우산을 빌리거나 책을 빌리는 것을 결코 수치스럽게 여기지 않았다. 설사 돌려주는 걸 잊더라도 용서를 받고, 물건을 잃어버리면 변명하느라 조바심을 낼 뿐이었다. 아무도 빌려준 걸 기록해두지도 않았다.

그러나 누군가 돈을 빌리려 했을 때, 설사 그게 1달러라도, 상황은 얼마나 달랐던가! 두 당사자 모두 당혹스러워했다. 빌려주는 사람은 이가 하나 빠진 듯한, 빌리려는 사람은 무슨 심각한 도덕적 문제에 봉착한 듯한 표정이 되었다.

돈을 빌리는 건 불명예나 도덕적 흠결로 간주되었고, 돈이 필요해서 돈을 요청하기 전에 그와의 우정을 확신해야만 했다. 돈이라고? 그 친구는 왜 돈이 필요한 거지? 우산이나 권총, 아니 말이라면 빌려줄 거야. 하지만 돈이라니? 넌 분명 나태한 생활을 하고 있는 거야!

그런데 사실 돈이 궁해지는 건 매우 흔한 일이었다. 빛나는 재정상태에 있는 사람을 제외하고 누구나 경기침체나 실업, 지불유예 등 수많은 이유들로 인해 어느 때건 돈 부족사태를 겪었다. 그리고 낯이 두껍지 못한 사람들이나 거절당할까봐 위축된 사람들이 나 같은 고리대금업자를 찾았다. 그 덕분에 나는 돈을 벌었다.

그러나 그 좋던 시간이 이제 과거의 일이 되었다. 자유화폐의 도입과 함께 돈은 우산 수준으로 떨어졌다. 친구나 친척들은 돈 빌리는 게 당연한 일인 것처럼 서로 지원한다. 돈은 순환되어야 할 운명이기 때문에 아무도 돈을 쌓아두지 않고 쌓아둘 수도 없다. 돈을 쌓아둘 수 없기 때문에 그럴 필요도 없어진다. 왜냐하면 돈 순환은 규칙적이고 아무런 방해도 받지 않기 때문이다.

하지만 예상치 못하게 돈이 들어갈 일이 생기면 갑자기 소나기에 놀라 지인에게 우산을 빌리듯 부탁한다. 소나기나 돈의 필요라는 당황스런 사태는 도덕적으로 말하자면 별 차이가 없다. 그리고 요청받은 사람은 얼굴을 찡그리지 않고 바로 그에 응해줄 것이다. 사실 그는 그런 기회를 환영한다. 첫째는 유사한 비상상황에서 자기도 요청할 수 있기 때문이고, 둘째는 그게 그에게 직접적인 이익이 되기 때문이다. 돈이 자기 수중에 있을 땐 가치를 잃지만 친구에게 빌려주면 전액을 돌려받을 테니까. 그래서 그의 행동이 바뀐 것이다.

그렇다고 사람들이 자기 돈에 신경 쓰지 않는다고 이야기할 수는 없다. 돈이 종전처럼 금고에서 낮가림하며 편히 쉬지는 못할 테니까. 물론 돈은 매우 높게 평가받는다. 일하는 만큼 보상을 해주기 때문이다. 그렇다고 노동이나 노동자보다 더 높게 평가받는 것은 아니다. 상품의 하나로서 돈은 다른 상품보다 더 좋은 건 그다지 없다. 돈을 소유해도 상품 재고를 갖고 있을 때처럼 똑같이 감가가 일어나기 때문이다. 상품과 노동은 현금과 등가물이다. 그리고 그것은 나의 사업이 끝났다는 뜻이다.

전당포 주인도 나와 같은 곤경에 처하게 되었다. 지금 당장 쓰지 않는 돈을 가진 사람은 이제 이자 없이 약속증서 하나로 기꺼이 그 돈을 빌려준다. 돈은 이제 보통 담보물보다도 못하게 되었다. 누군가 급하게 10달러가 필요하면 뒷골목 전당포에 몰래 갈 필요가 없다. 이웃에 찾아가 서약서를 쓰고 돈을 빌려달라고 하면 된다. 그리고 돈이 수중에 들어올 때 사두는 어떤 상품도 현금만큼 좋거나 어쩌면 현금보다 더 낫다. 상품이 돈이고 돈이 상품이다. 둘 다 똑같이 썩기 때문이다. 둘 다 이 눈물의 계곡[19]에서는 평범하고 죽을 운명의 존재이다! 상품은 모든 나쁜 속성을 갖고 있고, 그 상대방인 돈은 가치를 잃게 되어 있다. 그래서 누구도 상품보다 돈을 더 선호하지는 않는다.

그러나 이런 이유로 노동은 항상 부족하다. 그만큼 노동 수요는 충분해서 일할 능력이 있고 의지가 있으면 모두 자기 노동을 통해 돈을 번다.

그러니 고리대금업자에게 "죽음의 조종이 울렸다!"라고 말할 수 있다.

하지만 나는 아직 패배를 인정하지 않는다. 나는 국가에 보상을 요구할 것이다. 화폐는 지금도 그렇지만 국가제도였고, 나는 그걸로 생계를 유지했다. 따라서 나는 일종의 국가 공무원이었다. 화폐개혁이라는 국가의 강제적 개입 때문에 내 사업은 망가졌고, 내 수입은 빼앗겼다. 그래서 나는 보상받을 자격이 있다.

독일의 토지 소유자들이 곤경에 처했을 때 국가는 밀 관세로 그들을 구원해주었다. 밀 관세는 농업의 고통을 덜어주기 위해 도입되었다. 나 또한 필요할 때 국가에 호소하면 안 될 이유가 있는가? 고리빵대금업자[20]가 고리대금업자보다 더 나을 게 있나? 유대인[21]인 나나 프로이센 융커[22]인 당신이나 모두 고리대금업자들이다. 둘 다 비도덕적인 건 마찬가지다. 아니 내게는 오히려 당신이 나보다 좀 더 저질이고 탐욕스러

---

19 인생사 또는 세상사를 뜻한다.
20 토지 소유자들(농업에 종사하는 지주). 거기서 재배한 밀로 빵을 만들어 비싸게 팔기 때문에 고리빵대금업자로 부른다.
21 고리대금업자의 상징.
22 독일 토유 소유자인 귀족을 말한다.

위 보인다. 왜냐하면 고리빵대금업자야말로 사람들을 매우 자주 고통에 빠뜨려 우리 고리대금업자에게 보내는 사람이기 때문이다. 그래서 고난에 빠진 고리빵대금업자들이 국가의 보조로 구제되었다면 우리 고리대금업자도 동일하게 국가의 보호를 받는 것이 공정한 것이다. 땅을 빌려주든 돈을 빌려주든 고리대금은 고리대금이니까. 농부 입장에서는 임대료로 뜯기든 이자로 뜯기든 어떤 차이가 있겠는가? 고리대금업자나 농지를 비싸게 임대하는 토지 소유자나 그들이 취하는 폭리는 정확하게 같다. 그에 대해서는 아무도 토를 달지 않는다. 만약 토지 소유자가 임대료에 합법적 권리를 요구한다면 대부업자들도 이자에 대해 합법적 권리를 요구할 수 있다. 돈과 땅, 이자와 임대료가 다르다고 이 논리를 피할 수는 없다. 내가 돈을 땅으로 바꿔서 고리대금업자의 고통을 토지 소유자의 고통으로 전환하는 걸 막을 수 없기 때문이다.

그래서 나는 단순히 곡물관세만 근거로 이야기하는데, 고리대금업자들의 비명소리가 법치국가에서 들리기는 하겠지만 공허하게 사라질 것이다.

F. 투기자

자유토지개혁으로 이미 건축부지나 광산, 농경지에 대한 투기는 불가능하게 되었고, 이제 자유화폐개혁으로 증권과 생산물을 이용한 우리 사업도 빼앗기고 말았다. 내가 발을 딛고 선 그곳이 모래무덤이 되었다. 그리고 그걸 진보와 정의라고 부른다! 국가에 도움을 요청해서 정직한 시민들의 생계를 빼앗다니! 내가 그토록 충실히 섬겨온 국가인데,

내 훈장과 직함이 증명하는데! 나는 그걸 그냥 강탈이라 부른다.

나는 내 비용을 들여 최근 두 남아메리카 공화국(나라 이름은 잊어버렸다) 사이의 심각한 분쟁과 외세와 생길 수 있는 복잡한 사태에 대한 뉴스를 내보냈다. 그 뉴스가 주식시장에 어떤 인상을 남겼을지 상상해보았는가? 그런데 조금도 인상을 남기지 못했다! 주식시장은 믿을 수 없을 정도로 뉴스에 둔감해졌다. 일본이 카르타고를 점령했다는 뉴스조차 별 반응을 일으키지 못한다. 전반적인 무관심은 정말 끔찍하다. 그걸 설명할 수는 있다. 하지만 그건 이전 주식시장과 너무 달라 충격으로 다가온다.

자유화폐가 도입된 이후, 돈은 사소한 경고에도 퇴각해 더는 거기 머물던 투자계급의 요새가 되어주지 못했다. 위험이 닥쳤을 때 그들은 자기가 소유하던 증권을 '실현'●하곤 했다.

즉, 그들은 그 증권을 돈을 받고 팔았고, 그렇게 하면 스스로 모든 종류의 손실로부터 완벽하게 보호된다고 생각했다. 물론 이러한 처분 때문에 뒤이어 증권가격이 떨어졌고, 그것은 처분한 양에 비례했다.

얼마 후 더 이상 얻을 게 없다고 생각될 때 나는 시장을 안심시킬 뉴스를 퍼뜨리곤 했다. 그러면 놀랐던 대중은 그들의 요새에서 과감하게 빠져나와, 곧바로 우리 직원들에게 값싸게 처분한 그 증권을 자기 돈으로 다시 사서 가격을 올리느라 바빴다. 그런 게 진짜 사업이다!

그런데 이제는 이 징그러운 자유화폐라니! 투자자들은 자기 증권과 헤어지기 전에 그걸 처분하고 받은 돈으로 뭘 할 건지 자문해봐야 한

● 널리 쓰이는 이 표현만큼 인류생활을 지배하는 기괴한 환상을 놀랄 정도로 잘 보여주는 것도 없다. 누구에게나 돈이 유일한 실재이다.

다. 왜냐하면 이 돈은 더 이상 그가 잠시 멈춰서 고민할 여유를 허락하지 않기 때문이다. 그걸 집에 가져가 쌓아두고 조용히 기다릴 수 없다. 돈은 단지 도로 옆에 잠시 쉬어가는 곳일 뿐이다. 그래서 사람들은 묻는다. "이 증권들의 수익은 어떻게 되는 건가? 당신은 그 증권들의 전망이 나쁘다고 한다.[23] 그러면 우리는 당신을 믿는다. 하지만 증권을 팔고 우리가 받는 돈의 앞날은 더 밝은가? 우리가 그 돈으로 무얼 사야 하지? 우리는 정부증권은 사고 싶지 않다. 이미 다른 사람들이 우리보다 선수를 쳐서 가격을 올려버렸으니까. 단지 다른 증권을 사기 위해 그런 터무니없는 가격으로, 즉 또 손해를 보면서 우리가 갖고 있는 증권을 팔아야 할까? 만약 우리가 정부증권을 사서 손해를 보면, 우리가 갖고 있는 증권에서도 마찬가지로 손해를 볼 것이다. 그러니 우리는 팔기 전에 잠시 기다리는 것이 낫다."

그것이 일반 사람들의 새로운 태도이고, 그 때문에 우리 사업은 망가졌다. 이 황당한 기다림이라니! 그 기다림 때문에 우리 뉴스의 영향력은 빛이 바래고, 그로 인한 당혹감도 지나가고, 다른 쪽에서 우리 뉴스가 과장된 가짜뉴스라고 폭로하면서 안심시키는 뉴스를 퍼뜨릴 시간이 생긴다. 그러면 그 게임은 끝이다. 왜냐하면 우리가 이용할 것은 뉴스가 주는 초기 영향력이니까. 이제 일반대중을 속이는 것은 어려워졌다.

게다가 내 운전자금은 시체 같은 돈[24]에 투자되어 있고, 내 금고에서 썩어가고 있다. 적절한 때 한탕 노리려면 일정금액의 현금을 갖고 있어야 한다. 내가 어느 정도 시간이 지나 갖고 있는 돈을 세어보면 이

---

23 그러니 증권을 팔라는 뜻.
24 자유화폐를 뜻한다.

미 상당한 감가가 일어났음을 알게 된다. 매우 불확실한 미래 이익을 위해 그 대가로 규칙적이고 확실한 손해를 감수하다니!

그해를 시작할 때 내 계좌에 1천만 달러의 현금이 있었다. 종전처럼 언젠가 필요할 거라 생각하면서 현금 형태로 놔둔 것이다. 지금이 6월 말인데, 아직 주식거래소는 충분한 규모의 팔자세로 돌아서지 않아서 돈은 손도 안댄 채 그대로 두었다. 내가 방금 뭐라고 했지? 손도 안댄 채로! 이미 그 돈의 2.5퍼센트에 해당하는 25만 달러가 녹아 없어졌다![25] 나는 이 큰돈을 잃었고, 회복할 수도 없다. 미래에 대한 전망이 나아지지도 않았다. 반면 주식시장은 더욱더 뉴스 같은 것에 둔감해지고 있다. 가장 겁 많은 투자자도 경험으로 깨닫는다. 장기적인 관점에서 볼 때 비관적인 전망에도 불구하고 아무도 팔지 않으면 가격은 떨어지지 않는다는 것, 주가하락을 정당화하려면 소문이나 예측만이 아니라 사실이 필요하다는 것을 말이다.

예전과 얼마나 달라졌는가! 내 앞에 신문 경제칼럼에서 오린 짤막한 기사가 놓여 있다. 내가 과거에 내보내곤 했던 전형적인 기사다.

"암흑의 화요일! 술탄이 배탈 났다는 소식에 오늘 주식시장에서는 패닉 상황이 발생했다. 지방고객으로부터 상당한 규모의 팔자 주문이 나왔고, 동시에 지역 투기자 쪽의 거대한 팔자 열기가 발생하여 시장은 이런 압력 때문에 약세의 패닉장세로 시작했다. '소브 키 푀!Suave qui peut'[26]가 오늘의 경구."

---

25 연간 5.2퍼센트 감가상각되는 자유화폐이므로 매주 0.1퍼센트씩, 6개월이면 약 2.5퍼센트가 된다.
26 프랑스어로 '살아남을 수 있는 자는 죽을 힘을 다해 도망쳐 살아남으라'라는 뜻.

그런데 지금은? 영원이 계속될 똑같은 어리석은 질문. "내 돈으로 뭘 해야 하나? 내 증권을 팔고 뭘 사야 하나?" 이 가증스런 돈! 금본위제 때와 얼마나 다른가? 그때는 아무도 이런 질문을 하지 않았다. "내가 받은 돈으로 뭘 해야 하나?"라니. 저 아름다운 증권들은 투기자들의 호가에 금을 받고 팔렸다. 금이 훨씬 아름다웠으니까. 투자자들은 다시 돈을 보며 행복해하고, 그걸 손가락 사이로 달리게 하며 돈을 셌다. 돈을 갖고 있으면 안전했다. 돈은 살 때나 팔 때나 네게 어떤 손해도 입히지 않았다. 경제학자들이 설명하듯 돈은 '고정된 내재가치'를 갖고 있었으니까. 이 대단한 금화는 '고정된 내재가치'를 가지고 있어서 다른 모든 상품이나 주식이 그걸 기준으로 온도계 속 수은처럼 오르내렸다. 그러니 투기가 얼마나 쉬웠던가?

투자자들은 마치 자기 증권 위에 풀로 붙인 듯 앉아 있고, 팔기 전에 항상 동일한 질문을 한다. "내 증권을 팔고 받게 될 이 망할 돈으로 뭘 해야 하는지 먼저 말해줘!" 즐거운 옛 주식시장 시절은 더 이상 없고, 금이 사라졌을 때 투기의 천국에는 해가 졌다.

그러나 한 가지 위안이 있다. 내가 유일한 피해자는 아니라는 점이다. 유통업을 하는 내 동료도 마찬가지로 형편이 나빠졌다. 그들의 사업도 자유화폐 때문에 망가졌다. 이전에는 나라의 모든 생산물이 그것이 소비될 때까지 시장에 남아 판매되고 있었다. 그건 모두 상인들의 손에 있었다. 누구도 물건을 사다가 자기 집 저장실에 넣어둘 생각을 하지 않았다. '고정된 내재가치'를 가진 금이 이 모든 저장품을 대신해 주었기 때문에 우리는 손해볼 일이 없었다. 그래서 금을 보유한다는 것은 그가 필요할 때 처분할 수 있는 모든 것을 갖고 있다는 의미였다. 그러니 왜 상품을 창고에 저장해놓고 좀이 슬도록 놔두겠는가?

이처럼 과거엔 모든 것이 항상 판매 중이라는 사실 때문에 투기가 가능했었다. 게다가 24시간 필요한 식량을 갖고 있지 않은 소비자가 언제나 있었고, 상인이 그 공급총량을 판매용으로 갖고 있으면 투기가 매우 단순했다. 지금 있는 식량 재고를 사서 수요가 생길 때까지 기다리기만 하면 되었으니까. 일반적으로 이윤은 확실했다.

그런데 지금은? 종전에 판매용으로 가게 창고에 보관했던 상품들이 지금은 수백만 가정의 저장실에 쌓여 사용 대기 중이다. 그러니 어떻게 그들을 시장으로 다시 불러올 수 있겠는가? 그리고 무엇으로 이들 저장품들을 살 수 있겠는가? 자유화폐로는 사지 못한다. 왜냐하면 소비자는 자유화폐를 수중에서 없애기 위해 대신 이들 저장품을 샀기 때문이다. 이 저장품들은 더 이상 판매용 상품이 아니다. 그것들은 파는 상품이 아니라 사용할 소모품이다. 설사 투기자가 새로 생산된 상품을 사재기하는 데 성공해도, 개인들이 갖고 있는 저장품들 때문에 가격이 즉각 오르지는 않는다. 사람들은 더 이상 하루살이처럼 살지 않는다. 이들 저장품을 다 사용하기 전에 투기자들이 그 상품을 어느 정도 갖고 있다는 소문이 퍼진다. 그러면 생산자들이 경계태세를 취하며 투기자들이 그 상품을 처분하기 전에 시장부족분을 메워버린다. 더 나아가서 투기자들의 운전자금은 내 돈과 마찬가지로 감가될 수밖에 없는 현금일 뿐이다. 이자의 손실, 감가상각에 의한 손실, 창고비용에 이윤은 0! 간단히 말해서 우리 투기자들은 파멸에 직면해 있다.

어떻게 해서 그토록 국가에 해로운 혁신을 도입하는 게 가능했을까? 왜냐하면 나 록펠러가 곧 국가이고, 나와 내 친구 모건Morgan[27]이

---

27 J. P. 모건을 말하며 당시 그의 금융자본은 록펠러의 석유자본과 함께 미국을 완전 장악했다.

함께하면 그게 미국이기 때문이다. 나에게 상처를 입히는 자는 누구든 국가에 상처를 주는 것과 마찬가지다.

우리의 전문가들과 교수들에 따르면 금은 '고정된 내재가치'를 가지고 있었다. 금을 상품과 교환하면서 사람들은 아무것도 잃지 않을 수 있었다. 왜냐하면 교수들에 따르면 교환은 측정●과 같은 것이고, 린넨 한 조각을 측정한 결과는 어느 쪽 끝에서 시작하든 동일하기 때문이다. 따라서 금과 교환하며 상품을 사고팔 때 금의 양은 항상 동일해야 한다. 왜냐하면 금은, 아무리 강조해도 지나치지 않은 '고정된 내재가치'를 갖고 있기 때문이다! 따라서 금을 갖고 있는 한 사람들은 금의 고정된 내재가치 덕분에 어떤 속임수로부터도 보호를 받았다. 우리 투기자들은 스스로 부자가 되었을 뿐 대중을 희생시키며 부자가 된 게 아니다. 우리 재산이 어디서 왔는지 설명할 수는 없는데, 아마도 하늘이 준 선물이었을 것이다.

아, 그런 하늘이 주신 선물이 자유화폐로 사라져버리고 말다니!

G. 저축자

자유화폐는 모든 예측이 틀렸음을 입증했다. 그걸 반대한 자들의 어두운 예측은 어떤 것도 이뤄지지 않았다. 아무도 저축하지 못할 것이고, 이자는 전례 없는 수준으로 오를 것이라고 이야기들을 했지만 실제는 그 반대였다.

● 가치의 측정. 가치의 이동과 저장, 그리고 가치라는 환각을 위한 매개물.

돈이 좀 생기면 나는 지금도 예전에 했던 일을 그대로 한다. 그 돈을 은행에 갖고 가서 내 통장에 넣는 것이다. 이런 점에서 보면 아무것도 변한 것이 없다. 내 통장계좌에 쌓인 돈은 자유화폐와 동일한 감가율로 감가된다고 사람들은 이야기했다. 하지만 그건 전혀 사실이 아니다. 내가 저축한 은행은 내게 미국화폐본위 달러로 많은 빚을 지고 있지만 그 빚은 내가 저금한 그 돈이 아니다. 미국화폐본위의 달러로 표시된 빚은 내가 넘겨준 자유화폐보다 훨씬 낫다.[28] 만약 내가 누군가에게 1년간 한 자루의 감자를 빌려주면 그는 빌려준 감자와 똑같은 감자로 갚는 것이 아니라 (그사이 감자는 썩기 때문에) 새 감자 한 자루로 갚는다. 저축은행도 마찬가지다. 내가 은행에 100달러를 빌려주고, 은행이 내게 100달러를 갚는 것이다. 저축은행은 그와 같은 처지에 있다. 왜냐하면 은행은 그 돈을 같은 조건으로 빌려주는데, 사업가나 농부 들이 그 돈을 은행에서 빌리는 건 기업활동을 위해서지 집에 쌓아놓으려는 게 아니기 때문이다. 그들은 그 돈으로 사용할 재화를 산다. 이런 방식으로 감가손실은 1년 내내 그 돈이 지나치는 모든 이들에게 분산되게 된다.

은행에 맡긴 돈을 그 금액만큼 나중에 돌려받는다는 점에서 변한 것은 아무것도 없다. 하지만 나는 이제 종전보다 훨씬 더 많은 돈을 저축할 수 있음을 안다.[29]

어느 사회주의자는 이러한 저축능력의 증대를 '잉여가치'의 전반적

---

28 나는 썩는 자유화폐로 은행에 빌려주었으나 돌려받을 때는 그 썩는 자유화폐로 감가된 액수를 받는 것이 아니라 빌려줄 때의 법정화폐의 명목금액을 돌려받기 때문에 낫다는 뜻이다.

29 자유화폐의 도입 덕분에 그간 이자로 빼앗겼던 금액만큼 노동소득이 늘어나서 저축의 여력도 늘어난다. 그러나 그 돈을 집에 쌓아두면 감가되지만 은행에 저축하면 이자는 없어도 원금은 보장되어 감가손실을 피할 수 있으므로, 이렇게 자유화폐의 도입은 일견 저축을 축소시킬 것 같지만 오히려 늘려준다.

인 하락 때문이라고 말했다. 즉, 이자율 하락이 모든 자본(임대부동산, 철도, 공장 등)에 영향을 미쳤다고 본다. 소비자협동조합 경영자는 자유화폐의 도입으로 유통비가 거래가격의 평균 40퍼센트에서 거의 10퍼센트 수준으로 떨어져서 이것만으로도 30퍼센트를 절약하게 된다고 설명했다. 그리고 사회개혁가는 내 저축능력 증대를 경제적 장애가 제거된 덕분이라고 했다. 그들 셋 모두 옳다. 사실은 나는 이제 100달러 대신 1천 달러 이상 저축하면서 그전보다 더 안락하게 생활한다. 그리고 자유화폐는 처음으로 많은 사람들이 저축을 할 수 있게 해주었다.

종전에 내 저축계좌는 어떠했던가? 모든 정치적 소문과 함께 경기침체가 생기면 실업으로 내 계좌의 돈을 써야 했다. 일종의 생활상의 장애였고, 종종 산업위기로 야기된 내 계좌의 부족을 채우는 데 수년이 걸렸다. 저축은 내게 신화 속의 시시포스의 노동을 닮았다. 이제 나는 안정적으로 취업을 하고, 더 이상 수많은 어려움 속에서 저축한 내 돈에 정기적으로 호소해야 할 일은 없다.

나는 이제 매달 잉여금이 생기면 놀랄 만큼 규칙적으로 은행에 가지고 간다. 그리고 내게 일어나는 일은 모두에게 일어난다. 은행 카운터에는 늘 사람들이 많으니까. 저축은행은 이미 이자율을 반복적으로 내렸고, 새로운 인하가 다음 달로 예정되어 있다. 은행에 들어오는 금액이 나가는 금액을 초과하기 때문에 이런 현상은 당연하다. 이자율은 4퍼센트에서 짧은 기간에 3퍼센트로 하락했고 자유화폐의 전반적인 도입과 함께 이자율 0의 시대로 갈 것이라고 사람들은 말한다! 내 생각도 그렇다. 만약 현재의 조건이 계속되기만 한다면.

저축은행으로의 돈 유입은 지속적으로 증가하고 있고 대출 요청은 감소한다. 사업가와 농부, 제조업자들은 나보다 더 쉽게 저축할 수 있고, 이제는 자기 자신의 잉여금으로 사업을 확장할 수 있기 때문이다.

대출금 수요는 줄어들고 있다. 그리고 공급은 증가하고 있다. 따라서 이자율은 떨어질 수밖에 없다. 왜냐하면 이자는 화폐대출에 대한 수요와 공급의 비율을 나타내기 때문이다.

내 통장에 쌓여 있는 돈을 생각하면 이자율 하락은 분명 유감스러운 일이다. 하지만 앞으로 훨씬 더 많이 채울 돈을 생각하면 모든 게 좋다. 이자란 무엇인가? 누가 지불하는가? 내가 오늘 저축한 돈은 내 급여에서, 국가와 지자체 채권자들이 뽑아가는 이자 상당액과 주택과 공장, 식량, 원료, 철도, 운하, 기름과 상수도 등을 사용하는 대가로 자본가들이 요구하는 이자 상당액을 지불하고 남는 금액이다. 이자율이 떨어지면 모든 것이 더 싸지고 내 저축능력은 비례적으로 커진다. 이미 저축한 금액에 대한 이자하락에 따른 손실은 저축 증가액으로 10배 이상 보상된다. 예를 들어 내 집세는 월급의 25퍼센트에 달하는데, 그 3분의 2가 건설자본에 대한 이자이다. 이제 이자율이 4퍼센트, 3퍼센트, 2퍼센트, 1퍼센트 마침내 '0퍼센트'로 떨어지면 나는 덕분에 집세의 4분의 1, 2분의 1, 4분의 3만큼을 절약하는 것이고 다시 말해서 집세에서만 내 급여의 4~16퍼센트가 절약되는 것이다! 하지만 주택자본은 급여에서 이자를 지불하는 전체 자본*의 겨우 4분의 1에 불과하다.

종전에는 내 소득 1,000달러 가운데 1년에 100달러를 저축할 수 있었다. 10년 동안 복리로 이를 맡기면 10년 후에 손에 쥐는 돈은 1,236달러였다. 이자가 사라지면서 내 급여는 2배가 되었고, 나는 1년에 100달러가 아니라 1,100달러, 10년이면 11,000달러를 저축할 수 있게 되

---

* 공업자본, 상업자본, 농업자본, 국가채무, 교통수단에 투입된 자본 등.

었다.* 이러니 이자가 사라진 걸 기뻐하지 않을 수 있을까?

따라서 이자를 완전히 제거하는 것은 내게 피해가 되기는커녕 내 저축에 엄청나게 도움이 될 것이다. 예를 들어 내가 20년 동안 일하면서 저축하고 은퇴하면 나는 다음과 같은 돈을 얻을 수 있다.

종전처럼 4퍼센트 복리에 따른 저축액   3,024달러

현재와 같은 0퍼센트 이자일 때 저축액   22,000달러

은퇴 후 지금까지의 저축과 이자 합계액 3,024달러에서 나오는 이자소득은, 이자율이 4퍼센트일 때 연간 120달러이다. 내가 이 이자소득을 초과하여 연간 360달러를 지출하면 저축 원금에 손을 대게 되고, 그러면 내 저축은 10년 안에 고갈될 것이다. 반면 22,000달러의 저축으로 나는 이자 한 푼 안 받고도 10년간 매년 2,200달러씩 소비할 수 있다.

결국 금과 이자가 저축에 이롭다는 옛 관념은 오류로 판명되었다. 대다수 사람들에게 이자는 저축을 불가능하게 만든다. 이자율이 0이면 모두가 저축할 수 있는데, 종전이라면 아주 예외적으로 유능한 노동자 아니면 허리띠를 졸라매고 살 예외적 용기가 있는 사람들만이 이 부르주아적 미덕을 실행에 옮길 수 있었다.

이자율이 0이 되면 이자생활자의 경우 상황이 정반대로 바뀐다. 그들의 재산이 더 이상 이자를 산출하지 못하고, 경제활동을 하지 않아 이자 소멸에 따른 임금상승의 혜택도 얻을 수 없기 때문에, 그들은 그들이 저축한 돈이 소진될 때까지 그 돈만으로 살아야 할 운명이다. 저축자와

● 이것은 물가가 국가통화국에 의해 같은 수준으로 유지된다는 가정에 의한 것이다. 이 경우 물가 속에 포함되는 이자가 사라진다는 건 물가하락이 아니라 임금상승으로 표현될 것이다. 반대로 물가가 이자율과 함께 떨어진다고 가정하면 임금은 같은 수준으로 유지될 것이다. 그러면 저축은 생활비의 감소로 증가할 것이다. 하지만 그렇게 저축된 금액은 종전의 저축과 바로 비교할 수는 없다. 왜냐하면 종전에는 물가가 더 높았기 때문이다.

이자생활자의 입장은 크게 대비된다. 노동자들이 저축할 때 이자생활자의 이자는 노동자의 노동에서 찾아야 한다. 저축자들과 이자생활자들은 같은 편이 아니라 적이다.

저축에 대한 이자 3,024달러를 받으려고, 그 대신 이자생활자들에게 18,976달러(22,000달러-3,024달러)의 이자를 지불해야 하다니!

이자생활자들은 이자의 하락을 탄식할지 모른다. 하지만 우리 저축자들 또는 저축하는 노동자들은 반대로 모두 기뻐할 이유가 있다. 우리는 이자소득으로 생활하지 않을 것이다. 대신 이자 없는 저축금액으로 우리 남은 생을 평안하게 살 것이다. 우리는 우리 자손들에게 영원히 샘솟는 소득원천을 남기는 대신 그들에게 자기 노동에 대한 완전한 대가를 보장할 경제적 조건을 물려주는 것이다. 이보다 더 완벽한 상속재산이 있을까? 자유토지와 자유화폐가 노동자들의 소득을 2배로 보장한다. 따라서 이 두 가지 개혁의 도입에 찬성표를 던지는 것만으로도 나는 내 후손들에게 종전 임금에 해당하는 이자를 만들어내는 자본을 물려주는 셈이다.

그리고 다시 우리는 잊어서는 안 된다. 만약 저축이 모든 이에게 유보 없이 설교되어야 할 미덕이라면 누구에게도 피해 주지 않고, 경제생활의 전체적인 조화를 깨뜨리지 않고 모든 사람들이 이 덕목을 실천할 수 있어야 한다.

개인의 경제생활에서 저축이란 많은 일을 하고 있다는 의미이고, 많은 걸 만들어 팔되 적게 구입한다는 것을 뜻한다. 저축은행으로 가는 돈은 내 생산물 판매대가와 다른 사람 생산물 구입대가 간의 차액이기 때문이다.

그러나 모든 사람들이 시장에 100달러어치 생산물을 갖고 가서 팔고 90달러어치 물건을 산다면, 즉 모든 사람들이 10달러를 저축하고 싶어한다면 무슨 일이 벌어질까? 이 모순은 어떻게 해결될 수 있을까? 과연 저축을 모든 사람들이 할 수 있을까? 자유화폐가 그 답을 제시해주었고 모순은 해결되었다. 자유화폐는 기독교 교리를 응용한다. 그러므로 무엇이든지 남에게 대접을 받고자 하는 대로 너희도 남을 대접하라.[30]

우리는 말한다. "너희가 너희 생산물을 팔고 싶으면 너희 이웃이 팔고 싶어하는 물건을 구입하라." 만약 당신이 100을 팔았다면 대신 100을 사주라. 모든 사람이 이렇게 행동할 때 자기 생산물을 모두 팔고, 저축도 할 수 있을 것이다. 그렇게 하지 않으면 저축자들은 서로 상대방에게서 저축을 실현할 가능성을 빼앗는 꼴이 된다.[31]

H. 협동조합원

자유화폐 도입 이후 우리 운동의 인기는 눈에 띄게 줄었고 나는 거의 매일 소비자협동조합의 해산 소식을 듣게 된다. 이는 자유화폐가 낳은 예상치 못한 놀라운 결과 중 하나이다. 그러나 그리 놀라운 일은 아니다. 소비자는 재화를 현금으로 사서 저장실에 넣어두며, 처음 포장된 상태

---

30 마태복음 7장 12절.
31 100을 생산하고 판매한 사람이 자신은 80만 사고 20이 남았다면, 이를 은행에 저축하여 대출을 통해 남이 소비할 수 있게 하면 전체적으로는 100이 팔리고 100이 소비되는 것이다. 그러나 만일 남은 20을 장롱에 넣어두면 경제규모는 80으로 위축된다. 그러면 다른 사람들도 저축할 수 있는 가능성을 빼앗은 것이다. 생산과 소비는 동시간에 맞추어질 필요는 없으며 저축과 투자 소비로 균형을 이룬다.

그대로 대량으로 구매한다. 상인에게 외상을 요청하는 일은 없다. 상인은 장부도 없고 큰 창고가 필요하지도 않다. 재화 대부분이 기차역에서 바로 배송되기 때문이다.

물론 이 모든 상황의 복합적 효과로 인해 상업은 엄청나게 단순화되었다. 전에는 가장 영리한 사업가만이 신용매매의 위협으로부터 용케 벗어날 수 있었다. 전에는 가장 유능하고, 부지런하며, 검소하고, 조직적이며, 능동적인 사람들만이 상업에 맞았다. 지금은 평균 지능 수준이라면 누구나 상업에서 성공할 수 있다. 창고도 없고, 저울도 없고, 오차도 없으며, 기장記帳도, 미래 수요 예측도 없다. 재화가 인도되는 즉시 현금으로 지급되며, 환어음, 수표, 사기는 없다! 청구서조차 필요 없다. 여기 상자나 자루가 있는 곳에서 바로 돈이 제시되는 것이다. 문제는 해결되고 잊힌다. 그리고 상인은 자유롭게 새로운 거래를 찾아나선다.

이러한 종류의 일은 어느 하급직이라도 할 수 있기 때문에 경쟁의 법칙에 의해서 그 일에 대한 보수는 하급직원의 임금수준까지 하락할 것이다.

그러니 협동조합이 무슨 쓸모가 있겠는가? 조합의 목적, 즉 상거래 비용의 절감은 화폐개혁으로 실현되어버린다. 앞으로 우리 조합은 누구를 가입시켜야 하는가? 협동조합은 소수의 엘리트 소비자들로 구성되어 있었다. 그들은 현금을 지불할 수 있고, 우리 가게에 오는 것이 의미가 있을 정도로 상당한 양을 구매할 수 있는 사람들이다. 그러나 상업여건이 변화함에 따라 그런 선택은 더 이상 가능하지 않다. 왜냐하면 오늘날에는 모든 소비자들이 그렇게 하기 때문이다. 아프리카에서 흑인협회를 만들거나, 뮌헨에서 맥주애호가협회를 만드는 것은 불가능할 것이다. 마찬가지로 화폐개혁은 소비자협동조합을 불가능한 것으로 만들었다.

조합이 사라진다고 큰 손실은 아니다. 협동조합은 공공정신을 함양하는 데 실패했다. 왜냐하면 그것은 다른 나머지 사람들과 대립하는 것이 필연적이기 때문이다. 조만간 소비자협동조합은 그들의 자연스러운 거래 당사자, 즉 생산자협동조합과 충돌했을 것이다. 그럼으로써 당연히 문제가 되고, 이는 이론적으로나 실제적으로 전세계적인 공산주의가 도입되어 모든 나라에서 모든 재산권을 폐지해서만 해결될 수 있었을 것이다. 예를 들어 독일협동조합연맹은 독일 슬리퍼제조업연맹에 얼마의 가격을 지불하기로 합의해야 하는가? 경찰만이 이 문제에 답할 수 있을 것이다.[32]

그리고 우리의 업적을 자랑스러워할 실질적인 근거가 있는가? 우리는 많은 소규모 자영업자를 망가뜨리는 데 성공했지만 주식이나 생산물 투기자는 한 명도 축출하지 못했다는 것은 부끄러운 일이다. 진정 우리의 힘을 보여주어야 했던 곳은 바로 거기, 주식시장이었다!

오직 약자만을 공격함으로써 자신의 힘을 과시하는 '공공정신이 충만한 조합'을 누가 존경하겠는가? 나는 자유화폐를 훨씬 선호한다. 자유화폐는 사실 소규모 자영업자들을 쫓아내기도 하지만 동시에 주식시장의 큰손들에 단호하게 맞서기 때문이다.

또 협동조합운동이 뇌물과 부패라는 중대악으로부터 자유롭다고 단언할 수도 없다. 공공기금이나 조합기금의 관리가 효율적으로 통제되지 않을 때, 시간이 지나면 도둑은 반드시 나타난다. 게다가 그 조합

---

32 여기서 경찰은 공권력을 상징한다. 갈등을 봉합할 방법이 없어 분명 싸움으로 번질 것이라는 의미다.

의 회원들이 모든 청구서를 조사하고 샘플과 배송된 모든 재화를 대조할 수는 없을 것이다. 또 사적인 계약을 통해 조합의 관리자들이 뇌물을 받고 조합에 해를 끼치는 것을 예방하는 것도 불가능하다. 만일 조합이 돈과 같이 통일된 품질의 재화만을 취급한다면 관리자들에 대한 효과적인 통제가 가능할 것이다. 그러나 질적 상태를 따지지 않고 양만을 고려하는 상품이 돈 이외에 또 있겠는가?

그러므로 조합제도가 일반화되었을 때 우리가 예상해야 하는 것은 공산주의, 사유재산의 폐지, 그리고 광범위한 부패이다. 그래서 나는 자유화폐를 환영한다. 자유화폐 도입으로 상업관행이 변하고 조합의 목적인 상업비용의 경감을 달성할 수 있었다. 재화는 이제 소유자에서 소유자로 한 번에 가고, 재화와 소유는 불가분이다. 중간자의 간섭, 즉 제삼자랍시고 대리인이 가격과 품질을 확정하는 것은 그 자체로 부패를 초래할 뿐 아니라, 그 자체가 상품이라는 아이디어를 파괴하고 수요와 공급이 상품가격을 결정한다는 원칙을 부패시킨다.

그리고 이상하지 않은가? 조합운동의 자연스러운 목표인 모든 조합의 총연합이 모든 조합의 해체에 의해 실현되었다는 것이. 가장 효율적인 협동조합은 언제나 공개된 시장이다. 거기서 소유자끼리 흥정하고, 재화의 품질은 당사자들에게 평가되며, 구매자는 특정 가게나 마을, 도시에 속박되지 않는다. 거기서 조합의 교환권(화폐)은 모든 영역에서 사용 가능하고, 불신은 사라지며, 부패는 배제되고, 공공의 통제를 필요로 하지 않는다. 왜냐하면 특별한 이해관계가 있는 사람들 어느 누구도 부재중인 주인 대신 거래를 매듭짓는 대리인의 역할을 맡지 않기 때문이다. 물론 이는 협동조합을 운영할 때보다 공개된 시장이 재화의 비용을 더 부담시키지 않는다는 조건에서이다! 그리고 이 조건이 이루어지는 것은 자유화폐를 만들었기 때문이다. 자유화폐를 통해 상업은 빨라지고 안전해졌으며, 상업이윤은 통상임금과 구별할 수 없을 정도로 싸졌다.[33] 이는 협동조합이 필요 없어졌다는 것을 의미한다.

I. 채권자

아무도 내가 자유화폐에 대해 열광하지 않는다고 비난하지는 않을 것이다. 이 혁신으로 이자율이 떨어지지 않았는가? 또 자유화폐가 범세계적으로 도입되면 이자가 완전히 사라질 거라고 위협하지 않는가 말이다. 하지만 나는 자유화폐의 도입이 어떤 면에서는 나한테도 위안이 된다는 것을 고백하지 않을 수 없다.

국가, 지방자치단체, 그리고 개인들이 정부증권, 환어음, 담보대출 혹은 약속어음의 형태로 나에게 빚진 이전의 '마르크, 독일화폐본위'는 과연 무엇이었는가? 나는 정말 모르겠는데, 아무도 내게 말해주지 못했다.

국가는 의회 다수의 의견에 따라 금으로 돈을 만들었다. 그러나 국가는 어느 날 갑자기 자유주조권을 폐지하고 금을 탈화폐화하기로 결정할 수도 있었다. 은을 탈화폐화한 것과 똑같이 말이다. 자유화폐를 도입하면서 실제로 이러한 일이 일어났다. 이러한 변화를 채택하면서 국가는 탈러는 작은 은 덩어리가 아니고, 마르크도 얼마의 금이 아니며

---

33 자유화폐가 도입되면 상업이윤에서 돈의 특권으로 인한 자본의 불로소득이 사라져, 상업이윤은 노동소득만으로 수렴된다.

화폐라는 것을 인식하게 되었다. 또 자유주조권을 폐지하면서 화폐 소유자와 화폐 채권자의 손실을 보상해야 한다는 것도 알게 되었다.

국가는 다른 방법을 쓸 수도 있었다. 국가는 금을 원하지 않는다. 금을 추출하기 위해 주화를 녹일 뿐이며, 그 금속을 산업용으로 사용하려는 자에게 최고입찰가로 판다. 이러한 판매로 국가가 얻게 되는 지폐는 아무리 세심하게 관리해도 금을 받고 내줬던 지폐보다 훨씬 적다. 국가가 우리의 금을 자유화폐로 교환해주지 않았다면 이 손실은 우리에게 떨어졌을 것이다. 그러나 우리 현금을 지키는 것은 비교적 덜 중요한 문제다. 화폐에 대한 청구권(정부 채무, 담보대출, 환어음, 기타)을 알고 있다면 말이다. 그 청구권 규모는 유통되는 전체 금화 액수보다 100배나 더 크고, 대부분 앞으로 50년이 지나야 만기가 된다. 이 역시 확정된 구매력을 가진 지폐로 지불되어야 한다. 금 1마르크에 대해 자유화폐 1마르크로 말이다.

그래서 이런 점에서 나는 완전히 보장을 받았다. 나는 이제 '1마르크, 독일화폐본위'가 무엇인지, 오늘, 내일, 그리고 항상 1마르크로 무엇을 사고팔 수 있는지를 안다. 사실 나는 이전보다 이자를 덜 받는데, 아마 나중에는 아예 이자를 받지 못할 것이다. 그러나 적어도 내 재산은 안전하다. 만일 원금이 상시적인 위험에 처해 있다면 이자가 무슨 소용이 있겠는가? 주가는 상품가격과 함께 오르내렸다. 따라서 재산은 지키는 것보다 만드는 것이 더 쉽다는 게 상식이 되었다. 투기자의 거대한 부는 다른 부의 몰락 위에 세워졌다. 금이 대량으로 발견될 위험도 있고, 과학이 언젠가 '현자의 돌'을 만들어낼 가능성도 있다. 과학자들은 물질의 통일성에 대해 말한다. 그리고 금은 물질의 특수한 한 형태일 뿐이어서 어떤 물질도 금으로 바꿀 수 있으리라고 말한다. 그러면 얼마나 이상한 사업이 될까! '어음 제시 후 90일이 지나면 나의 지시에 따라 독일화폐본위 1,000마르크를 지불한다'는 것이 내 포트폴리오에 있는 환어음의 내용이다. 채무자는 이렇게 말할 것이다. "어디 보자. 내 난로 속에 재가 있군요. 이 재로 당신에게 금화 1,000마르크를 뚝딱 만들어주겠습니다. 단지 이 단추를 누르기만 하면 됩니다. 자 여기 당신의 금화 1,000마르크가 있습니다. 아니 약간 더 많군요. 하지만 괜찮습니다."

우리 법률은 그러한 사태에 대한 대비가 없다. '마르크, 독일화폐본위'의 정의를 내리는 일은 의회에 떠넘겨진 것이다. 그리고 채무자들은 의회에서 쉽게 다수를 차지할 수 있다.[*]

채권자로서의 내 상황은 다른 나라에서 금본위제를 폐지하고 우리나라에서는 금본위제를 유지할 가능성 때문에 위태로워질 수도 있었다. 예를 들어 미국이 은이나 금을 법정화폐로 인정할 것인가 하는 문제를 두고 은과 금 모두 화폐자격을 박탈하여 채무자와 채권자의 이해상충에서 공평한 균형을 유지하려 했다고 해보자. 이는 미국 통화정책의 모순에 대한 가장 합리적인 해결책이자, 국가의 불편부당성을 입증하는 유일한 길이었을 것이다. 그러나 결과가 어떻게 되었을까? 미국에서 쓸모없어진 금덩어리가 독일로 넘쳐 흘러와서는 우리 물가를 50퍼센트, 심지어 100퍼센트나 200퍼센트 상승시켰을 것이다. 그래서 나는 이자감소를 겪는 지금보다 전반적인 물가상승으로 더 큰 손실을 보았을 것이다.

---

[*] 이 상황은 저자의 소책자인 「스위스의 국유은행의 독점Das Monopol der Schweizerischen Nationalbank」(베른, 1901)에서 한층 더 자세하게 논하고 있다.

독일화폐본위 마르크로 지불되는 증권은 분명히 위험한 투자였다. 그러나 이제는 모든 위험이 사라졌다. 미국이 지폐본위로 가든 복본위제로 가든, 일본과 러시아가 금본위제를 유지하든 우리는 상관없다. 금이 많이 발견되든 적게 발견되든 통화의 유통에서 한 푼도 더해지거나 감해지는 일이 없다. 금의 현재 재고량이 교환에 제공되든 제공되지 않든, 독일화폐본위는 영향을 받지 않기 때문이다. 무슨 일이 일어나든 나는 독일화폐본위 1마르크를 그만큼의 상품을 주고 얻을 것이다. 왜냐하면 그것이 법적, 과학적으로 정의된 '마르크, 독일화폐본위'의 개념이기 때문이다. 그리고 마르크 가치하락에 의해 개인적으로 이득을 볼 수 있는 채무자들이 의회의 다수를 차지하고 있더라도 그들이 대놓고 자신들의 욕심을 채우려 한다면 신뢰를 잃을 수밖에 없을 것이다. "상품의 평균가격은 고정되어 변경할 수 없는 것이 화폐본위이다. 그런데 당신들은 이 본위를 바꾸었다. 모든 사람들이 보고 있고, 측정해볼 수 있는데 말이다. 당신들은 자신의 이익을 위해, 빌린 돈보다 갚을 돈을 작게 만들기 위해 그런 일을 저질렀다. 그러므로 당신들은 도둑이다."

그러나 백주 대낮에 대중의 면전에서는 함부로 도둑질을 못 한다. 물론 낚시는 탁한 물에서 하는 게 유리하다. 예전 통화제도에서는 물이 탁했고 그래서 사기꾼들에 크게 유리했다. 하지만 이제 물은 투명해졌다. 화폐본위는 모든 사람에게 명확하게 이해되고 있다.

J. 채무자

우리 농장주들[34]은 철면피라서 의회와 언론에서 그리고 일상생활에서 우리에게 퍼붓는 그 많은 비난에도 둔감할 수 있었다. 그들은 우리를 고리빵대금업자, 거지, 악당이라고 불렀다.

노동자들이 우리가 빵을 비싸게 만든다고 공격하는 것은 용서할 수 있다. 그 사람들에게 우리는 가해자다. 우리가 그들의 얇은 지갑을 털어낸 것을 정당화할 만큼 그들이 우리에게 해를 끼친 것은 없다. 그러나 자신들의 부를 쌓으려고 그렇게도 자주 입법을 통해 우리에게 피해를 주었던 다른 정당들이 이 비난의 합창 대열에 합류했다. 정말 웃기는 일이다. 그건 이 정당들이 정치가 무엇인지 모른다는 것을 보여준다. 정치는 권력을 의미한다. 권력을 가진 자들은 자신의 이익을 위해 이를 악용해왔다. 이전엔 자유주의 정당들이 권력을 가지고 있었고 그들도 이를 악용했다. 이제는 우리 차례다. 그런데 왜 우리를 비난하는가? 어차피 비난은 권력을 가지고 있던 사람들에게, 그리고 미래에 권력을 가질 사람들에게 돌아갈 몫이다.

이 싸움에서 우리의 정적이 분명히 먼저 공격을 해왔다. 그들은 금본위제를 도입함으로써 우리를 공격했고, 우리는 자신을 보호하기 위해 복본위제로 회귀하고자 노력했다. 우리가 성공하지 못했기 때문에 보호관세에 도움을 청한 것이다. 왜 우리 정적들은 우리의 담보대출 기반이 되는 복본위제를 빼앗아갔을까? 왜 우리가 받은 것보다 더 많이 갚도록 만들었을까? 왜 금과 은 사이의 선택권을 우리에게서 빼앗아감

---

34 채무를 지고 그 채무에서 합법적인 방법으로 해방되려는 토지 소유자.

으로써 담보대출 조건을 바꾼 것일까? 왜 두 금속 중에서 더 싼 것으로 우리 빚을 상환할 가능성을 박탈한 것일까? 내 빚을 감자 1천 킬로그램과 면 100킬로그램 중에서 자유롭게 선택해 갚는 것과 감자로만 갚아야 하는 것은 분명 큰 차이가 있다. 우리는 계약서상의 이러한 조항에 따른 이점을 빼앗기고도 아무런 보상도 받지 못했다. 만약 나에게 선택권이 주어졌다면 나는 160파운드의 은이나 10파운드의 금으로 지불할 수 있었을 것이다. 물론 두 금속 중에서 더 싼 것으로 지불했을 것이다. 그건 내가 돈을 빌릴 때 더 싼 금속으로 받은 것과 마찬가지다. 나중에 은 가격과 금 가격을 비교해보면 이러한 이점으로 이익을 볼 가능성은 분명해졌다. 금 가격은 은과 비교해 50퍼센트 상승했고, 그래서 내 빚은 10만 마르크가 아닌 20만 마르크가 되었다.[35] 더 나쁜 것은 이게 명목상으로가 아니라 실제 사실이라는 점이다. 나는 이자를 갚기 위해 매년 2배의 생산물을 내줘야 한다. 은행은 이제 밀 50톤이 아니라 100톤을 요구한다. 은화가 폐지되지 않았다면 나는 빚을 갚는 데 그 추가 50톤을 사용할 수 있었을 것이고 지금이면 다 청산했을 것이다.

우리 정적들의 승인을 받아 우리 채무자들을 이렇게 취급하다니 완전히 사기 아닌가?

채무자들이 한목소리로 저항하지 않고, 토지 소유자들과 담보대출 채무자들만 저항한 것은 다른 채무자들 대부분이 부동산 담보 없이 돈을 빌렸고, 그들은 금본위제 도입 이후 나타난 경기침체로 파산하여 빚을 청산했기 때문이다. 그러므로 이 문제는 그들에게 더 이상 관심사가

---

35 현재기준 50퍼센트 싼 은으로 진 빚을 현재기준 50퍼센트 비싼 금으로 갚아야 하니 부담은 2배로 늘었다.

아니었던 것이다.

금본위제 도입 이후 밀 가격이 265마르크에서 140마르크로 하락했다는 점, 그리고 담보대출을 금이 아니라 은으로 받았다는 점을 지적하면서 우리가 은본위제로 회귀할 것을 요구했을 때, 사람들은 우리를 비웃으면서 우리가 통화나 상업의 필요에 대해 아무것도 모른다고 말했다.

"금본위제는 위대한 성공을 증명했다(증거: 대공황과 물가하락). 이를 건드리게 되면 소유권 개념은 불안해지고, 전체 경제구조는 붕괴의 위험을 감수해야 할 것이다. 금본위제의 축복에도 불구하고 우리가 잘하지 못한다면 그건 우리의 낡은 방식 때문이다. 왜 우리는 현대식 기계를 도입하지 않았는가? 왜 우리는 화학비료를 사용하지 않았는가? 왜 우리는 공업용 작물을 재배하지 않았는가? 왜 우리는 낮은 비용으로 더 많이 생산해서 낮은 가격에도 잘 견딜 수 있도록 하지 않았는가? 우리 주장은 모두 틀렸다. 금의 '가치'는 고정되어 있고 상품의 가치는 생산비용 감소의 결과 하락한 것이다! 금은 '고정된 내재가치'를 가지고 있으니 가격 변동은 언제나 상품 때문이다."

우리는 이 훌륭한 조언을 실천에 옮겨 생산비를 낮추려 했다. 국가도 폴란드 노동자를 위해 저렴한 철도요금과 낮은 수송비용으로 지원해줬다. 그래서 같은 노동력으로 더 많은 수확을 얻었다. 그러나 우리는 기대한 만큼 이익을 얻지 못했다. 왜냐하면 우리의 수확량은 증가했지만 가격이 265마르크에서 140마르크로 하락해서, 실제로는 더 많은 수확량에 대해 더 적은 돈을 받았기 때문이다. 우리가 필요로 하는 것은 돈이다. 우리 채권자들이 감자나 사탕무가 아니라 돈을 요구하기 때문이다! 그들은 자신들에게 유리하게끔 법에 의해 조작된 계약으로 우리를 구속해버렸다. 그들은 금을 요구했다.

은본위제는 우리에게 돈을 더 많이, 더 싸게 주었을 것이다. 그것이 거부당했기 때문에 우리는 다른 편법을 써서 우리 생산물에서 더 많은 돈을 얻고자 했다. 이렇게 해서 우리는 보호관세를 생각해냈다. 우리가 속아서 은본위제를 뺏기지 않았다면 보호관세는 필요 없었을 것이다. 그러므로 밀 관세에 대한 모든 책임은 우리를 고리빵대금업자, 거지, 도둑이라고 부른 사람들, 금본위제를 도입해 우리를 강탈한 사람들에게 있다. 끝없는 투쟁과 상처를 유발한 우리 정치경제사의 이 끔찍한 사건들은 피할 수 있었을 것이다. 통화개혁을 제안할 때 '탈러' 또는 '마르크'라는 용어를 법적으로 명확히 정의하고, 국가가 어떤 상황에서 은이나 금을 탈화폐화할 수 있는지 명확하게 규정했다면 말이다.

이 문제가 엄청나게 중요하다는 것을 고려해볼 때, 권력 추구의 기반으로 탈러, 나중에는 마르크를 이용했으면서 "무엇이 독일화폐본위 마르크인가?"라는 근본 질문을 단지 정당정치의 문제일 뿐이라고 치부한 것은 모두 범죄행위였다. 하지만 지금 나는 안전하다고 느낀다. 국가통화국이 감시 중이고, 자유화폐가 채무자와 채권자 사이에 공평한 균형을 유지할 수 있도록 해주고 있으니 말이다.

K. 실업보험국

자유화폐 도입 이후 실업급여 신청이 갑자기 중단되었고, 내 조수와 나는 할 일이 없어졌다. 이제 화폐는 재화를 찾아다니고, 재화는 곧 노동이며 고용이다. 자유화폐를 소유한 사람이라면 재화를 구입하든지, 새로운 사업에 투자하든지, 아니면 그 돈을 쓸 사람에게 빌려주든지 함으로써 항상 그걸 처분하려고 애쓴다. 그래서 나타난 변화는 이것이다. 생각할 수 있는 어떤 상황도, 어떤 개인적, 정치적 고려도, 이자율의 하락과 심지어 이자와 이윤의 완전한 소멸조차 자유화폐의 공급을 방해할 수 없다는 것이다. 상거래 목적의 재화 구입에서 이윤이 아니라 손실이 난다고 가정해도, 자유화폐가 처한 어려움은 다른 모든 상품과 똑같다. 이 상품들 역시 판매에서 손해가 나더라도 교환에 제공되기 때문이다.

자유화폐를 가진 사람은 누구나 손익에 관계없이 그것을 넘겨야 한다는 압박을 받는다. 자유화폐는 명령한다. 그것은 지연을 용납하지 않으며, 모든 족쇄를 부숴버린다. 공세적인 혹은 수세적인 입장에서 화폐의 유통을 저해하려는 투기자나 금융업자는 자유화폐에 의해 타격을 입게 된다. 자유화폐는 그 폭발적인 힘으로 돈 저장고, 즉 대형은행의 금고부터 마구간지기의 소박한 저금통까지 모두 열어젖혀 화폐를 해방시키고, 시장으로 쏟아져 나오게 한다. 그래서 이름이 자유화폐다. 누구든 자유화폐를 받고 재화를 파는 사람은 즉시 재화를 다시 구매해야 한다. 그리고 재화의 구매는 재화의 판매를 의미하며, 재화의 판매는 고용을 의미한다.

자유화폐는 구현된 수요다. 수요는 판매이고, 판매는 노동이다. 화폐개혁은 실업에 대한 자동보험이다. 국가나 고용주가 떠먹여주는 공적보험이 아니라 분업에 내재된 자연스러운 보험이다. 노동은 재화를 생산하고, 재화는 항상 다른 재화와 교환되려는 경향이 있기 때문이다. 금이 개입함으로써 교환은 두 개의 외부적 힘, 이자와 이윤 추구 욕망에 조공을 바쳐야 했다. 그리고 그 때문에 교환은 늘 방해받아왔다. 재화의 교환은 이자와 이윤이라는 조건에 의존하게 되었다. 교환은 이자나 이윤을 낳지 못하면 중단되었다. 교환매개물인 화폐가 뒤로 물러나기 때문이다.

자유화폐로 인해 그런 조건은 완전히 불가능하게 되었다. 자유화폐는 먹이를 찾아다니는 굶주린 사자다. 그것은 언제나 재화에 덤벼드는데, 재화는 고용이다. 내가 재화를 사는 것과 직접 노동을 고용하는 것은 차이가 없기 때문이다. 나에게 재화를 판매한 상인은 그의 재고를 다시 채우려 할 것이고 제조업자로부터 새로운 재화를 주문함으로써 돈을 처분하려 할 것이다.

터무니없이 단순해진 실업보험, 터무니없이 간소화되는 노동부! 국가에 의해 유통되는 모든 자유화폐가 고용신청서의 대체물이다. 수천 장의 자유화폐는 노동교환의 대체물이다.[36] 재화를 팔고 그 대가로 화폐를 받는 사람은 누구나 즉시 재화를 다시 살 것이다. 직접 살 수도 있고, 그가 돈을 빌려준 누군가가 살 수도 있다. 따라서 모든 사람의 구매량과 판매량은 동일하다. 여분이 생길 여지는 없으며 생산된 것과 똑같은 양의 재화가 판매된다. 그런 조건에서 어떻게 경기침체와 과잉생산, 실업이 발생하겠는가? 그런 현상은 때때로 혹은 항상, 사람들이 생산한 것보다 적게 살 때만 가능하다. *

---

36 여기서 '노동교환'이란 임금과 노동의 교환, 즉 화폐와 노동의 교환이며, 노동교환이 있다는 것은 고용이 이루어진다는 뜻이다. 자유화폐는 퇴장되지 않고 바로바로 구매에 쓰이기 때문에, 기존 화폐가 하지 못하던 노동교환을 촉진한다. 결론적으로, 자유화폐가 도입되면 고용문제가 저절로 해결된다. 이것이 본문에서 게젤이 말하고자 하는 핵심이다.

* 자유화폐는 어떤 개별 제조업자의 생산물 판매를 보장하는 것이 아니며 전체 제조업자에 대해서 판매를 보장한다는 점은 이론의 여지가 없다. 나쁜 상품을 생산해 비싼 값을 매기거나 시장이 요구하지 않는 물건을 만들면 아무리 자유화폐라도 그 물건은 팔릴 수 없다. 여기서 사용하는 무제한 매출이라는 단어는 전체적인 의미에서 그렇다는 말이다. 자유화폐 도입 후에는 이자 요구나 변화하

전에는 어땠는가? 상인은 자기 돈으로 이자를 지불해야 했고, 그래서 이자를 뽑아낼 수 있을 때만 상품을 구매할 수 있었다. 그 상품판매로 이자를 뽑아낼 수 없을 때는 노동자의 생산물은 거래되지 못한 채 남아 있었고 매출이 부족하면 노동자들은 일할 수 없었다. 이자가 안 나오면 돈 거래가 안 되고, 돈이 없으면 상품이 없고, 거래가 없으니 일도 없었다.

이자는 화폐유통의 필요조건이었고, 고용은 거기에 의존한다. 제국은행 스스로도 이자 없이는 화폐를 발행하지 않았다. 심지어 시장에 화폐가 부족하다고 모두가 인정했을 때도 그랬다. 제국은행 헌장에 의하면 그 주요업무가 시장의 필요에 따라 화폐의 유통을 맞추는 것임에도 이런 일이 벌어졌다. (나는 제국은행을 비난하려는 것은 아니다. 신이라 해도 엉성하게 짜인 제국은행 헌장에 묶이면 꼼짝 못 했을 것이다.)

오늘날 화폐유통은 더 이상 조건부가 아니다. 화폐는 그 결과가 무엇이든 재화의 판매를 의미한다. 화폐—재화의 판매—고용—화폐. 어떤 상황에서도 이 순환은 이루어진다.

물론 상인은 이윤을 염두에 둘 수밖에 없고, 그래서 판매가격은 구매가격 이상이어야 했다. 그건 자연스럽고 필연적이며, 더 나아가 모든 상업활동을 전적으로 정당화할 수 있는 조건이었다. 그리고 상인이 지불하는 가격 혹은 그의 장부 차변에 기재되는 가격[37]은 모든 경우에 불

는 시장예측도 더 이상 하지 않는다. 누구나 판 만큼 바로 사야 하고 모두가 그래야 한다면 잉여는 생기지 않는다. 재화가 더 필요하지 않은 사람은 일을 그만두거나 남는 돈을 남한테 빌려줄 것이다. 즉 자기가 판 것보다 많은 재화가 필요한 사람한테 빌려줄 것이다. 어떤 제품(사탕무, 철, 댄스 강습 등)에서의 경쟁이 지나칠 경우 가격은 내려간다. 하락한 가격으로는 도저히 이익을 낼 수 없다면 어떻게 해야 하는지는 모두 알 것이다.

37 재고자산의 매입가격, 즉 상품의 원가를 말한다.

변의 확정된 금액이었다(위탁판매는 제외). 반면에 판매가격은 복권이었다. 그래서 상거래는 몬테카를로의 도박장과 유사했다. 구매와 판매 사이에 시차가 있었고, 그동안 시장이 변할 수 있었던 것이다.

상인은 구매 전에 시장상황과 무역 전망, 국제정치에 대해 살펴보았다. 전반적인 물가상승이 임박했다고 믿고 다른 사람들도 그렇다고 생각하면, 그는 서둘러 구매하고, 그래서 가능한 한 많은 재화 재고량을 확보하고 예상되는 가격상승에 참여하려 했다. 그가 틀리지 않았다면, 그와 같은 생각을 가진 사람이 많아서 그들이 구매를 한다면, 그것 하나만으로도 예상했던 일이 일어나기에 충분한 이유가 되었다. 그 예상이 어떤 근거를 가지고 있든 관계없이 말이다. 왜냐하면 모든 사람이 물가상승의 도래를 믿고 있다면, 돈을 쌓아둔 사람들 모두 구매를 할 것이기 때문이다. 그리고 쌓아둔 모든 돈이 구매에 사용되면, 물가는 상승할 수밖에 없다.

이 경우 '믿는 대로 구원을 받으리라'라는 원리가 증명된다.

물론 사람들이 물가가 하락할 것이라 믿으면 그 반대의 일이 벌어진다. 다른 상인들이 물가가 하락할 거라 믿는다고 생각하면, 상인은 그의 상품 재고를 처분하려 했다. 한편으로는 필요하면 가격을 내려서라도 억지로 팔고, 다른 한편으로는 더 유리할 때까지 구매주문을 지연시켰다. 그러나 다른 상인들도 같은 행동을 취함에 따라, 이는 다시 그들이 두려워하는 일이 초래되는 유일한 원인이 되었다. 그들의 믿음이 그들을 바보로 만든 것이다. 금본위제하에서는 사람들이 믿는 대로 모든 일이 일어나기 때문이다. 믿음이 최고권력자인 셈이다. 물가가 오르거나 내릴 것이라는 믿음만으로도 이 믿음을 현실로 만들기에 충분했다.

믿음, 분위기, 날씨예보가 재화교환에 화폐가 제공될지 안 될지, 노동자들이 축구를 할지 밤새 초과근무를 할지를 결정했다. 모든 예비자금을 재화교환에 제공할지 여부가 믿음에 달려 있었던 것이다!

자유화폐로 이 모든 것이 바뀌었다. 화폐는 이제 그 소유자의 믿음이나 기분을 물어보려고 기다리지 않는다. 명령하는 건 자유화폐다. 자유화폐는 스스로 주문한다. 그러나 단지 '믿기 때문에'가 상거래에서 사라졌기에 이윤에 대한 믿음, 희망, 열망이 더 이상 화폐유통에 영향을 미치지 못하고 수요는 규칙적이 된다. 상업에서의 희망과 두려움은 이제 단순히 개인적인 문제일 뿐 시장에 어떤 영향도 주지 못한다. 노동과 재화 수요는 더 이상 화폐라는 자의적인 힘의 뒤꿈치에 끌려다니지 않는다. 그래서 더 이상 화폐 소유자의 의지에 종속되지 않는데, 이제는 화폐가 수요 그 자체이기 때문이다.

노동자가 화폐, 즉 일자리를 찾아다니는 것을 당연시하던 때도 있었다. 오직 예외적인 경우만 화폐가 노동을 찾아다녔다. 화폐는 재화와 노동이 자신을 찾아오도록 강요했다. 이는 평등한 권리의 원칙에 위배되었지만 어떤 항의도 할 수 없었다. 모든 사람들이 돈의 특권을 참았던 것이다. 아마도 그 특권이 화폐제도와 불가분하게 얽혀 있다고 생각했기 때문일 것이다. 노동자와 재화 소유자는 판매지연으로 인해 매일 엄청나게 증가하는 손실을 입었다. 반면, 화폐는 잠재구매자를 위해 이자를 산출했다. 그래서 구매자는 집에 머물고, 판매자는 구매자를 찾아다니며 구매를 설득하는 것이 자연스럽고 또 불가피했다.

이제 이러한 관점은 더 이상 당연하지 않다. 화폐 소유자가 그의 주머니에서 돈이 불타고 있음을 느끼게 되어 교환을 할 수밖에 없기 때문이다. 이는 노동자가 자기 노동력의 소멸적 속성 때문에 가능한 한 빨리 구매자를 찾으려는 것과 다를 바 없다. 그래서 화폐 소유자는 더 이상 인내심을 갖고 재화 소유자(노동자)가 그를 찾아주기를 기다리지 않는다. 그는 더 일찍 일어나 판매자를 찾아다니고 중간에서 재화를 만난다.

하지만 둘이 서로를 찾아다니면 한쪽만 찾아다니는 것보다 더 빨리, 더 정확하게 만날 것이다. 암컷이 수컷에게서 숨으려 하면 동물의 왕국은 안타까운 곤경에 빠질 것이다. 암컷이 수컷의 울음소리를 듣고 진흙 밖으로 기어나오지 않으면, 연못의 두꺼비가 어떻게 짝을 찾겠는가?

이전에는 화폐 소유자가 재화 소유자로부터 숨는 것으로 이득을 보았다. 찾는 시간이 길어지면 재화 소유자는 더 말을 잘 듣게 된다. 노동자나 재화 판매자가 화폐 소유자의 선잠을 방해한 것처럼 보이기 위해 잠옷과 슬리퍼 차림으로 나타나는 것. 그것이 구매자가 판매자를 만나는 방식이었다!

그랬던 화폐가 이제는 모든 상황에서 상품을 찾아나선다. 갑자기 화폐가 굶주리게 된 것이다. 그 굶주림 때문에 화폐는 민첩해지고, 사냥 본능은 날카로워졌다. 사실 화폐가 재화를 쫓는 것은 아니다. 재화가 몸을 숨기는 일은 없기 때문이다. 재화는 그럴 수가 없다. 그 둘은 중간에서 만난다. 하지만 화폐가 구매할 재화를 찾지 못하면, 원하는 재화가 우연히 발 앞에 굴러올 때까지 기다리지 않는다. 대신에 화폐는 그 재화의 원천을 추적해간다. 즉 노동이다.

그러므로 자유화폐는 실업에 대한 자동보험으로 공적보험을 대체했다. 자유화폐는 자동적인 노동부가 되었다. 그리고 나와 우리 공무원 10만 명은 거리로 내몰렸다. 이제 유일한 실업자는 실업보험국의 공무원들이라니 이 무슨 운명의 아이러니인가!

L. 프루동의 제자

자유화폐의 도입과 함께 우리의 모든 계획이 달성되었다. 우리가 찾아 헤매던 목표에 도달한 것이다. 교환은행과 협동조합처럼 복잡하고 모호한 제도를 통해 우리가 달성하고자 했던 것, 즉 재화의 완전한 교환이 자유화폐를 통해 정말 간단하고도 쉬운 방식으로 실현되었다. 프루동이 뭐라고 했던가?*

"사회질서에서 호혜주의는 정의의 공식이다. 호혜주의는 다음과 같은 격언으로 정의된다. '네가 대접받고 싶은 대로 남을 대접하라.' 이것을 정치경제학 용어로 옮기면 '생산물과 생산물을 교환하라. 상호간에 생산물을 사주라'가 된다. 사회과학은 그저 상호관계를 조직하는 것이다. 사회라는 몸체에 완벽한 순환, 즉 정확하고 규칙적인 생산물 대 생산물 교환을 이행하라. 그러면 사람들간 연대는 확실해지고 노동은 조직될 것이다."

그리고 프루동이 옳았다. 토지생산물에 대해서는 아니더라도 적어도 노동생산물에 대해서는 말이다. 하지만 생산물의 이러한 규칙적 교환이 어떻게 실현될 수 있을까? 이 완벽한 순환을 달성하기 위해 프루동 자신이 제시한 것은 사실 실현 불가능한 것이었다. 프루동이 생각한 교환은행은 작은 규모에서도 작동하지 않았다. 그런데 경제의 전체 몸통이 어떻게 이 방침에 따라 조직될 수 있겠는가?

또 프루동은 왜 우리가 완전하고 규칙적인 교환으로 서로의 생산물

---

* 딜(Diehl), 『프루동(*Proudhon*)』, 43, 90쪽.

을 사주는 데 실패했는지 조사해야 했다. 그것이 그가 처방을 내놓기 전에 우선 답해야 했던 질문이었다.

사실 프루동은 금속화폐에 뭔가 잘못된 것이 있다고 의심했다. 그래서 그는 금을 "시장을 가로막는 빗장, 즉 아무도 통과시키지 말라는 명령을 받고 시장의 문을 지키는 경비병"*이라고 칭했다. 하지만 그는 화폐와 관련해 정확히 무엇이 잘못되었는지 알아보려고 하지 않았다. 이것이 그의 연구의 출발점이 되어야 했음에도 말이다. 그걸 실패했기 때문에 그는 헤매게 되었다. 노동, 혹은 노동의 결과물인 상품을 현금 (즉, 금)의 수준으로 끌어올림으로써 프루동은 사회문제의 해결책을 발견했다고 생각했다. 그러나 왜 재화를 더 높은 수준으로 '올려야' 할 필요가 있는가? 노동의 수준 위에 있는 금(그 당시에는 화폐)에 도대체 뭐가 들어 있길래?

여기서, 재화를 금과 같은 지위로 끌어올리려는 생각에 프루동의 착오가 있었다. 그는 그 명제를 뒤집어서 말해야 했다. "우리는 화폐와 재화가 같은 수준에서 유통되어 화폐가 절대 재화보다 더 선호되지 않기를 원한다. 그래서 재화는 화폐가 되고 화폐는 재화가 된다. 그러므로 화폐를 재화 수준으로 낮추자. 우리는 재화의 품질은 바꿀 수 없으며, 따라서 상품으로서 금에 내재하는 이점을 재화에 부여할 수 없다. 우리는 다이너마이트를 위험하지 않게 만들 수 없으며, 유리가 깨지지 않게, 철이 녹슬지 않게, 모피가 좀먹지 않게 할 수 없다. 재화는 예외 없이 자연적 결함이 있다. 그것은 부패하며, 파괴적인 자연의 대행자들의 지배를 받는다. 금만이 예외다. 게다가 금은 화폐가 되는 특권을 가졌다. 그

● 뮐베르거(Mühlberger), 『프루동, 그 저작과 인생(Proudhon, seine Werke und sein Leben)』.

리고 화폐로 어디서나 팔릴 수 있고 한곳에서 다른 곳으로 큰 비용을 들이지 않고 옮길 수 있다. 그러니 재화를 어떻게 금 수준으로 올릴 수 있겠는가? 하지만 그 반대의 과정은 쉽다. 화폐는 조정이 가능해서, 우리가 원하는 대로 할 수 있다. 그것이 꼭 필요하기 때문이다. 화폐를 재화의 수준으로 낮추자. 재화의 나쁜 속성과 동일한 나쁜 속성을 화폐에 부여하자는 것이다."

이 논리적 발상은 자유화폐의 도입을 통해 이제 실천에 옮겨졌다. 그리고 그 결과는 프루동의 함축적인 문구 속에 얼마나 많은 진실과 정확한 관찰이 담겨 있는지를 증명한다. 그가 얼마나 아슬아슬하게 문제 해결책을 놓쳤는지도 말이다.

화폐개혁과 함께 화폐는 재화의 수준으로 강등되었다. 그 결과 재화는 항상, 모든 상황에서 화폐와 동등해졌다. "시장과 고용을 찾아내고 싶다면 서로의 생산물을 사주라"라고 프루동은 말했다. 그게 지금은 실현되었다. 수요와 공급은 새로운 화폐에 의해 하나로 결합되었는데, 이는 물물교환으로 거래가 이루어질 때와 똑같은 것이다. 왜냐하면 당시에 모든 사람은 시장에 재화를 가져와서 다른 재화를 가지고 집으로 돌아갔기 때문이다. 그래서 항상 생산물은 유입되는 만큼 유출되었다. 자유화폐의 도입 이후, 재화 판매로 받은 화폐는 즉시 구매자에 의해 다시 재화로 전환된다. 그래서 생산물 공급은 이제 같은 양의 수요를 유발하는 것이다. 판매자는 그가 갖고 있던 것을 처분하고 즐거워하지만, 그 화폐의 속성 때문에 판매로 획득한 화폐를 다시 유통과정에 투입해야 한다는 것을 알게 된다. 자신의 소비를 위해 상품을 사든지, 집을 사든지, 아이들에게 더 나은 교육을 제공하든지, 가축 종자를 개량하든지 등에 쓰여야 하는 것이다. 이 대안들 중 어떤 것도 내키지 않는다면, 재화가 필요하지만 당장은 화폐가 없는 사람들에게 빌려준다. 화폐를 축장하거나 이자에 따라 대출을 하거나, 이윤이 날 경우에만 재화를 구매하거나 더 나은 수익을 계산하면서 기다리는 등의 다른 편법은 더이상 가능하지 않다. 과거에는 팔아야 할 생산물의 속성에 묶여 있었다면, 이제는 구매에 쓰이는 화폐의 속성에 묶이게 된 것이다. 다른 대안은 없다. 이제는 연속적으로, 강제에 의해 판매 뒤 구매가 이어진다. 그래서 화폐는 손에서 손으로 전해진다. 호황일 때나 불황일 때나, 전쟁에서 이겼을 때나 졌을 때나, 화폐는 지구가 태양을 공전하듯이 꾸준히 시장에서 자신의 궤도를 따라간다. 노동이 고용을 찾는 것처럼, 혹은 재화가 구매자를 찾는 것처럼 수요는 이제 규칙적으로 시장에 나타난다.

사실 처음에 구매자는 자신의 화폐를 처분해야 하는 상황에 대해 불평했다. 그들은 이러한 강제를 자유의 제한, 재산권에 대한 침해라고 했다. 그러나 모든 것은 당신이 화폐를 무엇으로 보는가에 달려 있다. 국가는 화폐가 공적교류의 수단이며 재화의 교환을 위해서만 운영된다고 선포했다. 그리고 이를 위해서는 재화의 판매는 즉시 동일한 규모의 구매로 이어져야 한다. 하지만 경험을 통해 알 수 있듯이, 전체의 이익을 위해 모두가 스스로 그가 받은 화폐를 즉시 유통시켜야 한다는 바람만으로는 규칙적인 화폐의 유통이 실질적으로 보증되지 않는다. 그래서 유통시키는 강제력을 화폐에 도입하는 것이 필요했던 것이다. 그렇게 되자 목적이 달성되었다.

자신의 생산물을 내키는 대로, 본인 의사에 따라 처리하고 싶은 사람은 누구나, 의심의 여지 없는 그의 소유물, 즉 자신의 생산물을 집에 보관했다가, 다른 생산물을 살 필요가 있을 때 팔려고 할 것이다. 그가 건초, 라임, 바지, 담배 파이프나 그의 생산물 어떤 것이든 자유화폐를 받고 미리 팔기보다 보유하기를 원한다면, 그렇게 하면 된다. 아무도 그를 방해하거나, 불평하지 않는다. 그러나 그가 화폐의 중개를 통해 자기 재화라는 짐을 덜어내려면, 판매자로서 그리고 화폐 소유자로서 그가 짊어져야 할 의무를 명심해야 한다. 즉 다른 사람이 혜택을 볼 수 있도록 화폐를 유통시켜야 한다. 재화의 교환은 호혜주의에 입각해 있기 때문이다.

화폐는 재화를 교환하는 데 휴게소가 되어서는 안 된다. 화폐의 역할은 잠깐이다. 국가는 공적비용을 들여 화폐를 찍어낸다. 그래서 사람들이 이 거래수단을 재화의 교환이 아닌 다른 목적에 오용하는 것을 용인할 수 없다. 많은 시민들이 화폐를 거의 쓰지 않는 이상, 국가에 의해 무료로 화폐가 유통되어야 하는 것도 옳지 않다. 결국 그 비용은 공적자금에서 지불되어야 하는 데 그것이 국가가 화폐 사용에 대해 매년 5퍼센트의 세금을 매기는 이유다. 이렇게 해서 국가는 화폐가 투기나 착취, 저축 수단으로 오용되지 않도록 확실히 한다. 이제는 정말로 화폐, 교환매개물을 필요로 하는 사람만이, 즉 재화를 생산해서 다른 재화로 바꾸고자 하는 사람만이 화폐를 사용한다. 그 외 모든 다른 목적으로 사용하기에 화폐는 너무 비싸진 것이다. 무엇보다도 교환수단은 이제 저축수단으로부터 엄격히 분리되었다.

화폐개혁이 재화를 판매하는 사람에 요구하는 것은 단지 공평함이다. "이제 다른 사람들도 그들의 재화를 처분할 수 있도록 재화를 구매하라." 이 요구는 공평할 뿐 아니라 현명한 것이기도 하다. 다른 재화를 살 수 있으려면 자신의 재화를 팔아야 하기 때문이다. 사라, 그러면 당신도 자신의 생산물 모두를 팔 수 있을 것이다. 그렇지 않고 구매자로서 주인 노릇을 하려 한다면, 당신은 판매자로서는 노예가 되어야 한다. 구매가 없으면 판매도 없다. 그리고 판매가 없으면 구매도 없는 것이다.

구매와 판매가 결합되어 재화의 교환을 만들어낸다. 그러므로 구매와 판매는 전체의 부분이다. 금속화폐를 사용하면 자주 구매와 판매 사이에 시간간격이 생긴다. 그러나 자유화폐라면 그 둘은 일치하게 된다. 금속화폐의 경우 판매와 구매 사이에 시차와 이해관계로 인한 지연, 이득 욕구 및 교환, 외적인 다른 힘들이 개입하게 되어 재화들을 분리시킨다. 반대로 자유화폐의 경우 판매 즉시 구매가 일어나, 외부 힘이 개입할 시공간을 허용하지 않기 때문에 재화는 한데 모여 교환된다. 이 책에서 반복해 인용했지만, 프루동의 격언에 따르면 금속화폐는 시장을 가로막는 빗장이고 자유화폐는 그것을 여는 열쇠다.

M. 이자이론가

자유화폐는 나의 모든 지적자산을 강탈해갔다. 내 가장 정교한 이론들은 이 혐오스러운 개혁으로 인해 부정되었다. 보라, 역사의 여명 이래 늘 같은 수준에 있던 이자율이 이제는 내 이론을 완전히 무시하고 0으로 향하고 있다. 내게는 언제나 단지 유토피아적 몽상으로 보였던 무이자대출이 이제는 가능할 뿐 아니라 실제가 되고 있다. 무이자대출이라니! 화폐와 기계, 집, 공장, 재화, 원자재는 더 이상 자본이 아니다! 머리가 돌아버릴 지경이다!

믿음직한 '효용이론', 매혹적인 '결실이론', 선동적인 '착취이론', 좀

부르주아적이지만 각광받는 '금욕이론'● 그리고 내가 무어라 부르든 그 외 모든 이론들이 자유화폐의 도래와 함께 무너져내렸다.

생산수단을 빌려주는 사람이 그 '서비스'의 대가로 이자를 확보하는 것은 자연스럽고, 분명하며, 정말이지 불가피한 것처럼 보였다. 그러나 이자는 0으로 하락하고 있다. 자본가들(여전히 그렇게 칭할 수 있다면)은 빌려간 돈을 단순히 반환하는 것 말고는 아무 조건 없이도 누가 돈을 빌려만 간다면 기뻐한다. 그들 말에 따르면, 경쟁이 격화되어서 돈을 장래에 사용할 요량으로 집에 보관하는 것보다 이렇게 빌려주는 것이 더 유리하게 되었다. 집에 둔 돈은 감가가 되어 매년 일부 손실이 나기 때문이다. 그래서 이자가 없어도 담보대출이나 환어음으로 빌려주는 게 더 낫다. 이 증서들은 현금이 필요할 때 언제든 팔거나 할인함으로써 현금으로 바꿀 수 있다. 그러면 정말 이자는 없지만 감가로 인한 손실도 없다.

무이자대출이 이제는 대출받는 사람만이 아니라 대출해주는 사람에게도 이익이다. 그럴 수 있으리라 누가 상상이나 했겠는가? 그러나 지금 그런 일이 실현되었다. 뭘 위해 저축을 하겠는가? 사람은 미래를 위해, 노후를 위해, 예루살렘 순례를 위해, 어려운 시기에 대비하기 위해, 결혼을 위해, 아플 때를 대비해, 아이들을 위해, 그 외의 것들을 위해 저축한다. 하지만 돈이 필요할 때까지의 시간 동안은 저축으로 뭘 해야 하는가?

그가 옷이나 음식물 등을 사서 보관한다면, 자유화폐를 그냥 가지고

● 이 용어는 이자에 관한 뵘바베르크의 저서에서 가져온 것이다. 어빙 피셔(Irving Fischer)의 조바심이론(Impatience Theory)은 금융이론에 속한다.

있는 것보다 나을 게 없다. 그런 보관물은 모두 녹슬고, 썩고, 부식되기 때문이다. 금과 보석은 감가 없이 무한정 보관할 수 있다고 반박할지도 모른다. 그러나 이런 저축형태가 일반화되면 무슨 일이 벌어지겠는가? 모두가 저축하는 호황기에 이들 가격이 얼마나 높이 올라가겠는가? 그리고 흉년이나 전쟁으로 저축(즉, 금과 보석)이 대량으로 시장에 나올 때 그 가격은 얼마나 낮게 하락하겠는가? 보석은 사람들이 가장 나중에 사고 가장 먼저 파는 물건이다. 실험을 반복할 필요는 없다. 이런 형태의 저축은 뼈아픈 실패가 될 테니까. (보관기간이 길어지면 가치가 올라간다고 하는 와인의 경우도 마찬가지다.)

자신의 저축을 채권, 정부증권, 환어음 등에 투자하는 것은 분명 더 이익이 된다. 이자는 없지만 언제나 손실 없이 현금으로 전환할 수 있다.

대신에 집을 짓거나, 주식을 사는 게 어떠냐고 물을 수도 있다. 이 역시 수익이 나지 않지만 사람들은 집을 사거나 짓는다. 그들은 세입자가 지급하는 임대료로 매년 감가상각에 해당되는 금액을 받으면 만족한다. 이러한 형태의 투자는 때로 정부증권 매입보다 훨씬 유리하다. 집(공장, 기계, 선박 등)의 감가상각에 준하는 규칙적인 수익을 내주기 때문이다. 거기다 임대인 수중에 증서, 즉 재산 한 조각을 남긴다. 이것이, 임대료라고 해봐야 겨우 수리비, 감가상각비, 세금 및 화재보험료를 충당할 정도임에도 그렇게 많은 건물을 짓는 이유다. 그리고 집이 좋은 저축수단으로 간주되는 이유이기도 하다.

그럼에도 불구하고 이 모든 것이 정말 혼란스럽다. 이자도 없이 단지 자본을 유지할 정도의 임대료만 기대할 수 있는데도 여전히 사람들이 집을 짓는다는 사실이 이해하기 힘든 것이다. 화폐가 이자를 낳는 것은 오직 생산수단이 이자를 낳기 때문이라는 것, 그래서 화폐가 이자를 낳는 힘은 이전된 혹은 빌려온 힘이라는 것은 한때 과학적으로 정립된 사실로 간주되었다. 그런데 이제는 그 반대가 참인 것 같다. 그렇지 않다면 어떻게 화폐개혁이 이자에 영향을 줄 수 있었겠는가?

사실 화폐는 이윤을 낳는 생산수단을 살 수 있으므로 화폐가 이자를 낳는다는 말은 비논리적이다. 이는 이윤을 낳는 생산수단이 왜 그렇지 못한 화폐에 팔리는지 설명할 수 없다. 젖소를 황소와 바꾸면 황소에서 젖이 나오는가?

여기에 이르러 그동안의 선전문구들은 명료한 생각으로 분명하게 대체되었다. 이전되고 빌려온 속성이라고 말하는 것은 터무니없는 이야기다. 속성과 힘을 그렇게 이전하는 것은 화학에서도 불가능한 것처럼 경제학에서도 불가능하다. 화폐가 이자를 부과할 고유의 힘을 갖고 있지 않다면, 지폐 발행으로 인한 수익은 어디서 오는 것인가?

1,000달러의 임대료를 받는 토지의 가격은 얼마였을까? 100달러가 5달러 이자를 받는다는 사실에 의거해 계산하면, 토지가격은 5가 1,000이 되는 배수를 100에다 곱한 값이었다. 그러나 이 5퍼센트 이자는 어디서 온 것인가? 이것이 문제의 핵심이다.

그래서 힘이 이전되었다고 생각할 여지는 없다. 이자를 산출하는 힘은 틀림없이 화폐의 고유한 속성이었던 것이다. 하지만 어디에 화폐의 이 속성이 숨겨져 있는가? 전에는 발견하기 어려웠다. 그러나 비교 대상으로 자유화폐가 도입되자 그 어려움은 사라졌다. 자유화폐 도입으로 화폐가 이자 낳는 속성을 확실히 잃어버린 이후, 이자의 원천을 드러내기 위해서는 두 형태의 화폐가 어떤 점이 다른지만 조사하면 되었기 때문이다. 지금의 자유화폐는 재화의 교환에 제공되어야 한다는 내재적 강제에 종속되어 있다는 점에서 전통적 화폐와 다르다. 반면 전통적 화폐는 그런 강제가 없다. 그래서 여기, 금속화폐의 소유자가 자신이 원할 때 그 재산을 교환에 제공할 수 있는 절대적 자유에서, 화폐의 공급을 통제하는 자본가와 저축자의 자의적 힘에서, 우리는 이자의 원천을 찾아야 한다.

그리고 멀리 볼 필요도 없다. 화폐는 모두가 인정하듯이 상거래, 즉 분업 생산물의 교환에 필수적이다. 재화의 제조자들이 자신의 생산물을 화폐를 받고 팔 수 없을 때 어떻게 행동하는가? 관棺 제조업자는 자신이 만든 관 속에서 자고, 농부는 자신의 감자를 모두 먹어치울까? 그런 일은 없다. 가격을 낮추어서 판매를 성사시키려 하고, 요구수준을 낮추어서 화폐를 유인하려 하기 때문이다. 자본가와 저축자들은 유통에서 화폐를 회수하고 이윤이 보일 때만 화폐를 내놓는데, 이들은 재화 소유자들이 화폐를 얻기 위해 자신의 생산물 일부를 포기할 준비가 되어 있다는 지점에서 이자를 부과할, 잘 준비된 분명한 토양을 찾아낸다. "당신들은 생산물을 서로 교환하기 위해 돈이 필요하다. 그런데 이 돈은 우리 금고에 있다. 돈을 사용하기 위해 뭔가를, 즉 연 4퍼센트의 이자를 우리에게 지불할 의향이 있다면, 돈을 갖게 될 것이다. 그렇지 않다면 우리는 금고를 잠글 것이고, 당신들은 돈 없이 임시변통을 해야 할 것이다. 이자가 우리가 내거는 조건이다. 잘 생각해보기 바란다. 당신은 지체할 수 없고, 우리는 돈의 본질상 그걸 억지로 넘겨주지 않아도 된다."

상거래를 화폐로 하느냐, 화폐 없이 하느냐는 분명 화폐 소유자에 달려 있다. 동시에 국가는 세금을 화폐로 부과함으로써 그 사용을 불가피하게 만든다. 그래서 화폐 소유자는 언제나 이자를 쥐어짤 수 있는 것이다. 비유하자면 화폐는 시장을 둘로 나누며 가로지르는 강에서 요금징수원이 지키고 있는 다리와 같다. 두 시장 사이의 통행을 위해 그 다리는 필수적인데 요금징수원이 그걸 열고 닫을 수 있으므로, 그는 시장의 모든 재화에 요금을 부과하는 위치에 있다.

이자는 재화생산자들이 교환수단의 사용을 위해 화폐 소유자들에게 지불해야 했던 요금이었다. 이자가 없으면 화폐도 없고, 화폐가 없으면 재화의 교환이 없으며, 교환이 없다는 것은 실업과 굶주림을 뜻한다. 재화생산자들은 굶는 것보다 차라리 이자를 지불했던 것이다.

화폐가 이자를 낳는 힘은 '빌리거나' '이전된' 힘이 아니었다. 그것은 결국 화폐를 만들기 위해 선택된 물질이 지구의 생산물 가운데 특별한 지위를 갖는다는 사실에 기인한 금속화폐의 속성이었다. 금속화폐는 손상도 없고 비용이 들지도 않으면서 무기한 보관할 수 있기 때문이다. 반면에 인류 산업의 모든 다른 생산물은 부패하고, 구식이 되며, 보관비용이 든다.

이로써 왜 사람들이 땅을 돈과 교환했는지 설명된다. 땅과 돈 모두 그 자체의 힘을 갖고 있어서 임대료를 산출했기 때문이다. 둘 사이의 교환비율을 설정하기 위해서는 토지임대료와 같은 액수의 이자를 낳는 돈 액수를 계산하기만 하면 되었다. 그래서 땅과 돈은 완전히 비교 가능한 대상이었다. 땅의 경우 이자를 추출해내는 힘이 '빌리거나' 이전된 것이 아님은 분명했다. 돈도 마찬가지다.

화폐의 이전된 힘에 대한 그 진부하고 의미 없는 문구에 나는 완전히 속았다. 화폐, 즉 교환매개물은 본질적으로 자본이었던 것이다.

우리가 자본의 한 종류를 모든 상품의 교환수단으로 격상시키면 무슨 일이 일어나는지 잠시 살펴보자.

1. 화폐는 상품을 희생시킴으로써만 자본이 될 수 있다. 화폐가 자

본의 한 형태라는 것을 드러내는 통행료는 오직 상품에 부과되기 때문이다.

2. 상품이 이자를 지불해야 한다면 그 자신은 자본이 될 수 없다. 상품과 화폐가 공히 자본이라면, 둘 중 어느 것도 다른 하나와 관련하여 자본의 역할을 떠맡을 수 없기 때문이다. 적어도 둘 간의 상호관계에서는 자본이기를 멈출 것이다.

3. 상거래에서 상품은 그 판매가격에 원가 및 상업이윤만이 아니라 자본이자도 포함하기 때문에 자본인 것처럼 보일 수 있다. 그것은 상인이 구매가격에 들어 있는 생산자나 노동자의 보수로부터 이미 이 이자를 공제했다는 걸로 설명할 수 있다. 여기서 상품은 단지 화폐자본을 위한 심부름꾼 역할을 할 뿐이다. 판매가격이 10달러, 상업이윤이 3달러, 이자가 1달러라면 생산자는 6달러를 받게 된다.

따라서 교환매개물, 즉 화폐 그 자체가 자본의 한 형태가 아니라면, 이자 없이도 재화의 모든 교환이 가능하리라는 결론이 나온다. 그게 프루동이 늘 주장했던 것이고, 그가 옳았던 것으로 보인다.

이제 그 자체가 자본인 교환매개물이 생산수단의 창출에 대해 갖는 효과를 살펴보자.

생산수단(기계, 선박, 원자재 등)은 어떻게 생겨났는가? 사람이 여전히 자신의 땅에서 찾아낸 원재료를 가지고 생산수단을 만드는가? 가끔 예외적으로 그럴 수도 있다. 그러나 일반적으로는 생산수단을 사야 하고, 그래서 돈을 지불해야 한다. 어느 정도 규모가 되는 모든 기업의 기초자본은 장부 첫 페이지에 기입된 얼마의 돈이다. 이제 생산수단에 지불되는 이 돈이 본질적으로 자본이라면, 그리고 그 돈의 소유자가 돈을 못 쓰게 가둬두는 것만으로 기업 설립을 막을 수 있다면, 이자를 산출하지 않는 기업에는 돈을 빌려주지 않을 게 분명하다. 내가 상품을 사고팔아서 내 돈에 5퍼센트 수익을 얻는다면, 상품제조에서 더 낮은 수익이 날 경우 만족하지 못할 게 분명한 것이다. 지표상에서 광물을 수거할 수 있는데 갱도를 팔 이유는 없는 것이다.

그래서 건축되는 집의 수는, 화폐가 요구하는 이자 조공을 포함할 정도로, 그 임대료가 충분히 커야 한다는 사실에 제약을 받는다. 어쩌다 더 많은 집이 지어져서 공급이 수요보다 커지면, 당연히 임대료는 떨어지고 집은 요구이자율을 산출하지 못할 것이다. 그 결과 건축업 노동자는 해고되고, 주택건설은 중단된다. 인구증가를 통해 주택 수요가 늘어나고 그에 힘입어 임대료가 다시 충분히 이자를 산출하는 지점에 이르러서야 건축업이 재개되는 것이다.

기업들에 대해서도 정확히 마찬가지다. 기업들이 많아지면 그에 해당되는 노동 수요로 임금이 상승하는데, 고용주가 상품판매에서 자본이자를 더 이상 짜낼 수 없는 지점까지 상승한다. 그러면 새로운 기업의 설립은 방해를 받는다. 이는 노동자 수의 증가, 결과적으로 노동 공급의 증가로 인해 임금이 하락해서 이자를 부과할 여지가 생길 때까지 계속된다.

생산수단이 우리에게 자본으로 비춰지는 것은 단지 그것이 화폐자본에 의해 창출되고, 또 화폐자본은 노동자에 대한 특권적 지위를 점하기 위해 생산수단의 창출을 인위적으로 제한하기 때문이다. 생산수단은 항상 노동자보다 적고, 공장 부족 때문에 생긴 잉여노동자들은 임금을 충분한 노동대가 이하로 억제하게 된다.

고용주를 전당포 주인으로 생각해보면 그림이 훨씬 명확하다. 그는 기계와 원자재 구입에 필요한 돈을 노동자에게 빌려주고 노동자의 생산물로 되받는다.

그래서 화폐는 재화의 교환과 생산수단의 창출을 절대적으로 통제했다. 모든 것이 화폐에 조공을 바쳤다. 화폐는 소비자와 생산자 사이에, 노동자와 고용주 사이에 끼어들어 원래 하나가 되어야 할 사람들을 갈라놓고, 거기서 발생하는 곤란함을 이용해먹었다. 그 전리품이 이자라 불리는 것이었다.

이제는 나도 왜 자유화폐가 도입되면 이자율이 하락해서 0에 가까워지는지 확실히 이해한다.

자유화폐는 더 이상 시장에서 벗어날 수 없다. 이자와 관계없이 그것은 직접적으로는 재화의 교환에, 간접적으로는 대출로 유통되어야 한다. 화폐는 생산자들 사이에 끼어들어 갈라놓을 수 없다. 자신도 모르는 사이에, 약탈적 본성에도 불구하고, 화폐는 자신의 기능을 수행해야 하고, 재화교환의 매개체 역할을 해야 한다. 화폐는 더 이상 상품의 교환을 방해하는 폭군이나 강도가 아니다. 그것은 이제 무료로 봉사하는 교환 종사자이다.

상품은 이제 더 이상 시장에서 배제되지 않으며, 이자율이 하락하자마자 노동자들이 해고되는 일도 없으며, 이자와 관계없이 재화의 교환은 진행된다.

하지만 노동이 규칙적으로 이루어지면 사람들은 저축을 한다. 막대한 금액이 저축되고 은행으로 옮겨져서는 대출로 제공된다. 이런 일이 매해 계속되고, 노동자들이 반복되는 경제위기로 인해 그들의 저축을 거듭 집어삼킬 일이 없어지면, 저축은행이 제공하는 돈에 더 이상 매이지 않아도 되는 때가 틀림없이 온다. 그때 대출받는 사람들은 이렇게 말한다. "우리가 너무 많은 집을 지어서 세입자를 찾을 수가 없으며, 너무 많은 공장을 지어서 노동자를 구할 수 없다. 심지어 지금은 이자 지급하기도 힘든데 우리가 왜 계속 지어야 하는가?"

하지만 그때 저축은행은 이렇게 답할 것이다. "우리는 돈을 놀릴 수 없으며 보관할 수도 없다. 자유화폐는 우리에게 대출을 하도록 강요한다. 우리는 5퍼센트, 4퍼센트 혹은 3퍼센트의 이자를 고집하지 않으며 협상할 용의가 있다. 우리가 당신에게 2퍼센트, 1퍼센트 혹은 0퍼센트에 돈을 빌려주면, 당신은 그에 맞추어 임대료를 낮출 수 있다. 그래서 방 하나로 족한 사람들도 두 개를 임대할 것이고, 다섯 개를 가지고 있는 사람은 열 개를 원할 것이다. 그러면 당신은 더 많은 집을 지을 수 있게 된다. 집의 실수요는 있으니 문제가 되는 것은 가격뿐이다. 그러니 지금 당신이 지불하기에 3퍼센트가 과하다면, 2퍼센트에 돈을 가져가라. 집을 짓고 임대료를 낮추라. 그래도 당신이 손해 보지는 않는다. 우리가 그만큼 싼 대출을 제공할 것이기 때문이다. 당신이나 우리가 돈이 부족할 염려는 없다. 우리가 이자율을 더 낮추고 당신이 임대료를 더 낮출수록, 저축자들이 우리에게 가져오는 금액은 더 커질 것이기 때문이다. 이 엄청난 양의 돈으로 인해 물가가 상승하지 않을까 하는 걱정 역시 하지 않아도 된다. 그 한 푼, 한 푼의 돈은 유통에서 이미 회수되었기 때문이다. 그래서 통화량은 변화가 없다. 그 돈을 저축한 사람들은 자신들이 소비하는 것보다 많은 재화를 생산하고 팔았다. 그래서 우리가 당신에게 공급하는 돈 액수에 상응하는 만큼의 잉여재화가 있는 것이다."

그러니 걱정 말고 돈을 가져가라. 집에서 나오는 이자가 하락하면 우리 돈 이자도 그에 맞출 것이다. 그래서 이자가 0퍼센트까지 떨어진다 해도 말이다. 0퍼센트 이자라도 우리는 돈을 빌려주지 않을 수 없다.

그러나 우리만 강제하에 있는 건 아니다. 당신도 같은 처지에 있다. 당신이 기존 집의 임대료를 올리려고 집 짓는 걸 중단하고 우리 제안을 거절하면, 우리는 집이 없고 당신과 생각이 다른 건축자가 있다는 점을 지적할 것이다. 우리는 그들에게 건축비를 줄 것이고 당신이 좋아하든 말든 새 집들이 지어질 것이다.

공업도 마찬가지다. 돈을 0퍼센트 이자에 쓸 수 있다면 어떤 고용주도 자신의 기업에서 이자를 뽑아낼 수 없다. 그것이 임금삭감의 형태이든, 가격인상의 형태이든 말이다. 그것이 경쟁의 법칙이기 때문이다.[*]

N. 공황이론가

자유화폐는 내 동료인 이자이론가들에게 했던 것처럼 나에게 큰 상처를 주었다. 자유화폐가 내가 모아둔 이론 모두를 휴짓조각으로 만든 것이다.

성장기에 이어 쇠퇴기가 오는 것은 매우 그럴듯해 보인다. 자연이 그러하고, 경제활동도 그래야 한다. 왜냐하면 사람과 사람이 창조한 모든 것은 자연의 일부이기 때문이다. 개미총ant-hill[38]과 꿀벌의 경제제도는 자연의 산물이다. 그러니 인간의 경제제도와 국가도 그와 같아야 한다. 사람은 성장하고 죽는다. 그런데 왜 경제활동은 성장기를 거쳐 종말에 이르면 안 되는가? 로마제국도 결국 몰락했다. 그러므로 다른 모

---

38 개미류가 땅속에 집을 지을 때, 땅속의 흙, 모래, 가랑잎, 잔가지, 조약돌 등을 집 위에 쌓아올려서 만든 탑을 말한다. 개미탑이라고도 한다.

● 이 이자이론에 대해서는 이 책의 제5부에서 자세히 언급될 것이다.

든 국가의 경제활동도 수년마다 주기적으로 찾아오는 대공황의 형태로 몰락해야 마땅하다. 여름 뒤에 겨울이 오는 것과 똑같이 호황 뒤에는 침체가 와야 한다.

이건 시인이 쓸 만큼 아름다운 이론 아닌가? 이 이론의 도움을 받으면 복잡한 실업 문제를 설명하는 게 얼마나 간단한지! 나는 중산층의 무사태평을 훼방하지 않는 온건한 이론을 제공할 준비도 되어 있었다. 그들이 원하는 건 이론이 아니라 자장가였다. 이런 면에서 경제위기에 대한 현재의 설명은 가장 적합했다. '투기적 구매'의 결과, 물가는 상승했으며 모든 부문에서 '과열된 활동'이 있었다. 늘어나는 수요를 맞추기 위해 초과근무와 야근이 요구되었고, 임금은 치솟았다. 물론 이러한 '온실성장'은 갑작스러운 붕괴로 끝날 건강하지 못한 징후였다. 그리고 붕괴했다. 자연히 수요는 감소하여 모든 부문에서 막대한 생산량에 미치지 못했다. 수요가 감소하자 가격도 하락했다. 공업, 농업, 광업, 임업의 모든 생산물은 예외 없이 가격이 하락했고 투기의 전체구조는 한 방에 무너졌다. 욕심 많은 노동자들은 초과근무로 전체 '임금기금'을 흡수해버렸고, '임금기금'이 고갈되자 충분한 고용도 사라졌다. 산더미 같은 빵과 옷이 있었지만 노동자들은 헐벗고 굶주리게 되었다.

아니면 고전적인 맬서스의 이론을 가져와보자. 그 이론은 정말 설득력이 있어 보였고, 또 많은 지지를 받았다! 그리고 방종한 대중을 준엄하게 꾸짖었다. "당신이 돈을 벌어 사용할 수 있는 유일한 곳은 결혼이었다. 그래서 품격의 한계를 넘어 그 비참한 종자를 증가시켰다. 항상 기저귀와 요람으로 눈이 아플 지경이 되었다. 거리는 붐비고, 학교는 토끼 사육장 같다. 이제 당신 아이들이 자라나 당신을 직장에서 몰아내고 임금을 떨어뜨릴 것이다. 임금하락은 물가하락을 의미하고, 물가하락은 사업을 손해 보는 것으로 만들었으며, 기업가정신의 싹을 없애버렸다. 번식은 금단의 열매다. 그러니 절제하고, 자녀양육은 이교도나 하라고 하라. 그리고 딸들은 수녀원으로 보내라. 그러면 노동자 수가 실제 일거리에 필요한 것보다 더 이상 많아지지 않을 것이다. 임금이 오르면 물가가 오르고 기업활동을 자극할 것이다. 친구여, 모든 것에서, 자식들 생산뿐 아니라 재화의 생산에서도 적당함이 필요하다. 그렇지 않으며 우리는 재화와 소비자 모두 과잉생산을 하게 될 것이다."

아니면 내가 수집한 이론 중 최고라 할 수 있는 새로운 이론이 있다. 비교적 소수의 수중에 부가 축적되고 대중의 구매력과 생산력 사이에 불균형이 생겨서, 소비는 생산에 미치지 못한다. 그 결과 시장에서 팔리지 않는 재화는 넘쳐나고, 물가는 하락하며, 실업이 생기고, 경제위기가 발생한다. 부자들은 그들 소득을 모두 소비할 수 없다. 소득이 적절하게 분배된다면, 소비는 생산을 따라잡고, 경제위기를 피할 수 있을 것이다.

얼마나 그럴듯하게 들리는가! 그리고 중요한 이야기다. 이 이론이 프롤레타리아를 위해 만들어졌기 때문이다. 그러나 불순물이 섞인 음식과 맥주를 먹고 자라며, 걱정에 찌들려 심장 쇼크를 견디지 못하는 군중의 지성에 호소하는 것은 소용이 없다.

나한테는 모든 사회계층과 모든 성향에 맞는 한 가지 이론이 있다. 때로 심각한 반론에 부딪히면, 나는 예비자금이론을 동원하는데, 그것은 경제위기와 통화제도를 연계시키는 이론이다. 보통은 통화라는 말만으로도 반대자들을 침묵시키는 데 충분하다. "그만해." 사람들은 울부짖는다. "우리는 디즈레일리Disraeli[39]가 뭐라고 말하는지 알고 있어.

39 영국의 정치가이자 소설가. 수에즈운하를 매수하여 대영제국 정책을 전개하여 인도를 직할하

그는 통화 문제가 사랑 다음으로 정신병의 주요원인이라고 했지. 우리는 경제위기이론으로 뇌에 위험한 과부하를 주고 싶지 않아!"

하지만 이게 내 이론들 중에서 가장 간단하며, 가장 견실한 이론이다. 내 주장에 의하면 상품은 거의 다 상거래를 통해 처분된다. 즉 상품 교환은 상인을 통해 이루어지는 것이다. 그러나 상인은 이윤을 남기고 팔 거라는 기대가 없으면 상품을 사지 않는다. 예상 판매가격은 구매가격, 즉 노동자나 제조자가 요구하는 가격보다 높아야 한다. 그래서 가격이 하락하는 경향을 보이면, 상인은 자신이 얼마를 지불해야 할지 추정할 수가 없다. 한편 제조자도 실제 손실을 각오하는 경우가 아니라면 자신의 비용가격 이하로 판매가격을 낮출 수 없다. 소비자의 경우는 다르다. 그는 제시된 가격을 지불하고 산다. 소비자는 물가가 하락하면 기뻐하고, 물가가 오르면 원통해한다. 그가 지불하는 가격의 한계는 자신의 소득밖에 없기 때문이다. 반면 상인은 어떤 숫자, 즉 구매가격 이상의 가격을 실현해야 한다. 그러한 가격을 얻을 수 있을지 그는 모른다. 그의 판매가격은 불확실하다. 반면 구매가격은 한번 거래가 이루어지면 정해져버린다.

전반적인 물가가 안정적이거나, 하물며 올라가고 있더라도 괜찮다. 십중팔구 판매는 지출을 메우고도 남을 것이다. 그래서 상인은 주문서에 사인을 해도 안전하다. 그러나 물가가 떨어지고, 통상 그렇듯이 1, 2, 5, 10, 20, 혹은 30퍼센트씩 계속 떨어지면, 상인이 기댈 곳은 없다. 그래서 그가 신중한 사람이라면 할 수 있는 유일한 합리적 행동은 기다리는 것이다. 그의 지출에 근거해서 자신의 판매가격을 계산할 수 없기

고 선거법을 개정했다.

때문이다. 그는 자신이 실현하고자 하는 가격을 평가해야 한다. 그런데 구매와 재판매의 사이 기간에 물가가 하락하면, 자신의 판매가격을 낮춰야 하고 손실을 보지 않을 수 없게 된다. 그래서 물가하락기에 할 수 있는 가장 안전한 일은 주문을 연기하는 것이다. 재화의 상업적 유통에서 동기가 되는 힘은 상품의 필요성이 아니라 이윤에 대한 기대이기 때문이다.

일상적으로 일어나는 상인의 주문지연은 제조자의 판매중단을 의미한다. 하지만 제조자는 자신의 생산물은 규칙적으로 처분해야 한다. 부피가 크며, 썩어버릴 수 있는 재화를 보관할 수 없기 때문이다. 그러므로 판매가 중단되면 그는 자신의 노동자를 해고하지 않을 수 없다.

고용이 감소하고 임금이 하락하면, 이번엔 노동자 차례다. 그들은 물건을 살 수 없다. 그래서 물가는 더 하락한다. 그러므로 최초의 물가하락은 악순환을 만들게 된다.

이 모든 것의 교훈은 물가하락을 막아야 한다는 것, 그래서 더 많은 화폐를 찍어내야 한다는 것이다. 이렇게 하면 상품을 구매할 수 있는 화폐가 늘 충분할 것이다. 그리고 상인은 은행과 개인들이 대량의 현금을 쌓아놓고 있다는 것을 알기 때문에, 화폐가 부족해서 물가가 하락할 거라는 전망으로 불안해하지 않는다.

그것은 복본위제나 지폐를 의미한다.

사실 이 이론들 중 어느 것도 내 맘에는 들지 않는다. 경제위기를 일종의 자연현상으로 보았던 첫번째 이론은 너무 조잡해서 반박이 필요 없다. 두번째 이론은 경제위기가 투기 때문이라고 하는데 여기에는 다음과 같은 검토가 없다. 즉, 개인과 전문 투기자의 잉여자금이 없으면 투기는 불가능할 것이므로 그 잉여자금이 투기의 진정한 원인, 결과적으로 경제위기의 진정한 원인이 아니었을까 하는 생각 말이다. 중앙은행과 중앙은행의 은행권 발행독점권에도 불구하고 '투기'가 원하는 대로 가격을 올릴 수 있다면, '시장의 필요에 맞게 화폐 유통을 조절할' 목적으로 중앙은행을 설립하고 은행권 발행독점권을 부여한들 무슨 소용이 있겠는가? 이 이론은 문제의 그런 측면을 간과했기 때문에, 필요한 개혁을 드러내지 못하고, 실현되기 힘든 소원이나 빌어야 하는 오류에 빠진다. 경제위기를 막기 위한 방책으로 권고하는 게 "투기에서 벗어나도록 기도하고 자제하라"라는 것이 전부다.

더구나 이 이론은 '과열된 경제활동, 초과근무, 그리고 야근'의 진짜 동기를 고려하지 않는다. 이런 노동촉진책이 없으면 모든 투기는 실패할 운명이다. 현재의 노동시간이 자신들이 원하는 만큼이라고 노동자들이 응수하면 제조자가 초과근무를 제안한들 무슨 소용이 있겠는가? 그러니 지금 노동자들이 '과열된 경제활동'에 참여하려 한다면, 그것은 초과근무로 버는 임금으로 충족해야 할 긴급한 필요가 있기 때문이다. 그러나 수요가 공급만큼이나 긴급하다면, 어떻게 경제위기가 발생할 수 있는가? 투기는 쌓아둔 돈을 시장으로 끌어오지만 전반적인 물가상승만을 설명할 뿐, 소비가 생산을 따라잡지 못하는 것이나 판매가 항상 극적으로 갑자기 떨어지는 이유를 설명해주지는 않는다.

소비와 생산이 왜 일반적으로 균형을 이루지 못하는지 설명할 수 없다는 게 이 모든 이론들의 공통된 약점이다. 하지만 이 질문은 세번째 이론, 과잉인구론의 경우에 가장 요란하게 답을 요구한다. 여기서는 과잉인구로 인한 과잉생산이 경제위기의 원인으로 제시되었는데, 이는 남아도는 빵 때문에 기근이 일어난다고 말하는 것과 같다! 상품은 교환을 위해 생산된다는 점, 그리고 굶주린 노동자들은 자신이 필요한 것으로 교환하기 위해 다른 생산물을 기꺼이 주려 할 것이고, 그럴 수 있다는 점을 염두에 둔다면, 그런 주장은 분명히 터무니없다. 단지 어떤 특정한 종류의 재화, 예를 들어 관 같은 것의 과잉생산 문제라면 문제될 것도 없다. 그런데 모든 재화들이 과잉이다. 예를 들어 농산물과 공산물 둘 다 그렇다.

경제위기를 불평등한 소득분배에 기인한 과소소비의 탓으로 돌리는 이론도 정말 만족스럽지 못하다. 왜 판매가 한순간 하늘 높이 솟았다가 다음에는 땅으로 추락하는지 설명하지 못하기 때문이다. 항상 잠재되어 있는 원인(이 경우는 불평등한 소득분배)인데 왜 극심하고도 갑작스럽게 효과(호황과 불황)를 만들어내는지 설명 못 하는 것이다. 잘못된 소득분배가 원인이었다면, 경제위기는 반드시 연속적이고 잠재적인 조건, 지속적이고 변함없는 노동잉여로 드러났어야 한다. 그런데 그것은 우리가 관찰한 것과 정반대이다.

하지만 부유층의 소득이 일반적으로 그들의 욕망 수준을 넘어선다는 가정조차 틀렸다. 그것은 토지 소유자들의 크고 작은 부채에 의해, 그리고 국가에 대한 보호조치 요구에 의해 입증되었다. 욕망은 한계가 없으며 무한하다. 확실히 오일렝게비르게 산지[40]에 있는 방직공의 욕망은 그들 몫으로 떨어진 감자 부스러기로 충족되지 않았다. 그리고 미국 백만장자들이 자신들의 딸을 위해 산 공작의 왕관도 품위에 대한 그들의 갈망을 달래기에 충분치 못했다. 그들은 황제의 왕관을 얻기 위해 100만에 100만을 덧쌓고 밤낮으로 애썼다. 그걸 얻기 위해 아마 자

---

40 현재는 폴란드령으로 되어 있는 주데텐 지방에 있는 산지를 말한다. 1844년 방직공들의 봉기가 있었다.

신의 생활수준을 낮추었을 것이고, 노동자의 생활수준을 낮춘 것만은 확실하다. 그렇게 왕관을 얻고 나면, 사제가 나타나서는 지상의 왕관은 썩어버릴 것이니, 계속 애쓰고 저축하되, 수십억을 교회에 기부하여 천국의 보좌를 확보하라고 말했을 것이다. 감자 부스러기와 교회 헌금함 사이에는 사람이 생산할 수 있는 모든 것을 먹어치울 만큼 충분히 큰 욕망의 바다가 있다. 너무 부자라서 더 부자가 되지 않겠다는 사람은 없다. 오히려 증식의 욕망은 충족될수록 더 커진다. 처음 100만 달러에 도달한 사람이 이후 "우리는 충분히 벌었으니 이제는 다른 사람들에게 기회를 주자"라고 말했다면, 우리 시대의 거대한 부는 형성되지 못했을 것이다. 이익이 되는 투자전망이 섰을 때 잉여금을 놀리는 부자는 없었다. 이자는 의심의 여지 없이 자본가의 돈을 빌리는 데 필수조건이었다. 이런 점에서 이 나라 최고 부자들도 1펜스를 아끼는 구두쇠 저축자와 다르게 행동하지 않았다. '이자가 없으면 돈도 없다'라는 것이 모두의 좌우명이었다. 모두 이자에 따라 돈을 빌려줬다. 심지어 소득이 모두 같아진다고 해도, 저축자, 즉 소비하는 것보다 더 많이 생산해서 파는 사람은 이자가 확보되지 않으면 자신의 남는 돈을 순환시키지 않았을 것이다. 그러므로 저축자의 그런 행동은 상업과 공업이 이자 산출을 멈추는 순간 필연적으로 상품 과잉과 시장침체, 실업을 초래한다. 경제 위기의 원인은 자본가들이 이자를 얻을 수 없으면 그들 자금의 투자를 거부한다는 데 있다. 그리고 집, 공장과 다른 생산수단들의 공급이 어떤 한계를 넘어설 때, 이자율은 그 생산수단에 투자된 화폐의 이자 지급에 필요한 최소수익률 아래로 떨어진다는 데 있다. (세입자 입장에서 집 소유자 간의 경쟁은 노동자 입장에서 공업회사 소유자 간의 경쟁과 같은 효과를 미친다. 이자를 낮추는 것이다. 전자의 경우 임대료를 낮추고, 후자의 경우 임금을 올린다.) 이 지점에 달하는 즉시 고용주들은 더 이상 요구되는 이자를 지급할 수 없고, 자본가들은 돈을 공짜로 빌려줄 이유가 없다. 자본가들은 경제위기 동안 기다리기로 한다. 경제위기가 상황을 '완화하고' 정상 이자율을 회복시켜줄 수 있으리라 믿기 때문이다. 그들은 자신들의 돈이 낮은 이자율로 장기투자에 묶이는 것보다, 높은 금리를 확보하기 위해 단기적으로 이자를 포기하는 게 유리하다는 것을 알고 있다. 단지 기다리기만 하면 언제나 일정한 최소이자율을 뽑아냈던 것이다.

그러므로 부유층의 소득과 소비간 불균형, 그리고 노동자의 구매력과 생산력 사이의 불균형은 산업위기의 진정한 원인으로 볼 수 없다.

경제위기를 통화와 연계시키는 마지막 이론이 가장 진실에 가깝다.

그 진실이란, 물가가 하향추세에 있어 손해를 보고 재화를 팔아야 한다면 아무도 새로운 기업을 설립하거나 기존 기업을 확장하지 않는다는 점, 어떤 상인도 구매가격 이하로 팔 수밖에 없으면 재화를 사지 않는다는 점, 그리고 이런 상황에서 경제위기는 불가피하게 된다는 점이다. 하지만 이 이론은 질문을 새로운 질문으로 답했다. 경제위기가 전반적인 물가하락과 같다고 한 점에서는 옳았다. 그러나 물가하락이 어떻게 발생하는지에 대해서는 만족스러운 답을 제공하지 못했다. 사실 그 이론은 물가하락을 추적하여 화폐 부족까지는 알아냈다. 그래서 그 처방으로 화폐 발행의 증가를 제시했다(복본위제, 지폐). 그러나 화폐 발행량의 증가와 함께, 혹은 증가 이후에 화폐 공급이 스스로 재화 공급에 맞춰질 것인가에 대한 증거는 부족했다. 특히 이자율이 하락하기 시작할 때 화폐가 시장에 공급되리라는 증거가 부족했다. 결국 그것이 문제다.

이 점을 완전히 간과한 것은 아니다. 은과 금의 자유주조권을 폐지함으로써 통화와 모든 금속 간의 연계성을 없애자고 제안했기 때문이다. 그러면 화폐 제조(화폐 공급이 아니라)를 조절할 수 있으리라는 것이다. 즉, 물가가 하락하면 화폐를 더 많이 찍어내고, 상승하면 줄인다. 이 간단한 방법에 의해 화폐 공급은 항상 수요에 맞출 수 있을 것이라 생각했다.

이 제안은 전혀 실행에 옮겨지지 않았는데, 다행스러운 일이었다. 실패했을 테니까 말이다. 그 입안자들은 화폐 발행량과 화폐 공급[41]을 같은 것으로 착각했다. 대량의 감자 재고량은 같은 양의 감자 공급을 의미하므로 화폐의 경우도 같아야 한다고 믿었던 것이다. 그러나 그건 전혀 사실이 아니다. 감자나 다른 상품의 공급은 정확히 그 재고량과 일치한다. 보관에 막대한 비용이 들기 때문이다. 전통적 형태의 화폐가 일반적인 유형의 상품을 닮았다면, 비용을 치르지 않고 금속화폐를 축장하는 것은 불가능했을 것이며, 화폐 공급을 화폐 발행량에 의해 합리적으로 추정할 수 있었을 것이다. 그러나 알다시피 그렇지 않았다. 화폐 공급은 그 소유자의 의지에 절대적으로 의존했다. 그리고 이자를 얻을 수 없는 한, 단 한 푼도 상업 및 금융의 유통에 투입되지 않았다. 이자 없이는 화폐도 없었다. 심지어 화폐 발행량이 100배로 증가한다 해도 말이다.

이제 지폐발행제도에서의 개혁이 그 목적, 즉 상거래 부진 및 급속한 경제위기의 예방을 달성했다고 해보자. 그러면 개혁을 채택한 그 국

---

41 시장에서 유통되는 화폐 유통량. 물가를 결정하는 화폐 공급량과 같다. 화폐 발행량에서 개인이나 은행금고에서 잠자고 있는 퇴장량을 뺀 화폐량을 말한다.

가는 집과 공장 등이 빠르게 증가할 것이고, 그래서 종전과 같은 이자를 산출하지 못할 것이다. 그러면 오래된 씨름이 다시 시작될 것이다. 저축자들과 자본가들은 이자 감소에 저항할 것이고, 고용자들은 예전의 이자를 지불할 수 없을 것이다. 수천 년 경험을 통해 화폐 소유자들은 투자에 따라 자신의 돈으로 3, 4 혹은 5퍼센트 수익을 낸다는 것, 그리고 이런 이자를 얻기 위해 기다리기만 하면 된다는 것을 배워왔다. 그래서 그들은 기다릴 것이다.

그러나 화폐 소유자들이 기다리는 동안 재화 수요는 생겨나지 못하고 물가는 하락한다. 이것은 다시 상업을 불안하게 하고, 상업은 불확실한 미래로 인해 주문을 늦출 것이다.

그러므로 우리는 다시 한번 불황과 실업, 경제위기에 직면해야 한다.

그럴 경우 국가는 고용주들에게 더 낮은 이자, 필요하다면 무이자로 돈을 공급함으로써 고용주들이 자신의 역할을 수행할 수 있도록 해야 한다는 제안이 실제로 있었다. 이런 식으로 국가가 저축자와 자본가에 의해 유통에서 빠져나간 화폐를 대체할 수도 있었다. 하지만 그러면 무슨 일이 벌어지겠는가? 한편에는 사용되지 않는 자본가들의 지폐뭉치가 쌓이고, 다른 한편에는 이에 상응하는 양만큼 채권과 환어음(장기어음), 나아가 고용주들이 필요로 하는 만큼의 채권이 국고에 남을 것이다.[42] 단기간 내에 상환되지 않는다는 조건으로.

개인들에 의해 축장된 대량의 지폐(모든 사유재산은 결국 이런 형태를 취하게 될 것이다.)는 어느 날 사소한 사건에 의해 움직일지도 모른다. 이 돈은 시장에서 재화와 교환을 통해서만 사용될 수 있기 때문

---

42 국가가 화폐를 발행하면서 그 대가로 국가는 상대방에게서 채권이나 어음 등을 받기 때문이다.

에, 갑자기 거대한 양의 수요가 될 것이고, 국가는 채권과 장기어음으로 이를 통제할 수 없을 것이다. 이렇게 되어 물가는 하늘 높이 치솟게 된다.

자유화폐 도입을 통해 이러한 위험에서 빠져나온 것은 다행이었다. 부분적 개혁[43]의 재앙적 실패는 당연히 지폐이론에 대한 반론으로 이용되었을 것이고, 그러면 아마 수세기 동안 금속화폐라는 원시시대로 되돌아갔을 것이기 때문이다.

자유화폐는 화폐의 공급을 모든 조건으로부터 독립시켜준다. 그래서 국가에 의해 유통되는 화폐의 양만큼 정확하게 시장에 공급된다. 지금까지 당연시되었던 것, 즉 화폐의 공급은 감자의 공급과 마찬가지로 항상 화폐 발행량과 같아야 한다는 것이 처음으로 실현되었다. 화폐 공급은 더 이상 제멋대로 움직이지 않는다. 그것은 자의적 행동을 멈추었다. 인간의 자유의지에 영향을 받지 않기 때문이다. 이제 수량이론은 유효하다. 때로 '조잡한'이라는 말이 붙을 정도로 단순한 형태의 수량이론일지라고 그렇다.

그런 상황에서 어떻게 경제위기가 발생할 수 있겠는가? 이자율이 하락해서 0퍼센트 밑으로 떨어져도, 화폐는 여전히 공급될 것이다. 물가가 하락하는 경향을 보이면 국가는 단순히 화폐 발행량을 증가시켜 물가를 다시 올릴 것이다. 그러면 생각해볼 수 있는 모든 상황에서도 화폐 공급은 재화의 공급과 균형을 이룰 것이다.

이제 위기를 예방하는 것이 자유화폐라면 우리는 전통적 형태의 화폐와 자유화폐의 차이에서 경제위기의 원인을 찾아야 한다. 그리고 이는 화폐의 공급을 통제하던 동기가 지금과 예전이 다르다는 점에 있다.

---

43 앞에서 말한, 국가가 화폐를 공급하는 방식의 처방을 뜻한다.

예전에는 이자는 화폐 유통의 필수적이고 명확한 조건이었다. 반면 지금은 이자 없이도 화폐는 공급된다.

예전에는 물가가 전반적으로 하락하면 (이미 화폐 공급이 충분치 않다는 신호가 되어) 화폐는 시장에서 빠져나왔다. (물가가 하락하면 상업적 관점에서 아무도 재화를 사지 않거나 살 수 없었다. 그 지출로 손해를 볼 위험을 감수해야 했기 때문이다.) 이런 식으로 전반적인 물가 하락은 모두가 미친 듯이 현금을 확보하려는 쟁탈전으로 발전하는 경우가 많았다. 이는 필연적으로 물가를 가장 낮은 수준으로 떨어뜨렸다. 반면, 지금은 생각할 수 있는 어떤 상황에서도 화폐가 공급된다.

예전에는 과도한 화폐 공급을 나타내는 지표라 할 수 있는 전반적 물가상승이 나타나면 민간에서 쌓아둔 모든 돈은 시장을 향해 밀려들어왔다. 모두가 재화나 공업주식을 가능한 한 많이 확보하여 예상되는 추가상승에 참여하고자 열망했기 때문이다. 이는 그 기대상승을 필연적인 것으로 만들었다. 민간에서 쌓아둔 모든 돈이 공급되어 가격을 달성 가능한 가장 높은 수준으로 밀어올린 것이다. 반면에, 지금은 물가가 전혀 상승할 수가 없다. 민간부문에 더 이상 돈이 없기 때문이다.

시장에 공급되는 화폐의 양은, 자본가들이 '상품을 사야 하는지 말아야 하는지'라는 질문에 대한 답이라 할 수 있는데, 예전에는 그게 추측, 여론, 루머에 의해 결정되고는 했다. 그리고 단지 권력자의 찌푸림이나 미소로 결정되는 일도 아주 흔했다. '유력한' 주식중개인이 소화가 잘되거나, 좋은 날씨에 우호적인 소식이 어우러지면 시장의 분위기는 바뀌었고 어제의 매도자가 오늘의 매수자가 되었다. 화폐 공급은 바람에 날리는 지푸라기와 같았다. 게다가 무계획적인 화폐 생산을 생각해보라! 채굴자가 금을 찾아내면 다행이고, 찾아내지 못하면 금 없이 헤쳐나가야 했다. 중세로부터 아메리카대륙 발견에 이르기까지 계속해서 상거래는 로마시대로부터 물려받은 금과 은으로 이루어졌다. 알고 있는 모든 광산이 소진되었기 때문이다. 교환매개물이 희소해서 분업이 어려웠기 때문에 무역과 교통은 최소로 제한되었다. 그 시대 이후 많은 금과 은이 발견되었다. 그러나 이 발견은 너무 불규칙적이었다. 말 그대로 '찾아냈던' 것이다.

금 발견의 변동성에 더하여 여러 나라의 통화정책도 변덕스러웠다. 그런 나라들(이탈리아, 러시아, 일본)은 때로 외국의 금을 빌려와 금본위제를 도입했는데, 그 결과 막대한 양의 금이 시장에서 빠져나갔다. 때로는 지폐본위로 회귀했는데, 그러면 그 나라 금은 해외시장으로 밀려나갔다.

그러므로 화폐 공급은 가장 변화무쌍하고 상충되는 상황들의 꼭두각시 같은 것이었다. 그 점이 예전 화폐제도와 자유화폐의 차이다. 그리고 그 차이가 경제위기의 원인이었던 것이다.

O. 임금이론가

철도와 증기선이 등장하고 이동의 자유가 생기면서 노동자들은 이제 미국과 아시아, 아프리카와 오스트레일리아의 비옥한 토양의 광활한 대지를 자유롭게 이용할 수 있게 되었다. 그리고 개인 신용의 성장(이는 더 높아진 도덕성과 교육수준 그리고 상업법령의 개선 결과이다)으로 노동자들도 자본에 접근할 수 있게 되어, 이제 소위 '임금철칙'은 더 이상 유효하지 않게 되었다.

노동자는 더 이상 토지 소유자의 자비에 목매지 않는다. 농노 신분에서 벗어날 수도 있고, 고국의 땅을 스스로 떠날 수도 있다. 토지 독점은 이제 무너졌다. 수백만 명의 노동자가 자유를 찾아 이민을 떠났고, 그 결과 토지 소유자들은 남은 사람들을 자유인으로 대우하지 않을 수 없게 되었다. 이민의 가능성이 그들 모두에게 자유를 선사했기 때문이다.

나는 임금철칙을 포기해야만 했다. 현실은 내 이론이 틀렸음을 입증했다. 몰레스홋Moleschott과 리비히Liebig[44]에 따르면, 하루 12시간 일하는 노동자에게 필요한 질산염과 탄수화물의 양은 생선기름 1파인트와 잠두콩 3~4파운드면 충분하다고 한다. 이들 물질은 돈으로 2페니밖에 되지 않는다. 거기에 감자 부스러기나 의복, 주거 그리고 종교와 관계되는 것으로 2분의 1페니가 추가될 수 있고, 이들 합하면 2펜스와 2분의 1페니가 된다. 따라서 이것이 임금을 그 이상으로 올릴 수 없는 '철의 한계'였다. 그러나 임금은 그 이상으로 올랐고, 따라서 임금철칙은 오류였다.

나는 이 곤란한 상황을 모면하려고 '철의 임금'은 노동자가 자신의 문화적 수준(생존을 위한 최소한의 문화적 기준)에서 생명을 유지하고 번식하기 위해 필요한 최소한의 금액이라고 주장했다. 그러나 이 주장도 나를 오래 지탱해주지 못했다. 도대체 잠두콩 같은 걸 먹은 노동자가 어떤 문화적 기준이라는 것에 어떻게 도달할 수 있었겠는가? 어떻게 그 이들이 경비가 철저한 구역으로부터 도망칠 수 있었겠는가? 그외에도 문화란 무엇이고 생계의 최저기준은 무엇인가? 생선기름이나 잠두

---

44 몰레스홋은 네덜란드 출신의 의사로서 19세기 독일의 자연과학 유물론자이다. 리비히는 독일의 화학자.

콩은 오일렝게비르게 산지의 방직공들에게는 크리스마스에나 나오는 진수성찬이다. 그런 모호한 용어는 과학을 위해서는 쓸모가 없다. 많은 사람들(천성이 까다로운 사람이나 냉소적인 사람 등등)이 물질적 욕구에 초연한 삶이 가장 높은 수준의 문화의 표현이고, 그래서 생활수준에 따라 정해지는 '철의 임금'은 금욕적 문화의 발전과 함께 줄어들 수밖에 없을 것이라고 한다. 해장술로 하루를 시작하고 돼지처럼 피둥피둥한 비만인들보다 오일렝게비르게 산지의 방직공이 덜 문명화되었다는 말인가? 임금은 맥주컵의 수만큼 올라가는 것도, 담배의 품질만큼 올라가는 것도 아니다.

프로이센 상무장관이 의회에서, 루르 지역 광산노동자의 평균임금을 아래와 같이 보고했다.

연도	마르크
1900년	4.80
1901년	4.07
1902년	3.82
1903년	3.88
1904년	3.91

이와 같이 임금은 지난 3년 사이 25퍼센트나 떨어졌다! 광부들의 문화수준도 이 짧은 기간에 25퍼센트나 줄어든 것일까?[*] 아니면 혹시 그

● 우리는 '실질임금이 명목임금에 따라 변동된다'라고 가정한다. 그게 아니라면 '독일통화본위'라는 것은 그냥 사기다.

들이 야만적일 만큼 완전한 금욕에 빠져든 것일까? 금욕주의자들은 적은 돈으로 살아갈 수 있는데, 그것은 최저임금을 완전한 금욕의 문화수준으로 더 낮추는 아주 좋은 구실이 될 것이다. 그러나 이 대목에서 왜 통치자들이 그런 금욕운동을 적극 장려하지 않느냐는 의문이 생긴다. 만일 완전한 금욕으로 불로소득자에게 유리하게 임금을 낮출 수 있다면 당장 알코올의 생산과 판매가 금지될 것이다. 하지만 통치자는 더 잘 안다. "금욕자를 조심하라. 알코올 없이는 국민을 통치할 수 없다".

한마디로 '생존을 위한 최소한의 문화적 기준'이란 말은 헛소리이고, 임금철칙 또한 그러하다. 임금은 문화수준에 관계 없이 움직인다. 노동자들이 고용주로부터 영구히 쟁취했다고 믿고 있는 임금인상은, 사업실적이 나빠지면 내일 다시 사라진다. 반면 미국의 농산물 수확이 흉작으로 알려지면 비싸진 밀 가격은 싸우지 않고도 농부의 몫이 되는 것처럼, 시장이 호전되면 임금인상은 싸우지 않고도, 심지어 그것을 요구하지 않아도 노동자의 몫이 된다.

임금이란 무엇인가? 임금이란 구매자(고용주, 상인, 제조업자)가 생산자(노동자)로부터 공급받은 상품의 대가로 지불하는 가격이다. 이 가격은 다른 모든 상품과 마찬가지로 예상되는 판매가격에 의해 결정된다. 판매가격에서 지대와 자본이자를 빼면 그것이 이른바 임금이다. 따라서 임금법칙은 지대법칙과 자본이자법칙 속에 포함된다는 결론에 이르게 된다.

상품에서 지대와 이자를 빼면 임금이다. 그래서 특별한 임금법칙은 없다. 임금이라는 단어는 경제학에서 불필요한 용어이다, 왜냐하면 임금은 가격과 동일하기 때문이다. 만일 무엇이 상품가격을 결정하는지 알면 노동자가 자신의 생산물의 대가로 얼마나 얻는지 역시 알 수 있다.

자유화폐는 이 모든 것에 대해 나의 눈을 뜨게 해주었다. 자유화폐의 존재가 바로 모든 가치이론들과 가치에 대한 믿음의 명백한 반증이란 사실이 소위 '가치'에 대한 나의 환상으로부터 나를 해방시켰던 것이다. 그리고 가치에 대한 믿음에서 벗어나자 경제법칙의 연구에는 전혀 쓸모없는 노동이라는 개념이 나온다. 그런데 노동이란 무엇인가? 노동은 팔의 움직임이나 피로도가 아닌 노동생산물로만 측정될 수 있다. 무덤에 있는 제임스 와트가 온 세상의 살아 있는 모든 말들보다 오늘날 더 많은 일을 하고 있다. 중요한 것은 노동이 아니라, 노동의 결과인 생산물이다. 도급 방식의 일에서 명확히 보이듯이, 돈을 지불하고 구입하는 것은 바로 이 생산물이다. 그리고 실제로 모든 노동은 도급 방식의 일이다.

그러나 상품을 구입하는 것은 상품을 교환하는 것이다. 따라서 경제활동은 교환거래의 일련의 과정으로 분해되고 '임금'과 '가치' 그리고 '노동'과 같은 모든 용어는 '상품'과 '교환'이라는 두 개의 기본적인 개념에 붙은 쓸데없는 사족일 뿐이다.

● 이 책의 제5부에서 나는 생산수단의 소유자(제조업자)가 단지 전당포 주인에 불과하다는 것이 이미 일반인에게도 얼마나 많이 인식되고 있는지를 보여줄 것이다.

6.
국제거래

1. 환율의 메커니즘

흔히 해외무역은 지폐로는 이뤄질 수 없고, 이를 위해 금이 필요하다고
주장된다. 그러나 실제로는 지폐로 해외지불이 가능하며 이러한 지불
방식은 매우 단순한데도 일반적으로 잘 모른다.

동네 과일가게에 있는 레몬을 보자. 이 레몬은 말라가에서 왔다. 그
리고 함부르크의 양산洋傘 회사에서 철도역으로 운반되는 상자들은 세
비야로 향한다. 이제 문제는 두 거래가 금의 개입 없이 독일 지폐와 스
페인 지폐로 실행될 수 있는가 하는 것이다.

만일 같은 상인이 스페인에서 레몬을 수입하고 스페인에 양산을 수
출한다면, 지폐가 두 상거래의 실행에 아무런 장애를 제공하지 않는다
는 것을 누구나 알 수 있다. 그는 세비야에서 스페인 지폐를 받고 양산
을 팔고, 말라가에서는 이 지폐로 레몬을 구입한다. 그리고 나서 그는

레몬을 함부르크로 발송하고 함부르크에서 독일 지폐를 받고 레몬을 팔아 그 돈으로 양산 값을 지불한다. 그는 스페인 지폐가 독일에서 법정통화가 아니라는 사실로 인해 어려움에 처하지 않고 이 거래를 무한정 반복한다. 양산 판매로 받은 스페인 지폐는 스페인에서 레몬 구입대금으로 지불되며 레몬을 팔아 받은 독일 지폐는 양산 구입에 쓰인다.[40] 그의 자산은 계속해서 변한다. 오늘은 레몬이 그의 자산이고, 내일은 독일 마르크이고, 다음은 양산이고, 그다음은 다시 스페인 페세타이다. 이 상인은 계속되는 자산의 변형으로 창출되는 잉여, 즉 이익에만 관심이 있다. 그리고 이익이 나는지 아닌지는 통화가 아니라 경쟁의 법칙에 달려 있다.

하지만 수출과 수입이 동일 상인에 의해 행해진다는 것은 매우 드물고, 일반적으로는 여기서도 역시 분업으로 진행되는데, 분업은 대금지불이 이루어지도록 하는 특별한 조치가 필요하다. 하지만 여기서도 역시 지폐는 장애물이 아니다.

거래는 다음과 같이 진행된다.

---

40 이를 그림으로 나타내면 아래와 같다.

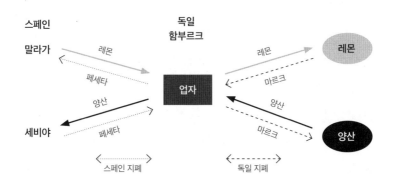

같은 동네에 사는 수입업자와 수출업자가 거래소에서 만나 양산 수출업자는 레몬 수입업자에게 독일 돈을 받고 환어음 형태로 된 세비야 채권을 판다. 어떤 가격(환율)에 거래되었는지 우리는 곧 알게 될 것이다. 스페인 페세타로 발행된 이 환어음은 레몬 수입업자에 의해 수입된 레몬 대금으로 말라가에 보내진다. 이 환어음에는 이렇게 기록되어 있다.

일람 후 30일 이내에 지명인 함부르크 레몬 수입회사에 1,000페세타를 지불하십시오. 8월 1일자 우리의 양산 대금은 수취되었습니다.

세비야의 마누엘 산체스씨에게, 함부르크 양산 회사로부터

양산 수출업자가 레몬 수입업자에게 어음을 팔았다는 것은 양산 수출회사가 레몬 수입회사를 지명인으로 기재함으로써 이미 보증되었다. 또한 말라가의 레몬 수출업자에게 추가적으로 매각할 환어음의 뒷면에는 다음과 같이 배서될 것이다.

우리의 지명인은 말라가의 세르반테스 씨입니다.

함부르크 레몬 수입회사

이 어음은 은행을 통해 말라가에서 세비야로 보내지고, 거기서 양산 수입업자인 마누엘 산체스 씨에 의해 지불된다. 이렇게 해서 양산과 레몬의 거래는 모두 네 방향으로 진행된다. 즉, 함부르크 양산 수출회사와 말라가 레몬 수출회사는 대금을 지불받았고, 함부르크 레몬 수입업자와 세비야 양산 수입업자는 대금을 지불했다. 하지만 이 거래에 참여한 유일한 화폐는 독일 지폐와 스페인 지폐였다. 네 회사가 이 수출과

수입에 참여하지만 상품은 상품으로 지불된다. 즉, 독일 상품은 스페인 상품으로 지불되었다.[41]

수출회사와 수입회사 간에 직접 거래가 이루어지는 대신 수출회사와 수입회사가 서로 다른 곳에 살고 있다면 환어음은 은행에 제시되더라도 거래는 유사하다. 오히려 이것이 일반적이다. 이 거래의 전체 과정을 설명하는 것은 지나치게 멀리 가는 것일 뿐 본질적인 차이는 없다.

그러나 하나의 중요한 문제가 아직 해결되지 않았다. 함부르크에서 페세타 환어음의 환율은 무엇이 결정하는가, 그리고 함부르크의 레몬 수입회사가 외국 화폐로 기재된 환어음의 대금으로 지불한 독일 돈은 얼마인가?

이 문제에도 역시 우리는 답할 것이다. 환어음 가격은 레몬이나 감자의 가격과 마찬가지로 오로지 수요와 공급으로 결정된다. 감자나 어음이나 그것이 많으면 가격이 떨어진다. 독일의 많은 상품이 스페인에 수출되면 독일에는 많은 스페인 페세타 어음이 공급되고, 스페인으로

---

41 이 거래를 그림으로 나타내면 아래와 같다. 점선은 각각 화폐 지급, 가는 실선은 상품의 이동, 굵은 실선은 환어음의 이동을 표시한다.

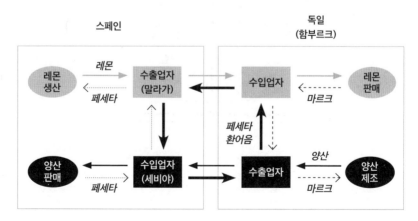

부터 수입이 아주 적으면 함부르크에는 페세타 어음의 수요가 거의 없게 된다. 그래서 페세타 어음의 가격(환율)은 내려가고, 상황이 바뀌면 다시 오르게 된다.

수입과 수출이 변하지 않고 그대로 있는 한, 어음의 수요와 공급은 균형을 유지할 것이다. 그러나 어떠한 이유로 (우리의 예로 돌아가서) 스페인 혹은 독일에서 물가가 일반적인 수준에서 벗어나면 변화는 곧바로 일어난다. 가령 독일과 비교해 스페인에서 더 많은 지폐가 발행되어 스페인의 상품가격이 오르면, 이 높은 물가 때문에 외국 상품의 수입이 더 늘어나고, 동시에 스페인 상품의 수출은 수익성이 줄어들거나, 심지어 이익을 내지 못한다. 따라서 스페인은 수입이 늘고 수출은 줄어

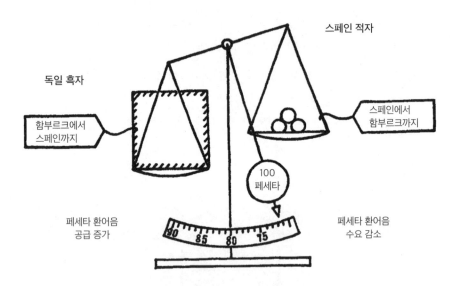

그림 6A, 독일과 스페인의 무역수지 (독일의 수출 초과)

페세타 환어음의 공급은 늘고, 페세타 환어음에 대한 수요는 준다. 그래서 스페인의 환율은 떨어진다 (그림에서는 100페세타가 72마르크를 가리킨다). 환율변동에 따라 독일 수출업자는 손해를 보고, 스페인 수출업자는 이익을 본다.

든다. 그리하여 함부르크에서 페세타 환어음의 공급은 커지는 반면, 그 수요는 작아진다. 수요와 공급이 페세타의 시장가격을 결정하고, 그래서 페세타는 80페니히를 지키지 못하고 75 또는 70페니히 또는 그 이하로 떨어질 것이다. 그러면 양산 수출업체가 세비야에서 발행된 환어음을 매각할 때, 예전만큼 독일 지폐를 손에 넣을 수 없게 되고, 따라서 세비야에서 양산 가격이 높아서 얻은 예상 추가이익은 함부르크에서 그 환어음을 팔 때 떨어진 환율로 다시 잃어버린다. 반대로 레몬 수입업체는 말라가에서 레몬 대금으로 추가지불한 금액의 손실을 함부르크에서 페세타 환어음을 떨어진 가격에 싸게 살 수 있어 만회할 것이다.

스페인의 통화의 인플레이션으로 야기된 스페인의 상승한 물가가 페세타 환율의 하락으로 보상될 때까지, 즉 수입을 늘리고 수출을 줄이려는 자극이 사라질 때까지, 이러한 힘의 작용은 계속된다. 이렇게 해서 수입과 수출의 균형이 자동적으로 회복되는데, 이는 지폐를 사용하는 두 나라 간에 차액의 지불을 위해 특별기금을 마련할 필요는 없다는 것을 의미한다. 왜냐하면 그러한 차액이 발생할 수 없기 때문이다.

독일에서 물가가 오르고 스페인에서 물가가 안정된다면 상황은 반대가 될 것이라는 것은 더 설명할 필요가 없다. 세계시장에서 독일의 일반적인 경쟁국들로부터 독일로의 수입은 갈수록 더 수익성이 좋아지는 반면, 양산의 수출은 수익성이 떨어진다. 독일에서는 매우 적은 양의 외국 환어음만이 시장에 나오는 반면, 그에 대한 수요는 급증한다. 이것은 외국 환어음의 가격상승(독일 지폐로)을 의미하고, 이 환어음의 인상된 가격(환율)이 수입과 수출 간의 균형을 자동적으로 회복시킨다.

환율변동은 어느 순간에는 수출업자 또는 수입업자에게 유리하게 작용하지만, 다음 순간에는 해를 끼치게 되어, 결국 무역의 위험을 크게 증가시킨다. 다른 지폐를 사용하는 두 나라 간에 환율변동은 명백히 한계가 없다. 왜냐하면 그 나라들은 오로지 그들 내부의 통화정책에 의지하고 있기 때문이다. 그러나 자의적이고 끝없는 환율변동이 통화정책에 기인한 것이라는 것은 환율을 안정화시키고 독단적으로 해결하는 것 역시 적절한 통화정책을 통해 가능하다는 것을 증명하는 것은 아닌가? 수출입의 균형이 통화정책으로 방해받을 수 있다면, 수입과 수출의 변동, 심지어 흉작과 대풍작 같은 자연적 요인으로 인한 변동조차 환율정책을 통해 미연에 방지하는 것이 틀림없이 가능할 것이다. 이를 위해 필요한 모든 것은 관련국들에 의한 통일된 통화정책의 채택이다. 독일

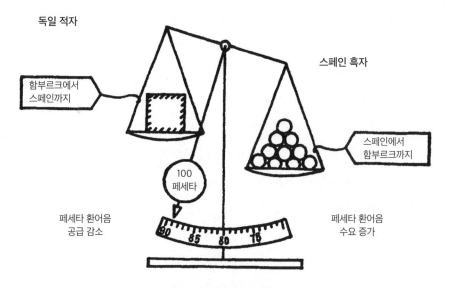

그림 6B. 독일과 스페인의 무역수지 (독일의 수출 부족)

페세타 환어음의 공급이 줄고, 페세타 환어음의 수요는 늘어난다. 그래서 스페인 환율은 오른다(그림에서는 100페세타가 89마르크를 가리킨다). 그러면 환율변동에 따라 독일 수출업자는 이익을 보고, 스페인 수출업자는 손해를 본다.

두 그림(6A와 6B)은 무역수지 흑자가 어떻게 외국 환어음의 환율을 떨어뜨리고 수출을 억제하는지 보여준다. 따라서 환율변동은 이와 같이 자기의 원인을 상쇄하는 경향이 있다.

에 있는 독일 사람들과 스페인에 있는 스페인 사람들이 적절한 통화규제를 통해 안정적인 물가를 유지한다면, 수출과 수입의 비율도 역시 안정될 것이다. 그러면 환어음의 수요와 공급 비율, 그리고 결국 환율도 역시 안정될 것이다. 이 문제의 해결을 위해 우리는 두 나라 사이의 합의와 그에 기초한 행동이 필요할 뿐이다.

우리가 여기서 통화당국에 요구하는 모든 것은 국제 금본위제로 어느 정도까지 자동적으로 실현된다. 어떤 나라에서 통화(금과 지폐)가 과잉상태가 되고 그 결과 물가가 세계시장에서 정상수준 이상으로 올라갈 때 일어났던 일은 지금 지폐본위의 나라에서 지폐의 유통량이 증가할 때 일어나고 있는 것과 똑같다. 물가가 오르는 나라에서 발행된 환어음은 환율을 떨어뜨렸다. 예를 들어 그 나라가 스페인인 경우 함부르크에서의 페세타의 환율이 80에서 79 혹은 78페니히로 떨어지면, 결국 금 페세타 어음 매각자(우리의 예에서는 양산 수출업자)는 세비야의 거래처에게 "양산의 수출대금으로 당신이 발행한 어음을 파는 데 어려움을 겪고 있습니다. 나는 1페세타당 80페니히가 아니라 78페니히밖에 받지 못하고 있습니다. 그래서 저는 어음을 취소하고 청구금액을 당신 나라의 금화로 송금해주시길 당신에게 요청합니다"라는 편지를 쓰게 된다. 양산 수출업자는 물론 이제 금의 운송비용을 부담해야 하는데, 환율 손실이 금 운송비용을 초과하지 않는 한, 그는 이 방법을 사용하지 않을 것이다. 스페인 금화는 제국은행에 넘겨지고, 제국은행은 양산 수출업자를 위해 그 금화를 무료로 독일통화로 환전해준다. 아니면 순금 1킬로그램당 2,790마르크의 고정가격으로 은행권과 교환해준다.

그러면 이러한 상관습의 결과로 독일과 스페인에서는 무슨 일이 일어날까? 스페인에서 통화량은 세비야에서 발송한 금의 양만큼 줄어든다. 만일 금이 스페인 중앙은행에서 인출된다면, 발행된 은행권은 그 가치의 3분의 1까지 금에 의해 보장되어야 한다는 법에 따라, 중앙은행은 빠져나간 금의 3배 금액의 은행권을 시중에서 회수해야 한다. 독일에서는 반대로 화폐유통이 그 스페인으로부터 운송된 금 총액의 3배만큼 증가한다. 이 영향으로 스페인에서는 물가가 내리고, 독일에서는 물가가 상승하는데, 이 상승은 균형이 회복될 때까지 계속된다.

환율변동을 유발한 전반적 물가상승이 스페인이 아닌 독일에서 발생했다면, 함부르크의 레몬 수입업자는 양산 수출업자와 똑같이 행동했을 것이다. 그는 말라가에 있는 거래처에게 함부르크에서 페세타의 높은 환율 때문에 수입한 레몬 대금으로 환어음에 의한 통상적인 송금 대신에 독일금화로 보낸다는 편지를 썼을 것이다.

이러한 유형의 금 수송이 빈번하므로 이를 위해 금의 비축이 필요하다는 의견이 일반적이었다. 그러나 그것은 잘못된 생각이었다. 왜냐하면 환율변동으로 인해 발생하는 수입 또는 수출의 억제나 촉진을 통해 금의 수송이 없이도 자동적으로 균형이 회복되었을 것이기 때문이다. 금 수송과 이를 가능하게 만든 금 보유고의 결과는 금의 수송 자체가 아니라, 금 수송이 물가에 미치는 영향에 기인했다. 균형을 회복시켰던 것은 금의 수송이 아니라 물가의 변화였다. 만일 외국통화의 환율이 오르는 나라에서 (예를 들어, 페세타 어음이 마르크화로 높은 가격에 팔릴 때의 독일에서) 통화당국이 시중에서 은행권을 회수함으로써 통화유통을 줄였다면, 그 결과로서 생긴 물가하락이 수입과 수출의 균형을 즉시 회복시키고, 환율도 정상으로 돌려놓았을 것이다. 발권은행에 의한 환어음의 할인율 인상이라는 매우 간단한 조치만으로도 금의 수송과 이를 대비한 금 보유고를 불필요하게 만들었을 것이다.

의식적인 행위로 죽은 금덩어리를 대체해야 한다. 왜냐하면 화폐본 위는 물질이 아닌 행위와 행정적 조치 위에 세워질 수 있기 때문이다.•

금본위제에서 환율변동은 금의 수송비를 결코 초과할 수 없다. 이 성적인 국가의 어떠한 통제도 가능하지 않은 낮은 문명단계에서는, 그 러한 통화의 자동적인 보정이 확실한 장점을 가진다. 그러나 오늘날 그 런 이유로 금본위제를 유지하는 것은 국가 당국에 대한 모욕이다.

기계의 경우 자동적인 조절이 사람의 손으로 조절하는 것보다 더 좋 을 수도 있지만, 통화는 기계와 비교할 수 없다. 게다가 금본위제하에 서 통화조절은 제한적인 의미에서만 자동적이다. 금의 수송은 자동적 이지 않다. 금은 계산되어야 하고, 포장되어 발송되고, 보험을 들고 다 시 주조되어야 하기 때문이다. 발권은행의 행정조치로 같은 금액의 화 폐를 시중에서 회수하는 것이 같은 효과를 내면서도 노력도 덜 들고 아 무런 비용도 들지 않는다.

나아가 금본위제에서는 지리적으로 멀리 떨어진 나라들 간의 환율 변동은 이자를 감안하면 4퍼센트 또는 그 이상에 이를 수 있다는 점을 명심해야 한다.••

금본위제의 자동 메커니즘은 환율변동을 사전에 막지 못한다. 그것 은 환율변동이 최대치에 이를 때에만 작동하기 시작한다. 이른바 금수 송점(앞에서 언급한 금 수송비용)에서, 다른 말로 하면 금의 수입과 수 출이 시작될 때 작동하기 시작하는 것이다. 환율변동이 그로 인한 모든

• 프랑크푸르트와 게젤, 『적극적인 통화정책』 참조.
•• 금을 유럽에서 오스트레일리아로 싣고 오는 비용은 무려 총금액의 2퍼센트이다. 그 비용은 항 해하면서 부담해야 하는 이자, 운송비, 보험료, 포장비, 파손비 등이다. 따라서 유럽과 오스트레일리 아 사이의 환율은 위아래로 각각 2퍼센트 움직일 수 있다. 그래서 이 경우 그 차이는 4퍼센트를 넘 는다. 그것이 소위 표준이라 불리는 것이다!

피해를 입히고 나서야, 사후적으로 (그전에는 아니고) 해결책이 가동되기 시작한다. 반면에 지폐본위제에서는 만일 통화당국의 통계 서비스가 상당히 효율적이라면, 균형을 방해하는 첫 신호와 동시에 이를 치료하는 조치들이 바로 나오게 되고, 환율변동은 이들 신호 정도에서 억제된다. 금본위제에서도 환율변동을 막고 미연에 방지하는 것은 실제로 가능하고, 중앙은행들도 자신들이 단순한 자동장치 같은 존재가 아니라고 주장한다. 그러나 만일 금본위제가 의식적인 행위의 도움을 받아야 한다면, 금본위제 옹호자들이 주장하는 자동기능에서 무엇이 남는가?

여기서 언급된 내용은 보통의 지폐에도 적용된다. 자유화폐제에서는 강제적 유통 때문에 통화당국의 조치들이 즉시 효과가 나타나고, 안정적인 환율을 유지하기 위한 어떤 종류의 준비금도 불필요하다는 주장은 2배로 진실이다.

2. 국제환율의 안정(이론적 관점)

어떤 사실들

1. 5프랑 은화는 라틴통화동맹 국가들(프랑스, 이탈리아, 스위스, 벨기에, 그리스)에서 전쟁 전에 자유롭게 유통되었다. 이 5프랑 은화들은 한 나라에서 다른 나라로 자유롭게 이동했다. 그들은 각국의 통화와 동등한 법정화폐였고, 보통 각국 통화와 함께 동등하게 유통되었다.

2. 그러나 이 5프랑 은화는 '신용'화폐였다. 이 은화는 어떤 시기에는 함유된 은에 의해 50퍼센트 정도만 '보증'되었다. 그 은화로 2배 무게

의 은을 살 수 있었다. 따라서 두 개의 은화 중에서 하나는 순수한 '신용' 화폐로 볼 수 있다. 5프랑 은화들은 용광로에서 가치의 반을 잃었다.

3. 5프랑 은화는 이동이 자유롭기 때문에 국제적 거래에 대한 조절 효과를 갖고 있고, 그리고 물가를 다른 나라들 수준에 이르게 하는 자동적인 재정거래 메커니즘으로서 역할을 했다.●

4. 무역수지와 국제수지는 이 자동적인 재정거래 메커니즘에 의해 조절되었다.

5. 만일 라틴통화동맹의 어느 한 나라가 다른 나라들에 비해 지나치게 자국 화폐의 양을 늘리거나 순환속도를 올리면 그 나라의 전반적 물가수준은 다른 나라들보다 높아진다. 이 때문에 이 나라의 수입은 늘고, 수출은 줄어서 무역수지와 국제수지가 적자로 마감되면, 이 적자는 5프랑 은화 수출에 의해 보상되어야 했다.

6. 특히 5프랑 은화가 지폐에 대한 '보증'으로 인정되고, 그리고 만일 발권은행에서 은화가 없어지면 시중에서 2배의 지폐를 회수해야 했기 때문에 5프랑 은화의 수출은 이 나라의 물가를 낮추고 수입한 다른 나라의 물가를 올렸다. 따라서 5프랑 은화를 수출하는 효과는 보통 2배였다. 5프랑 은화의 수출은 무역수지와 국제수지가 균형을 이룰 때까지 지속되었다.

7. 만일 지폐의 발행을 계속 늘려서 그 나라에서 5프랑 은화가 완전히 빠져나가면, 그 나라는 5프랑 은화의 수출로 적자를 메울 수 없었다. 그러면 자동적인 재정거래 메커니즘은 중단되었고, 환전차액agio(외국

● 통화 안정은 화폐의 공급과 상품의 공급이 균형을 이루는 상태(고정된 전반적 물가수준)인데, 이는 이를 목표로 한 적극적인 통화정책의 결과이다.

화폐에 대한 프리미엄)이 나타났다.

8. 만일 그 나라가 환전차액을 없애길 원하면, 시중에서 지폐를 회수했다. 그러면 물가는 떨어지고 수입은 줄어들고, 수출은 증가하여 무역수지와 국제수지의 적자는 점점 줄어들었고 흑자로 바뀌었다. 그러면 늘어난 지폐 발행으로 빠져나갔던 5프랑 은화가 다시 돌아오기 시작하고, 상황이 역전되어 전반적인 균형에 이르렀다. 물이 서로 연결된 파이프들을 통해 수위의 차이가 평평해지는 것처럼, 다른 나라들의 물가도 5프랑 은화에 의해 같은 수준으로 회복되었다.

9. 라틴통화동맹의 모든 나라들이 지폐를 발행할 때 앞의 7과 8에서 설명한 위험신호의 안내를 받으면, 통화동맹국들의 환율변동은 5프랑 은화의 국가 간 운송비용을 넘지 않았다.

10. 그러므로 라틴통화동맹의 국가들은 그들의 모든 통화를 국제화하는 것이 아니라, 한 종류의 동전을 국제적 지불수단이라고 선언함으로써 환율을 안정시켰다.

물론 이것이 그 동맹의 원래의 목적은 아니다. 그의 창립자들도 은이 '신용'화폐가 될 것이라고 예상하지 못했다.

5프랑 은화의 환율조절 효과는 오직 지폐이론에 의해서만 설명될 수 있다.

이 사실들로부터의 추론들

1. 앞에서 설명된 힘의 작용은 화폐수량이론과 일치하며, 그 이론이 맞다는 증거이다.

2. 5프랑 지폐가 5프랑 은화를 대체해도 결과는 같았을 것이다. 5프랑 은화가 국제적 지불수단으로 역할을 하였던 것은 함유된 은 때문이

아니라 국제적 합의 때문이었다.

3. 관련국들의 감독하에 하나의 화폐단위로, 그리고 이 목적만을 위해 발행된 국제지폐는 5프랑 은화처럼 자유롭게 유통되고 수입과 수출을 조절하며 환율을 균형상태로 유지할 것이다.

4. 이 5프랑짜리 국제지폐의 비정상적인 대거유입은 시중에 국내통화가 불충분하다는 증거가 될 것이다. 국제지폐의 비정상적인 유출은 국내 화폐 유통량이 지나치게 많다는 증거가 될 것이다.

5. 국제지폐의 완전한 유출과 그에 따른 환전차액(국제지폐에 대한 프리미엄)은 문제의 국가에서 환전차액이 사라지고 국제지폐가 되돌아오기 시작할 때까지 자기나라 지폐를 시중에서 빼내야 한다는 경고 신호가 될 것이다.

6. 국제지폐의 대량유입은 다른 모든 국가들이 자국 화폐를 과도하게 발행하여 국제지폐를 쫓아내지 않았다면, 국내통화가 시중에 부족하다는 것을 의미한다. 후자라면 그 나라의 통화본위에 문제가 있다는 것으로 이것은 환율의 문제로 혼동되어서는 안 된다.

우리는 이제 통화본위제와 환율 모두를 조절하는 국제연맹, 국제통화협회를 위한 제안을 요약할 것이다.

3. 국제 환율의 안정(실천적 관점)

국제통화협회(The International Valuta Association, IVA)

1. 국제통화협회IVA 가입을 희망하는 국가들은 통화본위에서 '이바 IVA'라는 화폐단위를 도입한다.

2. 이 새로운 단위는 고정적(물질)이 아니라 역동적(작용)이다. 계속된 능동적인 통화정책의 결과로서, 그 통화정책이 오직 통화량을 일정하게 유지하는 한 새로운 통화단위는 일정한 양으로 남아 있을 수 있다.

3. IVA 국가들의 통화정책은 통화의 안정에 바탕을 둔다.

4. 안정화 정책에 필요한 물가의 통계자료는 협회에 가입된 모든 국가들에 의해 통일된 체계로 기록된다.

5. 안정화를 목표로 하는 적극적 통화정책은 화폐수량이론에 근거한다. 즉, 전반적인 물가수준이 변동하면 모든 상황에서, 전시에서조차 화폐 유통의 증가와 감소에 의해 물가수준이 출발점으로 되돌아올 수 있다는 사실에 근거한다.

6. IVA 국가들의 통화제도는 개별국가 차원에서 운용되지만, 통일된 원칙에 기초하고 있고, 모든 상황에서 그리고 모든 발전단계에서 유효하다.

7. 이러한 통일된 국가별 통화정책은 무역수지의 교란과 그로 인한 환율변동의 주요원인을 제거한다.

8. 무역수지에서 작은 교란들, 예를 들어 계절의 흐름에 의한 변동은 여전히 가능하다.

9. 이러한 교란들이 환율에 미치는 영향을 완전히 제거하기 위해, 특별한 형태의 국제지폐가 발행되는데, 이 지폐는 모든 IVA 국가들에 의해 아무런 방해 없이 수입되고 수출되며, 국내통화와 동등하게 법정화폐로서 인정된다.

10. 이 국제지폐는 모든 IVA 국가들의 감독하에 IVA 사무국(베른에 있다고 가정하자)에서 이들 국가에 발행된다. IVA 지폐는 인쇄비와 관리 비용을 제외하고 무료로 발행된다.

11. IVA 지폐의 양은 오로지 환율에 대한 조절효과에 의해서만 결정되는데, 국내지폐 발행량의 20퍼센트 정도가 이 목적을 위해 필요하다.

12. 베른에 있는 IVA 사무국이 각국에 발행된 IVA 지폐의 금액에 대해 환어음을 받는 경우는, 그 나라가 국내통화를 잘못 관리하여 무역수지에서 영구적인 적자를 초래함으로써 IVA 지폐를 어쩔 수 없이 수출해야 하는 때뿐이다. 그때는 IVA 지폐를 얻으려면 환전차액을 지불해야만 한다. 이런 일이 발생한 날로부터 환어음은 이자가 붙는다.

13. IVA 지폐는 특히 소매거래에 적합한 화폐단위로 발행된다. 그래서 그 지폐의 부족이나 과잉을 즉시 감지할 수 있다.

14. IVA 지폐가 국내통화와 동등하게 유지될 수 있도록 필요한 조치를 취하는 것은 IVA 국가들을 위해서이다.

15. 이러한 목적을 위해 IVA 지폐가 국내에 유입될 때 국내통화를 발행하고, IVA 지폐가 유출될 때 국내통화를 회수한다.

16. IVA 지폐를 위해 시도되는 이러한 국제통화정책이 통화안정과 상당히 그리고 지속적으로 다른 방향으로 진행된다면 IVA 사무국은 국제적인 조사를 통해 혼란의 원인을 찾아내고 이를 제거하기 위해 필요한 지침을 모든 IVA 국가들에게 내린다.

17. IVA 지폐의 수송(수입과 수출)비용이 환율에 주는 영향을 배제하기 위해 이 비용은 IVA 사무국이 부담한다.

18. 운영비용은 각국으로 발행된 IVA 지폐의 금액에 비례해서 IVA 국가들에 배분된다.

19. 비유럽 국가라도 앞의 1과 9를 준수하고 통화안정의 원칙을 채택한다면 IVA에 가입할 수 있고 그러면 통상의 IVA 지폐 금액(국내 발행의 20퍼센트)을 받게 될 것이다.

20. 회원국은 언제든 12에서 언급된 환어음을 상환하면 IVA를 탈퇴할 수 있다.

21. IVA 해산을 위해서는 이 환어음들이 IVA 사무국에 지불될 수 있다. 그러면 IVA 사무국은 그렇게 회수된 IVA 지폐를 파쇄할 수 있다.

그림 7의 설명

연결된 파이프들에서는 물이 자동적으로 같은 수위로 돌아오는 것처럼, IVA 지폐에 의하여 통화가 연결된 나라들에서 물가는 같은 수준으로 유지되거나, 혼란이 생기더라도 그 수준으로 돌아오는 경향을 보일 것이다. 물론 국내통화가 안정의 원칙에 바탕을 두고 있다는 것을 전제로 한다.

이 나라들 가운데 하나가 안정의 원칙을 저버리고 위험신호(IVA 지폐의 수출과 수입)에 주의를 기울이지 않으면, 그 나라에 IVA 지폐가 밀

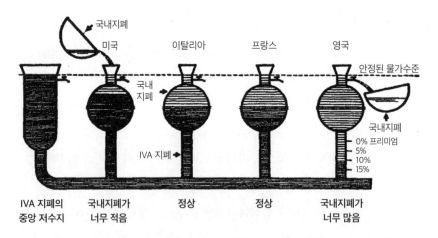

그림 7. 국제지폐(IVA)로 국제환율 안정시키는 방식
위에서 약하게 칠한 부분은 국내지폐이고, 더 어둡게 칠한 부분은 국제지폐이다.

려오거나(그림에서 미국처럼), IVA 지폐가 완전히 빠져나가게 될 것이다(그림에서 영국처럼). 국제지폐가 밀려오는 것은 그 나라가 발행했을 수도 있는 국내지폐에 붙는 이자를 잃게 되기 때문에 그 나라에 손해를 입힌다. 그리고 IVA 지폐가 빠져나가는 것은 훨씬 더 해롭다. 왜냐하면 이러한 결과로 초래된 이 지폐의 프리미엄이 무역을 방해하기 때문이다. 정상적인 상태는 프랑스와 이탈리아라고 표시한 파이프에서 볼 수 있다. 미국 파이프에서 국제지폐의 과잉상태는 국내지폐의 대량투입에 의해 감소되고 있다. 반대로 영국 파이프에서는 국내지폐를 회수함으로써 IVA 지폐의 프리미엄이 제거되고 있다(그림에서 열린 꼭지).

이 그림은 닫힌 체계로 나타나 있지만, 이 연결 파이프는 나중에 다른 나라들이 IVA 제도에 들어오는 걸 촉진하려고 연결장치의 오른쪽에 이어질 수 있도록 해두었다.

금화뿐 아니라 어떤 형태의 국제통화라도 국제환율을 안정시킬 것이다. 금본위제를 채택한 나라들은 환율은 안정시켰지만 물가변동이 심했다. IVA 제도를 도입한 나라들은 환율도 물가도 안정시켰다.

제5부

자유화폐 이자이론

1.
로빈슨 크루소 이야기

앞으로 자세하게 다룰 이자이론을 소개하고, 이자와 관련된 강하고 오랜 편견을 없애기 위해 로빈슨 크루소 이야기로 시작하려 한다. [*]

로빈슨 크루소는 잘 아는 것처럼 건강을 위해 산 남쪽에 집을 짓고, 습하긴 하지만 비옥한 북쪽 경사면에는 농작물을 키웠다. 그래서 수확물을 가져오려면 산을 넘어야 했다. 그는 이를 피하려고 산 둘레에 운하를 파기로 했다. 이 공사는 물에 쓸려나가지 않도록 쉬지 않고 해야만 했는데, 그가 생각하기에 3년은 걸릴 것 같았다. 이 때문에 그는 3년

---

[*] 지면의 한계를 고려하여 다음과 같은 두 가지 전제하에 이야기를 진행한다. 첫번째 내가 여기서 서술하는 대출계약에서는 경쟁상황을 무시한다는 것이다. 대출교섭에 경쟁을 개입시키게 되면, 가령 대출을 받는 측(차용자−낯선 이)에 비해 대출을 해주는 측(대부자들−여러 명의 크루소)이 다수라면, 계약은 여기서 나오는 내용보다 차용자 측에 유리하게 맺어질 수 있다. 두번째 전제는 계약을 맺는 양 당사자가 자유토지의 원칙을 받아들인다는 것이다. 그렇지 않으면 그 결과는 대출계약이 아니라 싸움이 될 것이기 때문이다. (이자이론을 전개하는 데 토지와 임대료 문제가 뒤섞이면 복잡해지기 때문에 미리 공통의 전제로 자유토지를 이야기한 것이다—옮긴이)

동안 먹을 식량 등을 저장해두어야 했다.

돼지 몇 마리를 잡아 고기를 소금에 절이고, 깊은 구덩이를 파 밀을 채워넣고, 흙으로 정성껏 덮었다. 옷감용으로 가죽 몇 벌을 말리고, 나방이 붙지 않도록 냄새나는 스컹크 분비물을 발라 옷장 안에 못 박아 걸어두었다. 요컨대 3년을 위해 그 나름대로 충분하고도 지혜롭게 준비를 한 것이다.

크루소는 앉아서 계획한 일에 필요한 '자본'이 충분한지 마지막으로 계산을 하며 앉아 있다가 깜짝 놀랐다. 분명 난파선의 생존자처럼 보이는 낯선 이가 그에게 다가왔기 때문이다.

"여보게, 크루소!" 그 낯선 이가 다가오며 이름을 불렀다. "내 배가 난파당했는데, 자네 섬이 좋아서 여기에 정착하려 하네. 내가 땅을 일구어 첫 수확을 할 때까지 비축된 식량으로 나를 좀 도와줄 수 있겠나?"

이 말에 크루소는 자기 비축물을 보며 '자기가 빌려주는 식량으로 이자를 받을 가능성'과 '독립생활이 가능할 만큼 재산을 가진 신사의 매력적인 삶'을 생각해보았다. 그래서 그는 서둘러 그 낯선 사람에게 "좋네"라고 답했다.

그러자 낯선 이가 말했다. "훌륭한 결정이네! 하지만 미리 말해두겠네만, 난 이자를 주지는 않을걸세. 그럴 바에는 사냥과 낚시를 하며 사는 게 낫겠지. 내가 믿는 종교가 이자를 주고받는 걸 금지하고 있거든."

크루소: 대단한 종교로군. 하지만 자네가 내게 이자를 주지 않는데 내가 어떤 동기로 식량을 빌려줄 거라고 생각하는 건가?

낯선 이: 친애하는 친구여, 그 동기는 순수한 이기심이지. 정확히 말해서 자네의 이익을 위해서야. 자네는 이익을 얻을걸세. 그것도 아주 막대한 이익을 말이네.

크루소: 낯선 이여, 그걸 내게 증명해보게. 솔직히 내가 무이자로 식량을 빌려주면 아무런 이익도 없을 것 같네만.

낯선 이: 내 그걸 확실히 증명해주겠네. 자네가 내 증명을 따르면 무이자대출에 동의하고 그 제안에 대해 감사할걸세. 우선 난 보다시피 벌거벗었으니 옷이 필요하네. 자넨 의류를 비축해두었겠지?

크루소: 저기 있는 궤짝 안에 사슴가죽 옷이 가득 들어 있네.

낯선 이: 친애하는 크루소! 자네의 지혜에 존경심을 보내네만, 궤짝 안에 3년 동안이나 옷을 못 박아 걸어놓을 생각을 하다니! 사슴가죽은 나방이 가장 좋아하는 먹이인데! 사슴가죽은 공기가 잘 통하는 곳에 보관해야 하고, 그리스로 문질러줘야 하네. 안 그러면 딱딱해지고 부서지기 쉽거든.

크루소: 맞아. 하지만 그 문제에 대해선 어찌할 방법이 없었네. 내 옷장에 넣어뒀어도 더 안전하지는 못했을걸세. 사실 덜 안전했겠지. 나방 말고 온갖 쥐들도 있거든.

낯선 이: 어쨌든 온갖 쥐들이 그걸 먹어치울 거야. 저 봐. 쥐들이 벌써 갉아먹으며 길을 내기 시작했지 않은가!

크루소: 망할 놈의 짐승들. 난 그놈들을 어찌할 방법이 없네.

낯선 이: 뭐? 사람이 쥐에게 어찌할 방법이 없다고? 내 그 쥐들과 나방에 맞서고, 도둑과 파손, 먼지와 곰팡이로부터 자신을 지키는 방법을 보여주겠네. 나에게 이 옷을 1년, 2년 아니 3년을 빌려주게. 그러면 자네가 옷이 필요할 때 새 옷을 만들어주지. 자네는 나한테 빌려준 옷의 개수만큼 돌려받게 되네. 새 옷은 나중에 그 궤짝에서 꺼낼 그 옷보다 훨씬 나을 거야. 안 그러면 자네는 향수가 없는 것을 후회하게 될걸세. 안 그런가?

크루소: 알겠네, 낯선 그대여. 자네에게 그 옷 한 궤짝을 빌려주는 데 동의하네. 그렇게 하면 이자 없이 빌려주어도 내게 유리하다는 걸 알겠네.[*]

낯선 이: 이제 자네의 밀을 보여주게. 빵과 종자용으로 조금 필요하거든.

크루소 : 밀은 이 땅속에 묻혀 있지.

낯선 이: 밀을 3년 동안이나 묻어두었다고? 흰곰팡이와 딱정벌레들은 어떡하고?

크루소: 나도 생각해봤네. 다른 가능한 방법을 모두 고려해봤지. 하지만 이게 최선이야.

낯선 이: 잠깐만 허리를 숙여보게. 땅 표면에 기어다니는 딱정벌레를 좀 봐. 음식물 찌꺼기 같은 것과 흰곰팡이가 퍼져가는 부분을 보게. 밀을 꺼내 환기를 시켜줘야 할 때이네.

크루소: 이 자본이 날 망치는군. 자연의 수천 가지 파괴적인 힘에 맞서서 나를 지키는 방법을 찾을 수 있으면 얼마나 좋을까!

낯선 이: 우리 고향에서는 어찌하는지 이야기해주겠네, 크루소. 우리는 건조하고 통풍이 잘되는 헛간을 만들고, 널빤지 위에 밀을 펼쳐놓네. 그리고 3주마다 나무 삽으로 전체를 뒤집어주지. 고양이도 많이 기르고, 쥐덫도 놓고, 화재보험도 들지. 이런 식으로 매년 손실이 10퍼센트를 넘지 않도록 한다네.

크루소: 하지만 그간의 노동력과 지출은 어떻게 하고?

낯선 이: 맞아. 자네는 그간의 노동력과 지출 때문에 주저하겠지. 그

● 지금까지 이자를 연구한 모든 사람들이, 프루동까지도, 이 명백한 사실을 간과했다.

런 경우 다른 방법이 있네. 나한테 밀을 빌려주면 나중에 파운드는 파
운드로, 자루는 자루로, 내가 수확한 신선한 밀로 돌려주겠네. 그렇게
해서 자네는 오두막을 짓거나 밀을 뒤집어줄 노동력을 아끼게 되네. 고
양이를 안 길러도 되고, 밀의 손실도 막지. 또 흙 묻은 쓰레기 대신 신선
하고 영양 많은 빵을 먹게 될 거야.

크루소: 내 기꺼이 자네 제안을 받아들이겠네.

낯선 이: 그건 밀을 무이자로 빌려주겠다는 것인가?

크루소: 이자는커녕 내가 오히려 감사하는 마음이네.

낯선 이: 하지만 난 밀의 일부만 쓸 거네. 전부가 필요하진 않아.

크루소: 그럼 내가 10자루 빌려주고 자네가 9자루 돌려주는 조건으
로, 내가 모아놓은 밀 전부를 자네에게 준다면?

낯선 이: 자네의 그 제안은 사절이네. 그건 이자를 의미하는 것일 테
니. 물론 플러스 이자가 아니라 마이너스 이자이긴 하지만. 대출을 해
주는 사람이 아니라 대출을 받는 사람이 자본가가 되는 셈이지. 내 종
교는 고리대금을 허락하지 않네. 마이너스 이자도 금하고 있지. 따라서
난 다음과 같은 계약을 제안하네. 자네 밀 관리와 오두막 짓는 일, 그리
고 뭐든 필요한 일을 내게 맡기게. 자네는 그 보답으로 밀 10자루당 2자
루를 내게 연간 임금으로 지불할 수 있네.

크루소: 나한테는 별로 다를 게 없는걸. 자네의 그 서비스가 고리대
금에서 나오든 노동에서 나오든 말이야. 그럼 그 계약은, 내가 자네한
테 10자루를 주면 자네는 나한테 8자루를 돌려주는 거지?

낯선 이: 하지만 난 다른 물건도 필요해. 쟁기나 짐차, 연장 같은. 그
것도 모두 무이자로 빌려주는 데 동의하겠나? 모든 것을 완전한 상태로
돌려주겠다고 약속하지. 새 삽은 새 삽으로, 새 체인은 녹슬지 않은 새

체인 등등으로 말이야.

크루소: 물론 동의하네. 내가 지금 창고에 가지고 있는 모든 게 다 일거리네. 최근 강이 범람해서 오두막이 물에 잠기고 진흙이 모든 걸 덮어버렸지. 그다음에는 태풍이 지붕을 날려버렸고 모두 비에 젖었네. 지금은 또 가뭄이 들고 바람이 불어서 모래와 먼지가 날리네. 녹슬고, 썩고, 망가지고, 가물고, 빛이 들고, 어둡고, 말라비틀어지고, 개미가 슬고, 공격은 끊임없이 계속되네. 그나마 여기에 도둑과 화재가 없다는 게 다행이지. 내가 가진 것들을 빌려주면 나중에 필요할 때까지 비용, 노동, 손실과 번거로움 없이 보관할 수 있으니 나로서는 즐거운 일이네.

낯선 이: 그 이야기는 이제 자네가 식량을 무이자로 빌려줘서 자네가 이익을 얻는다는 걸 알았다는 거지?[•]

크루소: 물론이지. 하지만 지금 의문이 생겼네. 왜 마찬가지 저장품들이 우리 고향에서는 소유자에게 이자를 가져다주는 것인가?

낯선 이: 그런 거래의 매개물로 쓰는 돈 속에 답이 있네.

크루소 : 뭐라고? 이자의 원인이 돈에 있다고? 그렇게 말할 수는 없지. 마르크스가 돈과 이자에 대해 말한 것을 들어보게.

"돈을 자본으로 바꿔주는 돈의 가치 변화는 돈 그 자체에서 뽑아낼 수는 없다. 왜냐하면 돈은 지불수단이라는 기능상 자기가 구입한 상품

[•] 크누트 빅셀, 『가치, 자본, 임대료(Wert, Kapital und Rente)』 83쪽 참조. "뵘바베르크는, 현재의 재화는 필요한 경우 '미래에 쓰려고 저장해둘 수 있으므로' 적어도 미래의 재화와 같다고 말했다. 이것은 확실히 지나친 과장이다. 뵘바베르크는 얼음과 과일과 같이 소멸되는 재화는 예외라고 하기는 했다. 그러나 이런 예외는 거의 모든 식품에 적용된다. 보석과 귀금속을 뺀 나머지 재화는 미래에 쓰려고 저장하면 모두 화재와 같은 사고로 손실을 볼 위험에 처하기 때문에 특별한 노력과 관심이 요구될 것이다." (은행은 현재 금이나 귀금속, 증권을 보관할 수 있는 개인금고를 제공한다. 이 금고를 쓰려면 임대료를 내야 한다. 여기서 '현재의 재화'는 적어도 이 임대료만큼 '미래의 재화'보다 열등하다.)

가격을 단순히 지불할 뿐이다. 또 경화硬貨로서의 돈은 가치가 굳어진 것이라 변하지 않는다. 순환(G-W-G′)[1]의 두번째 작용인 상품의 재판매(W-G′)과정에서는 거의 변화가 일어나지 않는 것처럼. (두 경우 모두) 등가물이 교환되고 그 상품은 그것이 가진 가치 전체로 지불된다. 따라서 우리는 그 변화가 그 상품 구입 후와 판매 전의 사용가치에서 유래한다고 결론내릴 수밖에 없다." (마르크스, 『자본』 I. VI)

낯선 이: 이 섬에서 얼마나 오래 있었나?

크루소: 30년.

낯선 이: 그런 것 같았네. 자넨 여전히 가치이론에 매력을 느끼는군. 친애하는 친구여, 그 이론은 이미 죽어서 파묻혔네. 현재 그 이론을 지키는 사람은 없네.

크루소: 뭐라고? 마르크스의 이자이론이 사장되었다고? 설사 지키는 사람이 없다 해도 나는 그 이론을 지키겠네.

낯선 이: 그럼 말로만 지키지 말고, 원하면 나와의 관계에서 실천을 해보게. 이 지점에서 난 우리가 방금 맺은 거래를 깨야겠네. 자네가 저장한 재화의 본질과 그 용도를 보면 그건 우리가 보통 자본이라고 부르는 것의 가장 순수한 형태라네. 하지만 난 자네가 우리 관계에서 자본가의 지위를 차지하려는 것에 도전했지. 난 자네의 물건이 필요해. 어떤 노동자도 지금의 나만큼 벌거벗은 상태로 자본가 앞에 나타난 적이 없다네. 자본을 소유한 사람과 자본을 필요로 하는 사람의 관계의 모습

---

1 G는 화폐(Geld), W는 상품(Ware)을 의미한다. 즉 G-W-G′는 화폐를 투자하여 상품을 생산하고, 그 상품을 팔아 다시 화폐를 얻는 것을 의미한다. 즉, 화폐의 상품으로의 전화와 상품의 화폐로의 재전화, 또는 판매를 위한 구매를 의미한다. 유통으로부터 회수되는 화폐(G′)는 처음 유통에 투입된 화폐(G)보다 많게 된다. 그러므로 G′=G+ΔG(처음 투하된 화폐액+일정 증가분)이 된다. 이 증가분을 마르크스는 잉여가치라고 불렀다.

이 이보다 더 뚜렷할 수는 없지. 그러니 이제 이자를 뽑아낼 수 있는지 없는지 시도해보세. 우리 처음부터 다시 흥정을 해볼까?

크루소: 내가 졌네. 쥐와 나방, 녹이 자본가로서의 나의 힘을 망가뜨렸네. 하지만 말해주게나. 자네는 이자를 어떻게 설명하려나?

낯선 이: 설명은 아주 간단하지. 이 섬에 화폐제도가 있다고 하세. 그리고 나는 배가 난파된 사람이라 대출이 필요하게 된 거지. 나는 대출자에게 돈을 빌려달라고 해야 할 거야. 자네가 나한테 무이자로 빌려준 것을 사는 데 필요한 만큼 말이지. 하지만 대출자는 쥐와 나방, 녹 그리고 지붕 수리를 걱정할 필요가 없는 상황이네. 그래서 내가 자네에 대해 취했던 지위를, 그 사람에 대해서는 취할 수가 없지. 재화의 소유와 뗄 수 없는 손실(앗, 저기 개가 자네의 아니 나의 사슴가죽 한 조각을 물고 달아나네!)은 대출자에게는 안 생기고, 재화를 저장해야 하는 사람에게만 생기거든. 돈 대출자는 그런 걱정으로부터 자유롭고, 내가 자네 갑옷 틈에서 관절을 발견하는 것 같은[2] 기발한 주장에 마음이 움직이지 않지. 자네는 내가 이자를 거절했더라도 옷장에 사슴가죽을 걸어둘 수가 없었지. 자네 자본의 본성이 자네로 하여금 기꺼이 협상을 계속하도록 한 거네. 돈을 가진 자본가들은 그렇지 않아. 그는 내가 이자를 안 낸다고 하면 내 면전에서 그의 튼튼한 방문을 세차게 닫아버리겠지. 하지만 난 그 돈 자체가 필요한 게 아니야. 난 사슴가죽을 사기 위해서만 돈이 필요한 거지. 자네가 나한테 무이자로 빌려준 사슴가죽을, 내가 만약 돈으로 사려 한다면 난 이자를 내야 하는 거네!

크루소: 그러면 이자의 원인을 돈에서 구해야 한다고? 마르크스가

---

2 일견 완벽해 보이는 논리 사이에서 허점을 찾아내는 것의 비유적 표현.

실수를 했다는 것인가?

낯선 이: 물론 마르크스는 실수했네. 그리고 그는 돈, 즉 경제생활의 신경망에 대해 실수했기 때문에 그 밖의 모든 것에서도 실수를 하고 말 았지. 그와 그의 제자들은 연구범위에서 화폐를 배제해버렸거든. 그는 반짝이는 '금속원반'에 매료되었던 거지. 그렇지 않으면 이렇게 쓰지 않 았을걸세. "금과 은은 본성상 돈이 아니고, 돈이 본성상 금과 은이다, 두 금속의 자연적 속성이 기능과 일치하는 걸 보라"라고 말이야.

크루소: 실제에서는 확실히 마르크스 이론의 정당성이 확인되지 않 네. 우리 협상에서 분명하게 드러나지 않았나. 마르크스에게 돈은 단순 히 교환매개물이지만, 돈은 그가 주장한 것처럼 '구입한 상품의 가격을 단지 지불하는 것' 이상의 일을 하거든. 대출을 받는 사람이 이자 지급 을 거절할 때 은행가는 재화 소유자가 겪는 어떤 고민도 신경 쓰지 않고 자기 금고 문을 닫을 수가 있네. 문제의 뿌리가 거기에 있는 거지.

낯선 이: 쥐와 나방, 녹은 얼마나 강한 논리학자들인가! 단 한 시간 의 경제적 실천만으로도 자네에게 몇 년 치의 교과서 공부 이상을 가르 쳐주었으니 말이네.

2.
기초이자

정통파 경제학자와 마르크스주의 경제학자들은 이자가 생산수단의 사적소유와 불가분의 관계에 있다는 점에 동의한다. "공산주의와 재산공유제를 거부하고 경제활동에서 자유를 바라는 사람들은 이자에 기초한 경제제도, 즉 자본주의를 받아들여야 한다." 지금까지 이자 문제를 연구한 사람들은 모두 그렇게 말한다. 사실 연구자들은 이자에 대한 도덕적 판단은 서로 매우 다르지만, 그것은 문제를 분명히 하는 데 그다지 도움이 안 되는 이차적 문제다. 사회주의자들이 단언하듯 이자가 경제권력의 강제적 이용 또는 부도덕한 남용의 결과인지, 반대로 이자가 질서와 근면, 검소함의 경제적 미덕에서 나온 것이라는 정통파 경제학자들이 옳은지는, 이자의 짐을 짊어져야 하는 프롤레타리아나 재산을 빼앗긴 노동자들에게는 별로 중요하지 않다.

앞선 교리에 따라 마르크스와 그의 추종자들은 이자(잉여가치)의 기원을 공장이나 적어도 노동자들과 생산수단이 분리되어 있는 상태에서 찾을 수밖에 없었다. 그리고 실제로 거기서 이자를 찾아냈다고 주장했다.

그럼에도 불구하고 나는 이제부터 이자는 생산수단의 사적소유와는 아무 관련이 없다는 것, 그리고 이자는 못 가진 노동자 대중(프롤레타리아)이 존재하지 않거나 존재한 적이 없었던 곳에서도 발견된다는 것, 또 절약이나 질서, 근면, 효율 같은 것으로 이자가 결정된 적이 없었다는 것을 계속해서 증명할 것이다. 난 앞에서 언급된 자본이론을 거부하고, 이자는 바빌로니아와 히브리, 그리스, 로마 시대부터 전해 내려온 오래된 화폐 형태에서 나오며, 그와 같은 화폐 형태가 갖는 물리적 이점과 법적으로 획득된 이점에 의해 보호되고 있다는 것을 보여줄 것이다.

참 기이하게도 마르크스 역시 화폐를 탐구하면서 이자의 본질에 대한 연구를 시작했다. * 하지만 불행히도 결정적인 순간에 프루동의 경고에도 불구하고 그는 잘못된 가정을 하고 말았다. 이자에 대한 정통파 옹호자들처럼 마르크스는 '화폐와 상품이 동등하다'고 가정을 했던 것이다. ** 이 치명적인 실수 때문에 마르크스는 처음부터 빗나가고 말았다.

마르크스는 화폐에서 비판할 점을 조금도 찾지 못했다. 화폐는 바빌로니아와 이스라엘, 그리스, 로마로부터 채택된 대로, 처음부터 자기 역할을 눈부시게 수행해온 완전하고 완벽한 교환매개물이다. 중세 동

---

* 이어지는 페이지에서 내가 마르크스 이자이론의 약점을 자주 언급하는 것은 모든 사회이론 가운데 오직 마르크스의 이론만이 우리 시대 정치투쟁에 영향을 주고 있기 때문이다. 마르크스의 이론은 프롤레타리아에게는 위험한 불화의 씨앗이다. 독일사회당의 두 분파를 보라. 둘 다 마르크스의 이자이론을 도그마로 삼고 있는데, 현재 그들의 이견은 총과 수류탄으로 해결되고 있다.

** 두 개의 상품이, 그중 하나가 다른 하나에 대해 특권적 위치에 있지 않다면, 그리고 두 상품이 이윤 없이 교환될 수 있다면, '동등'하다. 예를 들어 고리대금업자나 저축자, 구두쇠가 상품과 돈 중에서 어느 것을 쌓아두는 게 더 유리한지를 고려할 때, 그게 그들이 선택한 목적에 중요하지 않다는 결론에 항상 이른다면, 1달러의 금과 1달러의 상품은 등가물이다. 하지만 저축자와 투기꾼들이 1달러의 돈이 1달러의 상품보다 자기들의 목표를 위해 더 낫다고 결론 내린다면, 마르크스가 추정한 그 둘 사이의 등가성은 존재하지 않는다

안 화폐, 결과적으로는 분업에 기초한 경제제도가 화폐의 재료의 부족 때문에 발전할 수 없었다는 사실, 그리고 교황에 의한 이자 수수 금지가 돈에 기초한 경제제도를 마비시켰다는 사실(이 금지행위는 마르크스가 가정한 '화폐와 상품의 등가성'을 단순히 종교적으로 강제한 것임에도 불구하고)만으로는 화폐는 완벽한 교환매개물이자 참된 보편적 '등가물'이라는 마르크스의 신념을 흔들기에 충분하지 않다. 따라서 마르크스가 화폐에 기초한 특별한 형태의 힘을 전혀 인식하지 못했다는 것은 두말할 필요도 없다. 그렇게 해서 그는 인류가 투기자와 고리대금업자로 구성된 황금 '인터내셔널'에 의해 착취당하고 있다는 것을 부정할 수밖에 없었다. 주식시장에서의 투기적 책략은 그에겐 단순한 속임수일 뿐 폭력을 쓰는 강도질은 아니다. "투기꾼은 사기를 치지 무력을 쓰지는 않는다. 일개 좀도둑일 뿐이다. 강도질은 폭력을 쓰는 것이고, 그 폭력은 돈을 쥔 큰손에게서 나오는 것이 아니라 생산수단 소유자한테서 나온다. 화폐와 상품은 간단히 말해 언제 어디서나 등가물이다. 그래서 그 화폐를 생필품을 사는 소비자가 갖고 있든, 팔기 위해 상품을 구매하는 상인이 갖고 있든 별로 다를 게 없다"라는 것이다. 마르크스의 말로는 "금과 은은 그 본성상 화폐가 아니지만, 화폐는 그 본성상 금과 은"● 이라는 것이다.

"이 아이, 그 어떤 천사도 이렇게 순수하지 않으니,
이 아이를 그대의 은총이 되도록 천거하게 하소서!"[3]

● 마르크스, 『자본』 I. II.

3 프리드리히 폰 실러, 『강철망치를 찾아서Der Gang nach dem Eisenhammer』 중에 나오는 말. 원문은 Dies Kind, kein Engel ist so rein, Lasst's eurer Huld empfohlen sein!

금과 금본위를 찬양하는 이 마르크스의 경구 탓에 프롤레타리아의 관심은 돈에서 완전히 멀어지고 말았다. 또 투기자와 고리대금업자, 악당 들을 무산계급의 직접적인 보호 아래 두었다. 그로부터 전 세계적으로 "맘몬[4] 사원 문을 지키는 파수꾼들이 홍위병으로 대체됐다"[5]는 현재의 비극적 익살극이 벌어지고 있다.

사회민주주의 매체와 선전물에 '이자'와 '돈'이라는 낱말이 전혀 나오지 않는다는 건 놀라운 사실이다!

이보다 훨씬 놀라운 점은, 정상적인 교환과정에 대한 마르크스의 공식 G-W-G'(화폐-상품-잉여화폐, 즉 이윤을 남기고 팔기 위해 구매하는 것)이, 상품과 화폐의 관계에 대해 단언했던 등가성에 대한 모순을 표현하고 있음에도 그는 그 모순에 대한 설명을 다른 곳, 다시 말해 긴 사슬을 가진 중간단계에서 찾았다는 것이다.

이 '긴 사슬'은 단지 생산과정일 뿐이다. 그 사슬은 공장에서 시작해서 공장에서 끝난다. 마르크스에 따르면 고용주는 많은 착취자 가운데 한 사람이 아니라 착취자 그 자체이다. 착취는 반드시 임금이 지불되는 곳에서 일어난다는 것이다.＊

공식 G-W-G'와 '화폐와 상품은 동등하다'는 주장 사이에서 마르크

---

4 맘몬Mammon은 신약성서에서 탐욕, 물질적인 부유, 탐욕을 관장하는 악마.
5 프롤레타리아는 화폐 또는 이자를 없애야 하는데, 오히려 지키고 있다는 비유로 해석된다.
＊ "진정한 상업자본은 공식 G-W-G'(화폐-상품-잉여화폐, 즉 이윤을 붙여 팔기 위해 사는 것)의 가장 순수한 표현이다. 그리고 그 상업자본의 운동은 순전히 이 순환과정 안에서 일어난다. 그러나 이 순환으로부터 화폐의 자본으로의 전화(잉여가치의 형성)를 추론해내는 것은 불가능하므로, 등가물이 교환되는 한 상인의 자본은 불가능한 것이다. 따라서 상업자본은 재화를 판매하는 생산자와 구매하는 생산자 둘 사이에 기생충처럼 끼어들어 양 당사자로부터 이중으로 이익을 취하는 데서만 나타날 수 있을 것이다. 만약 상인의 화폐가 자본으로 전환하는 것이 단순히 속임을 당한 생산자에 의해서가 아닌 다른 방식으로 설명되어야 한다면 긴 사슬의 중간단계가 필요해진다." 『자본론』 I. V.

스가 느낀 모순을 설명할 때 나는 이 중간단계의 사슬이 필요하지 않다. 나는 낚싯바늘을 이자의 입 앞에 내밀고, 모두가 볼 수 있게, 이자의 요소로부터 그 모순을 직접 끌어낼 것이다. 나는 공식 G-W-G′로 표현된 힘은 바로 교환행위에 있다는 것을 드러낼 것이다. 또 우리가 예로부터 맹목적으로 채택해온 형태의 화폐는 상품과 '등가물'이 아니라는 것, 그리고 그 돈은 오직 공식 G-W-G′에 따라 순환된다는 걸 보여줄 것이다. 또한 분업을 자극하고 상품교환을 촉진하려고 이런 형태의 화폐를 채택한 나라는 모두 자본주의로, 이자에 기초한 경제제도로 갈 수밖에 없었다는 것을 보여주겠다.

공식 G-W-G′에 따라 돈을 돌게 하는 힘, 즉 화폐의 자본주의적 속성은 다음과 같은 데서 연유한다.

1. 화폐는 고도로 발달한 분업의 핵심요건이다.

2. 전통적인 형태의 화폐(금속화폐와 지폐)가 가진 물리적인 속성 때문에 화폐는 저장비용 없이 시장에서 무한정 빠져나갈 수 있다. 반면 교환을 효율적으로 하는 데 화폐가 필수적인 생산자들(노동자들)은 상품 보관과 관련된 손실●이 끊임없이 늘어나기 때문에 화폐에 대한 수요

● 상품은 썩는다. 물론 그 속도에 차이는 있고, 몇몇 중요하지 않은 예외(귀금속이나 진주 등)도 있지만 모든 상품은 썩는다. 상품을 관리하면 부패하는 속도를 늦출 수는 있으나 막을 수는 없다. 녹이나 부패, 파손, 습기, 건조, 더위, 서리, 파리, 개미, 나방, 딱정벌레, 화재 등이 상품을 망가뜨리는 일에 동참한다. 만약 상인이 1년 동안 가게를 닫는다면, 임대료와 세금지출 외에 이런 부패 때문에 자본의 10퍼센트나 20퍼센트를 손실처리 해야 한다. 그러나 화폐 소유자는 1년 동안 금고를 닫아도 아무런 손해를 보지 않는다. 트로이 유적에서 발견된 황금 보물을 측정하면 무게가 거의 줄어들지 않았고, 제국은행 창구에서 1킬로그램당 2,790마르크의 가치로 인정한다. 이와 관련하여, 와인은 보관 중에 가치가 올라가니 물품 저장에 따른 손실이 언제나 발생하는 것은 아니라는 이야기를 자주한다. 하지만 와인은 (몇몇 다른 제품과 마찬가지로) 제조된 상품이 아니라 자연산 상품이며, 저장기간 초기에는 사람들이 소비하기에 적합한 단계에 이르지 않는다. 다시 말해 와인 압착기에서 참나무통으로 흘러 들어가는 포도액은 통에서 서서히 와인이 되어가는 것이다. 완제품 와인을

가 생길 수밖에 없다.

3. 따라서 상인은 스스로 돈 지급을 미루거나 늦추거나 필요하면 돈을 묶어둠으로써 재화거래를 막지 않는 대가로, 재화 소유자에게 특별 지불을 요구할 수 있다.

4. 상업자본의 이자는, 우리가 수천 년의 경험을 통해서 알고 있듯이, 연간 총거래들에 고루 퍼져 있고, 관련된 자본금의 약 4퍼센트에서 5퍼센트에 이르는 규칙적인 지불로 이뤄진다.

이 특별지불은 상업이윤●과는 완전히 구별된다. 물론 자신의 육체적 요구에 따를 수밖에 없는 보통의 구매자(소비자라고도 불리는)는 이 특별지불을 받아낼 수 없다. 왜냐하면 이 화폐 소유자는 생산자가 자기 재화의 판매를 늦추거나 포기할 수 없는 것처럼 상품 구입을 늦추거나 취소할 수 없기 때문이다. 오직 화폐 소유자로서 시장에 나타나는 상인들만이 이 조공을 받을 수 있다. 즉, 상인으로서 재판매 목적으로 재화를 사는 사람, 자유롭게 재화를 살 수는 있지만 사지 않아도 굶는 고통을 겪지 않는 사람, 간단히 말해 밀 한 부대로도 혼자 먹기 충분하지만 밀 한 가마니를 사는 그런 상인들 말이다. 그 상인 또한 상업이윤을 필요로 하고, 오직 재화구매를 통해서만 상업이윤을 얻을 수 있다. 하지만 상인에게 재화구매를 자극하는 충동은, 육체적 필요가 아니라 가능

저장하는 것이 아니라 가치가 있는 완제품으로 만드는 일종의 제조과정이라는 것이다. 그렇지 않으면 와인의 가치상승이 계속되어야 하는데 그렇지 않다. 저장 자체에는 항상 저장공간 임대료와 저장용기, 와인병, 오랜 기간의 관리 및 파손 등에 대한 비용이 발생한다.

● 상업이윤이란 상인이 자본에 대한 이자를 지불하고 남는 이익을 말한다. 순전히 자신의 신용으로 구매한 상품만 거래하는 상인의 이익이 순상업이윤이다. 왜냐하면 그는 본문의 3에서 말하는 이자를 자기에게 돈을 빌려준 자본가에게 건네야 하기 때문이다. 따라서 그는 자본가를 위해 일하는 일종의 은행 심부름꾼 같은 것이다.

한 한 싸게 재화를 구매하고, 이런 목적으로 시장의 모든 기회와 판매자의 모든 약점을 무기로 이용하려는 욕망이다. 만약 재화 판매자의 지위가 기다림 때문에 약해질 것 같으면 상인은 그를 기다리게 한다. 일반적으로 상인은 판매자(생산자, 노동자)를 더 곤란하게 만들기 위해 할 수 있는 모든 걸 한다. 앞에서 언급한 1~3의 세 가지 사실은 판매자를 곤란하게 만들 수 있는 끝없는 원천이다. 소비자는 개인적 필요라는 압력 때문에 기다릴 수가 없다. 자기가 가진 돈이 그렇게 하도록 허락해도 그렇다. 생산자도 기다릴 수가 없다. 자기의 개인적 필요와 상관없이 여러 가지 경우에서 기다릴 수 있더라도 그렇다. 하지만 상인, 즉 보편적이고 핵심적인 교환매개물 소유자, 즉 화폐 소유자는 기다릴 수가 있고, 그렇게 교환매개물을 쥐고 있음으로써 생산자와 소비자 양쪽을 곤란하게 한다. 그리고 상업거래에서 어느 한 사람의 곤란함은 다른 사람의 자본이 된다. 생산자와 소비자가 시공간으로 분리되어 있지 않다면, 물물교환에서 여전히 일어나는 것처럼 상인의 돈 없이도 거래를 할 수 있다. 하지만 현재상황에서는 생산의 가장 큰 부분을 위해서는 상인의 개입 그리고 결과적으로는 이자가 불가피하다.

이러한 후자의 사실 때문에 우리의 계산에서 소비자의 돈을 무시해도 된다. 모든 상품과 모든 돈은 상인의 손을 거쳐간다. 이런 이유로 우리는 여기서 오로지 상인의 화폐 순환법칙만 고려한다.

이 사실을 확인했으니 다음 질문에 답을 하겠다. "화폐가 교환기능을 수행한 대가로 받아가는 이자를 뭔가가 제한한다면 그런 상황은 어

● 독자들이 상인의 돈과 소비자의 돈이 서로 다른 순환법칙을 따른다는 게 이해하기 어렵다면, 저축자의 돈이 어떤 순간에 교환매개물로 다시 유통과정에 복귀하는지 곰곰이 생각해보면 된다.

떤 상황일까?" 일단 이 질문을 생각해보는 것은 그 답 속에 화폐이자의 진짜 본성이 가장 잘 드러내기 때문이다.

만약 화폐가 제멋대로 상품교환을 방해할 수 있기 때문에 자본이 된다면, 이자는 왜 우리 경제제도에서 화폐를 사용해서 얻을 수 있는 이점의 최대치까지 오르지 않는가를 묻는 것이다. 이점이란 분업과 원시생산 간의 효율성 차이로 측정할 수 있는 이점을 말한다. 마찬가지로 왜 토지 소유자들은 임대료를 정할 때 어떤 경우에든 '임금철칙'을 적용하지 않는가? 또 수에즈 운하의 주주들은 운하통행료를 정할 때 왜 전적으로 희망봉 경유 시의 비용과의 경쟁만 염두에 두고 결정하지 않는가? 이런 질문들도 정당하다.

하지만 화폐사용에 요구되는 조공은 토지사용을 지배하는 법칙과는 다른 법칙을 따른다. 그건 중세의 강도 같은 하급귀족들이 뽑아내던 조공과 더 비슷하다. 그 귀족의 성을 지나는 길을 통과해야 하는 상인은 그들에게 완전히 약탈당했다. 통행료로 30퍼센트, 40퍼센트, 50퍼센트를 뽑아갔다. 하지만 그 상인이 다른 길을 선택할 수 있는 경우에는 그 귀족은 좀 겸손해졌고, 그는 자기 길을 보호하고, 길을 닦고, 다리도 건설하고, 강도들도 막아주었다. 그리고 필요한 경우 통행료를 낮추어 상인이 그 길을 완전히 피해가지 않도록 했다.

화폐도 마찬가지다. 자기가 조공을 너무 높이면 다른 경쟁자가 나타난다는 것을 안다. (돈 대출자들 간의 경쟁은 있을 수 없다는 점을 나중에 증명하겠다. 방금 말한 경쟁자들은 화폐가 대출되고 있을 때가 아니라 화폐가 상품과 교환되고 있을 때 그 모습을 드러낸다.)

분업은 확실히 지금보다 훨씬 더 발전할 수가 있다. 금본위제는 세계의 표준이라, 그걸 고려할 때에는 전 세계 경제제도를 살펴야 한다.

하지만 세계 인구의 4분의 3은 여전히 원시생산에 매달려 있다. 왜냐고? 부분적으로는 화폐로 상품을 교환하면 이자부담이 너무 크기 때문이다. 이 비용 때문에 생산자들은 특정분야 또는 전체분야에서 교환용 상품(재화)의 생산을 하지 못해 원시생산제도를 유지하기도 한다. 집에서 쓸 상품을 생산하느냐, 시장을 위한 상품을 생산하느냐는 산수 같은 문제다. 상품생산에 대한 이자부담 때문에 자주 원시생산방식이 선호되기도 한다. 예를 들어 많은 독일 소농들은 교환수단이 뽑아가는 이자 때문에 고기 값이 약간 올라가면, 자기가 키운 감자로 돼지를 먹이고 자기가 먹으려고 돼지 잡는 걸 더 선호할 수도 있다. 그러면 그 소농은 상품(시장에 팔 감자)을 덜 생산하고, 자기가 소비하는 재화를 더 생산한다. 이런 이유로 그 사람의 화폐에 대한 수요는 줄어들 것이다.

독일에서도 생산의 이런 부분이 과소평가되어서는 안 된다. 그리고 현대생산이 원시생산으로 돌아가는 걸 막으려면 화폐는 이자에 대한 요구를 조절해야 한다. 아시아와 아프리카에서 주민의 상당수는 앞에서 말한 독일 소농처럼 행동한다.

지금 화폐 소유자가 상품에 대해 조공을 너무 많이 요구하면, 오늘날도 분업의 한계효용이 명확하지 않은 생산부문은 포기되고 원시생산이 그 자리를 대체한다.

화폐가 너무 많은 조공을 요구하면, 재화(교환용 상품) 생산은 줄어들고 그에 비례하여 원시생산은 늘어난다. 이는 상품 공급이 감소한다는 뜻이다. 따라서 가격은 오른다. 여기서는 일단 이 사실을 언급만 해둔다.

화폐가 너무 높은 이자를 요구하면, 물물교환은 화폐, 즉 교환매개물에 대한 수요에도 같은 효과를 초래한다. 화폐는 물물교환의 어려움 때문에 존재한다. 물물교환의 어려움을 극복하기 위해 발명된 것이다.

하지만 화폐가 교환업무를 수행하는 대가로 너무 많은 조공을 요구하면, 물물교환은 종종 화폐와 경쟁하여 성공하기도 한다. 특히 아시아와 아프리카의 많은 지역에서처럼 생산자와 소비자가 시공간으로 떨어지지 않은 곳에서 그렇다. 생산물을 교환할 때 화폐이자부담이 많아질수록 물물교환이 화폐의 패권에 도전하기가 더 쉬워진다. 물물교환으로 팔리는 생산물은 이자부담 없이 소비자에게 간다. 둘 중 누구에게 이자를 내겠는가?[*] 따라서 화폐가 물물교환을 대체하려 한다면 제멋대로 조공을 요구할 수가 없음은 분명하다. 특히 상품 소유자가 물물교환에 대한 장애물, 즉 시공간의 괴리를 장날과 같이 특정장소, 특정한 날 만나서 거래하는 방식으로 극복할 수 있는 경우에는.[**]

물물교환은 이런 식으로 화폐가 세워진 기초, 다시 말해 상품으로 구현된 교환매개물에 대한 수요에 타격을 준다. 마차를 타는 집시가 철로에는 의미 없는 손님이듯이, 물물교환 되는 상품은 화폐에 신경 쓰지 않는다.

우리의 현재목적을 위해 전 세계 생산의 어떤 부분이 물물교환거래와 화폐거래의 경계에 있는지, 얼마만큼의 상품들이 너무 높은 이자 때문에 교환매개물 사용에서 배제되고 있는지를 굳이 따져볼 필요는 없

[*] 만약 감자와 생선을 서로 물물교환 하면서 각자가 자기 생산물에 10퍼센트의 이자를 붙이면 이 두 이자수요는 서로 상쇄된다. 그러나 이것으로 대출에서 뽑아가는 이자의 가능성까지 배제되는 것은 아니다. 대출이자는 물물교환에서 뽑아가는 이자와는 다르다.
[**] 물물교환은 보통 표현되는 것처럼 그렇게 어려운 것은 아니다. 내가 필요한 물품을 가진 사람이 항상 내 물품을 필요로 하지 않거나 그들이 제공할 물품의 양(흔히 쪼갤 수 없는)에 딱 맞는 양만큼 필요로 하는 않는다는 곤란함은 너무 과장되어왔다. 실제 이 곤란은 상인이 등장하면 해결된다. 왜냐하면 모든 것을 사는 상인들은 모든 것을 팔 수 있기 때문이다. 그는 항상 내게 내가 필요한 물품으로 지불할 수 있다. 내가 그에게 상아를 가져가면 난 그의 가게에서 어떤 물품이든 내가 필요한 딱 그만큼 가져갈 수 있다. 오늘날 브라질 남부에 있는 독일 식민지 주민들 사이에서는 이런 방식으로 상업이 이뤄진다. 이들은 자신의 생산물에 대해 화폐를 받는 일이 거의 없다.

다. 물물교환이 화폐의 경쟁자이고, 물물교환의 성공기회는 화폐가 요구하는 이자금액에 비례하여 늘어난다는 걸 증명하기만 하면 충분하다. 이자가 올라가면 많은 상품이 화폐거래에서 물물교환거래로 방향을 틀고, 화폐 수요는 줄어든다. 따라서 물가는 정확히 원시생산이 증가하는 만큼 오른다. 이 사실도 지금은 그냥 기록해두는 정도로 만족한다.

화폐의 요구가 너무 높이 올라가면, 환어음은 원시생산이나 물물교환과 같은 효과를 낸다. 환어음으로 팔리는 상품도 화폐에 바치는 이자 조공에서 벗어나 있다. 그리고 화폐에 대한 높은 이자율은 환어음을 더 많이 쓰도록 자극한다.

사실 환어음은 화폐만큼 안전하거나 편리하지는 않다. 많은 경우 환어음은 화폐를 전혀 대체할 수 없다. 환어음이 제값을 못 받는 고통을 당하면서도 은행에서 자주 화폐로 교환(할인)된다는 사실로도 분명히 알 수 있다. 환어음이 언제든 현금을 대체할 수 있다면 이런 일은 일어나지 않을 것이다. 그럼에도 불구하고 환어음은 특히 도매업에서 그리고 하나의 대안물로서 화폐와 비교해도 그 단점은 별로 크지 않다. 이자율이 조금이라도 오를 경우 환어음에 대한 선호를 불러일으킬 수 있다.

화폐이자는 환어음 사용에 영향을 준다. 마치 철도요금 인상이 운하 사용에 영향을 주는 것과 같다. 이자율이 더 높아질수록 상거래에서 환어음 사용으로 돈에 대한 조공을 피하려는 자극은 커진다. 마찬가지 이유로 (화폐와 비교한) 환어음의 본래 단점을 인위적으로 늘리는 모든 것들이 화폐의 지위를 강화시키고 화폐가 요구하는 조공을 증가시킴에 틀림없다. 이자율이 환어음과의 경쟁 때문에 5퍼센트로 떨어지거나, 경각심을 주는 뉴스나 인지세로 환어음 사용이 어려워지면 이자율은

5.25→5.5→6퍼센트로 오른다. 환어음의 불안정성이 커질수록 화폐가 요구하는 이자율은 높아진다. 환어음에 대한 인지세를 많이 부담할수록, 환어음 경쟁자인 화폐의 요구는 높아진다. 환어음에 1퍼센트의 세금을 부과하면 은행에서 환어음을 화폐로 교환(할인)해줄 때 1퍼센트를 더 공제할 것이다. 환어음에 5퍼센트의 세금을 부과하면 그 공제액은 5퍼센트에서 10퍼센트로 증가한다(화폐의 다른 경쟁자들인 물물교환이나 원시생산이 개입하지 않는다면).

(이런 이유 때문에, 국가가 환어음에 대한 인지세 수입을 늘리려고 하는 동시에 높은 이자율로만 대출받을 수 있다고 불평하는 건 논리에 맞지 않는다. 오히려 국가가 채무자로서 대출이자를 줄이려면 환어음에 부과하는 세금을 폐지해야 한다. 정부는 인지세 수입이 감소하더라도 대출이자가 내리면 그 100배로 보상을 받는다. 동시에 나라 전체의 이자부담도 가벼워질 것이다.)

지금 환어음에 세금을 물리는 대신에 (어떤 종류든) 프리미엄을 얹어주면, 그 프리미엄 덕분에 환어음 유통이 촉진되거나 억제될 수 있다. 즉 프리미엄을 높이면 촉진이 되고 프리미엄을 낮추면 억제가 된다.

하지만 환어음에 의해 상거래에서 생기는 이자절감은 화폐이자와 함께 등락하는 프리미엄 같은 것 아닐까? 그러므로 환어음 유통은 화폐이자의 상승만큼 직접 비례하여 늘어나는 것이다.

하지만 환어음이 어디에서 유통되건 그에 상응하는 만큼의 재화가 그 반대방향으로 유통된다. 이 재화들 역시 화폐 수요와 무관하다. 화폐는 환어음에 그 재화를 빼앗겼기 때문이다. 따라서 현금 수요는 그에 상응하여 감소한다. 그러므로 물가는 환어음 유통량의 증가에 비례하여 오르고, 환어음의 유통은 화폐이자가 증가하면 늘어난다. 이 사실 또한 여기서 언급만 해둔다.

따라서 화폐가 시장의 절대군주인 것은 아니다. 경쟁자가 있다. 그 때문에 화폐는 자기 마음대로 이자율을 높게 정할 수가 없다.

여기서 이런 반론이 나올 수도 있다. 흔히 화폐는, 특히 현대 도시에서 사용이 불가피하고, 교환기능을 수행하는 대가로 대부분 물물교환이나 원시생산으로의 후퇴를 일으키지 않으면서도 더 큰 몫의 재화를 요구할 수도 있다고. 설사 환어음에 대한 감액(할인액)이 50퍼센트라 하더라도 많은 경우 화폐가 환어음으로 교체되지는 않을 것이라고. 또 환어음은 오직 믿을 수 있는 사람들끼리만 거래되고, 소매업의 필요에 맞게 충분히 쪼갤 수도 없다. 환어음은 어떤 법률에 따라야 하고, 특정 시간과 장소에 묶여 있다. 이 모든 것들이 환어음의 행동반경을 크게 제약하는 것이다.

이런 사실들이, 모든 경우 교환기능에 대한 대가가 지금보다 훨씬 높아질 것이라는 반론을 지지하는 데 활용될 수 있다. 화폐가 정말 임의로 재화의 거래를 늦출 수 있기 때문에 이자를 뽑아낸다면 말이다.

하지만 이 반론은 우리가 이 책의 제3부에서 배운 사실, 즉 물가가 오르면 돈이 시장으로 들어온다는 것을 간과하고 있다. 상품가격이 전반적으로 오르면 화폐 소유자는 정확히 그만큼 손실을 입는다. 이 손실을 피하는 유일한 길은 화폐를 상품과 바꾸는 것이다. 물가의 전반적 상승은 전통적 형태의 화폐에는 여러 가지 효과 측면에서 자유화폐의 강제순환과 유사한 강제적 유통을 의미한다. 물가가 오르는 동안 사람들은 누구나 상품을 구입함으로써 자기 돈을 위협하는 손실을 피하기 위해 애쓴다. 즉, 화폐 소유에 따른 손실을 다른 사람에게 넘기는 것이다.

따라서 우리는 화폐가 요구하는 조공을 특정수준 이상으로 올리면 자동적으로 그 조공을 다시 내리려는 압력이 생긴다고 말할 수 있다.

물론 화폐이자가 이 한계 아래로 떨어질 때는 그 반대현상이 일어난다. 거래비용의 감소 덕분에 지금까지 원시생산방식이 더 유리했던 곳까지 분업이 일어나고 화폐거래가 물물교환을 대체한다. 동시에 환어음은 그 매력을 잃는다(금리가 0퍼센트가 되면 환어음은 사라진다). 이런 상황들, 즉 (원시생산을 대체하여 생겨난) 재화생산의 증가와 동시에 (환어음을 대체하면서 발생하는) 재화에 대한 현금판매의 증가가 물가를 억제하고 상품교환을 지연시킬 것이다.[6] 그 결과 생산자들은 곤란해져서 돈에 대한 수요가 늘고 이자가 증가하게 될 것이다.

따라서 화폐이자에 의해 풀려나온 힘들은 (화폐에 대한 무이자 경쟁자들[7]에 대한 영향과, 결과적으로는 물가에 대한 영향을 통해) 이자 자체를 자동조절하는 효과를 갖는다. 그래서 화폐이자의 상한선은 하한선이기도 하다. (나중에 이야기하겠지만 환어음이자율〔할인율〕이 크게 변동한다는 사실이 그 반대의 증거는 아니다.)

따라서 화폐이자는 언제나 원시생산이나 물물교환 또는 환어음 유통을 촉진하거나 억제하는 그 지점으로 되돌아온다.

오늘날에도 '이자의 상승과 하락은 돈 빌려주는 사람들 간의 경쟁으로 결정된다'는 의견이 일반적이다. 이 견해는 틀렸다. 돈을 빌려주는 사람들 사이에 경쟁과 같은 것은 없다. 거기서 경쟁이란 불가능하다. 자본가들이 대출로 제공하는 돈이 기존의 화폐 유통에서 빠져나간 것이라면, 자본가들은 그 돈을 대출해줌으로써 유통에서 빼낼 때 생긴 구

---

6 현금수요가 증가하고, 현금부족 상황이 벌어지게 되므로.
7 물물교환, 환어음 등.

멍을 그걸로 메울 뿐이다.

열 명, 백 명, 천 명의 돈 대출자들이란, 화폐가 가야 할 길에 이들이 파놓은 열 개, 백 개, 천 개의 구멍을 의미한다. 대출금액이 커질수록 이 구멍들도 커진다.* 따라서 다른 게 동일하다면, 대출금액에 대한 수요는 언제나 자본가들이 빌려줘야 하는 금액과 똑같이 늘어날 수밖에 없다. 이런 상황에서 우리는 더 이상 경쟁이 이자율에 영향을 준다고 말할 수가 없다. 이게 경쟁이라면 성 마틴의 날에 거주지 변경이 일어난다는 사실이 임대료에 영향을 주어야만 한다. 하지만 임대료는 영향을 받지 않는다. 집 찾는 사람의 증가는 비는 집의 증가로 균형을 이루기 때문이다. 이와 같이 어떤 범위 안에서 일어나는 거주지 변경 자체는 임대료에 조금도 영향을 주지 않는다. 이는 돈 빌려주는 사람들 간의 경쟁도 마찬가지다. 화폐는 여기서 그저 일반적인 성 마틴의 날 무렵[8]의 이주행렬에 참가하고 있는 것뿐이다.

하지만 만약 대출해주는 돈이 새로운 화폐라면, 가령 알래스카에서 온 화폐라고 한다면, 이 새 화폐는 물가를 끌어올릴 것이다. 또 이 물가상승으로 사업을 위해 돈을 빌려야 하는 모든 사람들은 물가상승분만큼 대출 수요를 늘려야 하는 상황에 처할 것이다. 건설업자는 같은 집을 짓는 데 기존의 10,000달러 대신 11,000달러나 12,000달러 또는 15,000달러를 필요로 할 것이다. 그래서 새 화폐 때문에 늘어난 대출

---

* 1907년에 미국을 휩쓸었던 저 유명한 공황 때 정부에 3억 달러를 '긴급원조'한 것은 모건이었다. 이 달러는 어디서 왔을까? 이 돈은 긴급하게 필요한 것이었다. 모건은 미리 이 돈을 유통에서 빼돌려 자기 나라를 곤경에 빠뜨렸다. 시장이 침체에 빠지고, 차액을 챙긴 후에 이 악당은 순수한 애국심이라는 가면을 쓰고 관대한 척하며 정부에 그 돈을 제공했다.

8 성 마틴의 날은 11월 11일이다. 추수를 끝내고 가을 밀 파종도 마치는 계절이라 고용박람회가 열린다. 노동자들이 새로운 일자리를 찾아 이동하는 시기다.

공급은 자동적으로 상응하는 대출 수요의 증가를 불러일으킬 것이다. 이런 방식으로 새로운 화폐가 이자율에 미치는 영향은 곧 상쇄된다. 화폐 유통량의 증가(금의 발견 때문이든 지폐의 발행 때문이든)가 이자율을 하락시킬 뿐 아니라 사실은 상승시키기도 한다는 사실은 나중에 설명할 것이다.

따라서 이자에 영향을 줄 수 있는 대출자들 간의 경쟁이란 존재하지 않는다. 그러한 경쟁은 불가능하다. 화폐의 힘을 억제할 수 있는 유일한 경쟁자는 앞에서 이미 열거한 세 가지 방식, 즉 원시생산, 물물교환, 환어음 유통뿐이다. 이자가 요구하는 조공이 늘어나면 자동적으로 원시생산이나 물물교환, 환어음 유통이 증가하게 된다. 그 결과 상품가격이 전반적으로 오르면 화폐 소유자는 좀 더 수용적이 된다. (독자들이 이 문장을 더 잘 이해하려면 7장 '총이자의 구성요소들'을 참조하기 바란다.)

두 점 사이를 잇는 직선은 하나만 그릴 수 있다. 그 직선이 가장 짧다. 가장 짧다는 것은 경제용어로 옮기면 가장 싸다는 것이다.

생산자와 소비자 사이에 가장 짧은 길, 그래서 가장 저렴한 길은 화폐다. (원시생산으로 재화는 정말로 훨씬 더 짧은 여행을 한다. 즉 손에서 입으로. 하지만 이런 형태의 생산은 분업에 의한 재화의 생산보다 생산성이 떨어진다.)

상품이 소비자에게 도달하기 위해 사용할 수 있는 다른 길(물물교환이나 환어음)은 더 멀고 더 비싸다. 그렇지 않다면, 만약 현금이 환어음보다 교환매개물로서 유리하지 않다면 왜 사람들은 환어음 105달러를 현금 100달러를 받고 팔겠는가?

하지만 가장 짧고 싼 길은 화폐 소유자가 폐쇄할 수 있다. 그리고 그는 돌아가는 길보다 직선도로, 즉 화폐의 이점에 대한 대가를 받지 않는

한 그 길을 열어놓지 않는다. 만약 화폐 소유자가 둘 간의 차이보다 더 많은 걸 요구하면 상품은 더 먼 길을 선택한다. 그가 그 차이보다 적게 요구하면 화폐에 너무 과부하가 걸린다. 즉 그렇지 않았다면 환어음 등 다른 수단으로 팔렸을 상품들이 이제 현금을 요구하기 때문이다. 화폐에 대한 수요가 늘고 물가는 떨어진다. 그리고 물가가 하락할 때는 화폐 유통 전체의 손발이 묶이게 된다.

택시가 승객에게 요금을 청구하듯, 화폐는 자기를 사용할 때마다 이자를 요구한다. 이자는 일반적인 상거래비용 속에서 고려되고, 이들과 함께 징수된다. 이자를 생산자에게 지불하는 가격에서 차감하는지, 소비자가 요청한 가격에 더하는지는 중요하지 않다. 보통 상인은 경험적으로 소비자한테 받아낼 수 있는 가격을 추정할 수 있다. 그는 이 가격에서 여러 상거래비용과 자신의 임금(순상업이윤) 그리고 이자를 뽑는다. 이자는 상품을 사고파는 동안의 평균시간으로 계산된다. 이 시간을 상인은 경험으로 안다. 남는 것이 생산자의 몫이다. 가령 베를린에서 담배 한 박스 소매가격이 10마르크라면 당연히 뮌헨에 있는 담배 제조업자는 자기 몫으로 10마르크 전체를 요구할 수 없다는 것을 안다. 그는 베를린 담배상인이 공장도가격과 소매가격 사이의 차액으로 운반비와 가게임대료, 자기 노동대가를 충당할 수 있을 만큼 충분하게 가격을 낮춰야 한다. 그러고도 더 남는 게 있어야 한다. 왜냐하면 그 담배상인은 '사업을 위해 돈을 집어넣어야' 하기 때문이다. 이 돈은 보통 시중은행이나 저축은행으로부터 직접 또는 간접적으로 빌려오며, 그들은 물론 이자를 위해서만 돈을 제공한다. 담배상인은 앞에서 언급한 가격차이(매입가와 판매가)로부터 이자를 얻어야 한다. 만약 현재의 가격으로 그게 가능하지 않으면, 그는 기다린다. 그리고 기다리는 동안 제조업자와 소비자 또한 기다려야 한다. 화폐에 조공을 지불하지 않고서는 단한 개비의 담배도 공장에서 흡연가의 입술로 갈 수가 없다. 제조업자가 청구가격을 조절하거나 소비자가 제안된 가격을 올리든지 해야 한다. 자본가는 그 결과를 무심하게 바라볼 뿐이다. 왜냐하면 그는 어느 경우든 조공을 받으니까.

이자는 이렇게 다른 상거래비용에 그냥 더해진다. 이런 상거래비용들은 대체로 수행된 일에 대한 대가다. 마부는 말을 먹이고 마차 바퀴축에 그리스를 칠하며 땀 흘리고 욕도 하는데 바로 그 덕분에 돈을 받는다. 상인은 가게를 유지하며 임대료를 내고 궁리도 하고 계산도 하기에, 그 역시 뭔가를 받아야 한다. 그렇다면 은행가, 저축은행, 대부업자는? 그들은 무슨 역할을 하나?

왕이 국경선에 서 있다. 그는 국경을 통과하는 상업 흐름을 가로막고 말한다. "십일조를 내라!" 대부업자는 금고 옆에 서서 금고 속에 있는 것을 필요로 하는 상품교환을 가로막고 말한다. "이자를 내라!" 왕이나 대부업자나 아무런 서비스도 제공하지 않고 단지 길을 막아 조공을 받아낸다. 그러므로 이자는 수입관세처럼 조공인데, 둘 사이의 차이라면 왕은 수입관세를 이용하여 국가비용을 충당하는 데 반해 자본가는 화폐이자를 자기가 가진다는 점이다. 화폐이자는 자본가의 활동에 대해 우리가 지불하는 것으로서 이 활동이란 게 상업의 길 위에 장애물을 설치하는 일이다.

화폐이자에 제약을 가하는 화폐의 세 경쟁자 중에서 무엇이 가장 중요할까? 평상시이고, 상업이 발달한 국가라면 환어음이 중요하고, 상업이 덜 발달한 국가라면 나머지 두 경쟁자가 더 중요하다. 예를 들어 독일이 자체적인 지폐본위제도를 갖고 있고 경제적으로 자급자족적인 국가라고 가정해보자. 환어음이 없다면 화폐는 매우 높은 조공을 뽑아낼 수 있을 것이다. 원시생산과 물물교환방식이 화폐가 금고에서 풀려나는 데 필요한 물가상승*을 일으킬 만큼 충분한 힘으로 개입할 수 있을 때까지는. 만약 환어음(물론 외상판매, 지급지연 등도 포함해서)이 없다면, 그런 상황에서 화폐는 노동분업에서 생겨난 이익과 거의 동일해질 때까지[9] 이자 조공을 올릴 거라 가정해도 무방하다. 경제위기 시에는 화폐가 자기 일을 포기하는 데서 확실히 증명되듯이. 원시생산과 물물교환은 극히 예외적으로 아주 적은 범위에서 실업에 처한 사람들에게 도움이 될 뿐이다. 직장을 잃은 노동자는 자기 바지를 직접 수선하거나 면도나 요리도 할 수 있다. 그는 빵을 직접 굽기도 하고, 어쩌면 자기 아이들을 가르칠 수도 있다. 또 극장에 가는 대신 가족을 위해 희극 한 편 쓸 수도 있을 것이다. 굶주림에도 그에게 그럴 마음이 남아 있다면.

만약 환어음이 우리에게 가장 중요한 이자 통제요소라면 환어음이 거의 사용되지 않는 아시아나 아프리카와 같은 미개발국가에서는 원시생산과 물물교환이 중요한 이자 통제요소이다. 옛날 노동분업이 인구의 일부에서만 행해졌던 시기, 예를 들어 로마통치시기나 엘리자베스 여왕 시절의 영국에서 이자율은 오늘날과 비슷했다는 사실(이 사실은 이 책 말미에 설명되어 있다)을 볼 때 원시생산과 물물교환이 그런 국가들에서 유효한 통제요소임에 틀림없다.

순수화폐이자율이 고정적이라는 것은 아주 주목할 만한 것이다. 이는 전혀 다른 문화단계에 적용된 전혀 다른 세 가지 이자 통제요소들이

● 이 명제를 더 잘 이해하려면, 이 책 말미에 기술하는 '총이자의 구성요소들'을 참고하기 바란다.
9 화폐이자가 분업에 따른 이익을 상쇄할 때까지.

상호의존적이며 보완적이라고 가정해도 무방함을 보여준다. 예를 들어 더 이상 진행할 수 없을 만큼 고도로 발달한 노동분업은 물물교환과 원시생산을 불가능하게 한다. 또한 그렇게 되면 일정수준의 문화와 사회적, 법적, 상업적 기구가 만들어지고, 그 아래에서 환어음 유통이 확대되고 번성한다. 1907년 독일에서 유통된 360억 마르크의 환어음은 철도연결망이나 발전을 보여주는 다른 어떤 징표보다 독일 상업의 발전을 잘 보여주는 척도였다.

반면에 문화단계상 화폐를 환어음으로 대체하지 못하는 지역에서는 원시생산과 물물교환이 충직한 경비병이 되어 화폐가 일정수준 이상으로 이자를 청구하지 못하게 막는 역할을 한다.

이 장에서 설명한 것을 요약해보자.

화폐이자란 독립적 자본, 즉 화폐의 산물로, 중세시대에는 강도 같은 하급귀족들에 의해, 최근에 이르러서는 국가에 의해 징수되는 도로사용 통행료에 견줄 수 있다. 화폐에 대한 이자는 소위 실물자본(집이나 공장 등)에 대한 이자에 의해 영향을 받지 않는다. 비록 그 반대는 참이라 해도. 이는 나중에 설명하겠다. 대출자들 간의 경쟁은 화폐이자에 아무런 영향도 끼치지 못한다. 화폐이자는 오직 다른 형태의 교환수단 간의 경쟁, 즉 물물교환이나 환어음 그리고 원시생산과의 경쟁에 의해서만 제한될 뿐이다.

돈이 대출되면 돈의 소유자는 바뀌지만 돈 그 자체에는 아무런 변화가 없다. 마치 징수원이 아니라 징수원의 아내가 톨게이트를 닫고 통행료를 받는다 해서 달라지는 게 없는 것과 같다. 반면에 환어음이나 물물교환이라고 하는 대체재는 이처럼 효과가 없는 개인 간의 변화가 아니다. 왜냐하면 이들은 상품교환을 위한 다른 방법을 제공함으로써 화폐와 효과적으로 경쟁하기 때문이다.

환어음이나 원시생산, 물물교환으로 야기되는 물가상승 때문에 화폐 유통은, 화폐가 가지는 권력을 특정한도 이상 남용할 수 없게 하는 경제적 강제력에 종속된다. 심지어는 물물교환이나 환어음 방식으로 교환할 수 없는 상품들에 대해서도 그렇다. 이런 점에서 임금소득자들의 임금이, 설사 그들 전부가 이민 가겠다고 위협하지 않음에도 불구하고, 이민자들의 노동대가에 의해 결정되는 것과 유사하다(제1부 참고).

화폐이자는 상품에서, 즉 상품과 화폐의 유통에서 직접 뽑아낸다. (마르크스가 이 가능성을 부정했다는 걸 우린 이미 언급했다.) 화폐에 대한 이자는 생산수단을 빼앗긴 프롤레타리아의 존재와 전혀 상관이 없다. 모든 노동자들이 자신의 생산수단을 제공받는다고 해도 전혀 나아지지 않을 것이다. 그런 경우에도 화폐에 대한 이자는, 노동자들이 자기 생산물을 상인(화폐 소유자)에게 넘길 때 상인이 노동자들에게 부과할 것이다. 그 이자가 부과되는 것은 상인이 자기 돈을 풀지 않음으로써 노동자가 생산한 상품의 교환을 막을 수 있기 때문이다. 물론 몇 가지 중요하지 않은 예외가 있지만 모든 상품은 매일 양적으로나 질적으로 감모되고, 게다가 저장하고 관리하는 데도 상당한 비용이 든다. 따라서 상품교환이 막히면 상인에게는 직접적인 손실 없이, 노동자들에게는 직접적이고 피할 수 없는 손실을 입힌다.

이런 화폐이자를 우리는 지금부터 '기초이자'로 부르려 한다. ●

● 주택이나 공장 등 실물자본에 대한 이자와 구분하여 화폐이자를 '기초이자'라는 용어로 부르는 것이 두 가지 형태의 이자 간의 차이를 강조하는 데 유용할 것이다.

3.
기초이자의 상품으로의 전이

어떤 상품이 기초이자를 부담하려면, 당연히 이 부담을 감당할 수 있어야 한다. 즉, 상품의 판매가격으로 원가와 기초이자를 지불할 수 있는 시장조건과 만나야 한다. 시장조건이 '화폐-상품-잉여화폐'의 공식에 따른 화폐순환을 허용해야 하는 것이다.

이것은 명백하다. 그렇지 않다면 화폐는 교환중개자로서의 역할을 거부하게 될 것이고, 그 결과 곤란에 처한 생산자들은 다른 상업비용에 더해 기초이자 비용을 부담할 수 있을 때까지 상품원가와 판매가격 사이의 차액을 늘리려 할 것이다.

이 전체과정은 자동적이다. 전통적 형태의 화폐, 즉 교환매개물은 본질적으로 자본이어서 어떤 상품도 자신의 허락 없이는 상업에 참여하지 못하게 하기 때문이다. 그래서 상품은 항상 자신이 이자 뽑아내는 자본으로 등장할 수 있는 시장조건을 필연코 찾아내야만 한다. 적어도 소비자에게는 그렇다. 생산자가 받는 가격에 이자를 더해서 지불하는 이가 소비자이기 때문이다. 반대로 생산자에게는 상품(그의 생산물)이 자본의 반대(음의 자본)가 된다. 생산자는 소비자가 지불한 가격에서 이자를 제하고 받기 때문이다. 생산물에서 이 부분을 화폐가 빼앗아버린 것이다. 그러나 이자를 지불해야 하는 사물을 자본이라 부르는 것은 적절치 않다.[10] 상품이 자본이라면 물물교환에서도 자본일 것이다. 그런데 물물교환에서 이자가 추출될 수 있다고 누가 상상이나 할 수 있겠는가?[●] 두 형태의 진짜 자본이 만나면 서로를 상쇄한다. 예를 들어 임대토지와 화폐는 이자 없이 서로 교환된다. 그 각각은 개별로 자본이지만 서로는 자본으로 만날 수 없는 것이다. 그러나 화폐는 상품과 관련해서는 언제나 자본이다.[11]

소비자에게도 상품이 자본의 모습으로만 비친다는 것은 주목할 부분이다. 그러나 이 문제를 보다 조심스럽게 살펴보면 상품은 단지 화폐자본의 사냥감이라는 것을 곧 알게 된다.

모든 생산자는 또한 소비자다. 물물교환에서 각 당사자가 상대방의 생산물 전체를 받는 것처럼, 모든 생산자는 현재 소비자가 지불하는 가격 전부를 그 자신의 생산물에 대한 반대급부로 간주해야 한다. 그러면 생산자에게 상품은 음의 자본으로 보일 수밖에 없다. 그때 상품은 자신의 진정한 특성, 즉 화폐자본의 은행 심부름꾼이라는 것을 드러내게 된

---

10 자본은 그 용어의 정의상 이자를 수취해야 한다.

● 마르크스는 정말 이해할 수 없는 방식으로 물물교환에서 이자를 추론해냈다!

11 자본이 상품으로 전화轉化한다고 했으므로 모든 상품이 이자를 수취하는 역할을 한다. 이 상품끼리 서로 물물교환될 때는 두 상품의 자본으로서의 성격이 상쇄되어 무이자로 교환된다. 예를 들어, 임대토지나 화폐는 소비되는 것이 아니라 각각 임대료와 이자를 요구하는 자본으로 작용하기에 둘이 만나면 서로 그러한 요구가 서로 상쇄된다. 사회적 소비를 전제로 생산되는 상품이 교환되는 경우에만 그 상품과 화폐가 자본이라는 내용이다.

다. 상품은 소비자에게서 기초이자를 거두어들이는데, 이는 생산자를 위해서가 아니라 화폐(교환매개물)의 소유자를 위해서다. 우편집배원이 현금결제 소포의 요금을 징수하는 것과 어느 정도 유사하다. 화폐가 그 심부름꾼에게 장착해준 무기는 교환매개물을 회수함으로써 생산자와 소비자 간의 연결을 끊을 수 있는 힘이다.[12]

기초이자를 뽑아낼 목적으로 상품교환을 방해하는 그 힘을 교환매개자, 즉 자본가로부터 박탈하면 —이는 자유화폐에 의해 달성된다—화폐는 공짜로 그 서비스를 제공해야 하며, 그래서 상품은 이자지불 없이 물물교환처럼 거래될 수 있다.

상품의 자유로운 교환을 촉진하기 위해 국가는 금괴 소유자가 자신의 금으로 주화를 만드는 것에 대해 현재 아무런 요금도 부과하지 않고 있다. 만약 정부가 이 자유주조 대신 매년 화폐에 5퍼센트의 요금을 부과한다면, 화폐는 교환수단으로서 정말 공짜로 움직일 것이다.

---

12 상품거래를 매개하는 화폐가 이자를 수취할 수 있는 힘은 어디서 나오는가 하는 설명이다. 교환매개물인 화폐가 교환과정으로부터 철수함으로써(또는 철수하겠다고 위협함으로써), 즉 생산자와 소비자 간의 교환이 안 이루어지도록 함으로써 이자를 받아낸다는 것이다. 그것이 화폐가 상품에게 제공한 무기이자 힘이다.

4.
기초이자의
소위 실물자본으로의 전이

상품은 화폐로 사고, 이자를 얹어 다시 소비자에게 판다. 상품이 팔리면 화폐는 다시 자유로워져서 새로운 시도를 하게 된다.* 이것이 '화폐-상품-잉여화폐'라는 마르크스 공식의 진정한 의미다.

그러므로 화폐가 상품으로부터 받아내는 기초이자는 한 번만 약탈해가는 전리품이 아니다. 그것은 영원히 흐르는 샘물이다. 수천 년의 경험을 통해 우리는 그것이 해당 원금의 연 4~5퍼센트라는 것을 추산해낼 수 있다. 상품이 상인의 손을 거쳐갈 때, 상인이 직접 상품으로부터 얻어내는 이자야말로 진정으로 완전한 기초이자이다. 상인이 그의 자본가에 배달해주는 것은 기초이자에서 수집비용을 제한 것이다.** 이

---

* 이에 따르면 소비자는 항상 생산자로서 자신이 받는 것보다 더 많은 돈을 써야 한다. 그 차액은 기초이자로 이루어지는데 생산자가 자신이 사는 것보다 더 많은 상품을 생산하고 판매해서 얻어낸다. 생산자에 의해 그렇게 배달된 잉여를 화폐자본가들이 개인적으로 사용하기 위해 구매한다. 구매대금은 그들이 이자로 받은 돈이다. 그것은 소비자들이 지불하는 상업비용과 같다.

** 수집비용이 작지 않다는 것을 나중에 살펴볼 것이다. 그 주요항목은 상업위기에 의해 초래되

는 통행료 징수원이 국가에 배달해주는 통행료가 통행료 전체금액이 아닌 것과 마찬가지다.

하지만 화폐자본을 가진 어떤 사람이 재판매를 위해서가 아니라 공동주택을 짓기 위해 벽돌, 석회, 손수레를 구매한다고 해보자. 그는 스스로 화폐의 주기적 수익에 종지부를 찍고, 영원히 흐르는 이자의 샘물을 포기하게 된다. 그래서 그는 집을 갖게 되지만 이자의 원천이 되는 화폐는 없어지는 것이다. 분명한 사실은 그가 단 하나의 조건하에서만 그런 귀중한 소유물을 포기할 것이라는 점이다. 그 조건이란 경험에 비추어볼 때 집 짓는 데 필요한 자금으로 상업에서 언제든 벌어들일 수 있는 이자를 그 집이 제공해야 한다는 것이다. 화폐가 상품으로부터 1년간 5퍼센트의 이자를 받아낼 수 있다면, 그 집도 세입자로부터 같은 금액의 조공을 받아내야 한다. 배는 화물로부터, 공장은 임금으로부터[*] 그렇게 한다. 안 그러면 화폐는 상품과 함께 시장에 남게 되고, 집은 지을 수가 없게 된다.

그러므로 화폐는 집이나 공장, 혹은 배를 건조하기 위한 분명한 조건을 제시한다. 그것은 화폐 자체가 상품으로부터 언제든 얻어낼 수 있는 것과 같은 이자를 집이 세입자로부터, 공장이 노동자로부터, 혹은 배가 화물로부터 얻어내야 한다는 것이다. 이자가 없다면 집이나 공장 혹은 배를 건조하기 위한 돈도 없다는 의미다. 돈이 없다면 배나 공장 또는 집을 짓기 위한 수천 가지 물건들을 어떻게 조달해서 합치겠는가?

는 경제활동의 황폐화이다.
[*] 나는 이 표현이 모호해서 내키지 않는데도 사용했다. 고용주가 노동자에게 그 생산물에 대해 지급하는 가격이라고 말하는 게 더 나을 것이다. 왜냐하면 고용주는 노동자의 행위가 아니라 완성된 구체적 성과물에 대해 지불하는 것이기 때문이다.

돈이 없으면 집이나 배 혹은 공장을 짓는다는 건 생각도 할 수 없다. 그러므로 모든 자본주의적 사업의 기초자본은 얼마간의 돈이다. 수백만개의 공장, 배, 임대주택에 대해 이렇게 말할 수 있을 것이다. "태초에 돈이 있었다."

하지만 화폐 그 자체가 상품으로부터 얻어내는 것과 같은 이자를 집에서 뽑아낼 수 없고, 그래서 집 짓는 데 돈이 사용되지 못하면 건축활동은 중지된다. 그 결과 집이 모자라서 임대료가 상승하는데, 이는 공장이 부족해서 임금이 하락하는 것과 마찬가지다.

그러므로 집, 배, 공장, 간단히 말해 모든 실물자본은 화폐가 상품의 교환에 부과할 수 있는 기초이자라는 조공과 동일한 이자를 반드시 산출해야 한다.

집, 공장, 기계는 자본이다. 상품과 달리 이것들은 은행 심부름꾼처럼 이자를 모아 화폐 소유자에게 넘겨주는 일을 하지 않는다. 이들 자본은 집이나 공장의 소유자를 위해 이자를 모은다. 그러나 이 힘은 실물자본의 성격에 있지 않다. 그 힘은 상품거래에 작용할 때와 마찬가지로 화폐가 이자 수거를 위해 필요한 시장조건을 마련한다는 점에 있다. 세입자에 대한 집의 비율, 화물에 대한 배의 비율, 공장에 대한 노동자의 비율은 규칙적이고, 인위적으로 그리고 필연적으로 지금과 같은 형태의 화폐에 의해 조정되기 때문에, 수요(세입자와 노동자)는 항상 충분하지 못한 공급에 직면한다.

국가에 의해 공급되는 전통적 형태의 화폐(교환매개물)는 집들 간의 경쟁으로 인한 이자하락으로부터 모든 기존의 집을 보호해준다. 화폐가 자신의 피조물이 쇠퇴하지 않도록 힘써 돌보아주는 것이다. 화폐는 그 이자수익이 기초이자 이하로 떨어지지 않을 만큼만 집 건축에 투입된다. 이 사실은 수천 년의 경험을 통해 확인되었다.

그러므로 소위 실물자본이라는 것은 '실제적'이지 않은 무엇이다. 화폐만이 진정한 실물자본, 기초자본인 것이다. 모든 다른 자본형태는 현재 화폐의 특성에 전적으로 의존하고 있다. 그것들은 화폐의 피조물이다. 화폐로부터 귀족의 작위와 자본이라는 칭호를 얻기 때문이다. 노동자가 새로운 집을 짓지 못하도록 하는 그 특권을 화폐로부터 박탈하라. 화폐가 노동자와 실물자본 사이에 쌓아올린 장벽을 무너뜨리라. 그러면 실물자본은 자본의 성격이 없어질 때까지 그 공급이 증가할 것이다.[13]

이 이야기는 도저히 말이 안 되는 것처럼 들린다. 따라서 다음에 대해 확실히 논증해야 한다. 즉 집, 공장, 배, 철도, 극장 그리고 발전소, 간단히 말해 베를린의 크로이츠베르크 같은 곳에서 내려다보이는 어둡고 장대한 바다 전체가 자본이며 필연적으로 자본일 수밖에 없는데, 그 이유는 단지 화폐가 자본이기 때문이다. 화폐자본보다 적어도 100배나 큰 이 장대한 자본의 바다가 이자를 낳는 것이 화폐가 이자를 낳는다는 오직 그 이유 때문이라는 게 가능한가? 있을 수 없는 이야기처럼 들린다.

그러나 화폐의 오랜 역사를 돌이켜보면, 그리고 3~4천 년간 인위적 수단에 의해 화폐가 집 짓기를 규칙적이고 자동적으로 억제해왔으며, 그로 인해 수요는 항상 공급을 초과했고, 이 때문에 집이 자본으로 존재했다는 사실을 돌이켜보면, 분명해 보이던 그 비현실성은 일시에 줄어

---

13 앞서 설명했듯이 자본은 그 정의상 이자(혹은 이윤, 임대료 등)를 뽑아내어 스스로 증식할 수 있어야 한다. 이자를 뽑아내지 못하면 자본으로서 특성을 잃게 된다. 이런 사태를 방지하기 위해 화폐는 자신이 실물자본에 투입되는 양을 조절하고, 그 결과 실물자본의 공급이 제한되어 이자창출은 유지된다. 자본이라는 속성을 유지하게 하는 것이다.

든다.

그리고 (중세라고 부르는) 경제적 빙하기와 그 이후 화폐에 의해 유발된 수천 번의 경제위기를 상기해보면 그 비현실성은 사라진다. 실업이 강제되지 않았다면 수십억 달러의 자본이 만들어졌을 것이다. 기존의 실물자본이 이자를 수취할 수 있었던 것은 화폐로 인해 이 추가 실물자본이 만들어지지 않았기 때문이다.

집, 배, 공장이 부족하다는 것은 이것들이 이자를 산출한다는 사실에서 알 수 있다. 그 부족은 한 가지 원인[14]이 수천 년간 지속적으로 작용해온 결과다.

1873~1878년의 경제위기 시절에 굶주린 실업자 대중이 집과 기계를 만들 수 있었다면, 이 추가 공급으로 집세가 하락하지 않았겠는가? 그건 고작 5년이었다! 이자와 관계없는 경제위기의 다른 원인들도 (이 책의 제3부에서 기술한 바 있다) 동일한 방향으로 작용한다는 것, 즉 교환을 저지하거나 방해한다는 것 역시 잊어서는 안 된다.

그러므로 소위 실물자본이 이자를 생산할 수 있는 것은, 실물자본이 오직 어떤 금액의 화폐 지출을 통해 만들어지며 이 화폐가 자본이기 때문이라는 것이 분명하다. 실물자본은 화폐와 달리 이자를 뜯어낼 힘이 없다. 실물자본은 상품처럼 화폐가 자신의 목적을 위해 강제로 만들어놓은 시장상태를 이용할 뿐이다. 그 상태란 실물자본의 공급을 항상 수요보다 적게 유지할 목적으로 생산을 인위적으로 제한하는 것이다.

국가에 의해 인증되고 관리되는 전통적 형태의 화폐는 실업을 강제함으로써 노숙자와 궁핍한 노동자 대중, 프롤레타리아를 만들어내는

---

14 이자 조공을 말한다.

데, 이들은 집과 배, 공장이 자본주의적 성격을 유지하는 데 필수적이다.

화폐는 이 실물자본의 형성에 필수적이며, 이자가 없으면 화폐도 없다. 하지만 실물자본은 프롤레타리아* 없이는 존재할 수 없다. 결국 실물자본에 대한 이자 및 화폐 순환을 위해 필요한 프롤레타리아가 창출되어야 하는 것은 화폐가 필수적이기 때문이다.

화폐는 프롤레타리아를 창출한다. 이는 이자부담이 대중의 재산을 빼앗기 때문이 아니라, 대중이 자신을 위한 재산을 만들 수 없도록 화폐가 강제로 저지하기 때문이다.

프롤레타리아의 존재를 설명하기 위해 기존의 역사적 설명 같은 손쉬운 방편에 의존할 필요는 없다. 프롤레타리아는 전통적 형태의 화폐가 만들어내는 규칙적인 부산물이기 때문이다. 프롤레타리아 없이는 실물자본에 대한 이자도 없고, 이자가 없으면 화폐가 유통되지 않으며, 화폐 유통이 없이는 상품이 교환되지 않는다. 그 결과는 빈곤이다.

이전에는 확실히 칼이 프롤레타리아를 생산하는 강력한 요인이었다. 왕좌(입법)와 제단도 도움을 주었다. 우리 시대에도 여전히 토지임대료를 법으로 보호하려는 시도가 행해지고 있다. 밀 관세는 임대료에 맞서 만들어낸 무기, 즉 배, 철도 그리고 농기계 등을 사람들에게서 빼앗기 위해 고안된 것이다. 임대료를 뽑아낼 권리가 일할 권리와 먹을 권리에 맞서 설정된 것이다. 그러나 이러한 도움이 없었더라도 자본은 더 가난해지지는 않았을 것이다. 프롤레타리아라는 요인 하나만 있으면 되니까. 좀 더 많은 경제위기와 좀 더 많은 수천의 잉여노동자들이 입법과 칼을 효과적으로 대체할 수 있었을 것이다. 칼과 입법이 없다

● 프롤레타리아: 자신의 생산수단을 박탈당한 노동자.

하더라도 화폐자본은 실물자본에 필요한 프롤레타리아를 만들 수 있는 충분한 내재적 힘을 가지고 있다. 자연스러운 과정을 통해 화폐는 프롤레타리아를 만든다. 금속화폐와 프롤레타리아는 불가분의 관계다.

소위 실물자본이란 의심할 것도 없이 매우 실제적이며 필수적인 대상물들[15]로 이뤄져 있다. 그러나 자본으로서 이 대상물들은 실제적이지 않은 무엇이다. 현재 실물자본이 생산하는 이자는 화폐라는 기초자본의 피조물인 것이다.

---

15 주택이나 공장, 배 등

5.
자유화폐 이자이론의 완성

화폐가 실물자본을 위한 길을 닦아주기 때문에 우리는 그것을 기초자본이라고 불렀다. 그리고 이러한 관계에서 우리가 주장한 바는, 실물자본이 이자수입을 얻는 능력은 오로지 화폐가 불과 칼을 통해 경제위기와 실업 강제하고, 기초이자와 동일한 이자를 실물자본이 얻을 수 있는 시장조건을 마련한 덕택이라는 것이었다. 그러나 우리는 또한 실물자본에 대한 이자가 기초자본에 의해 지배되기 때문에, 그것이 어떤 이유로든 기초이자에서 잠시 벗어나도 거기서 다시 필연적으로 기초이자에 수렴한다는 것을 증명할 수 있어야 한다.

우리는 수요와 공급이 실물자본에 대한 이자를 결정한다고 주장하는데, 그래서 많은 요인이 이자에 영향을 미친다는 것을 알고 있다.

따라서 우리가 증명해야 하는 것은 이것이다. 다른 요인으로 실물자본에 대한 이자가 기초이자 이상으로 오르면, 그 본성상 기초이자 수준에 도달할 때까지 다시 떨어져야 한다. 역으로 실물자본에 대한 이자가 기초이자 이하로 떨어지면, 화폐에 의해 저절로 그 수준까지 상승한다. 따라서 언제나 기초이자는 실물자본에서 통상적으로 기대할 수 있는 최대수익이자 최소수익이다. 기초이자는 모든 형태의 실물자본이자가 그 부근을 오가는 균형점인 것이다.

하지만 그렇다면, 우리는 다음을 또한 증명할 수 있어야 한다. 현재 형태의 화폐에 의해 생겨난, 실물자본 형성을 가로막는 인위적 장애가 제거된다면, 이제 사람들의 노동이 자유롭게 이루어져서 어떤 다른 요소가 개입되지 않는다면, 그러한 자본의 공급은 조만간 수요를 충당하게 될 것이라는 점이다. 이는 자유무역과 이동의 자유가 있는 곳이라면 전 세계 어디든 이자가 0으로 하락하리라는 것을 의미한다.

(자본이자는 국제적 지표다. 그것은 한 국가에 의해 제거될 수 없다. 예를 들어 독일에서는 주택이 이자를 산출하지 못하는데 프랑스에서는 여전히 이자를 받을 수 있다면, 독일에서는 집을 하나도 짓지 않을 것이다. 독일 자본가들은 그들의 잉여자금을 프랑스 환어음으로 바꾸어 국경 너머로 보내고, 그 돈으로 프랑스에서 집을 지을 것이다.)

그러므로 우리는 증명해야 한다.

1. 적정한 시간 안에 이자를 실물자본의 바다에 익사시킬 수 있는 힘과 수단이 있다는 것.

2. 더 이상 이자를 산출하지 않을 때에도 임대주택, 공장, 배와 같은 실물자본을 생산하려는 충동이나 의지는 줄어들지 않는다는 것.

실물자본에 대한 이자는 언제라도 위로든 아래로든 기초이자에서 벗어날 수 있다는 것은 다음과 같이 쉽게 증명된다.

인류의 4분의 3이 전염병으로 사라졌다고 하자. 프롤레타리아와 실물자본 사이의 현재 비율은 근본적으로 바뀔 것이다. 세입자 일인당 집은 네 채가 되고, 농부 일인당 쟁기는 네 개가 되며, 노동자 한 조組당 공장은 네 개가 될 것이다. 이런 상황에서 실물자본은 더 이상 이자를 산출하지 못하게 될 것이다. 집주인 사이의 경쟁이 임대료를 낮추고, 고용주 간 경쟁이 이윤을 낮춰서 유지보수비용도 제대로 충당하지 못할 정도가 되기 때문이다.

예를 들어 1890~1895년의 경제위기 동안 아르헨티나 라플라타의 주도州都에서는 가장 좋은 집을 공짜로 임대해서 살 수 있었다. 집주인들은 수리비를 충당할 정도의 임대료조차 얻을 수 없었다.

그런 상황에서는 단 한 가지 형태의 자본만 계속 존재할 것이다. 즉 화폐다. 모든 다른 형태의 자본은 이자 뽑아낼 힘을 잃어버려도, 화폐는 이자에 대한 자신의 권리를 축소할 필요가 없기 때문이다. 인구의 99퍼센트가 죽어 없어진다 해도 말이다. 상품은 무이자 생산도구로 생산했지만, 마치 아무 일도 일어나지 않았던 것처럼, 여전히 교환을 위해서 동일한 이자를 지불해야 할 것이다.[16]

우리가 가정해본 사례는 화폐의 속성 및 실물자본에 대한 화폐의 관계에 대해 환한 빛을 비춰준다.

화폐유통량이 전염병에 의해 영향을 받지 않는다고 가정하면, 화폐와 상품 사이의 불균형으로 물가가 상승할 것이다. 그러나 화폐 발행량 stock이 상대적으로 크다고 해서 이자가 하락하지는 않을 것이다. 우리가 증명했듯이, 화폐 대부자 사이의 경쟁이 불가능하기 때문이다. 총이자는 심지어 물가상승으로 증가할 것이다(7장 「총이자의 구성요소들」

---

16 실물자본이 공급과잉이 되어 그 수익률이 0이 된다고 해도, 화폐는 상품유통시장에서 자신의 이자를 구현할 수 있다. 그러한 상업이윤이 보장되지 않을 경우, 유통시장에서 철수할 선택권이 여전히 있기 때문이다.

참조).

우리가 가정한 상황에서는 분명히 아무도 공장을 건설하는 데 돈을 쓰지 않을 것이다. 돈이 그런 목적에 쓰이는 것은 부분적으로는 인구가 증가하고, 부분적으로는 화재나 다른 사고가 난 뒤 시간이 경과하여 실물자본의 공급이 감소할 때뿐이다. 공급 감소로 인구에 대한 실물자본의 비율이 원래로 돌아가 기초이자 수준을 회복할 때뿐인 것이다. 왜 이렇게 되는지는 이미 설명한 대로이다.

따라서 실물자본에 대한 이자는 예외적 상황이 발생함에 따라 언제든 기초이자 이하로 하락할 수 있다. 그러나 실물자본을 지배하는 자연스러운 파괴작용(난파선, 선박 해체, 철도 사고, 화재, 모든 공장의 연간 감가상각 등의 매해 통계를 보라)이 필연적으로 이전의 실물자본 수급관계를 복구시키는데, 이는 기존 실물자본에 대한 이자가 기초이자 수준에 도달할 때까지 화폐가 실물자본의 생산을 허용하지 않는 상황이 같이 작용하기 때문이다.

하지만 우리는 실물자본에 대한 이자가 영원히 기초이자를 넘어설 수 없다는 것도 증명해야 한다.

특별한 상황에서는 실물자본에 대한 이자가 기초이자를 넘을 수 있다는 것, 그리고 상대적으로 이민자가 많은 나라에서는 실제로 한 번에 수십 년간 그런 일이 있었다는 것을 우리는 기꺼이 인정한다. 이것이 이자이론의 결정적 증거이기 때문이다. 그 이론에 따르면 수요와 공급만이 실물자본의 이자산출 여부와 산출되는 이자의 크기를 결정한다.

미국에서 집, 생산도구, 상점, 철도, 운하, 항구 등에 내재된 자본을 각 노동자 가정에 할당하면 얼마가 되는지 나는 모른다. 아마 5천 달러나 1만 달러일 것이다. 5천 달러라고 해보자. 미국에서 매년 10만 명의 이민자 가정에 거주지와 생산수단을 공급하려면, 해마다 5억 달러의 새 집과 공장, 철도, 배를 공급해야 한다.

독일 노동자가 미국에 이민 가려고 하면, 이들의 고용에 필요한 모든 것과 살 집이 부족할 것이다. 공장, 기계 및 집 부족으로 임금은 떨어지고 동시에 집세는 엄청나게 상승할 것이다. 실물자본이자는 기초이자 수준 위로 높이 올라갈 것이다.

보통 이 과정은 완전히 감춰져 있어 바로 알아볼 수가 없다. 이자수익률 상승과 함께 자본재 가격도 상승하기 때문이다. 500달러 이자를 벌어줘서 1만 달러에 팔리는 집이라면, 그 집 이자가 1천 달러로 상승하면 가격은 2만 달러로 상승할 것이다. 그러면 산술적으로 그 집은 5퍼센트의 이자만 산출한다. 가격 계산의 기초역할을 하는 것은 기초이자인 것이다.

다음으로 우리는 모든 실물자본의 이자율 상승이 필연적이고 자연적이며 자동적으로 집, 공장 등의 신축을 꾸준히 증가시킨다는 사실과 이러한 공급압력하에서 실물자본이자는 기초이자라는 균형점 혹은 한계로 되돌아온다는 사실을 설명할 수 있어야 한다. 이는 이 한계까지 상승하는 반대의 경우와 마찬가지로 자동적이다. 우리는 이 과정을 방해할 어떤 경제적, 심리적 장애물도 없다는 것을 증명해야 한다. 자본의 공급으로 인해 이자가 기초이자 한계까지 하락할 수밖에 없도록, 일하려는 의지, 노동력 및 천연자원은 언제 어디서든 충분히 제공되어야 하는 것이다.

(플뤼르샤임이 "이자는 이자의 아버지"라고 한 것은 틀린 말이 아

● 미하엘 플뤼르샤임, 『경제 사회 문제(*The Economic and Social Problem*)』, 1909.

니다. 그가 의도한 바는 이자 부담 때문에 사람들이 이자를 없애는 데 필요한 만큼 자본재를 생산하지 못한다는 것이다. 농부들이 임대료 때문에 자신들이 사용하고 있는 임차토지를 살 수 없는 것과 마찬가지다.

그러나 "이자는 이자의 아버지"라는 말은 또한 이자상승이 무제한의 추가상승을 초래한다는 의미이기도 하다. 플뤼르샤임이 주장한 대로 물체의 낙하법칙이 하락하는 이자에 적용된다면, 그 법칙은 반대로 상승하는 이자에도 적용될 수 있어야 한다. 이러한 모순은 플뤼르샤임이 채택한 연구방법으로는 풀리지 않는다.)

그만한 양의 실물자본이 출현하고 있다는 것을 우리는 다음 사실에서 알 수 있다. 국제자본시장에서 수요자였던 미국이 비교적 짧은 기간에 공급자로 바뀌었다는 것, 미국이 자체 자원으로 파나마에서 엄청난 사업을 수행했다는 것, 유럽의 많은 호화주택이 미국인 신부의 지참금에 힘입어 파멸에서 벗어날 수 있었다는 것, 미국이 그들의 잉여자본 사용처를 해외에서 찾고 있다는 것 등이다. 이 증거들은 다음의 이유 때문에 더 설득력이 있다. 첫째, 가난한 이민자들이 미국으로 엄청나게 유입됨으로써 실물자본에 대한 수요가 비정상적으로 증가했다. 둘째, 실물자본의 형성이 종종 강력한 경제위기에 의해 저지되었다. 사실이 그러하다. 이제 필요한 것은 이에 대한 설명이다.

실물자본이 만들어내는 이자는 저축을 자극한다. 그래서 이자가 높을수록, 저축에 대한 자극은 더 강하다. 그런데 이자가 높을수록 이자에 대한 부담이 커지는 것도 사실이다. 그래서 이자를 지불해야 하는 사람들은 저축을 통해 자신의 자본을 만들기가 더 어려워진다. 그러나 현재의 경제질서하에서는 이자를 내야 하는 임노동계급의 잉여금으로는 단지 적은 양의 새 자본을 만들 수 있을 뿐이다.

새 자본은 주로 자본가들의 잉여금에서 형성된다. 이 잉여금은 자본에 대한 이자증가와 함께 그들의 소득이 늘어남으로써 자연히 증가한다.

여기서 우리는 다음과 같은 사실을 명심해야 한다.

이자가 떨어지면 임노동계급의 소득은 증가한다. 반면에 자본가계급의 소득은 이자가 올라가면 증가한다. 고용주의 소득은 일부는 자신의 노동에 대한 임금으로, 일부는 자본에 대한 이자로 구성되어 있다. 따라서 이들의 경우 이자율 변화의 효과는 소득 중 어느 정도가 이자로부터 나오고, 어느 정도가 노동임금으로부터 나오는지에 달려 있다.

그러므로 임노동계급은 이자가 떨어질 때 저축을 더 잘할 수 있고, 자본가계급은 이자가 올라갈 때 저축을 더 잘할 수 있다. 하지만 이 때문에 전체 저축의 기능과 자본의 증가가 이자등락에 영향을 받지 않는다고 결론을 내리는 것은 오류가 될 것이다.

우선 소득증가가 자본가의 소비, 따라서 저축에 미치는 효과는 노동자의 소비 및 저축에 미치는 효과와 다르다. 자본가의 경우 소득이 증가해도 만족을 기다리는 수많은 욕구를 위해 사용하지는 않는다. 수십년 동안 그런 경우도 흔하다. 자본가는 자신의 소득증가분 전체를 쉽게 저축할 수 있다. 그러나 노동자는 저축의 충동 이전에 먼저 다른 많은 욕구가 충족되어야 한다.

● 프로이센 프롤레타리아의 자본(저축은행 예금)

년	저축계좌 수	저축액 (백만 마르크)	계좌 평균액 (마르크)
1913	14,417,642	13,111	909
1914	14,935,190	13,638	913

또 자본가는 자신의 아이들을 위해 대비하는 유일한 방법이 저축이다. 셋째아이를 얻게 된 자본가가 자기 아이들이, 예를 들어 교육을 받을 수 있는 그런 삶을 누리기 원한다면 그의 자본을 늘려야 한다. 노동자는 그런 데 신경 쓰지 않는다. 그는 자식들에게 아무것도 물려줄 필요가 없다. 아이들이 노동해서 스스로 부양할 것이기 때문이다.

그래서 자본가는 저축을 해야 한다. 늘어나는 자식들에게 자본가 지위를 누리는 안락한 삶을 제공하려면 자신의 자본을 늘려야 하는 것이다. (이 때문에 이자가 떨어지더라도 말이다.) 그리고 자본가가 저축을 해야 한다면, 보통 새로운 자본을 만들기 위해 이자 증가분에서 나온 잉여금을 활용할 것이라 가정할 수 있다.

이로부터 우리는 다음과 같은 결론을 내릴 수 있다. 즉, 이자증가는 항상 노동자와 소액저축자의 희생 속에서 이루어지지만, 그럼에도 불구하고 한 나라가 새로운 실물자본을 만드는 데 사용할 수 있는 자금을 줄이는 게 아니라 증가시킬 것이 분명하다. 이자가 늘어나면 이자를 억제하는 힘도 증가하는 것이다.[17] 그리고 이자가 높을수록 이 압력은 더 커진다.

사실 이에 대한 예를 제시할 수는 없다. 방금 언급한 것의 통계적 증거는 불가능하다. 왜냐하면, 금본위제에서 사용할 수 있는 통계는 부적합하기 때문이다. 카네기가 노동자들에게 20퍼센트나 50퍼센트 더 많은 임금을 주었다면 그는 아마도 영원히 100만 달러에 도달하지 못했을 것이다. 그 경우에 실물자본의 공급은 늘리고, 임금은 올리며, 이자는 떨어뜨린 (카네기가 저축해서 세운) 제철소를 노동자들이 저축해서

---

17 이자가 상승해서 저축과 투자가 늘어나면 이것은 다시 이자를 낮추는 효과를 발휘한다.

세웠을까? 아마도 노동자들은 20퍼센트 혹은 50퍼센트의 임금상승분을 아이들을 위한 충분한 음식, 더 쾌적한 집, 비누와 목욕용품에 쓰고 싶지 않았을까? 다시 말해서 개인적 욕망이 소박했던 카네기가 홀로 모은 만큼, 노동자들도 새로운 제철소 건설을 위해 집단적으로 그만큼의 거대한 잉여자금을 모을 수 있었을까? (실물자본의 기존 수급비율을 유지하기 위해서는 노동자들은 심지어 훨씬 더 많은 양의 실물자본을 생산해야 했을 것이다. 현재의 빈약한 임금은 극심한 유아사망률을 불러왔는데, 이는 임금이 상승했다면 줄어들었을 것이다. 그 결과 노동자 수가 크게 증가해서 생산수단에 대한 수요가 증가했을 것이다.)

이 질문에 대해 처음에는 아니라고 단정적으로 대답하기 쉽다. 그러면 큰 실수를 범하게 된다. 카네기가 실물자본을 늘리고 개인적으로 절약해서 해놓은 게 무엇일까? 그는 반복해서 실물자본이자를 기초이자 이하로 낮추었고, 그렇게 함으로써 연이은 경제위기를 유발했다. 그 훌륭한 사람은 현명한 경영을 통해 그가 창출했던 만큼이나 실물자본의 형성을 이런 식으로 파괴하고 방해했던 것이다. 카네기가 사업에서 얻은 잉여자금을 임금인상으로 노동자에게 나누어주었다면, 실제로 증가한 임금 중 작은 부분만 저축되어 새로운 실물자본에 쓰였을 것이다. 나머지는 돼지고기와 콩, 혹은 비누에 쓰여 사라졌을 것이다. 그러나 한편으로는 경제위기와 다음 경제위기 사이의 간격은 길어졌을 것이다. 그 결과 강요된 실업에 의해 노동자들이 입는 손실은 줄었을 것이고, 쓸 돈은 더 많았을 것이다. 이자에 미치는 효과는 같았을 것이다. 즉, 카네기가 절약하지 않았더라도, 실물자본의 공급은 그가 절약해서 이룬 오늘날과 같았을 것이다.

카네기가 개인적으로 저축할 수 있었던 것과 노동자들이 저축할 수도 있었던 것과의 차이는 경제위기를 통해 규칙적으로 그리고 정기적으로 해소된다.

자기보존 충동과 아이들의 미래를 보장해야 한다는 사실 때문에 자본가는 잉여금, 그것도 이자 낳는 잉여금을 공급하지 않을 수 없다. 그는 자신의 소득이 줄어들더라도 이 잉여금을 공급해야 한다. 실제로 자기보존 충동은 그로 하여금 이자 감소에 정비례해서 엄격히 저축을 늘리도록 한다. 예를 들어 이자가 5퍼센트에서 4퍼센트로 떨어져 생긴 소득손실을 자본가가 자본을 늘려 보충하고자 하면, 그는 개인 지출을 절약해서 자신의 자본을 5분의 1만큼 늘려야 하는 것이다.

이자가 상승하면 자본가는 저축할 수 있고, 이자가 하락하면 자본가는 저축해야 한다. 그 저축액은 사실 전자의 경우가 후자보다 훨씬 크다. 하지만 그렇다고 해도 이자 결정에 대한 그 사실의 중요성이 줄어드는 것은 아니다. 변함없는 사실은 자본가가 새로운 실물자본을 형성하려면 이자하락이 클수록 개인 지출을 줄여서 자신의 소득에 더 많이 의존해야 한다는 것이다. 정확히 말하자면 자본가를 어렵게 만든 것은 실물자본의 증가이긴 하지만 말이다.[18]

실물자본은 스스로 사라질 때까지, 즉 이자가 완전히 사라질 때까지 계속 증식해간다. 그런 사실이, 이자가 떨어져도 새로운 자본투자를 행할 의지와 필연성이 여전히 존재한다는 것을 보여주는 결정적인 증거다. 물론 종래의 화폐가 자본투자에 대해 야기하는 장애를 우리가 제거한다는 전제하에서 그렇다.

이자율이 5퍼센트에서 4퍼센트로 떨어지면, 자본가는 그의 개인 지

---

18 실물자본의 증가에 의해 이자가 하락했기 때문이다.

출을 줄여서 자본을 8에서 10으로 늘려야 한다. 그러므로 자본가는 가족을 위한 여름별장 계획을 포기하고 대신에 도시에 임대주택을 지을 것이다. 그리고 이 새 임대주택은 주택자본이자를 더 떨어뜨릴 것이다. 자본 일반에게는 그 자본가가 임대주택이 아니라 여름별장을 짓는 것이 더 나을 것이다. 그러나 개별 자본가에게는 그 반대가 참이다.

(새 임대주택의 압력으로) 이자가 4퍼센트에서 3퍼센트로 추가하락하면, 자본가는 자신의 지출을 더 줄여야 한다. 그는 심사숙고해서, 호사스러운 사위의 빚을 갚는 대신 자신의 딸을 건축업자에게 주어야 할 것이다. 그러면 그 지참금으로 세워진 임대주택이 이자를 생산할 것이다. 하지만 동시에 이자율을 더 억누를 것이다. 그렇게 계속된다.

자본가의 본성, 즉 자본가의 자기보존 충동, 인간의지가 가장 강한 그 충동으로 인해 확실해지는 것은, 이자가 하락할수록 자본가의 소득 중에서 새로운 실물자본을 창출하기 위해 떼어놓는 비율이 커지고 그로 인해 이자에 대한 압력이 더 커진다는 점이다.

지금까지 논의한 것을 수치로 표현하면 다음과 같을 것이다.

독일 노동자들이 지불하는 연 5퍼센트의 이자.
(4,000억 마르크 × 5퍼센트)   200억 마르크
자본가들이 이 중에서 50퍼센트를 새 자본사업
에 투여.   100억 마르크
나머지를 개인적 욕구를 위해 사용하는데, 이때
이자율이 5퍼센트에서 4퍼센트로 하락하여 산   자본가 손실
출되는 이자가 200억에서 160억으로 떨어짐.   40억 마르크
자본가의 이 수입부족은 자본손실 1,000억에 상

당함. 자본가는 이 손실 때문에 소득에서 더
많은 부분을 새로운 자본사업을 위해 떼어두
게 됨. (200억에서 160억으로 떨어진) 소득에
서 이제 50퍼센트가 아니라 60퍼센트(160×60
퍼센트)를 새 자본사업을 위해 충당하게 됨.   96억 마르크
자본가의 수입감소는 노동자의 수입이 그만
큼 늘었다는 뜻임. 노동자가 저축은행을 통해
이 소득증가분을 이자를 산출하는 새 사업에
투자한다면, 새 자본사업에 투자되는 돈은 원
래의 100억에서 136억(노동자 40억, 자본가
96억)으로 늘어나게 됨. 그러나 노동자들의
이자부담 경감(40억) 중에서 절반(20억)만
저축할 거라고 하면, 이자가 5퍼센트에서 4퍼
센트로 줄어드는 경우, 새 자본사업에 투자되
는 금액은(원래 100억에서 116억으로 늘어난
것임)   116억 마르크

    그래서 이자율 하락이 커질수록 새로운 자본기업에 배정되는 금액
은 커지고, 이는 이자를 압박해서 결국 없애버린다. 자본가는 필요에
의해 저축할 것이고, 노동자들은 이제 적어도 저축충동을 만족시킬 수
있기 때문에 저축할 것이다. 그러므로 새로운 실물자본의 본성이, 이를
테면 실물자본의 자살을 강요하게 된다.
    이자하락이 클수록 창출되는 실물자본의 규모도 커지며, 이는 다시
이자를 억제한다. 아마 낙하물의 물리법칙이 적용될 수 있을 것이다.

물론 그렇게 많은 실물자본을 창출하지 못하도록 전통적 형태의 화폐가 세워놓은 장애물을 제거한 후라야 한다.

실물자본이 이자로부터 자유로우면, 임대주택, 공장, 벽돌 화덕 등을 아무도 만들지 않을 것이라는 반론이 여기서 제기되었다. 저축은 다른 사람들이 공짜로 살면서 소모해버릴 공동주택을 짓는 대신 유람여행에나 쓰일 것이라는 주장이다.

그러나 여기서는 '이자로부터 자유롭다'는 표현이 함축하는 것보다 더 많은 이야기가 있다. 주택임대료는 부분적으로만 이자로 구성된다. 건물자본에 대한 이자는 주택임대료의 구성요소이지만 토지 임대료, 수선비, 감가상각비, 세금, 보험료, 청소비, 난방비, 관리비, 가구 등과 같은 다른 요소도 있다. 대체로 이자는 임대료 중 70퍼센트나 80퍼센트를 차지하지만, 도심지에서는 종종 20퍼센트나 30퍼센트로 줄어든다. 주택임대료에서 이자가 완전히 없어지더라도, 모두가 궁전 같은 집을 요구하지는 못할 만큼 비용이 언제나 발생한다.

다른 형태의 실물자본도 마찬가지다. 실물자본 사용자들은 이자 외에도 유지비, 감가상각비, 보험료, 토지임대료, 세금 등의 비용을 부담하는데, 일반적으로 이자 수준이거나 그보다 크다. 사실 여기서 주택자본은 상대적으로 특전을 받는 입장이다. 1911년에 2,653개 독일 유한회사의 자본은 9,201,313,000마르크였는데 감가비용으로 439,900,475마르크, 즉 평균 약 5퍼센트를 상각했다. 매년 (수선에 더하여) 새 단장을 하지 않으면, 20년 안에 그 자본은 하나도 남지 않을 것이다.

하지만 이 이야기를 완전히 논외로 하더라도, 앞의 반론은 유효하지 않다. 특히 지금까지 불로소득으로 살아온 사람들의 경우에 그렇다.

앞서 살펴본 바와 같이 자본이자의 감소로 인해 이 사람들은 더 절약하지 않을 수 없다. 그리고 이자가 완전히 사라지면, 훨씬 더 조심스러워져서 더 이상 자본이 아닌 남은 투자자산을 최대한 천천히 소진하려 할 것이다.[19] 이렇게 하기 위해서는 매년 감가비용으로 자본에서 상각되는 금액 중 일부만 개인적 필요에 지출하고, 나머지는 새로운 집, 배 등을 만드는 데 투입해야 한다. 이 집, 배 등은 사실 어떤 이자도 산출하지 못한다. 하지만 적어도 당장의 손실[20]을 막는 안전판은 될 것이다. 그들이 돈(자유화폐)을 쥐고 있다면, 이자를 얻지 못할 뿐 아니라 실질적인 손실을 입게 될 것이다. 새로운 집을 지음으로써 이 손실을 피할 수 있는 것이다.

예를 들어 노르트도이처 로이트Norddeutcher Lloyd의 주주는 자유화폐개혁이 일어나면 배당금을 받지 못하게 되지만, 감가상각비로 떼어둔 금액에서 (회사는 현재 이 돈으로 새로운 배를 만들고 있다) 자신의 지분을 지급해달라고 회사에 요구하지는 않을 것이다. 그는 자신의 투자금 중 마지막 1달러가 상환되는 날을 최대한 지연시키기 위해서 자신의 지분 일부만으로도 만족할 것이다. 그러므로 이자 대신 감가상각비 정도만 산출해도 새로운 배는 늘 만들어진다. 그렇다 하더라도, 자신의 자본상각으로 생활하는 옛 자본가의 자리를 다른 사람이 대신하지 않으면, 옛 자본가가 더 이상 수행하지 못하는 역할을 이자부담에서 풀려난 노동자들이 맡지 않으면 결국 노르트도이처 로이트의 마지막 배마저도 해체되리라는 건 분명하다. 새로운 저축자들은 감가상각 중 옛 자본가가 소진한 부분을 대신할 것이다. 사실 이들의 목적도 마

---

19 앞서 말했듯이 용어의 정의상 이자를 창출하지 못하면 더 이상 자본이 아니다.
20 여기서 손실은 손해를 본다는 게 아니라 실질적인 자산감소를 의미한다.

찬가지로 노년에 그 감가상각액으로 생활하고 소비하려는 것뿐이지만 말이다.

따라서 자신의 생산재원을 모든 곳에서 끌어들이기 위해 집, 공장, 배 등이 이자를 산출할 필요는 없다. 자유화폐가 도입되면 이 실물자본들이야말로 저축을 모아두는 최선의 수단임이 입증될 것이다. 저축자들은 집, 배, 공장에 자신의 저축을 투자함으로써 보관 및 관리 비용을 피할 수 있을 것이다. 그 자산들이 이자를 벌어주지는 않지만, 감가상각금액으로 보상되기 때문이다. 그리고 저축자들이 잉여금을 만드는 날과 그것을 소비하는 날, 이 두 날짜 사이에 (예를 들어 노년을 위한 젊은이의 저축처럼) 수십 년이 걸리기 때문에, 그런 투자는 분명히 저축자에게 유리하다.

이자가 저축자에게 특별한 매력을 가진다는 것은 의심의 여지가 없다. 그러나 이 특별한 매력이 필수적인 건 아니다. 그것 없이도 저축충동은 충분히 강하기 때문이다. 다시 말하지만 이자는 저축에 대한 큰 유인이다. 하지만 저축에 커다란 장애물을 만들기도 한다. 이자부담으로 인해 저축은 지금 인류 대다수에게 극심한 궁핍, 금욕, 기아, 추위, 무더위를 의미하고 있다. 정확히 말하면 노동자들이 다른 사람을 위해 이자를 조달해야 하기 때문에, 노동수입은 감소하고, 대부분 노동자들에게 저축은 불가능한 것이다. 그래서 이자가 유인이라면, 그것은 저축에 훨씬 더 큰 장애물이 된다. 이자로 인해 노동자의 저축 가능성은 소수 계층으로 제한되며, 그 계층 중에서도 저축을 할 수 있는 사람은 지속적인 궁핍과 맞설 용기가 있는 소수로 국한된다. 100달러보다는 200달러에서 5달러를 저축하기가 확실히 더 쉽다. 100달러 임금을 받으면서 부분적으로 금리라는 자극을 받아 자신과 아이들을 위해 본인의 위장에서 10달러를 빼내는 사람이라면, 200달러 임금을 받게 되면 자연스러운 저축충동으로 110달러는 아니더라도 10달러보다는 훨씬 더 많은 비율을 저축할 것이다.

이자 유인이 없어도 저축은 자연스럽게 행해진다. 벌과 마멋은 자신의 비축물이 이자는커녕 많은 적들을 끌고 와도 저축을 한다. 원시인들은 이자를 모르지만 저축을 한다.[*] 왜 문명인이라고 다르게 행동해야 하는가? 사람들은 집을 짓기 위해 저축하고, 결혼과 병, 노년을 대비해 저축한다. 독일에서는 심지어 명복을 빌어줄 사람들과 장례를 위해 저축한다. 장례식이 시체에 이자를 주는 것도 아닌데 말이다. 언제부터 프롤레타리아는 저축은행에 저축하기 시작했나? 그전에 침대에 숨겨두었던 돈이 이자를 산출하였는가? 30년 전까지는 그렇게 저축하는 게 관습이었다. 겨울용 비축 역시 이자는 없었고 아주 성가시기만 했다.[**]

저축이 의미하는 바는 소비하는 것보다 더 많은 상품을 생산한다는 것이다. 하지만 개별 저축자 혹은 전체 저축자는 이 잉여상품으로 무엇을 할까? 누가 상품을 보관하며, 누가 그 보관비용을 지불하는가? 우리가 여기서 "저축자는 그의 잉여생산물을 판다"라고 답하면, 단지 문제를 판매자에서 구매자로 옮기는 것에 불과하다. 집단 전체로 보면 이 답은 유효하지 않다는 것이 분명하다.

한 개인이 저축해서, 즉 자신이 소비하는 것보다 더 많이 생산해서 일정기간 후에 이자 없이 하지만 손실도 없이 돌려받는다는 조건으로

---

[*] 아프리카 흑인, 아메리카인디언, 호텐토트는 저축으로부터 이자를 얻어본 적이 없다. 하지만 그들 중 누구도 자신의 저축(비축물)과 우리 프롤레타리아의 저축(저축은행 통장)을 바꾸지 않을 것이다.
[**] 중세의 교황들이 이자를 금지함으로써 화폐에 기반을 둔 경제제도가 성장하는 것을 막으려 했지만 (귀금속의 부족이 주원인이었다) 저축자들은 돈을 모았다. 이것은 이자가 없어도 사람들이 저축하려는 충동에 따른다는 것을 보여준다.

자신의 잉여물을 빌려줄 누군가를 찾는다면, 그 저축자는 아주 유리한 거래라고 결론을 내린다. 저축물 보관비용을 면하기 때문이다. 그는 청년시절에 100톤의 신선한 밀을 주고 노년에 같은 품질의 신선한 밀 100톤을 받는다. (앞에서 나온 로빈슨 크루소 이야기를 보라.)

그러므로 화폐를 고려대상에서 제외하면, 빌려준 저축물에 대한 이자 없는 단순상환이라도 이는 채무자 혹은 빌리는 사람이 상당한 노동을 들인 것이다. 즉, 빌린 저축물의 보관비용을 지불한 것이다. 저축자가 자신의 저축물을 떠안을 사람을 찾지 못했다면 본인이 이 비용을 지불해야 했을 것이다. 실제로는 차용한 재화(예를 들어 밀)는 자신의 농장에서 소비되므로 빌리는 사람 측에 보관비용이 생기지는 않지만, 무이자로 대여를 받은 사람은 본래 자신의 것이었을 이 이점을 아무 대가 없이 빌려주는 사람에게 넘겨주는 셈이다. 빌리는 사람보다 빌려주는 사람이 더 많다면, 빌리는 사람은 대출금을 감액하는 형태(음의 이자)로 이 이점에 대한 보상을 요구할 것이다.

따라서 어떤 관점에서 무이자대출 문제를 검토해도, 자연스러운 질서를 가로막는 아무런 장애를 발견할 수 없다. 반대로 이자하락이 클수록, 집, 공장, 운하, 철도, 극장, 화장터, 전철 선로, 석회로, 용광로 등을 늘리려는 유인은 더 커진다. 그리고 그런 사업들에 종사하는 노동은 그 사업들이 아무런 이자도 생산하지 않을 때 최고조에 달한다.[21]

뵘바베르크에게는 '현재의 재화'가 '미래의 재화'보다 높게 평가되는

---

21 실물자본을 늘리면 이자가 하락하고, 이자가 하락해 수입이 줄어들면 자본가는 이를 보충하기 위해 실물자본 투자를 더 한다. 이런 경향은 이자가 0이 되는 순간까지 계속된다. 즉 이자율이 0퍼센트일 때 실물자본은 가장 많이 만들어진다. 그래서 그런 실물자본(공장, 운하, 철도 등등)에서 일하는 노동도 그때 최고조에 달한다.

게 자명하고, 그의 새로운 이자이론도 이 가정에 기반하고 있다. 그러나 이 가정이 왜 자명하다고 생각한 것일까? 이 점에 대해 뵘바베르크는 약간 이상한 대답을 하고 있다. "왜냐하면, 와인이 지하저장고에서 매년 더 맛이 좋아지고 더 비싸게 팔릴 수 있기 때문이다."[●] 그러나 그는 와인(뵘바베르크는 이런 경이로운 특성을 가진 또 다른 상품을 찾지 못했다)이 어떤 종류의 노동이나 비용도 들이지 않고, 따라서 보관비용도 없이, 저절로 지하저장고에서 매년 더 비싸지고 좋아지는 듯이 보이기 때문에, 다른 상품들이나 감자, 밀가루, 분말, 라임열매, 가죽, 철, 비단, 양모, 유황, 숙녀복도 역시 매년 더 좋아지고 값비싸진다고 보는 것 같다. 만약에 뵘바베르크의 설명이 옳다면, 우리는 여기서 사회문제에 대한 가장 완벽한 해결책을 찾은 것이다. 우리는 그저 충분한 양의 상품을 쌓아놓기만 하면 된다. (고갈되지 않고 비옥한 현대의 생산력과 실업자 예비군들이 훌륭한 기회를 제공한다.) 그러면 모든 사람들이 어떤 일을 하지 않아도, 계속 더 좋아지고 비싸지는 상품들의 수익으로 살아갈 수 있다. (질의 차이는 경제생활에서는 항상 양적인 차이에 근거하고 있다.) 왜 반대되는 추론을 하면 안 되는지 사실 이해하기 쉽지 않다. 화폐와 와인을 제외한 모든 상품이 머지않아 부패하기 때문에, 와인과 화폐도 부패하게 된다! 그런데도 뵘바베르크는 죽을 때(1914년)까지 이자이론의 최고 권위자였고, 그의 저서들은 다수의 언어로 번역되었다.

저축자들의 걱정은 그 자체로는 우리의 관심사가 아니다. 왜냐하면 우리의 유일한 목적은 이자에 대한 근본적인 이론을 확립하는 것이기

● 제5부 2장. 기초이자 부분의 관련 각주 내용 참조.

때문이다. 하지만 그들의 걱정을 좀 더 상세히 검토해보면 그게 우리 이론을 설명하는 데 도움이 될지도 모른다.

따라서 금이 상품의 순환경로에서 제거된 후에, 노후에 일하지 않고 걱정 없이 살기 위하여 누군가가 저축을 하고 싶어한다고 가정해보자. 하나의 질문이 바로 제기된다. 어떤 형태로 저축할 것인가? 자신이나 타인의 생산물을 쌓아두는 계획은 즉시 배제될 것이다. 자유화폐를 비축하는 것도 역시 불가능하다. 첫번째 실행 가능한 해결책은 사업의 확대를 꾀하는 사업가, 장인, 농민, 상인에게 무이자로 빌려주는 것이 될 것이다. 그리고 이 경우에는 상환기간이 길수록 더 좋다. 물론 이때 저축자는 돈을 돌려받지 못할 위험이 있다. 그러나 이 위험을 없애려고 그는 위험에 따른 손실을 보상할 수 있도록 채무자에게 특별한 조공을 바치도록 강제할 수 있는데, 이는 오늘날 모든 대출금의 이자에 덧붙여지는 것과 같다. 그러나 저축자가 그런 손실로부터 어느 정도 안전하기를 바란다면, 저축자는 모아둔 돈으로 임대주택을 지을 것이다. 매년 감가상각되는 금액(이는 오늘날에도 임대료에 포함되어 있다)을 통해 임차인이 건축비 전체를 서서히 충당해줄 것이다. 그리고 어떤 건물을 지을지는 그 저축자가 감가상각비로 매년 받고 싶어하는 금액의 크기에 따라 결정될 것이다. 저축자가 매년 2퍼센트의 감가상각비를 받고자 한다면 그는 석조건물을 지을 것이다.[22] 10퍼센트의 감가상각비가 그에게 더 적합하다면 그는 그의 저축을 선박에 투자할 것이다. 또 만일 그가 조만간에 돈이 필요하다면 화약공장을 살 수 있는데, 이때 매년 감가상각으로 책정한 액수는 30퍼센트가 될 것이다. 간단히 말해 저축

---

[22] 석조건물은 약 50년의 내구성을 지닌다.

자는 충분한 선택권을 가질 것이다.

4천 년 전 이스라엘의 어린이들이 피라미드를 지으며 쏟았던 노고가 피라미드의 꼭대기에서 돌을 굴려보면 오늘 다시 살아나는 것처럼, 무이자 임대주택에 투여된 저축액은 매년 임대료에 포함된, 감가상각비에 해당되는 수입으로 감소되지 않고 유지될 것이다. 저축자는 실제로 이자를 받지 않을 것이다. 하지만 그는 잉여금이 필요치 않은 기간에 그리고 잉여금을 사용하고 싶어질 때까지, 자신의 잉여금을 아무런 손실 없이 보유할 수 있는 엄청난 이점을 갖게 되는 것이다.

따라서 무이자로 빌려줄 목적으로 공동주택을 짓는 사람은, 자신의 돈을 담보 없이 무이자로 빌려주고, 할부상환을 명문화한 사람과 같은 입장에 있다.

그러나 현실에서는 경험이 부족한 소규모 저축자들은 골칫거리와 걱정을 피하기 위해 그들의 저축금을 주택이나 선박, 공장 등을 짓는 생명보험회사들에 넘겨줄 것이 분명하다. 그러면 생명보험회사들은 그 후에 이 시설의 감가상각용으로 책정해 확보한 금액으로 저축자들에게 종신연금을 지급할 것이다. 건강한 사람에게는 예금의 5퍼센트, 노인이나 병약자에게는 10퍼센트나 20퍼센트를 줄 것이다. 이러한 상황하에서는 돈 많은 삼촌으로부터 유산을 받는 일 등은 일어나지 않을 것이다. 최후에 남은 재산으로 관 뚜껑의 못을 박게 될 것이다. 저축자는 일을 그만두면 자기 재산으로 먹고살기 시작할 것이고, 죽을 무렵에 그 재산은 완전히 소모될 것이다. 그러나 이런 상황에서는 누구도 자손에게 유산을 남길 필요가 없다. 자손들이 노동을 할 때 이자부담에서 해방시키는 것으로 충분한 대비가 되기 때문이다. 이자부담에서 해방된 개인은, 나인에 사는 과부의 아들이 더 이상 목발을 필요로 하지 않는 것처럼,[23] 더 이상 유산을 필요로 하지 않는다. 사람들은 일을 해서 가재도구 등을 얻고, 잉여금은 앞서 말한 보험회사에 맡긴다. 따라서 노인에게 지불되는, 주택이나 선박 등에 대한 연간 감가상각금액[24]은 젊은이들의 저축으로 지어지는 새로운 건축물을 통해 대체될 것이다. 노인들의 지출은 젊은이들의 저축으로 충당될 것이다.

오늘날 독일 노동자 한 명은 주거, 생산수단, 국채, 철도, 선박, 가게, 병원, 화장장 등으로 약 12,500달러에 대한 이자를 지불하고 있다. *
즉 그는 매년 500달러를 자본에 대한 이자와 토지에 대한 임대료로 직접 임금에서 공제하거나, 간접적으로 상품가격을 지불할 때 지급해야 한다. 자본이자가 없다면 그의 노동대가는 배로 늘어날 것이다. 현재 1,000달러의 임금을 받는 노동자가 매년 100달러를 저축한다면, 자신의 자본으로 먹고살 수 있기까지 오랜 시간이 걸릴 것이다. 왜냐하면 현재의 경제질서에서는 그의 저축이 주기적인 경제위기를 야기하고, 이로 인해 그는 반복해서 저축에 의지할 수밖에 없거나 심지어는 그의 저축이 야기한 경제위기에 따른 거래은행의 도산으로 그걸 모두 잃어버릴 수도 있기 때문에 특히 그렇다. 그러나 만일 이자가 없어져 노동자의 수입이 2배가 되면 앞에서 우리가 추정했던 사례에서 그는 매년 100달러가 아닌 1,100달러를 저축할 수 있게 된다. 그의 저축액이 이자에 의해 '자동적으로' 증가하지 않아도, 저축의 만기가 도래할 때 종전의

---

23 나인은 성경 속 이스라엘 도시 이름으로, 누가복음 제7장 11-17절에 등장하는 일화. 예수가 나인에서 한 과부 아들의 장례행렬을 보고 그 아들을 살려 걷게 했다는 내용이다.
24 연금을 말한다.
● 일한 대가로 먹고사는 노동자가 약 1천만 명인 독일은 토지를 포함하여 약 50억 마르크 상당의 자본에 대한 이자를 지불한다. 따라서 노동자 일인당 5만 마르크(12,500달러) 이자를 지급하는 것이다.

이자로 저축할 수 있었던 금액과 지금의 무이자로 저축할 금액 간에 차이가 너무 커서 그는 이자의 소멸을 크게 기뻐할 것이다. 왜냐하면 그 차이가 단순히 100(더하기 이자)대 1,100의 비율이 아니라, 실업기간에 어쩔 수 없이 저축을 헐어 쓰지 않아도 되므로, 그 차이는 훨씬 더 클 것이기 때문이다.

우리는 자본시장에서 수요와 공급이 일치할 가능성에 대한 또 하나의 반론을 여전히 반박해야 한다. 더 많고 더 좋은 기계에 의해 생산비용을 낮출 수 있기 때문에 모든 고용주가 공장을 늘리거나 개선하기 위해 이자율 하락을 이용할 것이라는 반론이다. 즉, 이자가 하락하고, 나아가 완전한 무이자 상태가 되면, 자본시장에서 고용주들의 자본 수요가 너무 커져 공급이 이를 따라오지 못하고, 그 결과 이자가 0퍼센트 수준까지 결코 떨어질 수 없을 거라는 추론이 나온다.

예를 들어 오토 콘라트Otto Conrad[25]는 이렇게 말한다.[●] "이자가 완전히 소멸하는 일은 결코 없다. 하나의 기계, 예를 들어 한 대의 화물용 리프트가 합계 4천 크로네의 연봉을 받는 노동자 다섯 명을 대체한다고 가정해보자. 이자가 5퍼센트라고 하면 화물용 리프트 비용은 8만 크로네를 넘으면 안 된다. 이제 이자율이 예를 들어 0.01퍼센트로 하락했다고 가정하자. 그러면 리프트는 4천만 크로네의 비용이 든다고 해도 설치하는 게 이익이 될 수 있다. 이자율이 0 또는 0에 가깝게 떨어지면 자본이용은 상상할 수조차 없을 정도로 늘어날 것이다. 가장 작은 부분의 수작업을 줄이려고 가장 복잡하고 비싼 기계가 설치될 수 있다. 이

---

25 오스트리아의 경제학자로서 『임금과 금리(Lohn und Rente)』(1909)를 저술했다.
● 『국민경제통계연감』(1908년도 간행).

자율이 0으로 유지되려면 자본을 무한공급할 수 있는 사업infinite capital undertakings이 존재해야 한다. 이러한 조건이 오늘날 충족되지 않았고, 앞으로도 결코 충족될 리가 없다는 데 어떤 특별한 증거가 필요하진 않다."

무이자대출의 가능성에 반대하는 이런 주장에 대해서 우리는 다음과 같이 대답한다. 자본사업capital undertaking의 비용을 계산할 때 이자에 더해 유지비도 포함되어야 한다. 이 유지비는 언제나 산업과 관련된 사업industrial undertaking에서 특히 높다. 4천만 크로네짜리 리프트는 유지보수와 감가상각만으로도 확실히 400~500만 크로네의 비용이 든다. 따라서 단돈 1페니의 이자도 물지 않는 반면에 이 리프트는 콘라트가 상상했듯이 800크로네의 임금을 받는 다섯 명의 노동자를 대체하는 것이 아니라, 4천 명을 대체해야 한다.[26] 유지보수비가 5퍼센트, 감가상각이 5퍼센트라면, 800크로네 임금을 받는 노동자 다섯 명을 대체하는 리프트는 무이자 돈으로 4만 크로네(4천만 크로네가 아니라) 이상 비용을 들어서는 안 된다. 건설비가 이 금액을 넘어가면, 유지비를 충당할 수가 없어 리프트는 생산되지 않고, 대출시장에서 추가수요가 사라진다.

예를 들어 어떤 영구적인 농지개량과 같이 감가상각비가 거의 없거나 전혀 없는 경우, 무이자대출에 대한 무한정의 수요증가는 노동자들의 임금요구에 의해 방지될 것이다. 이 문제는 여기서 임대료의 문제로 바뀐다. 일을 해서 자기에게 이익이 없다면, 누구도 바위를 폭파하거나 삼림을 개간하는 일을 하지 않을 것이다. 만일 그가 공장이나 공동주

---

26 4천 명이 아니라 5천 명을 대체해야 한다. 즉 400만~500만 크로네는 800크로네를 받는 노동자 5,000~6,250명분의 연봉에 해당한다.

택을 짓는다면 그는 매년 감가상각비의 형태로 그의 돈을 천천히 돌려받는 이점이 있다. 사실 투자한 돈을 돌려받는다는 기대감이 공동주택을 건설하는 동인이었다. 사람은 죽을 운명이기 때문에 그가 이마에 땀흘려가며 뿌린 것들을 죽기 전에 모두 수확하기를 바란다. 그래서 그는 감가상각비로 해체되는 건조물만 착수할 수 있다. 만일 그와 그의 건조물이 같은 비율로 해체된다면 그는 개인적인 입장에서 정확히 판단한 것이다. 영원한 가치를 가진 건조물은 죽을 운명에 있는 개인을 위한 것이 아니라, 영원한 대중을 위한 것이다. 대중은 영원히 존재하는데 영원함을 확신하기에 바위를 폭파한다. 비록 이 일이 어떠한 이자도 만들지 못하고 감가상각으로 자신을 해체하지 않는다 해도 말이다. 나이 든 정부 산림감독관은 죽음의 문 앞에서도 황무지의 재조림을 위한 계획을 세운다. 그러한 일은 국가를 위한 것이다. 그러나 국가는 이자가 없는 돈을 마음대로 집행할 수 있는 범위에서만 이런 사업에 착수한다. 따라서 그런 사업은 이자로부터의 자유에 장애물이 아니라, 그것의 결과이다.

이런 반론을 제기한 사람들은 사업을 단순히 확장(선반 5대 대신 10대를, 벽돌제조기 5대 대신 10대를 가동)할 때도 그에 따라 고용 노동자 수가 증가해야 한다는 것을 잊고 있다. 따라서 공장 확장을 위한 화폐 수요의 증가는 언제나 동시에 노동자 수요의 증가를 의미하고, 그들은 임금인상 요구를 확대함으로써 고용주가 기대했던 이익을 상쇄시킨다. 고용주는 그의 공장을 단순히 확장하는 것만으로는 무이자대출로부터 어떤 특별한 이득을 기대할 수 없고, 그래서 무이자가 되더라도 고용주가 무한한 대출 수요를 창출하도록 자극하지 않을 것이다. 그러한 대출의 한계는 이자하락으로 유일하게 이익을 얻는 노동자들이 요구하는 임금에 의해 정해진다. 그리고 이것은 당연한 것이다. 왜냐하면 고용주와 노동자 간의 관계는 근본적으로 돈을 빌려주는 사람(전당포 주인)과 담보를 맡기고 돈을 빌리는 사람(전당포 고객) 간의 관계와 같기 때문이다.[•] 이 경우에도 역시 이자가 하락하면 돈을 빌리는 사람에게 이익이 된다.

고용주는 노동이나 노동시간 또는 노동력을 사는 게 아니다. 왜냐하면 고용주가 파는 것은 노동력이 아니기 때문이다. 고용주가 구입하고 파는 것은 노동생산물이며, 고용주가 지불하는 가격은 노동자와 그 자식들을 양육하고, 교육시키고, 먹이는 비용에 의해 결정되는 것이 아니라(노동자들의 육체적 외관만 보더라도 고용주가 그런 데 전혀 신경 쓰지 않는다는 것을 너무나 결정적으로 보여준다), 단순히 소비자가 그 생산물에 지불하는 가격에 의해 결정된다. 고용주는 이 가격에서 공장에 대한 이자, 이자를 포함한 원자재 비용, 자신의 노동에 대한 임금을 공제한다. 이 이자는 항상 기초이자에 부응한다. 고용주 자신의 임금은 모든 임금과 마찬가지로 경쟁의 법칙을 따른다. 그리고 모든 가게 주인이 그의 상품을 다루듯이, 고용주는 그의 노동자들이 가공할 원자재를 다룬다. 고용주는 노동자들에게 기계류와 원자재를 빌려주고, 노동자들의 생산물에서 원료와 기계류가 부담하는 이자를 공제한다. 그 나머지가 소위 임금인데, 실제 노동자들이 가져가는 생산물의 가격이다.

따라서 공장은 전당포와 다름없다. 전당포 주인과 크루프Krupp 사이엔 아무런 질적인 차이가 없고, 단지 규모의 차이가 있을 뿐이다. 이

[•] 오이겐 뒤링Eugen Dühring은 오래전에 다음과 같이 말했다. "고용주들은 어느 정도의 사용료를 받고 노동자들에게 공장을 빌려준다." 뒤링은 임대를 위한 이 사용료를 이윤이라고 부른다. 마르크스는 이 사용료를 잉여금이라고 부른다. 우리는 그냥 이자라고 말한다.

러한 계약의 본질이 성과급 임금에서 명확히 드러난다. 그러나 모든 임금은 기본적으로 성과급 임금이다. 왜냐하면 임금은 사업가가 개개의 노동자에게서 얻고자 기대하는 노동의 성과로 결정되기 때문이다.

그러나 노동자에 대한 수요를 증대시키는 사업의 단순한 확장뿐만 아니라 우리는 생산수단의 개선도 고려해야 한다. 생산수단을 개선하면 같은 수의 노동자로부터 더 많은 상품을 생산하는 결과를 가져온다. 예를 들어 농민이 쟁기를 2배로 늘리면 쟁기질하는 노동자도 2배로 늘려야 한다. 그러나 경운기를 사면 같은 수의 노동자로 2배 면적의 땅을 갈 수가 있다.

고용주는 언제나 이런 생산수단의 개선(생산수단의 단순한 증가와는 뚜렷이 구별된다)을 목표로 한다. 왜냐하면 고용자에게 영향을 주는 것은 순이익*이고, 경쟁자의 생산수단보다 자신의 생산수단이 우월할 때 순이익이 더 커지기 때문이다. 이런 이유로 고용주들은 생산수단을 개선하려고 서로 경쟁한다. 그래서 고용주들은 한물간 기계설비를 폐기하고 원하는 바대로 우수한 장비를 갖춘 공장을 짓는 데 필요한 수단이 없는 고용주들은 대출 수요를 일으킨다.

그럼에도 불구하고 생산수단을 개선하기 위한 무이자대출 수요가 늘 무제한이라고 할 수는 없다. 공급이 무이자에 의해 초래된 수요를 결코 추월할 수 없다는 것도 아니다. 그리고 이렇게 추론할 수 없는 것은 생산수단에서 그러한 개선을 실행하는 데 필요한 돈이 단지 부차적

● 순익―고용주 이익―고용주의 노임은 이자를 포함한 경영상의 경비를 지불한 후 남는 것으로서, 경영의 이윤으로 간주되는 것이다. 이자와는 관계가 없다. 법인이나 대기업에서 이 순익을 흡수해 가는 것은 발명자의 특허권, 각별히 유능하고 대체 불가능한 중역들이 차지하는 '뻔뻔한' 보수 등이다.

중요성만 갖기 때문이다.

누구에게나 빗자루 묶는 방법을 한번 가르쳐주면 100개를 묶을 수가 있다. 그러나 생산수단을 개선해서 같은 노동량으로 더 많은 빗자루를 만들거나, 더 좋은 빗자루를 생산하는 조건으로 그 사람에게 무이자로 돈을 빌려주겠다고 제안하면, 그는 당신에게 아무런 대답도 할 수 없다. 생산수단의 개선은 지적인 노력의 결과다. 감자처럼 100파운드당 얼마에 살 수 있는 것이 아니다. 생산수단의 개선은 돈을 아무리 '싸게' 쓸 수 있다고 해도 주문할 수 있는 게 아니다. 언제든 누구나 새로운 특허를 생각해냄으로써 수백만 달러를 벌 수 있다. 그에 필요한 지능이 부족하지만 않으면 말이다.

10년 후 또는 100년 후에는 생산수단이 개선되어 모든 노동자가 지금의 작업을 2배, 5배 또는 10배로 수행할 수도 있다. 고용주들은 이런 개선을 서둘러 도입할 것이다. 그러나 지금 시대의 사업가는 동시대의 낙후된 기능적 기술 수준으로 제공되는 기계류를 어쨌든 쓸 수밖에 없다.

하지만 이와는 별도로, 누구나 현재의 생산을 2배로 늘릴 수 있는 비싼 기계가 발명되었다고 가정해보자. 이로 인해 이 새로운 기계를 사기 위한 전례 없는 대출 수요가 생겨날 것이다. 누구나 이 기계를 설치하고 낡은 기계를 폐기할 것이다. 대출금에 대한 이자가 이미 사라졌지만, 이 엄청난 신규수요는 대출이자의 재등장을 초래할 것이다. 이런 상황(현재 사용되는 모든 기계가 모두 고철로 바뀌는 상황)에서는 이자가 전례 없는 수준으로 올라갈 수도 있다. 그러나 이런 상황은 오래 지속되지 못한다. 상품들이 50퍼센트 더 싸지고(가격의 하락이란 의미로 싸다는 의미가 아니라, 모두가 자신의 생산물의 양을 2배로 생산할 수 있고 이 2배의 생산물을 교환에 사용할 수 있기 때문에 싸진다), 이것이 사람들로 하여금 예외적인 저축을 가능하게 한다. 그리고 이 저축액이 공급되면 곧 전례 없는 대출금 수요를 추월할 것이다.

따라서 생산수단의 개선을 위한 대출금 수요는, 그 수요를 충당하는 정도보다 훨씬 더 많은 대출금의 공급을 스스로 만들어낸다고 결론내릴 수 있다.

따라서 대출금 수요를 충족시키는 문제를 어느 측면에서 철저히 검토해봐도 이자는 사라지게 되어 있다. 이 문제를 수요의 측면에서 또는 공급의 측면에서 접근하든 그러한 대출금 수요를 충족시키는 데 어떤 정상적인 장애물은 없다는 것을 우리는 알게 된다. 전통적인 형태의 돈을 제외하고는 이자가 없는 주택과 생산수단은 물론 이자 없는 대출금을 위한 길도 열려 있다. 인위적 간섭으로 방해받지 않을 때 이자의 제거는 사물의 자연스런 질서의 정상적인 결과다. 경제생활의 본성에서도 그렇지만 인간의 본성상 모든 것이 소위 실물자본의 지속적인 증가를 재촉한다. 심지어 이자가 완전히 없어진 후에도 이 증가는 계속된다. 이러한 자연스러운 질서에서 평화의 유일한 방해자는 전통적인 교환수단이란 점을 우리는 앞에서 보여주었다. 이 교환수단의 유일하고 특징적인 장점은 그 소유자의 직접적인 손해 없이 수요를 제멋대로 늦추도록 용인한다는 것이다. 반면, 공급은 상품의 물질적 특성 때문에 지연에 대해 모든 종류의 손실로 응징한다.[27] 개인이나 공동체 모두 경제적 복지를 지키기 위해 이자를 적대시해왔고 지금도 그렇다. 그리고 만일 그들의 힘이 돈에 의해 구속되지 않았다면 그들은 이미 오래전에 이자를 없앴을 것이다.

---

27 부패하고, 낙후되고, 보관비 등이 발생한다는 뜻.

이제 우리는 이 새로운 이자이론을 매우 많은 점에서 연구해왔으므로, 이 연구의 시작단계에서 논리적으로 제기되어야 했지만 지금까지 의도적으로 미루어온 하나의 질문에 대해 묻고 답할 수 있다. 왜냐하면 이자에 대해 완전히 이해하기 위해 필요한 지식과 통찰력은 오직 연구의 마지막 단계에서 나타날 것으로 추정되기 때문이다.

우리는 화폐가 상품교환을 방해할 수 있기 때문에 화폐는 자본이라고 말했다. 이로부터 우리는 다음과 같이 추론할 수 있다. 만일 제안된 화폐형태로 변경[28]하여 화폐로부터 교환을 방해하는 힘을 빼앗는다면 화폐는 순수한 교환의 매개물로서 더 이상 자본이 아니고, 따라서 더 이상 기초이자를 뽑아갈 수 없다.

이 추론에 대해서는 어떤 반론도 제기될 수 없다. 그것이 옳으니까.

그러나 화폐가 상품으로부터 이자를 뽑아내지 못하기 때문에, '자유화폐'가 도입된 날부터 무이자대출을 기대할 수 있다고 추론을 더 진전시킨다면 그것은 맞지 않는다.

교환매개물로서 자유화폐는 상품들과 직접적인 관계를 맺으면서 상거래 안에 있다. 상품이 다른 상품과 서로 교환될 때는 상품이 자본이 아닌 것처럼, 자유화폐는 자본이 되지 않을 것이다. 자유화폐가 되면 상품은 이자 없이 교환될 것이다. 그러나 자유화폐가 도입되면 그 전임자인 금화가 대출이자를 뽑아낼 목적으로 만든 시장조건과 마주하게 된다. 그리고 이러한 조건이 계속 존재하는 한, 즉 수요와 공급이 (모든 부문의) 대출시장에서 이자의 징수를 허락하는 한, 자유화폐로 계약된 대출에 대해서도 역시 이자는 지불되어야 할 것이다. 자유화폐는 눈

---

28 자유화폐로의 변경을 뜻한다.

앞에서 전세계적인 빈곤이 있음을 보게 되는데, 그 결과가 이자이다. 이 빈곤은 없어져야 하지만, 며칠 사이에 사라지지는 않을 것이다. 노동이 여기에서 치료책이다. 이 빈곤이 근절될 때까지 생산도구와 상품은 모든 형태의 대출거래에서(그러나 교환거래에서는 아니다) 이자를 계속 발생시킬 것이다. 그러나 자유화폐는 이자를 자기업무의 조건으로 삼지 않기 때문에, 노동이 경제위기에 의해 방해받지 않게 함으로써 우리 경제제도를 윤택하게 만들 것이다. 그리고 이 윤택함이 이자를 없애게 되는데, 의심의 여지없이 없앨 것이고 없앨 게 틀림없다. 이자는 사람들의 피와 땀을 먹고 산다. 하지만 이자는 윤택함, 또는 다른 말로 경제의 번영은 전혀 좋아하지 않는다. 이자에게 이 윤택함은 독약이다.

실물자본의 수요와 공급의 불균형이 이자의 원인인데, 이자는 화폐개혁의 도입 후에도 상당기간 계속 존재하다가, 점진적으로만 사라지리라는 건 확실하다. 수천 년 동안 쌓인 전통적인 형태의 화폐의 효과, 즉 실물자본의 부족은 석판인쇄기를 24시간 가동시킨다고 해서 사라지지 않는다. 모든 시대의 지폐 신봉자들이 반대로 주장해온 믿음에도 불구하고, 가옥, 선박, 공장의 부족은 화사하게 인쇄된 종잇조각들로 없앨 수는 없다. 자유화폐는 집이나 공장, 선박을 무한대로 지을 수 있게 할 것이다. 자유화폐는 사람들이 마음껏 일하고, 땀 흘리며, 금이 남긴 빈곤을 저주하게 할 것이다. 그러나 자유화폐 자체는 잃어버린 도시를 위해서 돌멩이 하나 제공하지 않을 것이다. 자유화폐를 인쇄한 석판인쇄기 자체는 실물자본의 바다에서 이자를 익사시키는 데 필요한 물 한 방울도 기여하지 못한다. 이자로부터의 자유는 수년간 끈질기고 멈추지 않는 노고에 의해서만 실현될 수 있다. 자유를 지속하려면 힘써 노력해야 하듯이, 이자로부터의 자유도 역시 힘써 노력하고 이를 위해 싸워야만 한다. 사람들은 땀으로 목욕을 하면서 그들의 첫번째 무이자 주택, 첫번째 무이자 공장의 문턱을 넘어야 한다. 또 열심히 땀을 흘리며 미래의 무이자 국가를 조직해야 한다.

금이 왕좌에서 쫓겨나고 자유화폐가 상품교환의 역할을 떠맡은 날이 와도 이자에서 어떤 큰 변화를 보지 못할 것이다. 기존의 실물자본에 대한 이자는 당분간 변함없이 남을 것이다. 사람들이 이제 속박받지 않고 노동하여 만들어낼 수 있는 새로운 실물자본조차 이자를 수반할 것이다. 그러나 이 새로운 실물자본은 그 증가된 양에 정비례하여 이자를 하락시킬 것이다. 만일 베를린, 함부르크, 뮌헨과 같은 도시 근처에 더 큰 두번째 도시가 건설되면 주택의 공급은 아마도 수요를 충족하고 주택에 대한 이자를 0으로 떨어뜨릴 것이다.

그러나 만일 실물자본이 여전히 이자를 낳고, 그리고 이자를 낳는 새로운 실물자본으로 만들 수 있는 상품들을 화폐로 살 수 있다면, 대출받는 사람은 실물자본에 의해 산출되는 이자와 동일한 이자를 대출이자로 지불해야 한다. 이는 경쟁의 법칙에서 명백하다.

따라서 실물자본이 이자를 산출하는 한 자유화폐 대출에 대해서도 이자를 지불해야 한다. 금속화폐가 실물자본을 충분하지 않은 양으로만 존재하도록 허용했기 때문에 실물자본은 오랫동안 자본으로 남을 것이고, 그래서 실물자본의 구성요소들, 즉 화폐와 원재료들 역시 오래 자본으로 남을 것이다.

자유화폐가 도입될 때까지는 실물자본의 이자는 기초이자에 따라 결정된다. 자유화폐가 도입된 후에는 기초이자가 사라지고, 대출이자는 정확히 실물자본의 이자에 의해 결정될 것이다. 돈을 빌리는 사람은 화폐가 상품에 대해 조공을 받아낼 수 있기 때문이 아니라, 당분간은 대출 수요가 공급을 초과하기 때문에 이자를 지불할 것이다.

기초이자는 대출에 대한 이자가 아니다. 화폐와 상품이 교환하고 받는 조공은 대출과 아무 공통점이 없다. 따라서 기초이자는 수요와 공급에 의해서 결정되지 않는다. 생산자는 자기 생산물을 내주고 화폐와 교환한다. 이것은 교환거래로서 그 과정에서 화폐 소유자는 그 교환을 금지하거나 허락할 수 있기 때문에 기초이자를 뽑아간다. 기초이자는 교환수단으로서의 화폐와 화폐대체물(환어음이나 원시생산, 물물교환) 간 효율성의 차이에 해당한다. 아무리 큰 대출금을 제공해도 이 차이를 없앨 수 없고, 이 차이에 기초이자가 좌우된다.

반대로 실물자본에 대한 이자는, 교환이 아니라 대출과 관련된다. 토지 소유자는 농부에게 땅을 빌려주고, 주택 소유자는 세입자에게 집을 빌려주고, 제조업자는 노동자에게 공장을 빌려주고, 은행가는 채무자에게 돈을 빌려준다. 그러나 상인은 상품에서 이자를 뽑아가지만 아무것도 빌려주지 않는다. 그는 교환을 할 뿐이다. 농부나 세입자, 노동자, 채무자는 자신이 받은 것을 되돌려준다. 하지만 상인은 자기가 준 화폐를 대신해 화폐와는 완전히 다른 뭔가를 받는다. 이러한 이유 때문에 교환은 빌려주는 것과 공통점이 없고, 이런 이유 때문에 역시 기초이자와 실물자본에 대한 이자는 전혀 다른 원인에 의해 결정된다. 우리는 그렇게 근본적으로 다른 이 두 가지를 이자라는 같은 단어로 칭하는 것을 정말 멈춰야만 한다.

실물자본에 대한 이자는 수요와 공급에 의해 결정된다. 이것은 경쟁의 법칙을 따르고, 수요와 공급 비율의 단순변화로 이를 없앨 수 있다. 기초이자의 경우 이것은 결코 가능하지 않다. 실물자본에 대한 이자는 지금까지 그런 변화로부터 보호되어왔는데, 왜냐하면 실물자본

생산을 위한 조건이 기초이자와 동등한 수준의 이자를 뽑아낼 수 있어야 한다는 것이었기 때문이다.

자유화폐는 실물자본으로부터 이런 보호막을 없애버릴 것이다. 그러나 모든 종류의 대출(화폐의 형태의 대출뿐 아니라 공동주택이나 공장, 기계류 형태의 대출)에서 수요와 공급의 불균형은 계속 존재할 것이다.

그러나 화폐대출이자를 위한 재료는 더 이상 상업거래(화폐-상품-잉여화폐)에서가 아니라 생산에서 끌어낼 것이다. 그것은 생산비 증가 없이 고용주가 대출의 도움으로 얻은 생산물 증가분으로 이뤄질 것이고, 대출제공자가 스스로 이를 요구한다. 왜냐하면 수요와 공급의 비율이 일시적으로 그렇게 하는 것을 허용하기 때문이다.

기초이자는 교환과정에서 뽑아가는 것이지 생산과정에서 뽑아가는 게 아니다. 기초이자는 대출의 도움으로 생산된 상품의 증가분에 대한 지분이 아니라, 교환매개물에 의존하는 상품 전체에 대한 지분이다. 설사 모든 노동자가 아주 비슷한 생산수단을 소유했더라도, 모든 채무가 변제되어도, 모두가 물건을 현금으로 사도, 모두가 자기 집에서 살아도, 대출시장이 폐쇄되어도, 모든 형태의 대출이 금지되어도, 이자의 징수가 법과 종교에 의해 금지된다고 해도 기초이자는 여전히 징수되었을 것이다.

대출에 대한 수요, 특히 생산수단 형태의 수요가 발생하는 것은 이들 생산수단이 없을 때보다 있을 때 더 많은 상품과 더 질 좋은 상품을 만들 수 있기 때문이다. 이런 대출수요를 갖게 된 노동자가 대출 공급이 불충분하다는 것을 알면, 그가 원한 생산수단으로 실현하고 싶었던 잉여금의 일부를 대출제공자에게 바쳐야 한다. 수요와 공급 간의 비율이 그렇게 명령하는 것일 뿐 다른 이유는 없다. 그리고 이 비율은 자유화폐개혁이 도입된 후에도 한동안 지속된다.

생산수단이 자본인 한 자유화폐가 도입된 이후에도 노동생산물도 자본이 된다. 그러나 그것은 상품으로서, 시장에서, 사람들이 가격을 흥정하는 곳에서 자본인 것은 아니다. 왜냐하면 거기서 상품에 대한 이자를 요구하는 것은 서로의 거래를 그만두자는 것이기 때문이다. 그러나 상품순환의 밖에서는 가격이 문제가 아니라 대출조건이 문제이고, 그것은 상품구매자를 위한 것이 아니라, 돈을 빌리는 사람에 대한 것이다. 노동생산물은 자본으로 남을 수 있고, 생산수단이 자본인 한 반드시 자본으로 남는다. 우리의 전통적 형태의 화폐에 대해서는 그 반대가 진실이다. 즉, 이자는 빌리는 사람에게서 뽑아가는 게 아니라 상품의 순환에서 뽑아간다. 전통적 형태의 돈은 자기 주둥이를 바로 사람들의 피가 도는 곳에 꽂았다. 자유화폐는 교환수단으로부터 지금의 거머리 같은 성질을 없애버릴 것이다. 이런 이유로 자유화폐는 본질적으로 자본이 아니다. 어떤 경우에도 자유화폐는 이자를 갈취할 수 없다. 그것은 수요가 공급을 초과하는 경우에만 이자를 수취할 수 있다는 점에서 자유화폐의 생산수단은 같은 운명이다. 실물자본에 대한 이자가 0으로 떨어지면 무이자대출 역시 현실이 될 것이다. 자유화폐개혁과 함께 기초이자는 자유화폐가 상품과 만나는 순간부터 사라진다. 교환수단으로서 자유화폐는 상품과 같은 수준에 있다. 이는 마치 우리가 철이나 밀 사이에 교환수단으로서 감자를 끼워넣는 것과 마찬가지다. 감자가 밀이나 철로부터 이자를 뽑아낼 수 있다고 누가 상상하겠는가? 그러나 자유화폐의 도입 이후 기초이자가 사라진다고 해서 대출금에 대한 이자가 곧바로 사라지는 이유가 되지는 않는다. 자유화폐는 무이자대출로

가는 길을 닦을 뿐이지, 그 이상은 할 수 없다.

기초이자와 대출이자 간의 차이에서, 이제까지 이자에 대해 이야기한 모든 것이 한 지점으로 모아진다. 기초이자는 현재에 이르기까지 우리의 눈에 띄지 않았다. 그의 자식인 통상적인 대출이자 뒤에 숨어 있었기 때문이다. 상인이 돈을 빌리고 그가 지불할 이자를 다른 일반비용과 함께 상품가격에 덧붙일 때, 지금까지는 이것을 대출이자로 가정했다. 상인은 대출을 해주기 위해 돈을 상품에 선불로 지급하는 것으로 되어 있었고, 생산자는 이 대출에 대한 이자를 지급하기로 되어 있었다. 이런 방식으로 설명이 이뤄졌다. 사람들이 이러한 오류를 용인했다고 해서 그들이 꼭 깊이가 없는 사상가는 아니다. 왜냐하면 여기서 그 겉모습은 정말 현혹될 만하니까. 최대한 면밀히 관찰해야만 상인이 지불하는 대출이자는 전체 거래의 시작이 아니라 끝이라는 것을 발견할 수 있다. 상인은 화폐를 사용해서 상품으로부터 기초이자를 뽑아내는데, 그 화폐가 그의 것이 아니므로 상인은 기초이자를 그의 자본가에게 넘긴다. 상인은 여기서 단순히 자본가를 위한 출납담당자의 노릇을 하는 것이다. 만일 그 돈이 상인 자신의 것이었다면 그는 아주 쉽게 기초이자를 뽑아내 자기 호주머니에 집어넣었을 것이다. 이 경우 대출은 어디에 있을까? 대출의 경우 자금 제공과 상환 사이에 시간상 간격이 있다. 대출에 대한 이자는 자금 제공과 상환 사이에 경과한 시간에 의해 전적으로 결정된다. 그러나 화폐가 상품과 교환되면서 기초이자를 뽑아내고 있을 때, 자금 제공과 상환은 정확히 같은 시점에 이뤄진다. 대출거래는 채무자와 채권자를 남기지만, 교환거래는 어떤 흔적도 남기지 않는다. 어떤 사람이 가게에 들어가 뭔가를 사고 돈을 내고 나간다. 그러면 거래는 끝난다. 각 당사자는 합의된 전체금액을 즉시 주고받는다. 이 경우 대출은 어디에 있을까? 대출은 흔히 빈곤, 고통 또는 부담스런 빚을 의미한다. 또 대출은 언제 갖고 싶은 것을 즉시 지불할 능력이 없다는 것을 의미한다. 현금이 없어서 외상으로 빵을 사는 사람은 대출을 받아 더 비싼 가격이라는 형태로 이자를 지불한다. 그러나 농부가 수레 한가득 살찐 돼지를 시장에 싣고 와서 화폐와 교환하려 할 때 거기에는 어떠한 빈곤이나 고통 그리고 빚의 부담도 없다. 대출을 해주는 사람은 자신의 잉여에서 대출을 해주고, 대출을 받는 사람은 자신의 결핍 때문에 대출을 받는다. 그러나 상품교환에서는 각 당사자가 잉여와 결핍을 동시에 가진다. 결핍은 그가 원하는 것이고, 잉여는 그가 제공하는 것이다.

따라서 기초이자는 대출이자와 아무런 관련이 없다. 우리가 이미 언급했듯이, 기초이자는 조공이고 세금이고 갈취이다. 그것은 많은 이름들을 갖지만, 대출상환은 아니다. 기초이자는 그 자체로 고려되어야 하는 독특한 현상이다. 그것은 근본적인 경제개념이다. 상인은 화폐대출에 대한 이자를 기꺼이 지불하는데, 그는 그 이자를 상품으로부터 되찾아올 수 있다는 것을 알기 때문이다. 기초이자가 사라지고 화폐가 기초이자를 뽑아내는 힘을 잃으면, 상인은 상품을 구입하기 위해 더 이상 대출이자를 제공할 수 없게 된다.

여기서 다시 물물교환과 비교해보는 게 도움이 될 것이다. 물물교환에서 상품은 이자 없이 서로 교환된다. 하지만 물물교환을 할 때 누군가가 자기 상품과 교환하는 방식이 아니라, 대출로서 상품을 원한다면, 대출의 수요와 공급 비율이 이자를 뽑아낼 수 있는지 또는 얼마나 받아낼 수 있는지를 전적으로 결정한다. 감가상각액보다 더 많은 임대료를 받고 집을 빌려줄 수 있다면, 그 집을 구성하는 요소들로(목재, 석

회, 철 등을 대출하는 형태로) 집을 빌리는 사람은 확실히 이자를 지불해야만 할 것이다.[*]

* 화폐의 기초이자가 대출이자와 혼동되는 것을 막기 위해 이 장에서 여러 가지로 긴 이야기를 반복해서 할 필요가 있었다. (집의 구성요소들로 집을 빌린다는 것은 돈을 대출받아 그 요소들을 구입하여 집을 짓는다는 의미이고, 그렇게 해서 빌린 돈에 대한 이자를 지급한다는 뜻이다─옮긴이)

6.
자본이자에 대한 종래의 학설들

주택, 생산수단, 선박 등과 화폐가 어떤 사정에서 자본 특성을 가지게
되었는지를 아는 독자들은 이자가 지금까지 어떤 방식으로 설명되어
왔는지를 알고 싶어할 것이다. 그에 관해 근본적인 지식을 얻으려면 V.
뵘바베르크의 저서 『자본과 자본이자*Kapital und Kapitalzins*』를 보면 된
다. 이자이론이 아주 자세하게 서술되어 있다. 다음의 분류는 그 책에
서 따온 것이다. 그 책은 "자본가는 어디서 그리고 왜 이자를 수취하는
가?"라는 질문을 던지고 그 대답을 아래와 같이 분류한다.

1. 결실이론
2. 생산성이론
3. 효용이론
4. 금욕이론
5. 노동이론

6. 착취이론

뵘바베르크는 이러한 여러 이론을 비평하는 데 그치지 않고 자신의 독자적인 이자이론을 제기했다. 그래서 그는 타인의 이자이론을 검토할 때에도 자기 이자이론의 영향을 받지 않을 수 없었고, 자신의 이론에 반대하거나 찬성하는 증거에 신경을 썼다. 그래서 다른 관점에서 볼 때는, 뵘바베르크가 생각한 것보다 더 중요하고 더 철저히 연구해야 할 가치가 있는 다른 증거가 무시되기도 했다. 예를 들어 그의 책 47쪽에 있는 다음과 언급이 그런 것이다.

포르보네Forbonnais[29]에게서 영향을 받은 조넨펠스Sonnenfels●는 화폐를 축적한 자본가가 화폐유통을 방해하는 데서 이자의 기원을 찾았다. 자본가의 손에 있는 돈을 다시 유인해내기 위해서는 이자 형태의 조공을 바쳐야 한다고 본 것이다. 조넨펠스는 여러 가지 유해한 효과들이 이자 때문에 생긴다고 생각했다. 즉, 이자는 상품가격을 올리고, 화폐 소유자에게 자기의 몫을 챙기게 해서 근면의 대가(아마도 노동대가를 의미하는 것 같다)를 감소시킨다는 것이다. 그는 심지어 자본가를 노동계급의 땀으로 먹고사는 '비非노동자계급'이라고 부른다.

우리에게는 이런 견해를 제기하는 사람이 매력적이지만, 뵘바베르크는 이 이론에 대해 상세히 검토하지 않는다. 그는 그 주창자를 '모순적인 웅변'이라는 몇 마디 말로 묵살한다. 하지만 이들 이자에 대한 초

---

29 프랑스의 경제학자로서 주저로는 『상업이론(*Elemens du Commerce*』(1754)이 있다. 원 저작에서는 이 부분에 '참고내용 없음(No reference)'으로 표시되어 있다.

● 조넨펠스, 『상업학(*Handlungswissenschaft*)』, 빈, 1758. (조넨펠스는 빈대학 교수였으며 주저로는 『행정, 상업 및 재정학의 원리(*Grundsätze der Polizei, Handlungs und Finanzwissenschaft*』(1765-67)가 있다―옮긴이)

기저작들을 기초이자라는 관점에서 연구했더라면, 아마 그 속에 주목할 만한 언급이 많이 포함되어 있음을 알았을 것이다. 그랬더라면 전통적 형태의 우리 화폐가 가진 독립적인 이자창출능력을 발견하거나 그 증거가 나오길 오늘날까지 기다릴 필요가 없었을 것이다.

우리는 이제 앞에서 제시한 여섯 가지 이론을 크게 압축하여 요약할 것이다. 자본이자이론의 역사를 알고자 하는 사람들에게 앞서 언급한 뵘바베르크의 뛰어난 저작이 참고가 되도록.

이 이론들을 세세히 검토할 필요는 없다. 기초이자이론의 도움을 받으면 누구나, 가치이론이라는 모습의 사이렌에 홀려 항로를 벗어난 연구자들이, 오류의 암초 위로 돛을 활짝 펴고 달리는 바로 그 지점을 발견할 수 있다.

1. 결실이론은 비약적인 상상력을 동원하여 이자를 토지임대료로부터 연역해낸다. 이자를 산출하는 토지를 돈으로 살 수 있으니까, 돈이나 돈으로 구입하는 건 무엇이든 이자를 산출할 수밖에 없다. 맞는 말이다. 하지만 이 이론은 아무것도 증명하지 않는다. 왜냐하면 비생산적인 것으로 분명하게 언명된 화폐가 이자를 생산하는 토지를 구입할 수 있는 이유를 설명하지 못하기 때문이다. 이 이론을 채택한 사람 중에 튀르고와 헨리 조지가 있다는 걸 알고 깜짝 놀랐다. 사려 깊지 못한 축에 정직한 사람들이 끼어 있는 셈이다. 하지만 우리는 이 이론이 단순한 의견들이라는 걸 알게 된다. 깊은 확신도 없이 주장되고, 논쟁을 불러일으키거나 이자 문제에 대해 다른 사람의 관심을 불러일으키려고 제시한 것일 뿐이다.

2. 생산성이론은 생산수단(자본)이 생산(노동)을 지원한다고 주장하면서 이자를 설명한다. 그리고 이것은 옳다. 왜냐하면 생산수단 없이

프롤레타리아가 무엇을 할 수 있겠는가? 하지만 이 이론은 그에 따른 생산증가분이 생산수단 소유자에게 분명하고 자연스럽게 속해야 한다고 주장한다. 이는 맞지 않을 뿐 아니라 확실히 밝혀진 것도 아니다. 노동과 생산수단은 분리될 수 없다는 사실에서 볼 수 있다. 다시 말해 생산물의 어느 부분이 노동에서 나왔고, 어느 부분이 생산수단에서 나왔는지 말할 수가 없다. 만약 프롤레타리아 노동자가 맨손으로 일할 때보다 생산수단을 사용할 때 더 많이 생산한다는 사실에서 이자가 나온 것이라면 대부분의 경우 노동자에게는 아무것도 남겨지지 않을 것이다. 농지와 쟁기가 없는 농업노동자나 엔진이 없는 기관사란 무력한 존재다. 하지만 노동과 생산수단은 분리할 수 없고, 따라서 생산수단 소유자와 노동자 사이의 생산물 분배는 생산수단이 상품생산에 기여하는 정도가 아닌 다른 상황애 의해 결정되어야 한다. 이러한 상황은 어떤 것인가?

우리의 대답은 다음과 같다. 노동자들이 생산수단 소유자들과 생산물을 나누는 비율은 이들 생산수단의 성능과 전혀 별개로, 그들의 수요와 공급에 의해 결정된다. 생산수단은 노동을 지원한다. 여기서 생산수단에 대한 프롤레타리아의 수요가 발생한다. 그러나 이 수요 혼자서만 이자를 결정할 수는 없다. 공급 또한 할 말이 있다. 자본가와 프롤레타리아 사이의 생산물 분배에서 모든 것은 공급에 대한 수요의 비율에 따른다. 자본가는 수요가 공급을 초과하는 한에서만 자신의 생산수단에 대한 이자를 기대할 수 있다. 그리고 자본가가 노동자에게 제공하는 생산수단이 더 좋을수록 그리고 효율적일수록 이들 생산수단의 생산물이 공급을 증대하는 데 더 많이 기여하고, 따라서 이자를 떨어뜨린다. 그러나 생산성이론에 따르면 그 반대가 진실이 되어야 한다. 즉 이자는 생산수단의 효율성에 비례하여 증가해야 한다. 만약 생산수단의 효율성이 전반적으로 10배로 증가하면, 생산성이론은 자본가에 대해 막대한 이윤을 기대하게 할 것이다. 반면 현실에서는 그러한 사태가 발생하면 곧장 생산수단의 공급이 수요를 넘어서게 되고, 이러한 공급의 압력 때문에 이자는 결국 사라질 것이다(물론 화폐가 이러한 사태 전개를 막을 수 없다는 전제하에서).

생산성이론은 자본을 역동적으로 (하나의 힘으로서) 다루지 않고 정태적으로 (물질로서) 다루기 때문에 이자를 설명하지 못한다.[*] 이 이론은 생산수단의 유용성에 기인한 수요만을 보고 공급을 고려하지 못했다. 생산성이론은 자본을 단순한 물질로 취급할 뿐, 이 물질을 자본으로 바꾸는 데 필요한 힘들은 간과한 것이다.

3. 효용이론은 생산성이론의 후예라고 뵘바베르크는 말한다. 그러나 뵘바베르크는 자기의 논거가 어떤 가치이론에 기초하는지 언급하지 않은 채 그 문제를 가치의 문제로 바꿔버림으로써, 생산성이론과 유사한 단순한 사상을 복잡하게 만들었다. 그가 생산물의 가치에 대해 말하면 우리는 상품이 서로 교환될 때의 교환비율을 떠올린다. 하지만 '생산수단의 가치'라는 표현에서는 도대체 무엇을 떠올릴 수 있는가? 생산수단을 교환하는 것은 드문 일이다. 생산수단의 경우에는 가격이 아니라 이자의 산출에 대해 이야기해야 한다. 그리고 예외적인 경우에 사업가가 자신의 공장을 매각한다면, 그 가격은 전적으로 이자의 산출에 의해 결정된다. 이는 매일매일의 주가변동으로 증명되고, 또 농지의 판매가

● 크리스텐 박사(Dr. Christen)의 『절대통화, 독일통계연감(*Absolute Währung, Annalen d. Deutschen Reiches*)』, 1917, 742쪽 참조.

격이 임대료와 같은 이자를 산출하는 총합이라는 사실로도 증명된다. 그런데 어떤 가치이론을 농지에 적용할 수 있을까? 만약 매물로 나온 공장이 그 구성요소들로, 즉 각 상품들로 해체하여, 이들 상품의 가격이 정해진다면 우리는 생산수단과 이자가 아니라 개별 상품과 가격을 가질 뿐이다. 상품은 판매하기 위해 생산된다. 반면 생산수단은 개인적으로 사용하거나 누군가에게 빌려주기 위한 자본으로 생산된다. 그렇다면 상품과 생산수단, 가격과 이자에 동시에 적용할 수 있는 가치이론이 존재할까? 이 영역에는 앞을 내다볼 수 없는 안개가 끼어 있다.

이 저자는 자신의 저서 131쪽에서 다음과 같은 예시를 든다.

"설령 자본이 재화를 생산하거나 더 많은 재화를 생산하는 힘이 있음을 증명했다고 해도 자본 없이 생산이 이루어진 경우보다 더 많은 가치*를 생산하거나 그 자본이 가진 내재가치보다 더 많은 가치**를 생산하는 힘을 가졌음을 증명한 것으로 가정하면 전혀 옳지 않다. 추론의 과정에서 후자의 개념을 전자의 개념으로 대체하는 것은 실제로는 증명되지도 않은 어떤 것을 증명한 것처럼 꾸미는 것과 마찬가지다."

여기서 소위 가치나 내재가치, 가치생산, 가치저장, 추출된 또는 화석화된 가치에 대해 이야기된 모든 것이 뵘바베르크와 같은 견해를 가진 사람들에게는 분명할지도 모른다. 그러나 그는 그의 모든 독자들이 이런 견해를 가지고 있다고 어떻게 가정할 수가 있을까? '가치의 문제'는 더 이상 존재하지 않을까? 우리들 중 많은 사람에게, 가치라는 안개를 '가치 개념'으로 응축할 때, 그 저자는 사실 교환될 수 있는 일정한 양

● 다시 말해, 가치를 생산하는 기계류!
●● 다시 말해, 내재가치!
.

과 질을 가진 단순한 상품을 의미한 것이었음이 '분명'하다. 이런 뜻으로 가치를 이해하는 사람들에게는 더 많은 재화를 생산하는 자본의 힘 속에는 더 많은 가치를 생산하는 자본의 힘이 포함되어 있다고 아주 분명히 인식된다. 예를 들어 증기기관이 널리 이용되어 노동생산물이 2배로 증가하면, 누구든지 그가 생산한 2배의 생산물과의 교환으로 그전에 그가 얻었던 재화의 2배를 얻게 될 것이다. 이제 그의 생산물의 '가치'를 교환을 통해 얻은 것이라고 한다면, 그는 분명 자신의 생산물(증기기관의 사용으로 2배 늘어난)과 교환함으로써 '가치'도 정확히 2배를 얻는다.

4. 금욕이론은 시니어Senior[30]가 제안한 것이다. 그는 생산수단의 수요와 공급 사이에 존재하는 불균형에서 이자를 설명함으로써 시작은 잘했다. 하지만 금욕이론은 중도에서 멈추고 말았다. 시니어는 인간은 확실한 낭비가라고 본다. 그래서 눈앞의 쾌락을 포기하지 못해 며칠 만에 돈을 다 써버리고, 나머지 세월 동안은 대출을 갚으며 사는 걸 선호한다는 것이다. 그 때문에 생산수단이 부족해지고 수요와 공급은 불균형해지고, 거기서 이자가 발생한다. 금욕을 실천하는 소수만이 그 드문 미덕에 대해 이자로 보상을 받는다. 이들 소수의 사람들도 금욕을 하는 이유가 지금 낭비하기보다 미래의 즐거움을 선호하기 때문이 아니고, 또 젊을 때는 결혼을 위해, 어른이 되어서는 노후를 위해 그리고 아버지가 되면 아이들을 위해 저축하고자 하기 때문도 아니며, 저축이 이자를 산출할 것임을 알기 때문이다. 이러한 미덕에 대한 보상이 없다면 사람

---

30 영국의 경제학자. 이윤은 자본가가 소비에 대한 욕망을 억제하고, 보유한 화폐를 지출하지 않은 것에 대한 대가라고 하는 제욕설을 주장하였으며, 저서로는 『경제학개요』(1836) 등이 있다.

들은 하루살이 생활을 할 것이고, 씨감자를 남기지 않고 수확한 감자를 한 번의 성대한 감자축제 때 다 써버릴 것이다. 이자가 없다면 누구도 자본을 생산하고 보존하려는 동기를 갖지 못한다. 현재의 즐거움이 항상 그리고 분명하게 미래의 즐거움보다 우선한다. 왜냐하면 장래에 자기가 살아서 자기가 저축한 것으로 즐길 수 있을지 누구도 알지 못하기 때문이다!

만약 인간의 본성이 그러하다면(그에 비하면 꿀벌이나 다람쥐는 얼마나 금욕적인가!) 인류가 존속하고 있고, 누군가 대출을 해주는 사람이 있다는 사실이 놀랍지 않은가? 그 정도로 자신의 재산에 대한 관리가 부실한 게 인간이라면, 타인의 재산을 맡을 때는 더욱 현재의 달콤한 향락을 위해 미래의 즐거움을 희생하려는 훨씬 큰 유혹에 빠져야 한다. 그러면 그들은 어떻게 이자를 지불하고 빌린 대출금을 갚을 수 있을까? 그리고 우리의 조상이 겨울이 시작되기도 전에 겨울용 비축식량을 늘 소비해버렸다면 우리가 현재 존재한다는 사실 자체를 설명하기 어려울 것이다. 아니면 우리의 조상들은 땅속 비축식량이 이자를 산출해서, 즉 더 가치가 생기고 더 풍부해지고 더 품질이 좋아져서 현재의 향락을 단념했을까? 하지만 시니어의 이론에도 일부 맞는 이야기가 있다. 의심할 여지없이 이자가 존재하는 것은 자본의 부족 때문이고, 이 부족은 분명 낭비에 기인한다. 하지만 정말 묘하게도 낭비하는 자는 이자를 지불하는 자가 아니라, 이자를 뽑아가는 자이다. 사실 자본가가 지출하는 것은 그들의 것이 아니라 타인의 것이었다는 것은 맞다. 왜냐하면 자본가가 화폐유통을 방해해서 기초이자를 뽑아내기 위해 일으키는 실업은 노동자들을 희생시키는 것이기 때문이다. 자본가는 타인의 재산, 즉 고단하고 검소한 대중의 노동력을 소비한다. 자본이 과잉생산되어 이자율이 떨어지는 것을 막기 위하여 그들은 경제위기에 과잉생산이 일어나면 수십억 달러 가치의 생산물을 타인을 희생시키면서 폐기한다. 이 때문에 자본이 부족해지고, 이자가 발생한다. 따라서 금욕에 대한 설교는 노동자가 아니라 자본가에게 행해져야 한다. 노동자들은 자본가들이 약탈한 것의 극히 일부라도 찾아오기 위해 굶어죽을 때까지 금욕을 실천할 수 있다는 것을 보여줬다. 노동자들은 수천 번의 파업으로 그런 영웅적인 금욕을 보여줬다. 따라서 만약 노동자들이 이자를 없애기 위해서는 담배를 끊고 술도 마시지 말고 오직 저축하는 게 필요하다고 설득이 되면 아마도 그들은 그렇게 할 것이다. 그러나 현재의 조건에서 그 결과는 어떻게 될까? 실물자본이자가 기초이자 밑으로 떨어지는 순간, 경제위기, 경제적 파국이 노동자들에게서 금욕의 열매를 빼앗아갈 것이다.

하지만 어떠한 경우에도 금욕이론은 다음과 같은 모순에 바로 봉착한다. 많은 상품을 생산하고 판매하기 위해 일하고 애쓰고 땀 흘리라. 그러나 스스로는 가능한 상품을 적게 구입하라. 새로운 실물자본 형성에 필요한 잉여금을 최대로 획득하기 위해 굶고 추위에 떨고 금욕하고, 네가 만든 것(즉, 네가 팔려고 했던 것)은 아무것도 사지 말라.

금욕이론의 창시자들이 자신들의 원래 주장을 따라가다보면 이와 같은 완전한 모순에 봉착하게 될 것이다. 왜냐하면 그들은 현재 우리의 화폐제도가 가진 결함들을 발견했을 것이기 때문이다. 아마 똑같은 추론과정을 거쳐 프루동도 금이 상품과 실물자본 사이의 통로를 막고, 상품의 과잉생산(이 때문에 물가가 하락하고 경제위기로 이어진다)이 자본의 과잉생산(이렇게 되면 이자가 떨어지고 상품교환은 자극된다)으로 전환되는 것을 막는다는 것을 알았다.

5. 노동이론은 이자가 자본가의 노동의 산물이라고 선언한다. 로드 베르투스Rodbertus[31]는 이자를 받는 일도 하나의 업무라고 불렀다. 세플레Schäffle[32]에게는 이자쿠폰을 자르는 일이 경제적 직업의 하나로 보였는데, 단지 그가 비판한 것은 그 '일'이 비싸다는 것뿐이었다. 바그너Wagner[33]는 주식 소유자들을 "생산수단을 위한 국가기금의 형성과 고용을 담당하는 공무원들"이라고 불렀다. 뵘바베르크는 이 사람들에게 이자이론가들로 호명하는 영예를 선사했다!

6. 착취이론은 이자를 단순히 노동생산물로부터 강제로 뽑아가는 것으로 설명한다. 즉 생산수단의 소유자들은 그렇게 뽑아갈 수 있다고 본다. 왜냐하면 노동자들은 일해서 살아가야 하는데, 생산수단이 없으면 일을 할 수 없기 때문에.

하지만 이 특별한 이론에 '착취'라는 악명을 붙일 만한가? 금욕이론에서는 금욕적인 사람도 마찬가지로 이자를 뽑아내기 위해, 시장에서 자본이 부족한 상황을 이용할 때 시장조건을 착취하는 것 아닌가?

이 이론에 따르면 ─그 주된 옹호자들은 사회주의자들인데─ 생산수단의 소유자가 노동생산물에서 뽑아내는 액수를 측정할 때 매우 특이하게도 거래와 교환이라는 상업적 원리에 의해서가 아니라 역사적, 윤리적 기준에 의거한다. 마르크스는 말한다. "다른 상품들과 달리, 노동력의 가치를 결정하는 데에는 윤리적, 역사적 요소가 들어간다."("자

---

31 노동가치설의 선구자 중 한 명으로서, 공황은 노동자에 대한 배분의 저하에 기인한다고 하여, 과소소비설을 전개하며 국가사회주의를 주장했다.
32 독일의 경제학자이자 사회학자로서, 사회를 생물학적 유기체에 비유하여 사회에 대해 가장 궁극적이고 복합적인 평형체라고 표현하는 등 사회유기체 연구의 총체적인 접근을 강조했다.
33 신역사학파를 대표하는 독일의 경제학자이자 정치가, 국가사회주의의 이름 아래 강력하고 광범위한 국가 경제정책의 필요성을 강조했다.

본』제1권 VI)

　그러나 노동력을 유지하는 데 역사와 윤리가 무슨 관계가 있을까? 또 어느 나라 또는 어느 시대와 무슨 상관이 있을까? 왜냐하면 노동력을 유지하는 데 필요한 평균적인 음식량은 노동 그 자체에 의해 결정된다! 그것은 업무의 난이도, 인종, 소화기관의 강약에 따라 달라질 수 있다. 하지만 결코 윤리적이거나 역사적 원인 때문에 달라지지는 않는다. 만약 윤리가 이와 같은 마르크스 교리의 핵심을 결정하는 한 요소로 인정되면 그는 더 이상 상품에 포함되어 있는 '노동'에 관해서 말할 수 없다. 이러한 스펀지 같은 용어를 사용하면 무엇이든 증명할 수 있다.

　또 이 이론에 따르면 자본가들은 조심스럽게 묻는다. 노동자의 어머니, 할머니, 증조할머니가 어떤 것을 먹었는지, 이 음식은 얼마였는지, 한 노동자가 자식을 키우는 데 얼마나 소비하는지. 왜냐하면 자본가는 '자신의' 노동자뿐만 아니라, 일반적으로 노동자들이 강하고 건강한 신체를 유지하도록 신경을 쓰기 때문이다. 고용주는 이에 필요한 최소한을 노동자들에게 남겨놓는다. 나머지는 눈에 안 띄게 자기의 몫으로 떼어간다.

　노동생산물을 고용주와 노동자 사이에서 이렇게 분배하는 것은 마르크스에게 이자의 총체적인 문제를 회피하는 쉬운 방편이었는데(왜냐하면 이 방식으로 하면 임금이론이 이자와 임대료 이론을 포괄할 수 있기 때문에), 이것이 착취이론의 약점이다. 이 이론의 전제, 즉 임금이란 노동자와 그 자손을 양육하고, 훈련하고, 먹이는 비용으로 결정된다고 하는 것은 합리적이지 못하다. 이는 마치 임금이 이 한계를 넘나들 때마다 노동자가 무얼 필요로 하는지에 대한 공동체의 정서가 임금총액을 결정한다는 말이 속임수인 것과 같다!

"최근 5년간 독일 동부지역의 임금이 독일 서부지역의 임금과 거의 구별하기 어려울 정도로 상승했고, 노동자들의 계절적 이주[34]도 크게 감소했다." 이 기사는 1907년 신문에 게재된 것이다. 노동자의 생활필수품이 무엇인가에 대한 세간의 감정이 얼마나 급격히 바뀌는지 놀라울 지경이다![35] 증권거래소의 주가변동은 실제 훨씬 더 갑작스럽다. 하지만 5년이라는 기간은 '역사적' 발전이라고 부르기에는 그리 긴 시간은 아니다.

일본은 아주 짧은 기간에 임금이 300퍼센트 상승했다. 그러나 확실한 것은 기아와 과식에 관한 공동체의 감정이 이처럼 급속히 변했기 때문은 아니다. 착취이론 속에 들어 있는 수많은 모순들에 대한 이러한 설명은 궁지에 몰린 사람이 별 볼일 없이 내놓은 주장의 온갖 흔적을 보여줄 뿐이다.

착취이론을 다음과 같이 이야기하는 것도 똑같이 정당화될 수 있다. "자본가는 역사적으로 그리고 공동체의 감정에 의해 자기 계급에게 정해진 기준의 생활과 자손들에 대한 적절한 유산상속에 필요한 모든 것을 노동자의 생산물로부터 빼앗는다. 그러고도 남는 것은 측정하거나 계산하는 수고도 하지 않고 노동자들에게 던져준다." 이렇게 말하는 것이 마르크스가 선택한 방식에 비해 더 유리한 점들이 있다. 확실히 더 그럴듯하게 들린다. 왜냐하면 자본가는 보통 노동자들이 남은 걸

---

34 Sachsengängerei, 노동자들의 계절적 이주를 일컫는 독일어. 1910년대 독일제국에서 새로 시작된 이민 프로세스. 프로이센 동부 노동자들이 서부의 사탕수수농장이나 공장 일자리를 찾아 떠나자, 동부 지주들이 부족한 농업노동력을 러시아나 오스트리아에 거주하는 폴란드 노동자들로 채우게 되었다. 폴란드화를 우려한 프로이센 정부는 이민을 제한하여 비혼 노동자만 입국을 허용하고 겨울에는 본국으로 돌아가게 했다.

35 임금이 생계비에 의해 결정된다면 5년 만에 이렇게 급격히 오르내릴 수 없다.

로 먹고 살 수 있는지를 묻기 전에 자신부터 먼저 생각할 것이 분명하기 때문이다. 독일 농민당이 밀 관세를 도입함으로써 이 명백한 사실이 널리 알려지게 되었다.

이 이론이 제시한 프롤레타리아(이자발생의 필수적 조건이다)의 기원에 관한 설명도 매우 자의적이다. 흔히 대기업이 소기업에 비해 유리하다고 해서 이들 장점이 대기업 소유자들에게도 반드시 발생한다는 것을 증명하는 것은 아니다. 이것은 우선 건전한 임금이론에 의해 분명해져야 한다. 오늘날 자본은 사용하는 기계가 10마력이건 1만 마력이건 평균 4~5퍼센트의 이자를 산출한다. 설사 대기업이 항상 소기업에 대해 이점을 가지고 있다고 해도 그것이 소기업 소유자가 프롤레타리아로 전락할 수밖에 없음을 증명하는 것은 아니다. 장인들이나 농부들이 항상 그렇게 둔하게 팔짱을 낀 채로 있거나 대기업에 의해 대체되지도 않는다. 실제로 그들은 그렇게 한 적이 없다. 그들은 스스로를 지킨다. 다수의 소기업을 결합하여 대기업으로 만들고, 이런 방식으로 흔히 대기업의 장점과 소기업의 수천 가지 작은 장점을 연결하는 데 성공한다(낙농협동조합이나 증기탈곡기협동조합, 마을공동목장협동조합 등). 대기업의 이점에 기초한다고 해서 그 대기업의 지분을 노동자 자신이 아니라 자본가가 가져야 할 어떤 이유도 없다.

요컨대 프롤레타리아의 기원을 설명하는 것은 그렇게 쉽지 않다. 어떤 사람은 토지임대에 관한 법이나 무력에 의한 강제수용 때문에 생겨났다고 이야기할 수 있다. 하지만 이것은 왜 프롤레타리아가 식민지에서 진화하는지 설명하지 못한다. 식민지에서는 무력이 알려지지 않았고, 도시 문 앞에는 공짜땅이 펼쳐져 있었다.

브라질에 있는 독일 식민지(블루메나우, 부르스케)에서는 여러 가지 기업들, 특히 직물공장이 세워졌고, 이들 공장에서는 독일 식민지 주민의 딸들이 저임금의 비참한 조건에서 일한다. 그러나 이런 프롤레타리아 여성들의 아버지, 형제, 남편 들에게는 무제한의 좋은 땅이 있어서 마음대로 처분할 수 있었다. 수백 명의 독일 식민지 주민의 딸들은 상파울로에서 하녀로 일하기도 한다.

오늘날 이동의 자유가 있고, 프롤레타리아가 사람이 살지 않는 땅으로 이민 가서 토지를 용이하게 손에 넣을 수도 있고,* 협동조합 방식으로 누구나 간단히 대기업의 이점을 누릴 수 있으며, 특히 현대적 법령이 프롤레타리아를 경제적으로 약탈하지 못하도록 보호하고 있음에도, 프롤레타리아가 계속 존재하고 게다가 증가하고 있는 것을 설명하기는 쉽지 않다.

하지만 무력은 물론 대기업의 이점, 임대료 보호법령 이외에, 프롤레타리아 대중의 존재를 설명할 수 있는 또 다른 원인이 있는데, 이제껏 이자이론가들은 이를 간과해왔다. 우리의 전통적 화폐가 다른 어떤 도움 없이도 주민 대중을 프롤레타리아의 상황으로 전락시킬 수 있다. 그렇게 하는 데 어떤 동맹도 필요 없다. 프롤레타리아는 우리의 전통적인 화폐형태가 규칙적으로 표출해내는 피할 수 없는 동반자이다. 프롤레타리아는 속임수도, 자의적인 추론도, 가정법이나 반어법도 필요 없이, 현재의 화폐형태로부터 직접 연역해낼 수 있다. 우리의 현재 화폐형태는 항상 대중의 궁핍을 수반할 수밖에 없다. 이전 시대에는 칼이 사람들을 생산수단에서 분리시키는 데 효율적인 무기였다. 하지만 칼은 승

---

* 노르트도이처 로이트 선박회사는 1912년 유럽에서 아르헨티나로 가는 운임으로 25달러를 청구했는데, 이는 독일 추수노동자의 약 일주일분 임금에 불과했다.

리의 약탈품을 보관할 수가 없다. 그러나 그 약탈품은 화폐와는 결코 떨어질 수 없다. 이자는 피보다는 돈에, 칼보다는 임대료에 더 가깝게 밀착되어 있다.

요컨대 노동자들을 약탈하는 데 많은 것들이 함께할 수 있고, 이 목적을 위해 여러 가지 무기를 사용할 수 있다. 하지만 이 모든 무기들은 녹이 슬어버린다. 오직 금만이 녹슬지 않고, 또한 상속재산의 분할이나 법령, 어떤 형태의 협동조합이나 공산주의적 질서로도 금에게서 이자를 빼앗아갈 힘이 없다고 자랑할 수 있다. 화폐에 대한 이자는 법령은 물론 교회의 반대로도 막을 수 없다. 토지임대료를 법에 의해 국가 재정으로 전용하는 것은 가능하고, 또 토지의 사적소유와도 양립할 수 있다. 여기저기서 이러한 종류의 시도가 이뤄지고 있다. 하지만 어떤 법도 우리의 전통적인 화폐로부터 그것이 뽑아내는 이자를 단 한 푼도 빼앗아갈 수 없다.

우리의 전통적인 형태의 화폐는 프롤레타리아 대중을 만들어왔고, 그 프롤레타리아라는 존재가 바로 착취이론을 생겨나게 했다. 그리고 그것은 이들 궁핍화된 대중을 해방시키는 자연적인 힘들을 성공적으로 방해했다. 착취이론이 완성되려면 한 걸음 물러나서 이자를 찾아야 한다. 공장이나 생산수단의 사적소유에서가 아니라 노동생산물과 화폐가 교환되는 지점에서 찾아야 한다. 사람들이 생산수단으로부터 분리된 것은 단지 이자의 결과일 뿐, 그 원인이 아니다.

7.
총이자의 구성요소들
(기초이자, 위험프리미엄, 인플레프리미엄)*

앞에서 언급한 이자이론이 맞는지를 통계수치로 검증하려는 사람들은 빈번하게 명백한 모순에 부딪힐 것이다. 이자율에는 기초이자 말고도, 이자와 상관없는 요소들이 항상 포함되어 있기 때문이다.

이자율에는 위험에 대한 보험과 더불어 흔히 물가의 전반적 변동에 의존하는 특별한 요소가 포함되어 있다. 나는 이자와 물가상승과의 관계를 강조하고, 독일 밖에서도 사용할 수 있는 용어를 제시하기 위해 이 요소를 인플레프리미엄이라고 부를 것이다. 이는 예상되는 물가상승으로 발생되는 이익으로서 자금대여자에게 귀속되는 몫을 의미한다.

이러한 이자 구성요소의 본성을 이해하려면 전반적인 물가상승이 예상될 때, 돈을 빌리는 사람과 빌려주는 사람의 행위를 관찰하기만 하

---

* 내가 이전에 썼던 '반환Ristorno' 대신 '인플레프리미엄(Hausse-premium)'이라는 말을 쓰고자 한다. 이 말이 '물가상승이 기대될 때 돈 빌려준 사람에게 떨어지는 몫'이라는 뜻을 더 잘 나타내기 때문이다.

면 된다. 전반적인 물가상승의 특징은 빌린 돈을, 그 돈으로 구입한 물건을 팔아서 그 일부만으로 갚을 수 있다는 것이다. 그래서 정당한 상업이익을 넘어 이를 초과하는 추가적인 이익, 즉 잉여가 남는다. 이러한 잉여는 당연히 가능한 잉여가 클수록 그리고 물가상승이 지속될 거라는 기대가 확실할수록 그만큼 전반적인 구매욕을 불러일으킨다.

그러면 대출금으로 사업하는 사람들은 은행에 자신의 신용한도 극한까지 대출신청을 늘린다. (물가상승은 채무자에게 유리하므로 보통 신용한도가 늘어난다.) 그리고 이전에 대출을 해준 사람들도 자기 사업을 독자적으로 시작할 준비를 하게 되는데, 채무자가 기존의 이자율을 높여 그들에게 기대수익을 나눠주는 경우에만 그런 뜻을 접는다.

전반적인 물가상승(호경기나 사업호조) 때에는 현금 소유자와 현금채권(국채, 담보대출 등) 소유자는 손실의 위협에 처하는데, 그는 그의 돈으로 훨씬 적은 재화를 받을 것이기 때문이다. 화폐 소유자는 이런 손실에 맞서 스스로를 보호하려면 유일한 방법은 위험에 노출된 채권을 팔고, 현금화한 돈으로 기업주식이나 재화, 주택을 사는 것이다. 이들 재화의 가격은 보통 기대하듯 상승할 것이기 때문이다. 이렇게 이중거래를 하고 나면 호경기 국면이 더 이상 문제된 개인에게 상처를 입히지 못하고, 손실은 위험에 노출된 채권 구매자에게 간다. 하지만 이들 구매자들 또한 이 상황을 이해하기 때문에 그들은 정부증권을 더 싼 가격으로만 매입하고, 환어음을 살 때 공제(할인)금액도 증가시키게 된다. 이런 방식으로 일종의 균형이 이뤄진다.

그러나 이제 어느 영리한 사람이 이렇게 중얼거린다고 생각해보자. "나는 사실 돈이 없어. 하지만 신용은 있지. 나는 환어음을 주고 돈을 빌려서 상품이나 주식 같은 것을 살 거야. 그리고 그 환어음이 만기가 될 때 내가 산 것을 더 높은 가격에 팔아 빚을 갚으면 내게 그 차액이 떨어지겠지." 이런 영리한 사람들은 많고, 이들이 모두 같은 시간, 같은 장소, 즉 은행 고객대기실에서 서로 보게 된다. 거기에는 소규모 제조업자, 소상인도 있고 이 땅에서 가장 부유한 사람도 함께 있다. 그들은 모두 돈에 대한 채울 수 없는 욕구를 갖고 있다. 그러나 돈을 가진 사람은 몰려든 인파를 보고, 그의 돈이 그들 모두를 만족시키기에는 부족함을 알아챈다. (만약 그가 그들을 만족시켰더라도 그들은 다음날 다시 와서 2배의 금액을 요청할 것이다.) 그래서 그는 몰려든 사람 수를 줄이기 위해 이자율(할인율)을 올리고, 그 영리한 사람들이 원래 계획한 거래에서 나오는 이익으로 늘어난 이자를 감당할 수 있을지 고민할 때까지 이자율을 계속 올린다. 그렇게 되면 균형이 만들어진다. 금전욕이 사라지고 돈 가진 사람의 대기실 인파도 사라진다. 그렇게 해서 물가상승으로 화폐 소유자가 입은 손실은 이자율로 이전된 것이다.

따라서 이자율은 화폐자본이 물가상승으로 입은 손실을 대체해야 한다. 예를 들어 예상되는 물가상승이 연 5퍼센트에 달하고, 기초이자가 3~4퍼센트라면 대출이자율은 8~9퍼센트가 되어야 화폐자본이 그로 인해 영향을 받지 않는다. 만약 자본가가 이 9퍼센트의 수익에서 물가상승에 해당하는 5퍼센트를 뽑아내서 자기 자본에 더하면, 그의 입지는 물가상승 이전처럼 강하다. 105=100이다. 즉 그 사람은 이전에 100으로 얻었던 같은 양의 상품을 지금은 105로 얻는 것이다.

좀 더 상세히 조사해본 결과 지난 10년에서 15년 동안 더 많은 배당금과 더 높은 이자율에도 불구하고, 독일 자본가들(토지 소유자를 제외하고)이 이상하리만큼 평균적으로 낮은 순이자를 받았음이 드러났다. 그리 놀랄 일은 아니다. 이 기간 동안 물가는 가파르게 상승했다. 15년

전의 1,000마르크가 지금의 1,500마르크와 거의 같은 구매력을 가졌다. 만약 자본가가 이러한 계산을 한다면 높은 배당금과 주가상승으로 얻은 이익은 무엇일까? 소위 가치증가는 어디에 있을까? 그리고 자본가는 실제로 그런 방식으로 생각을 해야 한다. 왜냐하면 수치로 표시된 그의 화폐총액은 중요하지 않다. 만약 그렇지 않다면 백만장자가 억만장자가 되고 싶으면 포르투갈로 여행을 가기만 하면 될 테니까.

그러므로 물가상승으로 인한 최대의 피해자는 확정이자부증권 소유자다. 그 증권을 팔면 매도가격 하락으로 손실이 나고, 계속 보유해도 그 이자로 살 수 있는 상품이 줄어들기 때문이다. 15년 전에 물가의 대폭상승을 예견했다면, 영국의 정리공채consol[36]의 가격은 아마 절반까지 더 떨어졌을 것이다. *

따라서 전반적인 물가상승 기대는 대출 수요를 늘리게 되고, 그에 따라 화폐 소유자는 더 높은 이자를 뽑아내는 입장에 설 것임은 명백하다.

그러므로 이자율 상승은 전반적으로 또는 거의 전반적으로 물가가 상승할 것이라는 믿음에 의해 야기되고, 궁극적으로는 채무자들이 자신의 부채를 차입금으로 생산한 재화의 일부로 채무를 변제하기를 희망한다는 사실에 의존한다. 물가상승기에 이자율은 자본이자와는 관계없는 외부적 요소를 용인하는 셈이다. 우리는 이 요소를 인플레프리미엄이라 부른다. 이것은 물가상승으로 얻은 이익에 대한 화폐 제공자의 지분을 말한다.

이 이자 구성요소는 기대했던 전반적 물가상승이 일단 실현되면 물

---

36 이미 발행된 여러 공채의 정리를 위하여 발행하는 공채.
* 이 모든 글은 2차대전 이전에 쓰였다. 게젤,『현대 교통의 필요에 맞는 통화 조절』 부에노스아이레스, 1897도 참고할 것.

론 사라진다. 사람들의 상품구매와 신규사업에 대한 투자, 대출신청으로 은행에 달려가도록 자극하는 것은 물가상승의 실현 자체가 아니라 미래 물가상승에 대한 희망이다. 더 이상 물가가 상승하리라는 기대가 사라지면 상품을 구매하려는 자극은 사라지고 화폐는 은행으로 돌아간다. 그렇게 되면 이자율은 떨어지고 인플레프리미엄은 이자율에서 제거된다. 자명한 것이지만, 전반적인 물가하락이 예상되는 경우에는 이 인플레프리미엄의 흔적은 이자율에서 모두 사라진다.

당연히 인플레프리미엄 액수는 예상되는 물가상승 액수에 전적으로 달려 있다. 갑자기 물가가 크게 상승할 것으로 예상되면, 금융기관에 대출신청이 그에 보조를 맞춰 증가할 것이고, 곧 이자율이 큰 폭으로 오를 것이다.

수년 전 독일에서 전반적인 물가상승이 예상됐을 때 이자율은 7퍼센트까지 올랐다. 그 직후 물가하락이 예상되자 이자율은 3퍼센트로 떨어졌다. 그 차액은 분명 인플레프리미엄에 기인한다고 할 수 있다. 아르헨티나에서는 지폐 발행량의 지속적인 증가로 물가가 비약적으로 오르던 때 이자율이 종종 15퍼센트에 머물러 있었다. 나중에 지폐 발행량 증가가 중단되자 이자율은 5퍼센트로 떨어졌다. 이 경우 인플레프리미엄은 10퍼센트라 할 수 있다. 헨리 조지는 "캘리포니아에서는 월 2퍼센트의 이자율도 지나친 것이 아니라고 여겨지던 때가 있었다"라고 말한다. 이는 캘리포니아에서 다량의 금이 발견된 때였다.

전반적인 물가상승에는 제한이 없기 때문에(파리에서는 한때 1파운드의 양초가 100리브르의 아시냐 지폐와 교환되었다), 인플레프리미엄에도 한도가 없다. 인플레프리미엄이 이자율을 20, 50 아니 100퍼센트까지 끌어올리는 상황도 쉽게 상상할 수 있다. 이자율이 얼마나 오를지는 전적으로 만기일까지 물가상승이 어느 정도 예상되는지에 달렸다. 예를 들어 시베리아 빙하 아래에서 어마어마한 양의 금 매장량이 발견되었다는 소문이 퍼지고 이 뉴스를 확인하면서 금의 대량 선적이 보고되면, 그로 인해 전반적인 구매욕이 나타나고, 화폐 소유자에게 대출신청이 무한대로 늘어날 것이다. 그와 같은 금 발견이 이자율을 유례없이 상승시킬 것이다. 물론 인플레프리미엄은 물가상승으로 예상되는 인상액보다는 적게 상승할 것이다. 왜냐하면 기대잉여가 이미 이자율 상승에 의해 흡수되었기 때문이다. 다만 물가상승 기대가 더욱 신뢰할 만하고 확실해질수록 인플레프리미엄은 그 잉여액에 더욱더 근접할 것이다. [•]

여러 나라에서 채권자 집단의 압력을 받은 결과 물가를 이전의 낮은 수준으로 끌어내리는 (예를 들어 과잉발행된 지폐를 유통시장에서 회수하거나 은본위제의 폐지로) 법률이 통과되었다. 몇 년 전(1898년) 아르헨티나에서 그러한 법이 통과되어 전반적인 물가가 3분의 1 수준으로 하락했다.

반대로 오늘날 만약 어떤 국가에서 채무자의 요망에 굴복하여 매년 10퍼센트씩 가격을 올리는 방식으로 화폐 발행량을 증가시켜 물가를 단계적으로 끌어올리면, 확실한 기대 잉여로 인해 인플레프리미엄이 이 10퍼센트에 매우 가깝게 올라갈 것이다.

인플레프리미엄이 이자율의 특별한 구성요소라고 인정하는 것은 이자와 관련된 대부분의 현상을 설명하는 데 필수적이다. 예를 들어 우

• 독일의 지폐 사기 끝 무렵(1923년)에 날마다 100퍼센트 이자가 지불되었다. 자본이 하루 만에 무려 2배가 된 것이다! (막대한 규모의 1차대전 전쟁배상금을 지불해야 했던 독일 정부가 1920년대에 배상금 마련을 위해 통화증발을 한 결과 심각한 초인플레이션이 발생한 상황을 지칭한다―옮긴이)

리가 이자는 노동대가에서 뽑아내는 것이라는 이론을 포기하지 않고서 이자율과 저축은행 예금총액이 대체로 동시에 증가한다는 사실을 어떻게 설명할 수 있을까?

이자율을 기초이자와 위험프리미엄,[37] 인플레프리미엄으로 구분하면, 설명하기 어려운 특이한 현상도 완전히 만족스럽게 설명된다. 왜냐하면 오직 순수한 자본이자만이 노동대가로부터 추출되고, 인플레프리미엄은 높아진 물가로 해결된다. 노동자는 더 높은 가격을 지불하는 대신 더 높은 임금을 받고, 여기서 균형이 이뤄진다. 채무자는 높은 이자율을 지불하는 대신 그가 파는 물건에 대해 높은 가격을 받는다. 마찬가지로 여기서도 균형이 이뤄진다. 자본가는 자신의 화폐가 상처 입고, 훼손된 상태로 돌려받지만 그 대신 보다 높은 이자율로 보상을 받는다. 여기서도 마찬가지 균형이 이뤄진다. 이제 저축액이 늘어나는 이유만 설명하면 되는데 이 설명은 물가상승 시(호경기)에는 실업이 사라진다는 사실에서 찾아야 한다. 그러므로 저축과 함께 상승하는 것은 이자 그 자체가 아니라 이자율인 것이다.

---

37 위험보험료.

8.
고정된 범위의 순수자본이자

우리는 지금까지 전반적인 물가상승(호경기, 사업호조)이 예상될 때, 이자율에는 자본이자와 위험프리미엄에 추가하여 제3의 구성요소인 인플레프리미엄(물가상승 기대에 따라 대출자가 가져가는 몫)이 포함되어 있다는 것을 확인했다. 이 때문에 자본이자의 변동을 확인하고 싶어도 서로 다른 시대의 이자율을 그리 간단하게 서로 비교할 수는 없다는 것을 알게 되었다. 그렇게 하면 물가를 고려하지 않고 서로 다른 시대, 다른 나라의 화폐임금을 비교하는 것과 같은 오류를 범하게 된다.

그러나 이미 말했듯, 인플레프리미엄은 물가가 상승하는 동안에만 나타나고 물가상승이 끝나면 곧바로 사라지기 때문에, 역사에 다수 기록된 바 있는 물가하락기의 이자율은 순수자본이자와 위험프리미엄만으로 이루어져 있다고 할 수 있다. 따라서 이 기간의 이자율이 자본이자의 움직임을 확인하는 믿을 만한 지표가 된다.

주지하다시피, 기원전 1세기부터 약 1400년까지는 물가가 계속 전반적으로 하락했다.* 이 장기간 동안 화폐유통은 금과 은에 한정되어 있었다. (지폐는 아직 등장하지 않았다.) 그런데 이 금속들의 광산, 특히 스페인의 은광이 고갈되어버렸다. 그전 시대에서 전해져 내려온 금은 부분적으로는 이자금지령(비록 이 명령이 자주 작동 불능되기도 했으나) 때문에 유통에 어려움을 겪고 점차 사라졌다. 이 전반적인 물가 하락은 널리 알려진 사실로 입증되었고, 어디서도 부인되지 않는다.

구스타프 빌레터Gustav Billeter[38]의 저서 『유스티아누스 지배시기까지 그리스 로마에서의 이자율의 역사』에는 다음과 같은 사실이 기록되어 있다.

163쪽: "로마에서는 술라시대(기원전 82~79년) 이래 이미 주된 종류의 이자율, 즉 4~6퍼센트의 이자율로 고정되어 있었음이 발견된다."

164쪽: "키케로Cicero[39]는 기원전 62년 말에 '신용이 있는, 평판 좋은 자는 6퍼센트의 이자로 많은 돈을 사용할 수 있다'라고 쓰고 있다." 빌레터는 여기에 "이것은 암묵적으로 하락하는 경향을 보이며 사실 우리는 머잖아 그보다 낮은 이자율을 목격하게 된다"라고 덧붙였다.

167쪽: "이자율은 내전 당시(기원전 29년경)는 12퍼센트였다. 신용이 있는 사람들도 이 이자율로 지불해야 했다. 따라서 4~6퍼센트이던 이자율이 12퍼센트로 오른 것이다. 그러나 이후 다시 급속히 이전의 4퍼센트 수준으로 돌아갔다."

(전시에 12퍼센트라고 하는 일시적인 이자율은 아마 비정상적으로

---

* 통화가치를 평가절하한, 다시 말해 화폐 품질의 저하가 일어났던 프랑스와 이탈리아, 스페인의 여러 도시에서 물가하락이 곧 멈추었다.

38 스위스의 고전문헌학자.

39 로마의 정치인, 변호사이자 라틴어 작가로서 시세로라고도 부른다.

높은 위험프리미엄으로 충분히 설명된다. 우리는 전반적인 화폐부족에도 불구하고, 물가가 때때로 국지적 또는 일시적 요인으로 올라갔고, 따라서 이자율은 종종 인플레프리미엄이 포함되었을 가능성도 고려해야 한다. 아마도 이자금지법 행정의 변화에 의해 발생한 화폐 유통율의 변화가 그런 현상을 충분히 설명할 수 있다.)

180쪽: 유스티아누스 치하 이전의 로마 제국시대. "안전한 투자를 위한 이자율은 3~15퍼센트이지만, 3퍼센트가 되는 것은 아주 드문 일이다. 이 이자율은 유사연금 형태의 투자에서도 가장 낮은 것으로 보인다. 15퍼센트는 극히 드물고, 12퍼센트는 극히 드물다고는 할 수 없고, 10퍼센트는 드물게 발생한다. 전형적인 이자율은 4~6퍼센트 사이에 있다. 이 범위 내에서는 우리는 때와 장소에 따라 달라지는 걸 발견할 수 없다. 오직 그 차이는 투자의 성격에 따라 나타날 뿐이다. 매우 안전한 투자에 대해 낮을 때는 4퍼센트, 보통 정상적인 경우에는 6퍼센트, 그 중간이면 5퍼센트이다. 이 정도 이자율은 일반적인 보장을 위해서도 정상적이다. 분명히 말해서 보통의 이자율은 12퍼센트가 아니라, 4~6퍼센트이며, 자본이자율은 4퍼센트와 3.5퍼센트이다."

314쪽: 유스티아누스 시대(527~565년). "따라서 특별한 상황에서 자본이자율은 약 8퍼센트까지 상승하든지, 약 2퍼센트 혹은 3퍼센트까지 하락할 가능성이 있다는 결론이 도출된다. 평균이자율 조사결과 조금 높긴 하지만 5퍼센트가 정상적으로 보인다. 6~7퍼센트도 평균이자율이지만, 다소 높아 이 이자율을 정상적이라고 할 수는 없다. 아마 5퍼센트를 약간 밑도는 정도에서 6퍼센트까지를 실제 평균치라고 볼 수 있을 것이다."

빌레터의 연구는 이 유스티아누스 황제 시대에서 끝난다. 그 연구의 주장을 간단히 요약해보자.

술라 시대(기원전 82~79년)에는 이자율이 4~6퍼센트였다. 키케로 시대(기원전 62년)에는 6퍼센트로 돈을 충분히 빌릴 수가 있었다. 전쟁 (기원전 29년) 때문에 잠시 방해를 받은 이자율은 4퍼센트로 되돌아갔 다. 유스티아누스 황제 이전의 로마제국 기간 통상이자율은 4~6퍼센트 였고, 유스티아누스 황제 통치시기(527~565년)에는 평균이자율은 5~6 퍼센트였다.

이런 수치들은 무엇을 의미하는 것일까? 이 600년 기간에 이자율이 1,500년 후인 오늘과 거의 같은 수준을 유지했다는 것이다. 4~6퍼센트 의 이자율은 아마 현대보다는 약간 높은 것이다. 하지만 그 차이는 법 과 도덕, 교회가 이자를 옹호하게 된 현대보다 그렇지 않은 고전시대나 중세시대에 더 높았던 위험에 대한 프리미엄에 기인한다고 할 수 있다.

이들 수치는 이자가 경제, 정치, 사회 상황들에 좌우되지 않는다는 것을 증명하고 있다. 이런 수치들을 통해 지금까지 이자를 설명하기 위 한 여러 가지 이론, 특히 생산성이론(적어도 현재 가장 그럴듯해 보이 는 유일한 이론)을 주장해온 모든 경제학자들이 거짓말을 하고 있음이 드러난다. 증기탈곡기, 콤바인, 연발소총, 다이너마이트 같은 현대의 생 산수단에 대해서도 2천 년 전의 낫, 도리깨, 쇠뇌, 쐐기에 지불한 것과 같은 수준의 이자를 붙인다고 하면, 이 사실은 이자가 생산수단의 쓸모 나 기능에 의해 결정되는 것이 아니라는 명백하고 충분한 증거가 된다.

이 수치들이 의미하는 것은, 이미 2천 년 전에 이자에 강력한 영향 을 미치는 여러 상황들이 있었고, 그 영향력은 600년에 걸쳐 오늘날과 거의 같은 힘으로 지속돼왔다는 것이다. 이 상황이라는 게 무엇일까? 지금까지의 이자이론은 그 어느 하나도 이 질문에 대답의 힌트조차 주지 않는다.

빌레터의 연구는 안타깝게도 유스티아누스 황제 시대에서 끝난다. 내가 아는 한 그때부터 콜럼버스 시대까지 신뢰할 만한 연구는 없다. 이 기간에 신뢰할 수 있는 증거를 기독교 국가에서 수집한다는 것은 어려운 일이다. 이자금지령이 한층 엄격히 시행되었고 귀금속의 점차적인 부족으로 화폐유통과 상거래가 줄어들었기 때문이다. 1400년부터는 화폐본위의 대규모 가치감소가 시작되고, 이자율 중에서 순수한 자본이자[40]가 얼마 정도인지 알 수 없게 되었다. 빌레터가 이 기간을 다루었다면, 그의 연구를 물가통계와 연결지어서 인플레프리미엄을 이자율로부터 분리해야만 했을 것이다.

(교황 클레멘스 5세가 빈 공의회(1311년)에서 이자에 우호적인 법률을 통과시킨 무지한 귀족들을 파문하겠다고 위협할 수 있었던 것은, 그 당시 상업이 얼마나 취약했고 대출거래가 얼마나 드물게 발생했는지를 보여준다. 고립된 죄인들을 엄격하게 다룰 수 있었다. 그러나 만약 당시 상업이 번창해 이자금지령 위반이 일상적인 현상이었다면 교황이 그런 위협을 가할 수가 없었을 것이다. 유통의 활성화와 함께 이자에 대한 교회의 적개심도 곧바로 약해졌다고 하는 사실이 그 증거다.)

15세기에 기저화폐base coinage의 팽창과 함께(이는 물가에 지폐의 발명과 같은 영향을 미쳤다) 하르츠 산맥, 오스트리아, 헝가리에서 은광산이 개발되면서 화폐에 기초한 경제제도가 유럽의 많은 곳에서 가능해졌다. 그리고 아메리카 신대륙의 발견으로 16, 17세기의 엄청난 물

---

40 기초이자를 말한다.

가혁명[41]이 시작되었다. 물가는 꾸준히 상승했고 이자율은 무거운 인플레프리미엄의 부담을 짊어지게 되었다. 따라서 이 기간의 이자율이 매우 높았다는 것은 놀랍지 않다.

나는 애덤 스미스Adam Smith의 『국부론The Wealth of Nations』에서 다음과 같은 수치를 빌려왔다. 1546년에 이자율의 법정 최고한도는 10퍼센트로 정해졌다. 이 법은 1566년 엘리자베스 여왕에 의해 개정되었고, 10퍼센트는 1624년까지 법정이자율로 유지되었다.

후반에 이르러서는 물가혁명이 거의 끝나가고 있었고, 물가상승은 더 조용하게 진행되었다. 동시에 이자율도 하락했다. 법정이자율은 1624년에 8퍼센트로 떨어졌고, 스튜어트 왕정이 복고한(1660년) 직후에는 6퍼센트로 내려갔다. 1715년에는 5퍼센트까지 떨어졌다.

애덤 스미스는 이자율에 대한 법적 규제가 언제나 시장이자율을 쫓아갈 뿐, 그것을 앞서가지는 않는 것 같다고 한다.

앤 여왕 시대(1703~1714년) 이래로 5퍼센트는 시장이자율을 하회하기보다는 상회했던 것 같다. 이것은 당연한 것인데, 그 시대에는 물가혁명이 완결되었기 때문이다. 이자율은 이제 오직 순수자본이자와 위험프리미엄으로만 구성되게 되었다.

애덤 스미스는 이렇게 기술했다. "최근의 전쟁 이전에 정부는 3퍼센트로 돈을 빌렸고, 신용이 있는 시민도 수도나 여러 지방에서 3퍼센트, 4퍼센트, 4.5퍼센트로 돈을 빌렸다."

즉 지금 우리와 정확히 같은 상황이다.

---

41 15세기 말부터 17세기 초에 걸쳐 유럽 여러 나라에서 물가가 급격히 오르던 현상을 말한다. 신대륙으로부터 다량의 금과 은이 들어옴으로써 실질임금이 하락하고 상업이윤의 급증이 초래되었으며, 이를 배경으로 근대 자본주의가 발달하기 시작했다.

순수자본이자는 고정된 범위라는 것, 그것은 3퍼센트 이하로 내려가지도 않고 4~5퍼센트 이상으로 올라가지도 않으며, 이자율의 변동은 기본이자율 변동 때문이 아니라는 것, 이런 것을 증명하는 데 더 이상의 증거가 필요할까? 현대에 들어와 언제 이자율이 올랐던가? 항상 오직 물가상승과 관련해서일 뿐이다. 캘리포니아에서 금이 발견된 후 이자율이 크게 올라, 밀 가격의 상승에도 불구하고 채무를 진 독일 토지소유자들은 자신들의 곤경을 대중에게 호소했다. 밀 가격의 상승은 임금에 대한 요구 증가에 의해 상쇄되었다. 그리고 캘리포니아 금광이 바닥나자 물가는 떨어지고, 이자율도 함께 떨어졌다. 그 후 프랑스로부터 전쟁배상금 요구와 함께 높은 물가, 높은 이자율의 시대가 도래했다. 1873년 거대한 경제붕괴 이후 물가와 이자율이 모두 떨어졌다. 경제적 번영의 마지막 시기인 1897부터 1900년까지 그리고 1904년부터 1907년까지는 이자율이 상승했다. 그 후 물가가 떨어지고 이자율도 함께 떨어졌다. 현재 물가는 천천히 상승하고 이자율도 상승하고 있다. 요컨대 물가상승에 따른 인플레프리미엄을 이자율에서 차감하고 나면, 부동의 순이자가 남는다.

그러나 물가수준의 변동에도 불구하고 지난 2천 년 동안 이자율[42]은 3~4퍼센트에 머물렀다.

왜 이자율은 결코 3퍼센트 이하로는 떨어지지 않는 것일까? 왜 잠깐만이라도, 1년에 하루만이라도, 100년 중에 1년만이라도, 그리고 2천년 중에 한 세기만이라도, 왜 이자는 0까지 하락하지 않는 것일까?

그 대답이 이 책에 쓰여 있다.

---

42 기초이자율을 말한다.

이제 나는 내가 이야기한 '자연스러운 경제질서'에 대해 결론을 내리고자 한다. 내 목표는 각각의 경제문제들에 대해 세세한 해법을 제시하는 것이 아니라, 그 문제들을 모두 해결할 수 있는 공식을 도출하는 것이다. 자유토지와 자유화폐라는 공식을 적용해서 만족스럽게 해결하지 못하는 경제문제는 지금껏 없었다.

'자연스러운 경제질서'에 반론을 제기하는 사람들은, 다음과 같이 신조를 고백하는 부류에 자신이 속해 있는 것은 아닌지 자문하는 것부터 시작해야 한다. "나는 혼란이 싫다. 내전도, 국가 간 전쟁도 싫다. 나는 평화주의에 빠져 있고 내 동포와, 전 세계와 평화롭게 살게 해달라고 요구할 뿐이다— **임대료와 이자에서 나오는 소득으로** 말이다."

이 선량한 사람들의 비판에 대한 내 대답은 이렇다. "당신은 그 반론으로 그 어떤 도피수단을 찾고 있을 뿐이다. 하지만 현실로부터 도망칠 곳은 없다. 내 이야기가 당신에게 조금도 영향을 주지 못했다면, 그건 이 주제와 상관없는 당신의 개인적인 바람이 이해를 하지 못하도록 방해하고 있기 때문이다. 당신의 빗나간 자기보존충동이 내 이론을 받아들이지 못하게 하고, 당신 자신의 반론에 대한 답을 찾지 못하게 한다. 예수께서 대화하신 젊은이를 생각해보라. '가서 네가 가진 것을 팔아 가난한 사람들에게 주고 나를 따르라.' 그러자 젊은이는 슬퍼하면서 가버렸지. 그에겐 재산이 많았으니까."

물론 모두가 국내 혹은 국제적인 평화의 축복을 누리고 싶어하며 동시에 자본이자로 먹고살고 싶어한다. 하지만 그럴 가능성은 유토피아의 환상이며 순진한 환상이 만들어낸 착각이다. 이 착각을 발견한 사람들, 전쟁과 이자가 불가분의 관계에 있다는 것을 발견한 사람들은 양자택일을 해야만 한다. 이자와 전쟁을 택하든지, 노동소득과 평화를 택하든지. 그런 사람들이 평화로운 기독교적 정서로 고무된다면 후자의 대안을 열정적으로 받아들일 것이다. 그런 사람들은 '자연스러운 경제질서'를 이해하는 데 필요한 올바른 내적 준비를 한 사람들이다. 이 책은 그런 사람들을 위해서 썼다. 반대에도 단념하지 않고, 이 책에서 제안하는 개혁을 실행할 사람들도 바로 그들이다.

찾아보기

질비오 게젤의 이론에 대한 찬사

게젤은 각주와 참고문헌을 애써 편집하고 불완전 경제 연구에서 통계에 통계를 덧붙이는 방식의, 학교 안에 갇힌 경제학자가 아니다. 그는 국가가 자격을 부여한 대다수의 전문가들에 비해 두 가지 장점을 가지고 있다. 첫째, 상인과 수입업자, 토지 소유자, 농부로서의 오랜 경험이다. 그러나 그에게는 무엇보다도, 경제의 원리를 꿰뚫어보고 이해하는 천재성이 있었다. 나는 바그너나 슈몰러, 셰링, 노이만 같은 훌륭한 연구자들과 스승들 밑에서 경제학을 공부해왔고 제자로서 그들에게 감사해한다. 하지만 이렇게 누적된 배움에도 불구하고, 경제와 사회 문제의 실체는 내가 게젤의 개념에 익숙해질 때까지 나에게 일곱 개의 봉인이 붙은 한 권의 책으로 남아 있었다는 것을 고백한다. 내가 그것들을 이해하고 내 것으로 만들었을 때, 경제과학은 수정처럼 명확해졌다.

___ 에른스트 훙켈 박사Dr. Ernst Hunkel,

『독일 자유경제Deutsche Freiwirtschaft』, 1919년 4월호.

『자연스러운 경제질서』는 현대 경제학자들이 누구도 주장할 수 없을 만큼 위대한 독립적인 업적이다. 내용과 표현에서 그것은 현대 경제학의 평균적인 저작들 위에 산처럼 우뚝 서 있는 건설적인 저작이다. 지금까지 독일에서 출간된 통화 문제에 관한 문헌은 사전에 경제학습이 안된 사람들에게는 이해할 수 없는 것이었고, 이 때문에 대중에게 결코 읽히지 않았다. 그 후 질비오 게젤과 그의 제자들이 화폐 문제에 새로운 빛을 던지고 강력한 자극제로 작용한 일련의 훌륭한 저작물을 가지고 등장했다. 게젤의 저작들은 명료하고 지적 자극을 주는 서술의 본보기이며, 어쩌면 많은 사람들에게 다소 과장된 느낌을 주기는 하지만 미각에는 아주 좋은, 고상한 와인 향을 담고 있다. 이 연구들 안에는 의미 있고 과학적 가치가 있으며 경제학에서 사라지지 않을 많은 것을 담고 있다. 게젤은 금에 대한 환상을 깨뜨렸고 최종적이라고 할 수 있을 만한 화폐이론을 제시했다. 돈과 관련된 모든 금속화폐이론들이 면밀히 검토되고 완전히 기각되었다. 크나프 같은 명목론자들이 실패한 바로 그 지점에서 게젤은 성공했다. 요약하자면, 게젤은 우리가 안고 있는 통화 문제에 대해 가장 근본적인 분석을 내놓았다.

    ___ 베를린대학교 강사, 오스카어 스틸리히 박사Dr. Oscar Stillich의 강연,
「자유화폐, 하나의 비판Das Freigeld, eine Kritik」, 베를린, 1923.

질비오 게젤의 제안은 현재로선 해마다 가치가 상승하지 않고 반대로 점차 가치를 잃는 교환수단을 도입하자는 것으로 위대한 가치가 있다. 그래서 교환매개물을 소유한 사람은 다시 가능한 한 빨리 다른 사람의 생산물로 교환하는 것 외에 어떤 이자도 받지 못하게 하자는 것이다. 게젤은 프루동의 위대함을 인정한 극소수 중 한 명이며, 그에게서 배우면서도 독자적인 노선을 따라 자신의 이론을 발전시키는 데 성공했다."

    ___ 혁명적 사회주의자, 구스타프 란다우어Gustav Landauer,
『사회주의에 대한 호소Aufruf zum Sozialismus』, 베를린, 1919.

게젤의 주요 저서는 산뜻하면서도 과학적인 언어로 쓰여 있다. 이 책은 학자로서의 고상함보다는 더 열정적이고, 사회정의에 대한 감성적인 헌신으로 가득 차 있다. 이 책의 목적은 반反마르크스 사회주의의 확립, 마르크스의 그것과는 전혀 다른 이론적 토대 위에 세워진 자유방임주의에 대한 저항으로도 설명될 수 있다. 나는 우리 미래에는 마르크스의 정신보다는 게젤의 정신으로부터 더 많은 것을 배울 것이라고 믿는다. 『자연스러운 경제질서』의 서문에서 독자들은 게젤의 인간본성에 대한 윤리관을 보게 될 것이다. 나는 마르크스주의에 대한 대답은 이 서문의 내용 속에서 발견할 수 있을 것이라고 생각

한다. (355쪽)

게젤의 스탬프화폐에 담긴 아이디어는 건전하다. (357쪽)

___ 존 메이너드 케인스John Maynard Keynes,
『고용, 이자 및 화폐에 관한 일반이론General Theory of Employment,
Interest and Money』, 1936.

우선 팔리기 시작하면 사업용 자금 차입은 뒤따라올 것이다. (구매자들을 직접적으로 자극하는) 이러한 목적으로 독특한 '스탬프화폐' 계획, 즉 일종의 저축세가 고안되었다. 이 계획은 이 책을 다 읽고 나서야 비로소 나에게 이해되었다. 이 계획은 화폐의 축장기능을 통제하는 가장 효율적인 방법이며 아마도 불황에서 벗어나는 가장 빠른 방법일 것이다.

___ 예일대학교 교수, 어빙 피셔Irving Fisher,
『경기호황과 경기침체Booms and Depressions』, 1933, 142쪽.

화폐에 대한 조작의 가장 흥미로운 사례 중 하나는 1150~1350년에 중부유럽에서 유통되던 '브락테아테' 은화에서 발견된다. 은화의 재주조는 주기적이었다… 통치자는 1년에 두 세 차례씩 모든 미사용 동전을 회수하여 약 25퍼센트의 수공비를 공제하고 새 동전으로 교환해주곤 했다… 무역과 수공예, 예술 분야가 돈을 다 쓰려는 사람들의 열망 덕분에 자극받은 것으로 알려져 있다… 화폐 유통속도를 통제하려는 이 사례는 화폐 안정화의 역사에서 특별한 관심 대상이다. 1350년경에 '브락테아테' 은화가 사라진 후 이와 같은 원리는 질비오 게젤의 글에 다시 명료하게 나타날 때까지 잊혀 있었다. 그의 사후에 화폐 유통속도에 대한 통제는 독일과 오스트리아, 미국에서 1931~1933년에 스탬프인증서Stamp Scrip의 형태로 적용한 몇몇 사례가 있었다.

___ 어빙 피셔, 『안정적인 화폐』, 1934, 9, 11쪽.

우리 일부는 스탬프인증서가 현재의 비상상황에서 임시 보조통화 이상의 역할을 할 거라고 믿는다. 만약 그 수량과 스탬프의 시간간격이 다양한 조건에 맞게 조절될 수 있다면 그게 물가를 안정시키는 데 가장 당혹스러운 요소인 통화 유통속도의 가장 좋은 조절장치가 될 것이다.

___ 어빙 피셔, 『스탬프 인증서Stamp Scrip』, 1933, 67쪽.

게젤은 존 브라이트John Bright와 많은 공통점을 가지고 있다… 저자가 명료하고 문학적으로도 우아하게 소개한 이 놀라운 제안은… 특정조건에서 자유화폐의 채택이 무역상황을 개선했음을 보여주는 관행을 이론적으로 예견했으며… 지폐가 자유롭게 사용되는 나라에서의 경기침체에 대한 좋은 정책이다… 이론적으로도 완전히 건전하다. 그것은 산업적 변동이 일어나는 상황에서 분명 다루기 힘든 요소 중의 하나를 다루기 위해 시도된 드문 정책 중 하나다. 적극적인 통화 팽창정책 입장에서 지속되는 경기침체란 단지 화폐 유통속도의 추가하락에 기인할 뿐이다. 이 문제를 다루는 어떤 방법이든 주의를 기울일 가치가 있다.

___ 후일 재무장관이 된 H. T. H. 게이츠켈Gaitskell,
『돈에 대해 모두가 알고 싶어하는 것─
옥스퍼드 출신 9명의 경제학자들에 의한 화폐문제에 대한 개요
What Everybody Wants to Know about Money, by Nine Economists from Oxford』,
1933, G. D. H. 콜Cole 편집.

우리에게 토지임대료와 화폐에 관한 한 전 세대들의 가르침은 아무런 소용이 없다. 화폐이자에 대한 새로운 가르침이 질비오 게젤에 의해 진화된 형태로 전면에 등장했다. 자유 인도는 자본가들이나 대지주, 카스트의 나라가 아니라 진정한 사회정치적 민주주의 국가가 될 것이다.

___ 캘커타의 시장이자 인도국민회의의 의장을 역임한
수바스 찬드라 보세Subbas Chandra Bose,
『자유와 다수*Freedom and Plenty*』, 발행일 미상, 로스앤젤레스.

어떤 사회경제 구조에 대한 위대한 연구자도 질비오 게젤처럼 오랫동안 인정
받지 못한 경우는 없었다. 그의 걸작인『자연스러운 경제질서』는 경제문제의
핵심이자 자본주의와 마르크스 사회주의에 양자에 대한 도전이다. 게젤의 이
자이론은 코란의 가르침과 조화를 이루며 모든 이슬람국가에서 환영받아야
한다. 이자 없는 경제를 위한 그의 계획은 인간을 자신의 환상의 노예로부터
그리고 잘못된 전통의 횡포와 자신 동료의 착취로부터 해방시키려는 건설적
인 시도의 견고한 기초이다.

___ 모로코 정부의 경제자문, 아랍연맹의 경제전문가,
라바트대학교 외부 법학 교수, 전 카불대학교 경제학 교수,
파키스탄 국립은행의 경제고문, 마흐무트 아부 사우드Mahmout Abu Saud,
스위스의 LS당 당수의 전언, 베른, 1958년 2월.